New Testament Greek :
[Morphology and Syntax]

신 • 약 • 성 • 서

헬라어문법

Grammar 어형론과 문장론

장동수 지음

요단

신약성서 **헬라어 문법** : 어형론과 문장론

1999년 3월 15일 · 제 1판 1쇄 발행
2005년 3월 30일 · 제 1판 4쇄 발행
2008년 9월 10일 · 개정판 1쇄 발행
2018년 3월 15일 · 개정판 4쇄 발행

지은이 | 장동수
펴낸이 | 이요섭
펴낸데 | 요단출판사

주 소 | 07238 서울특별시 영등포구 국회대로 76길 10
기 획 | (02)2643-9155
영 업 | (02)2643-7290 FAX (02)2643-1877
등 록 | 1973. 8. 23. 제13-10호

편집기획 | 권혁관
제 작 | 박태훈
영 업 | 김창윤 정준용 이영은

정가 22,000원
ISBN 978-89-350-0329-8 03230

요단인터넷서점 www.jordanbook.com

목 차

시작하는 말

그리스도인이 사랑하는 신약성서는 예수님과 사도 시대의 세계 공용어였던 코이네 헬라어로 기록되었다. 그러므로 신약성서의 말씀 연구자가 갖추어야 할 여러 가지 소양 중에서 가장 기본적이며, 필수적인 것은 신약성서의 언어인 헬라어에 익숙해지는 것이다. 이를 돕기 위하여 많은 학자들에 의하여 영어(독일어권을 포함하여)는 말할 것도 없고 한글로 번역되거나 쓰여진 다양한 헬라어 문법서들이 나왔다.

어느 언어든지 기초문법이 있고, 중급, 고급으로 들어가는 과정이 있기 마련이다. 또한 헬라어 자체의 특수성 때문에, 기초문법은 따로 저술되고, 문장론이나 동사의 변화 등 다른 특별한 분야를 심도 있게 다루기 위하여 그 분야별로 각각 따로 문법서적들이 저술되어 왔다. 그러나 기초문법서의 경우에는 신약성서의 본문과는 전혀 상관없이 단지 문법만을 익히기 위하여 만들어진 예문들이 등장하는 예가 많이 있어서 막상 신약성서의 본문을 읽을 때는 연결되지 않는 경우도 많았다.

본인은 이 한 권을 통하여 기초문법은 물론이거니와 중급 및 고급 수준의 신약성서 헬라어 문법공부에 도움을 주기 위한 목적을 염두에 두고 집필을 시도하였다. 본서의 가장 중요한 원칙 중에 하나는 학습자의 문법지식이 어디에 이르렀든지 그 수준에서 읽을 수 있는 신약의 본문을 소개하는 것이다. 이를 위하여 처음부터 끝까지 신약성서의 본문에서만 예문을 뽑는 원칙을 어기지 않았다. 또한 할 수 있는 한, 각 장에서 단순히 단어의 변화를 다루는 어형변화의 설명에만 그치지 않고 실제로 문장에서 그 단어들이 어떻게 사용되었는지를 알아보는 문장론을 다루었다. 학습자가 아직 문법지식이 미치지 못하여 소화하기 힘들 것으로 판단되는 경우에는 권말부록으로 처리하더라도 이를 지키려고 하였다.

본서는 다음과 같은 구조로 이루어져 있다.

첫째, **◆어형 익히기** 부분이다. 이 부분은 각 장마다 소개되는 새로운 문법사항을 설명하는 곳이다. 이를 문법적인 전문용어로 어형론(morphology)이라 할 수 있겠는데, 어떻게 단어가 만들어지고 변화되어서 문법적인 기능을 할 수 있게 되는가에 관하여 연구하는 것이다. 그러므로 우리는 이 부분에서 명사, 동사, 형용사 등의 변화가 어떻게 이루어지고, 분사, 부정사, 가정법, 명령법 등이 어떻게 형성되는지를 공부하게 되는데, 무작정 변화표를 외우려고 할 것이 아니라, 그 형성원리를 이해하면 곧 익숙해질 것이다.

둘째, **♠단어 익히기** 부분이다. 이 부분은 그냥 새로운 단어를 소개하는 것이 아니라 바로 위에서 공부한 **♦어형 익히기**와 관련을 맺고 이루어졌다. 즉 본서의 각 장에서 다뤄지고 있는 어형에 해당하는 단어들이 소개될 뿐만 아니라 그러한 어형으로 신약성서에 가장 많이 나오는 단어부터 그 빈도수와 함께 소개되었기 때문에, 그 어휘의 중요도를 알게 되므로 암기하는 데 도움과 자극을 줄 것이다. 이 **♠단어 익히기** 부분은 별도로 마련되거나 **♦어형 익히기**와 연합하여 이루어지기도 하고, 각 장의 마지막 부분인 **♥성경 문장 읽기** 부분의 직전에도 나오고 있다.

셋째, **♣ ~ 의 용법** 부분이다. 이 부분은 다른 말로 하면, 문장론 혹은 구문론(syntax)이다. 어형도 알고 그렇게 변화되는 어휘도 익혔으니 이제 신약성서의 문장 가운데 그 어형의 어휘들이 어떻게 다양하게 사용되고 있는지를 알아보는 것이다. 뒤로 가면서는 각 장에 이 부분이 소개되는 데 어려움이 없었지만, 앞부분의 몇 장에서는 학습자의 어형, 어휘의 수준을 감안하여 권말부록으로 다룰 수밖에 없었다.

넷째, **♥성경 문장 읽기** 부분이다. 이 부분은 모든 문법공부의 목적이며, 심장이라고 할 수 있는 부분이다. 즉 원전을 읽는 것이다. 어형, 어휘, 문장론을 알았으니 우리가 목적하는 바 성경의 본문을 읽어내는 것이다. 몇 안 되는 예외적인 경우만을 제외하고, 성경의 어순과 어휘를 생략하거나 바꾸지 않고 그대로 인용하였다. 또한 우리가 익숙히 알고 있는 소위 유명한 구절을 예문으로 사용하는 데 우선권을 두었다.

본서를 가지고 신약성서 헬라어를 공부하는 모든 이들은 하나님께 지혜를 주시도록 끊임없이 기도함은 물론이거니와 성실하고 꾸준하게 반복적으로 배우고 익히는 노력을 통하여 신약성서를 원문으로 읽는 큰 기쁨을 누리기를 바란다. 언어를 익히는 데는 획기적인 지름길이란 없다. 정직하고 꾸준하게 노력하는 길이 왕도이다.

본서를 준비하는 데 있어서 저자는 「바이블 웍스」(*BibleWorks*, Michael S. Bushell, 1992-1996)의 본문을 활용하는 것 이외에 다음의 문헌들을 참고하였다.

Bachmann, H., and W. A. Slaby. eds. *Konkordanz zum Novum Testamentum Graece*. Berlin: de Gruyter, 1987.

Black, David Alan. *Learn to Read New Testament Greek*. Nashville: Broadman Press, 1993.

Blass, Friedrich, Albert Debrunner and Robert W. Funk. *A Greek Grammar of the New Testament and Other Early Christian Literature*. Chicago: University of Chicago Press, 1961.

Brooks, James A., and Carlton L. Winbery. *Syntax of New Testament Greek*. Lanham: University Press of America, 1979.

______. *A Morphology of New Testament Greek: A Review and Reference Grammar.* Lanham: University Press of America, 1994.

Burton, Ernest de Witt. *Syntax of the Moods and Tenses in New Testament Greek.* 3rd ed. Edinburgh: T. & T. Clark, 1898.

Chamberlain, William Douglas. *An Exegetical Grammar of the Greek New Testament.* New York: The Macmillan Company, 1958.

Funk, Robert W. *Sight and Sound, Nominal System, Verbal System.* Vol. I of *A Beginning-Intermediate Grammar of Hellenistic Greek.* Missoula: Scholars Press, 1973.

______. *Syntax.* Vol. II of *A Beginning-Intermediate Grammar of Hellenistic Greek.* Missoula: Scholars Press, 1973.

______. *Appendices, Paradigms, Index.* Vol. III of *A Beginning-Intermediate Grammar of Hellenistic Greek.* Missoula: Scholars Press, 1973.

The Greek New Testament. 4th ed. Kurt Aland, *et al* eds. New York: United Bible Societies, 1993.

Moule, C. F. D. *An Idiom Book of New Testament Greek.* 2nd ed. Cambridge: Cambridge University Press, 1968.

Moulton, James Hope, and Wilbert Francis Howard. *Accidence and Word Formation.* Vol. 2 of *A Grammar of New Testament Greek.* Edinburgh: T. & T. Clark, 1979.

Moulton, W. F., and A. S. Geden. *A Concordance to the Greek Testament.* 5th ed. Edinburgh: T. & T. Clark, 1897.

Porter, Stanley E. *Idioms of the Greek New Testament.* 2nd ed. Sheffield: JSOT Press, 1994.

Robertson, A. T. *A Grammar of the Greek New Testament in the Light of Historical Research.* Nashville: Broadman Press, 1934.

Robertson, A. T., and W. Hersey Davis. *A New Short Grammar of the Greek Testament.* 10th ed. Grand Rapids: Baker Book House, 1985.

Stevens, Gerald L. *New Testament Greek.* Lanham: University Press of America, 1994.

Turner, Nigel. *Syntax.* Vol. 3 of *A Grammar of New Testament Greek.* Edinburgh: T. & T. Clark, 1963.

Young, Richard A. *Intermediate New Testament Greek: A Linguistic and Exegetical Approach.* Nashville: Broadman & Holman Publishers, 1994.

Zerwick, Max. *Biblical Greek Illustrated by Examples.* Rome: Biblical Institute Press, 1963.

본서를 준비하면서 지난 날 본인에게 헬라어를 가르쳐주셨던 여러 스승들께 깊은 감사의 마음이 들었다. 서강대학교의 파렌(Farren) 교수님, 이 책이 준비되는 중에 작고하신 성공회신학교의 찰스 굿윈(Charles Goodwin) 박사님과 미국에 계신 브룩스(Brooks), 윈버리(Winbery) 교수님, 뉴올리언스 침례교 신학대학원의 래이(Ray), 스티븐스(Stevens), 그리고 워런(Warren) 교수님께 감사를 드린다.

본서를 기꺼이 출판해 주신 요단출판사의 안병창 원장님과 여러 직원들께도 감사를 드리며, 단어정리와 교정에 도움을 주셨던 장민석 목사와 조요한 목사, 김은혜 전도사에게도 감사하다는 말을 전한다.

본서를 하나님의 말씀을 사랑하고 원전 읽기를 사모하는 모든 이들에게 바친다. 목회자나 신학도들뿐만 아니라 성경을 원전으로 읽고자 열망하는 모든 진지한 말씀 연구자들에게 본서가 조금이라도 도움이 되길 기도한다.

침례신학대학교 연구실에서

장 동 수

제 1 장

문자(Alphabet)와 발음 (Pronunciation)

신약성서 헬라어를 공부하기 위한 첫걸음은 헬라어 문자를 읽고 쓰는 일이다. 헬라어 문자의 모양과 순서, 그리고 그 발음을 배우면 헬라어와 아주 친해지게 되며, 또한 헬라어 사전에서 그 뜻을 찾아볼 수 있게 될 것이다. 본과에서는 헬라어의 문자, 발음, 음성변화, 강세, 그리고 기타 구두점에 대하여 알아본다. 헬라어 문자는 모두 24개로 이루어진다.

1. 헬라어 문자

문 자		명 칭	발음/음가(한글, 영어)	수표시
대문자	소문자			
Α	α	알파(ἄλφα)	아/아-(단모음/장모음 a)	1
Β	β	베-타(βῆτα)	ㅂ(b)	2
Γ	γ	감마(γάμμα)	ㄱ(강한 g)	3
Δ	δ	델타(δέλτα)	ㄷ(d)	4
Ε	ϵ	에 ㅍ실론(ἒ ψιλόν)	에(단모음 e)	5
Ζ	ζ	제-타(ζῆτα)	ㅈ(z)	7
Η	η	에-타(ἦτα)	에-(장모음 e)	8
Θ	θ	ㅌ헤-타(θῆτα)	ㅌㅎ(th)	9
Ι	ι	이오-타(ἰῶτα)	이/이-(단모음/장모음 i)	10
Κ	κ	카 ㅍ 파(κάππα)	ㅋ(k)	20
Λ	λ	람ㅂ다(λάμβδα)	ㄹ(l)	30
Μ	μ	뮈-(μῦ)	ㅁ(m)	40
Ν	ν	뉘-(νῦ)	ㄴ(n)	50
Ξ	ξ	ㅋ시-(ξῖ)	ㅋㅅ(ks, x)	60

Ο	ο	오 미크론(ὂ μικρόν)	오(o)	70
Π	π	피-(πῖ)	ㅍ(p)	80
Ρ	ρ	ㅎ로-(ῥῶ)	ㄹ~(r)	100
Σ	σ(ς)	시그마(σίγμα)	ㅅ(s)	200
Τ	τ	타우(ταῦ)	ㅌ(t)	300
Υ	υ	위- ㅍ실론(ὖ ψιλόν)	위/위-(장모음/단모음 u)	400
Φ	φ	ㅍ히(φῖ)	ㅍㅎ(ph)	500
Χ	χ	ㅋ히-(χῖ)	ㅋㅎ(독일어의 ch)	600
Ψ	ψ	ㅍ시-(ψῖ)	ㅍㅅ(ps)	700
Ω	ω	오- 메가(ὦ μέγα)	오-(장음 o)	800

※참고

1. γ는 γ나 κ계통의 문자(κ, ξ, χ) 앞에서는 "ㅇ"(ng)으로 발음되고 그 이외의 철자 앞에서는 "ㄱ"(강한 g)으로 발음된다. 예: ἄγγελος("앙겔로스"); σάλπιγξ("살핑ㅋ스").
2. σ는 단어의 처음이나 중간에 ς는 마지막에 사용된다. 그래서 ς는 미형 시그마로 불린다.

2. 헬라어 소문자 쓰기

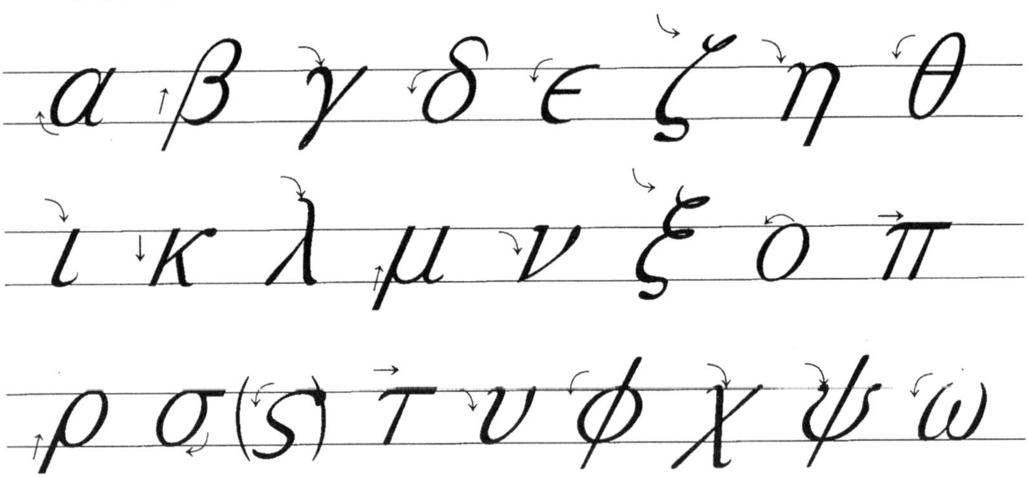

※참고

1. 헬라어 소문자는 그 쓰는 순서와 뿔과 꼬리에 유의해야 한다.
2. 특히 유의해야 하는 것은 ι와 υ, ι와 γ, φ와 ψ, ο과 σ등을 잘 구별해야 한다.

3. 헬라어 모음(vowels)

(1) **단일모음과 이중모음**(single vowels and diphthongs)

헬라어의 단일모음에는 α, ε, η, ι, ο, υ, ω 등 일곱이 있다. η, ω는 항상 길게(장모음), ε, ο은 항상 짧게(단모음), α, ι, υ은 길거나 짧게 발음한다.

헬라어의 이중모음(diphthongs=δίφθογγος, 두 개의 소리를 가진)은 단일모음 α, ε, η, ο, ω 중의 하나에 폐모음이라 불리는 ι, υ 중의 하나가 첨가되어 만들어진다(υι는 예외). 이렇게 만들어진 이중모음들은 αι, ᾳ, αυ, ει, ευ, ῃ, ηυ, οι, ου, υι, ῳ 등이다. 발음은 차례로 읽으면 되나, ευ는 "ㅠ"로, ου는 "ㅜ"로, υι는 "ㅟ"로 읽는다. 장모음인 α, η, ω와 ι가 결합되면 각각 ᾳ, ῃ, ῳ로 쓰고(Iota subscription, 이오-타 하기법), 발음은 ι가 없는 것같이 한다.

(2) **단모음과 장모음**(short and long vowels)

항상 단모음	장모음 혹은 단모음	항상 장모음
	α	
ε		η
	ι	
ο		ω
	υ	

(3) **개모음과 폐모음**(open and closed vowels)

개모음과 폐모음의 분류는 발음할 때 입이 열리는 정도를 상대적으로 평가하여 구분된 것이다. 입이 열리는 정도를 따라서 7개의 모음을 배열하면 다음과 같다. 입은 α를 발음할 때 제일 많이 열리고 ι와 υ을 발음할 때 제일 적게 열린다.

α

η ω

ε ο

ι υ

(4) 모음의 변화

발음의 편이를 위하여 일어나는 헬라어 모음 변화에는 네 가지가 있다. 조합(combination- 이중모음화[diphthongization]와 모음 단축현상[contraction]이 여기에 속한다), 생략(omission), 전환(gradation), 첨가(addition) 등인데 앞으로 논의될 것이다.

4. 헬라어 자음(consonants)

(1) 헬라어 자음은 β, γ, δ, ζ, θ, κ, λ, μ, ν, ξ, π, ρ, σ, τ, ϕ, χ, ψ 등 열 일곱 개가 있다. 이 자음들은 폐쇄음(stops), 유음(liquids), 비음(nasals), 마찰음(spirants, 혹은 치찰음[sibilants])으로 분류된다.

(2) 폐쇄음(stops)은 발음될 때 일시적으로 숨의 흐름이 멈추어지기 때문에 붙여진 이름이다. 폐쇄음은 세 종류와 세 등급으로 분류된다.

종류(classes)	등급(orders)		
	무성음 (voiceless)	유성음 (voiced)	기식음(h음) (aspirated)
순음(labials)	π	β	ϕ
후음(gutturals)/구개음(palatals)	κ	γ	χ
치음(dentals)/설음(linguals)	τ	δ	θ

(3) 발음할 때 숨이 잔 파문을 일으키며 자유롭게 흐른다 하여 이름이 붙여진 유음 (liquids)에는 λ와 ρ가 있는데, 가끔씩 비음(nasals)인 μ, ν를 포함시키기도 한다.

(4) 코를 통하여 소리가 난다 하여 이름이 붙여진 비음(nasals)에는 μ, ν가 있는데, 후음(κ, γ, χ) 혹은 ξ 앞에서의 γ를 비음에 포함시키기도 한다.

(5) 마찰음(spirants) 혹은 치찰음(sibilants)은 혀끝과 치아 사이의 좁은 틈을 통하여 공기가 세차게 통과될 때 발음되는 자음인데, 단일 마찰음은 σ이고, 복합 마찰음은 ζ, ξ, ψ 등이 있다. ζ는 $\sigma\delta$, $\delta\sigma$, $\delta\iota$와 같이 합성된 음이고, ξ는 후음(κ, γ, χ)과 σ의 합성음($\kappa\sigma$, $\gamma\sigma$, $\chi\sigma$)이며, ψ는 순음(π, β, ϕ)과 σ의 합성음($\pi\sigma$, $\beta\sigma$, $\phi\sigma$)이다.

(6) 자음의 변화

발음의 편이를 위하여 일어나는 헬라어 자음 변화에는 탈락(omission), 삽입(addition/epenthesis), 치환 혹은 전이(transposition/metathesis), 동화(assimilation), 이화(dissimilation) 등이 있는데, 앞으로 필요한 곳에서 논의될 것이다. 그러나 여기서는 가장 자주 나오는 폐쇄음 및 비음과 연관된 변화만을 알아보기로 한다.

(7) 폐쇄음(stops)에 영향을 주는 변화

ㄱ. 순음(π, β, ϕ) 의 변화

i. 치음(dentals, τ, δ, θ) 앞에서: 같은 등급으로 동화된다.

$(\pi), \beta, \phi + \tau = \pi\tau$

$\pi, (\beta), \phi + \delta = \beta\delta$

$\pi, \beta, (\phi) + \theta = \phi\theta$

ii. 비음(nasals, μ, ν) 앞에서

$\pi, \beta, \phi + \mu = \mu\mu$

$\pi, \beta, \phi + \nu = \mu\nu$

iii. σ 앞에서: π, β, $\phi + \sigma = \psi$

ㄴ. 후음(κ, γ, χ) 의 변화

i. 치음(dentals, τ, δ, θ) 앞에서: 같은 등급으로 동화된다.

$(\kappa), \gamma, \chi + \tau = \kappa\tau$

$\kappa, (\gamma), \chi + \delta = \gamma\delta$

$\kappa, \gamma, (\chi) + \theta = \chi\theta$

ii. 비음 μ 앞에서

$\kappa, (\gamma), \chi + \mu = \gamma\mu$

iii. σ 앞에서: κ, γ, $\chi + \sigma = \xi$

iv. 후음(κ, γ, χ)과 ξ 앞에서의 γ: γ가 비음이 된다(문자는 그대로 쓰고 발음만 비음으로 바뀐다)

ㄷ. 치음(τ, δ, θ) 의 변화

i. 다른 치음 앞에서: 앞에 있는 치음은 σ로 이화된다.

τ, δ, $\theta + \tau$, δ, $\theta = \sigma\tau$, $\sigma\delta$, $\sigma\theta$

ii. μ 앞에서: τ, δ, $\theta + \mu = \sigma\mu$

iii. σ 앞에서: τ, δ, $\theta + \sigma = \sigma\sigma = \sigma$

iv. 마지막 ι 앞에서의 τ : 종종 σ로 변한다.

(8) 비음(nasal) ν에 영향을 주는 변화

ㄱ. 순음(π, β, ϕ)과 ψ 앞에서: 부분적으로 μ로 동화된다. 즉 $\nu\pi = \mu\pi$, $\nu\beta = \mu\beta$, $\nu\phi = \mu\phi$, $\nu\psi = \mu\psi$가 된다.

ㄴ. 후음(κ, γ, χ)과 ξ 앞에서: 부분적으로 비음 γ로 동화된다. 즉, $\nu\kappa = \gamma\kappa$, $\nu\gamma = \gamma\gamma$, $\nu\chi = \gamma\chi$, $\nu\xi = \gamma\xi$가 된다.

ㄷ. 유음 λ, ρ 앞에서: 완전히 유음으로 동화된다. 즉 $\nu\lambda = \lambda\lambda$, $\nu\rho = \rho\rho$가 된다.

ㄹ. 비음 μ 앞에서: 완전히 μ로 동화된다. 즉 $\nu\mu = \mu\mu$가 된다.

ㅁ. 마찰음 ζ와 σ 앞에서 : 비음 - 치음군($\nu\tau$, $\nu\delta$, $\nu\theta$)과 ν는 ζ와 σ 앞에서 탈락한다. 이때 보상적으로 앞에 있던 모음은 장음화된다.

5. 액센트(accent)

(1) 헬라어의 액센트는 전통적으로 주전 200년경 비잔티움의 아리스토파네스(Aristophanes)가 사용한 것으로 전해지나, 널리 사용되게 된 것은 중세시대부터이다. 10세기경까지의 신약성서 대문자 사본에는 액센트가 없다(뿐만 아니라 띄어쓰기도 아니 하고 다른 구두점이나 숨표도 찍지 않았다). 그러므로 액센트 없이도 헬라어를 배울 수는 있기에 기초 헬라어 교사들은 액센트를 무시하기도 한다. 그러나 신약성서 비평판들이 모두 액센트를 사용하고 있기 때문에 진지한 헬라어 탐구자들은 액센트를 잘 알고 있어야 한다.

(2) 액센트의 종류와 음절

헬라어의 액센트에는 애큐트(acute [´]), 그레이브(grave [` ]), 써컴프렉스(circumflex[ ˆ, 원래는 ´`])가 있다. 단어는 모음 그리고/혹은 중모음의 숫자만큼의 음절을 갖는다. 마지막 음절부터 차례로 라틴어로 얼티마(ultima), 피널트(penult), 안티피널트(antepenult)로 불린다. 액센트에 있어서는 오직 마지막에서 세번째까지의 음절만이 의미가 있다. 음절과 액센트를 도표로 그려보면 다음과 같다.

	안티피널트	피널트	얼티마
애큐트:	´	´	´
써컴프렉스:		ˆ	ˆ
그레이브:			`

(3) 액센트의 일반규칙

ㄱ. 애큐트 액센트는 얼티마, 피널트, 안티피널트에 올 수 있으나, 얼티마가 긴 경우에는 안티피널트에는 올 수 없고, 얼티마가 짧을 경우에는 피널트에는 올 수 없다.

ㄴ. 액센트가 붙은 단어가 문장에서 구두점 등에 방해받지 않고 다른 단어와 연결될 때, 얼티마에 있는 애큐트 액센트는 그레이브 액센트로 바뀐다(의문대명사 τίς와 τί는 예외이다.). 그러므로 그레이브 액센트는 얼티마에만 온다.

ㄷ. 써컴프렉스 액센트는 얼티마나 피널트에 올 수 있으나, 단음절에는 올 수 없다. 얼티마가 길 경우에는 피널트에 올 수 없다.

ㄹ. 얼티마가 긴 경우: 안티피널트에는 액센트가 올 수 없고, 피널트에 액센트가 붙는다면, 애큐트 액센트만 붙을 수 있다.

ㅁ. 얼티마가 짧을 경우: 안티피널트에 액센트가 붙는다면, 애큐트 액센트이어야 하고, 긴 피널트에 액센트가 붙는다면, 써컴프렉스 액센트이어야 한다.

(4) 명사의 액센트 규칙

일반규칙이 허락하는 한 사전에 나와 있는 단수 주격의 액센트 위치를 고집한다(집착원칙,

persistent). 이 명사의 액센트 규칙은 형용사, 대명사, 분사 등에 적용된다.

(5) 동사의 액센트 규칙

동사는 일반 규칙이 허락하는 한 얼티마에서 먼 곳에 액센트를 취하는 성질이 있다(역행원칙, recessive). 예: *ἀ-κού-ο-μεν, ἄ-κου-ει, τρέ-χε, λεί-πει, λεῖ-πε.*

더 상세한 액센트 규칙들은 차후에 다뤄질 것이다.

6. 숨표(Breathing Mark)와 구두점(Punctuation)

(1) 숨표

헬라어에는 연 숨표(᾿), 강 숨표(῾)가 있다. 모음으로 시작되는 모든 단어의 그 첫 모음 위에 연 숨표나 강숨표가 붙는다. 이중모음일 경우에는 두번째 모음 위에 붙인다. 또한 단어가 ρ로 시작될 때 자음이지만 그 위에 강 숨표를 붙인다. 숨표는 애큐트나 그레이브 액센트 앞에 쓰고(῎, ῍ 혹은 ῞ , ῝), 써컴프렉스 밑에 쓴다(῏, ῟). 연 숨표는 발음에 영향을 미치지 않으나, 강 숨표는 해당모음에 "ㅎ"("h")발음이 첨가된다.

(2) 구두점

헬라어의 구두점에는 다음과 같은 것들이 있다.

ㄱ. [,]: 쉼표, 한글 및 영어와 동일하다.

ㄴ. [.]: 한 문장을 끝맺는 마침표이다. 한글 및 영어와 동일하다.

ㄷ. [;]: 영어의 [세미콜론 semicolon(;)]과 모양이 같으나 헬라어에서는 물음표(?)로 사용된다.

ㄹ. [·]: 영어의 [콜론 colon(:)] 혹은 [세미콜론 semicolon(;)]과 같은 역할을 한다.

ㅁ. [¨]: 분절표, 모음이 연이어 나올 때 이중모음이 아니라 분리된 모음들임을 표시한다. 뒤에 있는 모음 위에 붙는다. 애큐트나 그레이브 액센트는 분절표 사이에 붙인다 (΅, ῭).

ㅂ. [']: 아포스트로피(apostrophc). 두 단어가 연속으로 나올 때 첫 단어의 끝이 단모음이고, 두번째 단어의 처음이 모음일 경우, 첫 단어의 마지막 모음이 생략되는 현상이 모음생략(elision)인데, 그 자리에 아포스트로피(')를 쓴다(*ἀπ' αὐτοῦ*). 대부분의 모음생략은 불변화사나, 전치사, 접속사 등에 국한된다.

연습문제

1. 헬라어 각 문자의 이름과 발음을 소리내어 읽어보고, 모음(단일모음, 이중모음)과 자음(단일자음, 이중자음)을 소리내어 읽어보시오

2. 다음의 단어를 소리내어 읽어보시오(괄호 안의 숫자는 신약성서에 나오는 빈도수임)

ἀδελφός(343): 형제(philadelphia)

θεός(1,318):신, 하나님(theology)

λόγος(330): 말씀

Χριστός(531): 그리스도

ἔχω(300): 가지다, 취하다, 소유하다.

μένω(300): 머물다, 거하다

ὁ, ἡ, τό(19,904): 정관사

ἄνθρωπος(551): 사람, 인간(anthrophology)

κύριος(719): 주, 주님

υἱός(377): 아들

ἡμέρα(389): 날

λέγω(654): 말하다, 부르다, 명하다

εἰμί(1,429): 이다, 있다

3\. 헬라어 문자를 펜멘쉽 노트에 10번씩 써보시오.

4\. 다음 문장을 소리내어 읽어보시오. 마가복음 1:1-8인데, 여기에는 헬라어의 모든 알파벳뿐만 아니라 숨표, 액센트, 구두점 등이 나오고 있다.

(1) Ἀρχὴ τοῦ εὐαγγελίου Ἰησοῦ Χριστοῦ υἱοῦ θεοῦ.

(2) Καθὼς γέγραπται ἐν τῷ Ἠσαΐᾳ τῷ προφήτῃ, Ἰδοὺ ἀποστέλλω τὸν ἄγγελόν μου πρὸ προσώπου σου, ὃς κατακευάσει τὴν ὁδόν σου·

(3) φωνὴ βοῶντος ἐν τῇ ἐρήμῳ, Ἑτοιμάσατε τὴν ὁδὸν κυρίου, εὐθείας ποιεῖτε τὰς τρίβους αὐτοῦ,

(4) ἐγένετο Ἰωάννης ὁ βαπτίζων ἐν τῇ ἐρήμῳ καὶ κηρύσσων βάπτισμα μετανοίας εἰς ἄφεσιν ἁμαρτιῶν.

(5) καὶ ἐξεπορεύετο πρὸς αὐτὸν πᾶσα ἡ Ἰουδαία χώρα καὶ οἱ Ἱεροσολυμῖται πάντες, καὶ ἐβαπτίζοντο ὑπ' αὐτοῦ ἐν τῷ Ἰοροδάνῃ ποταμῷ ἐξομολογούμενοι τὰς ἁμαρτίας αὐτῶν.

(6) καὶ ἦν ὁ Ἰωάννης ἐνδεδυμένος τρίχας καμήλου καὶ ζώνην δερματίνην περὶ τὴν ὀσφὺν αὐτοῦ καὶ ἐσθίων ἀκρίδας καὶ μέλι ἄγριον.

(7) καὶ ἐκήρυσσεν λέλων, Ἔρχεται ὁ ἰσχυρότερός μου ὀπίσω μου, οὗ οὐκ εἰμὶ ἱκανὸς κύψας λῦσαι τὸν ἱμάντα τῶν ὑποδημάτων αὐτοῦ.

(8) ἐγὼ ἐβάπτισα ὑμᾶς ὕδατι, αὐτὸς δὲ βαπτίσει ὑμᾶς ἐν πνεύματι ἁγίῳ.

5\. 성서사전이나 기타 참고문헌에서 헬라어의 역사와 발전단계에 관한 글들을 읽어보시오.

제 2 장

동사개관 및 현재 직설법 (Present Indicative)

I. 동사개관

헬라어 동사는 시상, 법, 태, 인칭, 수에 따라서 그 형태가 달라진다. 이를 흔히 동사의 활용 혹은 변화(conjugation 혹은 inflection)라고 부른다. 헬라어 동사에는 -ω동사와 -μι동사, 두 종류가 있어서 동사 변화체계도 두 종류가 있다. 이는 현재 능동태 직설법 1인칭 단수형이며, 동시에 사전형(lexical form)의 어미 형태를 딴 것이다. 대부분의 헬라어 문법책이 그러하듯이 본서에서도 -ω 동사의 활용을 먼저 다룬 다음에 권말 즈음에서 -μι동사의 활용을 다루기로 한다. 그러므로 지금부터는 특별한 언급이 없을 경우 모두 -ω동사의 활용에 관한 것이다.

1. 법(mood)

영어의 '무드'(mood)란 말은 원래 라틴어의 '모두스'(modus)에서 온 말로 척도와 양식을 의미한다. 문법적으로 법(mood 혹은 mode)이란 어떤 진술(statement)이 이루어지는 양식을 말한다. 즉 화자가 동사에 나타난 생각을 실제성과 연관짓는 방식이다. 그러나 그 진술의 진실성을 말하는 것은 아니다. 헬라어에는 다음과 같은 법이 있다.

(1) 직설법(indicative mood): 직설법은 화자가 어떤 진술의 확실성을 표현한다.

(2) 가정법(subjunctive mood): 가능성을 표현하는 법이다.

(3) 명령법(imperative mood): 동사가 명령을 표현할 때 사용된다.

(4) 기원법(optative mood): 예의바른 기원, 소망을 표현할 때 사용된다.

헬라어에서 직설법은 실제 행동을 묘사하기 때문에 실제성의 법(mood of reality)이라 불린다. 그리고 가정법, 명령법, 기원법은 잠재적인 행동을 묘사하기 때문에 잠재적인 법(potential mood)이라 불린다.

2. 태(voice)

문법적으로 태(voice)란 문장에서 동사의 주어와 그 동사의 행동과의 관계를 결정짓는 방식을 말한다. 헬라어에는 다음과 같이 세 종류의 태가 있다.

(1) 능동태(active voice): 주어가 동사의 행동을 수행하는 경우이다.

(2) 수동태(passive voice): 주어가 동사의 행동의 영향을 받는 경우이다.

(3) 중간태(middle voice): 헬라어에 존재하는 독특한 태인데, 주어의 동작이 다시 주어에게로 돌아오는 경우이다. 능동태는 주어가 단순히 동작을 일으키는 것에 지나지 않지만, 중간태에서는 주어에 특별한 관심을 갖게 한다.

3. 시제(tense) 혹은 시상(aspect)

헬라어 동사에는 법과 태뿐만 아니라 시제(tense)도 있다. 헬라어의 시제로는 현재(present), 미래(future), 미완료(imperfect), 부정과거(aorist), 현재완료(perfect), 과거완료(pluperfect), 미래완료(future perfect) 등 일곱이 있다. 이 중에서 현재, 미래, 현재완료, 미래완료를 보통 제1시제(primary 혹은 principal tense)라 부르고, 미완료, 부정과거, 과거완료를 제2시제(secondary 혹은 historical tense)라 부른다.

하지만 이러한 일곱 가지 시제는 직설법에서만 적용되어 행동의 시간(time of action)을 나타내 준다. 다른 법에서는 이러한 일곱 가지 시제가 다 사용되는 것도 아니며, 또한 일부의 시제가 사용된다고 하더라도 직설법에서 사용되었던 시간의 개념을 가지고 있는 것이 아니라 동사의 동작의 종류(kind of action) 혹은 상태를 말해 주는 역할을 한다. 그러므로 다른 법에서는 시제라는 말보다는 시상(Aspect 혹은 독일어로 Actionsart [동작의 모양])이라 부른다. 그러므로 본서에서는 특별한 경우가 아니면 통일하여 모두 시상이라 부른다.

4. 동사의 구성요소

다음의 요소들이 헬라어 동사의 기본요소들이다. 물론 모든 동사가 다음의 요소들을 다 포함하는 것은 아니다. 그러나 다음의 요소들이 헬라어 동사의 시상, 법, 태를 구성할 때 사용되는 것이므로 미리 그 개념을 알고 있으면 도움이 된다. 다음에 논의되는 것 이외에 기원법이나 분사에는 그 고유의 어미가 사용되며, 명령법과 부정사에도 그 자체의 어미가 사용된다.

(1) 어간(stem)과 주요부분(principal parts)

①어간

어간(stem)은 어떤 시상이나 태에서도 변하지 않고 그 동사의 사전적인 뜻을 전달하는 동사의 부분을 지칭하는 말이다. 여기서 어근(root), 동사어간(verb stem), 시상어간(tense stem) 등은 구분되어야 한다. 어근(root)은 독립적으로 존재하지 않는 근원적이고 가설적인 형태이나, 그 단어의 기본적인 뜻을 가지고 있고 모든 파생어가 나온 뿌리를 말한다. 예를 들면, 시작이라는 의미가 있는 어근 ἀρχ 에서 ἄρχω, ἄρχων, ἀρχή, ἀρχαῖος, ἀρχι- 등이 파생되었다고 볼 수 있다.

동사어간(verb stem)이란 어떤 동사의 기본의미를 지니고 있으면서 다른 모든 시상 어간이 파생되어 나간 요소를 말한다. 동사어간은 어근과 같을 수도 있고 그렇지 않을 수도 있다.

시상어간(tense stem)이란 각 시상과 태에서 달리 사용되는 요소를 말한다. 미래, 부정과거, 현재완료, 과거완료 등에서 태가 바뀔 때마다 상이한 어간이 사용되므로, 이를 시상 – 태 어간(tense-voice stem)이라 부르는 것이 더 정확할 것이다.

② 동사의 주요부분

헬라어에서 우리는 동사어간을 알면 보통 시상어간(혹은 시상 – 태 어간)을 결정할 수 있다. 하지만 여러 다른 요소들이 끼어들면서 이 일은 어렵게 된다. 더욱이 불규칙적으로 변화하는 동사들은 예측하기가 불가능하다. 영어의 go-went-gone을 예로 든다면 이해하기가 쉬울 것이다. 우리가 잘 아는 대로 go는 현재형, went는 과거형, gone은 과거분사형이다. 보통 영어사전 뒤에 나오는 소위 불규칙동사 표를 보면 우리는 이러한 동사들의 목록을 얻을 수 있다.

헬라어에는 이와 같은 것이 동사의 주요부분(principal parts)이라 불리면서 모두 다 직설법 1인칭 단수로 현재 능동태 — 미래 능동태 — 부정과거 능동태 — 현재완료 능동태 — 현재완료 중간태/수동태 — 부정과거 수동태의 순서로 배열된 6종류의 주요부분이 있다. 본서에는 부록에 불규칙으로 변화하는 헬라어 동사의 주요부분의 목록을 수록하였다. 그래서 우리는 이 목록에서 여러 시상, 태, 법에서 사용될 수 있는 접두모음, 음절중복, 시상어간, 간모음, 모음이나 자음삽입, 시상접미어, 동사의 어미 등에 관한 정보를 얻을 수 있다.

동사의 제 1 주요부분은 현재 능동태(디포넌트 동사인 경우는 중간태/수동태 형) 직설법 1인칭 단수이며, 특별한 경우가 아니면 보통 사전에 나오는 형이다. 이 제 1 주요부분에서 어미를 뗀 형태가 현재어간이다. 이 현재어간에서 현재 능동태, 중간태/수동태 직설법, 가정법, 기원법, 명령법, 부정사, 분사, 그리고 미완료 능동태, 중간태/수동태 등이 만들어진다. 이 모든 형태를 우리는 현재체계라 부른다.

동사의 제 2 주요부분은 미래 능동태(디포넌트 동사인 경우는 중간태 형) 직설법 1인칭 단수이다. 여기에서 시상 접미어와 어미를 뗀 형태가 미래어간이다. 이 미래어간은 미래 능동태와 중간태 직설법, 부정사, 분사 등에 사용되며 이 모든 형태를 미래체계라 부른다.

동사의 제 3 주요부분은 부정과거 능동태(디포넌트 동사인 경우는 중간태 형) 직설법 1인칭 단수이다. 여기에서 접두모음, 시상접미어, 그리고 어미를 뗀 형태가 부정과거 어간이다. 이 부정과거 어간에서 부정과거 능동태와 중간태 직설법, 가정법, 기원법, 명령법, 부정사, 분사 등이 만들어진다. 이 모든 형태를 우리는 부정과거(능동태 — 중간태) 체계라 한다.

동사의 제 4 주요부분은 현재완료 능동태 직설법 1인칭 단수이다. 디포넌트 동사에는 동사의 제 4 주요부분이 보통 없다. 이 제 4 주요부분에서 음절중복, 시상접미어, 그리고 어미를 뗀 형태가 현재완료 능동태 어간이다. 이 현재완료 능동태 어간은 현재완료 능동태 직설법, 가정법, 명령법, 부정사, 분사, 과거완료 능동태 직설법, 미래완료 능동태 직설법 등에 사용되며, 이 모든 형태를 현재완료 능동태 체계라 한다.

동사의 제 5 주요부분은 현재완료 중간태/수동태 직설법 1인칭 단수이다. 여기에서 음절중복과 어미를 뗀 형태가 현재완료 중간태/수동태 어간이다. 이 현재완료 중간태/수동태 어간은 현재완료 중간태/수동태 직설법, 명령법, 부정사, 분사, 과거완료 중간태/수동태 직설법, 미래완료 중간태/수동태 직설법 등에 사용되고, 이 모든 형태를 현재완료 중간태/수동태 체계라 부른다.

마지막으로 동사의 제 6 주요부분은 부정과거 수동태 직설법 1인칭 단수이다. 여기에서 접두모음, 시상접미어, 그리고 어미를 뗀 형태가 부정과거 수동태 어간이다. 이 부정과거 수동태 어간은 부정과거 수동태 직설법, 가정법, 기원법, 명령법, 부정사, 분사, 그리고 미래 수동태 직설법, 부정사, 분사 등에 사용되며, 이 모든 형태를 부정과거 수동태 체계라 한다.

(2) 간모음(thematic vowel)

간모음은 간혹 변이모음(variable vowel) 혹은 연결모음(connecting vowel)으로도 불리는데, μ나 ν 앞에서는 o이, 다른 철자 앞에서는 ϵ이 사용된다(가정법에서는 각각 ω와 η가 사용된다). 이 간모음들은 어간에 어미가 추가될 경우, 발음을 용이하게 해주기 위하여 사용되는 것이다. 이 간모음은 동사에서만 그리고 다음의 시상과 태에서만 나온다. 현재, 미래, 미완료의 능동태, 중간태, 수동태, 간모음이 들어가는 제 2 부정과거 능동태와 중간태.

(3) 시상접미어(tense suffix)

시상접미어는 시상을 나타낸다. 어떤 동사에서는 태를 나타내기도 한다. 시상접미어와 그 용도는 다음과 같다.

시상접미어	용도
σ	미래 능동태, 중간태, 수동태 직설법(유음동사 미래: $\epsilon\sigma$; Attic 미래: $\sigma\epsilon$)
$\sigma\alpha$	제 1 부정과거 능동태, 중간태 직설법(제 1 부정과거 능동태 3인칭 단수: $\sigma\epsilon$)
$\kappa\alpha$	현재완료 능동태 직설법과 κ-유형 동사의 제 1 부정과거 능동태 직설법 (현재완료 능동태 직설법 3인칭 단수와 현재완료 능동태 부정사: $\kappa\epsilon$; 현재완료 능동태 분사: κ; 제 2 현재완료 능동태 직설법: $\alpha[\epsilon]$)
$\kappa\epsilon\iota$	과거완료 능동태 직설법(제 2 과거완료: $\epsilon\iota$)
$\theta\eta$	부정과거 수동태, 미래 수동태 직설법(가정법, 기원법, 분사: $\theta\epsilon$; 제 2 부정과거와 제 2 미래 수동태 직설법: $\eta[\epsilon]$)

(4) 어미(endings)

시상의 종류		능동태		중간태/수동태	
		단수	복수	단수	복수
제 1 시상	1 인칭	-μι	-μεν	-μαι	-μεθα
(현재, 미래,	2 인칭	-σι	-τε	-σαι	-σθε
현재완료)	3 인칭	-τι	-ντι	-ται	-νται
제 2 시상	1 인칭	-ν/-	-μεν	-μην	-μεθα
(미완료, 부정과거,	2 인칭	-ς	-τε	-σο	-σθε
과거완료)	3 인칭	-	-ν/-σαν	-το	-ντο

(5) 움직이는(movable) ν

ε으로 끝나는 동사의 3인칭 형태와 ἐστί에는 ν를 붙인다. 다음에 이어 나오는 단어가 모음으로 시작할 경우에는 언제나 붙이는데, 이어 나오는 모음과 합쳐지는 것을 막기 위함이다. 그리고 자음으로 시작하는 단어가 올지라도 붙이는 경우가 종종 있다. 그리고 절의 끝이나 문장의 끝에는 보통 붙인다. 이를 움직이는 ν 혹은 가동의 ν라 부른다.

동사의 구성요소에는 이외에도 제 2 시상에 붙이는 접두모음(augment), 완료형들에 붙이는 음절중복(reduplication) 등이 있다. 이러한 것들은 앞으로 해당사항들이 나오는 곳에서 논의될 것이다.

II. 현재 직설법

◆ 어형 익히기

1. 현재 능동태 직설법

현재 능동태 직설법은 현재어간 + 간모음(ε/ο) + 제 1 시상 능동태 어미로 이루어진다. 현재는 제 1 시상에 속하므로 현재 능동태 직설법에는 제 1 시상어미가 사용되며, 간모음이 붙은 상태에서 다음과 같은 변화과정을 겪어서 최종적인 어미가 형성되었다. 현재 능동태 직설법의 최종적인 어미와 현재 능동태 직설법의 예는 다음과 같다.

현재 능동태 직설법 어미

(단 1) -ο-μι → ω (어미를 사용하지 않고, ο이 ω로 장음화되었다.)

(단 2) -ε-σι → -εις (모음 사이에 있는 σ가 탈락하고, ε과 ι가 중모음 ει로 변하고, 3인칭과 구별하기 위하여 ς를 첨가하였다.)

(단 3) -ϵ-τι → -ϵι (마지막 ι 앞에서 τ는 σ가 되고, 다시 이 σ는 모음 사이에서 탈락하고, ϵ과 ι 는 중모음 ϵι가 되었다.)

(복 1) -ο-μϵν → -ο-μϵν

(복 2) -ϵ-τϵ → -ϵ-τϵ

(복 3) -ο-ντι → -ουσι(ν) (마지막 ι 앞에서 τ는 σ가 되고, ν는 σ 앞에서 탈락되며, 그 대신 ο 은 ου로 장음화되어 ν의 탈락을 보상한다.)

예: λέγω(654)

	단수	복수
1 인칭	λέγ-ω	λέγ-ο-μϵν
2 인칭	λέγ-ϵις	λέγ-ϵ-τϵ
3 인칭	λέγ-ϵι	λέγ-ουσι(ν)

※참고

1. 3인칭 복수의 괄호 안에 있는 ν는 움직이는 ν이다.
2. 현재 능동태 직설법의 해석은 "~ 한다" 혹은 "~ 하고 있다"로 해석한다. λέγ-ω의 경우는 "내가 말한다" 혹은 "내가 말하고 있다"로 해석한다.

♠ **단어 익히기**(λέγω와 동일하게 변하는 동사): 괄호 안의 숫자는 해당형태의 빈도수임.

αἴρω(10): 취하다, 제거하다, 들어올리다
ἀκούω(46): 듣다, 주의하다(속격지배 동사)
ἀποστέλλω(14): (멀리)보내다
βάλλω(13): 던지다, 놓다, 붓다, 투자하다
βλέπω(43): 보다, 볼 수 있다, 주의하다
γινώσκω(53): 알다, 인식하다, 배우다
γράφω(16): 쓰다, 기록하다
διδάσκω(11): 가르치다
ἐκβάλλω(19): 쫓아내다, 추방하다
ἐλπίζω(15): 바라다, 소망하다, 기대하다
ἐσθίω(20): 먹다, 소비하다
ϵὑρίσκω(19): 발견하다, 얻다, 받다
ἔχω(300): 가지다, 취하다, 소유하다
θέλω(103): 뜻하다, 의지를 가지다, 원하다
κρίνω(20): 판단하다, 심판하다, 정죄하다
λαμβάνω(31): 취하다, 받다, 얻다, 고르다
λέγω(654): 말하다, 부르다, 명하다
μένω(300): (자)머물다, 거하다; (타)기다리다
πιστϵύω(36): 믿다, 신뢰하다, 의탁하다
ὑπάγω(30): 가다, 떠나다, 멀리 가다, 돌아가다

※(자) = 자동사; (타) = 타동사

2. 현재 중간태/수동태

현재 직설법에서 중간태와 수동태의 형태는 동일하다. 현재 중간태/수동태 직설법은 현재어간 + 간모음(ϵ/ο) + 제 1 시상의 중간태/수동태 어미로 이루어지고, 최종적인 어미와 그 예는 다음과 같다.

현재 중간태/수동태 직설법 어미 　　　　　　　　예: ἐγείρω

	단수	복수	단수	복수
1 인칭	-ο-μαι	-ό-μεθα	ἐγείρ-ο-μαι	ἐγειρ-ό-μεθα
2 인칭	-ῃ	-ε-σθε	ἐγείρ-ῃ	ἐγείρ-ε-σθε
3 인칭	-ε-ται	-ο-νται	ἐγείρ-ε-ται	ἐγείρ-ο-νται

※참고

1. 2인칭 단수의 원래 어미는 -ε-σαι인데, 모음 사이에 있는 σ는 탈락하고, ε과 αι가 단축되어 -ῃ가 된 것이다.
2. 현재 중간태 직설법은 "~ 자신(을 위하여)이 ~ 한다" 혹은 "~ 하고 있다"로 해석하며, 현재 수동태 직설법은 "~ 가 ~ 을 당하고 있다" 혹은 "~ 가 ~ 하여지고 있다" 등으로 해석한다. 그러나 디포넌트 동사는 능동태처럼 해석한다.

♠ **단어 익히기**(ἐγείρω와 동일하게 변하는 동사)

κρίνομαι(8) ← κρίνω 　　　　　　　　λέγομαι(7) ← λέγω

ἐγείρομαι(12) ← ἐγείρω: 일으키다, 살리다, 깨우다

εὐαγγελίζομαι(7) ← εὐαγγελίζω: (능/중)복음 전하다, 선포하다

σπείρομαι(6) ← σπείρω: 씨를 뿌리다

ὑποτάσσομαι(5) ← ὑποτάσσω: 복종하다, 굴복하다, 권세 아래 있다

φαίνομαι(7): ← φαίνω: (능)빛나다, 빛을 발하다; (중/수)나타나다, 보이다

ἀποκρίνομαι(7): (디포)대답하다(여격지배 동사)

ἀσπάζομαι(21): (디포)인사하다, 안부를 전하다, 환영하다, 작별인사를 하다

βούλομαι(12): (디포)뜻하다, 원하다, 계획하다

δέχομαι(7): (디포)영접하다, 환영하다

γίνομαι(26): (디포)되다, 이다, 일어나다(주격보어를 취한다.)

δέομαι(8): (디포)구하다, 애원하다, 기도하다

ἐγκρατεύομαι(2): (디포)삼가다, 절제하다

ἐπαισχύνομαι(7): (디포)부끄러워하다

ἐργάζομαι(10): (디포)일하다, 장사하다, 수행하다

κατεργάζομαι(9): (디포)행하다, 수행하다, 생산하다, 준비되다, 극복하다, 정복하다

ἔρχομαι(131): (디포)가다, 오다, 나타나다

ἐξέρχομαι(5): (디포)밖으로 나가다(오다), 탈출하다, 발원하다

διέρχομαι(3): (디포)통과하다, 건너가다(오다), 돌아다니다

λογίζομαι(13): (디포)계산하다, 여기다, 고려하다, 생각하다

διαλογίζομαι(5): (디포)토론하다, 논쟁하다, 생각하다, 숙고하다

μαίνομαι(5): (디포)미치다, 정신이 나가다

πορεύομαι(15): (디포)가다, 전진하다; 여행하다; 떠나다; 살다; 죽다

ἐκπορεύομαι(9): (디포)나가다(오다); 발원하다, 일어나다

εἰσπορεύομαι(5): (디포)안으로 들어가다(오다)

προσεύχομαι(6): (디포)기도하다 *ψεύδομαι*(6): (디포)거짓말하다, 거짓되다

※참고

1. 위에 (디포)라고 표기된 것은 디포넌트 동사임을 의미한다. 디포넌트 동사에 대하여는 다음의 설명을 참조하면 좋을 것이다. 또한 (능)=능동태, (중)=중간태, (수)=수동태를 의미한다.
2. 어떤 동사는 능동태와 중간태가 전혀 다른 뜻을 지니는 동사도 있다. *ἄρχω*는 "다스리다" 의 뜻으로, *ἄρχομαι*는 "시작하다" 의 뜻으로 사용된다.

3. 디포넌트(deponent) 동사

헬라어 동사들 중에는 중간태와 수동태의 형태는 있으면서 능동태의 형태는 없는 것들이 많이 있다. 디포넌트(deponent)란 말은 라틴어의 '데포노' (depono,옆으로 제쳐놓다)에서 온 말로서 중간태나 수동태 형태를 선호하여 능동태 형태를 제쳐놓게 된 동사를 말한다. 예를 들자면, 신약성서에 가장 많이 나오는 디포넌트 동사는 *ἔρχομαι*(131)인데, 이 동사에서 보듯이 그 형태는 중간태(수동태)이나 그 의미는 능동태이다. 디포넌트 동사의 용례는 다음과 같으며, 이어서 논의되는 중간태의 용례와 흡사한 점이 많다.

(1) **상호성을 표현하는 디포넌트 동사**: 동사의 동작이 주어와 목적어 모두에게 영향을 미쳐서 한쪽이 없다면 어떤 동작도 가능하지 않게 되는 상황을 묘사한다. 위에 나온 디포넌트 동사들 중에서 *ἀποκρίνομαι*(대답하다), *ἀσπάζομαι*(인사하다), *δέχομαι*(영접하다), *ψεύδομαι*(거짓말하다) 등이 여기에 속한다.

(2) **재귀성을 표현하는 디포넌트 동사**: 동사의 동작이 주어에게로 돌아오는 것을 표현한다. 위에 나온 디포넌트 동사들 중에서 *ἐπαισχύνομαι*(부끄러워하다), *ἐγκρατεύομαι*(절제하다) 등이 여기에 속한다.

(3) **자기 참여를 표현하는 디포넌트 동사**: 주어만이 경험할 수 있는 과정을 묘사한다. 위에 나온 디포넌트 동사들 중에서 *ἔρχομαι*(가다, 오다)와 그 합성동사들 *πορεύομαι*(가다, 오다)와 그 합성동사들, *βούλομαι*(원하다), *διαλογίζομαι*(숙고하다) 등이 여기에 속한다.

4. 중간태의 종류

(1) **재귀적 중간태**(reflexive middle): 동사의 행동의 결과가 직접적으로 주어에 미치는 중간태

(마 27:5, 유다가 스스로 목을 매달았다.)를 말한다. 그러나 신약성서에서 재귀적인 표현을 위하여 중간태를 사용하기보다는 능동태를 쓰면서 후에 배우게 되는 재귀대명사를 쓰는 경우가 더 많다.

(2) 강조적 중간태(intensive middle): 그 결과에 참여하기보다는 행동을 일으킨 행위자로서 주어를 강조하는 중간태 (히 9:12, 그가 친히 영원한 속죄를 이루셨다.)를 말한다.

(3) 상호적 중간태(reciprocal middle): 주어가 복수이며 동사의 행동이 서로 교환되는 중간태(요 9:22, 유대인들이 서로 결의하였다.)를 말한다.

5. 수동태의 행위자

수동태의 행위자(agent 혹은 agency)표시는 다음과 같이 분류된다.

(1) 직접적인 행위자: 행동을 일으키는 행위자를 전치사 ὑπό + 속격(~ 에 의하여)으로 표현한다.

(2) 중간적인 행위자: 원래의 행위자가 대리로 사용하는 중간 행위자를 표현한다. 전치사 διά + 속격(~ 을 통하여)으로 이루어진다.

(3) 비인칭적인 행위자: 전치사 ἐν + 여격(~ 으로) 혹은 전치사 없이 단지 여격(~ 으로)만 사용되기도 한다.

(4) 행위자 표시가 없는 경우: 많은 경우 신성한 수동태(divine passive) 혹은 신학적인 수동태(theological passive)라고도 불리며 행위자가 생략되었으나 암시된 수동태이다.

6. εἰμί 의 현재 직설법

εἰμί 는 -μι동사이나 불규칙적으로 변화하기 때문에 별도로 다루는 것이 필요하다. 기본구조는 어간 ἐσ + 제 1 시상 능동태 어미로 구성된다. εἶ 만 제외하고 모두 전접어이다. 동작을 나타내기보다는 상태를 표시하는 동사이므로 태가 없다(전접어는 p. 265쪽 참조).

	단수	복수
1 인칭	εἰ-μί (1,429)	ἐσ-μέν
2 인칭	εἶ	ἐσ-τέ
3 인칭	ἐσ-τί(ν)	εἰσί(ν)

♣ 직설법 현재의 용법

현재 직설법은 보통 현재의 선적인(linear) 동작을 나타낸다. 선적인 동작이란 지속적이거나 진행 혹은 반복적인 행동을 말한다. 현재 직설법은 (1) 말하는 순간에 일어나고 있는 행동을 기술하거나(서술적 현재 혹은 단순 현재) (2) 관습이나 습관을 표현하거나(반복적 현재) (3) 과거의 사건을 생생하게 묘사하거나(역사적 현재) (4) 진리나 격언을 말하거나(격언적 현재)할 때에 사용된다. 더 자세한 것은 권말부록을 참조하면 좋을 것이다.

※ 동사의 분해: 헬라어에서 동사의 분해(location)란 시상, 태, 법, 인칭, 수, 원형, 뜻의 순서대로 확인하는 일을 말한다. 즉 *λέγεις*를 분해하면, 현재, 능동태, 직설법, 2인칭, 단수, *λέγω*, 말하다가 된다.

♠ 단어 익히기

동사

ἄρχω: 다스리다(속격지배 동사); (중)시작하다

εἰμί: 이다, 있다, 일어나다, 살다, 머물다, 가다, 오다

관사: *ὁ, ἡ, τό*: 그(남성, 여성, 중성)

접속사

καί: 그리고, ~ 와, 역시, ~ 도, 즉

δέ: 그런데, 그러나, 오히려, 이제, 그래서(문장의 처음에는 오지 못하고 항상 두번째 자리에 온다. 이를 후접사[postpositive]라 부른다.).

부사/불변화사

ἀμήν: 아멘, 진실로

πῶς: 의문부사. 어떻게(how)?

ποῦ: 의문부사. 어디에(where)? 어느 곳에? 어느 곳으로?

♥ 성경 문장 읽기(다음 문장에 나오는 동사들을 분해해 보시오.)

1. *βάλλεται.* (마 3:10)
2. *ἀκούετε καὶ βλέπετε·*(마 11:4)
3. *ἀκούουσιν, ἐγείρονται, εὐαγγελίζονται·* (마 11:5)
4. *γινώσκεται.* (마 12:33)
5. *γινώσκετε* (마 24:32)
6. *καὶ πορεύεται... καὶ ἔρχεται*(눅 7:8)
7. *ὁ δὲ θεὸς*(하나님) *γινώσκει τὰς καρδίας*(마음들을) ·(눅 16:15)
8. *βαπτίζεις;* (요 1:25)
9. *λαμβάνει*(눅 11:10)
10. *ποῦ μένεις;* (요 1:38)
11. *εὑρίσκει Φίλιππος*(빌립이) (요 1:45)
12. *ἔρχονται* (요 3:26)
13. *Ἀμὴν ἀμὴν λέγω* (요 5:24)
14. *Πιστεύω, κύριε* (주여) (요 9:38)

15. *ἀσπάζεται* (롬 16:23)

16. *ἀκούεται*(고전 5:1)

17. *εὑρισκόμεθα* (고전 15:15)

18. *Πῶς ἐγείρονται οἱ νεκροί*; (죽은 자들이) (고전 15:35)

19. *πιστεύομεν* (고후 4:13)

20. *Γράφω* (요일 2:12)

제 3 장

실명사 개관 및 제 2 변화명사

(The Second Declension Noun)

I. 실명사 개관

실명사(substantive)란 명사 및 명사처럼 쓰이거나 명사와 함께 쓰이는 단어를 말한다. 헬라어에서는 명사, 형용사, 관사, 대명사, 수사 등이 실명사에 속한다. 물론 부정사와 분사도 실명사처럼 사용될 때가 있으나, 그것들은 동사어간에서 만들어지는 것이기 때문에 동사를 다룰 때 다루기로 한다.

실명사의 특징은 성(gender), 수(nember), 격(case)이 있다는 것이다. 헬라어의 성(gender)에는 남성(masculine), 여성(feminine), 중성(neuter)이 있다. 헬라어에서는 자연적 성(sex)만을 표시하는 것이 아니라 가끔씩은 문법적(grammatical) 성일 때가 있다.

수(number)에는 단수(singular), 복수(plural)가 있다. 쌍수(dual)는 헬레니즘 시기에 사라졌고 신약에서는 그 흔적을 찾을 수가 없다.

격 체계(case system)는 5격 체계(주격[nominative], 속격[genitive], 여격[dative], 대격[accusative], 호격[vocative])과 8격 체계(5격 체계에 탈격[ablative], 처격[locative], 구격[instrumental]을 첨가한다.)가 있다. 구문론(syntax)에서는 8격 체계를 따르는 경우가 많지만, 어형론(morphology)에서는 대부분의 문법학자들이 5격 체계를 따르고 있다. 본서에서는 통일성을 주기 위하여 일관성 있게 5격 체계를 취하고 있다.

II. 명사

영어의 명사(noun)라는 단어는 이름을 의미하는 라틴어의 '노멘'(nomen)에서 왔다. 그러므로 명사는 사람이나 사물을 지칭하거나 그 성질을 말하는 기능을 한다. 헬라어의 모든 명사는 성을 가지며 격과 수에 따라서 변화한다. 우리는 이것을 명사의 변화(declension)라 부른다. 헬라어 문장에서 명사는 그 위치가 아니라 변화된 형태에 의하여 뜻이 정해진다. 헬라어 명사는 크게 세 종류의 변화로 분류된다. 제 1 변화명사, 제 2 변화명사, 제 3 변화명사 등이다. 제 1 변화와 제 2 변화명사는 명사어간이 모음으로 끝나고, 제 3 변화명사는 자음이나 반모음으로 끝난다. 변화의 규칙성과 명사의 수에 따라서 편의상 제 2 변화, 제 1 변화, 제 3 변화의 순으로 공부하는 것이 좋다.

III. 제 2 변화명사

◆ 어형 익히기

제 2 변화명사는 신약성서에서 도합 695단어가 4,269번 나오고 있다. 제 2 변화에 속하는 명사에는 남성명사가 약 62 %, 여성명사가 7 %, 중성명사가 31 %를 차지하고, 주격 단수가 *-ος*(남성이나 여성)로 끝나는 명사와 *-ον*(중성)으로 끝나는 명사로 크게 두 무리로 나뉘어진다. 이처럼 제 2 변화를 따라 변화하는 명사는 그 어간이 모두 *ο*으로 끝나기 때문에 *ο*변화로 부르기도 한다. 제 2 변화명사의 원시어미(primitive endings)는 다음과 같다.

	단수		복수	
	남성/여성	중성	남성/여성	중성
주격	*-ς*	*-ν*	*-ι*	*-α*
속격	*-ο*	*-ο*	*-ων*	*-ων*
여격	*-ι*	*-ι*	*-ις*	*-ις*
대격	*-ν*	*-ν*	*-νς*	*-α*
호격	*-ε*	*-ν*	(항상 주격과 동일함)	

이 원시어미가 명사의 어간모음 *ο*과 합해지면서 어미가 최종적으로 다음과 같이 변화되었다.

	단수		복수	
	남성/여성	중성	남성/여성	중성
주격	*-ος*	*-ον*	*-οι*	*-α*
속격	*-ου*	*-ου*	*-ων*	*-ων*
여격	*-ῳ*	*-ῳ*	*-οις*	*-οις*
대격	*-ον*	*-ον*	*-ους*	*-α*
호격	*-ε*	*-ον*	(항상 주격과 동일함)	

1. 남성/여성명사(*-ος* 명사)의 변화

여기에 속하는 명사는 대부분 남성명사이고, 여성명사 혹은 남녀 공동명사가 약간 있다.

	예:	θεός, -οῦ, ὁ 혹은 ἡ(1,318): 신, 하나님		
단수	주격	θε-ός	복수	θε-οί
	속격	θε-οῦ		θε-ῶν
	여격	θε-ῷ		θε-οῖς
	대격	θε-όν		θε-ούς
	호격	θε-έ		

※ 액센트의 관점에서 볼 때, 복수 주격의 οι는 짧은 것으로 간주된다. 사전형인 단수 주격에서 얼티마에 애큐트 액센트가 있는 명사는 단수와 복수의 속격과 여격에서 써컴프렉스 액센트로 바뀐다.

♠ **단어 익히기**(θεός와 동일하게 변화하며 신약성서에 많이 나오는 명사)

ἄγγελος, -ου, ὁ(176): 천사, 사자; (angel)
ἀγρός(37): 들, 농장, 시골
ἀδελφός(343): 형제(형, 동생), 동포, 이웃
Αἴγυπτος, -ου, ἡ(25): 애굽, 이집트
ἄνεμος(31): 바람
ἄνθρωπος(551): 인간, 사람, 아들, 종
ἀπόστολος(80): 사도, 사자; (apostolic)
ἀριθμός(18): 수, 총수
ἄρτος(97): 떡, 떡덩이, 양식, 먹을 것
γεωργός(19): 농부, 소작인, 포도원지기
βίβλος, ἡ(10): 책, 기록; (bibliography)
Δαμασκός, ἡ (15): 다메섹
διάκονος, ὁ/ἡ(29): 종, 일꾼, 집사
διδάσκαλος(59): 선생, 교사, 랍비
δοῦλος(124): 종, 노예
ἔρημος, ἡ(48): 광야, 사막
Ἔφεσος, ἡ(16): 에베소
ζῆλος(14): 열심(제 3 변화로도 2번 나온다.)
ἥλιος(32): 해, 태양
θάνατος(120): 죽음
θρόνος(62): 보좌
θεός, ὁ/ἡ(1,318): 하나님; 신, 여신; (theology)
Ἰάκωβος(42): 야고보
καιρός(86): 시간, 적절한 때, 시기, 기회
καρπός(66): 열매, 수확, 결실, 이득, 후손
κόπος(18): 일, 노동, 힘든 일, 어려움
κύριος(719): 주, 주님, 주인, 선생님
κόσμος(186): 세상, 우주, 인류, 단장; (cosmic)
λαός(142): 백성, 대중, 민중
λίθος(59): 돌, 귀한 돌, 돌 형상; (lithography)
λόγος(330): 말, 말씀, 사건, 일, 계산
μισθός(29): 삯, 상급, 벌
ναός(45): 성전(본 건물). 신사
νόμος(195): 율법, 법, 원리. 규칙. 규범
ὁδός, *-οῦ, ἡ*(101): 길, 도, 여행
οἶκος(114): 집, 가정, 가족; (economy)
οἶνος(43): 포도주, 술
οὐρανός(274): 하늘
ὀφθαλμός(100): 눈, 시야
παρθένος, -ου, ὁ/ἡ(15): 처녀, 순결한 남자
ὄχλος(175): 군중, 무리, 민중; (ochlocracy)
Παῦλος(158): 바울

πειρασμός(21): 시험, 시련, 유혹

Πέτρος(156): 베드로

Πιλᾶτος(55): 빌라도

ποταμός(17): 강, 시내. 물

ῥάβδος, ἡ(12): 막대기, 지팡이, 홀

σταυρός(27): 십자가

στέφανος(18): 화관, 월계관, 상, 자랑

Τιμόθεος(24): 디모데

τόπος(94): 장소, 위치, 지점, 지역

υἱός(377): 아들, 자손, 씨, 상속자

Φαρισαῖος(99): 바리새인

Φίλιππος(36): 빌립

φόβος(47): 두려움, 경외, 존경심

χιλίαρχος(21): 천부장, 장교

Χριστός(531): 그리스도, 메시아

χρόνος(54): 시간, 때, 기간; (chronology)

2. 중성 명사(-ον 명사)의 변화

단수 주격이 ον으로 끝나는 모든 명사는 제 2 변화 중성명사이다. 단수와 복수에서 주격과 대격은 항상 같이 변화한다.

예: ἔργον, -ου, τό(169): 일

	단수	복수
주격	ἔργ-ον	ἔργ-α
속격	ἔργ-ου	ἔργ-ων
여격	ἔργ-ῳ	ἔργ-οις
대격	ἔργ-ον	ἔργ-α

♠ 단어 익히기(ἔργον과 동일하게 변화하는 명사)

ἀργύριον, -ου, τό(20): 은전, 돈, 은

βιβλίον(34): 책, 두루마리, 문서

δαιμόνιον(63): 귀신, 악령, 신

δένδρον(25): 나무

δῶρον(19): 선물, 예물

ἔργον(169): 일, 행위, 공적, 직업, 업무

ζῷον(23): 생물, 동물; (zoology)

εὐαγγέλιον(76): 복음, 기쁜 소식; (evangelism)

θηρίον(46): 짐승, 야수

θυσιαστήριον(23): 제단

Ἱεροσόλυμα(62, 복수만 나온다. 비교. 마 2:3): 예루살렘

ἱερόν(71): 성전(부속건물 포함), 성소

ἱμάτιον(60): 옷, 외투

μαρτύριον(19): 증거, 물증

μνημεῖον(40): 무덤, 묘, 기념비

μυστήριον(28): 비밀, 신비; (mystery)

ξύλον(20): 나무, 나무차꼬, 수갑, 몽둥이, 십자가

παιδίον(52): 어린 아이, 아이

πλοῖον(68): 배, 작은 배

ποτήριον(31): 잔, 마시는 그릇

πρόβατον(39): 양

πρόσωπον(76): 얼굴, 겉, 모양, 사람

σάββατον(67): 안식일, 일곱째 날, 주간

σημεῖον(75): 표적, 표, 상징, 기적　　　　τέκνον(99): 아이, 자녀, 자손

συνέδριον(22): 산헤드린(유대인의 최고회의), 회의, 지방회의

♣ 명사의 용법

위에서 언급한 대로 명사는 사람이나 사물을 지칭하거나 그 성질을 말하는 기능을 한다. 헬라어 명사는 문장 속에서 격의 종류에 따라서 다음과 같은 기능을 한다.

1. 주격(nominative)은 주로 동사의 주어와 술어로 사용되며, 관사와 같이 사용되면 호격(vocative)을 대신하기도 한다. 또한 이름이나 칭호에 주격이 사용된다.
2. 속격(genitive)은 소유, 한정, 성질, 척도나 가치, 주체나 대상, 분리, 장소, 시간, 비교 등을 나타낼 때 사용된다. 속격은 또한 형용사나 부사의 지배를 받기도 하며, 속격을 지배하는 동사의 직접목적어가 되기도 한다.
3. 여격(dative)은 동사의 간접목적어로 또한 여격을 지배하는 동사(또한 형용사)의 직접목적어로 사용된다. 뿐만 아니라 여격은 수단, 원인, 방법, 장소, 관심, 관계 등을 표현할 때 사용된다.
4. 대격(accusative)은 대부분 동사의 직접목적어로 사용된다. 대격은 또한 관계, 시간, 장소 등을 표현할 때 사용된다.
5. 호격(vocative)은 주로 호명, 책망, 맹세, 감탄 등에 사용된다. 관사가 붙여진 주격이 호격으로 사용되기도 한다. 신약성경에서 호격의 용례는 그리 많지 않다.

   구체적인 명사의 격의 사용에 관하여는 권말부록을 참조하기 바란다.

♣ 헬라어의 어순(word order)

헬라어는 어형변화가 많고 정교하기 때문에 어순이 자유롭다. 일반적으로 주어 + 동사 + 목적어의 어순을 취하나 다양한 어순을 가질 수 있다. 이는 주어, 동사, 목적어의 위치가 자유로워도 각각의 어형을 보면 알 수 있기 때문이며, 어순이 바뀌어도 의미에는 차이가 없다. 그러나 강조하는 말은 문장의 시작이나 끝에 놓인다.

※명사의 분해 : 성, 수, 격, 원형(단수 주격, 사전형), 뜻의 순서로 분해한다. 예를 들면, ὀφθαλμῷ는 남성, 단수, 여격, ὀφθαλμός, 눈으로 분해하면 된다.

♠ 단어 익히기

인칭대명사: ἐγώ: 1인칭 단수. 나 (egoism)　　　　σύ: 2인칭 단수. 당신, 너

전치사: διά + 대격: ~ 때문에, ~ 를 위하여

감탄사: ὦ: 오!

부사/불변화사: *οὐ*: 아니, 아닌(영어의 not); 연숨표가 붙은 모음 앞에서는 *οὐκ*로, 거친 숨표가 붙은 모음 앞에서는 *οὐχ*로 그 철자가 변하지만, 의미의 차이는 없다. 주로 직설법에서만 사용된다.

♥ 성경 문장 읽기

(다음 문장 중에 나오는 명사를 분해해 보시오.)

1. *ὁ ἄγγελος κυρίου* (마 1:24)
2. *κύριος ἐστιν τοῦ σαββάτου ὁ υἱὸς τοῦ ἀνθρώπου* (마 12:8)
3. *ὁ καιρὸς τῶν καρπῶν* (마 21:34)
4. *ὁ υἱὸς τοῦ ἀνθρώπου ὑπάγει* (마 26:24)
5. *καὶ οὐχ ὁ ἄνθρωπος διὰ τὸ σάββατον* (막 2:27)
6. *Ὁ ζῆλος τοῦ οἴκου* (요 2:17)
7. *Κύριε, ἄνθρωπον οὐκ ἔχω* (요 5:7)
8. *Ἐγώ εἰμι ὁ ἄρτος*(요 6:35)
9. *Ἐγὼ δαιμόνιον οὐκ ἔχω* (요 8:49)
10. *ἁμαρτωλῶν*(*ἁμαρτωλός* 죄인, 죄성을 지닌) *ὁ θεὸς οὐκ ἀκούει,* (요 9:31)
11. *σὺ εἶ ὁ Χριστὸς ὁ υἱὸς τοῦ θεοῦ*(요 11:27)
12. *Κύριε, ποῦ ὑπάγεις;* (요 13:36) (Domine, quo vadis?-Vulgate)
13. *νόμον ἔχομεν* (요 19:7)
14. *πιστεύω τῷ θεῷ* (행 27:25)
15. *Εὑρίσκω τὸν νόμον,* (롬 7:21)
16. *πρόσωπον ὁ θεὸς ἀνθρώπου οὐ λαμβάνει* (갈 2:6)
17. *υἱοὶ θεοῦ ἐστε* (갈 3:26)
18. *θεοῦ τὸ δῶρον* (엡 2:8)
19. *ὦ ἄνθρωπε θεοῦ* (딤전 6:11)
20. *τέκνα θεοῦ ἐσμεν* (요일 3:2)
21. *γινώσκει τὸν θεόν* (요일 4:7)
22. *ὁ λόγος τοῦ θεοῦ* (계 19:13)

제 4 장

제 1 변화명사와 관사
(The First Declension Noun and the Article)

I. 제 1 변화명사

◆ 어형 익히기

제 1 변화명사는 어간이 기본적으로 장모음 α로 끝나기 때문에(물론 η로 끝나는 명사도 있지만, 이는 장모음 α의 변형이라고 할 수 있다.) 일명 α변화로 불린다. 이 변화에 속하는 명사는 대부분 여성명사이고, 남성명사도 약간 있으나 중성명사는 하나도 없다. 신약성서에는 827단어가 도합 7,996번 나오고 있다. 제 1 변화명사의 원시어미(primitive endings)는 다음과 같았다.

		여성	남성		남성/여성
단수	주격	-	-ς	복수	-ι
	속격	-ς	-ου		-ων
	여격	-ι	-ι		-ις
	대격	-ν	-ν		-νς

이 원시어미가 명사의 어간모음 α/η와 합해지면서 어미가 최종적으로 다음과 같이 변화되었다. 제 1 변화의 기본적인 어미는 다음과 같이 단수에는 다섯 종류가 있으나 복수는 동일하게 변화된다.

	여성			남성			남성/여성
	α어미	η어미	α/η혼성어미	ας어미	ης어미		공통
단수 주격	-α	-η	-α	-ας	-ης	복수	-αι
속격	-ας	-ης	-ης	-ου	-ου		-ῶν
여격	-ᾳ	-ῃ	-ῃ	-ᾳ	-ῃ		-αις
대격	-αν	-ην	-αν	-αν	-ην		-ας
호격	-α	-η	-α	-α/-ας	-α		

1. 여성명사

(1) *α*어미 명사: *α*바로 앞에 모음(*ε*, *ι*)이나 *ρ*가 오는 명사가 여기에 속한다. 여기에는 비단축 *α*어미 명사와 단축 *α*어미 명사가 있다. 호격은 주격과 동일하다. 제 1 변화명사에서는 단수 주격의 액센트의 위치와 종류에 상관없이 복수 속격에서 얼티마에 써컴프렉스 액센트가 붙여진다. 그리고 복수 대격의 *ας*는 항상 길다.

(1-1) 비단축 *α*어미 명사: *ἡμέρα, -ας, ἡ*(389): 날

	단수	복수
주격	*ἡμέρ-α*	*ἡμέρ-αι*
속격	*ἡμέρ-ας*	*ἡμερ-ῶν*
여격	*ἡμέρ-ᾳ*	*ἡμέρ-αις*
대격	*ἡμέρ-αν*	*ἡμέρ-ας*

♠ **단어 익히기**(*ἡμέρα*와 동일하게 변화하는 명사)

ἀδικία, -ας, ἡ(25): 잘못, 불의, 부정, 죄
αἰτία(20): 원인, 이유, 항고의 조건, 죄목, 고소
ἀκροβυστία(109): 무할례, 이방인, 이방
ἀλήθεια(109): 진실, 올바름, 참, 진리, 실재
ἁμαρτία(173): 죄
ἀνομία(15): 불법, 죄, 악함
Ἀντιόχεια(18): 안디옥
ἀπώλεια(18): 멸망, 완전한 폐허, 지옥
Ἀσία(18): 아시아
ἀσθένεια(24): 약함, 병
βασιλεία(162): 왕국, 왕권, 왕정
Γαλιλαία(61): 갈릴리
βλασφημία(18): 하나님을 거역하여 말하기, 비방, 중상, 모독
γενεά(43): 세대, 기간, 시대, 가족, 자손
διακονία(34): 봉사, 섬김, 사역, 직무, 원조
διδασκαλία(21): 가르침, 가르치기, 교훈; (didactic)
ἐκκλησία(114): 교회, 회중, 회합, 모임, 회집; (ecclesiastical)
ἐξουσία(102): 권세, 권위, 능력, 정권
ἐπαγγελία(52): 약속(의 내용), 동의, 결정
ἐπιθυμία(38): 갈망, 욕구, 욕심
εὐλογία(16): 축복, 찬양, 복, 봉헌
εὐσέβεια(15): 경건, 경건한 삶, 종교
εὐχαριστία(15): 감사, 감사한 마음, 주의 만찬
ἡμέρα(389): 날, 때
θύρα(39): 문, 출입문, 출구, 기회
θυσία(28): 희생제물, 제물을 드리는 행위
Ἰουδαία(44): 유대
Καισάρεια(17): 가이사랴
καρδία(157): 심장, 속사람, 마음, 의지, 뜻; (cardiac)
κληρονομία(14): 기업, 유산(상속), 지분
κοιλία(22): 위, 배, 자궁, 입맛
κοινωνία(19): 교제, 사귐, 함께함, 연보
Μακεδονία(22): 마게도니아

Μαρία(26): 마리아	*μαρτυρία*(37): 증거, 평판
μετάνοια(22): 회개, 마음의 변화, 방향전환	
παρουσία(24): 도래, 도착, 임재	*παρρησία*(31): 개방, 솔직함, 담대함, 확신
πορνεία(25): 음란, 불성실함	*προφητεία*(19): 대언(예언), 대언의 은사
σκοτία(15): 어두움	*οἰκία*(93): 집, 가정, 권속; 비교. *οἶκος*
σοφία(51): 지혜, 통찰력, 지식; (philosophy; sophisticated)	
σωτηρία(45): 구원, 구출, 석방, 보호; (soteriology)	
χαρά(25): 기쁨, 즐거움, 행복, 기쁨의 이유(대상)	
χήρα(26): 과부	*χρεία*(49): 필요, 필요성, 부족, 결핍
χώρα(28): 시골, 지역, 영역, 땅, 들	*ὥρα*(106): 순간, 기회, 때, 기간

(1-2) **단축 *α*어미 명사**: 단축되는 *α*어미 명사는 신약성서에서 세 개 나오며, 단수로만 사용되고 있다. 이 단어들은 어간이 *ε*이나 *α*로 끝나는데 어미와 합하여 단축된 형태로 나타난다. *ε*은 뒤따라오는 *α*와 합해질 때, *η*로 단축되며, 두개의 *α*는 긴 *α*로 단축된다. 이때 애큐트 액센트는 써컴프렉스 액센트로 바뀐다.

예:	*γῆ, -ῆς, ἡ*(250): 땅	*συκῆ, -ῆς, ἡ* (9): 무화과나무	*μνᾶ, -ᾶς, ἡ*(9): 므나
주격	*γέ + α = γῆ*	*συκέ + α = συκῆ*	*μνά + α = μνᾶ*
속격	*γέ + ας = γῆς*	*συκέ + ας = συκῆς*	*μνά + ας = μνᾶς*
여격	*γέ + ᾳ = γῇ*	*συκέ + ᾳ = συκῇ*	*μνά + ᾳ = μνᾷ*
대격	*γέ + αν = γῆν*	*συκέ + αν = συκῆν*	*μνά + αν = μνᾶν*

♠ 단어 익히기

γῆ, -ῆς, ἡ(250): 땅, 흙, 육지, 지방, 지구, 인간, 인류; (geology)

συκῆ, -ῆς, ἡ(9): 무화과나무 *μνᾶ, -ᾶς, ἡ*(9): 므나, 헬라 금전, 100드라크마

(2) *η*어미 명사: *φωνή, -ῆς, ἡ*(139): 목소리(호격은 주격과 동일하다.)

	단수	복수
주격	*φων-ή*	*φων-αί*
속격	*φων-ῆς*	*φων-ῶν*
여격	*φων-ῇ*	*φων-αῖς*
대격	*φων-ήν*	*φων-άς*

♠ 단어 익히기(*φωνή*와 동일하게 변화하는 명사)

ἀγάπη, -ης, ἡ(116): 사랑, 관심, 애찬 *ἀδελφή*(20): 자매, 동료 신자

ἀκοή(24): 보고, 소식, 전파함, 귀, 들음
ἀρχή(55): 시작, 처음, 기원, 제 1 원인, 권세(자)
γραφή(51): 성경, 성경의 구절; (graphic)
διαθήκη(33): 언약, 계약, 유언
διδαχή(30): 교훈, 가르치는 내용(행위); (Didache)
δικαιοσύνη(92): 의, 하나님의 요구, 바른 관계
εἰρήνη(92): 평강, 평안, 조화, 질서
ἐντολή(67): 계명, 명령, 교훈
ἑορτή(25): 축제, 명절
ἐπιστολή(24): 편지; (epistle)
ζωή(135): 생명, 영생
κεφαλή(75): 머리, 주인, 우두머리
κώμη(27): 마을, 작은 읍
λύπη(16): 근심, 슬픔, 고통
νεφέλη(25): 구름
οἰκοδομή(18): (건물을)세움, 북돋움, 격려, 건물
οἰκουμένη(15): 세상, 사람 사는 땅, 인류
ὀργή(36): 진노, 분노, 심판, 원수갚음
παραβολή(50): 비유, 격언, 상징; (parable; parabolic)
περιτομή(36): 할례, 할례받은 이들, 유대인
πληγή(22): 재난, 불행, 강타, 상처
προσευχή(36): 기도, 기도처
σκηνή(20): 천막, (임시)거처, 장막, 집
τιμή(41): 영예, 존경, 공경, 값, 가치, 보수
συναγωγή(56): 쉬나고게, 유대인의 예배장소, 회중, 집회
τροφή(16): 음식(물), 영양섭취
ὑπακοή(15): 순종, 복종
ὑπομονή(32): 인내, 참음, 견인
φυλακή(47): 감옥, 옥, 수감 장소, 파수(대)
φυλή(31): 족속, 나라, 민족
φωνή(139):, 목소리, 소리, 소음, 외침, 말; (-phone; phonology)
ψυχή(103): 자아, 내적인 생명, 속사람, 목숨, 생물, 사람, 인간; (psychology)

(3) α/η혼성어미 명사: 자음(ρ는 제외)이 선행되며, α로 끝나는 명사에는 약간의 예외는 있지만 α/η혼성어미가 붙여진다. ζ, λλ, ξ, σ 다음에는 항상 α/η혼성어미가 붙여진다.

예: δόξα, -ης, ἡ(166): 영광

	단수	복수
주격	δόξ-α	δόξ-αι
속격	δόξ-ης	δοξ-ῶν
여격	δόξ-ῃ	δόξ-αις
대격	δόξ-αν	δόξ-ας

※ 호격은 주격과 동일하다.

♠ **단어 익히기**(δόξα와 동일하게 변화하는 명사)

ἄκανθα, -ης, ἡ(14): 가시나무
γέεννα(12): 힌놈의 아들의 골짜기, 지옥
γλῶσσα(49): 혀, 언어, 방언, 말; (glossary)

δοξα(166): 영광, 광채, 위엄, 영예, 명성; (doxology)

θάλασσα(91): 바다, 호수

μάχαιρα(29): 검, 칼

Πρίσκιλλα(3): 브리스길라

ῥίζα(17): 뿌리, 어린 가지

σπεῖρα(7): 보병대, 소대

τράπεζα(15): 상, 식탁, 음식, 은행

2. 남성명사

(4) *ας*어미 명사

(4-1) 속격의 어미가 -*ου*인 경우

세 단어(*μητρολῴας*[1, 어미를 죽이는 자], *πατρολῴας*[1, 아비를 죽이는 자], *νεανίας*[3, 청년])를 제외하고 모두 고유명사이다. 그리고 *μητρολῴας*와 *πατρολῴας*를 제외하고는 모두 단수로만 쓰이고 있다.

예: *Ἠλί-ας, -ου, ὁ* (29): 엘리야

주격	*Ἠλί-ας*
속격	*Ἠλί-ου*
여격	*Ἠλί-ᾳ*
대격	*Ἠλί-αν*
호격	*Ἠλί-α* 혹은 [*Ἠλί-ας*]

♠ **단어 익히기** (*Ἠλίας*와 동일하게 변화하는 명사)

Ἀνδρέας, -ου, ὁ (13): 안드레

Ἀνανίας(11): 아나니아

Ζαχαρίας(11): 스가랴

Ἠλίας(29): 엘리야

Ἠσαΐας(22): 이사야

Μεσσίας(2): 메시야, 기름 부음 받은 자; (messianic)

νεανίας(3): 젊은이, 청년

(4-2) 속격의 어미가 *α*인 경우: 이 변화에 속하는 명사는 모두 고유명사이며, 단수형만 쓰이고 있다. 그러나 이 변화에 속하는 네 단어(*βορρᾶς*[2, 북쪽], *κορβανᾶς*[1, 성전금고], *μαμωνᾶς*[3, 돈, 부], *σατανᾶς*[36, 사단, 대적자])는 보통명사이다.

예:	*Ἰούδ-ας, -α, ὁ* (45): 유다	*σαταν-ᾶς, -ᾶ, ὁ*(36): 사단
주격	*Ἰούδ-ας*	*σαταν-ᾶς*
속격	*Ἰούδ-α*	*σαταν-ᾶ*
여격	*Ἰούδ-ᾳ*	*σαταν-ᾷ*
대격	*Ἰούδ-αν*	*σαταν-ᾶν*

♠ **단어 익히기** (*'Ιούδας*와 동일하게 변화하는 명사)

'Αγρίππας, -α, ὁ(11): 아그립바, 헤롯 아그립바
Βαραββᾶς(11): 바라바
Βαρναβᾶς(28): 바나바, 위로의 아들
Θωμᾶς(11): 도마
'Ιούδας(45): 유다
σατανᾶς(36): 사단, 대적자
Σίλας(12): 실라

(5) *ης*어미 명사: *μαθητής, -οῦ, ὁ*(261): 제자

	단수	복수
주격	*μαθητ-ής*	*μαθητ-αί*
속격	*μαθητ-οῦ*	*μαθητ-ῶν*
여격	*μαθητ-ῇ*	*μαθητ-αῖς*
대격	*μαθητ-ήν*	*μαθητ-άς*
호격	*μαθητ-ά*	

♠ **단어 익히기**(*μαθητής*와 동일하게 변화하는 명사)

ᾅδης, -ου, ὁ(10): 하데스, 음부, 죽음, 지옥
βαπτιστής(12): 침례자, 침례 주는 이
δεσπότης(10): 주인, (노예의)소유자
ἑκατοντάρχης(16): 백부장
ἐργάτης(16): 일꾼, 노동자
ζηλωτής(8): 열심이 있는 자, 열심당원
'Ηρῴδης(43): 헤롯
'Ιορδάνης(15): 요단강
'Ισραηλίτης(9): 이스라엘 사람
'Ιωάννης(135): 요한
κλέπτης(16): 도둑
κριτής(19): 재판관
λῃστής(15): 강도, 도둑, 혁명가
μαθητής(261): 제자, 배우는 자, 따르는 자
μαργαρίτης(9): 진주
οἰκοδεσπότης(12): 가장, 집주인, 지주
ὀφειλέτης(7): 채무자, 죄인, 가해자
ποιητής(6): 행하는 사람, 하는 사람, 시인
προφήτης(144): 선지자, 대언자; (prophetic)
στρατιώτης(26): 군인; (strategic)
Σαμαρίτης(9): 사마리아 사람
ὑπηρέτης(20): 시종, 수종자, 종
τελώνης(21): 세리
ψεύστης(10): 거짓말쟁이
ὑποκριτής(17): 위선자; (hypocrite; hypocritical)
ψευδοπροφήτης(11): 거짓 선지자

II. 관사(the article)

1. 관사의 변화: *ὁ, ἡ, τό*

헬라어에는 부정관사가 없고, 단지 정관사만 사용되므로 관사라 함은 정관사를 의미한다. 이

정관사는 신약성서에서 가장 많이 나오는 단어이다(19,904번). 헬라어 관사는 중성을 제외한 모든 주격에서 거친 숨표가 사용되고, 그 외의 경우에는 모두 τ가 앞에 나온다. 그리고 어미변화는 남성과 중성에서 명사의 제 2 변화, 여성에서는 명사의 제 1 변화를 따른다.

정관사의 변화표

	단수			복수		
	남성	여성	중성	남성	여성	중성
주격	ὁ	ἡ	τό	οἱ	αἱ	τά
속격	τοῦ	τῆς	τοῦ	τῶν	τῶν	τῶν
여격	τῷ	τῇ	τῷ	τοῖς	ταῖς	τοῖς
대격	τόν	τήν	τό	τούς	τάς	τά

2. 관사의 용법

헬라어에는 영어와 같은 부정관사는 없고(εἷς[하나], τις[어떤]가 가끔 대신 쓰이지만, 마 8:19; 눅 10:25) 정관사만 있다. 영어나 한글로 이 정관사를 옮겨내기가 어렵다고 해서 헬라어의 정관사는 임의적이라는 결론을 내리는 것은 잘못이다. 헬라어 정관사는 구문론적으로(격을 표시한다)든 의미론적으로(어떤 명사를 특성화시킨다)든 어떤 역할을 한다. 하지만 많은 경우에 그 용례나 뉘앙스가 모호하기 때문에 각 경우를 다 분류해낼 수 있는 정확한 규칙을 세우기가 아주 곤란하다. 어떤 경우에는 정관사의 용례보다는 문맥이 그 의미를 알 수 있는 더 확실한 지침이 되기도 한다.

정관사는 주로 (1) 명사를 한정하거나 (2) 앞에 나왔던 것을 언급하거나 (3) 고유명사와 함께 사용되기도 한다. 또한 명사구를 형성하기도 하고 부정사와 함께 사용되기도 한다. 상세한 것은 나중에 논의될 것이다.

♠ 단어 익히기

전치사

ἐν: + 여격. ~ 안에, ~ 가운데

ἐνώπιον: + 속격. ~ 앞에, ~ 면전에, ~ 가운데(비정규 전치사)

παρά: + 속격. ~ 로부터; + 여격. ~ 와 함께; + 대격. ~ 곁에, ~ 위에

ὑπό: + 속격. ~ 에 의하여; + 대격. ~ 밑에; ~ 의 권세 아래에

수사: δύο: 둘; 여격에서만 δύσι(ν)으로 변화한다.

부사: ἔξω: 밖으로; 전치사. + 속격. ~ 밖에

접속사

γάρ: 그러므로, 왜냐하면, 그래서

ἀλλά: 그러나, 오히려, 반대로 (모음으로 시작하는 단어 앞에서는 마지막 모음이 생략된다. 즉 *ἀλλ'*가 된다.)

♥ **성경 문장 읽기**

(다음 문장에서 명사를 찾아 분해해 보시오.)

1. *καὶ γὰρ ἐγὼ ἄνθρωπός εἰμι ὑπὸ ἐξουσίαν* (마8:9)
2. *κύριος ἐστιν τοῦ σαββάτου ὁ υἱὸς τοῦ ἀνθρώπου.* (마12:8)
3. *'Αρχὴ τοῦ εὐαγγελίου 'Ιησοῦ* (예수) *Χριστοῦ υἱοῦ θεοῦ.*(막 1:1)
4. *οἱ μαθηταὶ 'Ιωάννου* (막 2:18)
5. *ὁ υἱὸς τοῦ ἀνθρώπου ἔρχεται.* (눅 12:40)
6. *οὐ χρείαν ἔχουσιν μετανοίας* (눅 15:7)
7. *γίνεται χαρὰ ἐνώπιον τῶν ἀγγέλων τοῦ θεοῦ* (눅 15:10)
8. *Μεσσίας ἔρχεται* (요 4:25)
9. *ἐγὼ δὲ οὐ παρὰ ἀνθρώπου τὴν μαρτυρίαν λαμβάνω,* (요 5:34)
10. *Δόξαν παρὰ ἀνθρώπων οὐ λαμβάνω,* (요 5:41)
11. *'Εγώ εἰμι ὁ ἄρτος τῆς ζωῆς* (요 6:35)
12. *ὁ δὲ δοῦλος οὐ μένει ἐν τῇ οἰκίᾳ* (요 8:35)
13. *ἔρχεται ὁ Φίλιππος καὶ λέγει τῷ 'Ανδρέᾳ, ἔρχεται 'Ανδρέας καὶ Φίλιππος καὶ λέγουσιν τῷ 'Ιησοῦ.* (요 12:22)
14. *'Εγώ εἰμι ἡ ὁδὸς καὶ ἡ ἀλήθεια καὶ ἡ ζωή·* (요 14:6)
15. *ἐν συναγωγῇ καὶ ἐν τῷ ἱερῷ,* (요 18:20)
16. *Σίμων*(시몬) *ὁ ζηλωτὴς καὶ 'Ιούδας 'Ιακώβου* (행 1:13)
17. *πιστεύεις, 'Αγρίππα, τοῖς προφήταις;* (행 26:27)
18. *'Αλήθειαν λέγω ἐν Χριστῷ, οὐ ψεύδομαι,* (롬 9:1)
19. *ὁ θεὸς τῆς εἰρήνης* (롬 15:33)
20. *ναὸς θεοῦ ἐστε* (고전 3:16)
21. *τὸ ποτήριον τῆς εὐλογίας* (고전 10:16)
22. *τὴν οἰκοδομὴν τῆς ἐκκλησίας* (고전 14:12)
23. *Μακεδονίαν γὰρ διέρχομαι,* (고전 16:5)
24. *'Ασπάζονται αἱ ἐκκλησίαι τῆς 'Ασίας* (고전 16:19)
25. *ἐστὲ ἐπιστολὴ Χριστοῦ* (고후 3:3)
26. *ταῖς ἐκκλησίαις τῆς 'Ιουδαίας* (갈 1:22)
27. *εἰσιν δύο διαθῆκαι,* (갈 4:24)

28. *ὁ Χριστὸς κεφαλὴ τῆς ἐκκλησίας,* (엡 5:23)

29. *οὐκ εἶ ποιητὴς νόμου ἀλλὰ κριτής* (약 4:11)

30. *γράφω ἐπιστολήν,* (벧후 3:1)

31. *ὁ θεὸς ἀγάπη ἐστίν,* (요일 4:8)

32. *φόβος οὐκ ἔστιν ἐν τῇ ἀγάπῃ ἀλλ' ἡ ἀγάπη ἔξω βάλλει τὸν φόβον,* (요일 4:18)

제 5 장

제 1, 2 변화 형용사
(The First, Second Declension Adjective)

◆ **어형 익히기**

형용사는 명사에 첨가되어 그것을 수식하거나 부가적인 설명을 하는 역할을 하는 연유로 형용사의 어형변화는 명사의 변화를 따른다. 명사가 제 1, 2, 3 변화로 나뉘어지듯이 형용사도 그러하다. 헬라어 형용사에는 영어와 마찬가지로 원급(positive degree), 비교급(comparative degree), 최상급(superlative degree)이 있다. 본 장에서는 우선 형용사의 원급의 변화만을 다루는데, 제 1, 2 변화 형용사를 먼저 다루기로 한다.

1. 제 1, 2 변화를 하는 형용사

여기에 속하는 형용사는 남성과 중성에서는 명사의 제 2 변화, 여성에서는 제 1 변화를 따라 변한다. 어간에 따라서 다음과 같이 분류할 수 있다.

(1) 어간이 모음(ϵ, ι)이나 ρ로 끝나는 형용사(모음 어간 형용사)

어간이 ϵ, ι, ρ로 끝나면, 여성 단수에서는 순수한 α어미가 사용된다. 이때 α는 길고, 형용사는 -ος, -α, -ον어미(three termination: 남, 여, 중성에 각각의 형태가 있음) 형용사로 불린나.

예: *ἅγιος, -α, -ον* (233): 거룩한

	단수			복수		
	남성	여성	중성	남성	여성	중성
주격	*ἅγι-ος*	*ἁγί-α*	*ἅγι-ον*	*ἅγι-οι*	*ἅγι-αι*	*ἅγι-α*
속격	*ἁγί-ου*	*ἁγί-ας*	*ἁγί-ου*	*ἁγί-ων*	*ἁγί-ων*	*ἁγί-ων*
여격	*ἁγί-ῳ*	*ἁγί-ᾳ*	*ἁγί-ῳ*	*ἁγί-οις*	*ἁγί-αις*	*ἁγί-οις*
대격	*ἅγι-ον*	*ἁγί-αν*	*ἅγι-ον*	*ἁγί-ους*	*ἁγί-ας*	*ἅγι-α*
호격	*ἅγι-ϵ*	*ἁγί-α*	*ἅγι-ον*	*ἅγι-οι*	*ἅγι-αι*	*ἅγι-α*

♠ **단어 익히기**

이와 동일하게 변하는 형용사로서 신약성서에 많이 나오는 형용사는 다음과 같다.

ἅγιος, -α, -ον (233): 거룩한, 구분된; 성도(명사로 사용될 때)

ἄξιος, -α, -ον(41): 알맞는, 합당한, ~할 만한

ἀμφότεροι, -οι, -α(14): 둘 다, 모두(복수만 나온다.)

δεξιός, -ά, -όν(53): 오른편의

δίκαιος, -α, -ον(79): 의로운, 정당한, 하나님의 성품에 맞는

ἐλεύθερος, -α, -ον(23): 자유로운, 독립된, 면제된, 매이지 않는

ἕτερος, -α, -ον(97): 다른, 상이한; (heterosexual[이성의])

ἐχθρός, -ά, -όν(32): 원수의, 적개심이 있는, 미워하는

Ἰουδαῖος, -α, -ον(194): 유대(인)의

ἰσχυρός, -ά, -όν(28): 강한, 능력이 있는, 강력한; 큰; 심한

καθαρός, -ά, -όν(27): 정결한, 깨끗한, 순수한; (catharsis)

μακάριος, -α, -ον(50): 복된, 축복받은

μικρός, -ά, -όν(46): 적은, 작은; (microscope[현미경])

μωρός, -ά, -όν(12): 미련한

νεκρός, -ά, -όν(128): 죽은, 생명이 없는, 효력이 없는; (necromancy[죽은 자와 대화하기])

νέος, -α, -ον(24): 새로운(시간적으로), 신선한, 젊은; (neo-lithic[신석기의])

νήπιος, α, -ον(15): 갓난아이, 유아, 어린이(명사로 사용될 때); 미성숙한, 순진한

ὅμοιος, -α, ον(45): 동질의, 동일한, 같은

ὄψιος, -α, -ον(15): 늦은

παλαιός, -ά, -όν(19): 오래된, 옛; 이전의

πλούσιος, -α, -ον(28): 부유한, 풍부한

πονηρός, -ά, -όν(78): 악한, 나쁜, 죄가 있는

τέλειος, -α, -ον(18): 완전한, 온전한, 성숙한, 완전히 자란

φανερός, -ά, -όν(19): 알려진, 확실한, 평이한, 보이는

(2) 어간이 모음이나 *ρ* 이외의 문자로 끝나는 형용사(자음 어간 형용사)

어간이 모음이나 *ρ*가 아닌 문자로 끝나면, 여성 단수에서는 순수한 *η*어미가 사용된다. 이때 형용사는 *-ος, -η, -ον*어미(three termination) 형용사로 불린다.

예: *μόνος, -η, -ον*(113): 단일한, 유일한

	단수			복수		
	남성	여성	중성	남성	여성	중성
주격	*μόν-ος*	*μόν-η*	*μόν-ον*	*μόν-οι*	*μόν-αι*	*μόν-α*
속격	*μόν-ου*	*μόν-ης*	*μόν-ου*	*μόν-ων*	*μόν-ων*	*μόν-ων*
여격	*μόν-ῳ*	*μόν-ῃ*	*μόν-ῳ*	*μόν-οις*	*μόν-αις*	*μόν-οις*
대격	*μόν-ον*	*μόν-ην*	*μόν-ον*	*μόν-ους*	*μόν-ας*	*μόν-α*
호격	*μόν-ε*	*μόν-η*	*μόν-ον*	*μόν-οι*	*μόν-αι*	*μόν-α*

♠ **단어 익히기**

이와 동일하게 변하는 형용사로서 신약성서에 가장 많이 나오는 형용사는 다음과 같다.

ἀγαθός, -ή, -όν (102): 선한, 좋은, 유용한, 건전한, 온전한

ἀγαπητός, -ή, -όν (61): 사랑받는; 유일한

ἀληθινός, -ή, -όν (28): 진실한, 참된, 의지할 만한

ἄλλος, -η, -ο (155, 중성 단수 주격과 대격에서 *ον*대신에 *ο*이 된다.): 다른(본질은 같은)

γυμνός, -ή, -όν (15): 벌거벗은, 옷을 입지 않은, 노출된, 옷이 필요한; (gymnasium)

δυνατός, -ή, -όν (32): 능력 있는, 가능한, 영향력이 있는; (dynamic)

ἕκαστος, -η, -ον (82): 각각의, 모든

ἐκλεκτός, -ή, -όν (22): 선택된, 택함을 입은

ἔσχατος, -η, -ον (52): 마지막의, 가장 낮은, 가장 중요하지 않은; (eschatology[종말론])

ἱκανός, -ή, -όν (39): ~ 할 만한, 알맞은, 충분한, 할 수 있는, 큰, 많은

καινός, -ή, -όν (40): 새로운(질적으로), 사용하지 않은, 알려지지 않은

κακός, ή, όν (50): 악한, 나쁜, 틀린, 해로운; (cacophony[나쁜 소리])

καλός, -ή, -όν (61): 좋은, 아름다운, 바른, 믿는; (calligraphy[아름다운 글씨])

κενός, -ή, -όν (18): 빈, 빈손의, 목적 없는, 결과 없는, 어리석은, 감각 없는

κλητός, -ή, -όν (10): 부름받은, 초청받은

κοινός, -ή, -όν (14): 부정한, 통속적인, 비천한, 깨끗지 않은

κρυπτός, -ή, -όν (17): 숨겨진, 비밀의, 내부의, 감추어진, 개인적인

κωφός, -ή, -όν (14): 귀머거리의, 벙어리의

λευκός, -ή, -όν (25): 흰, 빛나는, 눈부신

λοιπός, -ή, -όν (55): 나머지의, 남아 있는, 다른; 마지막으로(부사, 중성 단수 대격)

μέσος, -η, -ον (58): 중간의, 가운데의; + 속격. ~ 의 중앙에(전치사로 사용될 때)

μόνος, -η, -ον (113): 단일한, 유일한; (monotheism[유일신론]); 단지(부사, 중성 단수 대격)

ὀλίγος, -η, -ον (40): 작은, 적은

ὅλος, -η, -ον (109): 전체의, 온, 모든

πιστός, -ή, -όν (67): 충성스러운, 믿을 만한, 믿는, 확실한, 참된

πνευματικός, -ή, -όν (26): 신령한, 영에 속한

ποικίλος, -η, -ον (10): 다양한 종류의, 모든 종류의, 다양한

πρῶτος, -η, -ον (138): 처음의, 먼저의, 전의, 뛰어난; 우선, 먼저(부사, 중성 단수 대격)

πτωχός, -ή, -όν (102): 가난한, 열등한

σοφός, -ή, -όν (19): 지혜로운, 경험이 있는, 기술이 있는

τυφλός, -ή, -όν (50): 눈먼, 소경의; 소경(명사로 사용될 때)

ὑψηλός, -ή, -όν (10): 높은, 교만한, 높여진

φίλος, -η, -ον (29): 친한; 친구(명사로 사용될 때); (Philadelphia; philosophy)

χωλός, -ή, -όν (14): 절름발이의, 불구의

2. 제 2 변화 형용사

제 2 변화를 하는 형용사는 남성과 여성에서 동일한 형태가 되고, 중성의 형태가 따로 있는 두 가지 형태(two termination)만 있다. 이때 형용사는 *-ος, -ον*어미 형용사가 된다. 호격은 주격과 같다. 부정 접두어 *α*를 가지고 있는 형용사로서 *-ος, -ον*으로 끝나는 형용사는 모두 제 2 변화를 따른다(*ἀμαράντινος, -η, -ον*[시들지 않는]은 예외).

예: *ἔρημος, -ον*(48): 광야의, 버려진, 사람이 살지 않는

	단수		복수	
	남성/여성	중성	남성/여성	중성
주격	*ἔρημ-ος*	*ἔρημ-ον*	*ἔρημ-οι*	*ἔρημ-α*
속격	*ἐρήμ-ου*	*ἐρήμ-ου*	*ἐρήμ-ων*	*ἐρήμ-ων*
여격	*ἐρήμ-ῳ*	*ἐρήμ-ῳ*	*ἐρήμ-οις*	*ἐρήμ-οις*
대격	*ἔρημ-ον*	*ἔρημ-ον*	*ἐρήμ-ους*	*ἔρημ-α*

♠ 단어 익히기

이와 동일하게 변하는 형용사로서 신약성서에 많이 나오는 형용사는 다음과 같다.

ἄδικος, -ον (12): 불의한, 악한, 죄가 있는, 부정직한

ἀδύνατος, -ον (10): 불가능한, 약한, 저는

αἰώνιος, (-α), -ον (71): 영원한, 끝나지 않는

ἀκάθαρτος, -ον (32): 불결한, 부정한, 하나님과 관계가 없는

ἁμαρτωλός, -όν (47): 죄 있는, 죄 지은; 죄인(명사로 사용될 때)

ἄνομος, -ον (9): 불법의, 법이 없는, 범죄자의; 율법 밖의 사람, 이방인(명사로 사용될 때)

ἄπιστος, -ον (23): 믿지 않는, 믿음이 없는

διάβολος, -ον (37): 비방하는; 마귀(명사로 사용될 때)

εἰδωλόθυτος, -ον (9): 우상에게 바쳐진 고기(명사로 사용될 때, 중성)

ἔνοχος, -ον (10): 책임이 있는, 죄가 있는, ~ 해야 마땅한

ἐπουράνιος, -ον (19): 하늘의

ἔρημος, -ον (48): 광야의, 버려진, 사람이 살지 않는; 광야(명사, 여성)

ἕτοιμος, (-η), -ον (17): 준비된, 눈앞에 있는

φρόνιμος, -ον (13): 지혜로운, 지각이 있는, 사려깊은

♣ 형용사의 용법

형용사의 영어 단어 'adjective'는 라틴어의 adiectus(첨가)라는 말에서 나왔다. 이 말뜻에서 보면 형용사는 명사에 첨가되어 그것을 수식하거나 부가적인 설명을 하는 역할을 한다. 형용사는 그것이 수식하는 명사와 성, 수, 격에서 일치해야 한다. 헬라어의 형용사는 한정적, 서술적, 명사적, 그리고 부사적으로 사용된다.

1. 한정적(attributive) 용법

형용사의 한정적 용법에서 (실)명사와 형용사의 위치는 다음과 같이 세 종류가 가능하다.

(1) 관사 — 형용사 — 실명사

예: *ὁ ἀγαθὸς ἄνθρωπος* (눅 6:45): 그 선한(착한) 사람

(2) 관사 — 실명사 — 관사 — 형용사: 이때는 약간의 강조의 의미가 있다.

예: *τὴν ζωὴν τὴν αἰώνιον* (요일 1:2): 그 영원한 생명(그 생명, 그 영원한 것)

(3) 형용사 — 관사 — 실명사: 어떤 형용사들(*ὅλος, πᾶς*)은 이 구조로 사용된다.

예: *ἐν ὅλῃ τῇ Γαλιλαίᾳ* (마 4:23): 온 갈릴리에

2. 서술적(predicative) 용법

형용사가 동사의 술부(역할), 목적격 보어로 사용되며, 다음과 같은 구조를 취한다.

(1) 관사 + 명사 + 형용사 / 형용사 + 관사 + 명사

예: *Μακάριοι οἱ πτωχοί* (눅 6:20): 복되다 가난한 자들이

(2) 명사 + 형용사 / 형용사 + 명사

예: *ἁμαρτία νεκρά* (롬 7:8): 죄는 죽었다

3. 명사적(substantival) 용법

형용사는 종종 명사로 사용된다. 위의 단어 익히기에 표시된 것들뿐만 아니라 다음과 같은 예

들에서도 보듯이 형용사가 명사적으로 사용되는 예는 아주 흔하다.

예: *Μακάριοι οἱ πτωχοί* (눅 6:20): 복되다 가난한 자들이

τὸ μωρὸν τοῦ θεοῦ (고전 1:25): 하나님의 미련한 것

ἀγαθά (마 7:11): 좋은 것들

ἀπὸ τοῦ πονηροῦ (마 6:13): 악한 자(남성, 혹은 "악"[중성])으로부터

4. 부사적(adverbial) 용법

어떤 형용사들(*λοιπόν*[마지막으로], *μικρόν*[잠시, 조금], *ὀλίγον* [조금], *μόνον*[단지], *πρῶτον* [먼저, 우선] 등)은 동사를 수식하는 부사로 사용될 수 있다. 이때 형용사는 중성이며, 부사적 대격으로서 기능을 한다고 볼 수 있다. *λοιπόν*은 관사를 취하기도 한다.

예: *Τὸ λοιπόν, ἀδελφοί*, (빌 3:1): 마지막으로, 형제들아,

5. 예외적인 형용사

(1) *ὅλος*는 서술적인 구조이나 한정적인 의미로 해석되는 형용사이다.

예: *ὅλος ὁ νόμος* (마 22:40): 온 율법이

ἐν ὅλῃ τῇ Μακεδονίᾳ (살전 4:10): 온 마게도냐에

(2) 구조에 따라서 의미가 달라지는 형용사도 있는데 차후에 논의될 것이다.

※ 형용사의 분해는 명사의 분해와 동일하다.

예: *ἀγαθά*: 중성, 복수, 주격(대격), *ἀγαθός*, 선한

♠ 단어 익히기

명사

ἄμπελος, -ου, ἡ(9): 포도나무(제 2 변화 여성명사)　　*ζύμη, -ης, ἡ*(13): 누룩

θησαυρός, -οῦ, ὁ(17): 창고, 곳간, 보배함

부사: *νῦν*: 지금, 현재에(종종 명사나 형용사로 사용된다.); 강조형은 *νυνί*.

♥ 성경 문장 읽기

(다음 문장에 나오는 형용사들을 찾아 그 용법을 확인해 보고, 또한 분해해 보시오.)

1. *ὁ ἀγαθὸς ἄνθρωπος ἐκ τοῦ ἀγαθοῦ θησαυροῦ ἐκβάλλει ἀγαθά, καὶ ὁ πονηρὸς ἄνθρωπος ἐκ τοῦ πονηροῦ θησαυροῦ ἐκβάλλει πονηρά.* (마 12:35)
2. *Ὁμοία ἐστὶν ἡ βασιλεία τῶν οὐρανῶν ζύμῃ*, (마 13:33)
3. *δοῦλε ἀγαθὲ καὶ πιστέ*, (마 25:21)
4. *ἄλλη ἐντολὴ οὐκ ἔστιν.* (막 12:31)

5. τὸ ποτήριον ἡ καινὴ διαθήκη (눅 22:20)

6. Ἐγώ εἰμι ἡ ἄμπελος ἡ ἀληθινή, (요 15:1)

7. ἀληθινὴ ἐστιν ἡ μαρτυρία, (요 19:35)

8. ὁ θεὸς νεκροὺς ἐγείρει (행 26:8)

9. ἄξιοι θανάτου εἰσίν (롬 1:32)

10. κρίνεις τὸν ἕτερον, (롬 2:1)

11. ὁ νόμος ἅγιος καὶ ἡ ἐντολὴ ἁγία καὶ δικαία καὶ ἀγαθή. (롬 7:12)

12. βλέπω δὲ ἕτερον νόμον (롬 7:23)

13. ὁ γὰρ ναὸς τοῦ θεοῦ ἅγιός ἐστιν, (고전 3:17)

14. τοῦτο(이것) γάρ ἐστιν δίκαιον. (엡 6:1)

15. ὁ ἀγαπητὸς ἀδελφὸς καὶ πιστὸς διάκονος ἐν κυρίῳ, (엡 6:21)

16. πιστὸς δέ ἐστιν ὁ κύριος, (살후 3:3)

17. καλὸς στρατιώτης Χριστοῦ Ἰησοῦ. (딤후 2:3)

18. Ἀγαπητοί, οὐκ ἐντολὴν καινὴν γράφω ἀλλ' ἐντολὴν παλαιάν (요일 2:7)

19. Παιδία, ἐσχάτη ὥρα ἐστίν, (요일 2:18)

20. Ἀγαπητοί, νῦν τέκνα θεοῦ ἐσμεν, (요일 3:2)

21. ὀλίγον καιρὸν ἔχει (계 12:12)

22. δίκαιαι καὶ ἀληθιναὶ αἱ ὁδοί σου(당신의) (계 15:3)

23. ἐγὼ τὸ Ἄλφα καὶ τὸ Ὦ, ὁ πρῶτος καὶ ὁ ἔσχατος, ἡ ἀρχὴ καὶ τὸ τέλος (끝, 마지막, 마침, 제 3 변화명사) (계 22:13)

제 6 장

전치사(Preposition)와 합성동사 (Compound verb)

◈ **전치사의 종류**

전치사는 문장 가운데 명사(혹은 대명사)와 함께 사용되어 그 명사(대명사)와 다른 단어간의 관계가 명확하게 되도록 하기 위하여 사용되는 품사이다. 전치사(pre-position)라는 이름이 붙여진 것은 전치사가 언제나 명사(대명사) 앞에 오기 때문이다. 헬라어에는 많은 전치사가 한 개의 격만을 지배하지만, 두 개 이상의 격을 지배하는 전치사들도 있다. 각 전치사는 고유의 핵심의미를 가지고 있으나, 확장된 의미들을 가지기도 한다. 신약성서에 나오는 전치사 17개는 그 격 지배를 중심으로 다음과 같이 나뉘어진다.

I. 격 지배를 따른 전치사의 구분(♠ 단어 익히기)

1. 한 개의 격을 지배하는 전치사(굵은 글씨로 된 부분이 그 전치사의 핵심의미이다.)

ἐν(2,713) + 여격: **~ 안에**(마 5:15, *ἐν τῇ οἰκίᾳ*: 집 안에; 골 3:3, *ἐν τῷ θεῷ* 하나님 안에서),
~ 가운데, ~ 와 함께, ~ 에(요 6:44, *ἐν τῇ ἐσχάτῃ ἡμέρᾳ*: 마지막 날에)
~ 으로(눅 22:49, *ἐν μαχαίρῃ*: 칼로)

εἰς(1,753) + 대격: **~ 안으로**(마 2:11, *εἰς τὴν οἰκίαν*: 집안으로); ~ 에게로, ~ 을 위하여, ~ 안에,

ἐκ(915) + 속격: **~ 으로부터**(요 1:13, *ἐκ θεοῦ*: 하나님으로부터), ~ 에 의하여

ἀπό (645) + 속격: **~ 로부터**(마 12:43, *ἀπὸ τοῦ ἀνθρώπου*: 그 사람으로부터),
~ 출신의(마 3:13, *ἀπὸ τῆς Γαλιλαίας*: 갈릴리 출신의), ~ 때문에

σύν(128) + 여격: **~ 와 함께**(골 3:3, *σὺν τῷ Χριστῷ*: 그리스도와 함께)

πρό(47) + 속격: **~ 앞에**(행 12:6, *πρὸ τῆς θύρας*: 문 앞에), ~ 전에

ἀντί(22) + 속격: **~ 대신에**(대하여)(마 5:38, *ἀντὶ ὀφθαλμοῦ*: 눈 대신에), ~ 을 위하여

ἀνά(13) + 대격: **~ 위로**, ~ 씩(마 20:9, *ἀνὰ δηνάριον*: 한 데나리온씩)

2. 두 개의 격을 지배하는 전치사

διά(666) + 속격: **~ 을 통하여**(요 4:4, *διὰ τῆς Σαμαρίας*: 사마리아를 통과하여);

~ 에 의하여(마 1:22, *διὰ τοῦ προφήτου*: 선지자에 의하여);

~ 로(눅 8:4, *διὰ παραβολῆς*: 비유로)

\+ 대격: **~ 때문에**(마 27:18, *διὰ φθόνον*: 시기심 때문에);

~ 을 위하여(막 2:27, *διὰ τὸν ἄνθρωπον*: 사람을 위하여)

κατά(471) + 속격: **~ 을 대항하여**(고전 15:15, *κατὰ τοῦ θεοῦ*: 하나님을 대항하여);

~ 아래로

\+ 대격: **~ 을 따라**(롬 16:25, *κατὰ τὸ εὐαγγέλιον*: 복음을 따라; 눅 2:22, *κατὰ τὸν νόμον*: 율법을 따라)

μετά(467) + 속격: **~ 와 함께**(롬 12:18, *μετὰ ἀνθρώπων*: 사람과 함께[더불어]);

\+ 대격: ~ 후에(마 26:2, *μετὰ δύο ἡμέρας*: 이틀 후에)

περί(331) + 속격: **~ 에 관하여**(롬 8:3, *περὶ ἁμαρτίας*: 죄에 관하여);

\+ 대격: **~ 주위에**(행 22:6, *περὶ ἐμέ*: 내 주위에)

-경에(마 20:5, *περὶ ἕκτην ὥραν*: 제 6시경에)

ὑπό(217) + 속격: **~ 에 의하여**(마 1:22, *ὑπὸ κυρίου*: 주님에 의하여)

\+ 대격: **~ 아래에**(롬 6:14, *ὑπὸ νόμον*: 율법 아래에)

ὑπέρ(149) + 속격: **~ 을 대신하여**(요 11:50, *ὑπὲρ τοῦ λαοῦ*: 백성을 대신하여);

~ 을 위하여(요 11:4, *ὑπὲρ τῆς δόξης τοῦ θεοῦ*: 하나님의 영광을 위하여)

\+ 대격: ~ 위에, ~ 보다(마 10:24, *ὑπὲρ τὸν διδάσκαλον*: 선생보다)

3. 세 개의 격을 지배하는 전치사

ἐπί(878) + 속격: **~ 위에**(막 4:26, *ἐπὶ τῆς γῆς*: 길 위에)

~ 곁에(요 21:1, *ἐπὶ τῆς θαλάσσης*: 바다 곁에; 마 21:19, *ἐπὶ τῆς ὁδοῦ*: 길곁에),

\+ 여격: ~ 위에, **~ 곁에**(마 24:33, *ἐπὶ θύραις*: 문들 곁에);

\+ 대격: **~ 위에**(마 27:45, *ἐπὶ τὴν γῆν*: 땅 위에), ~ 때에.

παρά(191) + 속격: **~ 로부터**(요 1:6, *παρὰ θεοῦ*: 하나님으로부터);

\+ 여격: **~ 곁에**(요 19:25, *παρὰ τῷ σταυρῷ*: 십자가 곁에);

\+ 대격: **~옆(곁)에**(마 15:29, *παρὰ τὴν θάλασσαν*: 바다 옆에),

~ 을 뛰어넘는(비교급과 함께)

πρός(700) + 속격: **~ 을 위하여**(1)(행 27:34, πρὸς τῆς σωτηρίας: 구원을 위하여)

+ 여격: **~ 옆(곁)에**(7)(요 20:11, πρὸς τῷ μνημείῳ: 무덤 곁에)

+ 대격: **~ 을 대하여, ~ 옆에**(678)(고전 13:12, πρὸς πρόσωπον: 얼굴을 대하여; 요 1:1, πρὸς τὸν θεόν: 하나님과 함께)

※참고

1. ἀνά(위로)와 κατά(아래로)는 부사처럼 사용되기도 한다.
2. πρός는 신약성서에서 700회나 사용되었지만, 속격으로는 단 한 번(행 27:34) 사용되었기 때문에 실상은 두 개의 격을 지배하는 전치사와 같다.
3. ἐπί 같은 전치사는 상이한 격을 지배하더라도 그 의미에 있어서는 두드러진 차이가 없다.
4. 위에 열거된 17 개의 정규(본래적) 전치사(proper preposition) 이외에도 신약성서에는 많은 비정규(비본래적) 전치사(improper preposition)들이 있다. 비정규 전치사들과 그 용법에 대하여는 권말부록을 참고하기 바란다.

II. 동작의 방향을 통해 본 전치사 도표

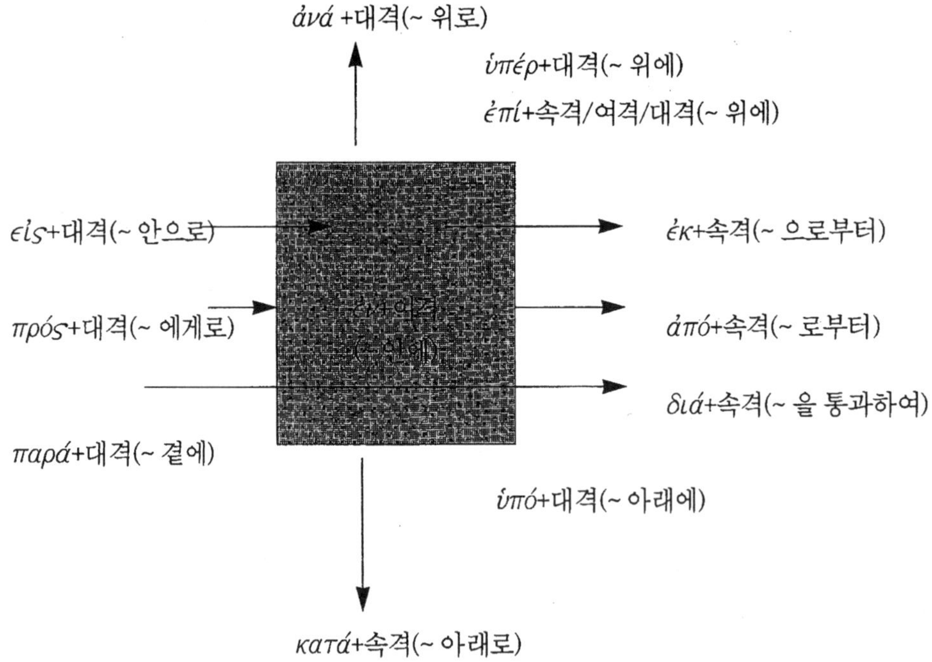

III. 모음 앞에서의 전치사의 변형

전치사	연숨표가 붙은 모음 앞에서	거친 숨표가 붙은 모음 앞에서
ἀνά	ἀν'	ἀν'
ἀντι	ἀντ'	ἀνθ'
ἀπό	ἀπ'	ἀφ'
διά	δι'	δι'
ἐπί	ἐπ'	ἐφ'
κατά	κατ'	καθ'
μετά	μετ'	μεθ'
παρά	παρ'	παρ'
ὑπό	ὑπ'	ὑφ'
περί	περί	περί
πρό	πρό	πρό
ἐκ	ἐξ	ἐξ

※참고

1. 전치사의 마지막 모음이 다른 모음 앞에서 생략되는 현상은 모음생략(elision)이라 불리며, 모음이 생략된 자리에는 아포스트로피(')가 찍힌다.
2. 전치사 περί와 πρό는 모음 앞에서 마지막 모음이 탈락하지 아니하고 그대로 유지된다.
3. 모음이 탈락되고 남게 되는 τ와 π는 거친 숨표 앞에서 각각 θ와 φ로 강화된다.

♣ 전치사의 용법

전치사는 실명사 앞에서 구를 형성하여 동사, 명사, 혹은 형용사를 수식하는 역할을 한다. 전치사는 다음과 같이 문법적인 기능 및 정규 전치사의 경우 합성동사를 형성하는 기능을 한다. 전치사들을 의미론적으로도 분류해 볼 수 있고, 정규 전치사 이외에 비정규 전치사들도 신약성서에 사용되고 있다. 전치사의 의미론적인 분류와 비정규 전치사들은 권말부록에 수록하였다.

I. 전치사의 문법적인 기능

1. 부사로 사용되는 전치사구

전치사의 대부분의 경우가 여기에 속하며, 전치사구가 동사, 분사, 부정사, 형용사 등을 수식한다.

예: ἔρχεται ὁ Ἰησοῦς εἰς Ἱεροσόλυμα (요 12:12): 예수께서 예루살렘으로 가신다.

2. 형용사로 사용되는 전치사구

전치사구가 명사나 대명사를 수식한다.

예: τῇ κατ' εὐσέβειαν διδασκαλίᾳ, (딤전 6:3): 경건을 따른 교훈으로

φωνὴ ἐκ τῶν οὐρανῶν (마 3:17): 하늘로부터의 소리

3. 명사로 사용되는 전치사구

전치사구 앞에 관사를 사용하여 특별히 수식하는 명사나 대명사 없이 관사 + 전치사구가 하나의 명사처럼 사용된다.

예: τὰ περὶ τῆς βασιλείας (행 1:3): 왕국에 관한 것들

οἱ ἐξ 'Ισραήλ (롬 9:6): 이스라엘에서 난 자들=이스라엘 사람들

τοῖς ὑπὸ νόμον (고전 9:20): 율법 아래 있는 자들에게

4. 서술적 주격이나 간접목적어로 사용되는 전치사구

예: ἡ ἀγάπη ἐκ τοῦ θεοῦ ἐστιν (요일 4:7): 사랑은 하나님께로부터이다(서술적 주격)

ἐν τοῖς τελείοις, (고전 2:6): 온전한 자들에게(간접목적어)

5. 독립된 부사로 사용되는 전치사구

아주 가끔 전치사가 독립된 부사의 역할을 하는 경우가 있다.

예: ὑπὲρ ἐγώ (고후 11:23): 나도 더욱 그러하다.

ἐν τούτῳ (고후 8:10): 이와 같이, 이렇게

II. 합성동사를 만드는 기능

정규 전치사는 동사와 합하여 합성동사를 만드는데, 그 뉘앙스에 따라서 다음 3가지로 나눌 수 있다.

1. 전치사의 뜻이 살아 있다.

예: ἀνα-βαίνω: 올라가다(오다), 자라다 κατα-βαίνω: 내려가다, 떨어지다

ἐκ-βάλλω: 밖으로 던지다, 추방하다, 쫓아내다 κατα-κρίνω: 정죄하다

2. 동사의 의미를 강조하는 완료의 의미를 부가한다.

예: κατ-εσθίω: 먹어버리다, 삼켜버리다 δια-βλέπω: 분명히 보고 있다

3. 동사와 유착되어 그 의미를 상실하는 경우가 있다.

예: *ἔξ-εστιν*: ~ 이 합당하다(비인칭 동사) *ἀνα-γινώσκω*: 회중 앞에서 읽다.

※참고: 위 도표에서처럼 합성동사를 만들 때, 모음 앞에서 전치사의 마지막 모음이 탈락되는 경우가 많다.

♠ 단어 익히기

동사: *συν-έρχομαι*: 함께 오다, 모이다, 만나다

명사: *ἐπίσκοπος, -ου, ὁ*: 감독; 후견인

수사: *ἕκτος, -η, -ον*: 여섯번째의

부사/불변화사

οὐδέ: ~ 도 아닌, 그리고 아닌 *νυνί*: 지금, *νῦν*의 강조형

πάλιν: 다시, 한 번 더

♥ 성경 문장 읽기

(다음 문장에서 전치사를 찾아보고 그 격 지배를 확인해 보시오.)

1. *ὑπὸ κυρίου διὰ τοῦ προφήτου* (마 1:22)
2. *'Οφθαλμὸν ἀντὶ ὀφθαλμοῦ* (마 5:38)
3. *ἐν ταῖς συναγωγαῖς* (마 6:2)
4. *δαιμόνια ἐκβάλλετε* (마 10:8)
5. *Οὐκ ἔστιν μαθητὴς ὑπὲρ τὸν διδάσκαλον οὐδὲ δοῦλος ὑπὲρ τὸν κύριον* (마 10:24)
6. *ἀναβαίνομεν εἰς Ἱεροσόλυμα,* (마 20:18)
7. *οὐ γὰρ βλέπεις εἰς πρόσωπον ἀνθρώπων.* (마 22:16)
8. *ἐν οἴκῳ ἐστίν.* (막 2:1)
9. *Τὸ σάββατον διὰ τὸν ἄνθρωπον ἐγένετο*(있다) *καὶ οὐχ ὁ ἄνθρωπος διὰ τὸ σάββατον* (막 2:27)
10. *Καὶ ἔρχεται εἰς οἶκον· καὶ συνέρχεται πάλιν ὄχλος,* (막 3:20)
11. *πῶς ἀναγινώσκεις;* (눅 10:26)
12. *κατεσθίουσιν τὰς οἰκίας τῶν χηρῶν* (눅 20:47)
13. *ἄλλος πρὸ ἐμοῦ*(나의) *καταβαίνει.* (요 5:7)
14. *ἔρχεται ὁ Ἰησοῦς εἰς Ἱεροσόλυμα* (요 12:12)
15. *πρὸς τὸν θεὸν ὑπάγει,* (요 13:3)

16. ἀπὸ τῆς Γαλιλαίας εἰς Ἰερουσαλήμ, (행 13:31)

17. καρδίᾳ γὰρ πιστεύεται εἰς δικαιοσύνην, (롬 10:10)

18. νυνὶ δὲ πορεύομαι εἰς Ἰερουσαλὴμ (롬 15:25)

19. ἀλλὰ ἀδελφὸς μετὰ ἀδελφοῦ κρίνεται (고전 6:6)

20. Ἀμὴν τῷ θεῷ πρὸς δόξαν (고후 1:20)

21. ἐγὼ δὲ λέγω εἰς Χριστὸν καὶ εἰς τὴν ἐκκλησίαν (엡 5:32)

22. σὺν ἐπισκόποις καὶ διακόνοις, (빌 1:1)

23. σὺν τῷ Χριστῷ ἐν τῷ θεῷ (골 3:3)

24. κατεσθίει τοὺς ἐχθρούς (계 11:5)

25. καταβαίνει ἐκ τοῦ οὐρανοῦ ἐπὶ τοὺς ἀνθρώπους, (계 16:21)

제 7 장

미래 직설법 (Future Indicative)

◆ 어형 익히기

미래 직설법의 변화는 현재 직설법처럼 변화하지만, 두 가지 다른 점이 있다. 하나는 미래 시상 접미어(능동태와 중간태에서는 σ, 수동태에서는 θησ)를 사용하는 점과 다른 하나는 중간태와 수동태가 서로 다르다는 점이다.

Ⅰ. 미래 능동태 직설법

미래 능동태 직설법의 구조는 미래어간 + 미래 시상접미어 σ + 간모음 ε/ο + 제 1 시상 능동태 어미로 이루어진다.

예: *ἀκούω*(7)

	단수		복수	
1 인칭	*ἀκού-σ-ω*	나는 들을 것이다	*ἀκού-σ-ο-μεν*	우리는 들을 것이다
2 인칭	*ἀκού σ εις*	당신은 들을 것이다	*ἀκού-σ-ε-τε*	너희들은 들을 것이다
3 인칭	*ἀκού-σ-ει*	그, 그녀, 그것은 들을 것이다	*ἀκού-σ-ουσι(ν)*	그들은 들을 것이다

♠ 단어 익히기(신약성서에 많이 나오는 미래 능동태)

ἀκού-σ-ω(7) ← *ἀκούω*　　*πιστεύ-σ-ω*(5) ← *πιστεύω*

βασιλεύ-σ-ω(7) ← *βασιλεύω*: 다스리다, 왕이 되다, 통치하다

λατρεύ-σ-ω(4) ← *λατρεύω*: 섬기다, 경배하다

ἀγαπή-σ-ω(15) ← *ἀγαπάω*: 사랑하다, 사랑을 보여주다, 갈망하다

αἰτή-σ-ω(6) ← *αἰτέω*: 요청하다, 요구하다

ἀκολουθή-σ-ω(5) ← *ἀκολουθέω*: 따라가다, 동행하다; 제자가 되다

διψή-σ-ω(4) ← *διψάω*: 목마르다, 갈망하다

ἐπιθυμή-σ-ω(4) ← *ἐπιθυμέω*: 갈망하다, 탐내다

ἐρωτή-σ-ω(5) ← *ἐρωτάω*: 묻다, 요청하다, 구하다

ζή-σ-ω(4) ← *ζάω*(*ζήω*): 살다, 살아 있다, 살아나다

ζητή-σ-ω(6) ← *ζητέω*: 추구하다, 찾다, 시도하다, 애쓰다, 요구하다, 조사하다

κληρονομή-σ-ω(9) ← *κληρονομέω*: 받다, 재산을 얻다, 나누다

λαλή-σ-ω(9) ← *λαλέω*: 말하다, 말할 수 있다, 선포하다

μισή-σ-ω(5) ← *μισέω*: 미워하다, 멸시하다, 무시하다

οἰκοδομή-σ-ω(4) ← *οἰκοδομέω*: 세우다, 건축하다, 격려하다, 회복시키다

ὁμοιώ-σ-ω(4) ← *ὁμοιόω*: 같게 하다, 비교하다

ὁμολογή-σ-ω(5) ← *ὁμολογέω*: 고백하다, 인정하다, 찬양하다

πληρώ-σ-ω(2): ← *πληρόω*: 성취하다, 완성하다, 채우다, 마치다

ποιή-σ-ω(40) ← *ποιέω*: 행하다, 만들다, 수행하다, 일하다, 생산하다

προσκυνή-σ-ω(11) ← *προσκυνέω*: 엎드려 절하다, 경배하다

καλέ-σ-ω(5) ← *καλέω*: (이름을) 부르다, 초청하다, 소환하다

πεινά-σ-ω(2) ← *πεινάω*: 배고프다, 주리다

Ⅱ. 미래 중간태 직설법

미래 중간태 직설법은 미래어간 + 미래 시상접미어 *σ* + 간모음 *ϵ/ο* + 제 1 시상 중간태/수동태 어미로 구성된다.

예: *ἀκούω*(5)

	단수		복수	
1 인칭	*ἀκού-σ-ο-μαι*	나 자신이 들을 것이다	*ἀκου-σ-ό-μεθα*	우리 자신이 들을 것이다
2 인칭	*ἀκού-σ-η*	당신 자신이 들을 것이다	*ἀκού-σ-ϵ-σθϵ*	너희 자신이 들을 것이다
3 인칭	*ἀκού-σ-ϵ-ται*	그, 그녀, 그것 자신이 들을 것이다	*ἀκού-σ-ο-νται*	그들 자신이 들을 것이다

♠ **단어 익히기**(신약성서에 많이 나오는 미래 중간태)

ἀκού-σ-ο-μαι(5) ← *ἀκούω*　*ζή-σ-ο-μαι*(11) ← *ζάω*(*ζήω*)

πορεύ-σ-ο-μαι(6)(디포) ← *πορεύομαι*(디포);

γνώ-σ-ο-μαι(14)(디포) ← *γινώσκω*(동사어간: *γνο*)(미래에서는 디포넌트 동사)

καταβή-σ-ο-μαι(4)(디포) ← *καταβαίνω*(미래에서는 디포넌트 동사)

ἀπ-αρνή-σ-ο-μαι(8)(디포) ← *ἀπαρνέομαι*: (디포)부인하다, 거절하다

ἰα-σ-ο-μαι(3)(디포) ← ἰάομαι: (디포)치료하다, 회복시키다

καυχή-σ-ο-μαι(8)(디포) ← καυχάομαι: (디포)자랑하다, 기뻐하다

ῥύ-σ-ο-μαι(4)(디포) ← ῥύομαι: (디포)구원하다, 구출하다

※참고(+ ♠ 단어 익히기)

1. 어간이 α, ϵ, ο로 끝나는 동사는 어간모음이 대부분 장음화된다 ($\alpha \rightarrow \eta, \epsilon \rightarrow \eta, o \rightarrow \omega$).

2. 어간이 폐쇄음으로 끝나는 동사는 미래형이 형성되는 기본과정은 동일하나 폐쇄음과 미래 시상접미어 σ와 결합하는 과정에서 자음변화가 일어난다.

(1) 순음(π, β, ϕ)으로 끝나는 동사: π, β, ϕ + σ = ψ

예: πέμψ-ω(6) ← πέμπω: 보내다, 사명을 주다, 지명하다

συν-τρίψ-ω(1) ← συντρίβω: 산산이 부수다, 파괴하다

ἀπο-στρέψ-ω(2) ← ἀποστρέφω: 돌아서다, 추방하다, 치우다; (중)거절하다, 버리다

λήμψ-ο-μαι(18) ← λαμβάνω(미래어간: λημβ)(미래에서는 디포넌트 동사)

ὄψ-ο-μαι(32) ← ὁράω: 보다, 관찰하다, 이해하다(미래어간은 ὀπ)(미래에서는 디포넌트 동사)

πτ로 끝나는 동사도 미래 동사어간은 π로 끝나고, τ는 현재어간에 단순히 첨가된 것이기 때문에 미래에서는 위와 동일하게 π + σ = ψ의 과정을 밟는다.

예: προ-κόψ-ω(3) ← προ-κόπτω: (자) 전진하다, 자라다; 멀리 가다

κόψ-ο-μαι(3) ← κόπτω: 자르다; (중)울다, 슬퍼하다

(2) 후음(κ, γ, χ)으로 끝나는 동사: κ, γ, χ + σ = ξ

예: ἥξ-ω(17) ← ἥκω: 와 있다, 출석하고 있다(3인칭 복수형: ἥκασιν)

προ-άξ-ω(2) ← προ-άγω: (자)앞에 가다(오다); (타)인도하다, 앞에 내놓다

ἕξ-ω(12) ← ἔχω의 미래 능동태(미래형에 강숨표가 붙는 것을 유의하라.)

διδάξ-ω(2) ← διδάσκω:(동사어간: διδάχ)

τέξ-ο-μαι(3)(디포)(미래어간: τεκ) ← τίκτω: 낳다, 생산하다

φεύξ-ο-μαι(2)(디포) ← φεύγω: 도망가다, 달아나다; 피하다, 돌아서다; 사라지다

ἀν-έξ-ο-μαι(4)(디포) ← ἀνέχομαι: (디포)참다, 인내하다

현재어간에 ζ가 있는 동사도 미래에서 ξ가 올 때가 있다. 이는 원래 동사/미래어간이 γ로 끝나는 동사인데, 동사어간에 ι가 첨가되어서 ζ로 변한 것이다. 그러므로 이 부류의 동사의 미래형은 γ + σ = ξ의 과정을 밟는다. στηρίξ-ω(2) ← στηρίζω: 강하게 하다, 세우다

현재어간이 σσ로 끝나는 동사에서도 동일한 음성변화가 일어난다. 그러나 이런 종류의 동사의 동사/미래어간은 κ나 χ로(혹은 γ나 τ)로 끝나는데 ι가 첨가되어서 σσ로 된 것이다.

예: πατάξ-ω(3) ← πατάσσω(동사/미래어간은 παταγ): 때리나, 때려 눕히다, 치다

δια-τάξ-ο-μαι(1) ← διατάσσω: 명하다, 교훈하다, 정렬하다

(3) 치음(τ, δ, θ)으로 끝나는 동사: τ, δ, $\theta + \sigma = \sigma$(σ 앞에서 치음은 탈락한다.)

예: *πεί-σ-ω*(2) ← *πείθω*: 설득하다, 확신시키다; (수)순종하다, 따르다

φεί-σ-ο-μαι(2)(디포) ← *φείδομαι*: (디포)아끼다, 삼가다

현재어간에서의 *ζ*는 미래어간에서는 *δ*가 되는 동사들이 있다.

예: *βαπτί-σ-ω*(3) ← *βαπτίζω*: 침례를 주다; (물에)잠그다

γνωρί-σ-ω(4) ← *γνωρίζω*: 알리다, 알게 하다; 알다

δοξά-σ-ω(6) ← *δοξάζω*: 찬양하다, 영예를 돌리다, 영광스럽게 하다, 높이다

θερί-σ-ω(7) ← *θερίζω*: 익다, 추수하다, 모아들이다.

σώ-σ-ω(9) ← *σῴζω*: 구원하다, 구출하다, 보호하다, 치료하다

χαρί-σ-ο-μαι(1)(디포) ← *χαρίζομαι*: (디포)허락하다, 주다, 용서하다, 탕감하다

현재에서 디포넌트 동사인 *ἔρχομαι*와 그 합성동사들의 미래형도 디포넌트 동사이며 그 형태는 *ἐλεύ-σ-ο-μαι*이다. 어간이 *ἐλευθ*인데 치음으로 끝나기 때문에 미래 시상접미어 *σ* 앞에서 *θ*가 생략된다. *ἔρχομαι*와 그 합성동사들의 미래형은 다음과 같다.

ἐλεύ-σ-ο-μαι(22) ← *ἔρχομαι*(디포); *ἐξ-ελεύ-σ-ο-μαι*(5) ← *ἐξ-έρχομαι*(디포);

ἀπ-ελεύ-σ-ο-μαι(3) ← *ἀπ-έρχομαι*: (디포)가다, 떠나다; 끝나다, 퍼지다

εἰσ-ελεύ-σ-ο-μαι(59) ← *εἰσ-έρχομαι*: (디포)들어가다, 참여하다, 빠지다, 일어나다

παρ-ελεύ-σ-ο-μαι(7) ← *παρ-έρχομαι*: (디포)지나가다, 멀리 가다, 사라지다; 소홀히 하다

3. 음성변화를 피하기 위하여 어떤 동사에는 어간에 *η*나 *ε*을 첨가한다.

예: *εὑρ-ή-σ-ω*(22) ← *εὑρίσκω*(미래어간: *εὑρ*)

4. 미래에서 시상을 나타내는 부분이 없는 동사도 있다. 신약성서에 나오는 두 개의 동사가 시상표시가 없는 미래 디포넌트를 취한다.

   예: *φάγ-ο-μαι*(4)(디포) ← *ἐσθίω*; *πί-ο-μαι*(4)(디포) ← *πίνω*: 마시다

5. 미래에서는 일반적으로 현재어간이 사용되지만, 위에서 나온 예들 외에 다음 동사들은 미래어간에서 현재어간의 자음이나 모음에 변화가 일어난다.

예: *ἐπιφαύσω*(1) ← *ἐπιφαύσκω*: 빛나다, 빛을 발하다 *ῥεύσω*(1) ← *ῥέω*: 흐르다

οἴσω(2) ← *φέρω*: 가지고 가다, 운반하다, 지고 가다, 참다, 움직이다

κατακαύσω(3) ← *κατακαίω*: 타다, 태우다, 소비하다

κλαύσω(3) ← *κλαίω*: (자)울다; (타) ~ 을 위하여 애곡하다

6. 어간이 유음(λ, ρ)이나 비음(μ, ν)으로 끝나는 유음동사 혹은 비음동사의 미래 능동태와 중간태는 제 10 장에서 특별히 따로 다루게 될 것이다.

Ⅲ. εἰμί 동사의 미래 직설법

εἰμί 동사의 미래 직설법은 어간 ἐσ + 시상접미어 σ + 간모음 ε/ο(3인칭 단수는 제외) + 제 1 시상 중간태/수동태 어미로 구성된다. 이때 어간의 σ와 시상접미어 σ는 서로 유착되어 하나의 σ만 남는다.

	단수	복수
1 인칭	ἔσ-ο-μαι (186)	ἐσ-ό-μεθα
2 인칭	ἔσ-ῃ	ἔσ-ε-σθε
3 인칭	ἔσ-ται	ἔσ-ο-νται

Ⅳ. 미래 수동태 직설법

미래 수동태에는 능동태나 중간태와는 달리 부정과거 수동태 어간(동사의 제 6 주요부분)과 시상접미어가 사용된다. 미래 수동태는 시상접미어의 차이에 따라서 제1 미래수동태와 제2 미래 수동태로 나뉜다.

1. 제 1 미래 수동태

제 1 미래 수동태의 기본구조는 (접두모음이 없는)부정과거 수동태 어간 + 부정과거 수동태 시상접미어 θη + 미래 시상접미어 σ + 간모음 ο/ε + 제 1 시상 중간태/수동태 어미로 이루어진다. 미래 수동태 직설법의 최종적인 어미와 그 예는 다음과 같다.

제 1 미래 수동태 어미			예: λύω	
	단수	복수	단수	복수
1 인칭	-θή-σ-ο-μαι	-θη-σ-ό-μεθα	λυ-θή-σ-ο-μαι	λυ-θη-σ-ό-μεθα
2 인칭	-θή-σ-ῃ	-θή-σ-ε-σθε	λυ-θή-σ-ῃ	λυ-θή-σ-ε-σθε
3 인칭	-θή-σ-ε-ται	-θή-σ-ο-νται	λυ-θή-σ-ε-ται	λυ-θή-σ-ο-νται

♠ **단어 익히기**(신약성서에 많이 나오는 제1미래 수동태)

λυ-θή-σ-ο-μαι(3) ← λύω　　σω-θή-σ-ο-μαι(19) ← σῴζω(부정과거 수동태어간: σω);

κλη-θή-σ-ο-μαι(15) ← καλέω　　λαλη-θή-σ-ο-μαι(4) ← λαλέω

κατα-λυ-θή-σ-ο-μαι(3) ← κατα-λύω: (타)무너트리다, 무효케 하다; (자)유숙할 곳을 찾다

σαλευ-θή-σ-ο-μαι(3) ← σαλεύω: 흔들다, 선동하다

προσ-κολλη-θή-σ-ο-μαι(2) ← προσκολλάομαι: (디포)(결혼하여)연합히다

δικαιω-θή-σ-ο-μαι(4) ← δικαιόω: (하나님과) 바른 관계에 있다, 의롭다고 선포하다

ταπεινω-θή-σ-ο-μαι(3) ← ταπεινόω: 낮추다, 겸허하게 하다; (중)비천한 환경에서 살다

ὑψω-θή-σ-ο-μαι(5) ← ὑψόω: 높이다, 일으키다

ἀφ-αιρε-θή-σ-ο-μαι(1) ← ἀφαιρέω: 거두어 가다, 치우다, 잘라내다

※참고(+ ♠ 단어 익히기)

1. 미래 수동태의 해석은 "~ 되어질 것이다" 이다.
2. 어간이 α, ε, ο로 끝나는 동사는 어간모음이 대부분 장음화된다.
3. 어간이 폐쇄음으로 끝나는 동사는 폐쇄음과 미래 수동태 시상접미어의 θ와의 접촉으로 음성변화가 일어난다. 폐쇄음은 θ 앞에서 각각 다음과 같이 변한다.

(1) 어간이 순음(π, β, φ)으로 끝날 때: φ

예: ὀφ-θή-σ-ο-μαι(2) ← ὁράω(미래 수동태 어간: ὀπ)

ἀπο-καλυφ-θή-σ-ο-μαι(3) ← ἀπο-καλύπτω: 계시하다, 밝히다

παρα-λημφ-θή-σ-ο-μαι(2) ← παρα-λαμβάνω(어간: λημβ): 취하다, 받다, 전수하다

(2) 어간이 후음(κ, γ, χ)으로 끝날 때: χ

예: ἀχ-θή-σ-ο-μαι(1) ← ἄγω: 인도하다, 가지고 가다, 가다

διωχ-θή-σ-ο-μαι(1) ← διώκω: 추구하다, 찾다, 핍박하다, 따라가다

ἐμ-παιχ-θή-σ-ο-μαι(1) ← ἐμπαίζω(어간이 원래 γ로 끝남): 비웃다, 조롱하다, 속이다

κηρυχ-θή-σ-ο-μαι(2) ← κηρύσσω(어간이 원래 κ로 끝남): 선포하다, 알리다, 설교하다

(3) 어간이 치음(τ, δ, θ)으로 끝날 때: σ

예: πεισ-θή-σ-ο-μαι(1) ← πείθω

σκανδαλισ-θή-σ-ο-μαι(6) ← σκανδαλίζω(어간이 δ로 끝남): 죄를 짓게(넘어지게) 하다; (수)신앙을 포기하다, + ἐν + 여격: 거절하다, 버리다

4. 어간이 유음(λ, ρ)으로 끝나는 동사는 모음변화가 일어난다. 신약에서는 두 동사뿐이다.

예: ἀρ-θή-σ-ο-μαι(6) ← αἴρω ἐγερ-θή-σ-ο-μαι(11) ← ἐγείρω

5. 어간이 비음(μ, ν)으로 끝나는 동사는 비음이 탈락되거나 모음변화가 일어난다.

예: ἀπο-κρι-θή-σ-ο-μαι(ν가 탈락된다)(3) ← ἀποκρίνομαι

μαραν-θή-σ-ο-μαι(1) ← μαραίνομαι: (디포)시들어버리다

6. 어떤 동사는 어간과 어미 사이에 η, ε, σ 등을 삽입한다.

예: βλ-η-θή-σ-ο-μαι(2) ← βάλλω(어간: βλ)

εὑρ-ε-θή-σ-ο-μαι(2) ← εὑρίσκω(어간: εὑρ)

γνω-σ-θή-σ-ο-μαι(4) ← γινώσκω(어간: γνο)

τελε-σ-θή-σ-ο-μαι(2) ← τελέω: 마치다, 끝내다, 완성하다, 성취하다

2. 제 2 미래 수동태

제 2 미래 수동태가 제 1 미래 수동태와 다른점은 단지 시상접미어 θη에서 θ가 생략되고 η만 사용된다는 점이다. 그러나 제 1 미래 수동태와 제 2 미래 수동태간의 의미상의 차이는 없다. 제 2 부정과거 수동태를 취하는 동사는 물론 제 2 미래 수동태를 취한다. 제 2 부정과거 수동태와 제 2 미래 수동태는 θ에 의하여 생겨나는 음성변화를 피하기 위하여 발생한 것으로 보인다.

예: ἀνοίγω

	단수	복수
1 인칭	ἀνοιγ-ή-σ-ο-μαι	ἀνοιγ-η-σ-ό-μεθα
2 인칭	ἀνοιγ-ή-σ-ῃ	ἀνοιγ-ή-σ-ε-σθε
3 인칭	ἀνοιγ-ή-σ-ε-ται	ἀνοιγ-ή-σ-ο-νται

♠ **단어 익히기**(신약성서에 자주 나오는 제 2 미래 수동태)

ἀλλαγ-ή-σ-ο-μαι(3) ← ἀλλάσσω: 바꾸다, 변경하다, 변화하다, 교환하다

ἀνοιγ-ή-σ-ο-μαι(4) ← ἀνοίγω: (타)열다, 회복하다. (자)열리다

δαρ-ή-σ-ο-μαι(3) ← δέρω: 때리다, 치다

ἐντραπ-ή-σ-ο-μαι(3) ← ἐντρέπω: 부끄럽게 하다; (수)존중하다; 부끄럼당하다

χαρ-ή-σ-ο-μαι(4) ← χαίρω(미래는 디포넌트 동사)

♣ **직설법 미래의 용법**

직설법 미래는 미래의 선적인 혹은 점적인 동작을 표현한다. 동작의 종류보다는 동작이 일어난 시간이 더 중요한 시상이다. 미래시상을 어떤 문법가들은 미래사건을 표현하는 절대시제로 간주한다. 그러나 미래시상이 모두 미래에 일어날 사건을 기술하는 것만은 아니다. 예를 들면, 명령적 미래, 격언적 미래 등은 꼭 미래를 표현하는 것은 아니다.

1. 예견적 미래(predictive future): 대부분의 미래시상이 미래의 사선을 예견한다.

예: βαπτίσει (막 1:8): 그는 침례(세례)를 주실 것이다.

δ̀ιδάξει (요 14:26): 그가 가르치실 것이다.

2. 진행적 미래(progressive future): 미래는 종종 동사의 개념과/혹은 문맥에 의하여 예상되는 사건이 진행적임을 나타낸다.

예: ἀλλὰ καὶ χαρήσομαι, (빌 1:18): 그러나 진실로 나는 줄곧 기뻐하리라.

ἐπιτελέσει ἄχρι ἡμέρας Χριστοῦ Ἰησοῦ (빌 1:6): 그가 그리스도 예수의 날까지 이루실 것이다.

ποιεῖτε καὶ ποιήσετε. (살후 3:4): 너희들이 하고 있고 또한 계속할 것이다.

3. **명령적** 미래(imperatival future): 미래는 종종 명령으로 사용된다.

예: *Ἔσεσθε οὖν τέλειοι* (마 5:48): 그러므로 너희들은 완전하라.

Ἀγαπήσεις τὸν πλησίον (갈 5:14): 이웃을 사랑하라.

Οὐκ ἐπιθυμήσεις (롬 7:7): 탐내지 말라.

4. **토의적 미래**(deliberative future): 미래는 종종 의문문에 사용되어 자신의 방향에 관한 불확실성을 표현한다.

예: *Κύριε, εἰ πατάξομεν ἐν μαχαίρῃ;* (눅 22:49): 주여, 우리가 검으로 치오리까?(실제 질문)

πῶς ἐκφευξόμεθα; (히 2:3): 우리가 어떻게 피하겠는가?(수사학적인 질문)

5. **격언적** 미래(gnomic future): 미래는 시간에 매이지 않는 진리를 나타낼 때 쓰인다.

예: *Οὐκ ἐπ' ἄρτῳ μόνῳ ζήσεται ὁ ἄνθρωπος* (마 4:4): 사람이 떡만으로는 살 수 없을 것이다.

ἕκαστος γὰρ τὸ ἴδιον φορτίον βαστάσει. (갈 6:5): 그러므로 각자가 자신의 짐을 져야 할 것이다.

♠ 단어 익히기

동사

ἀνα-παύω: 안식을 주다, 새롭게 하다; (중)쉬다, 편하게 하다

βαστάζω: 지다, 견디다, 참다, 옮기다

ἐκ-φεύγω: 도망가다, 피하다, 멀리 달아나다

ἐλευθερόω: 자유를 주다, 해방하다

ἐπι-τελέω: 완성하다, 성취하다, 끝내다

καταδικάζω: 정죄하다

κατ-ισχύω: 이기다, 능가하다, 강하다

κατ-αισχύνω: 부끄럽게 하다, 망신을 주다, 창피를 주다, 실망시키다

καταργέω: 무효화하다, 취소하다, 파괴하다, 없이하다

κυριεύω: 다스리다, 주가 되다, 지배하다

παύω: 쉬다, 억제하다; (중)멈추다

προσ-καρτερέω: 자신을 드리다, 계속하다

πίπτω: 떨어지다, 멸망에 떨어지다, 끝나다

συμ-βασιλεύω: 함께 왕처럼 살다, 함께 다스리다

τηρέω: 지키다, 순종하다, 보호하다, 주의를 기울이다

ὑπομένω: 참다, 견디다

명사

διανοία, -ας, ἡ: 생각, 총명, 의도, 목적, 사고, 태도

πύλη, -ης, ἡ: 문, 대문

εἰρηνοποιός -οῦ, ὁ: 화목케 하는 자(peace-maker)

φορτίον, -ου, τό: 짐, 작은 짐

형용사: *ἴδιος, -α, -ον*: 자신의, 개인의

접속사/불변화사

εἰ: 만약 ~ 한다면, ~ 만 한다면, ~ 인지 아닌지 *οὖν*: 그러므로, 그런데, 그래서, 따라서
εἴτε: 만약 ~ 면, ~ 인지 아닌지; *εἴτε*... *εἴτε*: 혹은 ~ 혹은, ~ 한다면 ~ 한다면
ὥσπερ: ~ 처럼, ~ 같이, 마치 ~ 처럼, 바로 ~ 처럼
ὅτι: ~ 때문에, ~ 하므로, 왜냐하면; 해석하지 않음(그냥 절을 이끌 경우, 영어의 that)
ὡς: (비교) ~ 만큼, ~ 같이, ~ 하는 한, ~ 처럼; (시간) ~ 때; ~ 하기 위하여
전치사
ἄχρι(ἄχρις): + 속격. ~ 때까지; (접속사) 때까지
πλησίον: + 속격. ~ 가까이(비정규 전치사); 이웃(남성명사)
부사: *οὐδέποτε*: 결코 ~ 아닌
축약어: *κἀγώ* = *καὶ ἐγώ*: 그리고 내가, 나 역시 *κἀκεῖνος* = *καὶ ἐκεῖνος*: 그리고 저가

♥ 성경 문장 읽기

(다음 문장에서 미래 직설법 동사들을 분해해 보시오.)

1. *τέξεται δὲ υἱόν, καὶ καλέσεις Ἰησοῦν· αὐτὸς*(그가) *γὰρ σώσει τὸν λαὸν ἀπὸ τῶν ἁμαρτιῶν*. (마 1:21)
2. *Κύριον τὸν θεόν σου*(너의) *προσκυνήσεις καὶ αὐτῷ*(그에게) *μόνῳ λατρεύσεις*. (마 4:10)
3. *μακάριοι οἱ καθαροὶ τῇ καρδίᾳ, ὅτι αὐτοὶ τὸν θεὸν ὄψονται. μακάριοι οἱ εἰρηνοποιοί, ὅτι αὐτοὶ*(그들이) *υἱοὶ θεοῦ κληθήσονται* (마 5:8-9)
4. *κἀγὼ ἀναπαύσω ὑμᾶς*(너희들을) (마 11:28)
5. *ἐκ γὰρ τῶν λόγων σου δικαιωθήσῃ, καὶ ἐκ τῶν λόγων σου καταδικασθήσῃ*. (마 12:37)
6. *οἰκοδομήσω μου*(나의) *τὴν ἐκκλησίαν καὶ πύλαι ᾅδου οὐ κατισχύσουσιν*. (마 16:18)
7. *Ὁ οἶκός μου οἶκος προσευχῆς κληθήσεται*, (마 21:13).
8. *ὥσπερ γὰρ αἱ ἡμέραι τοῦ Νῶε*(노아의), *οὕτως ἔσται ἡ παρουσία τοῦ υἱοῦ τοῦ ἀνθρώπου*. (마 24:37)
9. *ἐγὼ οὐδέποτε σκανδαλισθήσομαι* (마 26:33)
10. *καὶ ἀγαπήσεις κύριον τὸν θεόν σου ἐξ ὅλης τῆς καρδίας σου καὶ ἐξ ὅλης τῆς ψυχῆς σου καὶ ἐξ ὅλης τῆς διανοίας σου καὶ ἐξ ὅλης τῆς ἰσχύος σου*.(막 12:30)
11. *καὶ γνώσεσθε τὴν ἀλήθειαν, καὶ ἡ ἀλήθεια ἐλευθερώσει ὑμᾶς*.(요 8:32)
12. *ἡμεῖς*(우리들은) *δὲ τῇ προσευχῇ καὶ τῇ διακονίᾳ τοῦ λόγου*

προσκαρτερήσομεν. (행 6:4)

13. σωθησόμεθα ἀπὸ τῆς ὀργῆς. (롬 5:9)
14. ἁμαρτία γὰρ ὑμῶν(속격: 너희들을) οὐ κυριεύσει. (속격지배 동사) (롬 6:14)
15. οὐ καταισχυνθήσεται. (롬 10:11)
16. Ἡ ἀγάπη οὐδέποτε πίπτει· εἴτε δὲ προφητεῖαι, καταργηθήσονται· εἴτε γλῶσσαι, παύσονται. (고전 13:8)
17. καὶ ὁ θεὸς τῆς ἀγάπης καὶ εἰρήνης ἔσται μεθ' ὑμῶν(속격: 너희들과) (고후 13:11)
18. ὁ κύριος στηρίξει ὑμᾶς καὶ φυλάξει ἀπὸ τοῦ πονηροῦ. (살후 3:3)
19. πιστὸς ὁ λόγος· εἰ ὑπομένομεν, καὶ συμβασιλεύσομεν· εἰ ἀρνησόμεθα, κἀκεῖνος(그러면 저도) ἀρνήσεται ἡμᾶς(우리들을) (딤후 2:11, 12)
20. Ἀγαπήσεις τὸν πλησίον σου (약 2:8)
21. Ἥξει δὲ ἡμέρα κυρίου ὡς κλέπτης, (벧후 3:10)
22. κἀγώ σε(너를) τηρήσω ἐκ τῆς ὥρας τοῦ πειρασμοῦ (계 3:10)
23. λυθήσεται ὁ Σατανᾶς ἐκ τῆς φυλακῆς (계 20:7)

제 8 장

미완료 직설법 (Imperfect Indicative)

◆ 어형 익히기

헬라어의 미완료 시상은 직설법에서만 존재한다. 미완료는 제 2 시상에 속하며 접두모음을 취한다. 이 접두모음을 붙이는 방법은 다음에 요약되어 있다.

I. 미완료 능동태 직설법

미완료 능동태 직설법의 기본구조는 접두모음 (ϵ) + 현재어간 + 간모음(ϵ/ο) + 제 2 시상 능동태 어미로 이루어지는데, 1인칭 단수와 3인칭 복수에서 ν가 붙여지고 음성변화는 없다. 미완료 능동태 직설법 어미(endings)와 그 예는 다음과 같다.

미완료 능동태 직설법 어미			예: λέγω	
	단수	복수	단수	복수
1 인칭	-ο-ν	-ο-μϵν	ἔ-λϵγ-ο-ν	ἐ-λέγ-ο-μϵν
2 인칭	-ϵ-ς	ϵ-τϵ	ἔ-λϵγ-ϵ-ς	ἐ-λέγ-ϵ-τϵ
3 인칭	-ϵ(ν)	-ο-ν	ἔ-λϵγ-ϵ(ν)	ἔ-λϵγ-ο-ν

※참고

1. 3인칭 복수어미로 보통 σαν보다는 ν가 쓰여서 1인칭 단수와 3인칭 복수가 동일해지므로 이 둘은 문맥 속에서 구분되어야 한다. ἔχω의 미완료 3인칭 복수는 신약에서 두 가지 형태가 사용되고 있다. 즉 ϵἶχον(16)과 ϵἴχοσαν(2)으로 쓰였다.
2. 미완료는 보통 과거시점에서 진행되는 현상으로 해석된다. 영어의 과거진행형과 흡사하다. 예를 들면, ἔλϵγον의 경우 "나는 말하고 있었다" 혹은 "그들은 말하고 있었다" 이다.

♠ **단어 익히기**

(신약성서에 자주 나오는 미완료 능동태 직설법)

ἐ-γίνωσκ-ο-ν(5) ← γινώσκω
ἐ-δίωκ-ο-ν(4) ← διώκω
ἔ-μεν-ο-ν(4) ← μένω
εἶχ-ο-ν(51) ← ἔχω
ἔ-κλαι-ο-ν(4) ← κλαίω
ἔ-φερ-ο-ν(5) ← φέρω
ἤκου-ο-ν(7) ← ἀκούω
ἐ-δίδασκ-ο-ν(15) ← διδάσκω
ἐ-δόξαζ-ο-ν(8) ← δοξάζω
ἐ-πίστευ-ο-ν(7) ← πιστεύω
ἐ-κήρυσσ-ο-ν(4) ← κήρυσσω
ἔ-λεγ-ο-ν(149) ← λέγω
ἤ-θελ-ο-ν(23) ← θέλω
ἤσθι-ο-ν(4) ← ἐσθίω
δι-έ-τριβ-ο-ν(5) ← δια-τρίβω: 머물다, 남아 있다
ἐ-θαύμαζ-ο-ν(9) ← θαύμαζω: (자) 놀라다; (타) 이상하게 여기다
ἔ-κραζ-ο-ν(13) ← κράζω: 부르다, 소리치다
ἔ-μελλ-ο-ν(6)/ἤ-μελλ-ο-ν(12) ← μέλλω: (+ 부정사) ~ 하려고 하다, ~ 할 의향이 있다
ἔ-τυπτ-ο-ν(4) ← τύπτω: 때리다, 치다, 상처를 내다, (양심을)상하게 하다
ηὔξαν-ο-ν(6) ← αὐξάνω: (자)자라다, 증가하다, 퍼지다; (타) 자라게 하다, 증가시키다
ἴσχυ-ο-ν(5) ← ἰσχύω: 할 수 있다, 이기다, 강하다, 강해지다
προσ-έ-φερ-ο-ν(4) ← προσφέρω: 바치다, 드리다, 가지고 오다, (수)만나다, 취급하다
ὑπῆρχ-ο-ν(7) ← ὑπάρχω: 실재하다, ~ 의 뜻대로 되다
ὤφειλ-ο-ν(6) ← ὀφείλω; 빚지다, 의무가 있다, 해야 만 한다, 죄를 짓다

※접두모음(augment)을 붙이는 법

접두모음은 과거시상의 특징이다. 즉 헬라어의 과거시상인 미완료, 부정과거, 과거완료에는 접두모음 ε을 붙인다. 헬라어 동사에 접두모음을 붙이는 방식에는 두 가지가 있다. 음절 접두모음, 잠정적인 접두모음이다. 다음에 배우게 될 부정과거에서의 접두모음도 그 붙이는 방법은 미완료와 동일하다. 그러므로 여기에 가끔 부정과거의 예들이 나오고 있는데, 현 단계에서는 단순히 접두모음을 붙이는 방법에만 초점을 맞춰 그 예를 살펴보면 좋을 것이다.

1. 음절 접두모음(syllabic augment): ε

(1) 동사의 어간이 자음으로 시작되면 보통 접두모음 ε을 붙인다: ἔ-λεγ-ο-ν ← λέγω

(2) 어간이 ρ로 시작되면 보통 ρ를 한 번 더 쓰고 그 앞에 접두모음 ε을 붙인다:
ἐ-ρρυσάμην ← ῥύομαι

(3) θέλω의 경우에는 미완료형이 ἤ-θελον인데, 이는 아마도 원형이 ἐθέλω였을 가능성이 있기 때문이다. μέλλω에는 ἔ-μελλον(6)과 ἤ-μελλον(12), 두 가지 형태의 미완료형이 있다.

2. 잠정적인 접두모음(temporal augment)

동사어간이 모음이나 중모음으로 시작되면 접두모음 ϵ은 실제로 붙여지는 것이 아니라 동사어간의 시작모음을 길어지게 한다.

(1) η ← α : ἤκουον ← ἀκούω

(2) η ← ϵ : ἤσθιον ← ἐσθίω

(3) ω ← ο : ὤφειλον ← ὀφείλω

(4) ῃ ← αι: (보통은 이렇게 되나, 가끔 αι로 남아 있기도 한다.)
ᾐτησάμην ← αἰτέω / ἐπ-αισχύνθην ← ἐπ-αισχύνομαι

(5) ηυ ← αυ: ηὔξανον ← αὐξάνω

(6) ηυ ← ευ : (가끔 이렇게 되나, 보통은 ευ로 남는다.)
ηὕρισκον / εὗρον ← εὑρίσκω

(7) ῳ ← οι : (보통은 이렇게 되나, 가끔 οι로 남아 있기도 한다.)
ᾠκοδομήθην / οἰκοδομήθην ← οἰκοδομέω

(8) η ← η: ἡγησάμην ← ἡγέομαι(언제나 변함이 없다.)

(9) ι ← ι: ἴσχυον ← ἰσχύω (철자는 변함없고 실제로는 장음이 된다.)

(10) υ ← υ: ὕψωσα ← ὑψόω (철자는 변함없고 실제로는 장음이 된다.)

(11) ω ← ω: ὠφέλησα ← ὠφελέω: (유익을) 얻다, 성취하다, 돕다, 유익하다

(12) ει ← ει: εἶξα ← εἴκω: 굴복하다, 주다, 포기하다, 양보하다

3. 합성동사의 접두모음은 전치사와 동사 사이에 붙는다.

이때 모음으로 끝나는 전치사는 접두모음 앞에서 그 모음이 생략된다. 그러나 전치사 περί와 πρό는 그 모음이 생략되지 않는다. 그리고 전치사 ἐκ는 접두모음 앞에서 ἐξ로 변한다.

예: δι-έ-τριβ-ο-ν ← δια-τρίβω　　προσ-έ-φερον ← προσ-φέρω
ὑπῆρχον ← ὑπ-άρχω　　ἐξ-ε-πλησσ-ό-μην ← ἐκ-πλήσσομαι:(디포) 놀라다

II. 미완료 중간태/수동태 직설법

미완료에서 중간태와 수동태의 형태가 동일하다. 미완료 중간태/수동태의 기본구조는 접두모음(ϵ) + 현재어간 + 간모음(ϵ/ο) + 제 2 시상의 중간태/수동태 어미로 이루어지고, 음성변화는 2인칭 단수에서만 나타난다.

미완료 중간태/수동태 직설법 어미　　예: βαπτίζω

	단수	복수	단수	복수
1 인칭	-όμην	-όμεθα	ἐ-βαπτιζ-ό-μην	ἐ-βαπτιζ-ό-μεθα
2 인칭	-ου	-ϵ-σθϵ	ἐ-βαπτίζ-ου	ἐ-βαπτίζ-ϵ-σθϵ
3 인칭	-ϵ-το	-ο-ντο	ἐ-βαπτίζ-ϵ-το	ἐ-βαπτίζ-ο-ντο

※참고

1. 원래 2인칭 단수어미는 -ϵ-σο인데, 모음 사이에 있는 σ는 탈락하고, ϵ과 ο이 단축되어 ου가 된다.
2. 어간이 α, ϵ, ο로 끝나는 단축동사의 미완료는 어간과 어미가 합쳐지는 과정에서 단축현상이 일어나므로 본서의 제10장에서 독립적으로 다룰 것이다.

♠ **단어 익히기**(신약성서에 자주 나오는 미완료 중간태/수동태 직설법)

ἠρχ-ό-μην(10) ← ἔρχομαι	δι-ηρχ-ό-μην(6) ← δι-έρχομαι
ἐ-βαπτιζ-ό-μην(5) ← βαπτίζω	ἐ-βουλ-ό-μην(6) ← βούλομαι
ἐ-γινό-μην(3) ← γίνομαι	ἐξ-ϵ-πλησσ-ό-μην(10) ← ἐκ-πλήσσομαι
ἐ-πορϵυ-ό-μην(13) ← πορϵύομαι	ἐξ-ϵ-πορϵυ-ό-μην(4) ← ἐκ-πορϵύομαι
ϵὐ-ηγγϵλιζ-ό-ημν(4) ← ϵὐαγγϵλίζω	ἐ-πϵιθ-ό-μην(4) ← πϵίθω
δι-ϵ-λογιζ-ό-μην(8) ← δια-λογίζομαι	προσ-ηυχ-ό-μην(4) ← προσ-ϵύχομαι

ἠγό-μην(3) ← ἄγω: 인도하다, 가다
δι-ϵ-λϵγ-ό-μην(4) ← δια-λέγομαι: (디포)토론하다, 논쟁하다, 말하다
ἐ-πυνθαν-ό-μην(7) ← πυνθάνομαι: (디포)묻다, 질문하다, 문의하다

III. ϵἰμί 의 미완료

ϵἰμί는 -μι동사이나 불규칙하게 변화하기 때문에 별도로 다루는 것이 필요하다. ϵἰμί의 미완료는 어간 ἐσ에 접두모음을 붙인 ἠσ + 제 2 시상 능동태와 중간태/수동태 어미의 합성으로 구성된다. 동작을 나타내기보다는 상태를 표시하는 동사이므로 태가 없다. 신약성서에 456번 나온다.

	단수	복수
1 인칭	ἤμην	ἦμϵν(6) / ἤμϵθα(5)
2 인칭	ἦς(6) / ἦσθα(2)	ἦτϵ
3 인칭	ἦν	ἦσαν

♣ **미완료의 용법**

미완료는 과거시점에서 진행적이며 완료되지 않은 행동을 나타내기 때문에, 역사적인 서사(narrative)에 주로 사용된다. 마가복음에 가장 많이 나오고, 마태복음에 가장 적게 나오는 이유는 각각의 문체상의 특성 때문인 듯하다.

1. 서술적 미완료(descriptive imperfect)

화자나 기자가 과거사건의 진행적인 성격을 표현하기 위하여 서술적인 미완료를 사용한다. 다음에 배우게 될 부정과거(단순과거)는 단순히 과거의 사건을 말해 주지만, 미완료는 독자로 하여금 그 사건의 그림을 보는 것같이 행동의 과정을 말해준다.

예: *ἤσθιον, ἔπινον, ἐγάμουν, ἐγαμίζοντο ἄχρι ἧς ἡμέρας* (눅 17:27): ~ 날까지 그들은 먹고, 마시고, 장가가고 시집가기를 계속하고 있었다.

πλούσιοι ἔβαλλον (막 12:41): 부자들이 넣고 있었다.

2. 반복적 미완료(iterative imperfect)

현재에서처럼 간격을 두고 반복하는 행동을 표현한다. 반복적 미완료는 "~ 하기를 계속했다," "반복적으로 ~ 하곤 했다," "~ 하는 습관이 되었다" 등으로 번역한다.

예: *Κατὰ δὲ ἑορτὴν ἀπέλυεν αὐτοῖς* (그들에게) *ἕνα*(한) *δέσμιον* (막 15:6): 명절마다 그는 한 죄수를 그들에게 풀어주는 습관이 있었다.

Καὶ ἐπορεύοντο εἰς Ἱερουσαλὴμ τῇ ἑορτῇ τοῦ πάσχα. (눅 2:41): 그리고 그들은 (해마다) 유월절에 예루살렘에 가곤 했다.

3. 시발적 미완료(inceptive imperfect)

행동의 시작에 초점을 맞춘다. 이는 문맥이나 동사의 뜻에서 알 수 있다.

예: *ἐδίδασκεν* (막 1:21): 그는 가르치기 시작했다.

ἔκλαιεν (막 14:72): 그는 울기 시작했다.

4. 계속적 미완료(durative imperfect)

계속적 미완료는 과거에 시작되어 한동안 지속되는 행동을 표현한다. 간격이 있을 수도 있고, 없을 수도 있다.

예: *ἔλεγεν γὰρ ὁ Ἰωάννης*(마 14:4): 왜냐하면 요한이 말하고 있었기 때문이다.

Τί(왜) *ἐζητεῖτέ με*(나를) ; (눅 2:49): 당신들은 어찌하여 나를 찾으셨나이까?

οὐκ ἐντολὴν καινὴν γράφω ὑμῖν(너희들에게), *ἀλλ' ἐντολὴν παλαιὰν ἣν*(관계대명사) *εἴχετε ἀπ' ἀρχῆς* (요일 2:7): 내가 새 계명이 아니라 오히려 너희들이 처음부터 가지고 있던 옛 계명을 너희들에게 쓰고 있다.

5. 의향적 미완료(tendential imperfect)

이는 의향적 현재와 비슷하다. 시작되거나, 시도되거나, 제안되었으나 아직 끝나지 않은 행동을 표현한다.

예: *ὁ δὲ Ἰωάννης διεκώλυεν αὐτόν*(그를). (마 3:14): 요한은 그를 만류하려고 했다.

6. 의지적 미완료(voluntative imperfect)

실현되지 않은 지속적인 바램을 표현한다. 의향적 미완료와 흡사한 점이 있으나 몇 가지 면에서 차이가 있다.

예: *ἤθελον δὲ παρεῖναι*(*πάρειμι*의 현재부정사) *πρὸς ὑμᾶς*(갈 4:20): 나는 너희들과 함께 있기를 원한다(화자의 아직 이루어지지 않은 소원이나 행동을 공손한 방법으로 표현하기 위하여)

Ἐβουλόμην καὶ αὐτὸς τοῦ ἀνθρώπου ἀκοῦσαι(*ἀκούω*의 부정과거 부정사)(행 25:22): 나도 이 사람의 말을 듣고자 한다(화자의 소원을 감추기 위하여, 즉 더 직접적인 방법으로 소원을 표현하는 인상을 피하고 무례하지 않은 방법으로 소원을 표현하기 위하여).

♠ 단어 익히기

동사

ἀπο-λύω: 풀어주다, 멀리 보내다, 이혼하다, 용서하다; (중) 떠나다

γαμέω: 장가가다 *γαμίζω*: 시집보내다

διακωλύω: 막다, 만류하다 *πάρειμι*: (여기)있다, 오다

ἀρέσκω: 기쁘게 하려고 하다, 기쁘게 하다, 기뻐할 만하다

부사/불변화사

ἄν: 가능성을 표현하는 불변화사(해석하지 않음) *ποτέ*: 그때, 전에 *ἔτι*: 아직, 더, ~도

명사

δέσμιος, -ου, ὁ: 죄수 *πάσχα, τό*: 유월절, 유월절 식사, 유월절 양

Στέφανος, -ου, ὁ: 스데반(월계관)

ὑπερβολή, -ῆς, ἡ: 뛰어난 성질, 뛰어남; *καθ᾽ ὑπερβολήν*: (부사로 사용)심하게, 훨씬 더

감탄사

ὡσαννά: 호산나!(아람어: 나를 구원하소서!)

♥ 성경 문장 읽기

(다음의 문장에서 미완료 직설법을 찾아보고 그 동사를 분해해 보시오.)

1. *καὶ οὐκ ἐγίνωσκεν αὐτήν*(그녀를) (마 1:25)
2. *καὶ ἐβαπτίζοντο ἐν τῷ Ἰορδάνῃ ποταμῷ ὑπ᾽ αὐτοῦ*(그에 의하여) (마 3:6)
3. *οἱ δὲ ὄχλοι ἔλεγον* (마 21:11)
4. *ἄνθρωπος εἶχεν τέκνα δύο.* (마 21:28)
5. *Καὶ σὺ ἦσθα μετὰ Ἰησοῦ τοῦ Γαλιλαίου.* (마 26:69)
6. *καὶ ἐβαπτίζοντο ὑπ᾽ αὐτοῦ* (그에 의하여) *ἐν τῷ Ἰορδάνῃ ποταμῷ* (막 1:5)

7. καὶ δαιμόνια ἐξέβαλλον, (막 6:13)

8. ἐδίδασκεν γὰρ τοὺς μαθητὰς αὐτοῦ(그의) καὶ ἔλεγεν αὐτοῖς(그들에게) (막 9:31)

9. ἔκραζον, Ὡσαννά (호산나) (막 11:9)

10. καὶ οὐχ ηὕρισκον (막 14:55)

11. καὶ αὐτὸς(그가) ἐδίδασκεν ἐν ταῖς συναγωγαῖς (눅 4:15)

12. ἐδόξαζον τὸν θεόν (눅 5:26)

13. ἐν οἰκίᾳ οὐκ ἔμενεν (눅 8:27)

14. καὶ οὐκ ἤθελεν ἐπὶ χρόνον(한동안) (눅 18:4)

15. Ἐν ἀρχῇ ἦν ὁ λόγος, καὶ ὁ λόγος ἦν πρὸς τὸν θεόν, καὶ θεὸς ἦν ὁ λόγος. (요 1:1)

16. ὅτι οὐ μόνον ἔλυεν τὸ σάββατον, (요 5:18)

17. οὐδὲ γὰρ οἱ ἀδελφοὶ αὐτοῦ (그의) ἐπίστευον εἰς αὐτόν(그를) (요 7:5)

18. ἐπίστευον εἰς τὸν Ἰησοῦν. (요 12:11)

19. ἔβλεπον εἰς ἀλλήλους(서로서로를: 상호대명사) οἱ μαθηταί (요 13:22)

20. Ἠκολούθει δὲ τῷ Ἰησοῦ Σίμων Πέτρος καὶ ἄλλος μαθητής. (요 18:15)

21. καὶ ἤρχοντο εἰς τὸ μνημεῖον (요 20:3)

22. καὶ σημεῖα διὰ τῶν ἀποστόλων ἐγίνετο (행 2:43)

23. Πέτρος δὲ καὶ Ἰωάννης ἀνέβαινον εἰς τὸ ἱερὸν ἐπὶ τὴν ὥραν τῆς προσευχῆς (행 3:1)

24. Στέφανος δὲ ἐποίει σημεῖα ἐν τῷ λαῷ. (행 6:8)

25. ὡς δὲ ἐπορεύοντο κατὰ τὴν ὁδόν, (행 8:36)

26. ἔχαιρον καὶ ἐδόξαζον τὸν λόγον τοῦ κυρίου, (행 13:48)

27. ἀνεβαίνομεν εἰς Ἱεροσόλυμα (행 21:15)

28. εἰς Δαμασκὸν ἐπορευόμην (행 22:5)

29. ὁ δὲ θεὸς καὶ τὸν κύριον ἤγειρεν (고전 6:14)

30. εἰ ἔτι ἀνθρώποις ἤρεσκον, Χριστοῦ δοῦλος οὐκ ἂν ἤμην. (갈 1:10)

31. ὅτι καθ' ὑπερβολὴν ἐδίωκον τὴν ἐκκλησίαν τοῦ θεοῦ (갈 1:13)

32. ἦτε γάρ ποτε σκότος(어두움: 제 3 변화 명사), νῦν δὲ φῶς(빛: 제 3 변화 명사) ἐν κυρίῳ (엡 5:8)

제 9 장

제 1, 2 변화 대명사

(The First, Second Declension Pronoun)

신약성서에 나오는 대명사는 10종류에 모두 40개이며, 통틀어서 16,806번 나오고 있다. 헬라어의 모든 대명사는 격과 수에 따라 변화한다. 1인칭과 2인칭 인칭대명사를 제외한 모든 대명사는 성에 따라서도 변화한다. 인칭대명사, 재귀대명사, 소유대명사는 인칭에 따라서도 변화한다. 본 장에서는 명사 제 1, 2 변화를 따라 어형변화를 하는 인칭대명사, 지시대명사, 상관지시대명사, 관계대명사, 재귀대명사, 상호대명사, 소유대명사 등 일곱 종류의 대명사를 살펴보기로 한다.

◆ 어형 익히기(+ ♠ 단어 익히기)

1. 인칭대명사(personal pronoun)

1 인칭: *ἐγώ*(1,802, 나, 내가) (단수); *ἡμεῖς* (864, 우리가)(복수)

2 인칭: *σύ*(1,066, 네가, 당신이) (단수); *ὑμεῖς*(1,894, 너희들이, 당신들이)(복수)

3 인칭: *αὐτός*(그가), *αὐτή*(그녀가), *αὐτό*(그것이)(단수)(복수까지 포함하여 5,570)

	1 인칭		2 인칭	
단, 주	*ἐγώ*	나, 내가	*σύ*	네가, 당신이
속	*ἐμοῦ/μου*	나의, ~ 로부터	*σοῦ/σου*	너의, ~ 로부터
여	*ἐμοῖ/μοι*	나에게, ~ 안에, ~ 에 의해	*σοί/σοι*	너에게, ~ 안에, ~ 에 의해
대	*ἐμέ/με*	나를	*σέ/σε*	너를
복, 주	*ἡμεῖς*	우리가	*ὑμεῖς*	너희들이, 당신들이
속	*ἡμῶν*	우리의, ~ 로부터	*ὑμῶν*	너희의, ~ 로부터
여	*ἡμῖν*	우리에게, ~ 안에, ~ 에 의해	*ὑμῖν*	너희에게, ~ 안에, ~ 에 의해
대	*ἡμᾶς*	우리를	*ὑμᾶς*	너희를

3 인칭

	남성		여성		중성	
단, 주	αὐτ-ός	그가	αὐτ-ή	그녀가	αὐτ-ό	그것이
속	αὐτ-οῦ	그의, ~ 로부터	αὐτ-ῆς	그녀의, ~ 로부터	αὐτ-οῦ	그것의, ~ 로부터
여	αὐτ-ῷ	그에게, 안에, ~ 에 의해	αὐτ-ῇ	그녀에게, 안에, ~ 에 ~ 의해	αὐτ-ῷ	그것에게, 안에, ~ 에 의해
대	αὐτ-όν	그를	αυτ-ήν	그녀를	αὐτ-ό	그것을
복, 주	αὐτ-οί	그들이	αὐτ-αί	그녀들이	αὐτ-ά	그것들이
속	αὐτ-ῶν	그들의, ~ 로부터	αὐτ-ῶν	그녀들의, ~ 로부터	αὐτ-ῶν	그것들의, ~ 로부터
여	αὐτ-οῖς	그들에게, 안에, ~ 에 의해	αὐτ-αῖς	그녀들에게, 안에, ~ 에 의해	αὐτ-οῖς	그것들에게, 안에, ~ 에 의해
대	αὐτ-ούς	그들을	αὐτ-άς	그녀들을	αὐτ-ά	그것들을

※참고

1. 1인칭 단수와 2인칭 단수의 속격부터 대격까지 두 종류의 형태가 있는데, 각각 먼저 나오는 형태가 강조형이다. 이러한 강조형은 보통 전치사 다음에 사용된다.
2. αὐτός는 인칭대명사 외에 (1) 한정적인 위치에서 "동일한" (same)이라는 의미를 가진 정체대명사(identical pronoun)와 (2)서술적 위치에서 "~ 자신" (self)이라는 의미를 가진 강조대명사(intensive pronoun)로도 사용된다.

2. 지시대명사(demonstrative pronoun)

지시대명사는 사람이나 물건을 지적하거나 확인하고, 또한 주위를 환기시키는 역할을 한다.

(1) "이것" (this): οὗτος, αὕτη, τοῦτο

신약성서에 1,391 번 나온다. 성이 달라도 뜻은 같다.

	단수			복수		
	남성	여성	중성	남성	여성	중성
주격	οὗτ-ος	αὕτ-η	τοῦτ-ο	οὗτ-οι	αὗτ-αι	ταῦτ-α
속격	τούτ-ου	ταύτ-ης	τούτ-ου	τούτ-ων	τούτ-ων	τούτ-ων
여격	τούτ-ῳ	ταύτ-ῃ	τούτ-ῳ	τούτ-οις	ταύτ-αις	τούτ-οις
대격	τοῦτ-ον	ταύτ-ην	τοῦτ-ο	τούτ-ους	ταύτ-ας	ταῦτ-α

(2) "저것" (that): ἐκεῖνος, -η, -ο

신약성서에 κἀκεῖνος(= καὶ ἐκεῖνος, 22번)를 포함하여 265번 나온다. 성이 달라도 뜻은 같다.

	단수			복수		
	남성	여성	중성	남성	여성	중성
주격	ἐκεῖν-ος	ἐκείν-η	ἐκεῖν-ο	ἐκεῖν-οι	ἐκεῖν-αι	ἐκεῖν-α
속격	ἐκείν-ου	ἐκείν-ης	ἐκείν-ου	ἐκείν-ων	ἐκείν-ων	ἐκείν-ων
여격	ἐκείν-ῳ	ἐκείν-ῃ	ἐκείν-ῳ	ἐκείν-οις	ἐκείν-αις	ἐκείν-οις
대격	ἐκεῖν-ον	ἐκείν-ην	ἐκεῖν-ο	ἐκείν-ους	ἐκείν-ας	ἐκεῖν-α

3. 상관지시대명사(correlative demonstrative pronoun)

(1) *ὅδε, ἥδε, τόδε*(10): "이것" (this); 이 상관지시대명사는 성, 수, 격에 따라 변화되는 관사와 변하지 않는 불변화사 *δέ*와 결합된 형태이다.

(2) *τοιοῦτος, τοιαύτη, τοιοῦτο(ν)*(57): "~ 같은" (such); 이 상관지시대명사는 관계대명사 *οἷος*와 지시대명사 *οὗτος*가 결합하고, *τ*가 앞으로 전위(metathesis)된 것이다. 변화는 *οὗτος*의 변화를 따른다.

(3) *τοσοῦτος, τοσαύτη, τοσοῦτο(ν)*(20), "아주 많은, 아주 큰" (so much, so great); 이 상관지시대명사는 관계대명사 *ὅσος*와 지시대명사 *οὗτος*가 결합하고, *τ*가 앞으로 전위된 것이다. 변화는 *οὗτος*의 변화와 같다.

4. 관계대명사(relative pronoun): *ὅς, ἥ, ὅ*

관계대명사 *ὅς, ἥ, ὅ*는 신약성서에 1,365번 나온다. 남성, 여성은 "누구" (who)로 중성은 "무엇" (what), "어느 것" (which)으로 해석된다.

	단수			복수		
	남성	여성	중성	남성	여성	중성
주격	ὅς	ἥ	ὅ	οἵ	αἵ	ἅ
속격	οὗ	ἧς	οὗ	ὧν	ὧν	ὧν
여격	ᾧ	ᾗ	ᾧ	οἷς	αἷς	οἷς
대격	ὅν	ἥν	ὅ	οὕς	ἅς	ἅ

※참고

(1) *ὅστις, ἥτις, ὅτι*(153), "(누구)마다, (무엇)마다" (whoever, whatever)는 관계대명사와 부정대명사 *τις*가 결합한 형태이며, 각각 변화된 것의 결합형으로 변화된다. *ὅτι*는 접속사 *ὅτι*와의 혼돈을 피하기 위하여 *ὅ τι*로 쓴다. 이것은 부정관계대명사(indefinite relative pronoun)라고 부르는 것이 적합하다.

(2) *ὅσος, -η, -ον*(110): "~ 만큼 많은, 얼마나 많은" (as much as, how much); 이는 어간 *ὅς*가

어미 -ος, -η, -ον과 결합된 형태로, 가끔씩 상관대명사로 분류되기도 한다.

(3) οἶος, -α, -ον(14), "~ 같이, 무슨 종류의" (as, such as, of what kind); 이는 어간 οἱ가 어미 -ος, -α, -ον과 결합된 형태이다.

5. 재귀대명사(reflexive pronoun)

(1) 1인칭 단수: ἐμαυτοῦ [ἐμαυτῆς]

신약성서에 37번 나오고, 격의 성격상 1, 2인칭에는 중성이 없다. 또한 재귀적인 성격 때문에 주격은 있을 수가 없다. 인칭대명사 1인칭 단수 어간 ἐμ에 αὐτός를 결합한 형태로 볼 수 있다.

	남성	여성	
속격	ἐμαυτ-οῦ	[ἐμαυτ-ῆς]	나 자신의, 나 자신으로부터
여격	ἐμαυτ-ῷ	[ἐμαυτ-ῇ]	나 자신에게, ~ 안에서, ~ 에 의해서
대격	ἐμαυτ-όν	[ἐμαυτ-ήν]	나 자신을

※[ ]는 신약성서에 나오지는 않으나 어형을 참고적으로 적어놓은 것을 표시함.

(2) 2인칭 단수: σεαυτοῦ [σεαυτῆς]

신약성서에서 43번 나오는데, 인칭대명사 2인칭 단수 어간 σε에 αὐτός를 결합한 형태로 볼 수 있다.

	남성	여성	
속격	σεαυτ-οῦ	[σεαυτ-ῆς]	당신 자신의, 당신 자신으로부터
여격	σεαυτ-ῷ	[σεαυτ-ῇ]	당신 자신에게, ~ 안에서, ~ 에 의해서
대격	σεαυτ-όν	[σεαυτ-ήν]	당신 자신을

(3) 3인칭 단수와 1, 2, 3인칭 복수: ἑαυτοῦ

3인칭은 모든 성에서 변화가 이루어진다. 3인칭 복수가 1, 2인칭 복수로도 사용된다. ἑαυτοῦ는 모두 321번 나오는데, 단수로 16번, 1인칭 복수로는 20번, 2인칭 복수로는 57번, 3인칭 복수로는 84번 나온다.

	단수		
	남성	여성	중성
속격	ἑαυτ-οῦ	ἑαυτ-ῆς	ἑαυτ-οῦ
	그 자신의, ~ 으로부터	그녀 자신의, ~ 으로부터	그것 자체의, ~ 으로부터
여격	ἑαυτ-ῷ	ἑαυτ-ῇ	ἑαυτῷ
	그 자신에게, 안에, ~ 에 의하여	그녀 자신에게, 안에, ~ 에 의하여	그것 자체에게, 안에, ~ 에 의하여
대격	ἑαυτ-όν	ἑαυτ-ήν	ἑαυτ-ό
	그 자신을	그녀 자신을	그것 자체를

	복수		
속격	ἑαυτ-ῶν	ἑαυτ-ῶν	ἑαυτ-ῶν
	우리(너희, 그들) 자신의, 으로부터	우리(너희, 그들) 자신의, 으로부터	그것들 자체의, 로부터
여격	ἑαυτ-οῖς	ἑαυτ-αῖς	ἑαυτ-οῖς
	우리(너희, 그들) 자신에게, 안에, 에 의해	우리(너희, 그들) 자신에게, 안에, 에 의해	것들 자체에게, 안에, 에 의해
대격	ἑαυτ-ούς	ἑαυτ-άς	ἑαυτ-ά
	우리(너희, 그들) 자신을	우리(너희, 그들) 자신을	그것들 자체를

6. 상호대명사(reciprocal pronoun): *ἀλλήλων*

상호대명사는 말 그대로 복수 주어의 각 구성원 사이에 행동의 상호교환을 표시하는 대명사이다. 신약성서에 100번 나타난다.

	남성	여성	
속격	ἀλλήλ-ων	[ἀλλήλ-ων]	서로서로의, 서로로부터
여격	ἀλλήλ-οις	[ἀλλήλ-αις]	서로서로에게, ~ 안에서, ~ 에 의하여
대격	ἀλλήλ-ους	[ἀλλήλ-ας]	서로서로를

7. 소유대명사(possesive pronoun): *ἐμός, ἡμέτερος, ὑμέτερος*

소유대명사는 좀더 정확하게 소유형용사(possessive adjective)라고 볼 수 있다. 의미에 있어서 대명사적이긴 하지만, 구문론적으로는 형용사의 기능을 한다. 즉 소유대명사는 그것이 수식하는 명사와 성, 수, 격에서 일치한다(대명사는 그것이 대신하는 선행명사와 성, 수가 일치하고, 격은 그것이 문장에서 사용된 용례에 의하여 결정된다.). 1, 2인칭 단수는 어간에 어미 *-ος, -η, -ον*이 붙고, 나머지는 어간이 *ρ*나 모음으로 끝나기 때문에 어미 *-ος, -α, -ον*이 붙는다. 변화는 명사 제 1, 2 변화를 따른다.

(1) 1 인칭 단수: *ἐμός, -ή, -όν*(76), "나의"

(2) 1 인칭 복수: *ἡμέτερος, -α, -ον*(8), "우리의"

(3) 2 인칭 단수: *σός, -ή, -όν*(27), "너의, 당신의"

(4) 2 인칭 복수: *ὑμέτερος, -α, -ον*(11), "너희들의, 당신들의"

(5) *ἴδιος, -α, -ον* (114), "자신의, 그 자신의, 그녀 자신의, 그들 자신들의"

(6) *ἀλλότριος, -α, -ον*(14), "다른 이의"

♣ 대명사의 용법

대명사의 영어 단어 'pronoun' 은 라틴어 'pro + nomen' 에서 나왔고, 그 뜻은 명사를 대신한다는 뜻이다. 한자어인 한글의 대명사도 동일한 의미이다. 그러므로 대명사는 명사의 독점을 막기 위하여 대신 쓰여지는 품사이다. 대명사는 명사의 자리를 대신하여 명사의 반복을 피하면서 언어에 다양성과 유연성을 준다. 대명사의 격 사용은 명사의 격 사용과 동일하다.

1. 인칭대명사(personal pronoun)

인칭대명사는 다음과 같은 역할을 한다.

(1) 강조: 이미 동사의 어미에 주어 표시가 되어 있기 때문에 인칭대명사의 주격은 강조를 나타낸다. 즉 확인, 비교, 대조 등을 표현한다.

예: *Σὺ εἶ ὁ Χριστὸς υἱὸς τοῦ Θεοῦ* (마 16:16): 당신은 그리스도시요 하나님의 아들이십니다.

Ἐγώ εἰμι ὁ ἄρτος τῆς ζωῆς (요 6:35): 나는 생명의 떡이다.

Ἡμεῖς νόμον ἔχομεν (요 19:7): 우리들은 법을 가지고 있다.

ἀλλ᾽ ἐγὼ τὴν ἀλήθειαν λέγω ὑμῖν, (요 16:7): 그러나 나는 너희들에게 참을 말한다.

참고: *ἐγὼ ἐβάπτισα ὑμᾶς ὕδατι, αὐτὸς δὲ βαπτίσει ὑμᾶς ἐν πνεύματι ἁγίῳ* (막 1:8): 나는 물로 너희에게 침례(세례) 를 주었다. 그러나 그분은 성령으로 너희에게 침례(세례)를 주실 것이다.

αὐτοὶ μὲν ἀπέκτειναν αὐτούς, ὑμεῖς δὲ οἰκοδομεῖτε (눅 11:48): 그들은 선지자들을 죽였으나, 너희들은 (그들의 무덤을) 지었다.

(2) 정체대명사=확인하는 형용사: 관사 뒤에 나오는(한정적인 위치) 3인칭 단수 인칭대명사 *αὐτός*는 "그 동일한" (the same)의 뜻이 있다.

예: *τὸν αὐτὸν λόγον* (마 26:44): 그 동일한 말씀을

τὰ γὰρ αὐτὰ πράσσεις (롬 2:1): 왜냐하면 당신이 그 동일한 것들을 하기 때문이다.

(3) 강조대명사: 3인칭 단수 인칭대명사 *αὐτός*는 또한 명사, 동사, 대명사들과 함께 강조하기 위하여 사용된다. 이때 *αὐτός*는 서술적인 위치를 취하며, "그 자신(-self), 바로 그" 등으로 해석된다.

예: *καὶ ἐγὼ αὐτὸς ἄνθρωπός εἰμι.* (행 10:26): 나 자신 또한 사람이다.

αὐτὸς ὁ Ἰωάννης (마 3:4): 요한 자신이

διδάξει ὑμᾶς ἐν αὐτῇ τῇ ὥρᾳ (눅 12:12): 그는 바로 그 시간에 너희들을 가르칠 것이다.

(4) 서신적 복수: 문법학자들 간에 논란이 되고 있는 항목이다.

예: *καὶ ταῦτα γράφομεν ἡμεῖς* (요일 1:4): 그리고 우리들은 이것들을 쓴다.

(5) 재귀적으로 사용되는 인칭대명사

참고: *Μὴ θησαυρίζετε ὑμῖν θησαυρούς*(마 6:19): 너희 자신들을 위하여 보화를 쌓지 말라(*θησαυρίζετε*: 명령법과 직설법에서 그 형태가 동일하다.)

ὁ γεννηθεὶς ἐκ τοῦ θεοῦ τηρεῖ αὐτόν (요일 5:18): 하나님으로부터 난 자가 그 자신을 지킨다.

(6) 인칭대명사의 속격은 소유를 표현하는 데 사용된다.

예: *τὸν λαόν μου* (마 2:6): 나의 백성을 *ἐν τῇ καρδίᾳ σου* (롬 10:9): 너의 마음으로

ἐκ τῆς κεφαλῆς ὑμῶν (눅 21:18): 너희들의 머리로부터

διὰ τοῦ κυρίου ἡμῶν (롬 15:30): 우리들의 주를 인하여

ὁ λόγος ὁ ἐν τῷ νόμῳ αὐτῶν (요 15:25): 그들의 율법에 있는 말씀

2. 지시대명사 (demonstrative pronoun)

지시대명사에는 *οὗτος*(이것), *ἐκεῖνος*(저것) 이외에 *ὅδε*(이것, 상관지시대명사)도 있는데, *ὅδε*는 주로 요한계시록에서만 나온다. 원근은 문맥, 상황, 저자의 생각 속에서의 정신적인 맥락 등에 달려 있다.

예: *Οὗτός ἐστιν ὁ υἱός μου ὁ ἀγαπητός* (마 3:17): 이는 내 사랑하는 아들이다.

(1) 대명사로 사용되는 지시대명사: 이때 지시대명사는 앞에 나온 명사의 성과는 다를 때도 있다.

예: *οὗτος ἦν ἐν ἀρχῇ πρὸς τὸν θεόν.* (요 1:2): 이는 태초에 하나님과 함께 계셨다.

ἐκεῖνος κλέπτης ἐστὶν λῃστής (요 10:1): 저는 도적과 강도라.

참고: *τῇ γὰρ χάριτί ἐστε σεσῳσμένοι διὰ πίστεως· καὶ τοῦτο οὐκ ἐξ ὑμῶν, θεοῦ τὸ δῶρον.* (엡 2:8): 그러므로 너희가 그 은혜로 인하여 믿음으로 구원을 받았으니, 이것이 너희에게서 난 것이 아니라 하나님의 선물이다(믿음은 여성이고 지시대명사는 중성이므로, 지시대명사는 앞문장의 모든 내용을 받는 대명사의 역할을 하는 것으로 보인다.).

ὁ δὲ παράκλητος, τὸ πνεῦμα τὸ ἅγιον ὃ πέμψει ὁ πατὴρ ἐν τῷ ὀνόματί μου, ἐκεῖνος ὑμᾶς διδάξει πάντα καὶ ὑπομνήσει ὑμᾶς πάντα ἃ εἶπον ὑμῖν (요 14:26): 그런데 보혜사, 곧 아버지께서 내 이름으로 보내실 성령, 저가 너희에게 모든 것을 가르치며, 또한 내가 너희들에게 말한 모든 것을 너희들에게 생각나게 하시리라(여기서 성령은 중성인데 *ἐκεῖνος*는 남성이다.).

(2) 형용사로 사용되는 지시대명사: 지시대명사가 명사를 수식할 경우 지시형용사라 부르며,

이때 지시대명사는 서술적인 위치에서 사용된다.

예: *ἐκ τῶν λίθων τούτων* (마 3:9): 이 돌들로부터

Οὗτοι οἱ λόγοι πιστοὶ καὶ ἀληθινοί, (계 22:6): 이 말씀들은 신실하고 참되다.

Ἔλεγεν δὲ ταύτην τὴν παραβολήν. (눅 13:6): 그는 이 비유를 말하고 있었다.

3. 상관대명사(correlative pronoun)

상관대명사는 상호적인 관계를 표현하는 데 사용된다. 상호적인 것을 표현하는 것으로서 상관대명사, 상관형용사, 상관접속사 등이 있다. 주로 사용되는 상관대명사들은 *ὅσος, οἷος, ὁποῖος* (*οἷος*와 동일한 변화를 하며 동일한 뜻으로 사용된다. 신약에서 5번 나온다.), *τοιοῦτος, τοσοῦτος* 등이 있다. 분류에 있어서 약간 겹치는 경우가 있다.

예: *ἀλλ' ὅσα ἀκούσει λαλήσει* (요 16:13): 그러나 그가 들을 것마다(만큼) 말할 것이다.

τῶν γὰρ τοιούτων ἐστὶν ἡ βασιλεία τῶν οὐρανῶν. (마 19:14): 하늘 나라가 이와 같은 이들의 것이다.

참고: *οἷον εἴδετε ἐν ἐμοὶ καὶ νῦν ἀκούετε ἐν ἐμοί.* (빌 1:30): 너희가 내 안에서 보는 것이며, 또한 지금 내 안에서 듣는 것이다.

ὁποῖοί ποτε ἦσαν οὐδέν μοι διαφέρει. (갈 2:6): 그와 같은 사람들은 사실상 나에게 아무런 차이가 없다.

4. 관계대명사(relative pronoun)

(1) 관계대명사는 선행사와 성, 수가 일치하며, 격은 그것이 위치하는 절과 일치한다. 하지만 여기에는 예외들이 있다.

예: *ἐν αὐτῷ ὅς ἐστιν ἡ κεφαλή* (골 2:10): 머리이신 그 안에서

예외: *τέκνου, ὅν*(몬 10): 자녀(중성명사); *θηρίῳ ὅς* (계 13:14): 짐승(중성명사): 이 둘은 문법적인 성보다는 자연적인 성을 따르고 있다.

μέγα(큰) *ἐστὶν τὸ τῆς εὐσεβείας μυστήριον, ὅς* … (딤전 3:16): 경건의 비밀이 크다, 그는(남성) … (*μυστήριον*은 중성)

ἐξ ἧς ἐγεννήθη Ἰησοῦς (마 1:16): 그녀로부터 예수께서 탄생하셨다(요셉 중심의 족보를 반전시키고 있다.).

εἰμι ὅ εἰμι (고전 15:10): 나는 나 된 것이다(바울은 자신이 누구인 것보다는 하나님의 은혜에 의하여 되어진 자신에 초점을 맞추고 있다.).

참고: *τὴν μάχαιραν τοῦ πνεύματος, ὅ ἐστιν ῥῆμα θεοῦ.* (엡 6:17): 성령의 검, 즉 하나님의 말씀(여기서 관계대명사는 *μάχαιραν*의 여성을 따르지 않고 *πνεύματος*의 중성을 따르고 있다.)

(2) 선행사 없이 사용되는 관계대명사: 이 경우 관계대명사를 지시대명사나 부정(indefinite)대명사로 취급할 수 있다.

예: *Ο ἦν ἀπ' ἀρχῆς* (요일 1:1): 태초부터 있었던 것

ὅς οὐκ ἔστιν ἐκ τοῦ θεοῦ οὐκ ἀκούει ἡμῶν (요일 4:6): 하나님으로부터 나지 않은 자마다 우리들을 듣지 않는다.

(3) 관계대명사와 부정(indefinite)대명사와의 혼동: *ὅς*와 *ὅστις*의 구별이 뚜렷하지 않은 경우가 있다.

참고: *ὅς οὐκ ἔστιν καθ' ἡμῶν, ὑπὲρ ἡμῶν ἐστιν* (막 9:40): 우리를 반대하지 않는 자마다 우리를 위하는 자들이다.

εἰς πόλιν (도시) *Δαυὶδ ἥτις καλεῖται Βηθλέεμ*, (눅 2:4): 베들레헴이라 불리는 다윗의 도시 안으로

5. 재귀대명사(reflexive pronoun)

재귀라는 뜻은 문장의 주어와 목적어가 동일한 사람이거나 사물이라는 의미이다. 즉 동사의 동작이 주어에게로 다시 돌아온다는 의미이다. 재귀대명사는 주격은 없고 속격, 여격, 대격만 있으며, 다양한 뉘앙스를 표현한다. 어떤 때는 재귀대명사가 상호적인 의미를 갖기도 한다.

예: *Σὺ περὶ σεαυτοῦ μαρτυρεῖς* (요 8:13): 너는 너 자신에 대하여 증거하고 있다.

ἑαυτῶν τὰ ἱμάτια (마 21:8): 그들 자신의 옷들

λαλοῦντες(분사) *ἑαυτοῖς* (엡 5:19): 서로서로 말하면서

6. 상호대명사(reciprocal pronoun)

상호대명사 *ἀλλήλων*은 사람 사이의 상호행동, 관계, 그리고 교환 등을 표현할 때 사용된다. 신약성서에서 모두 100번 나오며, 교회의 구성원들간의 관계를 엿볼 수 있는 대명사이다. 보통 이 상호작용은 주어를 포함하나(예: 요일 1:7, *κοινωνίαν ἔχομεν μετ' ἀλλήλων*, 우리가 서로서로 더불어 함께 사귐을 가지고 있다.), 그렇지 않을 경우도 있다(예: 마 25:32, *ἀφορίσει αὐτοὺς ἀπ' ἀλλήλων*, 그는 그들을 서로서로 분리할 것이다.).

7. 소유대명사(possessive pronoun)

소유를 표현하는 가장 흔한 방법은 인칭대명사의 속격을 사용하는 것(마 11:29, *τὸν ζυγόν μου*, 나의 멍에)이다. 그러므로 소유대명사가 사용되면 강조의 뜻이 있다. 보통은 한정적인 위치(요 18:16, *ἡ βασιλεία ἡ ἐμή*, 나의 나라; 마 13:27, *ἐν τῷ σῷ ἀγρῷ*(너의 밭에)에서 사용된다. 가끔씩 실명사로 사용되기도 한다(요 17:10, *τὰ ἐμὰ πάντα σά ἐστιν καὶ τὰ σὰ ἐμά*,

나의 것 모두가 당신의 것이며 당신의 것이 나의 것이다. 소유대명사는 의미론적으로 항상 소유만을 나타내지는 않는다. 관계의 속격과 비슷한 역할을 한다. 예: 막 2:18(당신의 제자들, *οἱ σοὶ μαθηταί*. 비교. 마 7:3, 22)

♠ 단어 익히기

동사

ἀπαγγέλλω: 말하다, 알리다, 선포하다
παραγίνομαι: 오다, 도착하다, 나타나다
ἐμφανίζω: 알리다, 보고하다, 나타내다
ἀφορίζω: 분리하다, 배제시키다
πράσσω: 행하다, 실행하다, 모으다
σκηνόω: 살다, 거하다

명사

ζυγός, -οῦ, ὁ: 멍에, 천칭
κατάρα, -ας, ἡ: 저주
παιδάριον, -ου, τό: 소년
συνήθεια, -ας, ἡ: 습관, 관습

형용사

χρηστός, -ή, -όν: 친절한, 사랑하는, 선한, 자비로운, 쉬운, 부드러운
ἐλαφρός, -ά, -όν: 가벼운, 지기 쉬운, 중요하지 않은
κρίθινος, -η, -ον: 보리로 만든

부사/불변화사

ὅπου: ~ 한 곳, ~ 하는 동안(의문부사, where, while)
πόθεν: 어떻게, 어디에, 왜?(의문부사, how, where, why)
πότε: 언제?(시간의 의문부사, when)
ὧδε: 여기, 이곳에
ἰδού: 보라! 들어라! 여기, 그리고, 갑자기
ἤδη: 이미, 이제
ἐκεῖ: 거기, 그곳에
μή: 아닌(not); 직설법 이외의 법에서 사용됨

♥ 성경 문장 읽기

(다음 문장에서 대명사들을 찾아보고 분해해 보시오.)

1. *αὐτὸς γὰρ σώσει τὸν λαὸν αὐτοῦ ἀπὸ τῶν ἁμαρτιῶν αὐτῶν*. (마 1:21)
2. *Ἐμμανουήλ, ὅ ἐστιν Μεθ' ἡμῶν ὁ θεός*. (마 1:23)
3. *Ἐν δὲ ταῖς ἡμέραις ἐκείναις παραγίνεται Ἰωάννης ὁ βαπτιστὴς ἐν τῇ ἐρήμῳ τῆς Ἰουδαίας* (마 3:1)
4. *ὁ γὰρ ζυγός μου χρηστὸς καὶ τὸ φορτίον μου ἐλαφρόν ἐστιν*. (마 11:30)
5. *καὶ ἀπὸ τῆς χαρᾶς αὐτοῦ ὑπάγει καὶ ἀγοράζει τὸν ἀγρὸν ἐκεῖνον*.(마 13:44)
6. *κἀγὼ* (=*καὶ ἐγώ*) *δέ σοι λέγω ὅτι σὺ εἶ Πέτρος*, (마 16:18)
7. *ἕως πότε μεθ' ὑμῶν ἔσομαι;* (마 17:17)
8. *Ὁ οἶκός μου οἶκος προσευχῆς κληθήσεται*, (마 21:13)

9. *'Εγώ εἰμι ὁ θεός 'Αβραὰμ καὶ ὁ θεὸς 'Ισαὰκ καὶ ὁ θεὸς 'Ιακώβ* (마 22:32)

10. *καὶ κηρυχθήσεται τοῦτο τὸ εὐαγγέλιον τῆς βασιλείας ἐν ὅλῃ τῇ οἰκουμένῃ εἰς μαρτύριον* (마 24:14)

11. *τὸ αἷμα*(피) *αὐτοῦ ἐφ' ἡμᾶς καὶ ἐπὶ τὰ τέκνα ἡμῶν.* (마 27:25)

12. *'Ιδοὺ ἀποστέλλω τὸν ἄγγελόν μου πρὸ προσώπου σου,* (막 1:2)

13. *οὗτοι δέ εἰσιν οἱ παρὰ τὴν ὁδὸν ὅπου· σπείρεται ὁ λόγος,* (막 4:15)

14. *καὶ διελογίζοντο πρὸς ἀλλήλους ὅτι ἄρτους οὐκ ἔχουσιν.* (막 8:16)

15. *κύριος ὁ θεὸς ἡμῶν κύριος εἷς*(하나) *ἐστιν,* (막 12:29)

16. *αὐτὸς Δαυὶδ λέγει αὐτὸν κύριον, καὶ πόθεν αὐτοῦ ἐστιν υἱός;* (막 12:37)

17. *καὶ αὐτὸς ἐδίδασκεν ἐν ταῖς συναγωγαῖς αὐτῶν* (눅 4:15)

18. *ἥξει ὁ κύριος τοῦ δούλου ἐκείνου ἐν ὥρᾳ ᾗ οὐ γινώσκει,* (눅 12:46)

19. *Σὺ εἶ Σίμων ὁ υἱὸς 'Ιωάννου, σὺ κληθήσῃ Κηφᾶς.* (요 1:42)

20. *σὺ εἶ ὁ υἱὸς τοῦ θεοῦ, σὺ βασιλεὺς*(왕) *εἶ τοῦ 'Ισραήλ.* (요 1:49)

21. *Ἦν δὲ σάββατον ἐν ἐκείνῃ τῇ ἡμέρᾳ.* (요 5:9)

22. *Ἔστιν παιδάριον ὧδε ὃς ἔχει πέντε*(다섯) *ἄρτους κριθίνους* (요 6:9)

23. *τὰ πρόβατα τὰ ἐμὰ τῆς φωνῆς μου ἀκούουσιν, κἀγὼ γινώσκω αὐτά καὶ ἀκολουθοῦσίν μοι,* (요 10:27)

24. *καὶ ὅπου εἰμὶ ἐγὼ ἐκεῖ καὶ ὁ διάκονος ὁ ἐμὸς ἔσται* (요 12:26)

25. *διὰ τὰ ἔργα αὐτὰ πιστεύετε.* (요 14:11)

26. *κἀγὼ ἀγαπήσω αὐτὸν καὶ ἐμφανίσω αὐτῷ ἐμαυτόν.* (요 14:21)

27. *ἤδη ὑμεῖς καθαροί ἐστε διὰ τὸν λόγον* (요 15:3)

28. *οἱ γὰρ τοιοῦτοι τῷ κυρίῳ ἡμῶν Χριστῷ οὐ δουλεύουσιν ἀλλὰ τῇ ἑαυτῶν κοιλίᾳ,* (롬 16:18)

29. *ἡμεῖς τοιαύτην συνήθειαν οὐκ ἔχομεν οὐδὲ αἱ ἐκκλησίαι τοῦ θεοῦ.* (고전 11:16).

30. *Τοῦτο τὸ ποτήριον ἡ καινὴ διαθήκη ἐστίν* (고전 11:25)

31. *ἰδοὺ μυστήριον ὑμῖν λέγω* (고전 15:51)

32. *ὅσοι γὰρ ἐξ ἔργων νόμου εἰσίν, ὑπὸ κατάραν εἰσίν·* (갈 3:10).

33. *πιστὸς δέ ἐστιν ὁ κύριος, ὃς στηρίξει ὑμᾶς καὶ φυλάξει ἀπὸ τοῦ πονηροῦ.* (살후 3:3)

34. *ἀπαγγέλομεν ὑμῖν τὴν ζωὴν τὴν αἰώνιον ἥτις ἦν πρὸς τὸν πατέρα* (아버지) (요일 1:2)

35. *ἡ κοινωνία δὲ ἡ ἡμετέρα μετὰ τοῦ πατρός*(아버지) *καὶ μετὰ τοῦ υἱοῦ*

αὐτοῦ Ἰησοῦ Χριστοῦ. (요일 1:3)

36. *οὗτός ἐστιν ὁ ἀληθινὸς θεὸς καὶ ζωὴ αἰώνιος.* (요일 5:20)
37. *Ἀσπάζεταί σε τὰ τέκνα τῆς ἀδελφῆς σου τῆς ἐκλεκτῆς.* (요이 1:13)
38. *Ἰδοὺ ἡ σκηνὴ τοῦ θεοῦ μετὰ τῶν ἀνθρώπων, καὶ σκηνώσει μετ' αὐτῶν, καὶ αὐτοὶ λαοὶ αὐτοῦ ἔσονται, καὶ αὐτὸς ὁ θεὸς μετ' αὐτῶν ἔσται* (계 21:3)

제 10 장

단축동사와 유음동사

(Contract and Liquid Verbs)

앞에서 이미 언급된 대로 헬라어 동사의 변화에는 어미의 형태를 따라서 -ω변화와 -μι변화로 나누어진다. 그리고 -ω변화동사 중에서 어간이 단모음 α, ε, ο으로 끝나는 동사는 어미와 결합하는 과정에서 모음과 모음이 단축되는 현상이 나타나기 때문에 보통 단축동사(contract verb)라 불린다. 그리고 -ω변화동사 중에서 어간이 유음(λ, ρ)이나 혹은 비음(μ, ν)으로 끝나는 동사(일괄적으로 유음동사[liquid verb]라고 지칭하기도 한다.)들은 어떤 시상에서는 불규칙성이 나타나기 때문에 본장에서 다루기로 한다.

I. 단축동사(contract verb)

◆ 단축동사의 변화규칙

단축동사는 어간이 α, ε, ο으로 끝나기 때문에 현재 직설법과 미완료 직설법에서 간모음(ε, ο)과 마주치게 되므로 모음과 모음이 합쳐지는 현상이 일어난다. 이러한 현상은 모음의 단축현상(contraction)이라 불린다. 단축규칙은 다음과 같다.

단축규칙	단축 예
1. -αω형 동사	
α + ε, η("에" 계열 모음) = 장음 α	ἀγαπά + ετε(α + ε = α) → ἀγαπᾶτε
α + ο, ω, ου("오" 계열 모음) = ω	ἀγαπά + ομεν(α + ο = ω) → ἀγαπῶμεν
α + 뒤에 ι가 오는 모든 중모음 = ᾳ	ἀγαπά + ει(α + ει = ᾳ) → ἀγαπᾷ

2. -εω형 동사

$\epsilon + \epsilon = \epsilon\iota$ φιλέ + ετε($\epsilon + \epsilon = \epsilon\iota$) → φιλεῖτε

$\epsilon + o = ou$ φιλέ + ομεν($\epsilon + o = ou$) → φιλοῦμεν

ε + 장모음이나 중모음 = ε이 탈락한다. φιλέ + ει($\epsilon + \epsilon\iota = \epsilon\iota$) → φιλεῖ

3. -οω형 동사

ο + 장모음 = ω κοινό + ω(ω + ω = ω) → κοινῶ

ο + 단모음(ε, ο)이나 ου = ου κοινό + ομεν(ο + ο = ου) → κοινοῦμεν

ο + 뒤에 ι가 오는 모든 중모음 = οι κοινό + ει(ο + ει = οι) → κοινοῖ

※ 더 자세한 모음 단축현상을 알기 위하여 권말부록을 참조하기 바람.

1. 단축동사의 현재 직설법

단축 -ω동사의 현재 직설법 변화는 비단축 -ω동사와 동일하나 변화과정에서 위에 설명한 대로 모음 단축현상이 일어나게 된다.

(1) 단축동사의 현재 능동태 직설법

동사어미	-αω동사(예: ἀγαπάω)	-εω동사(예: ποιέω)	-οω동사(예: κοινόω)
단 1(-ω)	ἀγαπῶ (α+ω=ω)	ποιῶ (ε+ω=ω)	κοινῶ (ο+ω=ω)
단 2(-εις)	ἀγαπᾷς (α+ει=ᾳ)	ποιεῖς (ε+ει=ει)	κοινοῖς (ο+ει=οι)
단 3(-ει)	ἀγαπᾷ (α+ει=ᾳ)	ποιεῖ (ε+ει=ει)	κοινοῖ (ο+ει=οι)
복 1(-ο-μεν)	ἀγαπῶμεν (α+ο=ω)	ποιοῦμεν (ε+ο=ου)	κοινοῦμεν (ο+ο=ου)
복 2(-ε-τε)	ἀγαπᾶτε (α+ε=α)	ποιεῖτε (ε+ε=ει)	κοινοῦτε (ο+ε=ου)
복 3(-ουσιν)	ἀγαπῶσι(ν)(α+ου=ω)	ποιοῦσι(ν)(ε+ου=ου)	κοινοῦσι(ν)(ο+ου=ου)

※참고: ζάω 동사는 원래 ζήω였으며, 그 현재 능동태 직설법의 변화는 다음과 같다.

단 1	ζῶ (η+ω=ω)	복 1	ζῶμεν (η+ο=ω)
단 2	ζῇς (η+ει=ῃ)	복 2	ζῆτε (η+ε=η)
단 3	ζῇ (η+ει=ῃ)	복 3	ζῶσι(ν) (η+ου=ω)

♠ **단어 익히기**(동일하게 변하며 신약성서에 많이 나오는 단축동사)

1. -αω형 동사

ἀγαπῶ(23) ← ἀγαπάω ἐρωτῶ(17) ← ἐρωτάω

ὁρῶ(5) ← ὁράω πεινῶ(3) ← πεινάω

κοπιῶ(5) ← κοπιάω: (열심히) 일하다, 노동하다

μεριμνῶ(7) ← μεριμνάω: 걱정하다, 염려하다, 돌보다

πλανῶ(4) ← πλανάω: 속이다, 오도하다, 타락시키다; (수)길을 잃다, 속다

προσ-δοκῶ(6) ← προσ-δοκάω: 기다리다, 찾다, 기대하다, 불침번을 서다

τιμῶ(5) ← τιμάω: 존경하다, 귀하게 여기다, 인정하다

τολμῶ(4) ← τολμάω: 감히 ~ 하다, 용감하다; 결단을 내려 ~ 하다

2. -εω형 동사

ἀκολουθῶ(6) ← ἀκολουθέω　　ζητῶ(36) ← ζητέω

ἐπιθυμῶ(5) ← ἐπιθυμέω　　καλῶ(5) ← καλέω

λαλῶ(52) ← λαλέω　　μισῶ(10) ← μισέω

οἰκοδομῶ(8) ← οἰκοδομέω　　ὁμολογῶ(5) ← ὁμολογέω

ποιῶ(94) ← ποιέω　　τηρῶ(5) ← τηρέω　　ὠφελῶ(5) ← ὠφελέω

ἀγνοῶ(5) ← ἀγνοέω: 무지하다, 깨닫지 못하다, 소홀히 하다, 부지중에 죄를 짓다

ἀδικῶ(5) ← ἀδικέω: 잘못하다, 불공정하게 다루다, 악을 행하다, 죄를 짓다

ἀθετῶ(7) ← ἀθετέω: 거부하다, 거절하다, 제쳐놓다

ἀσθενῶ(7) ← ἀσθενέω: 아프다, 병이 나다, 약하다

βλασφημῶ(6) ← βλασφημέω: 하나님을 거역하여 말하다, 모독하다, 멸시하다, 중상하다

δεῖ(77)(비인칭 동사): 해야만 한다, 필요하다

δοκῶ(34) ← δοκέω: (타)생각하다, 간주하다, 여기다; (자) ~ 인 듯하다, ~ 로 인식되다

ἐπι-ζητῶ(10) ← ἐπι-ζητέω: 찾다, 갈망하다, 원하다

εὐχαριστῶ(17) ← εὐχαριστέω: 감사하다

θεωρῶ(28) ← θεωρέω: 보다, 관찰하다, 인식하다

κατηγορῶ(5) ← κατηγορέω: 고소하다, 비난하다

κατοικῶ(9) ← κατοικέω: 살다, 정착하다, 거주하다

μαρτυρῶ(23) ← μαρτυρέω: 증거하다, 증인이 되다, 확증하다

νοῶ(7) ← νοέω: 이해하다, 인식하다, 분별하다, 생각하다

παρα-καλῶ(29) ← παρα-καλέω: 구하다, 주장하다, 격려하다, 위로하다, 초청하다

περι-πατῶ(13) ← περι-πατέω: 걷다, 돌아다니다, 행하다, 살다

φιλῶ(11) ← φιλέω: 사랑하다, 좋아하다, 깊은 감정을 가지다, 입맞추다

φρονῶ(6) ← φρονέω: 생각하다, 마음에 ~ 를 생각하다, 관심을 갖다

φωνῶ(8) ← φωνέω: 부르다, 크게 말하다, 소환하다, 울다, 초청하다

3. -οω형 동사

ἀποδεκατῶ(3) ← ἀποδεκατόω: 십일조를 내다, 십분의 일을 떼다

ζηλῶ(5) ← ζηλόω: 시기하다, 마음을 두다, 깊은 관심을 갖다

ζυμῶ(2) ← ζυμόω: 일어나게 하다; (수) 일어나다

κοινῶ(6) ← κοινόω: 더럽히다, 불결하게 만들다

σταυρῶ(2) ← σταυρόω: 십자가에 못박다

(2) 단축동사의 현재 중간태/수동태 직설법

동사 어미	-αω동사(예: καυχάομαι)	-εω동사(예: αἰτέω)	-οω동사(예: δικαιόω)
단 1(-ο-μαι)	καυχῶμαι (α+ο=ω)	αἰτοῦμαι (ε+ο=ου)	δικαιοῦμαι (ο+ο=ου)
단 2(-ῃ)	καυχᾷ (α+ῃ=ᾳ)	αἰτῇ (ε+ῃ=ῃ)	δικαιοῖ (ο+ῃ=οι)
단 3(-ε-ται)	καυχᾶται (α+ε=α)	αἰτεῖται (ε+ε=ει)	δικαιοῦται (ο+ε=ου)
복 1(-ό-μεθα)	καυχώμεθα (α+ο=ω)	αἰτούμεθα (ε+ο=ου)	δικαιούμεθα (ο+ο=ου)
복 2(-ε-σθε)	καυχᾶσθε (α+ε=α)	αἰτεῖσθε (ε+ε=ει)	δικαιοῦσθε (ο+ε=ου)
복 3(-ο-νται)	καυχῶνται (α+ο=ω)	αἰτοῦνται (ε+ο=ου)	δικαιοῦνται (ο+ο=ου)

♠ **단어 익히기**(동일하게 변하며 신약성서에 많이 나오는 단축동사)

1. -αω형 동사

καυχῶμαι(9) ← καυχάομαι(디포)   πλανῶμαι(4) ← πλανάω

ἀγαλλιῶμαι(2) ← ἀγαλλιάω: 매우 기쁘다

κατακαυχῶμαι(2) ← κατακαυχάομαι: (디포)자랑하다, 자만하다, 멸시하다

μοιχῶμαι(4) ← μοιχάομαι: (디포)간음죄를 짓다

ὀδυνῶμαι(2) ← ὀδυνάομαι: (디포)심한 고통중에 있다, 깊은 염려에 빠지다

2. -εω형 동사

αἰτοῦμαι(6) ← αἰτέω   βλασφημοῦμαι(3) ← βλασφημέω

καλοῦμαι(6) ← καλέω   παρα-καλοῦμαι(3) ← παρα-καλέω

ποιοῦμαι(4) ← ποιέω   φοβοῦμαι(6) ← φοβεομαι

ἐνεργοῦμαι(3) ← ἐνεργέω: 일하다, 작동하고 있다. 효력이 있다; (타) 성취하다, 달성하다

ἐπι-καλοῦμαι(5) ← ἐπι-καλέω: (이름을) 부르다, 별명을 부르다; (중)호소하다

ἡγοῦμαι(4) ← ἡγέομαι: (디포)생각하다, 여기다; 인도하다, 다스리다

3. -οω형 동사

δικαιοῦμαι(5) ← δικαιόω   ἐρημοῦμαι(2) ← ἐρημόομαι: (디포)버려지다

φυσιοῦμαι(2) ← φυσιόω: 고집(자만심)을 가지게 하다, (수)자만하다, 거만하다

2. 단축동사의 미완료 직설법

단축동사 미완료 변화도 비단축 동사와 동일하나 변화과정에서 간모음(ε, ο)과 마주치게 되

므로 현재형과 같이 모음 단축현상이 일어나게 된다. 모음 단축과정은 앞에서 다룬 모음변화를 참조하면 용이하다.

(1) 단축동사의 미완료 능동태 직설법

동사 어미	-αω동사(예: ἐρωτάω)	-εω동사(예: ζητέω)	-οω동사(예: δηλόω)
단 1(-ο-ν)	ἠρώτων (α+ο=ω)	ἐ-ζήτουν (ε+ο=ου)	ἐ-δήλουν (ο+ο=ου)
단 2(-ε-ς)	ἠρώτας (α+ε=α)	ἐ-ζήτεις (ε+ε=ει)	ἐ-δήλους (ο+ε=ου)
단 3(-ε)	ἠρώτα (α+ε=α)	ἐ-ζήτει (ε+ε=ει)	ἐ-δήλου (ο+ε=ου)
복 1(-ο-μεν)	ἠρωτῶμεν (α+ο=ω)	ἐ-ζητοῦμεν (ε+ο=ου)	ἐ-δηλοῦμεν (ο+ο=ου)
복 2(-ε-τε)	ἠρωτᾶτε (α+ε=α)	ἐ-ζητεῖτε (ε+ε=ει)	ἐ-δηλοῦτε (ο+ε=ου)
복 3(-ο-ν)	ἠρώτων (α+ο=ω)	ἐ-ζήτουν(ε+ο=ου)	ἐ-δήλουν (ο+ο=ου)

※참고: ζάω(원래는 ζήω였음)의 미완료는 신약성서에 두 번 나온다. 3인칭 복수, ἔ-ζων(어간이 α보다는 η로 끝나는 사실에 영향을 받지 않았다.)과 2인칭 복수, ἔ-ζητε(α보다는 η + ε = η라는 사실에 영향을 받았다.)이다.

♠ **단어 익히기**(동일하게 변하며 신약성서에 많이 나오는 단축동사)

1. -αω형 동사

ἠγάπων(7) ← ἀγαπάω　　ἐ-τόλμων(5) ← τολμάω　　ἠρώτων(14) ← ἐρωτάω

ἐπ-ε-τίμων(4) ← ἐπι-τιμάω: 명령하다, 책망하다, 꾸중하다

ἐπ-ηρώτων(20) ← ἐπ-ερωτάω: 묻다, 요청하다

ἐ-σιώπων(4) ← σιωπάω: 조용히 하다, 말을 멈추다, 고요히 하다

2. -εω형 동사

ἐ-ζήτουν(27) ← ζητέω　　ἔ-δει(16) ← δεῖ(비인칭 동사)

ἐ-λάλουν(27) ← λαλέω　　ἐ-ποίουν(5) ← ποιέω

ἠκολούθουν(16) ← ἀκολουθέω　　παρ-ε-κάλουν(17) ← παρα-καλέω

περι-ε-πάτουν(9) ← περι-πατέω　　προσ-ε-κύνουν(5) ← προσ-κυνέω

δι-ηκόνουν(9) ← δια-κονέω: 섬기다, 시종들다, 돌보다, 공급하다, 집사로 섬기다

ἐ-θεώρουν(5) ← θεωρέω: 보다, 살피다, 인식하다

3. -οω형 동사

ἐ-δήλουν(1) ← δηλόω: 분명히 하다, 보여주다, 알리다　　ἐ-πλήρουν(1) ← πληρόω

(2) **단축동사의 미완료 중간태/수동태 직설법**

동사 어미	-αω동사(예: ἰάομαι)	-εω동사(예: φοβέομαι)	-οω동사(예: πληρόω)
단 1(-ό-μην)	ἰώμην (α+ο=ω)	ἐ-φοβούμην (ε+ο=ου)	ἐ-πληρούμην(ο+ο=ου)
단 2(-ου)	ἰῶ (α+ου=ω)	ἐ-φοβοῦ (ε+ου=ου)	ἐ-πληροῦ (ο+ου=ου)
단 3(-ε-το)	ἰᾶτο (α+ε=α)	ἐ-φοβεῖτο (ε+ε=ει)	ἐ-πληροῦτο (ο+ε=ου)
복 1(ό-μεθα)	ἰώμεθα (α+ο=ω)	ἐ-φοβούμεθα (ε+ο=ου)	ἐ-πληρούμεθα(ο+ο=ου)
복 2(-ε-σθε)	ἰᾶσθε (α+ε=α)	ἐ-φοβεῖσθε (ε+ε=ει)	ἐ-πληροῦσθε (ο+ε=ου)
복 3(-ο-ντο)	ἰῶντο (α+ο=ω)	ἐ-φοβοῦντο (ε+ο=ου)	ἐ-πληροῦντο (ο+ο=ου)

♠ **단어 익히기**(동일하게 변하며 신약성서에 많이 나오는 단축동사)

1. -αω형 동사

   ἰώμην(2) ← ἰάομαι

2. -εω형 동사

   ἐ-φοβούμην(12) ← φοβέομαι　　　ᾐτούμην(2) ← αἰτέω

   ἐ-θαμβούμην(2) ← θαμβέομαι: (디포)놀라다, 충격을 받다

   παρ-ε-τηρούμην(2) ← παρα-τηρέω: (자세히) 쳐다보다, 관찰하다, 지키다

3. -οω형 동사

   ἐ-κραταιούμην(2) ← κραταιόομαι(디포): 강해지다　　　ἐ-πληρούμην(3) ← πληρόω

II. 유음동사(liquid verb)

◆ **유음동사의 변화규칙**

유음동사의 미래 능동태와 중간태 직설법 변화에서는 어간의 끝에 오는 유음과 미래 시상접미어 σ 사이에 간모음 ε이 삽입되고 나서 어미를 붙이게 된다. 즉 유음동사의 미래 능동태 직설법은 미래어간 + 미래 시상접미어 εσ(유음동사일 경우 미래 시상접미어가 σ대신 εσ이다)+ 제 1 시상 능동태 최종어미로 형성되며, 미래 중간태 직설법은 미래어간 + 미래 시상접미어 εσ + 제 1 시상 중간태/수동태 최종어미로 형성된다. 이때 모음 사이에 위치하게 되는 σ는 탈락하고, ε은 어미와 결합하여 단축된다. 결과적으로 유음동사의 미래직설법은 단축동사인 -εω형 동사의 현재변화와 동일해진다.

λέγω의 미래형은 ρ로 끝나는 유음동사이다(ἐρῶ). 또한 미래 시상어미로 εσ대신 σε를 붙이는 동사의 미래를 소위 아틱(Attic) 미래동사라 하는데, 이런 류의 동사도 유음동사와 동일한 미래형태를 가진다. ἐλπίζω/ἐγγίζω가 여기에 속하는 동사이다. 여기서 ζ는 원래 δ였는데, ι때문에 ζ로 변한 것이다. 이 동사가 아틱 미래형을 취하기 때문에 미래어간의 δ + 미래 시상접미어 σε = δσε

가 된다. 이때 σ 앞에서 δ는 탈락하고, 모음 사이에 있게 되는 σ도 탈락하면, ε과 동사어미간에 단축현상이 일어나게 되어 유음동사와 흡사한 미래형태가 형성된다.

1. 유음동사의 미래 능동태

	유음어간동사	비음어간동사	아틱(Attic)미래동사
단 1	ἐρῶ	κρινῶ	ἐλπιῶ
단 2	ἐρεῖς	κρινεῖς	[ἐλπιεῖς]
단 3	ἐρεῖ	κρινεῖ	ἐλπιεῖ
복 1	[ἐροῦμεν]	κρινοῦμεν	[ἐλπιοῦμεν]
복 2	[ἐρεῖτε]	κρινεῖτε	[ἐλπιεῖτε]
복 3	ἐροῦσι(ν)	κρινοῦσι(ν)	ἐλπιοῦσι(ν)

♠ **단어 익히기**(동일하게 변하며 신약성서에 많이 나오는 유음동사)

ἀπαγγελῶ(3) ← ἀπαγγέλλω

ἀποστελῶ(5) ← ἀποστέλλω

βαλῶ(4) ← βάλλω

ἀρῶ(4) ← αἴρω

κατα-κρινῶ(6) ← κατα-κρίνω

κρινῶ(10) ← κρίνω

μενῶ(4) ← μένω

ἐρῶ(46) ← λέγω

ἐγερῶ(5) ← ἐγείρω

ἐλπιῶ(2) ← ἐλπίζω

ἀποκτενῶ(10) ← ἀποκτείνω: 죽이다

ἐγγιῶ(1) ← ἐγγίζω: 가까이 가다, 접근하다

ἀναγγελῶ(10) ← ἀναγγέλλω: 말하다, 선포하다, 알리다

ποιμανῶ(4) ← ποιμαίνω: 목자같이 돌보다, 다스리다, 양을 치다

2. 유음동사의 미래 중간태

	유음어간동사	비음어간동사	아틱(Attic) 미래동사
단 1	[ἐντελοῦμαι]	[ἀποθανοῦμαι]	[κοιμοῦμαι]
단 2	[ἐντελῇ]	[ἀποθανῇ]	[κοιμῇ]
단 3	ἐντελεῖται	ἀποθανεῖται	[κοιμεῖται]
복 1	[ἐντελούμεθα]	[ἀποθανούμεθα]	[κοιμούμεθα]
복 2	[ἐντελεῖσθε]	[ἀποθανεῖσθε]	κοιμεῖσθε
복 3	[ἐντελοῦνται]	[ἀποθανοῦνται]	[κοιμοῦνται]

♠ **단어 익히기**(동일하게 변하며 신약성서에 많이 나오는 유음동사)

φανοῦμαι(1) ← φαίνω

ἀποθανοῦμαι(4) ← ἀποθνῄσκω: 죽다

πεσοῦμαι(6)(디포) ← *πίπτω*: 떨어지다, 망하다, 절하다, 죽다, 끝나다

κοιμοῦμαι(1) ← *κοιμάομαι*: (디포)자다, 죽다

ἐντελοῦμαι(2) ← *ἐντέλλομαι*: (디포)명령하다

※참고

1. 아틱 미래와 같은 미래 시상접미어 *σε*와 동시에 간모음 *ε/ο*을 가지는 동사의 미래형을 도릭(Doric) 미래라 한다. 동사 *πίπτω*의 도릭 미래 디포넌트는 *πεσοῦμαι*이다.
2. 유음동사의 미래수동태는 시상어미(*θης*)의 특성상 동사어간에 약간의 변화가 있을 뿐 능동태와 중간태 같은 모음단축은 일어나지 않는다. 대표적인 예들은 다음과 같다.
   ἀρ-θή-σ-ο-μαι(6) ← *αἴρω*　　*ἀπο-κρι-θή-σ-ο-μαι*(2)(디포) ← *ἀποκρινομαι*(디포)
   ἐγερ-θή-σ-ο-μαι(11) ← *ἐγείρω*　　*μαραν-θή-σ-ο-μαι*(3)(디포) ← *μαραίνομαι*(디포)

♠ 단어 익히기

전치사: *ὀπίσω* + 속격: ~ 의 뒤로, ~ 후에, ~ 로부터 멀리; 부사. 뒤에서

부사: *πόρρω*: 멀리, 멀리로부터　　*καθώς*: ~같이, ~처럼, ~만큼, ~정도로

동사: *ἀπέχω*: (타)충분히 받다, 다시 가지다; (자)멀리 떨어져 있다; (중)삼가다, 피하다; (비인칭동사) ~ 이 충분하다

형용사: *τρίτος, -η, -ον*: 세번째의

명사: *Νικολαΐτης -ου, ὁ*: 니골라당(Nicolaitan)

불변화사: *τε*: 그리고, 그래서; *τε⋯τε*: ~ 도 ~도

접속사: *διό*: 그러므로, 이 때문에

♥ 성경 문장 읽기(다음 문장 중에서 단축동사들을 찾아보고 분해해 보시오.)

1. *καὶ ὃς οὐ λαμβάνει τὸν σταυρὸν αὐτοῦ καὶ ἀκολουθεῖ ὀπίσω μου, οὐκ ἔστιν μου ἄξιος.* (마 10:38)
2. *διὰ τοῦτο ἐν παραβολαῖς αὐτοῖς λαλῶ,* (마 13:13)
3. *Ὁ λαὸς οὗτος τοῖς χείλεσίν*(입술로) *με τιμᾷ, ἡ δὲ καρδία αὐτῶν πόρρω ἀπέχει ἀπ' ἐμοῦ* (마 15:8)
4. *καὶ ἀποκτενοῦσιν αὐτόν, καὶ τῇ τρίτῃ ἡμέρᾳ ἐγερθήσεται.* (마 17:23)
5. *καὶ ἦν μετὰ τῶν θηρίων, καὶ οἱ ἄγγελοι διηκόνουν αὐτῷ.* (막 1:13)
6. *ὁ γὰρ Ἡρῴδης ἐφοβεῖτο τὸν Ἰωάννην,* (막 6:20).
7. *ἐπηρώτων αὐτὸν οἱ μαθηταὶ αὐτοῦ τὴν παραβολήν.* (막 7:17).
8. *καὶ σταυροῦσιν αὐτόν* (막 15:24)

9. *Τί*(왜) *δέ με καλεῖτε, Κύριε κύριε, καὶ οὐ ποιεῖτε ἃ λέγω;* (눅 6:46)

10. *ἐλάλει αὐτοῖς περὶ τῆς βασιλείας τοῦ θεοῦ,* (눅 9:11)

11. *σημεῖον ἐξ οὐρανοῦ ἐζήτουν παρ᾽ αὐτοῦ.* (눅 11:16)

12. *Ἀποστελῶ εἰς αὐτοὺς προφήτας καὶ ἀποστόλους, καὶ ἐξ αὐτῶν ἀποκτενοῦσιν καὶ διώξουσιν,* (눅 11:49)

13. *ᾗ ὥρᾳ οὐ δοκεῖτε ὁ υἱὸς τοῦ ἀνθρώπου ἔρχεται.* (눅 12:40)

14. *ἀλλ᾽ οὐχὶ ἐρεῖ αὐτῷ,* (눅 17:8)

15. *ὁ υἱός σου ζῇ.* (요 4:50)

16. *ὁ γὰρ πατὴρ φιλεῖ τὸν υἱόν* (요 5:20)

17. *καὶ τὴν δόξαν τὴν παρὰ τοῦ μόνου θεοῦ οὐ ζητεῖτε;*(요 5:44)

18. *Τί οὖν ποιεῖς σὺ σημεῖον,* (요 6:30)

19. *Σὺ περὶ σεαυτοῦ μαρτυρεῖς·* (요 8:13)

20. *τὰ πρόβατα τὰ ἐμὰ τῆς φωνῆς μου ἀκούουσιν, κἀγὼ γινώσκω αὐτά, καὶ ἀκολουθοῦσίν μοι,* (요 10:27)

21. *καὶ ὑμεῖς δὲ μαρτυρεῖτε, ὅτι ἀπ᾽ ἀρχῆς μετ᾽ ἐμοῦ ἐστε.* (요 15:27)

22. *ἐκεῖνος ἐμὲ δοξάσει, ὅτι ἐκ τοῦ ἐμοῦ λήμψεται καὶ ἀναγγελεῖ ὑμῖν.* (요 16:14)

23. *οἵ τε μαθηταὶ ἐπληροῦντο χαρᾶς* (행 13:52)

24. *Φαρισαῖοι δὲ ὁμολογοῦσιν τὰ ἀμφότερα.* (행 23:8)

25. *καρδίᾳ γὰρ πιστεύεται εἰς δικαιοσύνην, στόματι*(입으로) *δὲ ὁμολογεῖται εἰς σωτηρίαν.* (롬 10:10)

26. *οἱ ἅγιοι τὸν κόσμον κρινοῦσιν;* (고전 6:2)

27. *οὐ δικαιοῦται ἄνθρωπος ἐξ ἔργων νόμου* (갈 2:16)

28. *ζῶ δὲ οὐκέτι ἐγώ, ζῇ δὲ ἐν ἐμοὶ Χριστός·* (갈 2:20)

29. *Εὐχαριστοῦμεν τῷ θεῷ πάντοτε περὶ πάντων*(모든) *ὑμῶν* (살전 1:2)

30. *Διὸ παρακαλεῖτε ἀλλήλους καὶ οἰκοδομεῖτε εἷς τὸν ἕνα*(서로 서로), *καθὼς καὶ ποιεῖτε* (살전 5:11)(명령법과 현재직설법이 동일하다.)

31. *ἐγὼ ἀγαπῶ ἐν ἀληθείᾳ,* (요이 1:1)

32. *ἀλλὰ τοῦτο ἔχεις, ὅτι μισεῖς τὰ ἔργα τῶν Νικολαϊτῶν ἃ κἀγὼ μισῶ.* (계 2:6)

제 11 장

부정과거 직설법 (Aorist Indicative)

◆ **어형 익히기**

부정과거라는 말은 헬라어(ἀόριστος: 정해지지 않은; ὁρίζω: 정하다, 결정하다, 지명하다)에서 파생된 '아오리스트' (aorist)로서 정해지지 않은 과거의 동작을 말한다. 그리하여 단순과거라고 부르기도 한다. 부정과거 직설법은 과거의 점적인 동작을 표현하며 제 2 시상에 속한다. 부정과거에서는 비단축 -ω동사와 단축 -ω동사간의 차이나 -ω동사와 -μι동사간의 차이도 없다. 그러나 어간의 차이를 따라서 제 1 부정과거(규칙변화)와 제 2 부정과거(불규칙변화)로 나뉜다.

부정과거 능동태와 중간태는 동사의 제 3 주요부분에서 파생된 부정과거 어간으로 구성되고 부정과거 수동태는 동사의 제 6 주요부분에서 파생된 부정과거 수동태 어간으로 구성된다. 그러므로 현재나 미완료와는 달리 부정과거는 미래처럼 중간태와 수동태가 완전히 다르다.

I. 제 1 부정과거

1. 제 1 부정과거 능동태 직설법

제 1 부정과거 능동태는 접두모음 + 부정과거 어간 + 시상접미어 σα (3인칭 단수에서는 σε를 사용하는데, 이는 단수 1인칭과의 구별을 위해서이다.) + 제 2 시상 능동태 어미로 형성되며 최종 어미와 제 1 부정과거 능동태의 예는 다음과 같다.

제 1 부정과거 능동태 직설법 어미			예: ἀκούω	
	단수	복수	단수	복수
1 인칭	-σα	-σα-μεν	ἤκου-σα	ἠκού-σα-μεν
2 인칭	-σα-ς	-σα-τε	ἤκου-σα-ς	ἠκού-σα-τε
3 인칭	-σε(ν)	-σα-ν	ἤκου-σε(ν)	ἤκου-σα-ν

※참고: 부정과거의 해석은 단순히 과거로 번역한다. 즉 "~ 하였다" 로 번역한다.

♠ **단어 익히기**(*ἀκούω*와 동일하게 변하며 신약성서에 많이 나오는 제 1 부정과거 능동태)

ἤκου-σα(112) ← *ἀκούω* *ἐ-πίστευ-σα*(46) ← *πιστεύω*

ἀπ-έ-λυ-σα(13) ← *ἀπο-λύω* *ἐ-βασίλευ-σα*(8) ← *βασιλεύω*

ἴσχυ-σα(12) ← *ἰσχύω* *ἔ-ζη-σα*(7) ← *ζάω*

ἐ-θεράπευ-σα(13) ← *θεραπεύω*: 치료하다; 섬기다; *ἐ-κέλευ-σα*(17) ← *κελεύω*: 명하다

ἐ-προφήτευ-σα(7) ← *προφητεύω*: 하나님의 메시지를 선포하다, 대언하다, 선포하다

ὑπ-ήκου-σα(6) ← *ὑπ-ακούω*: 순종하다, 복종하다, 받아들이다, (노크에)응답하다

ἐ-περίσσευ-σα(5) ← *περισσεύω*: (자)충분하다, 넘치다; (타)많게 하다, 풍성하게 공급하다

ἐ-φύτευ-σα(5) ← *φυτεύω*: (나무를)심다

2. 제 1 부정과거 중간태

제 1 부정과거 중간태는 접두모음 + 부정과거 어간 + 시상접미어 *σα* + 제 2 시상 중간태/수동태 어미로 형성되며 결과적인 최종어미와 그 예는 다음과 같다.

제 1 부정과거 중간태 어미			예: *παύω*	
	단수	복수	단수	복수
1 인칭	*-σά-μην*	*-σά-μεθα*	*ἐ-παυ-σά-μην*	*ἐ-παυ-σά-μεθα*
2 인칭	*-σω*	*-σα-σθε*	*ἐ-παύ-σω*	*ἐ-παύ-σα-σθε*
3 인칭	*-σα-το*	*-σα-ντο*	*ἐ-παύ-σα-το*	*ἐ-παύ-σα-ντο*

♠ **단어 익히기**(*παύω*와 동일하게 변하며 신약성서에 많이 나오는 제 1 부정과거 중간태)

ἐ-παυ-σά-μην(6) ← *παύω* *ἐ-ρρυ-σά-μην*(2) ← *ῥύομαι*(디포)

ἐ-βουλευ-σά-μην(2) ← *βουλεύομαι*: (디포)계획하다, 정하다, 숙고하다

ἐ-γευ-σά-μην(2) ← *γεύομαι*: (디포)맛을 보다; 먹다; 경험하다

ἐν-ε-δυ-σά-μην(2) ← *ἐνδύω*: 옷을 입다; (중)옷을 입다

συν-ε-βουλευ-σά-μην(2) ← *συμβουλεύω*: 충고하다, 상담하다; (중)의논하다, 모략을 짜다

※참고

1. 중간태 2인칭 단수어미는 *σα-σο*(모음 사이의 *σ*는 탈락) → *σαο*(두 모음은 단축됨) → *σω*의 과정을 거친 것이다.
2. 부정과거 중간태의 번역은 "~ 자신이 ~ 하였다" 로 번역한다.
3. 어간이 *α*, *ϵ*, *ο*로 끝나는 단축동사는 미래에서처럼 시상접미어 *σα* 앞에서 어간모음이 대부분 장음화되나 예외도 있다.

예: (+ ♠ 단어 익히기)

ἐ-ποίη-σα(116) ← ποιέω
ἐ-λάλη-σα(52) ← λαλέω
ἠκολούθη-σα(28) ← ἀκολουθέω
ἠγάπη-σα(25) ← ἀγαπάω
ἐπ-ηρώτη-σα(23) ← ἐπερωτάω
ἐπ-ε-τίμη-σα(16) ← ἐπι-τιμάω
προσ-ε-κύνη-σα(16) ← προσ-κυνέω
ἐ-φώνη-σα(15) ← φωνέω
ἠρώτη-σα(14) ← ἐρωτάω
ἐ-σταύρω-σα(9) ← σταυρόω
ἐ-μαρτύρη-σα(7) ← μαρτυρέω
ἐ-πλήρω-σα(6) ← πληρόω
ἐ-φανέρω-σα(6) ← φανερόω
περι-ε-πάτη-σα(6) ← περι-πατέω
ᾠκοδόμη-σα(5), οἰκοδόμη-σα(1) ← οἰκοδομέω
ἠ-θέλη-σα(20) ← θέλω
ἐ-γέννη-σα(45) ← γεννάω: 아버지가 되다, 낳다; (수)태어나다; ~ 에 이르게 하다
ἐ-κράτη-σα(10) ← κρατέω: (굳게)붙잡다, 체포하다, 삼가다, 성취하다
εὐδόκη-σα(16) ← εὐδοκέω: 기쁘다, ~ 을 기뻐하다, 선택하다, 뜻하다, 결단하다; 만족하다
ἀν-ε-χώρη-σα(10) ← ἀνα-χωρέω: 물러가다, 멀리 가다, 돌아오다
εὐλόγη-σα(9) ← εὐλογέω: 축복하다, 은혜롭게 대하다; 찬양하다, 하나님의 축복을 구하다
μετ-ε-νόη-σα(9) ← μετα-νοέω: 회개하다, 마음을(길을) 바꾸다, 죄로부터 돌아서다
κατ-ήντη-σα(8) ← κατ-αντάω: 오다; 도착하다, 도달하다; 얻다
ὑπ-ήντη-σα(8) ← ὑπ-αντάω: 만나다; 싸우다, 맞서다
ἔ-δη-σα(6) ← δέω: 묶다, 매다; 감옥에 넣다; 금지하다
ἡγη-σά-μην(5) ← ἡγέομαι
ᾐτη-σά-μην(9) ← αἰτέω
ἠρνη-σά-μην(13) ← ἀρνέομαι(디포): 부인하다, 거절하다
δι-ηγη-σά-μην(4) ← διηγέομαι: (디포)말하다, 고하다, 관계를 짓다
ἐ-μισθω-σά-μην(1) ← μισθόομαι: (디포)고용하다
ἐ-κτη-σά-μην(2) ← κτάομαι: (디포)얻다, 취하다; 사다

예외

ἐ-κάλε-σα(11) ← καλέω
παρ-ε-κάλε-σα(15) ← παρα-καλέω
ἐ-πείνα-σα(10) ← πεινάω
ἐ-τέλε-σα(7) ← τελέω
ἤρε-σα(4) ← ἀρέσκω
ἔ-φθα-σα(6) ← φθάνω: 이르다, 미치다, 얻다
εἴα-σα(5) ← ἐάω: 허락하다, 놓아주다
ἔ-κλα-σα(7) ← κλάω: (떡을)떼다, 쪼개다
ἠγαλλια-σά-μην(4) ← ἀγαλλιάω
ἰα-σά-μην(4) ← ἰάομαι
ἐ-θεα-σά-μην(6) ← θεάομαι: (디포)보다, 살피다, 관찰하다, 방문하다
μετ-ε-καλε-σά-μην(2) ← μετα-καλέομαι: (디포)부르러 보내다, 소환하다, 초청하다

4. 어간이 폐쇄음으로 끝나는 동사에서는 폐쇄음과 시상접미어의 σ와 합쳐지는 과정에서 미래에서와 마찬가지로 자음변화를 일으킨다.

(1) 순음(π, β, φ)으로 끝나는 동사: π, β, φ + σ = ψ

예: ἔ-πεμψα(14) ← πέμπω　　ἔ-γραψα(29) ← γράφω

δι-έ-τριψα(2) ← δια-τρίβω: 머물다, 남아 있다

μετ-ε-πεμψά-μην(2) ← μετα-πέμπομαι: (디포)부르러 보내다, 소환하다

ἀν-έ-βλεψα(8) ← ἀνα-βλέπω: 올려보다, 시력을 회복하다

ἐπ-έ-στρεψα(6) ← ἐπι-στρέπω: 돌아서다

ὑπ-έ-στρεψα(17) ← ὑπο-στρέπω: 돌아오다, 집으로 가다

ἐπ-έ-τρεψα(6) ← ἐπι-τρέπω: 허락하다

ἀν-ε-θρεψά-μην(1) ← ἀνα-τρέφω(어간은 θρεφ): 양육하다, 기르다, 훈육하다

현재 어간이 πτ로 끝나는 동사도 부정과거 어간은 π로 끝나고, τ는 현재어간에 단순히 첨가된 것이기 때문에 부정과거에서는 위와 동일하게 π + σ = ψ의 과정을 밟는다:

ἔ-κρυψ-α(5)(동사/부정과거 어간: κρυπ) ← κρύπτω: 숨기다, 덮다, 비밀로 하다

ἡψά-μην(17) ← ἅπτω: 불을 밝히다, 불을 붙이다, (중)잡다, 접촉하다; 상하게 하다, 해하다

(2) 후음(κ, γ, χ)으로 끝나는 동사: κ, γ, χ + σ = ξ

예: ἐ-δίωξα(6) ← διώκω　　δι-ήνοιξα(2) ← δι-ανοίγω: 열다, 설명하다

ἤνοιξα(16), ἠνέῳξα(2), ἀνέῳξα(1) ← ἀνοίγω: 열다, 회복하다(세 가지 형을 취한다.)

ἀν-έ-ψυξα(1) ← ἀνα-ψύχω: 원기를 회복시키다, 힘을 북돋우다

ἐξ-ε-λεξά-μην(17) ← ἐκ-λέγομαι: (디포)선택하다;　ἠρξά-μην(60) ← ἄρχομαι

ἐ-δεξά-μην(13) ← δέχομαι　　προσ-ηυξά-μην(8) ← προσ-εύχομαι

현재어간이 ζ로 끝나는 동사들은 동사/부정과거 어간이 γ로 끝날 수도 있고 δ로 끝날 수도 있다. 부정과거 어간이 γ로 끝나는 동사의 부정과거형은 γ + σ = ξ의 과정을 밟는다:

ἀν-έ-κραξα(3) ← ἀνα-κράζω: 외치다

ἔ-κραξα(17), ἐ-κέκραξα(1) ← κράζω: 외치다, 크게 부르다(두 가지 형을 취한다.)

현재어간이 σσ로 끝나는 동사에서도 동일한 음성변화가 일어난다. 그러나 이런 종류의 동사의 동사/부정과거 어간은 κ나 χ로(혹은 γ)로 끝나므로 위와 동일한 자음변화를 겪는다:

ἔ-πραξα(동사/부정과거 어간: πραγ) (6) ← πράσσω: 행하다, 실행하다, 수집하다

δι-ε-ταξά-μην(어간: ταγ)(2) ← δια-τάσσω　　ἐ-κήρυξα(6) ← κηρύσσω

προσ-έ-ταξα(6) ← προστάσσω: 명(령)하다　　ἐ-δίδαξα(6) ← διδάσκω

ἐ-δοξα(7) ← δοκέω: 생각하다, 여기다

(3) 치음(τ, δ, θ)으로 끝나는 동사: τ, δ, θ + σ = σ(σ 앞에서 치음은 σ로 변하여 σσ가 되고, 마

지막으로 하나의 σ가 된다. 달리 말하면, σ 앞에서 치음은 탈락한다고 할 수 있다.)

예: ἔ-πει-σα(1) ← πείθω　　　ἐ-ψευ-σά-μην(1) ← ψεύδομαι

ἐ-φει-σά-μην(4) ← φείδομαι

다음 두 동사는 현재어간에는 ϵ이 첨가된 형태이다:

ἐξ-ῶ-σα(1) ← ἐξ-ωθέω: 몰다, 뭍으로 나가다, 뭍에 얹히다

ἀπ-ω-σά-μην(4) ← ἀπ-ωθέομαι: (디포)옆으로 제쳐놓다, 거절하다, 듣지 못하다

현재어간에서의 ζ는 부정과거 어간에서는 δ가 되는 동사들이 있다:

ἐ-βάπτι-σα(8) ← βαπτίζω　　　ἐ-γνώρι-σα(6) ← γνωρίζω

ἐ-δόξα-σα(10) ← δοξάζω　　　ἐ-θαύμα-σα(14) ← θαυμάζω

ἤγγι-σα(9) ← ἐγγίζω

ἠγόρα-σα(6) ← ἀγοράζω: 사다, 구속하다, 값주고 사다

ἡτοίμα-σα(11) ← ἑτοιμάζω: 준비하다, 예비하다

ἐ-κάθι-σα(16) ← καθίζω: (자)앉다; 머물다; (타) 앉게 하다, 재판관으로 택하다

ἐ-κραύγα-σα(5) ← κραυγάζω: 크게 부르다, 외치다

ἐ-μέρι-σα(5) ← μερίζω: 나누다, 주다, 배당하다

ἐ-πείρα-σα(5) ← πειράζω: 시험하다, 유혹하다, 시도하다

ἐ-πότι-σα(5) ← ποτίζω: 마시게 하다, 물을 주다

ἐ-σάλπι-σα(7) ← σαλπίζω: 나팔을 불다

εὐ-ηγγελι-σά-μην(7) ← εὐαγγελίζω　　　ἐ-χαρι-σά-μην(6) ← χαρίζομαι

5. 어간이 유음(λ, ρ)이나 비음(μ, ν)으로 끝나는 동사의 부정과거는 기본적인 형태와 동일하나 유음이나 비음 다음에 오는 시상접미어의 σ가 탈락하고 그 보상으로 유음이나 비음 앞에 있는 어간의 모음이 장음화된다.

예:	능동태		중간태	
	유음어간동사	비음어간동사	유음어간동사	비음어간동사
단 1	ἤγειρ-α	ἔ-μειν-α	ἐν-ε-τειλ-ά-μην	ἀπ-ε-κριν-ά-μην
단 2	ἤγειρ-α-ς	ἔ-μειν-α-ς	ἐν-ε-τείλ-ω	ἀπ-ε-κρίν-ω
단 3	ἤγειρ-ε(ν)	ἔ-μειν-ε(ν)	ἐν-ε-τείλ-α-το	ἀπ-ε-κρίν-α-το
복 1	ἠγείρ-α-μεν	ἐ-μείν-α-μεν	ἐν-ε-τειλ-ά-μεθα	ἀπ-ε-κριν-ά-μεθα
복 2	ἠγείρ-α-τε	ἐ-μείν-α-τε	ἐν-ε-τείλ-α-σθε	ἀπ-ε-κρίν-α-σθε
복 3	ἤγειρ-α-ν	ἔ-μειν-α-ν	ἐν-ε-τείλ-α-ντο	ἐπ-ε-κρίν-α-ντο

※ 이 변화에 속하는 동사들

ἀπ-έ-στειλ-α(62) ← *ἀπο-στέλλω* *ἀπ-ήγγειλ-α*(23) ← *ἀπ-αγγέλλω*

ἤγειρ-α(22) ← *ἐγείρω* *ἦρ-α*(21) ← *αἴρω*

ἔ-μειν-α(14) ← *μένω* *ἀπ-έ-κτειν-α*(13) ← *ἀποκτείνω*

ἔ-σπειρ-α(7) ← *σπείρω* *ἔ-κριν-α*(7) ← *κρίνω*

ἀπ-ε-κριν-ά-μην(7) ← *ἀπο-κρίνομαι*(디포)

ἐξ-έ-χε-α(11) ← *ἐκ-χέω*: 쏟다, (피를) 흘리다, (수)자신을 포기하다, 내던지다

(단축되지 않고 유음/비음 동사처럼 변화한다.)

παρ-ήγγειλ-α(11) ← *παρ-αγγέλλω*: 명(령)하다

δι-ε-μαρτυρ-ά-μην(4) ← *δια-μαρτύρομαι*: (디포)엄숙하고 강하게 선포하다, 경고하다

δι-ε-στειλ-ά-μην(5) ← *δια-στέλλομαι*: (디포)명(령)하다

ἐν-ε-τειλ-ά-μην(8) ← *ἐν-τέλλομαι*: (디포)명(령)하다

ἐπ-ηγγειλ-ά-μην(6) ← *ἐπ-αγγέλλομαι*: (디포) 약속하다; 고백하다, 주장하다

6. 다음 동사들은 부정과거형에서 어간과 시상접미어 사이에 *η*나 *ο*을 삽입한다. 이는 발음을 용이하게 하거나 음운변화를 피하기 위함이다.

예: *ἐ-βλάστ-η-σα*(2) ← *βλαστάνω*/ *βλαστάω*: (자)싹트다; (타)산출하다, 생산하다
ὤμ-ο-σα(3)(어간: *ὀμ*) ← *ὀμνύω*/ *ὄμνυμι*: 맹세하다

3. 제 1 부정과거 수동태

제 1 부정과거 수동태의 기본구조는 접두모음 + 부정과거 수동태 어간 + 시상접미어 *θη* + 제 2 시상 능동태 어미(수동태이지만 능동태 어간을 사용함을 유의하라)로 형성되며, 1인칭 단수에는 *ν*가 3인칭 복수에는 *σαν*이 사용된다. 최종어미와 동사의 예는 다음과 같다.

제 1 부정과거 수동태 어미			예: *πιστεύω*	
	단수	복수	단수	복수
1 인칭	*-θη-ν*	*-θη-μεν*	*ἐ-πιστεύ-θη-ν*	*ἐ-πιστεύ-θη-μεν*
2 인칭	*-θη-ς*	*-θη-τε*	*ἐ-πιστεύ-θη-ς*	*ἐ-πιστεύ-θη-τε*
3 인칭	*-θη*	*-θη-σαν*	*ἐ-πιστεύ-θη*	*ἐ-πιστεύ-θη-σαν*

♠ **단어 익히기**(*πιστεύω*와 동일하게 변하며 신약에 많이 나오는 제 1 부정과거 수동태)

ἐ-θεραπεύ-θη-ν(4) ← *θεραπεύω* *ἐ-πιστεύ-θη-ν*(5) ← *πιστεύω*

ἐ-πορεύ-θη-ν(14)(디포) ← *πορεύομαι*(디포) *ἐ-σώ-θη-ν*(5) ← *σῴζω*(어간: *σω*)

※참고(+ ♠ 단어 익히기)

1. 어간이 *α, ε, ο*으로 끝나는 단축동사는 시상접미어 앞에서 장음화된다.

예: *ἐ-γεννή-θη-ν*(12) ← *γεννάω* *ἐ-δικαιώ-θη-ν*(7) ← *δικαιόω*

ἐ-πληρώ-θη-ν(6)← *πληρόω* *ἐ-σταυρώ-θη-ν*(5) ← *σταυρόω*

ἐ-φανερώ-θη-ν(10) ← *φανερόω* *ἐ-φοβή-θη-ν*(19)(디포) ← *φοβέομαι*(디포)

ἐ-κλή-θη-ν(16) ← *καλέω*

ἐ-λυπή-θη-ν(6) ← *λυπέω*: 고통스러워하다, 슬퍼하다, 상처를 입다; (수)슬퍼하다, 울다

예외: *ἰά-θη-ν*(5) ← *ἰάομαι* *ἐ-πρά-θη-ν*(1) ← *πιπράσκω*: (노예로)팔다

κατ-ε-πό-θη-ν(2)(부정과거 수동태어간: *πο*) ← *κατα-πίνω*: 삼켜버리다, 압도하다

ἀν-ῃρέ-θη-ν(1) ← *ἀναιρέω*: 죽이다, 파괴하다, 없애다; (중)입양하다

2. 어간이 폐쇄음으로 끝나는 동사들은 시상접미어의 θ와 만날 때 음성변화가 일어난다.

(1) 순음(*π, β, φ*)으로 끝나는 동사: $\pi,\ \beta,\ \phi\ +\ \theta\ =\ \phi\theta$ (θ 앞에서 π, β는 기식음화되어 ϕ가 되고, ϕ는 그대로 유지된다.)

예: *ἐ-πέμφ-θη-ν*(1) ← *πέμπω* *ἀπ-ε-καλύφ-θη-ν*(3) ← *ἀπο-καλύπτω*

ἀν-ε-λήμφ-θη-ν (4)(부정과거 수동태 어간: *λημβ*) ← *ἀνα-λαμβάνω*: 들어올리다, 취하다

ὤφ-θη-ν(19)(부정과거 수동태 어간: *ὀπ*) ← *ὁράω*;

(2) 후음(*κ, γ, χ*)으로 끝나는 동사: $\kappa,\ \gamma,\ \chi\ +\ \theta = \chi\theta$ (θ 앞에서 κ, γ는 기식음화되어 χ가 되고, χ는 그대로 유지된다.)

예: *συν-ήχ-θη-ν*(13) ← *συν-άγω*: (함께)모으다, 함께 부르다, 환영하다; (수)자동사의 역할

ἀν-ήχ-θη-ν(7) ← *ἀν-άγω*: 위로 올리다, 위로 이끌다; (중/수)항해를 시작하다

παρ-ε-δέχ-θη-ν(1) ← *παραδέχομαι*: 받아들이다, 환영하다, 인정하다

ἐ-ταράχ-θη-ν(5) ← *ταράσσω*(동사어간은 *κ*나 *χ*로 끝난다):

ἀνεῴχ-θη-ν(2), *ἠνεῴχ-θη-ν*(4), *ἠνοίχ-θη-ν*(2) ← *ἀνοίγω*: (세 가지 형을 취한다.)

ἐ-διδάχ-θη-ν(5) ← *διδάσκω*

(3) 치음(*τ, δ, θ*)으로 끝나는 동사: $\tau,\ \delta,\ \theta + \theta = \sigma\theta$ (θ 앞에서 τ, δ, θ는 σ로 동화된다.)

예: *ἐ-πείσ-θη-ν*(2) ← *πείθω*

ἐ-βαπτίσ-θη-ν(15) ← *βαπτίζω* *ἐ-δοξάσ-θη-ν*(6) ← *δοξάζω*

ἐ-καθαρίσ-θη-ν(5) ← *καθαρίζω*: 깨끗하게 하다, 정결케 하다; 정결하다고 선언하다

ἐ-λογίσ-θη-ν(9) ← *λογίζομαι* *ἐ-σχίσ-θη-ν*(7) ← *σχίζω*: 찢다, 분리하다

ἐ-σπλαγχνίσ-θη-ν(6) ← *σπλαγχνίζομαι*: (디포)민망히 여기다, 불쌍히 여기다

ἐ-χορτάσ-θη-ν(7) ← *χορτάζω*: 먹이다, 만족하게 하다; (수)만족하다, 배불리 먹다

(*βαπτίζω*부터 *χορτάζω*까지는 동사어간이 *δ*로 끝난다.)

3. 어간이 유음(λ, ρ)으로 끝나는 유음동사들은 대부분 제 2 부정과거 수동태를 취한다. 그러나 어떤 동사들은 시상접미어의 θ 앞에서 어간의 유음을 유지하기도 한다. 이때 어간의 모음에 변화가 일어난다. 예: ἠγέρ-θη-ν(20) ← ἐγείρω　　　ἤρ-θη-ν(3) ← αἴρω
4. 어간이 비음(μ, ν)으로 끝나는 동사들에서는 확실한 규칙은 없으나 시상접미어 θ 앞에서 비음이 유지되기도 하고 탈락하기도 한다. 또한 제 2 부정과거 수동태를 취하기도 한다.

예: ἐ-ξηράν-θη-ν(10) ← ξηραίνω: 말라버리다, 태우다; (수)시들다; 무르익다, 굳어지다
ἐ-παχύν-θη-ν(2) ← παχύνομαι: (디포)둔해지다, 둔감해지다
ἀπ-ε-κρί-θη-ν(104) ← ἀποκρίνομαι　　　ἀπ-ε-κτάν-θην(5) ← ἀποκτείνω

5. 몇몇 동사에서 음성변화를 방지하기 위하여 어간과 어미 사이에 η, ε, σ를 삽입한다.

예: ἐ-γεν-ή-θη-ν(31)(동사어간: γεν) ← γίνομαι　　　ἐρρ-έ-θη-ν(11) ← λέγω
ἐ-βλ-ή-θη-ν(12)(동사어간: βλ) ← βάλλω　　　ἠκού-σ-θη-ν(4) ← ἀκούω
εὑρ-έ-θη-ν(17) ← εὑρίσκω(부정과거 수동태 어간: εὑρ)
ἐ-μνή-σ-θη-ν(9)(동사어간: μνη) ← μιμνῄσκομαι: (디포)기억하다, 마음에 두다, 상기시키다

II. 제 2 부정과거

제 1 부정과거(규칙변화)와 제 2 부정과거(불규칙변화) 사이에 의미의 차이는 전혀 없다. 이 둘은 동일한 시상이 단지 상이한 형태로 구성되는 것뿐이다. 많은 경우에 제 2 부정과거를 취하는 이유는 시상접미어 때문에 발생하는 음성변화를 피하기 위함이다. 두 종류의 부정과거 형태를 동시에 가지는 동사는 극히 적다. 또한 간모음 ο/ε을 취하는 제 2 부정과거가 미완료와 다른 한 가지는 상이한 어간이 사용된다는 것뿐이다. 어떤 동사가 제 2 부정과거를 취하는지 아닌지는 본서의 권말부록에 수록된 동사의 6대 주요부분을 참고하여 알 수도 있다.

1. 제 2 부정과거 능동태

제 2 부정과거 능동태의 기본구조는 접두모음 + 부정과거 어간 + 간모음 ο/ε + 제 2 시상 능동태 어미로 이루어지며, 1인칭 단수와 3인칭 복수에 모두 ν를 사용한다. 그래서 최종적인 어미와 그 예는 다음과 같다.

제 2 부정과거 능동태 어미 예: λέγω

	단수	복수	단수	복수
1 인칭	-ο-ν	-ο-μεν	εἶπ-ο-ν	εἴπ-ο-μεν
2 인칭	-ε-ς	-ε-τε	εἶπ-ε-ς	εἴπ-ε-τε
3 인칭	-ε(ν)	-ο-ν	εἶπ-ε(ν)	εἶπ-ο-ν

♠ **단어 익히기**(λέγω와 동일하게 변하며 신약에 많이 나오는 제 2 부정과거 능동태)

ἀπ-έ-θαν-ο-ν(48) ← ἀπο-θνῄσκω
ἔ-πι-ο-ν(5) ← πίνω
εἶδ-ο-ν(140) ← ὁράω
εἶπ-ο-ν(667) ← λέγω
ἔ-λαβ-ο-ν(68) ← λαμβάνω
παρ-έ-λαβ-ο-ν(17) ← παρα-λαμβάνω
ἔσχ-ο-ν(12) ← ἔχω
εὗρ-ο-ν(53) ← εὑρίσκω
ἔ-φαγ-ο-ν(21) ← ἐσθίω
κατ-έ-φαγ-ο-ν(5) ← κατ-εσθίω
ἔ-φυγ-ο-ν(12) ← φεύγω
ἔ-πεσ-ο-ν(29) ← πίπτω
ἔ-βαλ-ο-ν(29) ← βάλλω
ἐξ-έ-βαλ-ο-ν(13) ← ἐκ-βάλλω
ἤγαγ-ο-ν(23) ← ἄγω
συν-ήγαγ-ο-ν(8) ← συν-άγω
ἐπ-έ-βαλ-ο-ν(8) ← ἐπι-βάλλω: (타)위에 놓다, 위에 던지다, 위에 떨어지다
ἀπ-ήγαγ-ο-ν(7) ← ἀπ-άγω: (타)억지로 끌어내다, 길을 잃게 하다, 죽이다; (자)인도하다
εἰσ-ήγαγ-ο-ν(6) ← εἰσ-άγω: (타)인도해 들이다, 가지고 들어오다
ἐξ-ήγαγ-ο-ν(5) ← ἐξ-άγω: 이끌어내다
ἐπ-έ-πεσ-ο-ν(7) ← ἐπι-πίπτω: 위에 떨어지다, ~ 위를 누르다
προσ-έ-πεσ-ο-ν(5) ← προσ-πίπτω: (누구의)발 앞에 엎드리다, (누구)앞에 엎드리다
ἦλθ-ο-ν(164) ← ἔρχομαι(디포)
ἐξ-ῆλθ-ο-ν(92) ← ἐξ-έρχομαι(디포)
ἀπ-ῆλθ-ο-ν(57) ← ἀπ-έρχομαι(디포)
εἰσ-ῆλθ-ο-ν(59) ← εἰσ-έρχομαι(디포)
δι-ῆλθ-ο-ν(7) ← διέρχομαι(디포)
κατ-ῆλθ-ο-ν(8) ← κατ-έρχομαι: (디포)밑으로 가다(오다), 도착하다, 내리다
προσ-ῆλθ-ο-ν(23) ← προσ-έρχομαι: (디포) ~ 로 가다; 동의하다; 연합하다
ἐγκατ-έ-λιπ-ο-ν(5) ← ἐγκατα-λείπω: 버리다, 포기하다, 남겨두다, 무시하다
κατ-έ-λιπ-ο-ν(6) ← κατα-λείπω: (뒤에) 남기다, 무시하다, 버리다
ἔ-δραμ-ο-ν(5) ← τρέχω: 달리다, 노력하다, 진보하다, 잘하다
ἔ-μαθ-ο-ν(8) ← μανθάνω: 배우다, 발견하다, 랍비학교에 출석하다, 경험으로 배우다
ἔ-παθ-ο-ν(8) ← πάσχω: 고난을 당하다, 견디다, 겪다; 경험하다
ἥμαρτ-ο-ν(12) ← ἁμαρτάνω: 죄를 짓다, 잘못을 행하다

2. 제 2 부정과거 중간태

제 2 부정과거 중간태의 기본구조는 접두모음 + 부정과거 어간 + 간모음 ο/ε + 제 2 시상 중간태/수동태 어미로 구성되며, 최종적인 어미와 예는 다음과 같다.

제 2 부정과거 중간태 어미 예: γίνομαι

	단수	복수	단수	복수
1 인칭	-ό-μην	-ό-μεθα	ἐ-γεν-ό-μην	ἐ-γεν-ό-μεθα
2 인칭	-ου	-ε-σθε	ἐ-γέν-ου	ἐ-γέν-ε-σθε
3 인칭	-ε-το	-ο-ντο	ἐ-γέν-ε-το	ἐ-γέν-ο-ντο

♠ **단어 익히기**(γίνομαι와 동일하게 변하며 신약에 많이 나오는 제 2 부정과거 중간태)

ἐ-γεν-ό-μην(232) ← γίνομαι(디포) παρ-ε-γεν-ό-μην(10) ← παρα-γίνομαι

προσ-ε-λαβ-ό-μην(5) ← προσ-λαμβάνομαι: (디포)환영하다, 영접하다; 옆에 놓다; 먹다

※**참고**

1. 중간태 2인칭 단수의 어미가 ε-σο에서 모음 사이의 σ가 탈락하고 ε과 ο이 ου로 단축됨.
2. 신약성서에는 간모음이 없는 제 2 부정과거도 나오는데, 이를 어근(root) 부정과거라고도 부른다. 이는 제 2 시상 어미가 어간에 바로 붙기 때문이다. 간모음이 없는 제 2 부정과거 능동태의 기본구조는 접두모음 + 부정과거 어간 + 제 2 시상 능동태 어간으로 이루어지는데, 1인칭 단수에는 ν가 3인칭 복수에는 σαν이 사용된다. 다음 예에서 보듯이 어간의 단모음들이 장음화된다. -ω동사에는 간모음이 없는 제 2 부정과거의 중간태를 취하는 동사가 신약성서에는 없다.

예: ἀνα-βαίνω(어간: βα)(36) γινώσκω(어간: γνο)(42)

	단수	복수	단수	복수
1 인칭	ἀν-έ-βη-ν	ἀν-έ-βη-μεν	ἔ-γνω-ν	ἔ-γνω-μεν
2 인칭	ἀν-έ-βη-ς	ἀν-έ-βη-τε	ἔ-γνω-ς	ἔ-γνω-τε
3 인칭	ἀν-έ-βη	ἀν-έ-βη-σαν	ἔ-γνω	ἔ-γνω-σαν

※ **ἀνα-βαίνω나 γινώσκω와 같이 간모음이 없는 제 2 부정과거를 취하는 다른 동사들**

ἐν-έ-βη-ν(4) ← ἐμ-βαίνω: (배에) 타다, 들어서다, 들어가다

κατ-έ-βη-ν(19) ← κατα-βαίνω ἀν-έ-γνω-ν(11) ← ἀνα-γινώσκω

ἐπ-έ-γνω-ν(7) ← ἐπι-γινώσκω: 알다, 인식하다, 이해하다, 발견하다, 배우다, 잘 알다

3. 제 2 부정과거 수동태

제 2 부정과거 수동태가 제 1 부정과거 수동태와 다른 유일한 점은 시상접미어에서 θ를 빼고 η만 사용한다는 것이다.

예: χαίρω(부정과거 수동태 어간: χαρ)

	단수	복수
1 인칭	ἐ-χάρ-η-ν	ἐ-χάρ-η-μεν
2 인칭	ἐ-χάρ-η-ς	ἐ-χάρ-η-τε
3 인칭	ἐ-χάρ-η	ἐ-χάρ-η-σαν

♠ **단어 익히기**(신약에 많이 나오는 제 2 부정과거 수동태)

ἐ-γράφ-η-ν(4) ← γράφω	ἀπ-ε-στάλ-η-ν(5) ← ἀπο-στέλλω
ἐ-φάν-η-ν(5) ← φαίνω	ἐ-χάρ-η-ν(13) ← χαίρω: 기뻐하다
ἐ-κρύβ-η-ν(4) ← κρύπτω	ἐ-τάφ-η-ν(3) ← θάπτω: 파묻다, 장사하다
ἠνοίγ-η-ν(4) ← ἀνοίγω	κατ-ε-κά-η-ν(3) ← κατα-καίω: 타버리다

III. 제 2 부정과거 어간에 제 1 부정과거 어미를 붙이는 변화

신약성서에서 제 1 부정과거의 최종적인 어미에서 시상접미어의 σ를 뺀 형태의 어미를 제 2 부정과거 어간에 붙인 형태의 부정과거를 발견하기는 쉽지 않다. 이와 같이 생겨난 어미는 유음동사에 사용된 어미와 동일하다.

1. 능동태

기본구조는 접두모음 + 부정과거 어간 + 시상접미어 α+ 제 2 시상 능동태 어미로 이루어지는데, 3인칭 단수에서 시상접미어로 ε가 사용된다. 1인칭 단수에서는 어미가 없고, 3인칭 복수에서는 ν가 사용된다. 이러한 부정과거형을 취하는 이유로는 첫째, 1인칭 단수와 3인칭 복수를 구별하기 위함이며, 둘째 단순화시키기 위함이다. 어떤 동사는 두 종류의 제 2 부정과거 형태를 모두 취하기도 한다(아래 예의 λέγω).

예:	λέγω		φέρω	
	단수	복수	단수	복수
1 인칭	εἶπ-α	εἴπ-α-μεν	ἤνεγκ-α	ἠνέγκ-α-μεν
2 인칭	εἶπ-α-ς	εἴπ-α-τε	ἤνεγκ-α-ς	ἠνέγκ-α-τε
3 인칭	εἶπ-ε(ν)	εἶπ-α-ν	ἤνεγκ-ε(ν)	ἤνεγκ-α-ν

※ λέγω나 φέρω와 같이 제 2 부정과거 어간에 제 1 부정과거 어미를 붙이는 부정과거

ἦλθ-α(9) ← ἔρχομαι	ἀπ-ῆλθ-α(4) ← ἀπ-έρχομαι
ἐξ-ῆλθ-α(11) ← ἐξ-έρχομαι	εἶπ-α(103) ← λέγω
εἶδ-α(4) ← ὁράω	ἔ-πεσ-α(16) ← πίπτω
ἤνεγκ-α(9) ← φέρω	προσ-ήνεγκ-α(14) ← προσ-φέρω

2. 중간태

기본구조는 접두모음 + 부정과거 어간 + 시상접미어 α+ 제 2 시상 중간태 어미로 이루어지는데, 2인칭 단수에서 음성변화가 일어난다.

예: αἱρέομαι(1): (디포) 택하다, 선호하다, 정하다

	단수	복수
1 인칭	εἱλ-ά-μην	εἱλ-ά-μεθα
2 인칭	[εἵλ-ω]	[εἵλ-α-σθε]
3 인칭	εἵλ-α-το	[εἵλ-α-ντο]

※ 다른 예: ἐξ-ειλ-ά-μην(3) ← ἐξ-αιρέω: **끌어내다, 구출하다, 구원하다, 택하다**

♣ 부정과거의 용법

단순과거는 점적인 동작(point action)을 표현한다. 미완료가 선적인 동작을 표현하는 것과는 대조적이다. 미완료와 더불어 둘 다 과거의 행동을 표현하는 시상이나 항상 과거만을 말하는 것은 아니다.

1. 단순 부정과거(constative aorist)

어떤 행동이 이루어진 시간의 길이는 상관하지 않고 전체적으로 완성된 행동을 표현한다. 종종 역사적 단순과거(historical aorist)로 불리기도 한다.

예: *ἀλλὰ ἐβασίλευσεν ὁ θάνατος ἀπὸ Ἀδὰμ*(아담) *μέχρι Μωϋσέως*(모세) (롬 5:14):
그러나 사망이 아담부터 모세까지 왕노릇 하였다.
Τεσσεράκοντα καὶ ἓξ ἔτεσιν οἰκοδομήθη ὁ ναὸς οὗτος, (요 2:20):
이 전은 46년 동안 지어졌다.
ἐπέμεινα πρὸς αὐτὸν ἡμέρας δεκαπέντε, (갈 1:18): 나는 그와 15일간 머물렀다.

2. 시발적 부정과거(ingressive aorist)

기동적 부정과거(inceptive aorist)로도 부른다. 문맥 속에서 행동의 시작이나 어떤 상태로의 진입을 표현한다. 해석은 "시작했다" 혹은 "되다" 등으로 해석할 수 있다.

예: *δι' ὑμᾶς ἐπτώχευσεν* (고후 8:9): 우리 때문에 그는 가난하게 되었다.
Καὶ ὁ λόγος σὰρξ ἐγένετο (요 1:14): 그리고 말씀이 육신이 되었다.
ἐδάκρυσεν ὁ Ἰησοῦς. (요 11:35): 예수께서 눈물을 흘리기 시작하셨다.
Ἐσίγησεν καὶ ἤκουον Παύλου (행 15:12): 그는 조용하고 바울을 듣기 시작하였다.

3. 완료적 부정과거(culminative aorist)

문맥상에서 어떤 행동의 완성에 초점을 맞추는 부정과거이다. 영어의 현재완료와 흡사하다.

예: *ἤλθομεν προσκυνῆσαι αὐτῷ.* (마 2:2): 우리가 그에게 예배하기 위하여 왔다.

ἡ σκοτία ἐτύφλωσεν τοὺς ὀφθαλμοὺς αὐτοῦ. (요일 2:11): 어두움이 그의 눈을 멀게 하였다.

ἰδοὺ ἐνίκησεν ὁ λέων(사자) *ὁ ἐκ τῆς φυλῆς Ἰούδα, ἡ ῥίζα Δαυίδ* (다윗), (계 5:5): 보라 유다 지파의 사자, 다윗의 뿌리가 이겼다.

κατὰ ἀποκάλυψιν(계시) *ἐγνωρίσθη μοι τὸ μυστήριον,* (엡 3:3): 이 비밀이 계시로 나에게 알려졌다.

4. 격언적 부정과거(gnomic aorist)

시간과는 상관없는 격언 따위를 표현할 때 사용되는 부정과거이다.

예: *ἐξηράνθη ὁ χόρτος καὶ τὸ ἄνθος ἐξέπεσεν· τὸ δὲ ῥῆμα κυρίου μένει εἰς τὸν αἰῶνα.* (벧전 1:24-25): 풀은 마르고 꽃은 떨어지나 하나님의 말씀은 영원히 있다.

καὶ ἐδικαιώθη ἡ σοφία ἀπὸ τῶν τέκνων αὐτῆς. (눅 7:35): 지혜는 그 자녀들로 의롭다고 여겨진다.

οἱ δὲ τοῦ Χριστοῦ [Ἰησοῦ] τὴν σάρκα ἐσταύρωσαν σὺν τοῖς παθήμασιν καὶ ταῖς ἐπιθυμίαις. (갈 5:24): 그리스도 (예수)의 사람들은 그 육체를 정욕과 욕심과 함께 십자가에 못박았다.

5. 서신적 부정과거(epistolary aorist)

서신서의 기자가 후에 그 서신을 읽게 되는 독자의 시간에 맞추기 위해 사용하는 부정과거를 말한다.

예: *ὃν ἀνέπεμψά σοι, αὐτόν, τοῦτ' ἔστιν τὰ ἐμὰ σπλάγχνα·* (몬 12): 그를 내가 너에게 보낸다, 이는 나의 심복이다.

ἐγὼ Παῦλος ἔγραψα (몬 1:19): 나 바울이 썼다.

Ταῦτα ἔγραψα ὑμῖν (요일 5:13): 내가 이것을 너희들에게 썼다.

6. 미래적 부정과거(futuristic aorist)

미래사건을 표현한다.

예: *ἐκέρδησας τὸν ἀδελφόν σου·* (마 18:15): 네가 너의 형제를 얻을 것이다.

καθὼς ἐμὲ ἀπέστειλας εἰς τὸν κόσμον, κἀγὼ ἀπέστειλα αὐτοὺς εἰς τὸν κόσμον· (요 17:18): 당신께서 나를 세상에 보내신 것같이 나도 이들을 세상에 보냅니다.

Νῦν ἐδοξάσθη ὁ υἱὸς τοῦ ἀνθρώπου (요 13:31): 이제 인자가 영광을 얻을 것이다.
ἐν τούτῳ ἐδοξάσθη ὁ πατήρ μου, (요 15:8): 이로 인하여 나의 아버지께서 영광을 받으실 것이다.
πιστεύετε ὅτι ἐλάβετε (막 11:24): 너희가 받은 줄로 믿어라.

7. 극적인 부정과거(dramatic aorist)
방금 일어난 행동을 표현한다. 부사 "방금"을 넣어 번역하기도 한다.
예: *Ἡ θυγάτηρ μου ἄρτι ἐτελεύτησεν·* (마 9:18): 나의 딸이 지금 죽었다.
Ἡ θυγάτηρ σου ἀπέθανεν· (막 5:35): 너의 딸이 방금 죽었다.
ἠγέρθη, οὐκ ἔστιν ὧδε (막 16:6): 그는 살아나셨다, 그리고 여기에 계시지 않는다.
Οὗτός ἐστιν ὁ υἱός μου ὁ ἀγαπητός, ἐν ᾧ εὐδόκησα. (마 3:17): 이는 나의 사랑하는 아들이다, 내가 그를 기뻐한다.

♠ 단어 익히기

동사

δακρύω: 울다
νικάω: 정복하다, 이기다
κερδαίνω: 얻다, 유익을 얻다, 승리하다
συζάω: 함께 살다

명사

ἀναστροφή, -ῆς, ἡ: 행실, 삶의 방식
σύνδουλος, -ου, ὁ: 동료 종, 동료 노예
κατακλυσμός -οῦ, ὁ: 홍수, 대홍수
πρεσβύτερος, -α, -ον: 장로, 형, 장자(형용사의 비교급이나 명사로 사용됨)

부사/불변사

ἤ: 혹은, ~ 보다(비교)
σήμερον: 오늘(날)
οὔτε: ~ 도 아닌; *οὔτε... οὔτε*: ~ 도 아니고 ~ 도 아닌
ὁμολογουμένως: 만장일치로

접속사

καθότι = διότι: 왜냐하면, 그래서, 그러므로
ὅτε: ~ 때, ~ 하는 때, ~ 하는 동안

전치사

χωρίς: + 속격: ~ 없이, 별도로
χάριν: + 속격. ~ 을 위하여, ~ 때문에(명사나 대명사 뒤에 온다.)

♥ 성경 문장 읽기

(다음 문장 안에 나오는 부정과거 직설법 동사를 분해해 보시오.)

1. *οὕτως γὰρ ἐδίωξαν τοὺς προφήτας τοὺς πρὸ ὑμῶν.* (마 5:12)
2. *ἠκολούθησαν αὐτῷ ὄχλοι* (마 8:1)
3. *καὶ ἐσώθη ἡ γυνὴ*(여자) *ἀπὸ τῆς ὥρας ἐκείνης.* (마 9:22)
4. *Ἄλλην παραβολὴν ἐλάλησεν αὐτοῖς· Ὁμοία ἐστὶν ἡ βασιλεία τῶν οὐρανῶν ζύμῃ,* (마 13:33)
5. *Ταῦτα ἐλάλησεν ὁ Ἰησοῦς ἐν παραβολαῖς τοῖς ὄχλοις καὶ χωρὶς παραβολῆς οὐδὲν*(아무 것도 아닌) *ἐλάλει αὐτοῖς,* (마 13:34)
6. *ἔβαλεν αὐτὸν εἰς φυλακὴν* (마 18:30)
7. *καὶ οὐκ ἔγνωσαν ἕως ἦλθεν ὁ κατακλυσμὸς οὕτως ἔσται καὶ ἡ παρουσία τοῦ υἱοῦ τοῦ ἀνθρώπου.* (마 24:39)
8. *διὸ ἐκλήθη ὁ ἀγρὸς ἐκεῖνος Ἀγρὸς Αἵματος*(피의) *ἕως τῆς σήμερον,* (마 27:8)
9. *καὶ φωνὴ ἐγένετο ἐκ τῶν οὐρανῶν, Σὺ εἶ ὁ υἱός μου ὁ ἀγαπητός, ἐν σοὶ εὐδόκησα.* (막 1:11)
10. *καὶ εὗρον αὐτὸν καὶ λέγουσιν αὐτῷ* (막 1:37)
11. *καὶ ἔλεγεν αὐτοῖς, Τὸ σάββατον διὰ τὸν ἄνθρωπον ἐγένετο καὶ οὐχ ὁ ἄνθρωπος διὰ τὸ σάββατον·* (막 2:27)
12. *ἔλαβεν αὐτήν, καὶ ἀπέθανεν* (막 12:21)
13. *ἥμαρτον εἰς τὸν οὐρανὸν καὶ ἐνώπιόν σου,* (눅 15:18)
14. *εἶπεν δὲ πρὸς αὐτὸν ὁ Ἰησοῦς ὅτι Σήμερον σωτηρία τῷ οἴκῳ τούτῳ ἐγένετο, καθότι καὶ αὐτὸς υἱὸς Ἀβραάμ*(아브라함) *ἐστιν·* (눅 19:9)
15. *εἰς τὰ ἴδια ἦλθεν, καὶ οἱ ἴδιοι αὐτὸν οὐ παρέλαβον.* (요 1:11)
16. *καὶ ἐσκήνωσεν ἐν ἡμῖν* (요 1:14)
17. *αὐτῷ ὁ Ἰησοῦς εἶπεν, Σὺ εἶ Σίμων ὁ υἱὸς Ἰωάννου, σὺ κληθήσῃ Κηφᾶς* (요 1:42)
18. *Οὕτως γὰρ ἠγάπησεν ὁ θεὸς τὸν κόσμον,* (요 3:16)
19. *αὐτὸς γὰρ Ἰησοῦς ἐμαρτύρησεν ὅτι προφήτης ἐν τῇ ἰδίᾳ πατρίδι*(고향, 조국에서) *τιμὴν οὐκ ἔχει.* (요 4:44)
20. *Ὅτε οὖν ἐξῆλθεν, λέγει Ἰησοῦς, Νῦν ἐδοξάσθη ὁ υἱὸς τοῦ ἀνθρώπου,* (요 13:31)
21. *ἐγώ σε ἐδόξασα ἐπὶ τῆς γῆς* (요 17:4)
22. *ἢ ἀγνοεῖτε ὅτι, ὅσοι ἐβαπτίσθημεν εἰς Χριστὸν Ἰησοῦν, εἰς τὸν θάνατον αὐτοῦ ἐβαπτίσθημεν;* (롬 6:3)
23. *εἰ δὲ ἀπεθάνομεν σὺν Χριστῷ, πιστεύομεν ὅτι καὶ συζήσομεν αὐτῷ,* (롬 6:8)

24. εἰς τοῦτο γὰρ Χριστὸς ἀπέθανεν καὶ ἔζησεν (롬 14:9)

25. ὅσα γὰρ προεγράφη, εἰς τὴν ἡμετέραν διδασκαλίαν ἐγράφη, (롬 15:4)

26. πιστὸς ὁ θεὸς, δι᾽ οὗ ἐκλήθητε εἰς κοινωνίαν τοῦ υἱοῦ αὐτοῦ Ἰησοῦ Χριστοῦ τοῦ κυρίου ἡμῶν. (고전 1:9)

27. καὶ ἐγενόμην τοῖς Ἰουδαίοις ὡς Ἰουδαῖος, (고전 9:20)

28. τότε δὲ ἐπιγνώσομαι καθὼς καὶ ἐπεγνώσθην. (고전 13:12)(신성한 수동태)

29. Χριστὸς ἀπέθανεν ὑπὲρ τῶν ἁμαρτιῶν ἡμῶν κατὰ τὰς γραφάς (고전 15:3)

30. οὐδὲ γὰρ ἐγὼ παρὰ ἀνθρώπου παρέλαβον αὐτό, οὔτε ἐδιδάχθην ἀλλὰ δι᾽ ἀποκαλύψεως(계시) Ἰησοῦ Χριστοῦ. (갈 1:12)

31. Ἠκούσατε γὰρ τὴν ἐμὴν ἀναστροφήν ποτε ἐν τῷ Ἰουδαϊσμῷ, ὅτι καθ᾽ ὑπερβολὴν ἐδίωκον τὴν ἐκκλησίαν τοῦ θεοῦ καὶ ἐπόρθουν αὐτήν, (갈 1:13)

32. Τὰ κατ᾽ ἐμὲ γνωρίσει ὑμῖν Τυχικὸς(두기고) ὁ ἀγαπητὸς ἀδελφὸς καὶ πιστὸς διάκονος καὶ σύνδουλος ἐν κυρίῳ, ὃν ἔπεμψα πρὸς ὑμᾶς εἰς αὐτὸ τοῦτο (골 4:7-8)

33. καὶ ὁμολογουμένως μέγα(큰) ἐστὶν τὸ τῆς εὐσεβείας μυστήριον·
ὃς ἐφανερώθη ἐν σαρκί(육체로),
ἐδικαιώθη ἐν πνεύματι(영으로),
ὤφθη ἀγγέλοις,
ἐκηρύχθη ἐν ἔθνεσιν(열방에),
ἐπιστεύθη ἐν κόσμῳ,
ἀνελήμφθη ἐν δόξῃ· (딤전 3:16)

34. Τούτου χάριν ἀπέλιπόν σε ἐν Κρήτῃ (그레데) (딛 1:5)

35. ἐν ταύτῃ γὰρ ἐμαρτυρήθησαν οἱ πρεσβύτεροι. (히 11:2)

36. ἐν τούτῳ ἐφανερώθη ἡ ἀγάπη τοῦ θεοῦ ἐν ἡμῖν, (요일 4:9)

제12장

현재완료, 과거완료, 미래완료, 직설법

(Perfect, Pluperfect, Future Perfect Indicative)

헬라어 신약성서에 나오는 직설법 완료시상으로는 현재완료, 과거완료, 미래완료, 이렇게 세 가지 형태가 나오고 있다. 이중에서 현재완료가 가장 많이 나오고, 과거완료가 약간 나오며, 미래완료는 아주 극소수가 나오고 있다.

I. 현재완료

◆ 어형 익히기

현재완료 직설법은 완료된 동작을 표현하지만, 현재에 그 결과나 상태가 유지되고 있는 이유로 제 1 시상에 속한다. 현재완료의 어형변화에 -ω동사와 -μι동사간의 차이나 단축동사와 비단축동사간의 차이도 없지만, 현재완료 어형에서 가장 두드러진 특징은 음절중복(reduplication)이 이루어지는 것이다. 현재완료 능동태는 동사의 6대 주요부분의 제 4 주요부분에서 중간태/수동태는 동사의 제 5 주요부분에서 각각 그 어간을 취한다.

1. 제 1 현재완료 능동태

제 1 현재완료(규칙변화) 능동태는 음절중복 + 현재완료 능동태 어간 + 시상접미어 κα(3인칭 단수에서는 κε) + 제 2 시상 능동태 어미(원래대로)로 형성되며 최종어미와 예는 다음과 같다. 현재완료가 제 1 시상에 속하지만 제 2 시상어미가 사용됨을 유의하라.

제 1 현재완료 능동태 어미			예: πιστεύω (8: 현재완료형의 빈도수)	
	단수	복수	단수	복수
1 인칭	-κα	-κα μεν	πε-πίστευ-κα	πε-πιστεύ-κα-μεν
2 인칭	-κα-ς	-κα-τε	πε-πίστευ-κα-ς	πε-πιστεύ-κα-τε
3 인칭	-κε(ν)	-κα-σι(ν)/-κα-ν	πε-πίστευ-κε(ν)	πε-πιστεύ-κα-σι(ν)/πε-πίστευ-κα-ν

※참고

1. 현재완료 능동태의 해석은 주로 "~ 하였다"는 완료적 동작으로 해석한다.

2. 음절중복(reduplication)하는 법

현재완료, 과거완료, 미래완료 변화에서는 음절중복(철자반복)이 이루어지는데, 그 방법은 다음과 같이 크게 3 가지로 나뉜다.

(1) 동사어간이 (1)단자음; (2)폐쇄음 +λ/ρ로 시작되면, 첫 자음 + ϵ으로 음절중복을 한다.

예: *πε-πίστευ-κα* ← *πιστεύω* *με-μαρτύρη-κα* ← *μαρτυρέω*

γέ-γραφ-α, γέ-γραμ-μαι ← *γράφω* *πε-πλήρω-κα* ← *πληρόω*

γε-γέννη-κα, γε-γέννη-μαι ← *γεννάω*

(2) 동사어간이 기식폐쇄음 *φ, χ, θ*로 시작되면, 각각 무성 폐쇄음 *π, κ, τ* + ϵ으로 음절중복을 한다.

예: *πε-φανέρω-μαι* ← *φανερόω* *κε-χάρισ-μαι* ← *χαρίζομαι*

τε-θεράπευ-μαι ← *θεραπεύω*

(3) 동사어간이 (1)이중자음(ζ나 ξ); (2)두 개의 자음(폐쇄음 + λ/ρ의 경우는 제외); (2)세 개의 자음; (4)모음으로 시작되면, 접두모음(ϵ)을 붙이는 것으로 음절중복을 대신한다.

예: *ἐ-ζώγρη-μαι*← *ζωγρέω* *ἀπ-έ-σταλ-κα, ἀπ-έ-σταλ-μαι* ← *ἀπο-στέλλω*

ἐ-σφράγισ-μαι← *σφραγίζω* *ἐ-σταύρω-κα* ← *σταυρόω*

ἠγάπη-κα, ἠγάπη-μαι ← *ἀγαπάω*

예외: 어떤 동사는 첫 모음을 장음화시키는 대신에, 첫 음절을 그대로 한 번 더 쓰고 그 뒤에 나오는 첫 모음을 장음화시키는 경우도 있다: *ἐγ-ήγερ-μαι* (어간: *ἐγερ*) ← *ἐγείρω*

3. 어간이 *α, ϵ, ο*으로 끝나는 동사는 시상접미어의 *κ* 앞에서 어간모음이 대부분 장음화된다 (단축동사와 어간이 달라지는 동사들이 여기에 속한다.).

λε-λάλη-κα(13) ← *λαλέω* *τε-τήρη-κα*(9) ← *τηρέω*

πε-ποίη-κα(9) ← *ποιέω* *με-μαρτύρη-κα*(7) ← *μαρτυρέω*

πε-πλήρω-κα(3) ← *πληρόω* *γε-γέννη-κα*(3) ← *γεννάω*

νε-νίκη-κα(4) ← *νικάω* *κέ-κλη-κα*(2) ← *καλέω*

ἔ-γνω-κα(18) ← *γινώσκω* (어간은 *γνο*)

ἀνα-βέ-βη-κα(2); *κατα-βέ-βη-κα*(2); *μετα-βέ-βη-κα*(2); *συμ-βέ-βη-κα*(1)← *-βαίνω*(어간: *βα*); *μετα-βαίνω*: 떠나다, 가다, 건너다; *συμ-βαίνω*: (사건이) 일어나다

예외: *κε-κοπία-κα*(4) ← *κοπιάω* *τε-τέλε-κα*(1) ← *τελέω*

ἑ-όρα-κα(22) / *ἑ-ώρα-κα*(8) ← *ὁράω*(두 가지 형태의 현재완료형이 나온다.)

4. 어간이 폐쇄음으로 끝나는 동사에서는 어간의 폐쇄음이 현재완료의 시상접미어의 *κ*와 결합하는 과정에서 음성변화를 피하기 위하여 대부분 제 2 현재완료형을 취한다. 다만 어간이

치음 δ로 끝이 나는 동사들만 시상접미어 -κα 앞에서 탈락한다.

ἤγγι-κα(14) ← ἐγγίζω　　ἤλπι-κα(4) ← ἐλπίζω

σέ-σω-κα(7) ← σῴζω(어간이 모두 치음 δ로 끝나는 동사들이다.)

5. 어간이 유음(λ, ρ)으로 끝나는 동사의 유음은 시상접미어의 κ 앞에서 아무런 음성변화를 일으키지 않는다: ἀπ-έ-σταλ-κα(12) ← ἀποστέλλω(어간: σταλ); ἦρ- κα(1) ← αἴρω.
   어간이 비음(μ, ν)으로 끝나는 동사는 정해진 음성변화 규칙이 없지만, 동사 κλίνω와 κρίνω 및 그 합성동사들은 시상접미어 앞에서 ν가 탈락한다: κέ-κρι-κα(4) ← κρίνω
   κέ-κλι-κα(1) ← κλίνω: (타)놓다; 패주시키다; 굴복시키다; (자)닳아 없어지다

6. 몇몇 동사들은 어간과 시상접미어 사이에 η나 ω를 삽입하는데, 이는 아마도 음성변화를 방지하기 위함인 것 같다: ἡμάρτ-η-κα(1) ← ἁμαρτάνω　　ἔσχ-η-κα(4) ← ἔχω
   εἴρ-η-κα(16) ← λέγω/εἶπον　　προ-είρ-η-κα(6) ← προ-λέγω: 경고하다, 미리 말하다
   εὕρ-η-κα(4) ← εὑρίσκω　　πέ-πτ-ω-κα(1) ← πίπτω

2. 제 2 현재완료 능동태

제 2 현재완료(불규칙) 능동태가 제 1 현재완료 능동태와 유일하게 다른점은 시상접미어에서 κ를 생략한다는 것뿐이다. 그러므로 제 2 현재완료 능동태의 구성은 음절중복 + 현재완료 능동태 어간 + 시상접미어 α + 제 2 시상 능동태 어미(3인칭 단수에서는 ε)이다.

예: οἶδα(210): 알다　　γίνομαι(47)

	단수	복수	단수	복수
1 인칭	οἶδ-α	οἴδ-α-μεν	γέ-γον-α	γε-γόν-α-μεν
2 인칭	οἶδ-α-ς	οἴδ-α-τε/ ἴσ-τε	γέ-γον-α-ς	γε-γόν-α-τε
3 인칭	οἶδ-ε(ν)	οἶδ-α-σι(ν)/ ἴσ-α-σι(ν)	γέ-γον-ε(ν)	γε-γόν-α-σι(ν)/ γέ-γον-α-ν

※참고

1. οἶδα (알다, 이해하다, 경험하다, 배우다)는 현재완료형이 현재의 의미로 사용되며, 과거완료형이 현재완료의 의미로 사용된다.
2. 신약성서에 자주 나오는 제 2 현재완료 능동태의 예들:

ἀκήκοα(9) ← ἀκούω　　γέ-γραφα(2) ← γράφω　　εἴληφα(6) ← λαμβάνω

πέ-ποιθα(6) ← πείθω　　πέ-πονθα(2) ← πάσχω　　ἀνέῳγα(2) ← ἀνοίγω

ἐλήλυθα(17), εἰσ-εληλυθα(2), ἐξ-εληλυθα(3), προσ-εληλυθα(2) ← (-)ἔρχομαι

3. 현재완료 중간태/수동태

현재완료 중간태와 수동태의 형태는 서로 동일하며, 그 기본형 구성은 음절중복 + 현재완료 중

간태/수동태 어간 + 제 1 시상의 중간태/수동태 어미로 이루어진다. 간모음이나 시상접미어가 없음을 유의해야 한다.

예: πιστεύω(2)

	단수	복수	다른 예들
1 인칭	πε-πίστευ-μαι	πε-πιστεύ-μεθα	ἐκ-κέ-χυμαι(2) ← ἐκ-χέω
2 인칭	πε-πίστευ-σαι	πε-πίστευ-σθε	ἀνα-πέ-παυμαι(2) ← ἀνα-παύω
3 인칭	πε-πίστευ-ται	πε-πίστευ-νται	σέ-σωμαι(1) ← σῴζω

※참고

1. 어간이 α, ε, ο으로끝나는 동사는 어간모음이 장음화된다.

   예: γε-γέννη-μαι(8) ← γεννάω　　πε-πλήρω-μαι(7) ← πληρόω

   κατ-ήργη-μαι(3) ← κατ-αργέω

   τε-τελείω-μαι(4) ← τελειόω: 완성하다, 완전하게 하다, 끝내다, 성취하다

   예외: δέ-δε-μαι(5) ← δέω

2. 어간이 자음으로 끝나는 동사들의 현재완료 중간태/수동태가 형성될 때, 어간 끝 자음과 어미의 자음간의 자음병렬에 의하여 일어나는 음성변화는 다음의 표와 같다. 과거완료 중간태/수동태도 동일한 음성변화가 일어나기 때문에 그 어미도 첨가하였다. 뿐만 아니라 현재완료 중간태/수동태 3인칭 복수에는 항상 동사의 현재형 + 현재완료 분사의 형태(완곡법)가 사용되기 때문에(3인칭 복수어미 νται와 ντο는 자음으로 끝나는 어간 다음에는 올 수 없다) 그 형태도 수록하였다.

	어미의 첫 자음			
어간 끝 자음	μ(μαι, μεθα, μην)	σ(σαι, σο)	τ(ται, το)	σθ(σθε)
순음(π, β, φ)	μμ	ψ	πτ	φθ
후음(κ, γ, χ)	γμ	ξ	κτ	χθ
치음(τ, δ, θ)	σμ	σ	στ	σθ
유음(λ)	λμ	λσ	λτ	λθ
유음(ρ)	ρμ	ρσ	ρτ	ρθ
비음(ν)	μμ	νσ	ντ	νθ

예:

(1) 순음(π, β, φ)으로 끝나는 동사의 예: γράφω(67)

	단수	복수
1 인칭	γέ-γραμ-μαι	γε-γράμ-μεθα
2 인칭	γέ-γραψαι	γέ-γραφθε
3 인칭	γέ-γραπ-ται	εἰσί(ν) γε-γραμ-μέν-οι, -αι, -α

(2) 후음(κ, γ, χ)으로 끝나는 동사의 예: δέχομαι(1)

	단수	복수
1 인칭	δέ-δεγμαι	δε-δέγμεθα
2 인칭	δέ-δεξαι	δέ-δεχθε
3 인칭	δέ-δεκται	εἰσί(ν) δε-δεγ-μέν-οι, -αι, -α

(3) 치음(τ, δ, θ)으로 끝나는 동사의 예: πείθω(6)

	단수	복수
1 인칭	πέ-πεισμαι	πε-πείσμεθα
2 인칭	πέ-πεισαι	πέ-πεισθε
3 인칭	πέ-πεισται	εἰσί(ν) πε-πεισ-μέν-οι, -αι, -α

다른 예들: (다음 동사들의 어간은 δ로 끝난다.)

δε-δόξασ-μαι(2) ← δοξάζω; ἡγίασ-μαι(2) ← ἁγιάζω; ἡτοίμασ-μαι(2) ← ἡτοιμάζω; κε-χάρισ-μαι(2) ← χαρίζομαι; με-μέρισ-μαι(2) ← μερίζω

(4) 어간이 유음(ρ/λ)으로 끝나는 동사의 예: ἐγείρω(9)

	단수	복수
1 인칭	ἐγήγερ-μαι	ἐγηγέρ-μεθα
2 인칭	ἐγήγερ-σαι	ἐγήγερθε
3 인칭	ἐγήγερ-ται	εἰσί(ν) ἐγηγερμένοι, -αι, -α

다른 예: ἐπ-ήγγελ-μαι(3) ← ἐπ-αγγέλλομαι

(5) 어간이 비음(ν)으로 끝나는 동사의 예: πλατύνω(1): 확대하다, 넓이다

	단수	복수
1 인칭	πε-πλάτυμμαι	πε-πλατύμμεθα
2 인칭	πε-πλάτυν-σαι	πε-πλάτυνθε
3 인칭	πε-πλάτυν-ται	εἰσί(ν) πε-πλατυμμένοι, -αι, -α

다른 예: κέ-κρι-μαι(2) ← κρίνω

3. 몇몇 동사에서 어간과 어미 사이에 η를 삽입한다: βέ-βλ-η-μαι(2) ← βάλλω(어간은: βλ). 또한 어떤 동사들에는 어간과 어미 사이에 σ가 삽입된다: ἔ-γνω-σ-μαι(1) ← γινώσκω; τε-τέλε-σ-μαι(2) ← τελέω.

♣ 현재완료의 용법

현재완료는 지속되는 결과를 지닌 완료된 행동을 묘사하는 데 사용된다.

1. 완성적 현재완료(consummative perfect)

사태가 한동안 지속되다가 이제는 끝난 것을 묘사한다.

예: *τὸν δρόμον τετέλεκα,* (딤후 4:7): 내가 경주를 마쳤다.

σὺ τετήρηκας τὸν καλὸν οἶνον ἕως ἄρτι. (요 2:10): 너는 지금까지 좋은 포도주를 간직하였다.

ὡς προειρήκαμεν καὶ ἄρτι πάλιν λέγω (갈 1:9): 우리가 전에 말한 것처럼 지금 나는 다시 말한다.

Ἰησοῦς εἶπεν, Τετέλεσται, (요 19:30): 예수께서 말씀하셨다, "다 이루어졌다."

2. 반복적 현재완료(iterative perfect)

문맥 안에서 사안이 간격을 두고 일어난 것을 묘사한다.

예: *Ὃ ἦν ἀπ' ἀρχῆς, ὃ ἀκηκόαμεν, ὃ ἑωράκαμεν τοῖς ὀφθαλμοῖς ἡμῶν,* (요일 1:1): 태초부터 있어 왔던 것, 우리가 들었던 것, 우리의 눈으로 우리가 보았던 것,

ἐκεῖνος μεμαρτύρηκεν περὶ ἐμοῦ. (요 5:37): 저가 나에 관하여 증거하신다.

θεὸν οὐδεὶς ἑώρακεν πώποτε· (요 1:18): 아무도 언제라도 하나님을 본 자가 없다.

3. 강의적 현재완료(intensive perfect)

문맥 안에서 이전의 행동이 새로운 국면에 처하게 됨을 묘사한다.

예: *καὶ ὅτι ἐγήγερται ... κατὰ τὰς γραφάς* (고전 15:4): 그리고 성경대로 그는 살아나셨다.

καὶ ἐλήλυθα εἰς τὸν κόσμον· (요 16:28): 나는 세상에 왔다.

τὴν προσαγωγὴν ἐσχήκαμεν (롬 5:2): 우리가 들어감을 얻었다.

πέποιθα δὲ ἐν κυρίῳ ὅτι καὶ αὐτὸς ταχέως(속히) *ἐλεύσομαι.* (빌 2:24): 나도 속히 갈 것을 주 안에서 확신한다.

4. 극적인 현재완료(dramatic perfect)

과거의 일을 생생하게 묘사하기 위하여 사용되는 현재완료를 말한다. 역사적 현재나 극적인 부정과거와 흡사하다.

예: *Ἰωάννης μαρτυρεῖ περὶ αὐτοῦ καὶ κέκραγεν* (요 1:15): 요한이 그에 대하여 증거하며 외쳤다.

πέπρακεν … καὶ ἠγόρασεν αὐτόν. (마 13:46): 그는 팔았다 …그리고 그것을 샀다.

καὶ ἦλθεν καὶ εἴληφεν (계 5:7): 그리고 그가 와서 취했다.

5. 현재상태의 현재완료(perfect of present state)

문맥이나 동사의 개념상으로 이전 행동이 없는 현재상태를 묘사할 때 현재완료가 사용된다.

예: *Οὐκ οἴδαμεν.* (마 21:27): 우리들은 알지 못한다.

ἰδοὺ προείρηκα ὑμῖν. (마 24:25): 보라 내가 미리 너희들에게 말한다.

Νῦν ἐγνώκαμεν ὅτι δαιμόνιον ἔχεις. (요 8:52): 지금 우리들은 네가 귀신들렸다는 것을 안다.

Ὅτι ἑώρακάς με πεπίστευκας; (요 20:29): 너는 나를 보았기 때문에 믿느냐?

6. 격언적 현재완료(gnomic perfect)

시간에 매이지 않는 행동이나 진리를 말할 때 현재완료가 사용된다. 다음 예문 이외에 고전 7 : 39; 롬 14:23; 약 2:10 등을 들 수 있다.

예: *ᾧ γάρ τις ἥττηται, τούτῳ δεδούλωται.* (벧후 2:19): 왜냐하면 누구든지 진 자는 이긴 자의 종이기 때문이다.

ὃ δ' ἂν τηρῇ αὐτοῦ τὸν λόγον, ἀληθῶς ἐν τούτῳ ἡ ἀγάπη τοῦ θεοῦ τετελείωται, (요일 2:5): 그의 말씀을 지키는 자는 진실로 이로 인하여 하나님의 사랑이 완성된 것이다.

♠ 단어 익히기

동사

ταράσσω: 방해하다, 당황하게 하다; 공포를 주다, 놀라게 하다; 휘젓다

ἡττάομαι: (디포)지다, (~ 보다) 더 나쁘게 취급되다

명사: *δρόμος -ου, ὁ*: 경로, 경주 *ἀγαθωσύνη, -ης, ἡ*: 선함, 후함 *ῥαββί*: 선생, 주

형용사: *μεστός -ή -όν*: 가득한, 충만한

부사/불변화사

ναί: 예, 그렇습니다, 진실로; 확실히 그렇게, 분명히 *οὔπω*: 아직은 아닌

전치사: *ἔμπροσθεν* + 속격: ~ 앞에, ~ 전에; 부사. 앞으로, 미리

♥ 성경 문장 읽기(다음 문장에 나오는 현재완료 동사들을 분해해 보시오.)

1. *Γέγραπται, Οὐκ ἐπ' ἄρτῳ μόνῳ ζήσεται ὁ ἄνθρωπος,* (마 4:4)
2. *ἡ πίστις* (믿음) *σου σέσωκέν σε.* (마 9:22)
3. *Πεπλήρωται ὁ καιρὸς καὶ ἤγγικεν ἡ βασιλεία τοῦ θεοῦ·* (막 1:15)

4. καὶ ἔλεγον ὅτι Ἰωάννης ἐγήγερται ἐκ νεκρῶν (막 6:14)
5. εἶπεν αὐτῷ 'Ραββί, οἴδαμεν ὅτι ἀπὸ θεοῦ ἐλήλυθας διδάσκαλος· (요 3:2)
6. ἀλλὰ μεταβέβηκεν ἐκ τοῦ θανάτου εἰς τὴν ζωήν. (요 5:24)
7. ἐκεῖνος μεμαρτύρηκεν περὶ ἐμοῦ. οὔτε φωνὴν αὐτοῦ πώποτε ἀκηκόατε οὔτε εἶδος(모양, 모습, 형용) αὐτοῦ ἑωράκατε, (요 5:37)
8. λέγει αὐτῷ, Ναί, κύριε, ἐγὼ πεπίστευκα ὅτι σὺ εἶ ὁ Χριστὸς ὁ υἱὸς τοῦ θεοῦ. (요 11:27)
9. Νῦν ἡ ψυχή μου τετάρακται, (요 12:27)
10. Ταῦτα λελάληκα ὑμῖν (요 14:25)
11. ὅτι ὑμεῖς ἐμὲ πεφιλήκατε καὶ πεπιστεύκατε ὅτι ἐγὼ παρὰ [τοῦ] θεοῦ ἐξῆλθον.(요 16:27)
12. τὸν λόγον σου τετήρηκαν. (요 17:6)
13. ἐγὼ εἰς τοῦτο γεγέννημαι καὶ εἰς τοῦτο ἐλήλυθα εἰς τὸν κόσμον, (요 18:37)
14. ἀπεκρίθη ὁ Πιλᾶτος, Ὃ γέγραφα, γέγραφα. (요 19:22)
15. ὅτε οὖν ἔλαβεν τὸ ὄξος(신 포도주) [ὁ] Ἰησοῦς εἶπεν, Τετέλεσται, (요 19:30)
16. ἰδοὺ πεπληρώκατε τὴν Ἰερουσαλὴμ τῆς διδαχῆς ὑμῶν (행 5:28)
17. Νυνὶ δὲ χωρὶς νόμου δικαιοσύνη θεοῦ πεφανέρωται (롬 3:21)
18. ἡ ἀγάπη τοῦ θεοῦ ἐκκέχυται ἐν ταῖς καρδίαις ἡμῶν (롬 5:5)
19. Πέπεισμαι δέ, ἀδελφοί μου, καὶ αὐτὸς ἐγὼ περὶ ὑμῶν ὅτι καὶ αὐτοὶ μεστοί ἐστε ἀγαθωσύνης, (롬 15:14)
20. Υἱός μου εἶ σύ, ἐγὼ σήμερον γεγέννηκά σε (히 1:5)

II. 과거완료

◆ 어형 익히기

과거완료는 직설법에서만 존재하고, 제 2 시상에 속하며, 그 전의 행동으로 인하여 된 과거의 상태를 표현한다. 현재완료의 과거라고 말할 수 있을 것이다. 신약성서에서 28단어의 과거완료형이 도합 86번 나오고 있다.

1. 제 1 과거완료 능동태

신약성서에 나오는 제 1 과거완료로 변하는 동사는 모두 13, 도합 30번 나오고 있다. 과거완료 능동태는 접두모음(신약성서의 예들에서는 자주 생략됨) + 음절중복 + 현재완료 능동태 어간 + 시상접미어 κει+ 제 2 시상 능동태 어미로 형성되는데, 1인칭 단수에는 ν가 3인칭 복수에는 σαν이 사용된다. 최종어미와 예는 다음과 같다. 1인칭 단수어미를 부정사로 착각하지 않도록 유의해야 하며, 3인칭 단수에 움직이는 ν가 없음을 유의해야 한다. 이 부류에 속하는 동사로서 신약성서에 나오는 유일한 예는 πιστεύω뿐이다.

제 1 과거완료 능동태 어미 예: πιστεύω(1)

	단수	복수	단수	복수
1 인칭	-κει-ν	-κει-μεν	(ἐ)-πε-πιστεύ-κει-ν	(ἐ)-πε-πιστεύ-κει-μεν
2 인칭	-κει-ς	-κει-τε	(ἐ)-πε-πιστεύ-κει-ς	(ἐ)-πε-πιστεύ-κει-τε
3 인칭	-κει	-κει-σαν	(ἐ)-πε-πιστεύ-κει	(ἐ)-πε-πιστεύ-κει-σαν

※참고

1. 어간이 α, ε, ο으로 끝나는 동사는 어간모음이 장음화된다. 신약성서에서 여기에 속하는 동사가 모두 2 개가 있다: πε-ποιή-κει-ν(1) ←ποιέω; ἐ-γνώ-κει-ν(1) ← γινώσκω
   어간모음이 장음화되지 않는 유일한 예는 ἑωρά-κει-ν(1) ← ὁράω이다.
2. 어간이 자음으로 끝나는 동사: 자음의 종류에 따라서 여러 가지 예가 있을 수 있으나 신약성서에는 치음(δ)으로 끝나는 동사 하나와 비음(ν)으로 끝나는 동사 하나의 예만 있을 뿐이다:
   συν-ηρπά-κει-ν ← συν-αρπάζω: 잡다, 끌다;   κε-κρί-κει-ν ← κρίνω
3. 다음 세 개의 동사들은 어간과 시상접미어 사이에 η를 삽입한다:
   εἰρ-ή-κει-ν(3) ← λέγω/εἶπον; ἐκ-βε-βλ-ή-κει-ν(1) ← ἐκ-βάλλω
   με-μεν-ή-κει-ν(1) ← μένω

2. 제 2 과거완료 능동태

어떤 동사가 제 2 현재완료 능동태형을 취하면, 그 동사는 제 2 과거완료 능동태형을 취한다. 제 2 과거완료형이 제 1 과거완료형과 다른 유일한 점은 시상접미어에서 κ를 뺀 ει만 사용된다는 것이다. 신약성서에서는 제 2 과거완료형을 취하는 동사 8개가 도합 49번에 걸쳐서 사용되고 있다. 그 대표적인 두 동사 ἔρχομαι와 οἶδα의 변화표와 다른 6동사는 다음과 같다.

예: (-)ἔρχομαι(7) ;   예: οἶδα(33): 현재완료의 뜻으로 사용됨

	단수	복수	단수	복수
1 인칭	ἐληλύθ-ει-ν	[ἐληλύθ-ει-μεν]	ᾔδ-ει-ν	[ᾔδ-ει-μεν]
2 인칭	[ἐληλύθ-ει-ς]	[ἐληλύθ-ει-τε]	ᾔδ-ει-ς	ᾔδ-ει-τε
3 인칭	ἐληλύθ-ει	ἐληλύθ-ει-σαν	ᾔδ-ει	ᾔδ-ει-σαν

제 2 과거완료를 취하는 다른 동사들

ἐ-γε-γόν-ει-ν(2) ← γίνομαι　　　ἐ-πε-ποίθ-ει-ν(1) ← πείθω

ἐξ-εληλύθ-ει-ν(2) ← ἐξ-έρχομαι　　　ἀπ-εληλύθ-ει-ν(1) ← ἀπ-έρχομαι

συν-εληλύθ-ει-ν(1) ← συν-έρχομαι

εἰώθειν(2)(과거의 뜻) ← εἴωθα: ~ 하는 습관이 있다(현재완료이나 현재의 뜻으로 사용된다.)

3. 제 2 과거완료 중간태와 수동태

과거완료의 중간태/수동태는 현재완료와 동일하게 동사의 제 5 주요부분으로부터 만들어진다. 신약성서에는 과거완료 중간태/수동태가 일곱개, 동사가 총 7번 나오고 있다. 과거완료 중간태/수동태는 접두모음(신약성서의 예들에서는 자주 생략됨) + 음절중복 + 현재완료 중간태/수동태 어간 + 제 2 시상 중간태/수동태 어미로 형성된다. α, ε, ο 이외의 모음으로 끝나는 동사의 예가 신약성서에는 나오지 않으나 λύω를 예로 들어 변화를 시켜보면 다음과 같다.

예: λύω

	단수	복수
1 인칭	(ἐ)-λε-λύ-μην	(ἐ)-λε-λύ-μεθα
2 인칭	(ἐ)-λέ-λυ-σο	(ἐ)-λέ-λυ-σθε
3 인칭	(ἐ)-λέ-λυ-το	(ἐ)-λέ-λυ-ντο

※참고

1. 어간이 α, ε, ο으로 끝나는 동사는 대부분 어간모음이 장음화된다.
   예: ἐπ-ε-κε-κλή-μην(1) ← ἐπι-καλέω　　　ᾠκοδομή-μην(1) ← οἰκοδομέω
   τε-θεμελιώ-μην(1) ← θεμελιόω: 기초를 닦다, 견고하게 세우다
   예외: περι-ε-δέ-δε-το(1) ← περιδέω: 싸다, 묶다
2. 어간이 자음으로 끝나는 동사의 유일한 예는 ἐπ-ε-γε-γράμ-μην ← ἐπι-γράφω이다.
3. 어간 + η: 신약성서의 유일한 예는 ἐ-βε-βλ-ή-μην ← βάλλω이다.

♣ 과거완료의 용법

1. 완성적 과거완료(consummative pluperfect)

사안이 끝난 상태를 표현한다.

예: οἱ γὰρ μαθηταὶ αὐτοῦ ἀπεληλύθεισαν εἰς τὴν πόλιν ἵνα τροφὰς ἀγοράσωσιν. (요 4:8): 그의 제자들이 먹을 것을 사기 위하여 마을로 들어갔다.
εἰρήκει δὲ ὁ Ἰησοῦς περὶ τοῦ θανάτου αὐτοῦ, (요 11:13): 예수께서 자신의 죽음

에 관하여 말씀하셨다.

2. 강의적 과거완료(intensive pluperfect)

문맥의 시간대와 동시성이 있는 상태를 표현한다.

예: *ὁ δὲ Πέτρος εἱστήκει πρὸς τῇ θύρᾳ ἔξω.* (요 18:16): 그러나 베드로는 밖에 문간 곁에 서 있었다.

εἰ δὲ ἐγνώκειτε τί ἐστιν, Ἔλεος θέλω καὶ οὐ θυσίαν, οὐκ ἂν κατεδικάσατε τοὺς ἀναιτίους. (마 12:7): 만약 너희들이, "내가 자비를 원하고 제사를 원치 않는다"는 뜻을 알았다면, 죄 없는 자를 정죄하지 않았을 것이다.

3. 과거상태의 과거완료(pluperfect of past state)

대부분의 과거완료가 이전의 행동에 대한 언급이 없는 과거상태를 표현한다. 다음 동사들이 여기에 사용되고 있다: *οἶδα; πείθω; εἴωθα.*

예: *κἀγὼ οὐκ ᾔδειν αὐτόν,* (요 1:31): 나도 그를 알지 못하였다.

καὶ ὡς εἰώθει πάλιν ἐδίδασκεν αὐτούς (막 10:1): 그의 습관대로 다시 그들을 가르쳤다.

ᾔδεισαν τὸν Χριστὸν αὐτὸν εἶναι. (눅 4:41): 그들은 그가 그리스도신 줄 알았다.

4. 반복적 과거완료(iterative pluperfect)

신약성서에서 그 예가 흔하지 않다.

예: *πολλοῖς γὰρ χρόνοις συνηρπάκει αὐτόν* (눅 8:29): 왜냐하면 여러 번 그것이 그를 붙잡고 있었기 때문이다.

♥ **성경 문장 읽기** (다음 문장에 나오는 과거완료 직설법 동사를 분해해 보시오.)

1. *καὶ οὐκ ἔπεσεν, τεθεμελίωτο γὰρ ἐπὶ τὴν πέτραν.* (마 7:25)
2. *ὅτι ᾔδεισαν αὐτόν.* (막 1:34)
3. *τοῦτο δὲ ἔλεγεν... αὐτὸς γὰρ ᾔδει* (요 6:6)
4. *σκοτία ἤδη ἐγεγόνει καὶ οὔπω ἐληλύθει πρὸς αὐτοὺς ὁ Ἰησοῦς,* (요 6:17)
5. *καὶ ὧδε εἰς τοῦτο ἐληλύθει* (행 9:21)
6. *παρέθεντο*(맡기다) *αὐτοὺς τῷ κυρίῳ εἰς ὃν πεπιστεύκεισαν.* (행 14:23)

III. 미래완료

◆ 어형 익히기

미래완료형은 미래에서의 완료상태를 표현하는 데 사용된다. 신약성서에는 단지 7번밖에 나오지 않는다. 그 중에서도 6번은 *εἰμί* 동사의 미래형과 현재완료 분사로 이루어지는 완곡법이다(마 16:19; *καὶ ὃ ἐὰν δήσῃς ἐπὶ τῆς γῆς ἔσται δεδεμένον* [*δέω*의 현재완료분사] *ἐν τοῖς οὐρανοῖς, καὶ ὃ ἐὰν λύσῃς ἐπὶ τῆς γῆς ἔσται λελυμένον* [*λύω*의 현재완료분사] *ἐν τοῖς οὐρανοῖς.*). 많은 문법학자들은 신약성서에 나오는 미래완료는 미래완료라기보다는 단순히 미래를 나타낸다고 주장한다.

미래완료 직설법의 기본형태

1. 능동태 = 음절중복 + 현재완료 능동태 어간 + 시상접미어 σ + 간모음 o/ϵ + 제 1 시상 능동태 어미

예: *ὅτι πάντες εἰδήσουσίν με ἀπὸ μικροῦ ἕως μεγάλου αὐτῶν,* (히 8:11): *οἶδα*

2. 중간태/수동태: 신약성서에는 그 예가 없다.

제 13 장

제 3 변화명사 (The Third Declension Noun)

◆ 어형 익히기

제 3 변화명사는 신약성서에 663개가 7,059번 나오고 있다. 제 3 변화명사는 그 어간이 자음이나 자음의 성격을 지닌 반모음 ι나 υ으로 끝나는 명사인데, 제 1 변화나 제 2 변화명사와는 달리 단수 속격에서 숨겨진 어간이 나타나므로 단수 속격이 중요시된다. 제 3 변화명사의 변화에 붙여지는 어미는 다음과 같다.

	단수		복수	
	남성/여성	중성	남성/여성	중성
주격	-ς, -	-	-ες	-α
속격	-ος	-ος	-ων	-ων
여격	-ι	-ι	-σι(ν)	-σι(ν)
대격	-α, -ν	-	-ας, -ες	-α

제 3 변화명사가 복잡하다는 선입관과는 달리 아주 규칙적이다. 복잡하다고 여겨지는 변화는 주로 단수 주격과 복수 여격에서의 음성변화인데, 이것들도 정확하게 규칙에 따라 변화되는 것이므로 큰 어려움이 되지 않는다. 제 3 변화명사는 어간의 형태에 따라서 그 변화 유형을 다음과 같이 나눌 수 있다.

I. 어간이 폐쇄음으로 끝나는 명사

1. 순음(π, β)어간 명사

주격 단수와 여격 복수에서 π, β + ς = ψ로 음성변화가 일어난다. 여기에 속하는 명사는 *λαῖλαψ, -απος*만 여성이고 나머지는 다 남성이다. 신약성서에는 또 다른 순음인 φ로 끝나는 명사는 나오지 않는다.

	어간 π		어간 β	
	단수	복수	단수	복수
주격	λαῖλαψ	λαίλαπ-ες	Ἄραψ	Ἄραβ-ες
속격	λαίλαπ-ος	λαιλάπ-ων	Ἄραβ-ος	Ἀράβ-ων
여격	λαίλαπ-ι	λαίλαψι(ν)	Ἄραβ-ι	Ἄραψι(ν)
대격	λαίλαπ-α	λαίλαπ-ας	Ἄραβ-α	Ἄραβ-ας

♠ **단어 익히기**(동일한 변화를 하는 명사들)

Αἰθίοψ, -οπος, ὁ(2): 에디오피아 사람
Ἄραψ, -αβος, ὁ(1): 아라비아 사람
κώνωψ, -ωπος, ὁ(1): 모기
λαῖλαψ, -απος, ἡ(3): 폭풍우, 돌풍
λίψ, λιβός, ὁ(1): 남서풍
μώλωψ, -ωπος ὁ(1): 상처
σκόλοψ, -οπος, ὁ(1): 가시, 토막, 파편

2. 후음(κ, γ, χ)**어간 명사**

주격 단수와 여격 복수에서 κ, γ, χ + ς = ξ로 음성변화가 일어난다. 남성도 있고 여성도 있다.

	어간 κ		어간 γ		어간 χ	
	단수	복수	단수	복수	단수	복수
주격	σάρξ	σάρκ-ες	σάλπιγξ	σάλπιγγ-ες	θρίξ	τρίχ-ες
속격	σαρκ-ός	σαρκ-ῶν	σάλπιγγ-ος	σαλπίγγ-ων	τριχ-ός	τριχ-ῶν
여격	σαρκ-ί	σαρξί(ν)	σάλπιγγ-ι	σάλπιγξι(ν)	τριχ-ί	θριξί(ν)
대격	σάρκ-α	σάρκ-ας	σάλπιγγ-α	σάλπιγγ-ας	τρίχ-α	τρίχ-ας

♠ **단어 익히기**(동일한 변화를 하며 신약성서에서 많이 나오는 명사들)

γυνή, γυναικός, ἡ(211): 여자, 아내
θρίξ, τριχός, ἡ(15): (머리)털
σάλπιγξ, -γγος, ἡ(11): 나팔(소리)
Φῆλιξ, -ικος, ὁ(9): 벨릭스
σάρξ, σαρκός, ἡ(147): 육, 육신, 살, 육체, 인간성; 인간; 육신의 생명; 성욕

3. 치음(τ, δ, θ)**어간 명사**

모든 성이 다 있다. 어간이 치음으로 끝나는 명사는 다음과 같이 세분된다.

(1) 기본: 주격 단수와 여격 복수에서 τ, δ, θ는 ς 앞에서(ν 앞에서도) 탈락한다.

	어간 τ		어간 δ		어간 θ	
	단수	복수	단수	복수	단수	복수
주격	χάρις	χάριτ-ες	ἐλπίς	ἐλπίδ-ες	ὄρνις	ὄρνιθ-ες
속격	χάριτ-ος	χαρίτ-ων	ἐλπίδ-ος	ἐλπίδ-ων	ὄρνιθ-ος	ὀρνίθ-ων
여격	χάριτ-ι	χάρισι(ν)	ἐλπίδ-ι	ἐλπίσι(ν)	ὄρνιθ-ι	ὄρνισι(ν)
대격	χάρι-ν/ χάριτ-α	χάριτ-ας	ἐλπίδ-α	ἐλπίδ-ας	ὄρνιθ-α/ ὄρνι-ν	ὄρνιθ-ας

♠ **단어 익히기**(동일한 변화를 하며 신약성서에서 많이 나오는 명사들)

ἐλπίς, -ίδος, ἡ(53): 소망, 소망의 근거, 소망하는 것

ἔρις, -ιδος, ἡ(9): 싸움, 이기적인 다툼 *λαμπάς, -άδος, ἡ*(9): 등, 횃불

ὄρνις, -ιθος, ὁ 혹은 *ἡ*(2, 어간이 θ로 끝나는 신약성서의 유일한 예): 암탉

παῖς παιδός, ὁ 혹은 *ἡ*(24): 종, 노예; 아이; 소년, 소녀

ποῦς, ποδός, ὁ(93): 발(다리) *πραΰτης, -ητος, ἡ*(11): 친절, 겸손

πατρίς, ίδος, ἡ(8): 고향, 고국 *σφραγίς, -ῖδος, ἡ*(16): 인, 표, 도장, 근거

χάρις, ιτος, ἡ(155): 은혜, 친절, 자비, 선물, 축복, 감사

χιλιάς, -άδος, ἡ(23): 천(1,000) *χρηστότης, -ητος, ἡ*(10): 친절함, 선함, 자비

(2) **어간이 *ντ*혹은 *κτ*로 끝나는 명사**: 어간이 *ντ*로 끝나는 명사는 모두 남성명사이다. *νύξ*는 *κτ*로 끝나는 유일한 여성명사의 예이다.

	어간 ντ				어간 κτ	
	단수	복수	단수	복수	단수	복수
주격	ἄρχων	ἄρχοντ-ες	ὀδούς	ὀδόντ-ες	νύξ	νύκτ-ες
속격	ἄρχοντ-ος	ἀρχόντ-ων	ὀδόντ-ος	ὀδόντ-ων	νυκτ-ός	νυκτ-ῶν
여격	ἄρχοντ-ι	ἄρχουσι(ν)	ὀδόντ-ι	ὀδοῦσι(ν)	νυκτ-ί	νυξί(ν)
대격	ἄρχοντ-α	ἄρχοντ-ας	ὀδόντ-α	ὀδόντ-ας	νύκτ-α	νύκτ-ας

♠ **단어 익히기**(동일한 변화를 하며 신약성서에서 많이 나오는 명사들)

ἄρχων, -χοντος, ὁ(37): 지배자, 관원, 당국자, 재판관

δράκων, -οντος, ὁ(13): 용(마귀에 대한 상징어) *λέων, -οντος, ὁ*(9): 사자

ὀδούς, -όντος, ὁ(12): 이(빨) *νύξ, νυκτός, ἡ*(61): 밤

(3) **어간이 *μα/ματος*로 끝나는 중성명사**: 어간이 *-μα*로 끝나는 명사는 모두 중성명사이며 다음

과 같이 제 3 변화를 한다.

	어간 μα	
	단수	복수
주격	πνεῦμα	πνεύματ-α
속격	πνεύματ-ος	πνευμάτ-ων
여격	πνεύματ-ι	πνεύμασι(ν)
대격	πνεῦμα	πνεύματ-α

♠ **단어 익히기**(동일한 변화를 하며 신약성서에서 많이 나오는 명사들)

αἷμα, -ατος, τό(97): 피, 죽음, 살인

βάπτισμα, -ατος(19): 침례

βῆμα, -ατος(12): 재판석, 심판석, 법정

βρῶμα, -ατος(17): 음식, 딱딱한 음식

γράμμα, -ατος(14): 문자, 성경; 편지; 청구서; 학문

δικαίωμα, -ατος(10): 법규, 요구사항, 의로운 행위, 심판, 무죄 방면

θέλημα, -ατος(62): 의지, 소원

ὑπόδημα, -ατος(10): 샌들, 신

καύχημα, -ατος(11): 자랑의 근거, 자랑의 대상, 자랑, 자만

κρίμα, -ατος(27): 판단, 결정, 평결, 징벌, 소송사건

ὄνομα, -ατος(231): 이름; 지위; 사람; 권세; 범주; 평판

ὅραμα, -ατος(12): 환상; 봄; 보이는 것

πάθημα, -ατος(16): 고난; 열망; 욕망

παράπτωμα, -ατος(19): 죄; 악행

πλήρωμα, -ατος(17): 충만, 완성, 충만케 함

πνεῦμα, -ατος(379): (하나님의) 영, 성령; (사람의)영, 속사람, 자아; 숨; 바람

πρᾶγμα, -ατος(11): 사물, 일; 사건, 행위, 임무, 논쟁, 소송

ῥῆμα, -ατος(68): 말하여진 것, 말, 사물, 일, 사건

σπέρμα, -ατος(43): 씨; 자손, 자녀, 후손, 후대

στόμα, -ατος(78): 입, 말, 말의 힘, 달변, 증언

σῶμα, -ατος(142): 몸; 교회; 시체

χάρισμα, -ατος(17): 선물

(4) 어간이 τ로 끝나는 기타 중성명사

	어간 κτ	어간 τ		어간 τ	
	단수(단수만 변화한다)	단수	복수	단수	복수
주격	γάλα	φῶς	φῶτ-α	ὕδωρ	ὕδατ-α
속격	γάλακτ-ος	φωτ-ός	φώτ-ων	ὕδατ-ος	ὑδάτ-ων
여격	γάλακτ-ι	φωτ-ί	φωσί(ν)	ὕδατ-ι	ὕδασι(ν)
대격	γάλα	φῶς	φῶτ-α	ὕδωρ	ὕδατ-α

♠ **단어 익히기**(동일한 변화를 하며 신약성서에서 많이 나오는 명사들)

ἅλας, ἅλατος, τό(8): 소금	*γάλα, γάλακτος*(5): 우유, 젖
γόνυ, γόνατος(12): 무릎	*κέρας, κέρατος*(11): 뿔, 힘, 능력
οὖς, ὠτός(36): 귀	*τέρας, τέρατος*(16): 이적; 징조
ὕδωρ, ὕδατος(76): 물	*φρέαρ, φρέατος*(7): 우물; 웅덩이
φῶς, φωτός(73): 빛, 불	

Ⅱ. 어간이 유음(λ/ρ)으로 끝나는 명사

모음의 전환(gradation)의 정도에 따라서 다음과 같이 세 종류로 변화된다.

1. 강변화(장모음) 명사

이 변화에 속하는 명사는 모든 격과 수에서 장모음을 그대로 유지한다.

	단수	복수	단수(신약성서에 단수만 나온다)
주격	*σωτήρ*	*σωτῆρ-ες*	*πῦρ*
속격	*σωτῆρ-ος*	*σωτήρ-ων*	*πυρ-ός*
여격	*σωτῆρ-ι*	*σωτῆρ-σι(ν)*	*πυρ-ί*
대격	*σωτῆρ-α*	*σωτῆρ-ας*	*πῦρ*

	단수	복수	단수	복수
주격	*χείρ*	*χεῖρ-ες*	*μάρτυς*	*μάρτυρ-ες*
속격	*χειρ-ός*	*χειρ-ῶν*	*μάρτυρ-ος*	*μαρτύρ-ων*
여격	*χειρ-ί*	*χερ-σί(ν)*	*μάρτυρ-ι*	*μάρτυ-σι(ν)*
대격	*χεῖρ-α*	*χεῖρ-ας*	*μάρτυρ-α*	*μάρτυρ-ας*

♠ 단어 익히기(동일한 변화를 하며 신약성서에서 많이 나오는 명사들)

Καῖσαρ, -ρος, ὁ(29): 가이사, 황제 *πῦρ, πυρός, τό*(71): 불

σωτήρ, -ῆρος, ὁ(24): 구원자, 구속자

μάρτυς, μάρτυρος, ὁ(35): 증인, 순교자(martyr)(단수 주격과 복수 여격에서 *ρ*가 탈락한다.)

χείρ, χειρός, ἡ(175): 손; 힘, 권세; 활동; 손가락(복수 여격에서 *ει* → *ε*의 현상이 일어난다)

2. 강(장모음), 중(단모음)변화 명사

여기에 속하는 명사는 모두 남성명사이며, 단수 주격과 호격에서 장모음, 그 나머지에서는 단

모음이 된다.

	단수	복수
주격	*ἀστήρ*	*ἀστέρ-ες*
속격	*ἀστέρ-ος*	*ἀστέρ-ων*
여격	*ἀστέρ-ι*	*ἀστέρ-σι(ν)*
대격	*ἀστέρ-α*	*ἀστέρ-ας*

♠ **단어 익히기**(동일한 변화를 하며 신약성서에서 많이 나오는 명사들)

ἀήρ, ἀέρος, ὁ(7): 공기, 대기권, 우주공간
ἀστήρ, -τέρος, ὁ(24): 별
παντοκράτωρ, -τορος, ὁ(10): 전능자(하나님)
ἀλέκτωρ, -τορος, ὁ(12): 수탉

3. 강(장모음), 중(단모음), 약(모음탈락)변화 명사

	단수	복수	단수	복수
주격	*πατήρ*	*πατέρ-ες*	*ἀνήρ*	*ἄνδρ-ες*
속격	*πατρ-ός*	*πατέρ-ων*	*ἀνδρ-ός*	*ἀνδρ-ῶν*
여격	*πατρ-ί*	*πατρά-σι(ν)*	*ἀνδρ-ί*	*ἀνδρά-σι(ν)*
대격	*πατέρ-α*	*πατέρ-ας*	*ἄνδρ-α*	*ἄνδρ-ας*
호격	*πάτερ*	*πατέρ-ες*	*ἄνερ*	*ἄνδρ-ες*

♠ **단어 익히기**(동일한 변화를 하며 신약성서에서 나오는 명사는 모두 다섯이다)

ἀνήρ, ἀνδρός, ὁ(216): 남자, 남편
γαστήρ, -τρός, ἡ(9): 자궁, 대식가
θυγάτηρ, -τρός, ἡ(28): 딸
μήτηρ, -τρός, ἡ(83): 어머니
πατήρ, πατρός, ὁ(412): 아버지

Ⅲ. 어간이 비음 *ν*로 끝나는 명사

신약성서에는 *μ*로 끝나는 명사는 없고, *ν*로 끝나는 명사들이 있는데, 어간모음에 미치는 영향에 따라서 다음과 같이 나뉘어진다.

1. 강변화(장모음) 명사

장모음이 모든 경우에 유지된다. 대부분은 남성명사이며 여성명사가 약간 있다.

	단수	복수
주격	αἰών	αἰῶν-ες
속격	αἰῶν-ος	αἰών-ων
여격	αἰῶν-ι	αἰῶσι(ν)
대격	αἰῶν-α	αἰῶν-ας

♠ **단어 익히기**(동일한 변화를 하며 신약성서에서 많이 나오는 명사들)

ἀγών, -ῶνος, ὁ(6): 싸움, 투쟁, 경주　　*ἐλαιών, -ῶνος, ὁ*(3): 올리브밭

αἰών, αἰῶνος, ὁ(122): 세대; 세상 질서; 영원, 현세; 자주 사용되는 숙어로는 *εἰς τοὺς αἰῶνας*(영원토록); *εἰς τὸν αἰῶνα τοῦ αἰῶνος*(영원토록) 등이 있다.

ἀμπελών, -ῶνος, ὁ(23): 포도원　　*Ἕλλην, -ηνος, ὁ*(25): 헬라인, 이방인

μήν, μηνός, ὁ(18): 입　　*Βαβυλών, -ῶνος, ἡ*(12): 바벨론

πυλών, -ῶνος, ὁ(18): 문, 출입구, 현관　　*Σίμων, -ωνος, ὁ*(75): 시몬

Σολομών, -ῶνος, ὁ(10): 솔로몬　　*χιτών, -ῶνος, ὁ*(11): 튜닉(상의), 겉옷, 셔츠

2. 강(장모음), 중변화(단모음) 명사

단수 주격, 호격에서는 장모음이 유지되고, 다른 격에서는 단모음으로 변한다.

	단수	복수
주격	εἰκών	εἰκόν-ες
속격	εἰκόν-ος	εἰκόν-ων
여격	εἰκόν-ι	εἰκόσι(ν)
대격	εἰκόν-α	εἰκόν-ας

♠ **단어 익히기**(동일한 변화를 하며 신약성서에서 많이 나오는 명사들)

εἰκών, εἰκόνος, ἡ(23): 형상, 모양, 외양　*ἡγεμών, -μόνος, ὁ*(20): 통치자, 지배자, 왕자

ποιμήν, -μένος, ὁ(18): 목자, 목사　　*σινδών, -δόνος, ἡ*(6): 세마포

3. 강(장모음), 약변화(모음탈락) 명사

단수 주격, 호격에서는 장모음이 유지되고, 다른 곳에서는 모음이 없어진다.

	단수	복수
주격	κύων	κύν-ες
속격	κυν-ός	κυν-ῶν
여격	κυν-ί	κυσί(ν)
대격	κύν-α	κύν-ας

♠ **단어 익히기**(동일한 변화를 하며 신약성서에 나오는 명사는 다음 두 개뿐이다.)

ἀρήν, ἀρνός, ὁ(1): 어린 양 *κύων, κυνός, ὁ*(5): 개

Ⅳ. 어간이 *ος/ες*로 끝나는 명사

어간이 단수 주격, 대격, 호격에서는 *ος*로, 나머지에서는 *ες*로 끝나는 명사인데, 모두 중성명사이다. 어간이 *ες*로 끝날 경우, 어간과 어미가 결합하는 과정에서 모음과 모음 사이에 있게 되는 *σ*는 탈락하고 모음 단축현상이 일어난다(예: 단수 속격의 경우는 *ες* + *ος* = *ους*가 되고, 여격의 경우는 *ες* + *ι* = *ει*가 된다. 복수 주격과 대격의 경우는 *ες* + *α* = *η*가 되고, 속격의 경우는 *ες* + *ων* = *ων*이 된다.)

	단수	복수
주격	*ἔθν-ος*	*ἔθνη*
속격	*ἔθνους*	*ἐθνῶν*
여격	*ἔθνει*	*ἔθνεσι(ν)*
대격	*ἔθν-ος*	*ἔθνη*

♠ **단어 익히기**(동일한 변화를 하며 신약성서에서 많이 나오는 단어들)

βάθος, -ους(8): 깊음, 거대함 *βάρος, -ους*(6): 짐

γένος, -ους(20): 가족, 종족, 나라; 백성; 후손; 종류

ἔθος, -ους(12): 습관, 관습 *ἔλεος, -ους*(27): 자비, 동정

ἔθνος, -ους(162): 나라, 백성, 비유대인, 이방인, 비신자

κράτος, -ους(12): 능력, 힘, 지배; 능력 있는 행위

ἔτος, -ους(49): 년, 해 *μέλος, -ους*(34): 신체의 부분, 지체

μέρος, -ους(42): 부분, 조각; 지역; 분량; 사안

ὄρος -ους(62, 복수 속격은 *ὀρέων*): 산, 언덕

πλῆθος, -ους(31): 군중; 여러 사람; 사람, 인구; 회중

σκεῦος, -ους(23): 물건, 그릇, 용기, 자신의 몸, 자신의 아내

σκότος, -ους(31): 어두움, 죄, 악

τέλος, -ους(40): 끝, 결론, 결말; 결과, 목표, 성취; 세금

ψεῦδος, -ους(10): 거짓말, 모사품, 실제가 아닌 것

Ⅴ. 어간이 반모음(semivowel)으로 끝나는 명사

1. 어간이 υ으로 끝나는 명사

	단수	복수
주격	ἰχθύ-ς	ἰχθύ-ες
속격	ἰχθύ-ος	ἰχθύ-ων
여격	ἰχθύ-ι	ἰχθύ-σι(ν)
대격	ἰχθύ-ν	ἰχθύ-ας

♠ **단어 익히기**(동일한 변화를 하며 신약성서에서 많이 나오는 명사들)

ἰσχύς, -ύος, ἡ(10): 힘, 강력

ἰχθύς, -ύος, ὁ(20): 물고기

ὀσφῦς, -ύος, ἡ(8): 허리, 생식기관

στάχυς, -υος, ὁ(5): 곡식 이삭, 밀 이삭

2. 어간이 반모음 ι/ε으로 끝나는 명사

여기에 속하는 명사들은 거의 여성이다. 단수 주격, 대격에서는 반모음 ι로 나머지는 ε으로 끝난다. 복수 주격과 대격의 형태가 같다. 이 때 ε + ες = εις로 모음단축이 일어나기 때문이다.

	단수	복수
주격	πίστι-ς	πίστεις
속격	πίστεως	πίστε-ων
여격	πίστε-ι	πίστε-σι(ν)
대격	πίστι-ν	πίστεις

♠ **단어 익히기**(동일한 변화를 하며 신약성서에서 많이 나오는 명사들)

ἀνάστασις, -σεως(42): 부활

ἀπολύτρωσις, -σεως(10): 해방시킴, 구원, 구속

ἄφεσις, -σεως(17): 죄사함, 방면

βρῶσις, -σεως(11): 음식, 먹을 것, 식사

γνῶσις, -σεως(29): 지식

δέησις, -σεως(18): 기도, 청원

δύναμις, -μεως(119): 능력, 힘, 기적

ἐπίγνωσις, -σεως(20): 지식, 인식, 의식

θλῖψις, -ψεως(45): 환난, 어려움, 고난

κατάπαυσις, -σεως(9): 안식, 안식처

κλῆσις, -σεως(11): 부름, 소명, 삶의 상태

κρίσις, -σεως(47): 심판, 판단, 정죄

κτίσις, -σεως(18): 창조, 피조물, 창조된 질서

ὄφις, -φεως, ὁ(13): 뱀

παράδοσις, -σεως(13): 전통

παράκλησις, -σεως(29): 격려, 위로, 도움; 호소; 구원

πίστις, -τεως(243): 믿음, 신뢰, 확증, 선한 양심; 확신, 증거; 약속
πόλις, -λεως(164): 도시, 도시 거주자
πρόθεσις, -σεως(12): 목적, 계획, 의지, 확고부동함, 충성
συνείδησις, -σεως(30): 양심, 의식 *φύσις, -σεως*(14): 본성, 자연적 조건, 자연질서

3. 어간이 *ευ/ε*으로 끝나는 명사

여기에 속하는 명사는 모두 남성명사이다. 어간이 자음 앞에서는 *ευ*로, 모음 앞에서는 *ε*으로 끝난다. 복수 주격과 대격이 동일하다.

	단수	복수
주격	*ἱερεύς*	*ἱερεῖς*
속격	*ἱερέως*	*ἱερέ-ων*
여격	*ἱερεῖ*	*ἱερεῦσι(ν)*
대격	*ἱερέ-α*	*ἱερεῖς*
호격	*ἱερεῦ*	*ἱερεῖς*

♠ **단어 익히기**(동일한 변화를 하며 신약성서에서 가장 많이 나오는 명사들)
ἀρχιερεύς, -έως, ὁ(122): 대제사장, 대제사장 가문의 일원
βασιλεύς, -έως(115): 왕 *γονεῖς, -έως*(20, 복수만 나온다): 부모
γραμματεύς, -έως(62): 서기관, 율법학자 *ἱερεύς -έως*(31): 제사장

4. 어간이 *ου/ο*으로 끝나는 명사

어간이 자음 앞에서는 *ου*로, 모음 앞에서는 *ο*로 끝난다. 모두 남성명사이다.

	단수	복수
주격	*νοῦ-ς*	*νό-ες*
속격	*νο-ός*	*νο-ῶν*
여격	*νο-ΐ*	*νου-σί(ν)*
대격	*νοῦ-ν*	*νό-ας*

♠ **단어 익히기**(동일한 변화를 하는 명사가 신약성서에서 네 개가 나온다.)
βοῦς, βοός, ὁ(8): 황소 *νοῦς, νοός, ὁ*(24): 마음, 생각, 이성, 의향, 태도, 목적
πλοῦς, πλοός, ὁ(3): 항해 *χοῦς, χοός, ὁ*(2): 먼지

Ⅵ. 혼합 혹은 부분 변화명사

1. *'Ἰησοῦς, 'Ἰησοῦ, 'Ἰησοῦ, 'Ἰησοῦν, 'Ἰησοῦ, ὁ* (910, 예수)는 단수 주격과 대격만 변한다.
2. *Μωϋσῆς, Μωϋσέως, Μωϋσεῖ/Μωϋσῇ, Μωϋσῆν/Μωϋσέα, ὁ* (79, 모세)는 주격에서는 제 1 변화, 속격에서는 제 3 변화, 여격과 대격에서는 둘 다가 된다.
3. *Λευίς Λευί, Λευί, Λευίν, ὁ* (8, 레위)는 단수 주격과 대격만 변하고 신약성서에는 주격, 속격, 대격만 나온다.
4. *'Ἀκύλας, ὁ* (6, 아굴라)와 *Γολγοθᾶ, ἡ* (3, 골고다-아람어)는 단수 대격만 각각 *'Ἀκύλαν, Γολγοθᾶν*으로 변한다.

♠ 단어 익히기

동사

ἀγωνίζομαι: (디포)투쟁하다, 최선을 다하다 *οἰκέω*: 거하다, 살다

διαφέρω: (자)-보다 낫다, 서로 다르다; (타)퍼지다, 몰아내다

명사

βάτραχος, -ου, ὁ: 개구리 *ἔπαινος, -ου, ὁ*: 칭찬, 확증

πλοῦτος, -ου, ὁ/τό: 풍성함, 부요함 *πόσις, -σεως, ἡ*: 마심, 마시는 것

σελήνη, -ης, ἡ: 달(moon) *βιβλαρίδιον, -ου, τό*: 작은 책, 두루마리

접속사/전치사

εἴπερ: ~가 사실이라면, ~하는 한 *ἕως*: ~까지, ~동안; 전치사. + 속격. ~까지, ~하는 한

♥ 성경 문장 읽기

(다음 문장에서 제 3 변화명사들을 찾아보고 분해하시오.)

1. *ὑμῶν δὲ καὶ αἱ τρίχες τῆς κεφαλῆς* (마 10:30)
2. *ἔλαβεν τοὺς ἄρτους καὶ τοὺς ἰχθύας* (마 15:36)
3. *διὸ ἐκλήθη ὁ ἀγρὸς ἐκεῖνος 'Ἀγρὸς Αἵματος ἕως τῆς σήμερον.* (마 27:8)
4. *καὶ ἤκουσαν οἱ ἀρχιερεῖς καὶ οἱ γραμματεῖς* (막 11:18)
5. *Τὰ Καίσαρος Καίσαρι καὶ τὰ τοῦ θεοῦ τῷ θεῷ.* (막 12:17)
6. *καὶ βασιλεύσει ἐπὶ τὸν οἶκον 'Ἰακὼβ εἰς τοὺς αἰῶνας καὶ τῆς βασιλείας αὐτοῦ οὐκ ἔσται τέλος.* (눅 1:33)
7. *Καὶ ποιμένες ἦσαν ἐν τῇ χώρᾳ τῇ αὐτῇ* (눅 2:8)
8. *ἐπορεύθη κατὰ τὸ ἔθος εἰς τὸ Ὄρος τῶν 'Ἐλαιῶν, ἠκολούθησαν δὲ αὐτῷ καὶ*

οἱ μαθηταί. (눅 22:39)

9. Ἐγώ εἰμι ὁ ποιμὴν ὁ καλός· (요 10:11)
10. καθὼς γινώσκει με ὁ πατὴρ κἀγὼ γινώσκω τὸν πατέρα, (요 10:15)
11. τὰ ἔργα ἃ ἐγὼ ποιῶ ἐν τῷ ὀνόματι τοῦ πατρός μου ταῦτα μαρτυρεῖ περὶ ἐμοῦ· (요 10:25)
12. λέγει αὐτῷ Σίμων Πέτρος, Κύριε, μὴ τοὺς πόδας μου μόνον ἀλλὰ καὶ τὰς χεῖρας καὶ τὴν κεφαλήν. (요 13:9)
13. ἐλάλησεν ὁ θεὸς διὰ στόματος τῶν ἁγίων ἀπ' αἰῶνος αὐτοῦ προφητῶν. (행 3:21)
14. καὶ περιτομὴ καρδίας ἐν πνεύματι οὐ γράμματι, οὗ ὁ ἔπαινος οὐκ ἐξ ἀνθρώπων ἀλλ' ἐκ τοῦ θεοῦ. (롬 2:29)
15. ἁμαρτία γὰρ ὑμῶν οὐ κυριεύσει· οὐ γάρ ἐστε ὑπὸ νόμον ἀλλὰ ὑπὸ χάριν.(롬 6:14)
16. εἰμι ἐγὼ ἐθνῶν ἀπόστολος, τὴν διακονίαν μου δοξάζω, (롬 11:13)
17. ὑμεῖς δὲ οὐκ ἐστὲ ἐν σαρκὶ ἀλλὰ ἐν πνεύματι, εἴπερ πνεῦμα θεοῦ οἰκεῖ ἐν ὑμῖν. (롬 8:9)
18. Ὦ βάθος πλούτου καὶ σοφίας καὶ γνώσεως θεοῦ· (롬 11:33)
19. οἱ γὰρ ἄρχοντες οὐκ εἰσὶν φόβος τῷ ἀγαθῷ ἔργῳ ἀλλὰ τῷ κακῷ. (롬 13:3)
20. οὐ γάρ ἐστιν ἡ βασιλεία τοῦ θεοῦ βρῶσις καὶ πόσις ἀλλὰ δικαιοσύνη καὶ εἰρήνη καὶ χαρὰ ἐν πνεύματι ἁγίῳ (롬 14:17)
21. ἡ γνῶσις φυσιοῖ, ἡ δὲ ἀγάπη οἰκοδομεῖ· (고전 8:1)
22. οὐ γάρ ἐστιν ἀνὴρ ἐκ γυναικός, ἀλλὰ γυνὴ ἐξ ἀνδρός· (고전 11:8)
23. Ὑμεῖς δέ ἐστε σῶμα Χριστοῦ καὶ μέλη ἐκ μέρους. (고전 12:27)
24. ἄλλη δόξα ἡλίου, καὶ ἄλλη δόξα σελήνης, καὶ ἄλλη δόξα ἀστέρων· ἀστὴρ γὰρ ἀστέρος διαφέρει ἐν δόξῃ. (고전 15:41)
25. καὶ ἔσομαι ὑμῖν εἰς πατέρα καὶ ὑμεὶς ἔσεσθέ μοι εἰς υἱοὺς καὶ θυγατέρας, λέγει κύριος παντοκράτωρ. (고후 6:18)
26. Ἡ χάρις τοῦ κυρίου Ἰησοῦ Χριστοῦ καὶ ἡ ἀγάπη τοῦ θεοῦ καὶ ἡ κοινωνία τοῦ ἁγίου πνεύματος μετὰ πάντων(모두) ὑμῶν. (고후 13:13)
27. οὐδὲ γὰρ ἐγὼ παρὰ ἀνθρώπου παρέλαβον αὐτο οὔτε ἐδιδάχθην ἀλλὰ δι' ἀποκαλύψεως Ἰησοῦ Χριστοῦ, (갈 1:12)
28. ὁ δὲ νόμος οὐκ ἔστιν ἐκ πίστεως, (갈 3:12)
29. ἡ γὰρ σὰρξ ἐπιθυμεῖ κατὰ τοῦ πνεύματος, τὸ δὲ πνεῦμα κατὰ τῆς σαρκός,

(갈 5:17)

30. *κατὰ ἀποκάλυψιν ἐγνωρίσθη μοι τὸ μυστήριον, καθὼς προέγραψα ἐν ὀλίγῳ* (엡 3:3)(*ἐν ὀλίγῳ* ~ 간단하게)

31. *ὑμεῖς υἱοὶ φωτὸς ἐστε καὶ υἱοὶ ἡμέρας. οὐκ ἐσμὲν νυκτὸς οὐδὲ σκότους·* (살전 5:5)

32. *Ὃς ἐφανερώθη ἐν σαρκί, ἐδικαιώθη ἐν πνεύματι, ὤφθη ἀγγέλοις, ἐκηρύχθη ἐν ἔθνεσιν, ἐπιστεύθη ἐν κόσμῳ, ἀνελήμφθη ἐν δόξῃ.* (딤전 3:16)

33. *τὸν καλὸν ἀγῶνα ἠγώνισμαι, τὸν δρόμον τετέλεκα, τὴν πίστιν τετήρηκα·* (딤후 4:7)

34. *τὸ δὲ ῥῆμα κυρίου μένει εἰς τὸν αἰῶνα.* (벧전 1:25)

35. *πρὸς δὲ τὸν υἱόν, Ὁ θρόνος σου ὁ θεὸς εἰς τὸν αἰῶνα τοῦ αἰῶνος,* (히 1:8)

36. *καὶ ἐποίησεν ἡμᾶς βασιλείαν, ἱερεῖς τῷ θεῷ καὶ πατρὶ αὐτοῦ, αὐτῷ ἡ δόξα καὶ τὸ κράτος εἰς τοὺς αἰῶνας τῶν αἰώνων ἀμήν.* (계 1:6)

37. *Ἐγώ εἰμι τὸ Ἄλφα καὶ τὸ Ὦ, λέγει κύριος ὁ θεός, ὁ παντοκράτωρ.* (계 1:8)

38. *οὐ βάλλω ἐφ' ὑμᾶς ἄλλο βάρος.* (계 2:24)

39. *ὁ μάρτυς ὁ πιστὸς καὶ ἀληθινός, ἡ ἀρχὴ τῆς κτίσεως τοῦ θεοῦ·* (계 3:14)

40. *οὐκ ἔχουσι τὴν σφραγῖδα τοῦ θεοῦ* (계 9:4)

41. *καὶ ἔλαβον τὸ βιβλαρίδιον ἐκ τῆς χειρὸς τοῦ ἀγγέλου καὶ κατέφαγον αὐτό,* (계 10:10)

42. *Καὶ εἶδον ἐκ τοῦ στόματος τοῦ δράκοντος καὶ ἐκ τοῦ στόματος τοῦ θηρίου καὶ ἐκ τοῦ στόματος τοῦ ψευδοπροφήτου πνεύματα τρία*(셋) *ἀκάθαρτα ὡς βάτραχοι·* (계 16:13)

43. *Βασιλεὺς βασιλέων καὶ κύριος κυρίων.* (계 19:16)

제 14 장

현재분사 (Present Participle)

◆ 어형 익히기 + ♠ 단어 익히기

서론

분사(participle)는 부정사(제17장)와 함께 주격을 주어로 취하지 못하고, 대명사적 어미를 취하지 못하므로 부정형 동사(infinite verb)라고 불린다. 신약성서에는 현재, 미래(아주 가끔), 부정과거, 현재완료 분사가 나온다. 본 장에서는 현재, 미래, 현재완료 분사를 다루고 다음 장(제15장)에서 부정과거 분사를 다루기로 한다.

분사는 동사의 기능도 하고, 형용사의 기능도 하기 때문에 동사적 형용사(verbal adjective)로 불린다. 이런 특성은 어형과 용법 모두에서 나타난다. 분사에는 동사적 기능이 있기 때문에, 어형변화에서 동사어간, 간모음, 시상접미어 등이 사용되며, 시상과 태가 존재한다. 그리고 분사는 형용사의 역할을 하기 때문에 형태에 있어서 성, 수, 격을 따라 변화한다. 또한 액센트도 명사나 형용사에 적용되는 법칙을 따라 붙여진다.

모든 능동태 분사와 부정과거 수동태 분사에는 남성형에서 제 3 변화 남성어미가, 여성에서는 제 1 변화 여성어미가, 중성에서는 제 3 변화 중성어미가 각각 붙여진다. 모든 중간태와 수동태(부정과거 수동태는 제외)분사는 남성형에서 제 2 변화 남성어미가, 여성에서 제 1 변화 여성어미가, 중성에서는 제 2 변화 중성어미가 사용된다. 또한 다음과 같은 분사표시 철자가 사용된다.

분사표시 철자

ντ 모든 능동태 분사(현재완료는 예외)와 부정과거 수동태 분사에 사용된다.

μεν 모든 중간태와 수동태 분사(부정과거 수동태는 예외)에 사용된다.

I. 현재분사

현재분사가 신약성서에 가장 많이 나오는 분사인데, 모두 3,674번 나오고 있다. 현재 능동태 분사의 기본구조는 현재어간 + 간모음 ο + 분사표시 철자 ντ + 어미(남성과 중성에서는 제 3 변화명사의 어미, 여성에서는 제 1 변화명사의 어미)로 이루어진다. 이때 남성(중성) 단수 주격에서 ο-ντ → ων(τ가 탈락하고 모음이 장음화되었다[중성에서는 장음화되지 않는다].)이 된다. 여성 단수 주격에서는 ο-ντ-ι → ονσ(반모음 ι와 합해진 τι는 σ가 된다.) → ουσ(ν가 탈락하고 그 보상으로 모음이 장음화되었다.)가 된다. 이와 거의 동일한 현상이 남성과 중성의 복수 여격에서도 일어난다.

현재 중간태와 수동태 분사의 어형은 서로 동일하며, 그 기본적인 구조는 현재어간 + 간모음 ο + 분사표시 철자 μεν + 형용사 어미 -ος, -η, -ον으로 이루어진다. 다음은 비단축 -ω동사의 현재분사들의 예이다.

1. 현재 능동태 분사(예: λέγω)

		남성	여성	중성
단수	주격	λέγ-ων	λέγ-ουσ-α	λέγ-ον
	속격	λέγ-ο-ντ-ος	λεγ-ούσ-ης	λέγ-ο-ντ-ος
	여격	λέγ-ο-ντ-ι	λεγ-ούσ-ῃ	λέγ-ο-ντ-ι
	대격	λέγ-ο-ντ-α	λέγ-ουσ-αν	λέγ-ον
복수	주격	λέγ-ο-ντ-ες	λέγ-ουσ-αι	λέγ-ο-ντ-α
	속격	λεγ-ό-ντ-ων	λεγ-ουσ-ῶν	λεγ-ό-ντ-ων
	여격	λέγ-ου-σι(ν)	λεγ-ούσ-αις	λέγ-ου-σι(ν)
	대격	λέγ-ο-ντ-ας	λεγ-ούσ-ας	λέγ-ο-ντ-α

※ λέγω와 동일한 변화를 하며 신약성서에서 많이 나오는 현재분사들

ἀκούων(43) ← ἀκούω　　ἀναβαίνων(14) ← ἀναβαίνω
βαπτίζων(43) ← βαπτίζω　　βλέπων(28) ← βλέπω
γινώσκων(9) ← γινώσκω　　διδάσκων(34) ← διδάσκω
ἐσθίων(22) ← ἐσθίω　　ἔχων(234) ← ἔχω
θέλων(29) ← θέλω　　κατα-βαίνων(20) ← κατα-βαίνω
κηρύσσων(16) ← κηρύσσω　　κλαίων(15) ← κλαίω
κράζων(9) ← κράζω　　κρίνων(14) ←κρίνω
λαμβάνων(11) ← λαμβάνω　　λέγων(413) ← λέγω
μέλλων(53) ← μέλλω　　μένων(17) ← μένω

πειράζων(9) ← πειράζω　　πίνων(10) ← πίνω

πιστεύων(54) ← πιστεύω　　σπείρων(12) ← σπείρω

φέρων(10) ← φέρω　　χαίρων(11) ← χαίρω

ὑπάρχων(42) ← ὑπάρχω

ὑγιαίνων(10) ← ὑγιαίνω: 건전하다, 바르다, 건강상태가 좋다

※참고

1. 단축 -ω동사의 현재 능동태 분사의 형태는 모음단축 현상을 제외하고 위의 비단축 -ω동사와 동일하다.
   (1) 어간이 α로 끝나는 동사: 남성 단수 주격에서는 α + ω = ω로, 여성의 모든 경우와 남성과 중성의 복수 여격에서는 α + ου = ω로, 그리고 나머지의 경우에는 α + ο = ω로 단축된다.

예: ἀγαπάω

	남성	여성	중성
단수 주격	ἀγαπῶν	ἀγαπῶσ-α	ἀγαπῶν
단수 속격	ἀγαπῶ-ντ-ος	ἀγαπώσ-ης	ἀγαπῶ-ντ-ος
복수 여격	ἀγαπῶ-σι(ν)	ἀγαπώσ-αις	ἀγαπῶ-σι(ν)

※ 동일하게 변하는 동사

ἀγαπῶν(23) ← ἀγαπάω　　κοπιῶν(7) ← κοπιάω

νικῶν(11) ← νικάω　　προσδοκῶν(9) ← προσ-δοκάω

βοῶν(8) ← βοάω: 부르다, 외치다, 소리치다

※참고: ζάω/ζήω의 현재 능동태 분사는 ἀγαπάω와 동일하게 변한다. 이는 α와 η가 모두 ω, ου, ο와 결합하여 단축되면 그 결과가 동일하기 때문이다.

	남성	여성	중성
단수 주격	ζῶν	ζῶσ-α	ζῶν
단수 속격	ζῶ-ντ-ος	ζώσ-ης	ζῶ-ντ-ος
복수 여격	ζῶ-σι(ν)	ζώσ-αις	ζῶ-σι(ν)

   (2) 어간이 ε으로 끝나는 동사: 남성 단수 주격에서는 ε + ω = ω로, 여성의 모든 경우와 남성과 중성의 복수 여격에서는 ε + ου = ου로, 그리고 나머지의 경우에는 ε + ο = ου로 단축된다.

예: λαλέω

	남성	여성	중성
단수 주격	λαλῶν	λαλοῦσ-α	λαλοῦν
단수 속격	λαλοῦ-ντ-ος	λαλούσ-ης	λαλοῦ-ντ-ος
복수 여격	λαλοῦ-σι(ν)	λαλούσ-αις	λαλοῦ-σι(ν)

※ 동일하게 변하는 동사

ἀκολουθῶν(11) ← ἀκολουθέω

ἀσθενῶν(15) ← ἀσθενέω

δοκῶν(9) ← δοκέω

ζητῶν(26) ← ζητέω

θεωρῶν(14) ← θεωρέω

κατοικῶν(27) ← κατοικέω

λαλῶν(11) ← λαλέω

μαρτυρῶν(11) ← μαρτυρέω

μισῶν(9) ← μισέω

περιπατῶν(26) ← περιπατέω

ποιῶν(52) ← ποιέω

τηρῶν(12) ← τηρέω

πωλῶν(9) ← πωλέω: 팔다, 팔려고 내놓다

(3) 어간이 ο으로 끝나는 동사: 남성 단수 주격에서는 ο + ω = ω로, 여성의 모든 경우와 남성과 중성의 복수 여격에서는 ο + ου = ου로, 그리고 나머지의 경우에는 ο + ο = ου로 단축된다.

예: δικαιόω

	남성	여성	중성
단수 주격	δικαιῶν	δικαιοῦσ-α	δικαιοῦν
단수 속격	δικαιοῦ-ντ-ος	δικαιούσ-ης	δικαιοῦ-ντ-ος
복수 여격	δικαιοῦ-σι(ν)	δικαιούσ-αις	δικαιοῦ-σι(ν)

※ 동일하게 변하는 동사: δικαιῶν(4) ← δικαιόω; ταπεινῶν(3) ← ταπεινόω

2. 현재 중간태/수동태 분사 (예: ἔρχομαι)

	남성	여성	중성
단수 주격	ἐρχ-ό-μεν-ος	ἐρχ-ο-μέν-η	ἐρχ-ό-μεν-ον
속격	ἐρχ-ο-μέν-ου	ἐρχ-ο-μέν-ης	ἐρχ-ο-μέν-ου
여격	ἐρχ-ο-μέν-ῳ	ἐρχ-ο-μέν-ῃ	ἐρχ-ο-μέν-ῳ
대격	ἐρχ-ό-μεν-ον	ἐρχ-ο-μέν-ην	ἐρχ-ό-μεν-ον
복수 주격	ἐρχ-ό-μεν-οι	ἐρχ-ό-μεν-αι	ἐρχ-ό-μεν-α
속격	ἐρχ-ο-μέν-ων	ἐρχ-ο-μέν-ων	ἐρχ-ο-μέν-ων
여격	ἐρχ-ο-μέν-οις	ἐρχ-ο-μέν-αις	ἐρχ-ο-μέν-οις
대격	ἐρχ-ο-μέν-ους	ἐρχ-ο-μέν-ας	ἐρχ-ό-μεν-α

※ *ἔρχομαι*와 동일한 변화를 하며 신약성서에서 많이 나오는 현재 중간태/수동태 분사

βουλόμενος(12) ← *βούλομαι*(디포) *γινόμενος*(18) ← *γίνομαι*(디포)

ἐργαζόμενος(12) ← *ἐργάζομαι*(디포)

εὐαγγελιζόμενος(13) ← *εὐαγγελίζομαι*(디포) *λεγόμενος*(38) ← *λέγω*

εἰσ-ερχόμενος(10) ← *εἰσ-έρχομαι*(디포) *ἐρχόμενος*(60) ← *ἔρχομαι*(디포)

ἐκ-πορευόμενος(16) ← *ἐκ-πορεύομαι*(디포)

πορευόμενος(22) ← *πορεύομαι*(디포); *προσευχόμενος*(21) ← *προσεύχομαι*(디포)

δαιμονιζόμενος(10) ← *δαιμονίζομαι*(디포)

※참고

1. 단축 -*ω*동사의 현재 중간태/수동태 분사의 형태는 모음단축 현상을 제외하고 위의 비단축 -*ω*동사와 동일하다.

(1) 어간이 *α*로 끝나는 동사: *α* + *ο* = *ω*로 단축현상이 일어난다.

예: *καυχώ-μεν-ος*, *-μέν-η*, *-μεν-ον*(6) ← *καυχάομαι*(디포)

πλανώ-μεν-ος, *-μέν-η*, *-μεν-ον*(6) ← *πλανάω*

(2) 어간이 *ϵ*으로 끝나는 동사: *ϵ* + *ο* = *ου*로 단축현상이 일어난다.

예: *ἐπι-καλού-μεν-ος*, *-μέν-η*, *-μεν-ον*(9) ← *ἐπι-καλέω*

ἡγού-μεν-ος, *-μέν-η*, *-μεν-ον*(10) ← *ἡγέομαι*

καλού-μεν-ος, *-μέν-η*, *-μεν-ον*(30) ← *καλέω*

φοβού-μεν-ος, *-μέν-η*, *-μεν-ον*(15) ← *φοβέομαι*(디포)

(3) 어간이 *ο*으로 끝나는 동사: *ο* + *ο* = *ου*로 단축현상이 일어난다.

예: *πληρού-μεν-ος*, *-μέν-η*, *-μεν-ον*(2) ← *πληρόω*

φανερού-μεν-ος, *-μέν-η*, *-μεν-ον*(2) ← *φανερόω*

καυσού-μεν-ος, *-μέν-η*, *-μεν-ον*(2) ← *καυσόομαι*: (디포)타버리다

παλαιού-μεν-ος, *-μέν-η*, *-μεν-ον*(2) ← *παλαιόω*: 오래된 것(폐한 것)으로 선언하다, (수)오래되다, 낡아지다

3. *ϵἰμί*동사의 현재분사

*ϵἰμί*동사의 현재분사는 다음과 같다. 액센트를 제외하고는 비단축 -*ω*동사 능동태 분사의 기본 어미와 동일하다. *ϵἰμί* 동사의 분사형은 신약성서에서 158번 나오고 있다. 그 합성동사도 나오고 있다.

	단수			복수		
	남성	여성	중성	남성	여성	중성
주격	ὤν	οὖσ-α	ὄν	ὄ-ντ-ες	οὖσ-αι	ὄ-ντ-α
속격	ὄ-ντ-ος	οὔσ-ης	ὄ-ντ-ος	ὄ-ντ-ων	οὐσ-ῶν	ὄ-ντ-ων
여격	ὄ-ντ-ι	οὔσ-ῃ	ὄ-ντ-ι	οὖσι(ν)	οὔσ-αις	οὖσι(ν)
대격	ὄ-ντ-α	οὖσ-αν	ὄν	ὄ-ντ-ας	οὔσ-ας	ὄ-ντ-α

※참고

1. εἰμί동사의 합성동사의 분사형

ὤν(158) ← εἰμι　　παρών(11) ← πάρειμι　　ἐξών(3) ← ἔξεστι

ἀπών(6) ← ἄπειμι: 멀리 떠나 있다, 부재중이다

2. -εἶμι(가다)동사의 현재 능동태 분사는 위의 εἰμί동사의 분사형 앞에 ι를 붙인 형태가 되는데, 신약성서에 나오는 -εἶμι(가다)의 합성동사의 분사형은 다음과 같다:

ἐπιών(5) ← ἔπειμι: 다음에 오다, 뒤따라오다　ἐξιών(1) ← ἔξειμι: 멀리 가다, 떠나다

II. 미래분사

미래분사는 흔하지 않아서, 신약성서에 능동태로 10번, 중간태(디포넌트)로 2번, 수동태로 1번 나오고 있다. 미래 능동태 분사의 기본구조는 미래어간 + 시상접미어 σ + -ω동사 현재 능동태 분사의 기본어미로 이루어진다. 신약성서에 비단축 -ω동사의 미래 능동태 분사의 예는 나오지 않으나 참고로 λύω의 미래 능동태 분사는 다음과 같다.

	남성	여성	중성
단수 주격	λύ-σ-ων	λύ-σ-ουσ-α	λῦ-σ-ον
단수 속격	λύ-σ-οντ-ος	λυ-σ-ούσ-ης	λύ-σ-οντ-ος
복수 여격	λύ-σ-ουσι(ν)	λυ-σ-ούσ-αις	λύ-σ-ουσι(ν)

미래 중간태 분사의 기본구조는 미래어간 + 시상접미어 σ + 간모음 ο + 분사표시 철자 μεν + 형용사 어미 -ος, -η, -ον으로 이루어진다. 신약성서에 비단축 -ω동사의 미래 중간태 분사의 예는 나오지 않으나, 참고로 λύω의 미래 중간태 분사는 λυ-σ-ό-μεν-ος, -μέν-η, -μεν-ον이 된다.

미래 수동태 분사의 기본구조는 부정과거 수동태 어간 + 시상접미어 θη + 시상접미어 σ + 간모음 ο + 분사표시 철자 μεν + 형용사 어미 -ος, -η, -ον으로 이루어진다. 신약성서에 비단축 -ω동사의 미래 수동태 분사의 예는 나오지 않으나, 참고로 λύω의 미래 수동태 분사는 λυ-θη-σ-ό-μεν-ος, -μέν-η, -μεν-ον이 된다. 신약성서에 나오는 미래 수동태 분사의 유일한 예는 λαλη-θη-σ-ο-μέν-ων(1) ← λαλέω이다.

※참고

1. 어간이 α, ϵ, o으로 끝나는 동사로서 신약성서에 실제로 나오는 미래 능동태 분사는 다음과 같은데, 어간의 모음이 장음화된다.

   ποιή-σ-ων(1) ← ποιέω προσ-κυνή-σ-ων(2) ← προσκυνέω

   κακώ-σ-ων(1) ← κακόω: 해하다, 잔인하다

   συν-αντή-σ-ο-ντ-α(1) ← συν-αντάω: 만나다, 일어나다

2. 어간이 폐쇄음으로 끝나는 동사로서 신약성서에 실제로 나오는 미래분사는 다음과 같은데, 어간의 폐쇄음과 시상접미어의 σ와 합하여 음성변화가 일어난다.

   ἄξ-ων(1) ← ἄγω (후음 $\gamma + \sigma = \xi$)

   σώ-σ-ων(1) ← σῴζω (어간이 δ로 끝난다. 치음 $\delta + \sigma = \sigma$[σ 앞에서 δ는 탈락한다]).

3. 어간이 비음 ν로 끝나는 동사의 미래분사 형태에는 시상어미가 탈락해 버리고, 어간의 모음에 변화가 일어난다. 신약성서의 유일한 예는 κατα-κριν-ῶν(1) ← κατα-κρίνω이다.

4. 동사어간과 시상접미어 사이에 η를 삽입하는 동사의 신약성서의 유일한 예:

   γεν-η-σ-ό-μεν-ον(1) ← γίνομαι

5. εἰμί동사: 신약성서에 나오는 εἰμί동사의 미래분사의 유일한 예는 ἐσ-ό-μεν-ον(1)인데, 어간 ἐσ의 σ와 시상접미어 σ는 하나의 σ로 유착된다.

III. 현재완료 분사

현재완료 분사는 여타의 분사형들과는 여러 측면에서 상이한 점이 많기 때문에, 다소간 독립적으로 익혀야만 한다. 분사표시 철자는 $\nu\tau$가 아니고 $o\tau$이며, 여성의 어미는 α/η혼합 제 1 변화어미가 아니라 순수 α 제 1 변화어미가 사용된다. 신약성서에 나오는 현재완료 분사는 모두 665번이며, 네 종류의 분사 중 세번째로 많이 나오는 분사이다.

1. 제 1 현재완료(규칙변화) 능동태 분사

현재완료 능동태 분사의 기본구조는 음절중복 + 현재완료 능동태 어간 + 시상접미어 κ + 분사표시 철자 $o\tau$ + 남성과 중성은 명사 제 3 변화어미, 여성은 ι + 순수 α 제 1 변화어미로 구성되며, 남성 단수 주격에서 애큐트 액센트가 얼티마에 온다.

예: πιστεύω(8):

	남성	여성	중성
단수 주격	πε-πιστευ-κώ-ς	πε-πιστευ-κ-υῖ-α	πε-πιστευ-κό-ς
속격	πε-πιστευ-κ-ότ-ος	πε-πιστευ-κ-υί-ας	πε-πιστευ-κ-ότ-ος
여격	πε-πιστευ-κ-ότ-ι	πε-πιστευ-κ-υί-ᾳ	πε-πιστευ-κ-ότ-ι
대격	πε-πιστευ-κ-ότ-α	πε-πιστευ-κ-υῖ-αν	πε-πιστευ-κό-ς
복수 주격	πε-πιστευ-κ-ότ-ες	πε-πιστευ-κ-υῖ-αι	πε-πιστευ-κ-ότ-α
속격	πε-πιστευ-κ-ότ-ων	πε-πιστευ-κ-υι-ῶν	πε-πιστευ-κ-ότ-ων
여격	πε-πιστευ-κ-ό-σι(ν)	πε-πιστευ-κ-υί-αις	πε-πιστευ-κ-ό-σι(ν)
대격	πε-πιστευ-κ-ότ-ας	πε-πιστευ-κ-υί-ας	πε-πιστευ-κ-ότ-α

※참고

1. πιστεύω와 동일하게 변하고 신약에 나오는 동사는 다음 두 동사와 함께 모두 3개이며, 도합 13번 나오고 있다:
   예: βε-βρω-κώ-ς(1) ← βιβρώσκω: 먹다　　τε-θνη-κώ-ς(4) ← θνῄ-σκω: 죽다
2. 어간이 α, ε, ο으로 끝나는 동사는 어간모음이 장음화되나 예외도 있다.
   예: ἠγαπη-κώ-ς(1) ← ἀγαπάω　　πε-ποιη-κώ-ς(5) ← ποιέω
   κε-κλη-κώ-ς(2) ← καλέω　　ἐ-γνω-κώ-ς(1) ← γινώσκω(어간은 γνο이다)
   προ-βε-βη-κώ-ς(3) ← προ-βαίνω: 계속 가다, 앞서가다
   예외: δε-δε-κώ-ς(1) ← δέω　　κε-κοπια-κώ-ς(1) ← κοπιάω
   ἑ-ωρα-κώ-ς(3) ← ὁράω　　προ-ε-ωρα-κώ-ς(1) ← προ-οράω: 미리 보다
   ἐληλα-κώ-ς(1) ← ἐλαύνω(어간은 ἐλα이다): 몰다; (노를) 젓다
3. 어간이 폐쇄음으로 끝나는 동사로는 치음으로 끝나는 다음 네 동사가 각각 한 번씩 나온다. 이 동사들은 모두 어간이 δ로 끝난다.
   예: ἠλπι-κώ-ς(1) ← ἐλπίζω　　ἡγνι-κώ-ς(1) ← ἁγνίζω: 거룩하게 하다, 깨끗하게 하다
   παρα-κε-χειμα-κώ-ς(1) ← παραχειμάζω: 겨울을 지내다
   προ-ηλπι-κώ-ς(1) ← προ-ελπίζω: 전에(미리) 바라다
4. 몇몇 동사에서는 음성변화를 방지하기 위하여 어간과 시상접미어 사이에 η 혹은 ω를 삽입한다.
   예: πε-πτ-ω-κώ-ς(2) ← πίπτω
   προ-ημαρτ-η-κώ-ς(2) ← προ-αμαρτάνω: 전(과거)에 죄를 짓다

2. 제 2 현재완료(불규칙) 능동태 분사

제 2 현재완료 능동태 분사가 제 1 현재완료 능동태 분사와 다른점은 단지 시상접미어 κ를 생

략한다는 점이다. 그러므로 최종적인 어미는 -ώς, -υῖα, -ός 등이 된다. 신약성서에는 22개의 동사가 148번 나오고 있다. 대표적인 예는 다음과 같다.

예: οἶδα(51)

	남성	여성	중성
단수 주격	εἰδ-ώ-ς	εἰδ-υῖ-α	εἰδ-ό-ς
단수 속격	εἰδ-ότ-ος	εἰδ-υί-ας	εἰδ-ότ-ος
복수 여격	εἰδ-ό-σι(ν)	εἰδ-υί-αις	εἰδ-ό-σι(ν)

다른 예: γε-γον-ώ-ς(14) ← γίνομαι　　πε-ποιθ-ώς(9) ← πείθω
ἐληλυθ-ώ-ς(4) ← ἔρχομαι　　ἐξ-εληλυθ-ώ-ς(3) ← ἐξ-έρχομαι

3. 현재완료 중간태/수동태 분사

현재완료 중간태/수동태 분사의 기본구조는 음절중복 + 현재완료 중간태/수동태 어간 + 분사 표시 철자 μεν + 형용사 어미 -ος, -η, -ον으로 이루어지며, 남성 단수 주격의 피널트에 애큐트 액센트를 붙인다.

예: ἐν-δε-δυ-μέν-ος, -μέν-η, -μέν-ον(5) ← ἐνδύω
τε-θεραπευ-μέν-ος, -μέν-η, -μέν-ον(3) ← θεραπεύω
παρα-λε-λυ-μέν-ος, -μέν-η, -μέν-ον(5) ← παρα-λύομαι: (디포)혈기가 마르다, 약하다

※참고

1. 어간이 α, ε, ο로 끝나는 단축동사는 대개 어간모음이 장음화되나 예외도 있다.
예: γε-γεννη-μέν-ος(10) ← γεννάω　　εὐλογη-μέν-ος(10 ← εὐλογέω
πε-πληρω-μέν-ος(9) ← πληρόω
예외: δε-δε-μέν-ος(16) ← δέω　　πε-πρα-μέν-ος(1) ← πιπράσκω
κατ-ηρα-μέν-ος(1) ← καταράομαι: (디포)저주하다

2. 어간이 폐쇄음으로 끝나는 동사

(1) 순음π, β, φ으로 끝나는 동사 - 자음변화: π, β, φ + μ = μμ
예: κατα-λε-λειμ-μέν-ος(1) ← κατα-λείπω　　γε-γραμ-μέν-ος(34) ← γράφω
συν-τε-τριμ-μέν-ος(1) ← συν-τρίβω　　κε-κρυμ-μέν-ος(5) ← κρύπτω

(2) 후음(κ, γ, χ)으로 끝나는 동사 - 자음변화: κ, γ, χ + μ = γμ
예: δε-διωγ-μέν-ος (1) ← διώκω　　συν-ηγ-μέν-ος(7) ← συν-άγω
ἐ-σφαγ-μέν-ος(6) ← σφάζω(어간은 σφαγ): 도살하다, 죽이다, 살인하다
δια-τε-ταγ-μέν-ος(3) ← δια-τάσσω(어간은 ταγ)

(3) 치음(τ, δ, θ)으로 끝나는 동사 - 자음변화: τ, δ, θ + μ = σμ

예: πε-πεισ-μέν-ος(1) ← πείθω

ἡτοιμασ-μέν-ος(7) ← ἑτοιμάζω(동사어간이 δ로 끝난다)

ἐπι-λε-λησ-μέν-ος(1) ← ἐπι-λανθάνομαι(어간은 λαθ가 모음전환을 일으킴): (디포) 잊다, 무시하다, 간과하다

3. 어간이 유음(λ, ρ)이나 비음(μ, ν)으로 끝나는 동사는, μ 앞에서 유음(λ, ρ)은 아무런 음성변화를 일으키지 않으나 어간모음은 변한다. 그리고 비음 ν는 μ와 합해질 때 탈락하기도 하고 μμ이 되기도 한다.

예: ἐ-σπαρ-μέν-ος(2) ← σπείρω　　ἀπ-ε-σταλ-μέν-ος(10) ← ἀποστέλλω

κε-κρι-μέν-ος(1) ← κρίνω　　ἐ-ξ-ηραμ-μέν-ος(2) ← ξηραίνω

4. 몇몇 동사에서는 어간과 시상접미어 사이에 η 혹은 σ를 삽입한다.

예: εἰρ-η-μέν-ος(4) ← λέγω

κε-κλει-σ-μέν-ος(3) ← κλείω

περι-βε-βλ-η-μέν-ος(11) ← περι-βάλλω

♣ 분사의 용법

현재분사는 선적인 동작을, 미래분사는 선적 혹은 점적인 동작을, 부정과거분사는 점적인 동작을, 현재완료분사는 완료된 동작을 표현한다. 분사에 있어서 시간은 주동사(main verb)와의 관계에서 결정된다. 약간의 예외는 있으나, 현재분사는 주동사와 동시적인 동작을, 미래분사는 주동사보다 이후의 동작을, 부정과거분사는 주동사보다 이전 동작을 나타낸다. 다시 말하면, 분사 자체에는 시간의 개념이 없기 때문에, 분사와 주동사간의 시간관계는 분사의 시상형태가 아니라, 문맥에 의하여 결정된다.

분사는 동사적 형용사 혹은 동형용사(verbal adjective)이므로 동사와 형용사의 기능을 한다. 그러므로 분사는 형용사와 같이 성, 수, 격을 지니며 형용사가 하는 거의 모든 역할(한정적, 서술적, 명사적, 부사적 역할)을 하며, 동시에 동사와 같이 시상, 태, 목적어를 가지며 동사의 기능을 한다. 그리고 분사의 부정어로는 예외가 없는 것은 아니지만 보통 μή가 사용된다.

1. 명사적 용법

분사의 명사적인 용법의 구조는 보통 분사 앞에 관사가 붙여진다. 이러한 분사는 일반적으로 실명사적 분사(substantival participle)로 불린다. 분사를 포함하는 명사구는 주어, 직접목적어, 간접목적어, 전치사의 목적어, 동격, 서술 주격 등으로 사용된다.

(1) 주어

Ὁ διώκων ἡμᾶς ποτε νῦν εὐαγγελίζεται τὴν πίστιν (갈 1:23): 이전에 우리를 핍

박하던 자가 이제는 그 믿음을 전한다.

Ὁ φιλῶν πατέρα ἢ μητέρα ὑπὲρ ἐμὲ οὐκ ἔστιν μου ἄξιος· καὶ ὁ φιλῶν υἱὸν ἢ θυγατέρα ὑπὲρ ἐμὲ οὐκ ἔστιν μου ἄξιος· (마 10:37): 아비나 어미를 나보다 더 사랑하는 자는 나에게 합당하지 않고, 또한 아들이나 딸을 나보다 더 사랑하는 자는 나에게 합당하지 않다.

(2) 목적어: 동사의 직접목적어, 간접목적어, 전치사의 목적어와 간접화법에서 사용된다.

예: *ἔφερον πρὸς αὐτὸν τοὺς κακῶς ἔχοντας καὶ τοὺς δαιμονιζομένους·* (막 1:32): 그들은 병든 자와 귀신들린 자들을 그에게 데려오고 있었다.

καὶ ἤκουσαν οἱ δύο μαθηταὶ αὐτοῦ λαλοῦντος καὶ ἠκολούθησαν τῷ Ἰησοῦ(요 1:37): 그리고 두 제자가 그의 말하는 것을 듣고 예수를 따라갔다.

οὐ παύομαι εὐχαριστῶν ὑπὲρ ὑμῶν (엡 1:16): 나는 너희들을 위하여 기도하는 것을 멈추지 않는다.

ἐπαύσατο λαλῶν, (눅 5:4): 그는 말하기를 멈추었다.

이상의 예문은 분사가 동사의 직접목적어로 사용된 예이다.

τοῖς πέμψασιν ἡμᾶς· (요 1:22): 나를 보내신 이에게(간접목적어)

προσεύχεσθε ὑπὲρ τῶν διωκόντων ὑμᾶς, (마 5:44): 너희들을 핍박하는 자들을 위하여 기도하라(전치사의 목적어).

πᾶν πνεῦμα ὃ ὁμολογεῖ Ἰησοῦν Χριστὸν ἐν σαρκὶ ἐληλυθότα ἐκ τοῦ θεοῦ ἐστιν, (요일 4:2): 예수 그리스도가 육신으로 오신 것을 시인하는 영마다 하나님께로부터 난 자다(간접화법) .

(3) 보어(서술 주격)

Οὗτός ἐστιν ὁ ἐλθὼν δι᾽ ὕδατος καὶ αἵματος (요일 5:6): 이는 물과 피로 오신 이이다.

(4) 동격

Ἰησοῦς ὁ λεγόμενος Χριστός (마 1:16): 그리스도라 하는 예수

Ἰωάννης ὁ βαπτίζων (막 6:14): 침례자 요한

Ἰησοῦν τὸν ῥυόμενον ἡμᾶς ἐκ τῆς ὀργῆς τῆς ἐρχομένης. (살전 1:10):
다가오는 진노로부터의 구원자, 예수를

2. 형용사적 용법

(1) 한정적 용법

τῶν προγεγονότων ἁμαρτημάτων (롬 3:25); 이전에 지은 죄들의

ὁ ἄρτος ὁ ἐκ τοῦ οὐρανοῦ καταβαίνων (요 6:50): 하늘로부터 내려온 떡

τοῦ θεοῦ τοῦ ζῶντος (마 16:16): 살아 계신 하나님의

(2) 서술적 용법

ἐγενόμην νεκρὸς καὶ ἰδοὺ ζῶν εἰμι εἰς τούς αἰῶνας τῶν αἰώνων (계 1:18): 나는 죽었었다. 그러나 보라 나는 영원히 살아 있다.

Καὶ ἦν ἐκβάλλων δαιμόνιον (눅 11:14): 그는 귀신을 쫓아내고 있었다(완곡법).

3. 부사적 용법

분사가 주문장의 동사를 다음과 같은 방식으로 수식한다.

(1) 시간

Εἰ πνεῦμα ἅγιον ἐλάβετε πιστεύσαντες;(행 19:2): 너희가 믿을 때에 성령을 받았느냐?

πῶς οὖν ἐλογίσθη; ἐν περιτομῇ ὄντι ἢ ἐν ἀκροβυστίᾳ;(롬 4:10): 그러면 그는 어떻게 여김을 받았는가? 할례 안에 있을 때(할례 시)인가 혹은 무할례 안에 있을 때(무할례 시)인가?

(2) 목적

νυνὶ δὲ πορεύομαι εἰς Ἰερουσαλὴμ διακονῶν τοῖς ἁγίοις. (롬 15:25): 이제 나는 성도들을 섬기기 위하여 예루살렘으로 간다.

ὁ θεὸς ἀπέστειλεν αὐτὸν εὐλογοῦντα ὑμᾶς (행 3:26): 하나님은 너희들을 축복하기 위하여 그를 보내셨다.

(3) 이유 혹은 근거

Πλανᾶσθε μὴ εἰδότες τὰς γραφὰς μηδὲ τὴν δύναμιν τοῦ θεοῦ· (마 22:29): 너희가 성경도 하나님의 능력도 알지 못하기 때문에 오해하였다.

ἐχάρησαν οὖν οἱ μαθηταὶ ἰδόντες τὸν κύριον, (요 20:20): 그러므로 제자들은 주를 보았기 때문에 기뻐하였다.

Δικαιωθέντες οὖν ἐκ πίστεως εἰρήνην ἔχομεν πρὸς τὸν θεὸν διὰ τοῦ κυρίου ἡμῶν Ἰησοῦ Χριστοῦ(롬 5:1): 그러므로 우리가 믿음으로 의롭게 되었은즉, 우리 주 예수 그리스도를 통하여 하나님과 함께 평강을 가지고 있다.

(4) 조건

καιρῷ γὰρ ἰδίῳ θερίσομεν μὴ ἐκλυόμενοι. (갈 6:9): 우리가 포기하지 않으면, 그 자신의 때에(때가 되면) 거두게 될 것이다.

εἴτε ἐλθὼν καὶ ἰδὼν ὑμᾶς εἴτε ἀπὼν ἀκούω τὰ περὶ ὑμῶν (빌 1:27): 내가 가서 너희들을 보든지 떠나 있든지 너희들에 관한 것들을 나는 듣고 있다.

(5) 양보

τυφλὸς ὢν ἄρτι βλέπω. (요 9:25): 내가 소경이었을 지라도 이제 나는 본다

καίπερ ὢν υἱὸς, ἔμαθεν ἀφ' ὧν ἔπαθεν τὴν ὑπακοήν (히 5:8): 그는 비록 아들일지

라도, 고난받으신 것으로부터 순종을 배우셨다.

(6) **수단**

καὶ ἐκεῖ διεσκόρπισεν τὴν οὐσίαν αὐτοῦ ζῶν ἀσώτως. (눅 15:13): 그리고 거기서 그는 방탕하게 살므로 자신의 소유를 다 허비하였다.

ἀλλὰ ἑαυτὸν ἐκένωσεν μορφὴν δούλου λαβών, ἐν ὁμοιώματι ἀνθρώπων γενόμενος· (빌 2:7): 그러나 그는 종의 형체를 취하고 사람들과 같은 모양이 되심으로 자신을 비우셨다.

(7) **양식**

ἦν γὰρ διδάσκων αὐτοὺς ὡς ἐξουσίαν ἔχων καὶ οὐχ ὡς οἱ γραμματεῖς. (막 1:22): 그러므로 그는 권세 있는 자와 같이 그리고 저 서기관들과 같지 않게 그들을 가르쳤다.

καὶ ἐλάλει εὐλογῶν τὸν θεόν. (눅 1:64): 그리고 그는 하나님을 찬양하면서 말하고 있었다.

(8) **결과**

ὅτι οὐ μόνον ἔλυεν τὸ σάββατον, ἀλλὰ καὶ πατέρα ἴδιον ἔλεγεν τὸν θεόν ἴσον ἑαυτὸν ποιῶν τῷ θεῷ. (요 5:18): 이는 안식일만 범할 뿐 아니라 하나님을 자신의 아버지라 말함으로써 그 결과 자신을 하나님과 동등 되게 만들었기 때문이다.

(9) **부대상황**

παραγίνεται Ἰωάννης ὁ βαπτιστὴς κηρύσσων ἐν τῇ ἐρήμῳ τῆς Ἰουδαίας (마 3:1): 침례자 요한이 유다 광야에서 (복음을) 선포하면서 나타났다.

καὶ ἐκήρυσσεν λέγων (막 1:7): 그리고 그는 선포하여 말하기를,

(10) **반복표현**: "대답하여 말하다", "말한다, 말하기를" 등으로 표현된다. 위의 부대상황과 비슷한 범주에 들어간다.

ὁ δὲ ἀποκριθεὶς εἶπεν, (마 4:4): 그는 대답하여 말했다.

ἀπεκρίθη αὐτοῖς Ἰωάννης λέγων,(요 1:26): 요한은 그들에게 대답하여 말하기를,

(11) **독립속격**: 분사와 (대)명사가 모두 속격으로 사용된다. 이때 명사나 대명사는 주어로, 분사는 동사로 해석한다.

Καὶ καταβαινόντων αὐτῶν ἐκ τοῦ ὄρους ἐνετείλατο αὐτοῖς ὁ Ἰησοῦς λέγων, (마 17:9): 그리고 그들이 산에서 내려오자 예수께서는 그들에게 명하여 말씀하시길,

καὶ εἰσελθόντος αὐτοῦ εἰς οἶκον οἱ μαθηταὶ αὐτοῦ κατ' ἰδίαν ἐπηρώτων αὐτόν, (막 9:28): 그리고 그가 집안으로 들어가자, 그의 제자들이 사사로이 그에게 질문하기를,

4. 동사 기능을 하는 분사

(1) 명령법으로 사용되는 분사

τῇ σπουδῇ μὴ ὀκνηροί, τῷ πνεύματι ζέοντες, τῷ κυρίῳ δουλεύοντες, (롬 12:11): 열심에서 물러서지 말라, 영 안에서 열심을 내라, 주를 섬기라.

βαπτίζοντες αὐτοὺς εἰς τὸ ὄνομα τοῦ πατρὸς καὶ τοῦ υἱοῦ καὶ τοῦ ἁγίου πνεύματος, (마 28:19): 그들을 아버지와 아들과 성령의 이름 안에서 침례를 주라.

(2) 직설법으로 사용되는 분사

ἀλλὰ καὶ καυχώμενοι ἐν τῷ θεῷ (롬 5:11): 그러나 또한 우리는 하나님 안에서 기뻐한다.

(3) 완곡법(periphrastic)으로 사용되는 분사: 완곡법(periphrastic) 혹은 우설법이라는 말은 헬라어의 전치사 *περί* 와 동사 *φράζω*(설명하다)에서 나온 말로서 한 단어로 표현할 수 있는 것을 여러 단어로 표현함으로써 말이나 글에서 넌지시 둘러서 말하는 기법을 말한다. 헬라어에는 *εἰμί*동사(가끔씩 *γίνομαι, ὑπάρχω, ἔχω* 등의 동사도 사용된다.)와 분사를 사용하여 완곡법을 형성한다. 예를 들면, *εἰμί ποιῶν*은 *ποιέω*의 역할을 한다. 완곡법은 대개 어떤 행동이 지속되는 것을 표현한다. 신약성서에는 다음과 같은 종류의 완곡법이 나오고 있다.

① 현재 완곡법: *εἰμί*의 현재 + 현재분사로 구성

예: *εἰς τόπον λεγόμενον Γολγοθᾶ, ὅ ἐστιν Κρανίου Τόπος λεγόμενος,* (마 27:33): 골고다라 하는 곳으로, 그곳은 해골의 곳이라 불리는 곳이다.

② 미완료 완곡법: *εἰμί*의 미완료 + 현재분사로 구성

예: *ἦν γὰρ διδάσκων αὐτοὺς ὡς ἐξουσίαν ἔχων καὶ οὐχ ὡς οἱ γραμματεῖς.* (막 1:22): 왜냐하면 그는 권위를 가진 자처럼 가르치고 서기관들과 같지 않았기 때문이다.

③ 미래 완곡법: *εἰμί*의 미래 + 현재분사로 구성

예: *ἀπὸ τοῦ νῦν ἀνθρώπους ἔσῃ ζωγρῶν.* (눅 5:10): 이제부터는 네가 사람을 낚을 것이다.

④ 현재완료 완곡법: *εἰμί*의 현재 + 현재완료 분사로 구성

예: *τῇ γὰρ χάριτί ἐστε σεσῳσμένοι διὰ πίστεως·* (엡 2:8): 왜냐하면 우리가 은혜로 믿음을 통하여 구원받았기 때문이다.

⑤ 과거완료 완곡법: *εἰμί*의 미완료 + 현재완료 분사로 구성

예: *οὔπω γὰρ ἦν βεβλημένος εἰς τὴν φυλακὴν ὁ Ἰωάννης.* (요 3:24): 왜냐하면 아직 요한이 감옥에 던져지지(투옥되지) 않았기 때문이다.

⑥ 미래완료 완곡법: *εἰμί*의 미래 + 현재완료 분사로 구성

예: *ἔσται δεδεμένον ἐν τοῖς οὐρανοῖς*⋯ *ἔσται λελυμένον ἐν τοῖς οὐρανοῖς*.
(마 16:19): 하늘에서 매일 것이요, ⋯ 하늘에서 풀릴 것이요.

※ 분사의 분해방법: 시상, 태, 법(분사), 성, 수, 격, 원형, 뜻의 순서로 분해한다.

예: *λέγοντος*:- 현재, 능동태, 분사, 남성(중성), 단수, 속격, *λέγω*: 말하다

♠ 단어 익히기

동사

ἀπο-κρύπτω: 숨기다, 비밀로 하다
κενόω: 힘을 빼앗다, 포기하다, 비우다
δια-σκορπίζω : 흩다, 허비하다
δια-γογγύζω: 불평하다, 중얼거리다
ἐκλύομαι: (디포)포기하다, 지치다, 피곤하다
ἐλέγχω: ~ 의 잘못(실수)을 보여주다, 정죄하다; 책망하다
ζέω: (자)끓다, (타)끓이다, 흥분시키다
ζωγρέω: 잡다, 붙잡다
περι-άγω: 돌아다니다, 두루 여행하다
προ-γίνομαι: (디포)미리(전에) 일어나다
πορθέω: 파괴하다, 파괴하려고 노력하다, 죽이다
σημαίνω: 알게 하다, 가리키다, 예견하다
συν-εσθίω: 함께 먹다

형용사: *ὀκνηρός, -ά, -όν*: 게으른, 성가신, 귀찮은

명사

ἁμάρτημα, -τος, τό: 죄, 죄가 되는 행위
ἔλεγχος, -ου, ὁ: 증거, 확증, 확실성
νόσος, -ου, ἡ: 병, 질병
μαλακία, -ας, ἡ: 병, 연약함
μορφή, -ῆς, ἡ: 본질, 본체, 형상
ὁμόιωμα, -τος, τό: 형상, 외모, 모양
παραμυθία, -ας, ἡ: 위로
σπουδή, -ῆς, ἡ: 간절함, 열심, 부지런함
ὑπόστασις, -εως, ἡ: 확신, 담대함, 본체, 본질

부사/불변화사

ἄρτι: 지금, 현재, 당장
ἀσώτως: 방탕하게, 부도덕하게
κἀκεῖ: = *καὶ ἐκεῖ*: 그리고 거기서, 거시서도
ἔτι : 아직, 더욱이
μή: ~ 아닌(not); 보통 직설법 이외의 법에서 사용되는 부정어; 부정적인 대답을 기대하는 의문문에도 사용되며 *οὐ*와 함께 강조나 강한 금지를 표현할 때 사용된다.
μηδέ: ~ 도 아닌
ὁμοίως: 이와 같이, 이처럼, 역시
τέ: 그리고, 또, 역시; *τὲ ... τέ*: ~ 도 ~ 도, ~ 뿐만 아니라 ~ 도

접속사: *καίπερ*: 비록 ~ 할지라도

♥ **성경 문장 읽기**(다음 문장 속의 분사들을 찾아 그 용법을 알아보고 분해해 보시오.)

1. *Καὶ περιῆγεν ἐν ὅλῃ τῇ Γαλιλαίᾳ διδάσκων ἐν ταῖς συναγωγαῖς αὐτῶν καὶ κηρύσσων τὸ εὐαγγέλιον τῆς βασιλείας καὶ θεραπεύων πᾶσαν*(모든) *νόσον καὶ πᾶσαν μαλακίαν ἐν τῷ λαῷ.* (마 4:23)(비교. 마 9:35)
2. *μακάριοι οἱ πεινῶντες καὶ διψῶντες τὴν δικαιοσύνην, ὅτι αὐτοὶ χορτασθήσονται.* (마 5:6)
3. *διὰ τοῦτο ἐν παραβολαῖς αὐτοῖς λαλῶ, ὅτι βλέποντες οὐ βλέπουσιν καὶ ἀκούοντες οὐκ ἀκούουσιν* (마 13:13)
4. *ὁμοίως καὶ οἱ ἀρχιερεῖς ἐμπαίζοντες μετὰ τῶν γραμματέων καὶ πρεσβυτέρων ἔλεγον,* (마 27:41)
5. *ὁ δὲ Πιλᾶτος ἀπεκρίθη αὐτοῖς λέγων, Θέλετε ἀπολύσω ὑμῖν τὸν βασιλέα τῶν Ἰουδαίων;* (막 15:9)
6. *καὶ φωνὴ ἐγένετο ἐκ τῆς νεφέλης λέγουσα, Οὗτός ἐστιν ὁ υἱός μου ὁ ἐκλελεγμένος,* (눅 9:35)
7. *καὶ διεγόγγυζον οἵ τε Φαρισαῖοι καὶ οἱ γραμματεῖς λέγοντες ὅτι Οὗτος ἁμαρτωλοὺς προσδέχεται καὶ συνεσθίει αὐτοῖς.* (눅 15:2)
8. *καὶ ἕτερα βλασφημοῦντες ἔλεγον εἰς αὐτόν.* (눅 22:65)
9. *ὁ πιστεύων εἰς αὐτὸν οὐ κρίνεται· ὁ δὲ μὴ πιστεύων ἤδη κέκριται, ὅτι μὴ πεπίστευκεν εἰς τὸ ὄνομα τοῦ υἱοῦ τοῦ θεοῦ.* (요 3:18)
10. *τοῦτο δὲ ἔλεγεν πειράζων αὐτόν·* (요 6:6)
11. *καὶ ὁ μισῶν τὴν ψυχὴν αὐτοῦ ἐν τῷ κόσμῳ τούτῳ εἰς ζωὴν αἰώνιον φυλάξει αὐτήν.* (요 12:25)
12. *καὶ ἐλθὼν ἐκεῖνος ἐλέγξει τὸν κόσμον περὶ ἁμαρτίας καὶ περὶ δικαιοσύνης καὶ περὶ κρίσεως·* (요 16:8)
13. *τοῦτο δὲ εἶπεν σημαίνων ποίῳ θανάτῳ δοξάσει τὸν θεόν.* (요 21:19)
14. *ἐληλύθει προσκυνήσων εἰς Ἰερουσαλήμ,* (행 8:27)
15. *Ἔτι λαλοῦντος τοῦ Πέτρου τὰ ῥήματα ταῦτα ἐπέπεσεν τὸ πνεῦμα τὸ ἅγιον ἐπὶ τοὺς ἀκούοντας τὸν λόγον.* (행 10:44)
16. *Ὡς δὲ ἔγνωσαν οἱ ἀπὸ τῆς Θεσσαλονίκης*(데살로니가)*Ἰουδαῖοι ὅτι καὶ ἐν τῇ Βεροίᾳ*(베뢰아) *κατηγγέλη ὑπὸ τοῦ Παύλου ὁ λόγος τοῦ θεοῦ, ἦλθον κἀκεῖ σαλεύοντες καὶ ταράσσοντες τοὺς ὄχλους.* (행 17:13)
17. *Οὐ γὰρ ἐπαισχύνομαι τὸ εὐαγγέλιον, δύναμις γὰρ θεοῦ ἐστιν εἰς σωτηρίαν παντὶ*(모든) *τῷ πιστεύοντι, Ἰουδαίῳ τε πρῶτον καὶ Ἕλληνι.* (롬

1:16)

18. ἀλλὰ λαλοῦμεν θεοῦ σοφίαν ἐν μυστηρίῳ, τὴν ἀποκεκρυμμένην, ἣν προώρισεν ὁ θεὸς πρὸ τῶν αἰώνων εἰς δόξαν ἡμῶν· (고전 2:7)

19. ὁ δὲ προφητεύων ἀνθρώποις λαλεῖ οἰκοδομὴν καὶ παράκλησιν καὶ παραμυθίαν. ὁ λαλῶν γλώσσῃ ἑαυτὸν οἰκοδομεῖ· ὁ δὲ προφητεύων ἐκκλησίαν οἰκοδομεῖ. (고전 14:3-4)

20. ἤμην δὲ ἀγνοούμενος τῷ προσώπῳ ταῖς ἐκκλησίαις τῆς Ἰουδαίας ταῖς ἐν Χριστῷ. μόνον δὲ ἀκούοντες ἦσαν ὅτι Ὁ διώκων ἡμᾶς ποτε νῦν εὐαγγελίζεται τὴν πίστιν ἥν ποτε ἐπόρθει, καὶ ἐδόξαζον ἐν ἐμοὶ τὸν θεόν. (갈 1:22-24)

21. πιστὸς ὁ καλῶν ὑμᾶς, ὃς καὶ ποιήσει. (살전 5:24)

22. Ἔστιν δὲ πίστις ἐλπιζομένων ὑπόστασις, πραγμάτων ἔλεγχος οὐ βλεπομένων. (히 11:1)

23. Ὁμοίως [αἱ] γυναῖκες, ὑποτασσόμεναι τοῖς ἰδίοις ἀνδράσιν, (벧전 3:1)

24. μακάριος ὁ ἀναγινώσκων καὶ οἱ ἀκούοντες τοὺς λόγους τῆς προφητείας καὶ τηροῦντες τὰ ἐν αὐτῇ γεγραμμένα, ὁ γὰρ καιρὸς ἐγγύς. (계 1:3)

제 15 장

부정과거 분사 (Aorist Participle)

◆ 어형 익히기 + ♠ 단어 익히기

부정과거 분사는 점적인 동작을 표현하나 시간의 개념은 없기 때문에 직설법의 부정과거에서 사용되었던 접두모음이 사용되지 않는다. 부정과거 분사는 신약성서에서 현재분사 다음으로 많이 나온다. 부정과거 분사는 그 규칙성을 따라서 제 1 부정과거(규칙변화)와 제 2 부정과거(불규칙변화)로 나뉜다.

I. 제 1 부정과거

1. 제 1 부정과거 능동태 분사

제 1 부정과거 능동태 분사의 기본구조는 부정과거 어간 + 시상접미어 *σα* + 분사표시 철자 *ντ*+ 남성과 중성은 명사 제 3 변화어미, 여성은 *α/η*혼합 제 1 변화어미로 구성된다. 액센트는 남성 단수 주격에서 피널트에 붙고, 여성 복수 속격에서는 얼티마에 붙는다.

예: *ἀκούω*

	남성	여성	중성
단수 주격	*ἀκού-σα-ς*	*ἀκού-σασ-α*	*ἀκοῦ-σα-ν*
속격	*ἀκού-σα-ντ-ος*	*ἀκου-σάσ-ης*	*ἀκού-σα-ντ-ος*
여격	*ἀκού-σα-ντ-ι*	*ἀκου-σάσ-η*	*ἀκού-σα-ντ-ι*
대격	*ἀκού-σα-ντ-α*	*ἀκού-σασ-αν*	*ἀκοῦ-σαν*
복수 주격	*ἀκού-σα-ντ-ες*	*ἀκού-σασ-αι*	*ἀκού-σα-ντ-α*
속격	*ἀκου-σά-ντ-ων*	*ἀκου-σασ-ῶν*	*ἀκου-σά-ντ-ων*
여격	*ἀκού-σα-σι(ν)*	*ἀκου-σάσ-αις*	*ἀκού-σα-σι(ν)*
대격	*ἀκού-σα-ντ-ας*	*ἀκου-σάσ-ας*	*ἀκού-σα-ντ-α*

※참고

1. 남성 단수 주격 및 남성과 중성의 복수 여격에서는 σ 앞에서 ντ가 탈락한 것이고, 중성 단수 주격과 대격에서는 ντ의 τ는 유지되지 못하고 탈락한다.
2. 여성에서는 ντ가 처음에는 νσ로 변했다가 나중에 σ 앞에서 ν가 탈락하게 된다.

※ ἀκούω와 동일하게 변하고 신약에 많이 나오는 제 1 부정과거 능동태 분사

ἀκού-σα-ς(89) ← ἀκούω　　ἀπο-λύ-σα-ς(3) ← ἀπολύω

κελεύ-σα-ς(4) ← κελεύω　　πιστεύ-σα-ς(13) ← πιστεύω

λύ-σα-ς(5) ← λύω　　κατα-σεί-σα-ς(3) ← κατα-σείω: 몸짓으로 신호하다, 신호하다

2. 제 1 부정과거 중간태 분사

제 1 부정과거 중간태 부정사의 기본구조는 부정과거 어간 + 시상접미어 σα + 분사표시 철자 μεν + 형용사 어미 -ος, -η, -ον으로 이루어지며, 안티피널트에 애큐트 액센트가 온다.

예: γευ-σά-μεν-ος(4), -μέν-η, -μεν-ον ← γεύομαι

ἐνδυ-σά-μεν-ος(4) ← ἐνδύω　　περιζω-σά-μεν-ος(4) ← περιζωννύω

ἀπεκδυ-σά-μεν-ος(2) ← ἀπεκδύομαι: (디포) 무장해제하다, 벗어버리다, 해고하다

※참고

1. 어간이 α, ε, ο으로 끝나는 단축동사의 현재 능동태와 중간태 분사의 어간모음은 시상접미어의 σ 앞에서 대부분 장음화된다.

(능동태)

ἀγαπή-σα-ς(5) ← ἀγαπάω　　δή-σα-ς(4) ← δέω

εὐλογή-σα-ς(5) ← εὐλογέω　　εὐχαριστή-σα-ς(10) ← εὐχαριστέω

ζηλώ-σα-ς(2) ← ζηλόω　　κρατή-σα-ς(5) ← κρατέω

ποιή-σα-ς(31) ← ποιέω　　φωνή-σα-ς(7) ← φωνέω

ἀπειθή-σα-ς(4) ← ἀπειθέω: 불순종하다, 믿지 않다

(중간태)

ποιη-σά-μεν-ος(3) ← ποιέω　　ἀρνη-σά-μεν-ος(2) ← ἀρνέομαι

ἡγη-σά-μεν-ος(2) ← ἡγέομαι

ἐμβριμη-σά-μεν-ος(1) ← ἐμβριμάομαι: (디포)심하게 말하다, 심하게 비판하다

예외

(능동태): κλά-σα-ς(4) ← κλάω　　καλέ-σα-ς(12) ← καλέω

κρεμά-σα-ς(2) ← κρεμάννυμι/κρέμαμαι: (디포) 매달리다, 의지하다

(중간태): θεα-σά-μεν-ος(4) ← θεάομαι; προσ-καλε-σά-μεν-ος(22) ← προσ-καλέομαι

2. 어간이 폐쇄음으로 끝나는 동사는 어간의 폐쇄음과 시상접미어의 σ와 합하여 음성변화가 일어난다.

(1) 순음(π, β, φ)으로 끝나는 동사: π, β, φ + σ = ψ

(능동태)

πέμψα-ς(34) ← πέμπω　　δια-τρίψα-ς(1) ← διατρίβω

ἐπι-στρέψα-ς(7) ← ἐπιστρέφω　　ἅψα-ς(3) ← ἅπτω　　γράψα-ς(4) ← γράφω

ἀνα-βλέψα-ς(9) ← ἀνα-βλέπω　　ὑπο-στρέψα-ς(6) ← ὑπο-στρέφω

ἐμ-βλέψα-ς(7) ← ἐμ-βλέπω: 똑바로 바라보다; 생각하다; 보다

(중간태)

περι-βλεψά-μεν-ος(6) ← περι-βλέπομαι: (디포) 둘러보다

ἁψά-μεν-ος(3) ← ἅπτω

(2) 후음(κ, γ, χ)으로 끝나는 동사: κ, γ, χ + σ = ξ

(능동태)

ἀνοίξα-ς(9) ← ἀνοίγω　　κράξα-ς(5) ← κράζω(어간은 κραγ)

πράξα-ς(4) ← πράσσω　　πλέξα-ς(3) ← πλέκω: 짜다, 함께 꼬다

(중간태)

ἀρξά-μεν-ος(10) ← ἄρχομαι　　ἐκ-λεξά-μεν-ος(3) ← ἐκ-λέγομαι

δεξά-μεν-ος(5) ← δέχομαι

ἀπο-ταξά-μεν-ος(4) ← ἀπο-τάσσομαι: (디포)작별인사를 하다, 떠나다, 헤어지다

(3) 치음(τ, δ, θ)으로 끝나는 동사: τ, δ, θ + σ = σ(σ 앞에서 τ, δ, θ는 탈락한다.)

(능동태)

πεί-σα-ς(3) ← πείθω　　καθί-σα-ς(13) ← καθίζω(어간이 δ로 끝난다.)

ἐρεί-σα-ς(1) ← ἐρείδω: 단단히 붙어 있다　σπεύ-σα ς(3) ← σπεύδω: 서두르다

κτί-σα-ς(4) ← κτίζω(원래는 어간이 δ로 끝난다.): 창조하다, 만들다

πλά-σα-ς(1) ← πλάσσω(원래는 어간이 τ로 끝난다.): 형성하다, 만들다

(중간태)

ἀσπα-σά-μεν-ος(6) ← ἀσπάζομαι(어간이 δ로 끝난다.)

ἀπ-ω-σά-μεν-οι(1) ← ἀπ-ωθέομαι(원래 어간은 ὠθ이다.)

3. 어간이 유음(λ, ρ)이나 비음(μ, ν)으로 끝나는 동사의 부정과거 분사형태에는 시상접미어의 σ가 탈락해버린다. 또는 어간의 모음에 변화가 일어나기도 한다.

(능동태)

ἐγείρ-α-ς(8) ← ἐγείρω　　κρίν-α-ς(5) ← κρίνω

δείρ-α-ς(4) ← δέρω　　　　ἀπο-στείλ-α-ς(13) ← ἀπο-στέλλω

γήμ-α-ς(1) ← γαμέω(동사어간: γαμ)　　　　παραγγείλ-α-ς(5) ← παραγγέλλω

ὑπο-μείν-α-ς(4) ← ὑπο-μένω　　　　ἄρ-α-ς(7) ← αἴρω

ἀνα-κρίν-α-ς(4) ← ἀνα-κρίνω: 심문하다, 조사하다, 심판하다, 평가하다

ἐκ-τείν-α-ς(7) ← ἐκτείνω: 뻗치다, 쭉 펴다, (닻을) 내리다

ἐπάρ-α-ς(8) ← ἐπ-αίρω: 들어올리다, (닻을) 올리다; (중)반대하고 나서다, 거만하게 행하다 (중간태)

δια-μαρτυρ-ά-μεν-ος(1) ← δια-μαρτύρομαι

ἐπ-αγγειλ-ά-μεν-ος(3) ← ἐπ-αγγέλλομαι

κειρ-ά-μεν-ος(1) ← κείρω: 양털을 깎다, 머리털(털)을 깎다

4. 어떤 동사는 동사어간 다음에 ϵ, η, ο 등을 삽입한다.

예: ἁμαρτ-ή-σα-ς(4) ← ἁμαρτάνω　　　　βλαστ-ή-σα-ς(1) ← βλαστάνω

ὀμ-ό-σα-ς(3) ← ὀμνύω

II. 제 2 부정과거 분사

제 2 부정과거 능동태 분사와 현재 능동태 분사의 차이점은 단지 어간과 액센트의 차이에 있다. 제 2 부정과거 중간태 분사와 현재 중간태/수동태 분사의 차이점은 단지 어간에 있다.

1. 제 2 부정과거 능동태 분사

제 2 부정과거 능동태 분사의 기본구조는 부정과거 어간 + 최종적인 능동태 분사어미로 구성되며, 얼티마에 애큐트 액센트가 온다. 다음 예에 나오는 형태 중에서 모든 형태가 신약성서에 나오는 것은 아니나 참고로 변화형을 익히는 데 도움이 된다.

예: ἐλθ-ών(94) ← ἔρχομαι

	남성	여성	중성
단수 주격	ἐλθ-ών	ἐλθ-οῦσ-α	ἐλθ-όν
단수 속격	ἐλθ-ό-ντ-ος	ἐλθ-ούσ-ης	ἐλθ-ό-ντ-ος
복수 여격	ἐλθ-οῦ-σι(ν)	ἐλθ-ούσ-αις	ἐλθ-οῦ-σι(ν)

※ ἔρχομαι와 동일하게 변하고 신약에 많이 나오는 제 2 부정과거 능동태 분사

ἐλθ-ών(94) ← ἔρχομαι(디포)　　　　ἀπ-ελθ-ών(29) ← ἀπ-έρχομαι

δι-ελθ-ών(8) ← δι-έρχομαι　　　　εἰσ-ελθ-ών(39) ← εἰσ-έρχομαι

ἐξ-ελθ-ών(53) ← ἐξ-έρχομαι　　　　κατ-ελθ-ών(5) ← κατ-έρχομαι

προσ-ελθ-ών(44) ← προσ-έρχομαι

λαβ-ών(65) ← λαμβάνω

ἰδ-ών(108) ← ὁράω/βλέπω

εὑρ-ών(20) ← εὑρίσκω

συν-αγαγ-ών(5) ← συν-άγω

πεσ-ών(17) ← πίπτω

συν-ελθ-ών(7) ← συν-έρχομαι

παρα-λαβ-ών(13) ← παρα-λαμβάνω

εἰπ-ών(42) ← λέγω

ἀπο-θαν-ών(39) ← ἀπο-θνῄσκω

κατα-λιπ-ών(7) ← κατα-λείπω

2. 제 2 부정과거 중간태 분사

제 2 부정과거 중간태 분사의 기본구조는 부정과거 어간 + 간모음 ο + 분사표시 철자 μεν + 형용사 어미 -ος, -η, -ον으로 이루어지며, 안티피널트에 애큐트 액센트가 온다.

예: γεν-ό-μεν-ος, -μέν-η, -μεν-ον(96) ← γίνομαι

ἐπι-λαβ-ό-μεν-ος(11) ← ἐπι-λαμβάνομαι παρα-γεν-ό-μεν-ος(20) ← παρα-γίνομαι

※참고

1. 간모음이 들어가지 않는 소위 비간모음 제 2 부정과거 분사도 있다. 이는 동사어간이 모음으로 끝나기 때문이다. 즉 부정과거 어간 + 분사표시 철자 ντ + 어미로 이루어진다. 액센트는 남성 단수 주격에서 얼티마에 애큐트가 온다. 신약에는 비간모음 제 2 부정과거 중간태 분사를 취하는 -ω동사가 없다.

(1) 어간이 ο으로 끝나는 동사: γινώσκω

단수 주격	γνού-ς	γνοῦσ-α	γνό-ν
단수 속격	γνό-ντ-ος	γνούσ-ης	γνό-ντ-ος
복수 여격	γνοῦ-σι(ν)	γνούσ-αις	γνοῦ-σι(ν)

※ γινώσκω와 동일하게 변하는 동사

γνού-ς(18) ← γινώσκω ἐπι-γνού-ς(13) ← ἐπι-γινώσκω

(2) 어간이 α로 끝나는 동사: καταβαίνω

단수 주격	κατα-βά-ς	κατα-βᾶσ-α	κατα-βά-ν
단수 속격	κατα-βά-ντ-ος	κατα-βάσ-ης	κατα-βά-ντ-ος
복수 여격	κατα-βᾶ-σι(ν)	κατα-βάσ-αις	κατα-βᾶ-σι(ν)

※ καταβαίνω와 동일하게 변하는 동사

κατα-βά-ς(16) ← κατα-βαίνω ἀνα-βά-ς(11) ← ἀνα-βαίνω

ἐμ-βά-ς(9) ← ἐμ-βαίνω

3. 제 2 부정과거 어간에 제 1 부정과거 어미를 붙이는 분사

신약성서에 나오는 예는 단지 *φέρω*와 그 합성동사, *εἶπον*의 능동태, *εὑρίσκω*의 중간태 분사뿐이다.

εἴπ-α-ς(4) ← *εἶπον*　　*εὑρ-ά-μεν-ος*(1) ← *εὑρίσκω*

ἐνέγκ-α-ς(2) ← *φέρω*　　*προσ-ενέγκ-α-ς*(2) ← *προσ-φέρω*

ἀν-ενέγκ-α-ς(2) ← *ἀνα-φέρω*: 제공하다; 이끌다; 짐을 지다; 치우다

ἐξ-ενέγκ-α-ς(2) ← *ἐκ-φέρω*: 이끌다, 내놓다, 생산하다

εἰσ-ενέγκ-α-ς(1) ← *εἰσ-φέρω*: 이끌어들이다, 가지고 오다

συν-ενέγκ-α-ς(1) ← *συμ-φέρω*: (비인칭 동사) ~ 이 낫다, 좋다, 유익하다; (함께)모으다

III. 부정과거 수동태 분사

1. 제 1 부정과거 수동태 분사

부정과거 수동태 분사의 기본구조는 부정과거 수동태 어간 + 시상접미어 *θε* + 분사표시 철자 *ντ* + 남성과 중성은 명사 제 3 변화어미, 여성은 *α/η*혼합 제 1 변화어미로 구성되며, 남성 단수 주격 얼티마에 애큐트 액센트를 붙인다. 참고적으로 알아둘 것은 제 1 부정과거 수동태 분사의 최종적인 어미는 -*μι*동사인 *τίθημι*의 부정과거 능동태 분사와 일치한다는 사실이다.

예: *πορεύομαι*(24)

	남성	여성	중성
단수 주격	*πορευ-θεί-ς*	*πορευ-θεῖσ-α*	*πορευ-θέν*
속격	*πορευ-θέ-ντ-ος*	*πορευ-θείσ-ης*	*πορευ-θέ-ντ-ος*
여격	*πορευ-θέ-ντ-ι*	*πορευ-θείσ-ῃ*	*πορευ-θέ-ντ-ι*
대격	*πορευ-θέ-ντ-α*	*πορευ-θεῖσ-αν*	*πορευ-θέ-ν*
복수 주격	*πορευ-θέ-ντ-ες*	*πορευ-θεῖσ-αι*	*πορευ-θέ-ντ-α*
속격	*πορευ-θέ-ντ-ων*	*πορευ-θεισ-ῶν*	*πορευ-θέ-ντ-ων*
여격	*πορευ-θεῖ-σι(ν)*	*πορευ-θείσ-αις*	*πορευ-θεῖ-σι(ν)*
대격	*πορευ-θέ-ντ-ας*	*πορευ-θείσ-ας*	*πορευ-θέ-ντ-α*

다른 예: *ἀπο-λυθείς*(2) ← *ἀπο-λύω*

δια-σωθείς(2) ← *δια-σῴζω*: 안전하게 데려오다, 구원하다; 치료하다; (수)피하다

※참고

1. 남성 단수 주격에서 *ς* 앞에 있는 *ντ*는 탈락하고 그 보상으로 모음 *ε*이 *ει*로 길어졌다. 동일한 현상이 남성과 중성의 복수 여격에서도 나타난다.

2. 여성에서는 *ντ*는 *νσ*로 변한 다음에 *σ* 앞에서 *ν*가 탈락하고 그 보상으로 *ε*이 *ει*로 길어졌다.

3. 어간이 *α*, *ε*, *ο*으로 끝나는 동사는 시상접미어 앞에서 어간모음이 대부분 장음화된다.

예: *γεννη-θεί-ς*(6) ← *γεννάω*　　*φανερω-θεί-ς*(4) ← *φανερόω*

κλη-θεί-ς(4) ← *καλέω*　　*ἐπι-κλη-θεί-ς*(3) ← *ἐπι-καλέω*

λαλη-θεί-ς(4) ← *λαλέω*　　*φοβη-θεί-ς*(5) ← *φοβέομαι*

예외: *ἰα-θεί-ς*(1) ← *ἰάομαι*　　*πρα-θεί-ς*(1) ← *πιπράσκω*

4. 어간이 폐쇄음으로 끝나는 동사에서는 폐쇄음과 시상접미어의 *θ*가 만날 때 음성변화가 일어난다.

(1) 순음(*π*, *β*, *φ*)으로 끝나는 동사: *π*, *β*, *φ* + *θ* = *φθ*

예: *πεμφ-θεί-ς*(1) ← *πέμπω*

ὀφ-θεί-ς(3) ← *ὁράω*(어간은 *ὀπ*)　　*ἀνα-λημφ-θεί-ς*(1) ← *ἀνα-λαμβάνω*

προ-πεμφ-θεί-ς(1) ← *προ-πέμπω*: 호위하다, 동행하다

συλ-λημφ-θεί-ς(1) ← *συλ-λαμβάνω*: 잡다, 체포하다; (중)돕다

(2) 후음(*κ*, *γ*, *χ*)으로 끝나는 동사: 자음변화: *κ*, *γ*, *χ* + *θ* = *χθ*

예: *ἀν-αχ-θεί-ς*(3) ← *ἀν-άγω*　　*συν-αχ-θεί-ς*(2) ← *συν-άγω*

διαταχ-θεί-ς(2) ← *διατάσσω*　　*κηρυχ-θεί-ς*(2) ← *κηρύσσω*

τεχ-θεί-ς(1) ← *τίκτω*(부정과거 수동태 어간: *τεκ*)

ἐνεχ-θεί-ς(2) ← *φέρω*(부정과거 수동태 어간: *ἐνεκ*)

(3) 치음(*τ*, *δ*, *θ*)으로 끝나는 동사: *τ*, *δ*, *θ* + *θ* = *σθ*(*θ* 앞에서 *τ*, *δ*, *θ*는 *σ*로 바뀐다.)

예: *βαπτισ-θεί-ς*(5) ← *βαπτίζω*

χρηματισ-θεί-ς(3) ← *χρηματίζω*: 경고하다, 지시하다, 밝히다

σπλαγχνισ-θεί-ς(4) ← *σπλαγχνίζομαι*(이상의 동사들은 어간이 *δ*로 끝난다.).

5. 어간이 유음(*λ*, *ρ*)으로 끝나는 동사

예: *ἐγερ-θεί-ς*(15) ← *ἐγείρω*　　*δι-εγερ-θεί-ς*(2) ← *διεγείρω*(: 깨이나다, 일어나다)

6. 어간이 비음(*μ*, *ν*)으로 끝나는 동사는 비음이 탈락하기도 하고 그냥 유지되기도 한다. 여기에 속하는 동사로 신약성서에 다음 두 동사만 나온다.

예: *ἀπο-κρι-θεί-ς*(103) ← *ἀπο-κρίνομαι*(디포)

ἀπο-κταν-θεί-ς(1) ← *ἀπο-κτείνω*(어간 *κτεν*이 모음전환에 의해 *κταν*으로 변한다.)

7. 몇몇 동사에서 어간과 시상접미어 사이에 *η*나 *ε*을 삽입한다. 이는 음성변화를 방지하기 위함이다. 신약성서에서 다음 여섯 동사가 나오고 있다.

예: *ῥ-η-θεί-ς*(13) ← *λέγω*　　*γεν-η-θεί-ς*(4) ← *γίνομαι*

βλ-η-θεί-ς(3) ← *βάλλω*　　*ἐκ-βλ-η-θεί-ς*(1) ← *ἐκ-βάλλω*

δε-η-θεί-ς(1) ← *δέομαι*　　*εὑρ-ε-θεί-ς*(1) ← *εὑρίσκω*

8. 어떤 동사들에는 어간과 시상접미어 사이에 σ를 삽입한다.

예: *ἀκου-σ-θεί-ς*(1) ← *ἀκούω*　　*γνω-σ-θεί-ς*(1) ← *γινώσκω*

2. 제 2 부정과거 수동태 분사

제 2 부정과거 수동태 분사가 제 1 부정과거 수동태 분사와 다른점은 단지 시상접미어 θε에서 θ를 생략하고 ε만 사용된다는 점이다. 그러므로 최종적인 어미는 *-θεί-ς, -θεῖσ-α, -θέ-ν* 등이 아니라 *-εί-ς, -εῖσ-α, -έ-ν* 등이 된다. 신약성서에서 제 2 부정과거 수동태 분사형을 취하는 대표적인 동사들은 다음과 같다.

예: *στραφ-εί-ς, στραφ-εῖσ-α, στραφ-έ-ν*(12) ← *στρέφω*

σπαρ-εί-ς(5) ← *σπείρω*　　*δια-σπαρ-εί-ς*(2) ← *δια-σπείρω*: 흩뿌리다

ἐπι-στραφ-εί-ς(3) ← *ἐπι-στρέφω*　　*φυ-εί-ς*(2) ← *φύω*: 자라다, 올라오다

♠ 단어 익히기

동사: *προ-ορίζω*: 태초부터 정하다, 미리 정하다, 태초부터 택정하다

명사

ἀστραπή, -ῆς, ἡ: 섬광, 번쩍이는 빛　　*θεράπων, -οντος, ὁ*: 종, 사환

σχῆμα, -τος, τό: 외형, 모양

전치사: *πέραν* + 속격: 건너편에, 건너서; 명사. 맞은편(중성)

부사: *οὐκέτι*: 더 이상 ~ 이 아닌

♥ 성경 문장 읽기

(다음 문장 안에 있는 부정과거 분사들을 찾아 그 용법을 확인하고 분해하시오.)

1. *τότε ἐπληρώθη τὸ ῥηθὲν διὰ Ἰερεμίου*(예레미야) *τοῦ προφήτου λέγοντος,* (마 2:17)
2. *Ἰδὼν δὲ τοὺς ὄχλους ἀνέβη εἰς τὸ ὄρος,* (마 5:1)
3. *Καὶ ἀνοίξας τὸ στόμα αὐτοῦ ἐδίδασκεν αὐτοὺς λέγων,* (마 5:2)
4. *ὁ δὲ Ἰησοῦς στραφεὶς καὶ ἰδὼν αὐτὴν εἶπεν, Θάρσει*(용기를 내라) *θύγατερ· ἡ πίστις σου σέσωκέν σε. καὶ ἐσώθη ἡ γυνὴ ἀπὸ τῆς ὥρας ἐκείνης.* (마 9:22)
5. *ἀποκριθεὶς δὲ ὁ Ἰησους εἶπεν αὐτῷ, Μακάριος εἶ, Σίμων Βαριωνᾶ, ὅτι σὰρξ καὶ αἷμα οὐκ ἀπεκάλυψέν σοι ἀλλ᾽ ὁ πατήρ μου ὁ ἐν τοῖς οὐρανοῖς.* (마 16:17)
6. *πορευθέντες δὲ οἱ μαθηταὶ καὶ ποιήσαντες καθὼς συνέταξεν αὐτοῖς ὁ*

'Ιησοῦς (마 21:6)

7. *καὶ λαβόντες αὐτὸν ἐξέβαλον ἔξω τοῦ ἀμπελῶνος καὶ ἀπέκτειναν.* (마 21:39)
8. *καὶ ἐξελθὼν ἔξω ἔκλαυσεν πικρῶς.* (마 26:75)
9. *καὶ ἐλθόντες λέγουσιν αὐτῷ, Διδάσκαλε, οἴδαμεν ὅτι ἀληθὴς εἶ* (막 12:14)
10. *εἶπεν δὲ αὐτοῖς, 'Εθεώρουν τὸν Σατανᾶν ὡς ἀστραπὴν ἐκ τοῦ οὐρανοῦ πεσόντα.* (눅 10:18)
11. *ὁ δὲ ἀρνησάμενός με ἐνώπιον τῶν ἀνθρώπων ἀπαρνηθήσεται ἐνώπιον τῶν ἀγγέλων τοῦ θεοῦ.* (눅 12:9)
12. *ἐκεῖνος δὲ ὁ δοῦλος ὁ γνοὺς τὸ θέλημα τοῦ κυρίου αὐτοῦ καὶ μὴ ἑτοιμάσας ἢ ποιήσας πρὸς τὸ θέλημα αὐτοῦ δαρήσεται πολλάς*(많이) (눅 12:47)
13. *καὶ παραγενόμενος ὁ δοῦλος ἀπήγγειλεν τῷ κυρίῳ αὐτοῦ ταῦτα.* (눅 14:21)
14. *καθὼς ἀκούω κρίνω, καὶ ἡ κρίσις ἡ ἐμὴ δικαία ἐστίν, ὅτι οὐ ζητῶ τὸ θέλημα τὸ ἐμὸν ἀλλὰ τὸ θέλημα τοῦ πέμψαντός με.* (요 5:30)
15. *ἄλλα ἦλθεν πλοῖα ἐκ Τιβεριάδος*(디베랴) *ἐγγὺς τοῦ τόπου ὅπου ἔφαγον τὸν ἄρτον εὐχαριστήσαντος τοῦ κυρίου.* (요 6:23)
16. *καὶ εὑρόντες αὐτὸν πέραν τῆς θαλάσσης εἶπον αὐτῷ, 'Ραββί, πότε ὧδε γέγονας;* (요 6:25)
17. *ἀπεκρίθη οὖν αὐτοῖς* [ὁ] *'Ιησοῦς καὶ εἶπεν, 'Η ἐμὴ διδαχὴ οὐκ ἔστιν ἐμὴ ἀλλὰ τοῦ πέμψαντός με* (요 7:16)
18. *παρ' ὧν καὶ ἐπιστολὰς δεξάμενος πρὸς τοὺς ἀδελφοὺς εἰς Δαμασκὸν ἐπορευόμην* (행 22:5)
19. *Δικαιωθέντες οὖν ἐκ πίστεως εἰρήνην ἔχομεν πρὸς τὸν θεὸν διὰ τοῦ κυρίου ἡμῶν 'Ιησοῦ Χριστοῦ* (롬 5:1)
20. *εἰδότες ὅτι Χριστὸς ἐγερθεὶς ἐκ νεκρῶν οὐκέτι ἀποθνῄσκει, θάνατος αὐτοῦ οὐκέτι κυριεύει.* (롬 6:9)
21. *ἀσπάζομαι ὑμᾶς ἐγὼ Τέρτιος ὁ γράψας τὴν ἐπιστολὴν ἐν κυρίῳ.* (롬 16:22)
22. *ἀλλὰ ἀποταξάμενος αὐτοῖς ἐξῆλθον εἰς Μακεδονίαν.* (고후 2:13)
23. *Γνωρίζω γὰρ ὑμῖν, ἀδελφοί, τὸ εὐαγγέλιον τὸ εὐαγγελισθὲν ὑπ' ἐμοῦ ὅτι οὐκ ἔστιν κατὰ ἄνθρωπον* (갈 1:11). 비교. *τὸ εὐαγγέλιον ὃ κηρύσσω ἐν τοῖς ἔθνεσιν,* (갈 2:2)
24. *ἀλλὰ ἑαυτὸν ἐκένωσεν μορφὴν δούλου λαβών, ἐν ὁμοιώματι ἀνθρώπων γενόμενος· καὶ σχήματι εὑρεθεὶς ὡς ἄνθρωπος* (빌 2:7)

25. Εὐχαριστοῦμεν τῷ θεῷ πατρὶ τοῦ κυρίου ἡμῶν Ἰησοῦ Χριστοῦ πάντοτε περὶ ὑμῶν προσευχόμενοι, ἀκούσαντες τὴν πίστιν ὑμῶν ἐν Χριστῷ Ἰησοῦ καὶ τὴν ἀγάπην ἣν ἔχετε εἰς πάντας(모든) τοὺς ἁγίους (골 1:3-4)

26. κατὰ δύναμιν θεοῦ, τοῦ σώσαντος ἡμᾶς καὶ καλέσαντος, (딤후 1:8-9)

27. καὶ Μωϋσῆς μὲν πιστὸς ἐν ὅλῳ τῷ οἴκῳ αὐτοῦ ὡς θεράπων εἰς μαρτύριον τῶν λαληθησομένων, (히 3:5)

28. εἰσερχόμεθα γὰρ εἰς [τὴν] κατάπαυσιν οἱ πιστεύσαντες, (히 4:3)

29. καὶ ταύτην τὴν φωνὴν ἡμεῖς ἠκούσαμεν ἐξ οὐρανοῦ ἐνεχθεῖσαν σὺν αὐτῷ ὄντες ἐν τῷ ἁγίῳ ὄρει. (벧후 1:18)

30. καὶ ἐσήμανεν ἀποστείλας διὰ τοῦ ἀγγέλου αὐτοῦ τῷ δούλῳ αὐτοῦ Ἰωάννῃ, (계 1:1)

제 16 장

제 3 변화 형용사와 대명사

(The Third Declension Adjective and Pronoun)

I. 제 3 변화 형용사

◆ 어형 익히기

제 3 변화에 속하는 형용사는 모든 성에서 제 3 변화만 따라 변하는 형용사와 일부 성에서만 제 3 변화를 따라 변하는 형용사로 나뉘어진다.

1. 모든 성에서 제 3 변화를 따르는 형용사

모든 성에서 제 3 변화를 따르는 형용사는 남, 여, 중성의 세 가지 형태를 취하지 아니하고, 남/여, 중성의 두 가지 형태만을 취하고, 어간 + 제 3 변화어미의 형태로 변화된다.

1-1. 어간이 ς로 끝나는 형용사

	단수		복수	
	남성/여성	중성	남성/여성	중성
주격	*ἀληθής*	*ἀληθές*	*ἀληθεῖς*	*ἀληθῆ*
속격	*ἀληθοῦς*	*ἀληθοῦς*	*ἀληθῶν*	*ἀληθῶν*
여격	*ἀληθεῖ*	*ἀληθεῖ*	*ἀληθέσι(ν)*	*ἀληθέσι(ν)*
대격	*ἀληθῆ*	*ἀληθές*	*ἀληθεῖς*	*ἀληθῆ*

※참고

1. 중성 단수 주격에서는 어간만 사용되었고, 남성 단수 주격에서는 어미를 붙이지 않는 대신 어간 -*ές*가 -*ής*로 길어진다.

2. 나머지 경우에는 어간 -ές와 제 3 변화어미가 결합하는 과정에서 모음 사이에 있게 되는 ς는 탈락하고 모음과 모음이 단축되어 현재의 형태를 취하게 되었다.

♠ **단어 익히기**: ἀληθής와 동일하게 변하며 신약성서에 많이 나오는 형용사

ἀληθής, -ές(26): 진실한, 정직한, 순전한
ἀπειθής, -ές(6): 불순종하는, 거역하는
ἀσεβής, -ές(9): 불경건한
ἀσθενής, -ές(26): 연약한, 병든, 민감한
ἀσφαλής, -ές(5): 안전한, 확실한
διηνεκής, -ές(4): 연속적인, 지속적인
εὐλαβής -ές(4): 믿음이 깊은, 경건한
ἐπιεικής, -ές(5): 친절한, 사려 깊은, 인내하는
μονογενής, -ές(9): 하나의, 유일한
πλήρης, -ες(16): 충만한, 완전한, 충분히 자란
πετρώδης, -ες(4): 돌밭의
συγγενής, -ές(11): 친척의, 동포의,
ὑγιής, -ές(12): 건강한, 온전한, 건전한

1-2. 어간이 ν로 끝나는 형용사

	단 수		복수	
	남성/여성	중성	남성/여성	중성
주격	[ἄρσην]	ἄρσεν	ἄρσεν-ες	ἄρσεν-α
속격	[ἄρσεν-ος]	[ἄρσεν-ος]	[ἀρσέν-ων]	[ἀρσέν-ων]
여격	[ἄρσεν-ι]	[ἄρσεν-ι]	ἄρσεσι(ν)	ἄρσεσι(ν)
대격	ἄρσεν-α	ἄρσεν	ἄρσεν-ας	ἄρσεν-α
주격	ἄφρων	ἄφρον	ἄφρον-ες	ἄφρον-α
속격	[ἄφρον-ος]	[ἄφρον-ος]	ἀφρόν-ων	ἀφρόν-ων
여격	[ἄφρον-ι]	[ἄφρον-ι]	[ἄφροσι(ν)]	[ἄφροσι(ν)]
대	ἄφρον-α	ἄφρον	ἄφρον-ας	ἄφρον-α

♠ **단어 익히기**: ἄφρων과 동일하게 변하며, 신약성서에 많이 나오는 형용사

ἄρσην, -εν(9): 남성의; 남자(명사)
ἄφρων, -ον(11): 어리석은, 지각없는, 무식한
σώφρων, -ον(4): 지각 있는, 자제하는
εὐσχήμων, -ον(5): 존경받는, 교양 있는

2. 제 3, 1 변화 형용사

여기에 속하는 형용사는 남, 여, 중성에서 서로 다른 형태를 취하는데, 남성과 중성에서는 제 3 변화, 여성에서는 제 1 변화로 변한다.

2-1. 어간이 반모음 υ/ϵ으로 끝나는 형용사

남성과 중성의 단수 주격과 대격에서는 어간이 반모음 υ으로, 다른 곳에서는 ϵ으로 끝나는 형용사이다.

	단수			복수		
	남성	여성	중성	남성	여성	중성
주격	ταχύ-ς	ταχεῖα	ταχύ	ταχεῖς	ταχεῖαι	ταχέ-α
속격	ταχέως	ταχείας	ταχέως	ταχέ-ων	[ταχειῶν]	ταχέ-ων
여격	ταχεῖ	[ταχείᾳ]	ταχεῖ	[ταχέ-σι(ν)]	[ταχείαις]	[ταχέ-σι(ν)]
대격	[ταχύν]	ταχεῖαν	ταχύ	ταχεῖς	ταχείας	ταχέ-α

♠ **단어 익히기**: ταχύς와 동일하게 변하며 신약성서에 많이 나오는 형용사

βαθύς, -εῖα, -ύ(4): 깊은

βαρύς, -εῖα, -ύ(6): 무거운; 어려운, 중요한

βραχύς, -εῖα, -ύ(7): 작은, 적은, 짧은

γλυκύς, -εῖα, -ύ(4): 단, 달콤한

εὐθύς, -εῖα, -ύ(8): 곧바른, 올바른

ὀξύς, -εῖα, -ύ(8): 날카로운, 신속한

πραΰς, πραεῖα, πραΰ(4): 온유한, 친절한

ταχύς, -εῖα, -ύ(13): 빠른, 재빠른

2-2. 어간이 ντ로 끝나는 형용사

신약성서에서 πᾶς, πᾶσα, πᾶν(1,244, 모든, 각, 매, 전)과 ἅπας, ἅπασα, ἅπαν(34, 모든, 각, 전)만이 나온다.

	단수			복수		
	남성	여성	중성	남성	여성	중성
주격	πᾶς	πᾶσ-α	πᾶν	πάντ-ες	πᾶσ-αι	πάντ-α
속격	παντ-ός	πάσ-ης	παντ-ός	πάντ-ων	πασ-ῶν	πάντ-ων
여격	παντ-ί	πάσ-ῃ	παντ-ί	πᾶσι(ν)	πάσ-αις	πᾶσι(ν)
대격	πάντ-α	πᾶσ-αν	πᾶν	πάντ-ας	πάσ-ας	πάντ-α

♣ πᾶς, πᾶσα, πᾶν의 특별용법: 구조에 따라서 의미가 달라진다.

1. 서술적인 구조일 경우: "모든" (all)

   예: ἐπὶ πάσῃ τῇ μνείᾳ ὑμῶν (빌 1:3): 너희들을 기억하는 모든 때에

2. 한정적인 구조일 경우: "전, 온" (whole, entire)

   예: τὸν πάντα χρόνον ἐγενόμην (행 20:18): 나는 전(온) 시간(때) 동안(=항상) 행하였다.

3. 한정적인 구조이나 관사가 없을 경우: "각, 매, 범" (each, every)

   예: ἐν πάσῃ δεήσει μου (빌 1:4): 나의 매 기도 때마다

비교: 딤후 3:16의 *πᾶσα γραφὴ θεόπνευστος*를 어느 구조로 보느냐에 따라서 의미 차이가 있을 수 있다. "모든(all) 성경은 영감받았다", 혹은 "모든(all) 영감받은 성경", 혹은 "전(whole) 성경이 영감받았다", 혹은 "매(every) 영감받은 성경" 등이다.

3. 제 3, 2, 1 변화 형용사

남성/중성의 단수 주격과 대격에서만 제 3 변화어미가, 그 이외의 남성/중성의 어미에서는 제 2 변화어미가, 여성에서는 제 1 변화어미 중에서 순수 -*η*어미가 사용된다.

3-1. *μέγα-ς, μεγάλ-η, μέγα*(194, **큰, 거대한)의 변화**

	단수			복수		
	남성	여성	중성	남성	여성	중성
주격	*μέγα-ς*	*μεγάλ-η*	*μέγα*	*μεγάλ-οι*	*μεγάλ-αι*	*μεγάλ-α*
속격	*μεγάλ-ου*	*μεγάλ-ης*	*μεγάλ-ου*	*μεγάλ-ων*	*μεγάλ-ων*	*μεγάλ-ων*
여격	*μεγάλ-ῳ*	*μεγάλ-ῃ*	*μεγάλ-ῳ*	*μεγάλ-οις*	*μεγάλ-αις*	*μεγάλ-οις*
대격	*μέγα-ν*	*μεγάλ-ην*	*μέγα*	*μεγάλ-ους*	*μεγάλ-ας*	*μεγάλ-α*

3-2. *πολύ-ς, πολλ-ή, πολύ*(357, **많은)의 변화**

	단수			복수		
	남성	여성	중성	남성	여성	중성
주격	*πολύ-ς*	*πολλ-ή*	*πολύ*	*πολλ-οί*	*πολλ-αί*	*πολλ-ά*
속격	*πολλ-οῦ*	*πολλ-ῆς*	*πολλ-οῦ*	*πολλ-ῶν*	*πολλ-ῶν*	*πολλ-ῶν*
여격	*πολλ-ῷ*	*πολλ-ῇ*	*πολλ-ῷ*	*πολλ-οῖς*	*πολλ-αῖς*	*πολλ-οῖς*
대격	*πολύ-ν*	*πολλ-ήν*	*πολύ*	*πολλ-ούς*	*πολλ-άς*	*πολλ-ά*

4. 기타 제 3 변화 형용사

(1) *ἅρπαξ*, 속격 -*αγος*(5, 탐욕스러운, 훔치는)는 후음 어간명사처럼 변화한다. 신약에는 *ἅρπαξ, ἅρπαξιν, ἅρπαγες*만 나온다.

(2) *τετράπους, -πουν*, 속격, -*ποδος* (3, 네 발 달린)은 두 가지 형을 가지는 형용사이다. 신약성서에는 중성형인 *τετραπόδων*과 *τετράποδα*만 나온다.

5. 제 3 변화수사

뒤에서 수사에 대하여 종합적으로 공부하겠지만, 본과의 후반부에서 부정대명사(negative pronoun) 등을 공부하기 위하여 제 3 변화로 어형이 변화되는 몇몇 수사를 익히는 것이 좋다. 제 3 변화로 변화되는 수사에는 다음과 같은 것들이 있다.

εἷς, μία, ἕν(343): 하나

	남성	여성	중성
주격	εἷς	μί-α	ἕν
속격	ἑν-ός	μι-ᾶς	ἑν-ός
여격	ἑν-ί	μι-ᾷ	ἑν-ί
대격	ἕν-α	μί-αν	ἕν

δύο(134): 둘

δύο는 여격만 δυσί(ν)으로 변한다

τρεῖς, τρί-α (69): 셋

	남성/여성	중성
주격	τρεῖς	τρί-α
속격	τρι-ῶν	τρι-ῶν
여격	τρι-σί(ν)	τρι-σί(ν)
대격	τρεῖς	τρί-α

τέσσαρ-ες, τέσσαρ-α(41): 넷

	남성/여성	중성
주격	τέσσαρ-ες	τέσσαρ-α
속격	τεσσάρ-ων	τεσσάρ-ων
여격	τέσσαρ-σι(ν)	τέσσαρ-σι(ν)
대격	τέσσαρ-ας	τέσσαρ-α

♠ 단어 익히기

명사

θερισμός, -οῦ, ὁ: 추수, 곡식

κλίνη, -ης, ἡ: (간이)침대, 침상

동사

μεθύω: 취하다, 마음껏 마시다

μετέχω: 참여하다, 먹다, 가지다, 속하다

ὑστερέω: 부족하다, 열등하다; (중)떨어지다, 부족하다

ὑπο-λαμβάνω: 생각하다, 추측하다; 치우다; 돕다

형용사

εὐγενής, -ές: 가문이 좋은, 열린 마음의

θῆλυς, -εια, -υ: 여성의; 여자(명사)

ταπεινός, -ή, -όν: 겸손한, 낮은, 가난한

πρόθυμος, -ον: 원하는, 기꺼이 하는; 열심(명사)

ὕψιστος, -η, -ον: 지극히 높은, 가장 높은; (명사)지극히 높은 자

부사

ἔξωθεν: 밖에, 외부에; +속격(전치사) ~ 밖으로부터

ἔσωθεν: 안에, 내부에, 안으로부터

κύκλῳ: 주위에, 둘레에; +속격(전치사) ~ 의 주위에

♥ 성경 문장 읽기

(다음 문장 안에 나오는 제 3 변화 형용사들을 찾아보고 분해해 보시오.)

1. τότε λέγει τοῖς μαθηταῖς αὐτοῦ, Ὁ μὲν θερισμὸς πολύς, οἱ δὲ ἐργάται ὀλίγοι· (마 9:37)
2. ὅτι πραΰς εἰμι καὶ ταπεινὸς τῇ καρδίᾳ, (마 11:29)
3. καὶ ἐξελθὼν εἶδεν πολὺν ὄχλον καὶ ἐσπλαγχνίσθη ἐπ' αὐτοῖς (마 14:14)
4. τότε ἀποκριθεὶς ὁ Ἰησοῦς εἶπεν αὐτῇ, Ὦ γύναι, μεγάλη σου ἡ πίστις (마 15:28)
5. ὁ δὲ ἀποκριθεὶς εἶπεν, Οὐκ ἀνέγνωτε ὅτι ὁ κτίσας ἀπ' ἀρχῆς ἄρσεν καὶ θῆλυ ἐποίησεν αὐτούς; (마 19:4)
6. τὸ μὲν πνεῦμα πρόθυμον ἡ δὲ σὰρξ ἀσθενής. (마 26:41)
7. καὶ ἐθεράπευσεν πολλοὺς κακῶς ἔχοντας(병든 자들) ποικίλαις νόσοις καὶ δαιμόνια πολλὰ ἐξέβαλεν (막 1:34)
8. ἀπὸ δὲ ἀρχῆς κτίσεως ἄρσεν καὶ θῆλυ ἐποίησεν αὐτούς (막 10:6)
9. πολλοὶ ἐλεύσονται ἐπὶ τῷ ὀνόματί μου λέγοντες ὅτι Ἐγώ εἰμι, καὶ πολλοὺς πλανήσουσιν. (막 13:6)
10. οὗτος ἔσται μέγας καὶ υἱὸς ὑψίστου κληθήσεται (눅 1:32)
11. ἄφρονες, οὐχ ὁ ποιήσας τὸ ἔξωθεν καὶ τὸ ἔσωθεν ἐποίησεν; (눅 11:40)
12. λέγω ὑμῖν, ταύτῃ τῇ νυκτὶ ἔσονται δύο ἐπὶ κλίνης μιᾶς, (눅 17:34)
13. Καὶ ὁ λόγος σὰρξ ἐγένετο καὶ ἐσκήνωσεν ἐν ἡμῖν, καὶ ἐθεασάμεθα τὴν δόξαν αὐτοῦ, δόξαν ὡς μονογενοῦς παρὰ πατρός, πλήρης χάριτος καὶ ἀληθείας. (요 1:14)
14. τὸ φρέαρ ἐστὶν βαθύ (요 4:11)
15. ἀπῆλθεν ὁ ἄνθρωπος καὶ ἀνήγγειλεν τοῖς Ἰουδαίοις ὅτι Ἰησοῦς ἐστιν ὁ ποιήσας αὐτὸν ὑγιῆ. (요 5:15)
16. ὅλον ἄνθρωπον ὑγιῆ ἐποίησα ἐν σαββάτῳ; (요 7:23)
17. εἶπον οὖν αὐτῷ οἱ Φαρισαῖοι, Σὺ περὶ σεαυτοῦ μαρτυρεῖς· ἡ μαρτυρία σου οὐκ ἔστιν ἀληθής. (요 8:13)
18. ἐκείνη δὲ ὡς ἤκουσεν ἠγέρθη ταχὺ καὶ ἤρχετο πρὸς αὐτόν· (요 11:29)
19. καὶ τὰ ἐμὰ πάντα σά ἐστιν καὶ τὰ σὰ ἐμά, καὶ δεδόξασμαι ἐν αὐτοῖς. (요 17:10)
20. οὐ γὰρ ὡς ὑμεῖς ὑπολαμβάνετε οὗτοι μεθύουσιν, ἔστιν γὰρ ὥρα τρίτη τῆς ἡμέρας, (행 2:15)
21. πάντες γὰρ ἥμαρτον καὶ ὑστεροῦνται τῆς δόξης τοῦ θεοῦ (롬 3:23)
22. Βλέπετε γὰρ τὴν κλῆσιν ὑμῶν, ἀδελφοί, ὅτι οὐ πολλοὶ σοφοὶ κατὰ σάρκα,

οὐ πολλοὶ δυνατοί, οὐ πολλοὶ εὐγενεῖς· (고전 1:26)

23. ἐγενόμην τοῖς ἀσθενέσιν ἀσθενής, τοῖς πᾶσιν γέγονα πάντα, (고전 9:22)

24. ὅτι εἷς ἄρτος, ἓν σῶμα οἱ πολλοί ἐσμεν, οἱ γὰρ πάντες ἐκ τοῦ ἑνὸς ἄρτου μετέχομεν. (고전 10:17)

25. διὰ τοῦτο ἐν ὑμῖν πολλοὶ ἀσθενεῖς. (고전 11:30)

26. νυνὶ δὲ μένει πίστις, ἐλπίς, ἀγάπη, τὰ τρία ταῦτα· (고전 13:13)

27. εἷς κύριος, μία πίστις, ἓν βάπτισμα, (엡 4:5)

28. τὸ μυστήριον τοῦτο μέγα ἐστίν· ἐγὼ δὲ λέγω εἰς Χριστὸν καὶ εἰς τὴν ἐκκλησίαν. (엡 5:32)

29. καὶ ἐστὲ ἐν αὐτῷ πεπληρωμένοι, ὅς ἐστιν ἡ κεφαλὴ πάσης ἀρχῆς καὶ ἐξουσίας, (골 2:10)

30. καὶ ὁμολογουμένως μέγα ἐστὶν τὸ τῆς εὐσεβείας μυστήριον (딤전 3:16)

31. χαρὰν γὰρ πολλὴν ἔσχον καὶ παράκλησιν ἐπὶ τῇ ἀγάπῃ σου, ὅτι τὰ σπλάγχνα τῶν ἁγίων ἀναπέπαυται διὰ σοῦ, ἀδελφέ. (몬 1:7)

32. αὕτη γάρ ἐστιν ἡ ἀγάπη τοῦ θεοῦ, καὶ αἱ ἐντολαὶ αὐτοῦ βαρεῖαι οὐκ εἰσίν. (요일 5:3)

33. Δημητρίῳ(데메드리오) μεμαρτύρηται ὑπὸ πάντων καὶ ὑπὸ αὐτῆς τῆς ἀληθείας· καὶ ἡμεῖς δὲ μαρτυροῦμεν, καὶ οἶδας ὅτι ἡ μαρτυρία ἡμῶν ἀληθής ἐστιν. (요삼 1:12)

34. Καὶ εἶδον, καὶ ἤκουσα φωνὴν ἀγγέλων πολλῶν κύκλῳ τοῦ θρόνου (계 5:11)

II. 제 3 변화 대명사

1. 의문대명사(interrogative pronoun): τίς, τί

◆ 의문대명사의 어형변화

신약성서에 550번 이상이 나오는 의문대명사 τίς(누구)와 τί(무엇)는 어간 τιν과 제 3 변화명사 어미로 구성되어 있다. 애큐트 액센트가 항상 ι 위에 있고 그 위치가 전혀 변하지 않는다.

	단수		복수	
	남/여성	중성	남/여성	중성
주격	τίς	τί	τίν-ες	τίν-α
속격	τίν-ος	τίν-ος	τίν-ων	τίν-ων
여격	τίν-ι	τίν-ι	τίσι(ν)	τίσι(ν)
대격	τίν-α	τί	τίν-ας	τίν-α

※참고: 의문대명사와 더불어 다음과 같은 부정 의문대명사도 신약성서에서 사용되고 있다.

(1) *ποῖος, -α, -ον*(33), 무엇? 어느 것?

(2) *πόσος, -η, -ον*(27), 얼마나 많은(수, 양)? 얼마나 큰?

(3) *ποταπός, -ή, -όν*(7), 무슨 류의? 어떤 종류의?

(4) *πότερος, -α, -ον*(1), 어느 것? ~ 인지 어떤지? 신약에서는 *πότερον*(요 7:17)만 나온다.

♣ 의문대명사의 용법

의문대명사는 의문문을 형성한다. 의문문은 항상 내용에 관한 질문이다(예: 요 1:19, *Σὺ τίς εἶ*; 당신은 누구인가?). 대격인 *τί* 는 종종 "왜?"라는 의미를 가진 의문부사로 사용되며(예: 마 6:28, *τί μεριμνᾶτε*; 너희들은 왜 염려하느냐?), 전치사 *διά* 혹은 *εἰς*와 함께 사용되기도 한다(예: 마 13:10, *Διὰ τί ἐν παραβολαῖς λαλεῖς αὐτοῖς*; 당신은 왜 그들에게 비유들로 말하는가?). *τίς*는 종종 감탄사(눅 12:49, *τί θέλω εἰ ἤδη ἀνήφθη*: 이 불이 이미 붙었다면 내가 무엇을 원하리요!) 혹은 관계대명사(막 14:36, *ἀλλ' οὐ τί ἐγὼ θέλω ἀλλὰ τί σύ*: 그러나 내가 원하는 것이 아니라 당신이 [원하는] 것)로도 사용된다.

2. 부정대명사(indefinite pronoun): *τις, τι*

◆ 부정대명사의 어형변화

부정대명사 *τις*(어떤 이)와, *τι*(어떤 것)는 액센트가 붙지 않는 것 외에는 의문대명사의 변화와 동일하다. 부정대명사의 형태는 전접어(enclitic)이다. 신약성서에 526번 나오고 있다.

※참고: 여러 형용사와 수사가 부정대명사로 사용되는 예가 있다: *ἄλλος, -η, -ο*(다른; other, another); *ἀμφότεροι, -αι, -α*(둘 다, 모두; both, all); *ἕκαστος, -η, -ον*(각자, 모든; each, every); *πολύς, πολλή, πολύ*(많은[수, 양]; much, many); *εἷς, μία, ἕν*(하나; one) 등이다.

♣ 부정대명사의 용법

부정대명사 *τις*는 부정대명사의 역할(마 12:47, *εἶπεν τις αὐτῷ*: 어떤 이가 그에게 말했다.)과 부정형용사의 역할(눅 1:5, *ἱερεύς τις*: 어떤 제사장)을 한다.

3. 부정대명사(negative pronoun): *οὐδείς, οὐδεμία, οὐδέν; μηδείς, μηδεμία, μηδέν*

◆ 부정대명사의 어형변화

οὐδείς, οὐδεμία, οὐδέν(227); *οὐθείς, οὐθεμία, ουθέν*(7); *μηδείς, μηδεμία, μηδέν*(89); *μηθείς, μηθεμία, μηθέν*(1) 등은 모두 "아무도 ~ 아닌, 아무것도 ~ 아닌"(no one, nothing)을 의미하는 부정대명사(negative pronoun)이다. 이들은 *οὐδέ*와 *μηδέ*가 수사 *εἷς, μία, ἕν*과 연합하여 만들어진 것이며, *οὐθείς*와 *μηθείς*는 *οὐδείς*와 *μηδείς*를 조금 달리 쓴 것뿐이다. 이 부정대명사들은 제 3 변화를 하는 수사의 변화를 따르며 단수만 있다.

	남성	여성	중성
주격	*οὐδείς*	*οὐδεμία*	*οὐδέν*
속격	*οὐδενός*	*οὐδεμιᾶς*	*οὐδενός*
여격	*οὐδενί*	*οὐδεμιᾷ*	*οὐδενί*
대격	*οὐδένα*	*οὐδεμίαν*	*οὐδέν*

♠ 단어 익히기

동사

ἐπισκιάζω: 그림자가 드리우다, 덮치다 *πλουτέω*: 부유해지다, 부자가 되다, 풍성해지다

형용사

ἀρχαῖος, -α, -ον: 오래된, 고대의, 이전의, 원래의

ἐλεεινός, -ή, -όν: 가련한, 불쌍한 *ταλαίπωρος, -ον*: 비참한, 불쌍한

φωτεινός, -ή, -όν: 빛으로 가득한, 밝은

명사

τρόμος -ου, ὁ: 떨림, 전율 *ἔκστασις, -εως, ἡ*: 경이, 황홀(경), 이상

κατάκριμα, -τος, τό: 정죄 *ἐπιγραφή, -ῆς, ἡ*: (동전의)명각, 위에 쓴 글자

συγκυρία, -ας, ἡ: 기회, 우연; *κατὰ συγκυρίαν*: 우연히

ἀνατολή, -ῆς, ἡ: 동쪽, 떠오름, 낮, 미명

불변사/접속사

ἄρα: 그러므로, 결과적으로, 그래서 *εἰ μή*: ~를 제외하고, ~ 외에는(except, but)

♥ 성경 문장 읽기

(다음 문장 안에 나오는 제 3 변화 대명사들을 찾아보고 분해해 보시오.)

1. *Ἰακὼβ δὲ ἐγέννησεν τὸν Ἰωσὴφ τὸν ἄνδρα Μαρίας, ἐξ ἧς ἐγεννήθη Ἰησοῦς ὁ λεγόμενος Χριστός.* (마 1:16) (关系代名詞)
2. *οἱ δὲ ἀκούσαντες τοῦ βασιλέως ἐπορεύθησαν καὶ ἰδοὺ ὁ ἀστήρ, ὃν εἶδον ἐν τῇ ἀνατολῇ, προῆγεν αὐτούς,* (마 2:9) (关系代名詞)
3. *τίνα μισθὸν ἔχετε;* (마 5:46)
4. *καὶ οὐδεὶς ἐπιγινώσκει τὸν υἱὸν εἰ μὴ ὁ πατήρ,* (마 11:27)

5. ἔτι αὐτοῦ λαλοῦντος ἰδοὺ νεφέλη φωτεινὴ ἐπεσκίασεν αὐτούς, καὶ ἰδοὺ φωνὴ ἐκ τῆς νεφέλης λέγουσα, Οὗτός ἐστιν ὁ υἱός μου ὁ ἀγαπητός, ἐν ᾧ εὐδόκησα· (마 17:5)
6. καὶ λέγει αὐτοῖς, Τίνος ἡ εἰκὼν αὕτη καὶ ἡ ἐπιγραφή; (마 22:20)
7. Περὶ δὲ τῆς ἡμέρας ἐκείνης καὶ ὥρας οὐδεὶς οἶδεν, οὐδὲ οἱ ἄγγελοι τῶν οὐρανῶν οὐδὲ ὁ υἱός, εἰ μὴ ὁ πατὴρ μόνος. (마 24:36)
8. ὁ δὲ Ἰησοῦς εἶπεν αὐτῷ, Τί με λέγεις ἀγαθόν; οὐδεὶς ἀγαθὸς εἰ μὴ εἷς ὁ θεός. (막 10:18)
9. ἀλλ᾽ οὐ τί ἐγὼ θέλω ἀλλὰ τί σύ. (막 14:36)
10. καὶ ἐξελθοῦσαι ἔφυγον ἀπὸ τοῦ μνημείου, εἶχεν γὰρ αὐτὰς τρόμος καὶ ἔκστασις· καὶ οὐδενὶ οὐδὲν εἶπαν· ἐφοβοῦντο γάρ. (막 16:8)
11. κατὰ συγκυρίαν(우연히) δὲ ἱερεύς τις κατέβαινεν ἐν τῇ ὁδῷ ἐκείνῃ (눅 10:31)
12. Εἶπεν δέ, Ἄνθρωπός τις εἶχεν δύο υἱούς. (눅 15:11)
13. λέγων, Κριτής τις ἦν ἔν τινι πόλει τὸν θεὸν μὴ φοβούμενος καὶ ἄνθρωπον μὴ ἐντρεπόμενος. (눅 18:2)
14. καὶ ἠρώτησαν αὐτόν, Τί οὖν; Σύ Ἠλίας εἶ; καὶ λέγει, Οὐκ εἰμί. Ὁ προφήτης εἶ σύ; καὶ ἀπεκρίθη, Οὔ. (요 1:21)
15. καὶ ἠρώτησαν αὐτὸν καὶ εἶπαν αὐτῷ, Τί οὖν βαπτίζεις εἰ σὺ οὐκ εἶ ὁ Χριστὸς οὐδὲ Ἠλίας οὐδὲ ὁ προφήτης; (요 1:25)
16. ἀλλ᾽ εἰσὶν ἐξ ὑμῶν τινες οἳ οὐ πιστεύουσιν. (요 6:64)
17. Κύριε, πρὸς τίνα ἀπελευσόμεθα; ῥήματα ζωῆς αἰωνίου ἔχεις, (요 6:68)
18. γνώσεται περὶ τῆς διδαχῆς πότερον ἐκ τοῦ θεοῦ ἐστιν ἢ ἐγὼ ἀπ ἐμαυτοῦ λαλῶ. (요 7:17)
19. τίς ἐστιν ὁ λόγος οὗτος ὃν εἶπεν, Ζητήσετέ με καὶ οὐχ εὑρήσετέ [με], (요 7:36)
20. Ὑμεῖς οὐκ οἴδατε οὐδέν, (요 11:49)
21. λέγει αὐτῷ ὁ Ἰησοῦς, Ἐγώ εἰμι ἡ ὁδὸς καὶ ἡ ἀλήθεια καὶ ἡ ζωή· οὐδεὶς ἔρχεται πρὸς τὸν πατέρα εἰ μὴ δι᾽ ἐμοῦ. (요 14:6)
22. εἶπαν οὖν ἐκ τῶν μαθητῶν αὐτοῦ πρὸς ἀλλήλους, Τί ἐστιν τοῦτο ὃ λέγει ἡμῖν, Μικρὸν καὶ οὐ θεωρεῖτέ με, καὶ πάλιν μικρὸν καὶ ὄψεσθέ με; καί, Ὅτι ὑπάγω πρὸς τὸν πατέρα; (요 16:17)
23. Ἰησοῦς οὖν εἰδὼς πάντα τὰ ἐρχόμενα ἐπ᾽ αὐτὸν ἐξῆλθεν καὶ λέγει αὐτοῖς, Τίνα ζητεῖτε; (요 18:4)

24. *ὡς δὲ ἐπορεύοντο κατὰ τὴν ὁδόν, ἦλθον ἐπί τι ὕδωρ,* (행 8:36)

25. *Οὐδὲν ἄρα νῦν κατάκριμα τοῖς ἐν Χριστῷ Ἰησοῦ·* (롬 8:1)

26. *ὑμεῖς δὲ οὐκ ἐστὲ ἐν σαρκὶ ἀλλὰ ἐν πνεύματι, εἴπερ πνεῦμα θεοῦ οἰκεῖ ἐν ὑμῖν. εἰ δέ τις πνεῦμα Χριστοῦ οὐκ ἔχει, οὗτος οὐκ ἔστιν αὐτοῦ.* (롬 8:9)

27. *σὺ δὲ τί κρίνεις τὸν ἀδελφόν σου;* (롬 14:10)

28. *εἴ τις ἐν Χριστῷ, καινὴ κτίσις· τὰ ἀρχαῖα παρῆλθεν, ἰδοὺ γέγονεν καινά·* (고후 5:17)

29. *τὴν μάχαιραν τοῦ πνεύματος, ὅ ἐστιν ῥῆμα θεοῦ.* (엡 6:17)

30. *τὸν αὐτὸν ἀγῶνα ἔχοντες, οἷον εἴδετε ἐν ἐμοὶ καὶ νῦν ἀκούετε ἐν ἐμοί.* (빌 1:30)

31. *οὐδὲν γὰρ εἰσηνέγκαμεν εἰς τὸν κόσμον,* (딤전 6:7)

32. *Καὶ ἔστιν αὕτη ἡ ἀγγελία ἣν ἀκηκόαμεν ἀπ' αὐτοῦ καὶ ἀναγγέλλομεν ὑμῖν, ὅτι ὁ θεὸς φῶς ἐστιν καὶ σκοτία ἐν αὐτῷ οὐκ ἔστιν οὐδεμία.* (요일 1:5)

33. *ὅτι λέγεις ὅτι Πλούσιός εἰμι καὶ πεπλούτηκα καὶ οὐδὲν χρείαν ἔχω, καὶ οὐκ οἶδας ὅτι σὺ εἶ ὁ ταλαίπωρος καὶ ἐλεεινὸς καὶ πτωχὸς καὶ τυφλὸς καὶ γυμνός,* (계 3:17)

제 17 장

부정사 (Infinitive)

◈ 어형 익히기 + ♠ 단어 익히기

직설법, 가정법, 기원법, 명령법에 사용되는 동사는 대명사적 어미가 주어지며, 또한 주격이 주어로 주어지기 때문에 정형동사(finite verb)로 불린다. 그러나 부정사에는 분사와 같이 대명사적 어미가 주어지지 않고, 또한 주격이 주어로 주어지지 않기 때문에 부정사도 분사와 함께 부정형 동사(infinite verb)라고 불린다.

신약성서에는 현재, 부정과거, 현재완료, 미래 부정사가 나오는데, 모두 시간을 암시하지는 않는다. 부정사가 표현하는 행위의 시간은 주동사와의 관계를 표현하는 것뿐이다.

부정사는 동사의 기능을 하기도 하고 명사의 기능을 하기도 하기 때문에 동사적 명사(verbal noun) 혹은 동명사로 불린다. 이는 어형과 용도 모두에서 나타난다. 부정사에는 동사적 기능이 있기 때문에, 어형변화에서 동사어간, 간모음, 시상접미어 등이 사용되며, 시상과 태가 존재한다. 부정사의 어미로는 동사어미도 명사어미도 아닌 부정사 어미가 취해지는데, 그 어미들은 다음과 같다.

부정사 어미

능동태 부정사 어미

εν -*ω*동사의 현재, 미래, 간모음이 사용되는 제 2 부정과거 부정사에 사용된다.

ναι 간모음이 사용되지 않는 제 2 부정과거, 현재완료, 부정과거 수동태, -*μι*동사의 현재, 미래 부정사에 사용된다.

αι 제 1 부정과거 부정사에 사용된다.

중간태/수동태 부정사 어미

σθαι 부정과거 수동태를 제외한 모든 동사의 중간태/수동태 부정사에 사용된다.

I. 현재부정사

1. 현재부정사

현재 능동태 부정사의 기본구조는 현재어간 + 간모음 ϵ + 능동태 부정사 어미 ϵν으로 이루어지는데, 간모음과 어미가 만나는 과정에서 모음단축이 일어나 최종적인 어미는 ϵιν이 된다. 현재 중간태/수동태 부정사의 기본구조는 현재어간 + 간모음 ϵ + 중간태/수동태 부정사 어미 σθαι로 이루어져서 최종적인 어미는 ϵ-σθαι가 된다.

현재 능동태 부정사	현재 중간태/수동태 부정사
예: λέγ-ϵιν(40) ← λέγω	예: πορεύ-ϵ-σθαι(17) ← πορεύομαι

※ λέγω처럼 변화하는 현재 능동태 부정사

ἀκού-ϵιν(20) ← ἀκούω	ἀποθνῄσκ-ϵιν(5) ← ἀποθνῄσκω	βλέπ-ϵιν(10) ← βλέπω
γράφ-ϵιν(7) ← γράφω	διδάσκ-ϵιν(13) ← διδάσκω	δουλεύ-ϵιν(8) ← δουλεύω
ἔχ-ϵιν(30) ← ἔχω	ἐκ-βάλλ-ϵιν(6) ← ἐκ-βάλλω	ἐσθί-ϵιν(6) ← ἐσθίω
λέγ-ϵιν(40) ← λέγω	κηρύσσ-ϵιν(7) ← κηρύσσω	μέλλ-ϵιν(6) ← μέλλω
μέν-ϵιν(5) ← μένω	περισσεύ-ϵιν(5) ← περισσεύω	πιστεύ-ϵιν(5) ← πιστεύω
ὑπάγ-ϵιν(5) ← ὑπάγω	ὑπάρχ-ϵιν(5) ← ὑπάρχω	χαίρ-ϵιν(7) ← χαίρω

※ πορεύομαι처럼 변화하는 현재 중간태/수동태 부정사

ἀπ-έχ-ϵ-σθαι(5) ← ἀπ-έχω	γίν-ϵ-σθαι(10) ← γίνομαι
ἐργάζ-ϵ-σθαι(6) ← ἐργάζομαι	ἔρχ-ϵ-σθαι(9) ← ἔρχομαι
κρίν-ϵ-σθαι(5) ← κρίνω	πορεύ-ϵ-σθαι(17) ← πορεύομαι
προσεύχ-ϵ-σθαι(6) ← προσεύχομαι	

※참고: 단축 -ω동사의 부정사 형태는 모음단축 현상을 제외하고 비단축 -ω동사와 동일하다.

ἀγαπᾶν(8) ← ἀγαπά-ϵιν(α + ϵι = ᾶ) ← ἀγαπάω

ζῆν(12) ← ζή-ϵιν(η + ϵι = ῆ) ← ζήω/ζάω

ποιεῖν(25) ← ποιέ-ϵιν(ϵ + ϵι = ϵῖ) ← ποιέω

κατηγορεῖν(5) ← κατηγορέω	λαλεῖν(21) ← λαλέω	τηρεῖν(7) ← τηρέω
περιπατεῖν(10) ← περιπατέω	φρονεῖν(6) ← φρονέω	ἀγνοεῖν(6) ←ἀγνοέω

καυχᾶσθαι(3) ← καυχά-ϵ-σθαι(α + ϵ = ᾶ) ← καυχάομαι

καλεῖσθαι(3) ← καλέ-ϵ-σθαι(ϵ + ϵ = ϵῖ) ← καλέω

κατα-σκηνοῦν ← κατα-σκηνό-ϵιν(ο + ϵι = οῦ) ← κατα-σκηνόω: 살다, 거주하다

συμ-πληροῦσθαι(2) ← συμ-πληρό-ϵ-σθαι(ο + ϵ = οῦ) ← συμ-πληρόω: 가까이 오다, 다가 오다, 가득 차다.

2. εἰμί동사의 현재 부정사는 εἶ-ναι(124)이다. 어간 ἐσ와 어미 ναι(-μι동사이기 때문에)가 결합하는 과정에서 ν 앞에서 σ가 생략되고 그 보상으로 모음이 εἶ로 길어진 것이다.

II. 부정과거 부정사

부정과거 부정사는 점적인 동작을 표현하나 시간의 개념은 없기 때문에 접두모음이 사용되지 않는다. 부정과거 부정사는 제 1 부정과거(규칙변화) 부정사와 제 2 부정과거(불규칙변화) 부정사로 나뉜다.

1. 제 1 부정과거 부정사

제 1 부정과거 능동태 부정사의 기본구조는 부정과거 어간 + 시상접미어 σα + 능동태 부정사 어미 αι로 형성된다. 여기서 두 개의 α는 유착현상으로 하나가 되어 최종적인 어미는 σαι가 되고 액센트는 피널트에 위치한다. 그리고 제 1 부정과거 중간태 부정사의 기본구조는 부정과거 어간 + 시상접미어 σα + 중간태 부정사 어미 σθαι이며, 안티피널트에 애큐트 액센트가 온다. 제 1 부정과거 수동태 부정사의 기본구조는 부정과거 어간 + 시상접미어 θη + 능동태 부정사 어미 ναι로 구성된다. 이때 써컴프렉스 액센트가 피널트에 오고, 최종적인 어미는 θῆ-ναι이다.

제 1 부정과거 능동태 부정사
예: ἀκοῦ-σαι(17) ← ἀκούω

제 1 부정과거 중간태 부정사
예: ἐν-δύ-σα-σθαι(3) ← ἐνδύω

제 1 부정과거 수동태 부정사
예: λυ-θῆ-ναι(3) ← λύω

※ ἀκούω처럼 변화하는 제 1 부정과거 능동태 부정사
ἀπο-λῦ-σαι(11) ← ἀπο-λύω　　κατα-λῦ-σαι(5) ← κατα-λύω
λῦ-σαι(4) ← λύω　　πιστεῦ-σαι(6) ← πιστεύω

※ ἐνδύω처럼 변화하는 제 1 부정과거 중간태 부정사
γεύ-σα-σθαι(2) ← γεύομαι　　ἐπενδύ-σα-σθαι(2) ← ἐπενδύομαι

※ λύω처럼 변화하는 제 1 부정과거 수동태 부정사
πορευ-θῆ-ναι(2) ← πορεύομαι　　σαλευ-θῆ-ναι(2) ← σαλεύω
σω-θῆ-ναι(10) ← σῴζω(부정과거 수동태 어간: σω)

※참고
1. 어간이 α, ε, ο으로 끝나는 동사는 시상접미어의 σ와 θ 앞에서 어간모음이 장음화된다.
(능동태): ἐρωτῆ-σαι(2) ← ἐρωτάω　　ποιῆ-σαι(47) ← ποιέω

, τελειῶ-σαι(4) ← τελειόω

(중간태): καυχή-σα-σθαι(2) ← καυχάομαι ἀρνή-σα-σθαι(1) ← ἀρνέομαι

ἀνα-κεφαλαιώ-σα-σθαι(1) ← ἀνακεφαλαιόω: 합하다, 모으다, 연합하다

(수동태): γεννη-θῆ-ναι(3) ← γεννάω σταυρω-θῆ-ναι(3) ← σταυρόω

κλη-θῆ-ναι(3) ← καλέω(모음전환 때문에 어간은 κλε가 된다.)

예외

(능동태): παρα-καλέ-σαι(5) ← παρακαλέω θυμιᾶ-σαι(1) ← θυμιάω: 향을 피우다

(중간태): ἐπι-καλέ-σα-σθαι(1) ← ἐπι-καλέω θεά-σα-σθαι(4) ← θεάομαι

다른 예

(능동태): ἀρέ-σαι(1) ← ἀρέσκω

(수동태): θεα-θῆ-ναι(2) ← θεάομαι δε-θῆ-ναι(2) ← δέω

πρα-θῆ-ναι(3) ← πιπράσκω ἀν-αιρε-θῆ-ναι(2) ← ἀναιρέω

2. 어간이 폐쇄음으로 끝나는 동사는 어간의 폐쇄음과 시상접미어의 σ나 θ와 합하여 음성변화가 일어난다.

(1) 능동태와 중간태에서

① 순음(π, β, φ)으로 끝나는 동사: π, β, φ + σ = ψ

예: πέμψαι(8) ← πέμπω γράψαι(5) ← γράφω θάψαι(4) ← θάπτω

μετά-πεμψα-σθαι(1) ← μετα-πέμπομαι

ἀπο-γράψα-σθαι(1) ← ἀπο-γράφω: 등록하다

ἐπι-σκέψα-σθαι(1) ← ἐπι-σκέπτομαι: (디포) 심방하다, 돌보다

② 후음(κ, γ, χ)으로 끝나는 동사: κ, γ, χ + σ = ξ

예: ἀνοῖξαι(7) ← ἀνοίγω διδάξαι(3) ← διδάσκω(어간은 διδαχ또는διδακ)

κηρύξαι(3) ← κηρύσσω προσ-εύξα-σθαι(6) ← προσ-εύχομαι

στηρίξαι(3) ← στηρίζω βρέξαι(1) ← βρέχω: 비가 오다(보내다), 젖다

ἀνα-στάξα-σθαι(1) ← ἀνα-τάσσομαι: (디포)편집하다, 작성하다, 쓰다

③ 치음(τ, δ, θ)으로 끝나는 동사: τ, δ, θ + σ = σ(σ 앞에서 τ, δ, θ는 탈락한다.)

예: ψεύ-σα-σθαι(2) ← ψεύδομαι ἐξ-ῶ-σαι(1) ← ἐξ-ωθέω(어간이 ωθ임)

σῶ-σαι(13) ← σῴζω(어간이 δ로 끝난다.)

εὐ-αγγελί-σα-σθαι(1) ← εὐαγγελίζω(어간이 δ로 끝난다)

(2) 수동태에서

① 순음(π, β, φ)으로 끝나는 동사: π, β, φ + θ = φθ

예: προ-πεμφ-θῆ-ναι(2) ← προ-πέμπω　　ἀπο-καλυφ-θῆ-ναι(4) ← ἀπο-καλύπτω
　συλ-λημφ-θῆ-ναι(1) ← συλ-λαμβάνω
　ἐξ-αλειφ-θῆ-ναι(1) ← ἐξ-αλείφω: 쓸어버리다, 치우다; 취소하다, 파괴하다

② 후음(κ, γ, χ)으로 끝나는 동사는 다음의 두 예가 있다: κ, γ, χ + θ = χθ

예: ἀχ-θῆ-ναι(4) ← ἄγω　　στηριχ-θῆ-ναι(1) ← στηρίζω
　κηρυχ-θῆ-ναι(2) ← κηρύσσω; ἀπ-ενεχ-θῆ-ναι(1) ← ἀπο-φέρω: 취하다, 옮기다, 억지로 끌어내다(부정과거 수동태 어간: ἐνεκ)

③ 치음(τ, δ, θ)으로 끝나는 동사: τ, δ, θ + θ= σθ

예: βαπτισ-θῆ-ναι(10) ← βαπτίζω (동사어간이 δ로 끝난다.)

3. 어간이 유음(λ, ρ)이나 비음(μ, ν)으로 끝나는 동사, 즉 유음동사나 비음동사들의 부정과거 능동태나 중간태 부정사 형태에는 시상접미어의 σ가 탈락해버린다. 그대신 어간의 모음에 변화가 일어나기도 한다.

예: μεῖν-αι(6) ← μένω　　ἀπ-αγγεῖλ-αι(3) ← ἀπαγγέλλω
　δια-μαρτύρ-α-σθαι(2) ← δια-μαρτύρομαι　　κείρ-α-σθαι(1) ← κείρω
　ἀπο-κτεῖν-αι(16) ← ἀπο-κτείνω　　ἐκ-χέ-αι(1) ← ἐκ-χέω(유음동사처럼 σ가 탈락한다. 이는 제 1 부정과거 어미가 사용되는 제 2 부정과거 부정사로 볼 수도 있다.)

수동태에서 어간이 유음(λ, ρ)으로 끝나는 동사의 유일한 예는 ἐγερ-θῆ-ναι(5) ← ἐγείρω이며, 어간이 비음(μ, ν)으로 끝나는 동사는 수동태에서 비음이 탈락하기도 하고 그냥 유지되기도 한다.

예: κρι-θῆ-ναι(3) ← κρίνω　　ἀπο-κταν-θῆ-ναι(6) ← ἀποκτείνω
　πληθυν-θῆ-ναι(1) ← πληθύνω: (타)증가하다, 배가하다, 퍼지다; (자)자라다

4. 부정과거 수동태 분사에서 몇몇 동사에는 음성변화를 방지하기 위하여 동사어간과 시상접미어 사이에 η, ϵ, σ 등을 삽입한다. η나 ϵ을 삽입하는 동사는 신약성서에서 4개가 도합 7번 나오고 있다. 어간과 시상어미 사이에 σ를 삽입하는 동사는 신약에 단 1개가 나오고 있다.

예: βλ-ή-θη-ναι(4) ← βάλλω　　γεν-ή-θη-ναι(1) ← γίνομαι
　μνή-σ-θη-ναι(1) ← μιμνῄσκομαι　　εὑρ-ε-θῆ-ναι(1) ← εὑρίσκω
　περι-τμ-η-θῆ-ναι(1) ← περιτέμνω: 할례를 행하다

2. 제 2 부정과거 부정사

제 2 부정과거 능동태 부정사와 현재 능동태 부정사의 차이점은 단지 어간과 액센트의 차이에 있다. 제 2 부정과거 능동태 부정사는 부정과거 어간 + 간모음 ϵ + 능동태 부정사 어미 ϵν(간모음

과의 모음 단축현상에 의하여 최종적인 부정사 어미는 ϵῖν)으로 이루어지고, 액센트는 얼티마에 써컴프렉스가 온다. 제 2 부정과거 중간태 부정사는 부정과거 어간 + 간모음 ϵ + 중간태 부정사 어미 σθαι로 구성되며, 액센트는 피널트에 애큐트가 온다. 제 2 부정과거 수동태 부정사가 제 1 부정과거 수동태 부정사와 다른점은 단지 시상접미어 θη에서 θ를 생략하고 η만 사용된다는 점이다. 그러므로 최종적인 어미는 ῆ-ναι가 된다. 제 2 부정과거 수동태를 취하는 동사는 신약성서에 두 개 뿐이다.

제 2 부정과거 능동태 부정사 | 제 2 부정과거 중간태 부정사

예: ἐλθ-ϵῖν(40) ← ἔρχομαι | 예: γϵν-έ-σθαι(37) ← γίνομαι

제 2 부정과거 수동태 부정사

예: κρυβ-ῆ-ναι(2) ← κρύπτω(부정과거 수동태어간: κρυβ이다); χαρ-ῆ-ναι(2) ← χαίρω

※참고

1. 어간이 모음으로 끝나므로 간모음이 들어가지 않는 제 2 부정과거 능동태 부정사의 구조는 제 2 부정과거 어간 + 능동태 부정사 어미 ναι로 구성된다. 이때 어간의 모음은 길어진다. -ω동사로서는 신약성서에 다음의 두 동사들과 그 합성동사들이 나오고 있다.

   예: γνῶ-ναι ← γινώσκω (어간이 γνο); κατα-βῆ-ναι ← κατα-βαίνω (어간이 βα)

2. 제 2 부정과거 어간에 제 1 부정과거 어미를 붙이는 부정사는 단지 φέρω와 그 합성동사들의 예만 신약성서에 나오고 있다.

   예: ϵνέγκ-αι(1) ← φέρω　　ἀν-ϵνέγκ-αι(1) ← ἀνα-φέρω

   προσ-ϵνέγκ-αι(1) ← προσ-φέρω

III. 현재완료 부정사

현재완료 부정사는 흔하지 않으며, 신약성서에 능동태로 38번, 중간태/수동태로 11번 나오고 있다. 현재완료 능동태 부정사의 기본구조는 음절중복 + 현재완료 능동태 어간 + 시상접미어 κϵ + 능동태 부정사 어미 ναι로 구성되며, 애큐트 액센트가 피널트에 온다. 신약성서에 나오지는 않지만, λύω의 현재완료 능동태 부정사는 λϵ-λυ-κέ-ναι이다. 현재완료 중간태/수동태 부정사의 기본구조는 음절중복 + 현재완료 중간태/수동태 어간 + 중간태/수동태 부정사 어미 σθαι로 구성되며, 액센트는 피널트에 온다.

현재완료 능동태 부정사 | 현재완료 중간태/수동태 부정사

예: ὑστϵρη-κέ-ναι(2) ← ὑστϵρέω | 예: ἀπο-λϵ-λύ-σθαι(1) ← ἀπολύω

πϵ-πληρω-κέ-ναι(1) ← πληρόω

ἐ-γνω-κέ-ναι(1) ← γινώσκω(어간: γνο)

※참고

1. 위의 능동태의 예로 나온 것처럼 단축동사는 어간모음이 장음화된다.

예: οἰκοδομῆ-σθαι(1) ← οἰκοδομέω πε-φανερῶ-σθαι(2) ← φανερόω

예외: ἑ-ωρα-κέ-ναι(1) ← ὁράω δε-δέ-σθαι(1) ← δέω

δι-ε-σπά-σθαι(1) ← δια-σπάω: 잡아당겨 찢다

2. 어간이 폐쇄음으로 끝나는 동사의 현재완료 능동태 부정사의 유일한 예는 치음으로 끝나는 ἠλπι-κέ-ναι(1) ← ἐλπίζω(동사어간은 ἐλπιδ)이다. 또한 어간이 폐쇄음으로 끝나는 동사의 현재완료 중간태/수동태 부정사의 예는 다음과 같다.

순음의 예: συν-τε-τρῖφθαι(1) ← συντρίβω(π, β, φ + σθ = φθ)

후음의 예: ἀπηλλάχθαι(1) ← ἀπαλλάσσω(κ, γ, χ + σθ = χθ) (음절중복이 이루어진 어간 ἠλλαγ + σθαι = ἠλλάχθαι[γ + σθ = χθ]): (타) 자유를 주다; (자)떠나다

치음의 예: κατειργά-σθαι(1) ← κατεργάζομαι

κατ-ηρτί-σθαι(1) ← καταρτίζω(동사어간이 δ로 끝난다.)(τ, δ, θ + σθ = σθ [σ는 자음과 자음 사이에서 탈락하고 θ 앞에서 τ, δ, θ는 σ가 된다]): 수선하다, 회복하다, 완전하게 하다

3. 몇몇 동사에서 음성변화를 방지하기 위하여 어간과 시상접미어 사이에 η를 삽입한다.

예: εἰρ-η-κέ-ναι(1) ← λέγω/εἶπον εὑρ-η-κέ-ναι(1) ← εὑρίσκω

γε-γεν-ῆ-σθαι(1) ← γίνομαι

4. 제 2 현재완료 능동태 부정사는 규칙적인 현재완료 능동태 부정사에서 사용되는 시상접미어 κε에서 κ를 생략하고 ε만 사용되는 부정사이다. 제 2 현재완료 능동태 부정사의 최종적인 어미는 έ-ναι가 된다.

예: εἰδ-έ-ναι(11) ← οἶδα γε-γον-έ-ναι(4) ← γίνομαι

Ⅳ 미래 부정사

미래 부정사는 흔하지 않아서, 신약성서에 두 동사의 미래 부정사가 모두 합해서 5번 나오고 있다. 첫 예는 εἰσ-έρχομαι의 미래 디포넌트 부정사인 εἰσ-ελεύ-σ-ε-σθαι(1)인데, 그 기본구조는 미래어간 + 시상접미어 σ + 간모음 ε + 중간태 부정사 어미 σθαι로 형성되었다. 두번째 예는 εἰμί의 미래 디포넌트 부정사인 ἔσ-ε-σθαι(4)인데, 그 기본구조는 미래어간 + 시상접미어 σ + 간모음 ε + 중간태 부정사 어미 σθαι로 형성되었다. 이때 미래어간의 σ와 시상접미어의 σ는 유착되어 하나의 σ가 되었다.

♣ 부정사의 용법

부정사는 주어를 꼭 취할 필요가 없는 부정형 동사(infinite verb)이다. 그러므로 부정사는 주어를 취해도 주격이 아니라 대격을 취하며, 부정사 자체가 대명사적 어미를 취하지도 않는다. 부정사에는 동사의 특성과 명사의 특성이 동시에 있으므로 동사적 명사(verbal noun)로 불린다. 이는 어형에서뿐만 아니라 용도에서도 공히 나타난다.

일반적으로 부정과거 부정사는 단순한 행동(성격이나 정도가 확인되지 않은)을 표현하며, 현재 부정사는 진행적인 행동을, 현재완료 부정사는 행위의 결과나 계속되는 상태 등을 표현하는 데 사용된다. 다음은 신약성서의 문장 속에서 사용되는 부정사의 용례들이다. 부정사는 크게 (1) 부정사 단독으로 쓰이는 경우 (2) 정관사(중성 단수로만)와 함께 쓰이는 경우 (3) 전치사 + 관사 + 부정사의 형태로 쓰이는 경우로 대별된다. 부정사의 부정어로는 분사와 같이 보통 *μή*가 사용된다.

1. 동사적으로 사용되는 부정사

여기에 속하는 부정사나 부정사구는 주동사를 수식하거나 확실하게 해주는 역할을 하기 때문에 부사적 용법이라 말할 수 있지만, 부정사의 동사적 성격이 두드러지기 때문에 동사적으로 사용되는 예로 분류한다. 동사적으로 사용되는 부정사의 예는 다음과 같이 다양하다.

(1) 목적

① 부정사 단독으로: *ὁ υἱὸς τοῦ ἀνθρώπου οὐκ ἦλθεν διακονηθῆναι ἀλλὰ διακονῆσαι*(막 10:45): 인자는 섬김을 받기 위하여 온 것이 아니라 섬기려고 왔다.

② *τοῦ* + 부정사: *ἐξῆλθεν ὁ σπείρων τοῦ σπείρειν.* (마 13:3): 뿌리는 자가 뿌리기 위하여 나갔다.

③ *εἰς τό* + 부정사: *ἔπεμψα εἰς τὸ γνῶναι τὴν πίστιν ὑμῶν.* (살전 3:5): 내가 너희 믿음을 알기 위하여 보냈다.

④ *πρὸς τό* + 부정사: *πρὸς τὸ θεαθῆναι αὐτοῖς* (마 6:1): 그들에게 보여지게 하려고

⑤ *ὥστε* + 부정사: *συμβούλιον ἔλαβον οἱ ἀρχιερεῖς ὥστε θανατῶσαι αὐτόν·* (마 27:1): 대제사장들이 그를 죽이려고 의논하였다.

⑥ *ὡς* + 부정사: *εἰσῆλθον εἰς κώμην Σαμαριτῶν ὡς ἑτοιμάσαι αὐτῷ.*(눅 9:52): 그들이 그를 위하여 준비하려고 사마리아 마을로 들어갔다.

(2) 결과

① 부정사 단독으로: *Πίστει καλούμενος Ἀβραὰμ ὑπήκουσεν ἐξελθεῖν* (히 11:8): 믿음으로 아브라함은 부르심을 받았을 때 순종하여 그 결과로 나아갔다.

ἰδοὺ ἐνίκησεν ὁ λέων ὁ ἐκ τῆς φυλῆς Ἰούδα, ἀνοῖξαι τὸ βιβλίον (계 5:5): 보라! 유다 지파의 사자가 이기었고, 그 결과로 그 책을 열 수 있다.

② τοῦ + 부정사: οὐδὲ· μετεμελήθητε ὕστερον τοῦ πιστεῦσαι αὐτῷ. (마 21:32): 너희들은 후에 뉘우친 결과로 그를 믿은 것도 아니었다.

③ εἰς τό + 부정사: εἰς τὸ εἶναι αὐτοὺς ἀναπολογήτους, (롬 1:20): 그러므로 그들이 핑계하지 못하게 되었다.

④ ὥστε + 부정사: ἡ πίστις ὑμῶν ἡ πρὸς τὸν θεὸν ἐξελήλυθεν, ὥστε μὴ χρείαν ἔχειν ἡμᾶς λαλεῖν (살전 1:8): 하나님을 향한 너희들의 믿음이 이미 퍼졌다. 그 결과로 우리는 말할 필요를 가지고 있지 않다.

(3) 시간

① 선행적인 시간(πρὸ τοῦ + 부정사 혹은 πρὶν + 부정사): πρὸ τοῦ με παθεῖν· (눅 22:15): 내가 고난받기 전에; πρὶν Ἀβραὰμ γενέσθαι ἐγὼ εἰμί. (요 8:58): 아브라함이 있기 전에, 내가 있다.

② 동시적인 시간(ἐν τῷ + 부정사): ἐν τῷ σπείρειν αὐτόν (마 13:4): 그가 뿌리는 동안에

③ 후속적인 시간(μετὰ τό + 부정사): μετὰ τὸ ἐγερθῆναί με (막 14:28): 내가 부활한 후에

④ 미래의 시간(ἕως τοῦ + 부정사): εὐηγγελίζετο ἕως τοῦ ἐλθεῖν αὐτὸν εἰς Καισάρειαν. (행 8:40): 그가 가이사랴에 올 때까지 복음을 전하고 있었다.

(4) 이유

① διά τό + 부정사: διὰ τὸ μὴ ἔχειν ῥίζαν ἐξηράνθη. (막 4:6): 뿌리가 없기 때문에 말랐다.

② ἐν τῷ + 부정사: ἐν τῷ πιστεύειν, (롬 15:13): 믿기 때문에

③ τῷ 혹은 ἕνεκεν τοῦ + 부정사: τῷ μὴ εὑρεῖν με Τίτον τὸν ἀδελφόν μου, (고후 2:13): 내가 나의 형제 디도를 만나지 못하였기 때문에,
οὐχ ἕνεκεν τοῦ ἀδικήσαντος οὐδὲ ἕνεκεν τοῦ ἀδικηθέντος ἀλλ' ἕνεκεν τοῦ φανερωθῆναι τὴν σπουδὴν ὑμῶν τὴν ὑπὲρ ἡμῶν πρὸς ὑμᾶς ἐνώπιον τοῦ θεοῦ. (고후 7:12): 불의를 행한 자 때문도 아니오 불의를 당한 자 때문도 아니라, 다만 우리를 위한 너희의 간절함이 하나님 앞에서 너희에게 나타나게 하려 함이다.

(5) 수단

① 부정사 단독으로: Βαλαάμ ἐδίδασκεν τῷ Βαλὰκ βαλεῖν σκάνδαλον ἐνώπιον τῶν υἱῶν Ἰσραήλ φαγεῖν εἰδωλόθυτα καὶ πορνεῦσαι. (계 2:14): 발람이 발락을 가르쳐 이스라엘 자손들 앞에 올무를 놓아 우상제물을 먹고 음행하게 하였다.

② ἐν τῷ + 부정사: ἐν τῷ τὴν χεῖρά [σου] ἐκτείνειν (행 4:30): 당신의 손을 내밀어서

③ *ἐκ τοῦ* + 부정사: *ἐκ τοῦ ἔχειν.* (고후 8:11): 있는 것으로

(6) 양식

① *εἰς τό* + 부정사: *ἀλλὰ φρονεῖν εἰς τὸ σωφρονεῖν* (롬 12:3): 그러나 지혜롭게 생각하라(앞에 나온 부정사는 명령법의 역할을 한다.)

② *πρὸς τό* + 부정사: *ὁ βλέπων γυναῖκα πρὸς τὸ ἐπιθυμῆσαι* (마 5:28): 욕심을 품으면서 여자를 보는 자

(7) 주동사로 쓰이는 부정사: 때로는 부정사가 명령법의 역할을 한다.

χαίρειν μετὰ χαιρόντων, κλαίειν μετὰ κλαιόντων, (롬 12:15): 기뻐하는 자들과 함께 기뻐하라. 우는 자들과 함께 울라.

(8) 독립적인 부정사: 인사에 사용된다.

οἱ ἀπόστολοι καὶ οἱ πρεσβύτεροι ἀδελφοὶ τοῖς ἀδελφοῖς τοῖς ἐξ ἐθνῶν χαίρειν (행 15:23): 형제 된 사도들과 장로들은 이방인의 형제들에게 문안한다.

2. 명사적으로 사용되는 부정사

(1) 주어

① 비인칭동사의 주어: 주로 *δεῖ, ἔξεστιν*과 같은 동사의 주어

εὐαγγελίσασθαί με δεῖ τὴν βασιλείαν τοῦ θεοῦ, (눅 4:43): 나는 하나님의 나라를 전해야만 한다.

② *εἰμί* 동사의 주어

οὐ γάρ ἐστιν καλὸν λαβεῖν τὸν ἄρτον τῶν τέκνων καὶ τοῖς κυναρίοις βαλεῖν. (막 7:27): 자녀의 떡을 취하여 개들에게 던지는 것이 선하지 않다.

ἐμοὶ γὰρ τὸ ζῆν Χριστὸς καὶ τὸ ἀποθανεῖν κέρδος. (빌 1:21): 왜냐하면 나에게 사는 것이 그리스도이니 죽는 것도 얻는 것이다.

③ 기타 동사의 주어: 어떤 동사들은 비인칭 동사와 같은 역할을 하며, 부정사를 주어로 취하기도 한다. 여기에는 *δοκέω, συμφέρω, γίνομαι*와 같은 동사들이 있다(롬 7:18; 마 15:20; 고후 7:11).

τὸ γὰρ θέλειν παράκειταί μοι, τὸ δὲ κατεργάζεσθαι τὸ καλὸν οὔ (롬 7:18): 선을 뜻하는 것은 나에게 있으나, 그 선을 행하는 것은 없다.

(2) 직접목적어

① 자연스런 보완- 여기에 속하는 동사들은 *βούλομαι, θέλω, ἄρχομαι, ζητέω, μέλλω, ὀκνέω*(지체하다, 주저하다), *ποιέω, τολμάω, ἀφίημι*(용서하다, 허락하다), *ἐπιτρέπω, κωλύω*(금지하다), *δύναμαι*(할 수 있다), *ἰσχύω*, *ἀξιόω*(가치 있다고 생각하다, 가치 있게 하다), *ὀφείλω* 등이 있다.

κριτὴς ἐγὼ τούτων οὐ βούλομαι εἶναι. (행 18:15): 나는 이 일의 재판관이 되길 원하지 않는다.

οὐ θέλω δὲ ὑμᾶς ἀγνοεῖν, ἀδελφοί (롬 1:13): 형제들아, 나는 너희들이 모르기를 원치 않는다.

② 정신적 활동을 의미하는 동사의 직접목적어 — 여기에 속하는 동사들은 *δοκέω*, *ἐλπίζω*, *κρίνω*, *λογίζομαι*, *νομίζω* 등이 있다.

νομίσαντες δὲ αὐτὸν εἶναι ἐν τῇ συνοδίᾳ (눅 2:44): 그가 동행중에 있는 줄로 그들은 생각하였기에,

③ 일반적인 직접목적어: *θεὸς γάρ ἐστιν ὁ ἐνεργῶν ἐν ὑμῖν καὶ τὸ θέλειν καὶ τὸ ἐνεργεῖν* (빌 2:13): 하나님께서 너희 안에서 그 뜻과 행함을 실행하시는 분이기 때문이다.

④ 간접화법- 여기에 속하는 동사들은 *αἰτέω*, *διατάσσω*, *εἶπον*, *ἐρωτάω*, *εὔχομαι*(기도하다), *κελεύω*, *λέγω*, *παραγγέλλω*, *παρακαλέω* 등이 있다.

λέγουσιν ἀνάστασιν μὴ εἶναι. (막 12:18): 그들이 부활이 없다 말한다.

(3) 동격: 부정사가 앞에 나온 명사나 대명사의 동격의 역할을 하는 경우가 있다(약 1:27; 롬 4:13; 고전 7:37; 벧전 2:15)

θρησκεία καθαρὰ … αὕτη ἐστίν, ἐπισκέπτεσθαι … τηρεῖν (약 1:27): 정결한 경건은 … 즉 그것은, 돌아보는 것 … 지키는 것이다.

(4) 형용사의 역할을 하는 부정사: 주로 *ἀνάγκη*, *ἐξουσία*, *καιρός*, *χρεία* 등과 같은 명사를 수식한다 (마 3:14; 막 2:10; 요 1:12; 히 3:12).

Ἐγὼ χρείαν ἔχω ὑπὸ σοῦ βαπτισθῆναι, (마 3:14): 나는 당신에게(에 의하여) 침례를 받아야 할 필요가 있다.

(5) 형용사를 수식하는 부정사: 주로 *ἄξιος*, *δυνατός*, *ἕτοιμος*, *ἱκανός*와 같은 형용사들을 수식한다(눅 15:19; 막 1:7; 롬 4:21; 히 5:11; 약 1:19).

οὐκέτι εἰμὶ ἄξιος κληθῆναι υἱός σου· (눅 15:19): 저는 더 이상 당신의 아들이라 불릴 가치가 없습니다.

※ 부정사의 분해 방법: 시상, 태, 법(부정사), 원형, 뜻의 순서로 분해한다.

예: *κληθῆναι*:- 부정과거, 수동태, 부정사, *καλέω*, 부르다

♠ 단어 익히기

동사

φρουρέω: 지키다, 죄수를 가두다, 보호하다

συγκλείω: 옥에 가두다, 체포하다

πορνεύω: 음행하다

νομίζω: 생각하다, 여기다; (수)관습이다

σωφρονέω: 올바른 생각 가운데 있다, 지각이 있다

μετα-μέλομαι: (디포)뉘우치다, 슬퍼하다, 마음을 바꾸다

접속사: *ὥστε*: ~ 하기 위하여, ~ 할 정도로, ~ 의 결과가 되는 , 그러므로, 따라서

전치사: *ἕνεκεν, ἕνεκα, εἵνεκεν*: + 속격. ~ 때문에,

형용사

ἀναπολόγητος, -ον: 핑계하지 못하는

ὁμότεχνος, -ον: 직업(사업)이 같은

πρωτότοκος, -ον: 처음으로 탄생한, 첫째의; 첫아들(명사로 사용될 때)

σύμμορφος, -ον: 동일한 형태(형상)를 가진

명사

ἀνάθεμα, -τος, τό: 저주받은 것, 하나님의 저주 아래 있는 것

κυνάριον, -ου, τό: 집개, 개

θρησκεία, -ας, ἡ: 경건, 예배

κέρδος, -ους, τό: 얻음, 유익

συμβούλιον, -ου, τό: 계획, 음모

φιλαδελφία, -ας, ἡ: 형제 사랑

ἴασις, -εως, ἡ: 병고침

σκάνδαλον, -ου, τό: 범죄할 기회를 주는 것, 장애물, 넘어지게 하는 것

συνοδία, -ας, ἡ: 여행단, 무리

τέρας, -ατος, τό: 표적, 기사

♥ 성경 문장 읽기

(다음 문장 안에 있는 부정사들을 분해해 보시오. 또한 부정사의 용도도 생각해 보시오.)

1. *Τότε παραγίνεται ὁ Ἰησοῦς ἀπὸ τῆς Γαλιλαίας ἐπὶ τὸν Ἰορδάνην πρὸς τὸν Ἰωάννην τοῦ βαπτισθῆναι ὑπ᾽ αὐτοῦ.* (마 3:13)
2. *Ἀπὸ τότε ἤρξατο ὁ Ἰησοῦς κηρύσσειν καὶ λέγειν, Μετανοεῖτε·*(회개하라) *ἤγγικεν γὰρ ἡ βασιλεία τῶν οὐρανῶν.* (마 4:17)
3. *ἐγὼ δὲ λέγω ὑμῖν ὅτι πᾶς ὁ βλέπων γυναῖκα πρὸς τὸ ἐπιθυμῆσαι αὐτὴν ἤδη ἐμοίχευσεν αὐτὴν ἐν τῇ καρδίᾳ αὐτοῦ.* (마 5:28)
4. *οὐ δύναται*(할 수 있다) *δένδρον ἀγαθὸν καρποὺς πονηροὺς ποιεῖν οὐδὲ δένδρον σαπρὸν καρποὺς καλοὺς ποιεῖν* (마 7:18)
5. *Ἔλεος θέλω καὶ οὐ θυσίαν· οὐ γὰρ ἦλθον καλέσαι δικαίους ἀλλὰ*

ἁμαρτωλούς. (마 9:13)

6. Ἰδοὺ οἱ μαθηταί σου ποιοῦσιν ὃ οὐκ ἔξεστιν ποιεῖν ἐν σαββάτῳ (마 12:2)

7. ἔλεγεν γὰρ ὁ Ἰωάννης αὐτῷ, Οὐκ ἔξεστίν σοι ἔχειν αὐτήν. (마 14:4)

8. λέγει αὐτοῖς, Ὑμεῖς δὲ τίνα με λέγετε εἶναι; ἀποκριθεὶς δὲ Σίμων Πέτρος εἶπεν, Σὺ εἶ ὁ Χριστὸς ὁ υἱὸς τοῦ θεοῦ τοῦ ζῶντος. (마 16:15-16)

9. Πρὶν ἀλέκτορα φωνῆσαι τρὶς(세 번) ἀπαρνήσῃ με· (마 26:75)

10. ἀλλὰ μετὰ τὸ ἐγερθῆναί με προάξω ὑμᾶς εἰς τὴν Γαλιλαίαν. (막 14:28)

11. οὐκ ᾔδειτε ὅτι ἐν τοῖς τοῦ πατρός μου δεῖ εἶναί με; (눅 2:49)

12. ὁ δὲ εἶπεν πρὸς αὐτοὺς ὅτι Καὶ ταῖς ἑτέραις πόλεσιν εὐαγγελίσασθαί με δεῖ τὴν βασιλείαν τοῦ θεοῦ, ὅτι ἐπὶ τοῦτο ἀπεστάλην. (눅 4:43)

13. ἡ ἀδελφή μου μόνην με κατέλιπεν διακονεῖν (눅 10:40)

14. σήμερον γὰρ ἐν τῷ οἴκῳ σου δεῖ με μεῖναι. (눅 19:5)

15. αὐτὸς δὲ Ἰησοῦς οὐκ ἐπίστευεν αὐτὸν αὐτοῖς διὰ τὸ αὐτὸν γινώσκειν πάντας (요 2:24)

16. ἐκεῖνον δεῖ αὐξάνειν, (요 3:30)

17. εἶπεν αὐτοῖς Ἰησοῦς, Ἀμὴν ἀμὴν λέγω ὑμῖν, πρὶν Ἀβραὰμ γενέσθαι ἐγὼ εἰμί. (요 8:58)

18. τί πάλιν θέλετε ἀκούειν; μὴ καὶ ὑμεῖς θέλετε αὐτοῦ μαθηταὶ γενέσθαι; (요 9:27) (부정적인 대답을 기대하는 의문문)

19. τῇ δόξῃ ᾗ εἶχον πρὸ τοῦ τὸν κόσμον εἶναι παρὰ σοί. (요 17:5)

20. Ἡμεῖς νόμον ἔχομεν, καὶ κατὰ τὸν νόμον ὀφείλει ἀποθανεῖν, (요 19:7)

21. λέγει αὐτῷ ὁ Ἰησοῦς, Ἐὰν αὐτὸν θέλω μένειν ἕως ἔρχομαι, τί πρὸς σέ; (요 21:22)

22. ἐν τῷ τὴν χεῖρά [σου] ἐκτείνειν σε εἰς ἴασιν καὶ σημεῖα καὶ τέρατα γίνεσθαι διὰ τοῦ ὀνόματος τοῦ ἁγίου παιδός σου Ἰησοῦ. (행 4:30)

23. καὶ διὰ τὸ ὁμότεχνον εἶναι ἔμενεν παρ' αὐτοῖς καὶ ἠργάζετο· (행 18:3)

24. λογιζόμεθα γὰρ δικαιοῦσθαι πίστει ἄνθρωπον χωρὶς ἔργων νόμου. (롬 3:28)

25. μέλλετε ἀποθνῄσκειν· (롬 8:13)

26. ὅτι οὓς προέγνω, καὶ προώρισεν συμμόρφους τῆς εἰκόνος τοῦ υἱοῦ αὐτοῦ, εἰς τὸ εἶναι αὐτὸν πρωτότοκον ἐν πολλοῖς ἀδελφοῖς· (롬 8:29)

27. διὸ γνωρίζω ὑμῖν ὅτι οὐδεὶς ἐν πνεύματι θεοῦ λαλῶν λέγει, Ἀνάθεμα Ἰησοῦς, (고전 12:3)

28. οὐκ εἰμὶ ἱκανὸς καλεῖσθαι ἀπόστολος, (고전 15:9)

29. πρὸ τοῦ γὰρ ἐλθεῖν τινας ἀπὸ Ἰακώβου μετὰ τῶν ἐθνῶν συνήσθιεν (갈 2:12)

30. Πρὸ τοῦ δὲ ἐλθεῖν τὴν πίστιν ὑπὸ νόμον ἐφρουρούμεθα συγκλειόμενοι εἰς τὴν μέλλουσαν πίστιν ἀποκαλυφθῆναι, (갈 3:23)

31. οὕτως ὀφείλουσιν [καὶ] οἱ ἄνδρες ἀγαπᾶν τὰς ἑαυτῶν γυναῖκας ὡς τὰ ἑαυτῶν σώματα. ὁ ἀγαπῶν τὴν ἑαυτοῦ γυναῖκα ἑαυτὸν ἀγαπᾷ. (엡 5:28)

32. Γινώσκειν δὲ ὑμᾶς βούλομαι, ἀδελφοί, (빌 1:12)

33. Περὶ δὲ τῆς φιλαδελφίας οὐ χρείαν ἔχετε γράφειν ὑμῖν, (살전 4:9)

34. οὐκ ἔχετε διὰ τὸ μὴ αἰτεῖσθαι ὑμᾶς (약 4:2)

제 18 장

가정법 (Subjunctive Mood)

◆ 어형 익히기 + ♠ 단어 익히기

신약성서에는 현재, 부정과거, 현재완료 가정법이 나온다. 가정법에는 부정과거에서까지도 제 1 시상어미만 사용된다. 가정법에는 간모음이 장음화되어, μ와 ν 앞에서는 ω가 여타의 철자 앞에서는 η가 사용된다. 현재 직설법에서 간모음과 제 1 시상어미가 합해지면서 일어났던 음성변화를 참조하여 가정법 어미의 최종적인 어미를 도출해낼 수 있을 것이다. 최종적인 가정법 어미는 다음과 같다.

	능동태		중간태/수동태	
	단수	복수	단수	복수
1 인칭	-ω	-ω-μεν	-ω-μαι	-ώ-μεθα
2 인칭	-ῃς	-η-τε	-ῃ	-η-σθε
3 인칭	-ῃ	-ωσι(ν)	-η-ται	-ω-νται

I. 현재 가정법

현재 가정법의 기본구조는 동사의 현재어간 + 능동태 혹은 중간태/수동태 가정법 어미로 이루어진다.

	현재 능동태 가정법(예: ἔχ-ω, 35)		현재 중간태/수동태 가정법(예: δέχο-μαι, 4)	
	단수	복수	단수	복수
1 인칭	ἔχ-ω	ἔχ-ω-μεν	δέχ-ω-μαι	δεχ-ώ-μεθα
2 인칭	ἔχ-ῃς	ἔχ-η-τε	δέχ-ῃ	δέχ-η-σθε
3 인칭	ἔχ-ῃ	ἔχ-ωσι(ν)	δέχ-η-ται	δέχ-ω-νται

※참고

1. 단축 -ω동사의 변화는 비단축 -ω동사와 동일하나 변화과정에서 모음 단축원리에 따라서 단축현상이 일어나게 된다.
2. εἰμί동사의 현재 가정법은 가정법 능동태 어미와 일치하며 숨표와 액센트만 다르다.

	단수	복수
1 인칭	ὦ	ὦμεν
2 인칭	ᾖς	ἦτε
3 인칭	ᾖ	ὦσι(ν)

※ 신약성서에 많이 나오는 현재 가정법은 다음과 같다.

1. 능동태(1인칭 단수의 형태는 현재 직설법과 동일하다.)

ἄγ-ω(8) ἀποκτείν-ω(12) βλέπ-ω(9) γινώσκ-ω(4)

ἐσθί-ω(5) / ἔσθ-ω(1) ← ἐσθί-ω ἔχ-ω(35) θέλ-ω(20)

λέγ-ω(10) περισσεύ-ω(6) μέν-ω(5) πίν-ω(7)

2. 중간태/수동태

γίν-ω-μαι(3) ← γίνομαι δέχ-ω-μαι(4) ← δέχομαι

προσ-εύχ-ω-μαι(4) ← προσ-εύχομαι εὐαγγελίζ-ω-μαι(3) ← εὐαγγελίζω

3. 단축 -ω동사

ἀγαπῶ(15) ← ἀγαπάω διψῶ(3) ← διψάω θεωρῶ(3) ← θεωρέω

διακονῶ(3) ← διακονέω λαλῶ(3) ← λαλέω μεριμνῶ(3) ← μεριμνάω

μετανοῶ(3) ← μετανοέω πληρῶ(1) ← πληρόω ποιῶ(22) ← ποιέω

περιπατῶ(8) ← περιπατέω τηρῶ(3) ← τηρέω αἰτῶ-μαι(2) ← αἰτέω

γρηγορῶ(3) ← γρηγορέω: 깨어 있다, 경계하다, 살아 있다

εὐοδῶ-μαι(1) ← εὐοδόομαι: (디포)일이 잘 되어가다, (돈을) 벌다

χρῶ-μαι(2) ← χράομαι: (디포) 사용하다, 활용하다

II. 부정과거 가정법

부정과거 가정법은 점적인 동작을 나타내나 행동의 시간을 가리키는 것은 아니기 때문에, 접두모음(ε)이 사용되지도 않고, 제 2 시상이라는 말도 어울리지 않는다. 직설법에서와 마찬가지로 비단축 -ω동사와 단축 -ω동사간의 차이나 -ω동사와 -μι동사간의 차이도 없다. 그러나 어간의 차이에 의하여 제 1 부정과거(규칙변화) 가정법과 제 2 부정과기(불규칙변화) 가정법으로 나뉜다.

1. 제 1 부정과거 가정법

제 1 부정과거 능동태 가정법의 기본구조는 부정과거 어간 + 시상접미어 σ + 능동태 가정법 어미로 이루어진다. 여기서 주목해야 할 것은 시상접미어가 σα/σε가 아니라, σ만 사용된다는 것이다.

제 1 부정과거 중간태 가정법의 기본구조는 부정과거 어간 + 시상접미어 σ + 중간태/수동태 가정법 어미로 형성된다. 중간태에서도 역시 시상접미어로 σ만 사용된다.

제 1 부정과거 수동태 가정법의 기본구조는 부정과거 어간 + 시상접미어 θε + 능동태 가정법 어미로 형성되는데, 이때 시상접미어의 마지막 모음 ε과 가정법 어미 사이에 모음 단축현상이 일어난다. 그래서 최종적인 어미는 -θῶ, -θῇς, -θῇ, -θῶ-μεν, -θῆ-τε, -θῶσι(ν)이 된다.

	제 1 부정과거 능동태	제 1 부정과거 중간태	제 1 부정과거 수동태
	예: πιστεύω(22):	예: ἐνδύω(7):	예: σῴζω(8):
(단 1)	πιστεύ-σ-ω	ἐνδύ-σ-ω-μαι	σω-θῶ
(단 2)	πιστεύ-σ-ῃς	ἐνδύ-σ-ῃ	σω-θῇς
(단 3)	πιστεύ-σ-ῃ	ἐνδύ-σ-η-ται	σω-θῇ
(복 1)	πιστεύ-σ-ω-μεν	ἐνδυ-σ-ώ-μεθα	σω-θῶ-μεν
(복 2)	πιστεύ-σ-η-τε	ἐνδύ-σ-η-σθε	σω-θῆ-τε
(복 3)	πιστεύ-σ-ωσι(ν)	ἐνδύ-σ-ω-νται	σω-θῶσι(ν)

※ 신약성서에 많이 나오는 다른 예들

능동태: ἀκού-σ-ω(20) ← ἀκούω　　ἀπολύ-σ-ω(12) ← ἀπολύω

ζή-σ-ω(6) ← ζάω　　λύ-σ-ω(5) ← λύω

φονεύ-σ-ω(4) ← φονεύω: 죽이다, 살인하다

중간태: γεύ-σ-ω-μαι(6) ← γεύομαι

수동태: πορευ-θῶ(5) ← πορεύομαι

※참고

1. 제 1 부정과거 가정법 능동태 1인칭 단수는 미래 직설법 1인칭 단수와 그 형태가 동일하고, 제 1 부정과거 가정법 능동태 3인칭 단수는 미래 중간태 직설법 2인칭 단수 및 제 1부정과거 가정법 중간태 2인칭 단수와 동일하다.

2. 어간이 α, ε, ο으로 끝나는 단축 -ω동사는 시상접미어 앞에서 대부분 장음화된다.

   예: αἰτή-σ-ω(5) ← αἰτέω　　θελή-σ-ω(5) ← θελέω

   λαλή-σ-ω(7) ← λαλέω　　προσκυνή-σ-ω(5) ← προσκυνέω

   τηρή-σ-ω(6) ← τηρέω　　αἰτή-σ-ω-μαι(5) ← αἰτέω

γεννη-θῶ(3) ← γεννάω　　πληρω-θῶ(28) ← πληρόω

φανερω-θῶ(11) ← φανερόω　　φοβη-θῶ(7) ← φοβέομαι

예외: τελέ-σ-ω(3) ← τελέω　　ἐπι-καλέ-σ-ω-μαι(3) ← ἐπι-καλέω

ἰα-θῶ(2) ← ἰάομαι

3. 어간이 폐쇄음으로 끝나는 동사에서는 음성변화가 일어난다.

(1) 능동태/중간태에서 순음(π, β, φ) + σ = ψ, 후음(κ, γ, χ) + σ = ξ, 그리고 치음(τ, δ, θ) + σ = σ(σ 앞에서 τ, δ, θ는 탈락한다.) 등으로 음성변화가 일어난다.

순음: ἀνα-βλέψ-ω(4) ← ἀναβλέπω　　ἐπι-στρέψ-ω(6) ← ἐπιστρέφω

ἅψ-ω-μαι(8) ← ἅπτω　　κλέψ-ω(4) ← κλέπτω: 훔치다

후음: διώξ-ω(2) ← διώκω　　ἀνοίξω(3) ← ἀνοίγω　　κηρύξ-ω(2) ← κηρύσσω

κατα-ψύξ-ω(1) ← κατα-ψύχω: 차갑게 하다, 신선하게 하다

διδάξ-ω(3) ← διδάσκω　　ἄρξ-ω-μαι(5) ← ἄρχομαι

δέξ-ω-μαι(10) ← δέχομαι　　προσεύξ-ω-μαι(4) ← προσεύχομαι

치음: ἀγορά-σ-ω(6) ← ἀγοράζω　　ἀσπά-σ-ω-μαι(2) ← ἀσπάζομαι

σκανδαλί-σ-ω(5) ← σκανδαλίζω(이 세 동사는 동사어간이 δ로 끝난다.)

(2) 수동태에서는 순음(π, β, φ) + θ = φθ, 후음(κ, γ, χ) + θ = χθ, 그리고 치음(τ, δ, θ) + θ = σθ(θ 앞에서 τ, δ, θ는 σ로 이화된다.) 등으로 음성변화가 일어난다.

순음: ἀποκαλυφ-θῶ(3) ← ἀποκαλύπτω

προ-λημφ-θῶ(1) ← προ-λαμβάνω; 미리하다, 먼저 시작하다, (죄짓는 중에) 잡다

후음: ἐλεγχ-θῶ(1) ← ἐλέγχω　　κηρυχ-θῶ(2) ← κηρύσσω

치음: δοξασ-θῶ(4) ← δοξάζω (동사어간이 δ로 끝난다.)

4. 어간이 유음(λ, ρ)이나 비음(μ, ν)으로 끝나는 유음동사나 비음동사들의 부정과거 가정법 능동태/중간태에서 시상접미어 σ가 탈락해버린다. 그 대신 어간의 모음에 변화가 일어난다.

예: ἄρ-ω(6) ← αἴρω　　μείν-ω(11) ← μένω　　κερδή-σ-ω(6) ← κερδαίνω

어간이 유음(λ, ρ)으로 끝나는 동사의 부정과거 수동태 가정법에서 어간의 모음에 변화가 일어난다.

예: ἐγερ-θῶ(2) ← ἐγείρω　　ἀπ-αρ-θῶ(3) ← ἀπ-αίρω: 멀리 치우다

또한 어간이 비음(μ, ν)으로 끝나는 동사의 부정과거 수동태 가정법에서 비음이 탈락하기도 하고 그냥 유지되기도 한다.

예: κρι-θῶ(5) ← κρίνω　　ἐπ-αισχυν-θῶ(3) ← ἐπαισχύνομαι: (디포)부끄러워하다

5. 몇몇 동사에서 어간과 시상접미어 사이에 η, ϵ, ο 등을 삽입한다. 이는 음성변화를 방지하

기 위함이다.

예: ἁμαρτ-ή-σ-ω(3) ← ἁμαρτάνω　　　ὀμ-ό-σ-ω(5) ← ὀμνύω

εὑρ-ε-θῶ(8) ← εὑρίσκω　　　γεν-η-θῶ(1) ← γίνομαι

또한 수동태에서 어간 다음에 σ를 삽입하기도 한다.

예:τελε-σ-θῶ(5) ← τελέω　　　ἀκου-σ-θῶ(4) ← ἀκούω

2. 제 2 부정과거 가정법

제2 부정과거 능동태, 중간태 가정법이 현재 능동태, 중간태 가정법과 다른 유일한 점은 동사 어간만 다른 것이다. 제 2 부정과거 능동태 가정법은 부정과거 어간 + 능동태 가정법 어미로, 제2 부정과거 중간태 가정법은 부정과거 어간 + 중간태/수동태 가정법 어미로 구성된다.

제 2 부정과거 수동태 가정법과 제 1 부정과거 수동태 가정법과의 유일한 차이점은, 제 2 부정과거 수동태 가정법에는 시상어미 θη에서 θ를 제외하고 η만 사용한다는 것이다. 그러므로 이때 제 2 부정과거 수동태 시상어미 η가 가정법 어미와 모음 단축현상이 일어나서 제 2 부정과거 수동태 가정법의 최종어미는 -ῶ, -ῇς, -ῇ, -ῶ-μεν, -ῆ-τε, -ῶσι(ν)이 된다.

	제 2 부정과거 능동태	제 2 부정과거 중간태	제 2 부정과거 수동태
	예: λέγω/εἶπον(57)	예: γίνομαι(61)	예: φαίνω(5)
(단, 1)	εἴπ-ω	γέν-ω-μαι	φαν-ῶ
(단, 2)	εἴπ-ῃς	γέν-ῃ	φαν-ῇς
(단, 3)	εἴπ-ῃ	γέν-η-ται	φαν-ῇ
(복, 1)	εἴπ-ω-μεν	γεν-ώ-μεθα	φαν-ῶ-μεν
(복, 2)	εἴπ-η-τε	γέν-η-σθε	φαν-ῆ-τε
(복, 3)	εἴπ-ω-σι(ν)	γέν-ω-νται	φαν-ῶσι(ν)

※ 신약성서에 많이 나오는 다른 제 2 부정과거 가정법의 예들

능동태: ἀποθάν-ω(14) ← ἀποθνῄσκω　　　ἀπ-έλθ-ω(14) ← ἀπ-έρχομαι

ἔλθ-ω(44) ← ἔρχομαι　　　εἰσ-έλθ-ω(26) ← εἰσ-έρχομαι

ἐξ-έλθ-ω(8) ← ἐξ-έρχομαι　　　παρ-έλθ-ω(7) ← παρ-έρχομαι

βάλ-ω(7) ← βάλλω　　　ἐκ-βάλ-ω(11) ← ἐκ-βάλλω

εὕρ-ω(12) ← εὑρίσκω　　　ἴδ-ω(35) ← βλέπω

λάβ-ω(15) ← λαμβάνω　　　κατα-λάβ-ω(5) ← κατα-λαμβάνω

πέσ-ω(26) ← πίπτω　　　πί-ω(13) ← πίνω

σχ-ῶ(8) ← ἔχω　　　φάγ-ω(26) ← ἐσθίω

중간태: περι-βάλ-ω-μαι(3) ← περι-βάλλω

수동태: στραφ-ῶ(2) ← στρέφω　　　σπαρ-ῶ(2) ← σπείρω
　　　ἐντραπ-ῶ(2) ← ἐντρέπω　　　χαρ-ῶ(3) ← χαίρω

※참고: γινώσκω와 καταβαίνω는 어간이 각각 γνο, κατα-βα이고, 이 어간에 능동태 가정법 어미를 붙여서 제 2 부정과거 능동태 가정법을 만든다. 이때 어간이 모음으로 끝나기 때문에, 간모음은 들어가지 않으나 어간의 모음과 어미의 모음이 합쳐질 때 모음 단축현상이 일어난다.

	예: γινώσκω(14)		예: κατα-βαίνω(2)	
	단수	복수	단수	복수
1 인칭	γν-ῶ	[γν-ῶ-μεν]	[κατα-βῶ]	[κατα-βῶ-μεν]
2 인칭	γν-ῷς	γν-ῶ-τε	[κατα-βῇς]	[κατα-βῆ-τε]
3 인칭	γν-ῷ/γνοῖ	γν-ῶσι(ν)	κατα-βῇ	[κατα-βῶσι(ν)]

III. 현재완료 가정법

현재완료 가정법은 신약성서에 별로 많이 나오지 않는다. 정식 형태가 10번 나오고 있는데, 모두 -μι동사이다. 현재완료 가정법은 또한 완곡법으로 11번 정도 나오는데, 그 형태는 εἰμί의 현재 가정법 + 현재완료 분사의 형태로 구성된다.

예: πεποιθότες(πείθω의 현재완료 분사) ὦμεν(고후 1:9);
　ᾖ πεπληρωμένη(πληρόω의 현재완료 분사)(요 16:24; 요일 1:4)

♣ 가정법의 용법

가정법에서는 화자가 사실보다는 가능성, 전제로 하는 것, 혹은 바램으로 여기고 있는 개념 등을 전달한다. 다시 말하면, 가정법은 가능성의 법이다. 직설법은 실제성을 전제로 하지만, 가정법은 비실제성을 전제로 한다. 신약성서에 자주 나오는 가정법의 용례는 다음과 같은데, 크게 종속절에서의 사용과 주절(혹은 독립절)에서의 사용으로 대별된다.

I. 종속절에서: 대부분의 가정법이 다양한 종류의 종속절에서 사용되고 있다

1. 목적절: ἵνα + 가정법의 형태 혹은 ὅπως + 가정법의 형태로 이루어진다.

예: Τοῦτο δὲ ὅλον γέγονεν ἵνα πληρωθῇ τὸ ῥηθὲν ὑπὸ κυρίου διὰ τοῦ προφήτου (마 1:22): 이 모든 것이 된 것은 선지자를 통하여 주에 의하여 말하여진 것이 이루어지도록 하기 위함이다.

ὅπως χάριτι θεοῦ ὑπὲρ παντὸς γεύσηται θανάτου. (히 2:9): 이는 하나님의 은혜로 그가 모든 이들을 위하여 죽음을 맛보기 위함이시다.

2. **결과절**: *ἵνα* + 가정법의 형태로 이루어진다.

예: *μὴ ἔπταισαν ἵνα πέσωσιν;* (롬 11:11): 그들이 넘어지기까지(넘어질 정도로) 실족하지 않았지? (부정적인 대답을 기대하는 의문문)

τίς ἥμαρτεν, οὗτος ἢ οἱ γονεῖς αὐτοῦ, ἵνα τυφλὸς γεννηθῇ; (요 9:2): 그가 소경으로 난 것은 누구의 죄입니까? 그 자신입니까 혹은 그의 부모입니까?

ἐὰν ὁμολογῶμεν τὰς ἁμαρτίας ἡμῶν, πιστός ἐστιν καὶ δίκαιος, ἵνα ἀφῇ ἡμῖν τὰς ἁμαρτίας (요일 1:9): 우리가 우리의 죄들을 고백하면, 그는 미쁘시고 의로우셔서 그 결과로 우리의 죄들을 사하실 것이다.

3. **제 3 조건절**: *ἐάν* + 가정법은 제 3 조건문을 형성한다(조건문의 종류에 관하여는 본 장의 말미를 보라.).

예: *ἐάν τις φάγῃ ἐκ τούτου τοῦ ἄρτου ζήσει εἰς τὸν αἰῶνα,* (요 6:51): 이 떡을 먹는 자는 영원히 살리라.

4. **장소절**: *ὅπου*와 *ἄν* 혹은 *ἐάν* + 가정법의 형태로 이루어진다.

예: *ὅπου ἐὰν κηρυχθῇ τὸ εὐαγγέλιον τοῦτο ἐν ὅλῳ τῷ κόσμῳ,* (마 26:13): 이 복음이 온 세상에 전해지는 곳마다,

5. **시간절**: *ὅταν* 혹은 "~ 까지"라는 의미를 가진 여러 단어 + 가정법의 형태로 이루어진다

예: *οὐ μὴ παρέλθῃ ἡ γενεὰ αὕτη μέχρις οὗ ταῦτα πάντα γένηται.* (막 13:30): 이 모든 것이 일어나기 전까지는 이 세대가 결단코 지나가지 않을 것이다.

6. **명사절**: *ἵνα* + 가정법의 형태로 주어, 목적어, 동격절의 역할을 한다.

예: *Καὶ ἐξελθόντες ἐκήρυξαν ἵνα μετανοῶσιν,* (막 6:12): 그리고 그들은 나가서 회개하라고 선포하였다.

7. **관계절**: *ἄν* 혹은 *ἐάν* + 가정법의 형태로 이루어진다.

예: *ὃς δ' ἂν τηρῇ αὐτοῦ τὸν λόγον,* (요일 2:5): 그러나 그의 말을 순종하는 자마다,

II. 주절(혹은 독립절)에서

1. 권유적 가정법(권유법, hortatory subjunctive)

1인칭 복수 가정법이 사용된다(예: 요일 4:7). 그러나 항상 1인칭 복수에만 사용되는 것은 아니다(비교, 요일 3:11; 5:2). 여기서 현재 가정법은 진행적인 의미를(예: 갈 6:10), 부정과거 가정법(예: 막 9:5)은 전체적인 권면을 표현한다.

예: *Ἀγαπητοί, ἀγαπῶμεν ἀλλήλους,* (요일 4:7): 사랑하는 자들아, 우리가 서로 사랑하자.

2. 토의적 가정법(deliberative subjunctive): **의문문에서**

예: *τί εἴπω ὑμῖν;* (고전 11:22): 내가 너희들에게 무엇을 말하랴?

Πῶς οὖν ἐπικαλέσωνται εἰ ὃν οὐκ ἐπίστευσαν; πῶς δὲ πιστεύσωσιν οὗ οὐκ ἤκουσαν; πῶς δὲ ἀκούσωσιν χωρὶς κηρύσσοντος; (롬 10:14): 그러면 그들이 믿지 않는 자를 어떻게 부르겠는가? 또한 그들이 듣지 못하고서 어떻게 믿겠는가? 또한 선포하는 자 없이 그들이 어떻게 듣겠는가?

3. 강한 부정(emphatic negation)

부정과거 가정법이 *οὐ μή*와 함께 사용된다(예: 요 10:28; 히 13:5). 같은 의미로 미래직설법이 사용되나 부정과거 가정법의 빈도수가 더 높다.

예: *ὁ ἐρχόμενος πρός ἐμὲ οὐ μὴ πεινάσῃ, καὶ ὁ πιστεύων εἰς ἐμὲ οὐ μὴ διψήσει πώποτε.* (요 6:35): 내게 오는 자는 결단코 주리지 아니하며, 나를 믿는 자는 결단코 언제나 목마르지 않을 것이다.

4. 금지(prohibition): *μή* **+ 부정과거 가정법**

예: *Μὴ νομίσητε ὅτι ἦλθον καταλῦσαι τὸν νόμον ἢ τοὺς προφήτας*(마 5:17): 내가 율법이나 선지자를 폐하러 온 줄로 생각하지 말라.

μὴ φοβηθῇς παραλαβεῖν Μαριὰμ(마리아) *τὴν γυναῖκά σου* (마 1:20): 마리아를 너의 아내로 데려오는 것을 두려워하지 말라.

※참고: 금지를 나타내는 데는 *οὐ* + 미래직설법을 사용하기도 한다. *Οὐ φονεύσεις* (마 5:21): 살인하지 말라.

※ **가정법의 분해방법**: 시상, 태, 법(가정법), 인칭, 수, 원형, 뜻의 순서로 한다.

예: *φοβηθῇς*- 부정과거, 수동태(디포넌트), 가정법, 2 인칭, 단수, *φοβέομαι,* 두려워하다.

♠ 단어 익히기

동사

ζῳοποιέω: 생명을 주다, 살게 하다 *θύω*: 도살하다, 제물을 바치다, 죽이다

πταίω: 넘어지다, 잘못 가다, 죄를 짓다

명사: *οἰκονόμος, -ου, ὁ*: 청지기, 관리인, 일꾼, 종

형용사

περισσός, -ή, όν: 더 많은; 필요한 것이 없는; 부사. 충만하게

전치사/접속사/부사/불변화사

μέχρις(또는 *μέχρι*): + 속격. ~ 까지, ~ 정도로; 접속사: ~ 까지

ἐάν: 접속사. 만약 ~ 한다면, ~ 할 때, 비록 ~ 할지라도; 때로는 *ἄν*과 동일하게 사용된다.

ὅταν: -할 때(마다), ~ 하는 한 자주

ἵνα: 접속사. ~ 하기 위하여, 그래서 ~ 한 결과로

ὅπου: 부사. ~ 하는 곳, ~ 하는 동안; *ὅπου ἀν* 혹은 *ὅπου ἐάν*: ~ 할 때마다, ~ 하는 곳마다

ὅπως(혹은 *ὅπως ἄν*): ~ 하기 위하여

πώποτε: 언제나, 항상, 늘

♥ 성경 문장 읽기

(다음 문장에서 가정법을 찾아보고 분해해 보시오.)

1. *Μὴ νομίσητε ὅτι ἦλθον καταλῦσαι τὸν νόμον ἢ τοὺς προφήτας· οὐκ ἦλθον καταλῦσαι ἀλλὰ πληρῶσαι.* (마 5:17)
2. *ἀμὴν δὲ λέγω ὑμῖν, ὅπου ἐὰν κηρυχθῇ τὸ εὐαγγέλιον εἰς ὅλον τὸν κόσμον, καὶ ὃ ἐποίησεν αὕτη λαληθήσεται εἰς μνημόσυνον αὐτῆς.* (막 14:9)
3. *λέγει αὐτοῖς ὁ Ἰησοῦς, Ἐμὸν βρῶμά ἐστιν ἵνα ποιήσω τὸ θέλημα τοῦ πέμψαντός με καὶ τελειώσω αὐτοῦ τὸ ἔργον.* (요 4:34)
4. *ἐγώ εἰμι ὁ ἄρτος ὁ ζῶν ὁ ἐκ τοῦ οὐρανοῦ καταβάς· ἐάν τις φάγῃ ἐκ τούτου τοῦ ἄρτου ζήσει εἰς τὸν αἰῶνα, καὶ ὁ ἄρτος δὲ ὃν ἐγω δώσω*(주다) *ἡ σάρξ μού ἐστιν ὑπὲρ τῆς τοῦ κόσμου ζωῆς.* (요 6:51)
5. *Πάλιν οὖν αὐτοῖς ἐλάλησεν ὁ Ἰησοῦς λέγων, Ἐγώ εἰμι τὸ φῶς τοῦ κόσμου· ὁ ἀκολουθῶν ἐμοὶ οὐ μὴ περιπατήσῃ ἐν τῇ σκοτίᾳ, ἀλλ' ἕξει τὸ φῶς τῆς ζωῆς.* (요 8:12)
6. *ἐὰν οὖν ὁ υἱὸς ὑμᾶς ἐλευθερώσῃ, ὄντως ἐλεύθεροι ἔσεσθε.* (요 8:36)
7. *ἀπεκρίθη Ἰησοῦς, Ἐὰν ἐγὼ δοξάσω ἐμαυτόν, ἡ δόξα μου οὐδέν ἐστιν· ἔστιν ὁ πατήρ μου ὁ δοξάζων με, ὃν ὑμεῖς λέγετε ὅτι θεὸς ἡμῶν ἐστιν,* (요 8:54)
8. *καὶ εἶπεν ὁ Ἰησοῦς, Εἰς κρίμα ἐγὼ εἰς τὸν κόσμον τοῦτον ἦλθον, ἵνα οἱ μὴ βλέποντες βλέπωσιν καὶ οἱ βλέποντες τυφλοὶ γένωνται.* (요 9:39)
9. *ὁ κλέπτης οὐκ ἔρχεται εἰ μὴ ἵνα κλέψῃ καὶ θύσῃ καὶ ἀπολέσῃ*(멸망시키다)*· ἐγὼ ἦλθον ἵνα ζωὴν ἔχωσιν καὶ περισσὸν ἔχωσιν.* (요 10:10)
10. *εἶπεν οὖν Θωμᾶς ὁ λεγόμενος Δίδυμος τοῖς συμμαθηταῖς, Ἄγωμεν καὶ ἡμεῖς ἵνα ἀποθάνωμεν μετ' αὐτου.* (요 11:16)
11. *εἶπεν αὐτῇ ὁ Ἰησοῦς, Ἐγώ εἰμι ἡ ἀνάστασις καὶ ἡ ζωή· ὁ πιστεύων εἰς ἐμὲ κἂν ἀποθάνῃ ζήσεται, καὶ πᾶς ὁ ζῶν καὶ πιστεύων εἰς ἐμὲ οὐ μὴ ἀποθάνῃ εἰς τὸν αἰῶνα· πιστεύεις τοῦτο;* (요 11:25-26)
12. *λέγει αὐτῇ ὁ Ἰησοῦς, Οὐκ εἶπόν σοι ὅτι ἐὰν πιστεύσῃς ὄψῃ τὴν δόξαν*

τοῦ θεοῦ; (요 11:40)(긍정적인 대답을 기대하는 질문)

13. ἐν τούτῳ γνώσονται πάντες ὅτι ἐμοὶ μαθηταί ἐστε, ἐὰν ἀγάπην ἔχητε ἐν ἀλλήλοις. (요 13:35)

14. ἐάν τι αἰτήσητέ με ἐν τῷ ὀνόματί μου ἐγὼ ποιήσω. Ἐὰν ἀγαπᾶτέ με, τὰς ἐντολὰς τὰς ἐμὰς τηρήσετε· (요 14:14-15)

15. αὕτη ἐστὶν ἡ ἐντολὴ ἡ ἐμή, ἵνα ἀγαπᾶτε ἀλλήλους καθὼς ἠγάπησα ὑμᾶς. (요 15:12)

16. ταῦτα δὲ γέγραπται ἵνα πιστεύ[σ]ητε ὅτι Ἰησοῦς ἐστιν ὁ Χριστὸς ὁ υἱὸς τοῦ θεοῦ, καὶ ἵνα πιστεύοντες ζωὴν ἔχητε ἐν τῷ ὀνόματι αὐτοῦ. (요 20:31)

17. ὧδε λοιπὸν ζητεῖται ἐν τοῖς οἰκονόμοις, ἵνα πιστός τις εὑρεθῇ. (고전 4:2) (ὧδε λοιπόν: 더욱이, 이와 연관하여)

18. δι᾽ ὑπομονῆς τρέχωμεν τὸν ἀγῶνα (히 12:1)

19. αὐτὸς γὰρ εἴρηκεν, Οὐ μή σε ἐγκαταλίπω, (히 13:5)

20. ὅτι καὶ Χριστὸς ἅπαξ περὶ ἁμαρτιῶν ἔπαθεν, δίκαιος ὑπὲρ ἀδίκων, ἵνα ὑμᾶς προσαγάγῃ τῷ θεῷ θανατωθεὶς μὲν σαρκὶ ζῳοποιηθεὶς δὲ πνεύματι· (벧전 3:18)

21. Τεκνία μου, ταῦτα γράφω ὑμῖν ἵνα μὴ ἁμάρτητε. καὶ ἐάν τις ἁμάρτῃ, παράκλητον ἔχομεν πρὸς τὸν πατέρα Ἰησοῦν Χριστὸν δίκαιον· (요일 2:1)

22. Ἀγαπητοί, ἀγαπῶμεν ἀλλήλους, ὅτι ἡ ἀγάπη ἐκ τοῦ θεοῦ ἐστιν, καὶ πᾶς ὁ ἀγαπῶν ἐκ τοῦ θεοῦ γεγέννηται καὶ γινώσκει τὸν θεόν. (요일 4:7)

23. ἡμεῖς ἀγαπῶμεν, ὅτι αὐτὸς πρῶτος ἠγάπησεν ἡμᾶς. (요일 4:19)

♣ 조건문의 종류

1. 제 1 조건문(단순 조건문)

구조: 조건절(εἰ가 주로 오고 종종 ἐάν이 온다.)에 직설법, 귀결절에 직설법, 가정법, 명령법의 아무 시상이나 올 수 있다.

용도: 말하는 자가 조건의 실제성을 전제로 하며, 직설법을 사용하여 논쟁을 위한 확언을 한다. 그러나 그것이 사실이 아닐 수도 있다. 이 조건문이 가장 일반적인 조건문이다. 신약성서에 약 300 회 정도 나온다.

예: καὶ εἰ ἐγὼ ἐν Βεελζεβοὺλ ἐκβάλλω τὰ δαιμόνια, οἱ υἱοὶ ὑμῶν ἐν τίνι ἐκβάλλουσιν; (마 12:27): 만약 내가 바알세불을 의지하여 귀신을 내어쫓는다면, 너희의 아들들은 누구를 의지하여 쫓아내느냐?

εἰ δὲ ἐν πνεύματι θεοῦ ἐγὼ ἐκβάλλω τὰ δαιμόνια, ἄρα ἔφθασεν ἐφ᾽ ὑμᾶς ἡ βασιλεία τοῦ θεοῦ. (마 12:28): 만약 내가 하나님의 영으로 귀신을 쫓아낸다면, 결과적으로 하나님의 나라가 너희들 위에 임한 것이다.

εἰ δέ τις πνεῦμα Χριστοῦ οὐκ ἔχει, οὗτος οὐκ ἔστιν αὐτοῦ.(롬 8:9): 그런데 누구든 그리스도의 영을 가지고 있지 않으면, 그는 그리스도의 사람이 아니다.

2. 제 2 조건문(사실과 반대되는 조건문)

구조: 조건절(εἰ)과 귀결절(종종 ἄν이 사용된다)에 직설법의 과거시상들만 온다.

용도: 말하는 자가 조건절의 조건이 진실이 아님을 전제로 가지고 있다. 귀결절은 조건절이 진실일 경우에만 참이 될 수 있다. 신약성서에 50회 정도 나온다.

예: εἰ ἔτι ἀνθρώποις ἤρεσκον, Χριστοῦ δοῦλος οὐκ ἂν ἤμην. (갈 1:10): 만약 내가 사람을 기쁘게 하고 있었다면, 나는 그리스도의 종이 아니었을 것이다.

εἰ γὰρ ἐπιστεύετε Μωϋσεῖ, ἐπιστεύετε ἂν ἐμοί· (요 5:46): 만약 너희들이 모세를 믿었다면, 나를 믿었을 것이다.

Οὗτος εἰ ἦν προφήτης, ἐγίνωσκεν ἂν τίς καὶ ποταπὴ ἡ γυνὴ ἥτις ἅπτεται αὐτοῦ, ὅτι ἁμαρτωλός ἐστιν. (눅 7:39): 만약 이 사람이 선지자라면, 자기를 만지는 이 여자가 누구이며, 어떠한 자 곧 죄인임을 알았으리라.

3. 제 3 조건문

구조: 조건절(ἐάν이나 εἰ)에 가정법이 오고, 귀결절에는 보통 미래 혹은 현재 직설법 혹은 명령법이 온다.

용도: 말하는 자가 이루어질 것에 대한 큰 가능성을 믿고 있다. 미래의 상태를 표현한다. 신약성서에 약 300개의 예가 나온다.

예: ἐάν τις φάγῃ ἐκ τούτου τοῦ ἄρτου ζήσει εἰς τὸν αἰῶνα,(요 6:51): 이 떡을 먹는 자는 영원히 살리라.

ἐάν τις ὑμῖν εἴπῃ τι, ἐρεῖτε ὅτι Ὁ κύριος αὐτῶν χρείαν ἔχει· (마 21:3): 만약 누가 너희에게 왜냐고 말한다면, 주께서 그것들을 필요로 한다고 말하라.

4. 제 4 조건문

구조: 조건절(εἰ)과 귀결절(ἄν)에 기원법(본서의 제19장을 참조바람)이 온다. 신약성서에는 완전한 형태의 제 4 조건문은 나오지 않는다.

용도: 이루어질 것에 대한 희박한 가능성을 나타낸다. 말하는 자가 미래의 결정되지 않은 것을 전제로 가지고 있다.

예: εἰ καὶ πάσχοιτε διὰ δικαιοσύνην, μακάριοι. (벧전 3:14): 만약에 의로움으로 인하

여 너희들이 고난을 받는다면, 너희들은 복이 있다.

♠ 단어 익히기

명사

κήρυγμα, -τος, τό: 선포, 선포의 내용 *κοινωνός, -οῦ, ὁ*: 동참자, 참여자

πρόφασις, -εως, ἡ: 잘못된 동기, 핑계, 변명

동사: *στοιχέω*: 걷다, 행동하다, 살다

♥ 성경 문장 읽기(다음 문장에 나오는 조건문의 종류를 말하시오.)

1. *καὶ λέγετε, Εἰ ἤμεθα ἐν ταῖς ἡμέραις τῶν πατέρων ἡμῶν, οὐκ ἂν ἤμεθα αὐτῶν κοινωνοὶ ἐν τῷ αἵματι τῶν προφητῶν.* (마 23:30)
2. *ἀμὴν ἀμὴν λέγω ὑμῖν, ἐάν τις τὸν ἐμὸν λόγον τηρήσῃ, θάνατον οὐ μὴ θεωρήσῃ εἰς τὸν αἰῶνα.* (요 8:51)
3. *εἰ οὐ ποιῶ τὰ ἔργα τοῦ πατρός μου, μὴ πιστεύετέ μοι·* (요 10:37)
4. *ἠκούσατε ὅτι ἐγὼ εἶπον ὑμῖν, Ὑπάγω καὶ ἔρχομαι πρὸς ὑμᾶς. εἰ ἠγαπᾶτέ με ἐχάρητε ἂν ὅτι πορεύομαι πρὸς τὸν πατέρα.* (요 14:28)
5. *εἰ τὸν λόγον μου ἐτήρησαν, καὶ τὸν ὑμέτερον τηρήσουσιν.* (요 15:20)
6. *εἰ μὴ ἦλθον καὶ ἐλάλησα αὐτοῖς, ἁμαρτίαν οὐκ εἴχοσαν· νῦν δὲ πρόφασιν οὐκ ἔχουσιν περὶ τῆς ἁμαρτίας αὐτῶν.* (요 15:22)
7. *καὶ ἐὰν ἔχω προφητείαν καὶ εἰδῶ τὰ μυστήρια πάντα καὶ πᾶσαν τὴν γνῶσιν καὶ ἐὰν ἔχω πᾶσαν τὴν πίστιν, ἀγάπην δὲ μὴ ἔχω, οὐθέν εἰμι.* (고전 13:2)
8. *εἰ δὲ ἀνάστασις νεκρῶν οὐκ ἔστιν, οὐδὲ Χριστὸς ἐγήγερται· εἰ δὲ Χριστὸς οὐκ ἐγήγερται, κενὸν ἄρα [καὶ] τὸ κήρυγμα ἡμῶν, κενὴ καὶ ἡ πίστις ὑμῶν·* (고전 15:13-14)
9. *εἰ ζῶμεν πνεύματι, πνεύματι καὶ στοιχῶμεν.* (갈 5:25)
10. *ἐὰν δὲ ἐν τῷ φωτὶ περιπατῶμεν ὡς αὐτός ἐστιν ἐν τῷ φωτί, κοινωνίαν ἔχομεν μετ' ἀλλήλων καὶ τὸ αἷμα Ἰησοῦ τοῦ υἱοῦ αὐτοῦ καθαρίζει ἡμᾶς ἀπὸ πάσης ἁμαρτίας.* (요일 1:7)

♣ 간접화법(indirect discourse)

신약성서 헬라어에서 직접화법(direct discourse)을 표현할 때는 특별한 연결사가 필요없이 말하거나 생각하는 의미를 가진 동사 다음에 쉼표를 찍고 말해진 대로 기록하면 된다. 그리고 가끔

씩 *ὅτι*를 사용하기도 한다:

예: *εἶπεν αὐτῇ ὁ Ἰησοῦς, Ἐγώ εἰμι ἡ ἀνάστασις καὶ ἡ ζωή· ὁ πιστεύων εἰς ἐμὲ κἂν ἀποθάνῃ ζήσεται,* (요 11:25): 예수께서 그녀에게 말씀하셨다. "나는 부활이요 생명이니, 나를 믿는 자는 죽어도 살 것이다."

하지만 다른 사람이 말한 것이나 생각한 것을 당사자가 아닌 사람이 옮기는 기법을 간접화법(indirect discourse)이라 부르며, 간접확언, 의문, 명령, 보고 등을 간접화법으로 표현할 수 있다. 한 가지 유의할 것은 헬라어에서 직접화법을 간접화법으로 바꿀 때, 직접화법의 동사의 상태는 그대로 유지된다는 사실이다. 이미 앞에서 산발적으로 나왔지만, 여기서 간접화법을 표현하는 방법을 다음과 같이 정리할 수 있겠다.

1. *ὅτι*가 사용된 간접화법: (마 20:10; 막 1:37; 요 4:19; 11:27; 행 9:6)- 간접확언

예: *λέγει αὐτῷ, Ναί, κύριε, ἐγὼ πεπίστευκα ὅτι σὺ εἶ ὁ Χριστὸς ὁ υἱὸς τοῦ θεοῦ ὁ εἰς τὸν κόσμον ἐρχόμενος.* (요 11:27): 그녀는 그에게 말한다. "네, 주여, 나는 당신이 그리스도시며 세상에 오시는 하나님의 아들이심을 믿습니다."(전체적으로는 직접화법이지만 *ὅτι* 이하는 간접화법이다.)

λέγει αὐτῷ ἡ γυνή, Κύριε, θεωρῶ ὅτι προφήτης εἶ σύ. (요 4:19): 그 여자는 그에게 말하기를, "주여, 내가 보니 당신은 선지자입니다."(전체적으로는 직접화법이지만 *ὅτι* 이하는 간접화법이다.)

καὶ ἐλθόντες οἱ πρῶτοι ἐνόμισαν ὅτι πλεῖον λήμψονται· (마 20:10): 그리고 먼저 온 이들은 자기들이 더 많이 받을 줄로 생각하였다.

2. *ἵνα*나 *ὅπως*가 사용된 간접화법: (막 6:8; 행 8:15; 25:3)- 간접명령

예: *προσηύξαντο περὶ αὐτῶν ὅπως λάβωσιν πνεῦμα ἅγιον·* (행 8:15): 그들은 저들이 성령받도록 저들을 위하여 기도하였다.

αἰτούμενοι ὅπως μεταπέμψηται αὐτὸν εἰς Ἰερουσαλήμ. (행 25:3): 저들은 그를 예루살렘으로 보내주도록 간청하였다.

καὶ παρήγγειλεν αὐτοῖς ἵνα μηδὲν αἴρωσιν εἰς ὁδόν (막 6:8): 그리고 그는 저들에게 길(여행)을 위하여 아무것도 가지고 가지 말도록 명하였다.

3. *τί*가 사용된 간접화법: (마 6:25; 막 5:14; 9:6; 요 2:25)- 간접의문

예: *Διὰ τοῦτο λέγω ὑμῖν, μὴ μεριμνᾶτε τῇ ψυχῇ ὑμῶν τί φάγητε* (마 6:25): 이러므로 나는 너희들에게 말한다. 너희 마음속에 무엇을 먹을까 염려하지 마라.

αὐτὸς γὰρ ἐγίνωσκεν τί ἦν ἐν τῷ ἀνθρώπῳ. (요 2:25): 왜냐하면 그는 사람 안에

무엇이 있는 줄을 알고 있었기 때문이다.

4. 부정사가 사용된 간접화법: (막 12:18; 눅 2:27; 행 21:4; 약 1:26)- 간접명령

예: *Εἴ τις δοκεῖ θρησκὸς εἶναι* (약 1:26): 만약 누가 자신이 경건하다고 생각하면

τῷ Παύλῳ ἔλεγον διὰ τοῦ πνεύματος μὴ ἐπιβαίνειν εἰς Ἱεροσόλυμα. (행 21:4): 그들이 바울에게 성령을 통하여 예루살렘으로 올라가지 말라고 말하고 있었다.

5. 분사가 사용된 간접화법: (눅 10:18; 요 19:33; 행 7:12; 살후 3:11)- 간접보고

예: *εἶπεν δὲ αὐτοῖς, Ἐθεώρουν τὸν Σατανᾶν ὡς ἀστραπὴν ἐκ τοῦ οὐρανοῦ πεσόντα.* (눅 10:18): 그는 그들에게 말하기를, "나는 사탄이 번갯불처럼 하늘에서 떨어지는 것을 보았다." (전체적으로는 직접화법이지만 *τὸν Σατανᾶν* 이후부터는 간접화법이다.)

ἀκούσας δὲ Ἰακὼβ ὄντα σιτία εἰς Αἴγυπτον (행 7:12): 그런데 야곱이 애굽에 곡식이 있다는 소식을 듣고서

제 19 장

명령법 (Imperative Mood)과 기원법 (Optative Mood)

A· 명령법 (Imperative Mood)

◈ 어형 익히기 + ♠ 단어 익히기

헬라어에는 명령법이 2인칭과 3인칭에 있다. 1인칭 복수에는 가정법을 사용한 권유법이 명령법의 성격을 띠고 있다고 볼 수 있다. 신약성서에는 현재, 부정과거, 그리고 아주 드물지만 현재완료 명령형이 나오고 있다. 다음이 명령법 어미인데, 2인칭 복수에서는 직설법과 동일하다.

	능동태		중간태/수동태	
	단수	복수	단수	복수
2 인칭	-, -ς, -θι	-τε	-σο	-σθε
3 인칭	-τω	-τωσαν	-σθω	-σθωσαν

I. 현재 명령법

현재 능동태 명령법의 기본구조는 현재어간 + 간모음 ε + 능동태 명령법 어미(2인칭 단수에서는 어미가 없고 간모음만 사용된다.)이다. 현재 중간태/수동태 명령법의 기본구조는 현재어간 + 간모음 ε + 중간태/수동태 명령법 어미로 이루어진다.

	능동태 (예: ὑπάγω)		중간태/수동태(예: ἐγείρω)	
	단수	복수	단수	복수
2 인칭	ὕπ-αγ-ε	ὑπ-άγ-ε-τε	ἐγείρ-ου	ἐγείρ-ε-σθε
3 인칭	ὑπ-αγ-έ-τω	ὑπ-αγ-έ-τωσαν	ἐγειρ-έ-σθω	ἐγειρ-έ-σθωσαν

※참고

1. 중간태/수동태 2인칭 단수에서는 간모음 ϵ과 명령법 어미 σο가 합해질 때, 모음과 모음 사이에 있는 σ는 탈락하고 ϵ과 ο이 단축되어 ου가 된 것이다.
2. 단축 -ω동사(어간이 α, ϵ, ο으로 끝나는 동사)의 명령법의 형태는 모음 단축현상을 제외하고 위의 비단축 -ω동사와 동일하다: 각각 α + ϵ = α, ϵ + ϵ = ϵι, ο + ϵ = ου로 단축된다.
3. ϵἰμί동사의 명령형은 어간 ϵσ + 능동태 명령법 어미로 이루어지는데, 2인칭 단수에는 어미 -θι가 사용된다. 그러나 2인칭 단수와 3인칭 단수의 대안형에는 어간이 그대로 적용되지 않는다. ϵἰμί의 다른 합성동사들의 명령형은 신약성서에 나오지 않으며, ϵἰμί동사의 명령형은 다음과 같다.

	단수	복수
2 인칭	ἴσθι(5)	[ἔσ-τϵ]
3 인칭	ἔσ-τω(12)/ἤ-τω(2)	ἔσ-τωσαν(2)

※ 신약성서에 많이 나오는 현재 명령법은 다음과 같다.

1. 비단축 -ω동사의 능동태

ἄκου-ϵ(13) ← ἀκούω　βλέπ-ϵ(28) ← βλέπω　γίνωσκ-ϵ(9) ← γινώσκω
δίωκ-ϵ(5) ← διώκω　δοκίμαζ-ϵ(5) ← δοκιμάζω　ἔγειρ-ϵ(15) ← ἐγείρω
ἔσθι-ϵ(7) ← ἐσθίω　ἔχ-ϵ(11) ← ἔχω　κλαῖ-ϵ(5) ← κλαίω
λέγ-ϵ(9) ← λέγω　μέν-ϵ(12) ← μένω　κρῖν-ϵ(7) ← κρίνω
φέρ-ϵ(10) ← φέρω　φεῦγ-ϵ(9) ← φεύγω　χαῖρ-ϵ(16) ← χαίρω
πίστευ-ϵ(11) ← πιστεύω　ὕπαγ-ϵ(38) ← ὑπάγω
κώλυ-ϵ(6) ← κωλύω: 방해하다, 막다, 금지하다; 뒤로 물러서다
μνημόνευ-ϵ(8) ← μνημονεύω: 기억하다, 마음에 두다, 생각하다, 언급하다
πρόσ-ϵχ-ϵ(12) ← προσ-έχω: 주의를 기울이다, 몰두하다, 지키다, 주의하다

2. 비단축 -ω동사의 중간태/수동태

γίν-ου(36) ← γίνομαι　ἔρχ-ου(15) ← ἔρχομαι
λογίζ-ου(5) ← λογίζομαι　πορεύ-ου(22) ← πορεύομαι
προσ-εύχ-ου(15) ← προσ-εύχομαι　ἐγείρ-ου(3) ← ἐγείρω

3. 단축 -ω동사의 능동태: α + ϵ = α, ϵ + ϵ = ϵι, ο + ϵ = ου 등으로 단축된다.

ἀγάπα(8) ← ἀγαπάω　ὅρα(12) ← ὁράω　τίμα(8) ← τιμάω
αἴτει(5) ← αἰτέω　ἀκολούει(16) ← ἀκολουέω　γρηγόρει(10) ← γρηγορέω

ζήτει(10) ← ζητέω λάλει(9) ← λαλέω ποίει(22) ← ποιέω

ζήλου(8) ← ζηλόω; κοίνου(2) ← κοινόω σταύρου(2) ← σταυρόω

περιπάτει(14) ← περιπατέω παρα-κάλει(5) ← παρα-καλέω

θάρσει(7) ← θαρσέω: 용기를 내라! 힘을 내라!(명령법에서만 사용된다.)

4. **단축 -ω동사의 중간태/수동태**: 능동태에서처럼 단축되나 2인칭 단수에서는 모음과 모음 사이의 σ는 탈락하고 이중으로 단축된다.

καυχῶ(4) ← καυχάομαι(2인칭 단수의 모음 단축과정: ά + ε + σο → άεο → άου → ῶ)

πλανῶ(4) ← πλανάω

φοβοῦ(25) ← φοβέομαι(2인칭 단수의 모음 단축과정: έ + ε + σο → έεο → έου → οῦ)

παραιτοῦ(4) ← παραιτέομαι: (디포)요청하다, 구하다; 변명하다; 멀리하다, 관계하지 않다

πληροῦ(1) ← πληρόω(2인칭 단수의 모음 단축과정: ό + ε + σο → όεο → όου → οῦ)

ἐνδυναμοῦ(2) ← ἐνδυναμόω: 강하게 하다; (수)강해지다

II. 부정과거 명령법

부정과거 명령법은 점적인 동작을 나타내나 행동의 시간을 가리키는 것은 아니기 때문에, 접두 모음이 사용되지 않는다. 직설법에서와 마찬가지로 비단축 -ω동사와 단축 -ω동사간의 차이나 -ω 동사와 -μι동사간의 차이도 없다. 다만 어간의 차이에 따라서 제 1 부정과거(규칙변화)와 제 2 부정과거(불규칙변화)로 나뉘어진다.

1. 제 1 부정과거 명령법

부정과거 능동태 명령법의 기본구조는 부정과거 어간 + 시상접미어 σα + 능동태 명령법 어미로 형성되는데, 2인칭 단수는 설명할 수 없는 어미를 취한다. 부정과거 중간태 명령법의 기본구조는 부정과거 어간 + 시상접미어 σα + 중간태/수동태 명령법 어미로 형성되는데, 능동태와 마찬가지로 2인칭 단수는 설명할 수 없는 어미를 취하며, 또한 제 1부정과거 능동태 부정사와 동일한 형태이기 때문에 주의가 요구된다. 제 1 부정과거 수동태 명령법의 기본구조는 부정과거 수동태 어간 + 시상접미어 θη + 능동태 명령법 어미로 구성된다. 2인칭 단수에서 -θι는 앞에 있는 시상접미어의 θ 때문에 τι로 변한다.

	제 1 부정과거 능동태(예: ἀκούω)		제 1 부정과거 중간태(예: ἐνδύω)	
	단수	복수	단수	복수
2 인칭	ἄκου-σον	ἀκού-σα-τε	ἔνδυ-σαι	ἐνδύ-σα-σθε
3 인칭	ἀκου-σά-τω	ἀκου-σά-τωσαν	ἐνδυ-σά-σθω	ἐνδυ-σά-σθωσαν

제 1 부정과거 수동태(예: πορεύομαι)

	단수	복수
2 인칭	πορεύ-θη-τι	πορεύ-θη-τε
3 인칭	πορευ-θή-τω	πορευ-θή-τωσαν

※ 신약성서에 많이 나오는 제 1 부정과거 명령법은 다음과 같다.

1. 비단축 -ω동사의 능동태

ἄκου-σον(19) ← ἀκούω　　ἀπό-λυ-σον(6) ← ἀπο-λύω

λύ-σον(5) ← λύω　　θύ-σον(3) ← θύω

2. 비단축 -ω동사의 중간태: ἔνδυ-σαι(3) ← ἐνδύω　　ῥῦ-σαι(2) ← ῥυομαι

3. 비단축 -ω동사의 수동태: 다음의 두 동사뿐이다.

πορεύ-θη-τι(4) ← πορεύομαι　　φυτεύ-θη-τι(1) ← φυτεύω

※참고

1. 어간이 α, ε, ο로 끝나는 단축동사는 시상접미어의 자음 앞에서 어간모음이 장음화된다.

예: μετανόη-σον(7) ← μετανοέω　　ποίη-σον(22) ← ποιέω

σταύρω-σον(6) ← σταυρόω　　πώλη-σον(5) ← πωλέω

ἀπάρνη-σαι(2) ← ἀπαρνέομαι　　φοβή-θη-τι(3) ← φοβέομαι

ἐλέη-σον(11) ← ἐλεάω: 자비롭다; 친절함을 보여주다

예외: κάλε-σον(2) ← καλέω　　θέα-σαι(1) ← θεάομαι

2. 어간이 폐쇄음으로 끝나는 동사는 어간의 폐쇄음과 시상접미어의 σ나 θ와 합하여 음성변화가 일어난다.

(1) 순음(π, β, φ)으로 끝나는 동사: π, β, φ + σ = ψ / π, β, φ + θ = φθ

예: πέμψον(7) ← πέμπω　　γράψον(14) ← γράφω

νίψαι(3) ← νίπτω: 씻다; (중)스스로 씻다, 자신을 씻다

(수동태의 예는 신약에 없음)

(2) 후음(κ, γ, χ)으로 끝나는 동사: κ, γ, χ + σ = ξ / κ, γ, χ + θ = χθ

예: ἄνοιξον(2) ← ἀνοίγω　　ἔλεγξον(2) ← ἐλέγχω

κήρυξον(2) ← κηρύσσω　　φύλαξον(3) ← φυλλάσσω: 지키다, 파수하다, 순종하다

δέξαι(7) ← δέχομαι　　συν-άχ-θη-τι(1) ← συνάγω

(3) 치음(τ, δ, θ)으로 끝나는 동사: τ, δ, θ + σ = σ(σ 앞에서 τ, δ, θ는 탈락한다.)/τ, δ, θ + θ = σθ (θ 앞에서 τ, δ, θ는 σ로 이화된다.)

예: σπεῦσον(6) ← σπεύδω　　ἑτοίμασον(8) ← ἑτοιμάζω

σῶσον(8) ← σῴζω ἄσπασαι(26) ← ἀσπάζομαι

ἁγιάσ-θη-τι(3) ← ἁγιάζω(맨 뒤의 네 동사는 모두 어간이 δ로 끝난다.)

3. 어간이 유음(λ, ρ)이나 비음(μ, ν)으로 끝나는 동사들의 부정과거 능동태와 중간태 명령법 형태에서는 시상접미어의 σ가 탈락하고, 그대신 어간의 모음에 변화가 일어난다.

예: μεῖνον(6) ← μένω ἀπ-άγγειλον(6) ← ἀπαγγέλλω

ἆρον(19) ← αἴρω κρῖνον(5) ← κρίνω κεῖραι(1) ← κείρω

수동태의 경우에는 어간이 유음(λ, ρ)으로 끝나는 동사는 어간에 변화가 일어난다.

예: ἄρ-θη-τι(3) ← αἴρω ἐγέρ-θη-τι(2) ← ἐγείρω

또한 어간이 비음(μ, ν)으로 끝나는 동사는 비음이 탈락하기도 하고 그냥 유지되기도 한다.

예: ἀπο-κρί-θη-τι(2) ← ἀποκρίνομαι; πλατύν-θη-τι(1) ← πλατύνω

εὐφράν-θη-τι(2) ← εὐφραίνω: 기쁘게 하다, 격려하다; (수)즐거워하다, 기뻐하다

4. 몇몇 동사는 수동태에서 어간과 시상접미어 사이에 η 혹은 σ를 삽입한다. 이는 음성변화를 방지하기 위함이다.

예: βλ-ή-θη-τι(2) ← βάλλω γεν-ή-θη-τι(8) ← γίνομαι

δε-ή-θη-τι(4) ← δέομαι μνή-σ-θη-τι(4) ← μιμνῄσκομαι

2. 제 2 부정과거 명령법

제 2 부정과거 능동태와 중간태 명령법과 현재 능동태와 중간태/수동태 명령법과의 차이점은 단지 어간의 차이에 있다. 제 2 부정과거 능동태 명령법의 기본구조는 부정과거 어간 + 간모음 ε + 능동태 명령법 어미로 이루어지며, 2인칭 단수에서는 어미가 없고 단지 간모음만 사용된다. 제 2 부정과거 중간태 명령법의 기본구조는 부정과거 어간 + 간모음 ε + 중간태/수동태 명령법 어미로 이루어지며, 2인칭 단수에서는 얼티마에 써컴프렉스 액센트가 온다.

제 2 부정과거 수동태 명령형이 제 1 부정과거 수동태 명령형과 다른점은 단지 시상접미어 θη에서 θ가 생략되고 η만 사용된다는 점이다. 그러므로 최종적인 어미는 -η-θι, -ή-τω, -η-τε, -ή-τωσαν이다. 이때 시상접미어의 θ가 생략되므로 2인칭 단수의 어미에 θ가 남아 있게 된다.

	제 2 부정과거 능동태(예: λέγω)		제 2 부정과거 중간태(예: γίνομαι)	
	단수	복수	단수	복수
2 인칭	εἰπ-έ	εἴπ-ε-τε	γεν-οῦ	γέν-ε-σθε
3 인칭	εἰπ-έ-τω	εἰπ-έ-τωσαν	γεν-έ-σθω	γεν-έ-σθωσαν

	제 2 부정과거 수동태(예: ὑποτάσσω)	
	단수	복수
2 인칭	ὑπο-τάγ-η-θι	ὑπο-τάγ-η-τε
3 인칭	ὑπο-ταγ-ή-τω	ὑπο-ταγ-ή-τωσαν

※ 신약성서에 많이 나오는 제 2 부정과거 명령법은 다음과 같다.

1. 능동태: ἴδ-έ(9) ← ὁράω/εἶδον　　εἰπ-έ(15) ← λέγω/εἶπον
　ἔξελ-ε(10) ← ἐξαιρέω　　λάβ-ε(11) ← λαμβάνω
　βάλ-ε(10) ← βάλλω　　ἔκ-βαλ-ε(7) ← ἐκ-βάλλω
　φάγ-ε(5) ← ἐσθίω

2. 중간태
　γεν-οῦ(1) ← γίνομαι　　προσ-λαβ-οῦ(1) ← προσ-λαμβάνομαι

3. 수동태
　ὑποτάγ-η-θι(3) ← ὑποτάσσω
　καταλλάγ-η-θι(2) ← καταλλάσσομαι: (디포)(하나님과)화목하다; (사람과)화목하다

※참고

1. 간모음이 들어가지 않는 제 2 부정과거 능동태 명령법은 부정과거 어간 + 능동태 명령법 어미로 구성된다. 어간의 모음은 길어질 수도 있고 그렇지 않을 수도 있다. 신약성서에 나오는 -ω동사 중에서 간모음이 없는 제 2 부정과거 명령형을 취하는 동사는 다음 둘뿐이다.

	어간 끝이 ο인 동사(γινώσκω, 3)		어간 끝이 α인 동사(καταβαίνω, 9)	
	단수	복수	단수	복수
2 인칭	γνῶ-θι	γνῶ-τε	κατά-βα/βη-θι	κατά-βα-τε/-βη-τε
3 인칭	γνώ-τω	[γνώ-τωσαν]	κατα-βά-τω	[κατα-βά-τωσαν]

2. 제 2 부정과거 어간에 제 1 부정과거 어미를 붙이는 명령형은 신약성서에서 세 개 동사와 그 합성동사의 명령법에서 나오고 있다.
　예: ἐλθ-ά-τω (← ἔρχομαι, 마 10:13); ἐνέγκ-α-τε (← φέρω, 요 21:10);
　　εἰπόν(← λέγω/εἶπον, 19번 - 막 13:4; 눅 20:2; 22:67; 행 28:26).

III. 현재완료 명령법

신약성서에 현재완료 명령법은 3번 나오는데, 그 중에서 1번은 완곡법이다. 현재완료 능동태 명령법의 기본적인 구조는 음절중복 + 현재완료 능동태 어간 + 능동태 명령법 어미로 형성된다. 신약성서에 오직 한 번의 예가 나온다: ἴστε ← οἶδα(약 1:19: 어간은 ἰδ이었는데, 치음 δ가 다른 치음 τ 앞에서 σ로 이화되었다.) 현재완료 중간태/수동태 명령법의 기본적인 구조는 음절중복 + 현재완료 중간태/수동태 어간 + 중간태/수동태 명령법 어미로 형성된다. 신약성서에 나오는 -ω동사의 유일한 예는 πε-φίμω-σο ← φιμόω(막 4:39 : 조용히 하다, 침묵하다)이다. 현재완료 수동태 명령법의 완곡법은 εἰμί의 명령형 + 현재완료 중간태/수동태 분사로 이루어질 수 있고, 신약

성서의 유일한 예는 *ἔστωσαν*(-μι동사) *περιεζωσμέναι* (눅 12:35)이다.

♣ **명령법의 용법**

명령법은 화자의 의지를 다른 이에게 부과시키거나 방향을 제시하고자 하는 시도이기 때문에 잠재적 행동을 표현하는 법(mood)이다. 현재 명령법은 선적인 행동을, 부정과거 명령법은 점적인 행동을, 그리고 현재완료 명령법은 완료된 행동을 표현하지만, 어느 것도 행동의 시간을 내포하고 있지는 않다. 한 가지 어려움은 3인칭 단수를 번역하는 문제이다. 명령법은 주로 독립절(주절)에 사용되며 다음과 같은 용법들이 있다.

1. 명령(command): 명령법이 가장 많이 사용되는 용례이다. 부정과거 명령은 특별한 상황을, 현재명령은 일반적인 명령을 표현한다. 하지만 이러한 구별에는 어려움도 따른다.

예: *μείνατε ὧδε καὶ γρηγορεῖτε* (막 14:34): 너희들은 여기에 머물러 깨어 있어라.
αἰτείτω δὲ ἐν πίστει (약 1:6): 그러나 그로 하여금 믿음으로 구하도록 하라.
Βλέπετε τοὺς κύνας, βλέπετε τοὺς κακοὺς ἐργάτας, βλέπετε τὴν κατατομήν. (빌 3:2): 너희들은 개들을 조심하라, 너희들은 행악자들을 조심하라, 너희들은 형식적인 할례자들을 조심하라.

2. 금지(prohibition): *μή* + 현재/부정과거 명령법의 형태로 사용되며, 부정적인 명령(negative command)이라고 부를 수도 있다. 여기서 현재 명령법을 사용하는 것과 부정과거 명령법을 사용하는 것의 차이로서 현재 명령법을 사용할 경우는 습관적인 행동을 금지하는 것이고, 부정과거 명령법을 사용할 경우는 행위 자체를 금지하거나 어떤 행위를 시작하는 것을 금지하는 것이다.

예: *μὴ συσχηματίζεσθε τῷ αἰῶνι τούτῳ, ἀλλὰ μεταμορφοῦσθε τῇ ἀνακαινώσει τοῦ νοός* (롬 12:2): 너희들은 이 세상을 본받지 말라. 오히려 마음을 새롭게 함으로 변화를 받아라.
Ἀγαπητοί, μὴ παντὶ πνεύματι πιστεύετε (요일 4:1): 사랑하는 자들아, 영을 모두는 믿지 말라.

3. 간구(entreaty): 기도(마 6:9-13), 초청(요 1:46, 비교. 요 11:34; 계 22:17) 등에 사용된다.

예: *ἁγιασθήτω τὸ ὄνομά σου ἐλθέτω ἡ βασιλεία σου· γενηθήτω τὸ θέλημά σου, ὡς ἐν οὐρανῷ καὶ ἐπὶ γῆς·* (마 6:9-10): 당신의 이름이 거룩하게 하시며, 당신의 나라가 임하게 하시며, 당신의 뜻이 하늘에서처럼 땅 위에서 이루어지게 하소서.
Ἔρχου καὶ ἴδε. (비교 *ἰδέ*) (요 1:46): 너는 와서 보라.

4. 허락(permission): 허락하는 측은 높은 위치에 있고, 요구하는 자는 낮은 위치에 있는 자이다.

예: *ὃ θέλει ποιείτω,* (고전 7:36): 원하는 자로 행하게 하라.

εἶπεν αὐτοῖς, Ὑπάγετε. (마 8:32): 그는 "너희들은 가도 좋다" 고 그들에게 말했다.

5. **조건**(condition): 어형은 명령법이지만 명령, 간구, 허락 등으로는 해석되지 않는 것들이 있다. 즉 조건을 나타낸다.

예: *Λύσατε τὸν ναὸν τοῦτον καὶ ἐν τρισὶν ἡμέραις ἐγερῶ αὐτόν.* (요 2:19): 너희들은 이 성전을 헐라 그러면 내가 삼 일 안에 그것을 일으켜 세울 것이다.

Καὶ μὴ κρίνετε, καὶ οὐ μὴ κριθῆτε καὶ μὴ καταδικάζετε, καὶ οὐ μὴ καταδικασθῆτε. ἀπολύετε, καὶ ἀπολυθήσεσθε· (눅 6:37-38): 또한 너희들은 비판하지 말라. 그러면 너희들은 결코 비판받지 않을 것이다. 그리고 너희들은 정죄하지 말라. 그러면 너희들은 결코 정죄당하지 않을 것이다. 너희들은 용서하라. 그러면 너희들은 용서받을 것이다.

ὑποτάγητε οὖν τῷ θεῷ, ἀντίστητε δὲ τῷ διαβόλῳ καὶ φεύξεται ἀφ' ὑμῶν, ἐγγίσατε τῷ θεῷ καὶ ἐγγιεῖ ὑμῖν. καθαρίσατε χεῖρας, ἁμαρτωλοί, καὶ ἁγνίσατε καρδίας, δίψυχοι. (약 4:7-8): 그러므로 너희들은 하나님께 순복하라. 그리고 마귀를 대적하라. 그러면 그가 너희들을 피할 것이다. 너희들은 하나님께 가까이하라. 그러면 하나님께서 너희들에게 가까이하실 것이다. 죄인들아 너희들은 손을 깨끗이하라. 두 마음을 가진 자들아 너희들은 마음을 거룩하게 하라.

6. **양보**: 신약에서는 다음의 두 가지 예문이 가능한 예이다.

예: *ὀργίζεσθε καὶ μὴ ἁμαρτάνετε·* (엡 4:26): 화를 내어도 죄를 짓지 말라.

ἐραύνησον καὶ ἴδε ὅτι ἐκ τῆς Γαλιλαίας προφήτης οὐκ ἐγείρεται (요 7:52): 생각하여 보라 (그래도) 갈릴리에서 선지자가 나오지 못한다.

7. **인사**(greeting): 가끔씩 인사를 명령법으로 표현한다.

예: *προσελθὼν τῷ Ἰησοῦ εἶπεν, Χαῖρε, ῥαββί,* (마 26:49): 그가 예수께 다가와서 말하기를, "선생님, 당신은 안녕하십니까" 하였다.

ἐξ ὧν διατηροῦντες ἑαυτοὺς εὖ πράξετε. Ἔρρωσθε. (행 15:29): 당신들이 이것들에서 스스로 삼가면 잘 될 것입니다. "안녕히 계십시오".

※ **명령법의 분해방법**: 시상, 태, 법(명령법), 인칭, 수, 원형, 뜻의 순서로 한다.

예: *φάγε* — 제 2 부정과거, 능동태, 명령법, 2인칭, 단수, *ἐσθίω,* 먹다.

♠ 단어 익히기

동사

κρούω: (문을) 두드리다

παρα-λαμβάνω: 취하다; 전수하다, 받다

ἐπι-λαμβάνομαι: (디포) 굳게 잡다, 취하다; 체포하다; 돕다, 관심을 쏟다

λάμπω: 비추다, 빛을 발하다

ὀργίζομαι: (디포)화를 내다, 분노하다

συσχηματίζομαι: (디포)닮다, 본받다, 삶의 방식을 따라가다

μετα-μορφόομαι: (디포)변화하다, 형태가 바뀌다

δοκιμάζω: 증명하기 위하여 시험하다(조사하다), 분별하다, 증명하다, 보여주다

εἰρηνεύω: 평안하다, 평안하게 살다

κατηχέω: 가르치다, 알리다

κοινωνέω: 함께하다, 참여하다, 나누다, 기여하다

θησαυρίζω: 쌓아두다, 저축하다

μεθύσκομαι: (디포)술취하다

ἐπιδύω: (해가)지다, 넘어가다

명사

ἀνακαίνωσις, *-εως*, *ἡ*: 혁신, 새롭게 함

ἀνάμνησις, *-εως*, *ἡ*: 기념, 기억

κατατομή, *-ῆς*, *ἡ*: 손할례당, 불구(비교: *περιτομή*)

ἀσωτία, *-ας*, *ἡ*: 방탕함, 난봉

κράβαττος, *-ου*, *ὁ*: 침상, 들것, 간이침대

συντελεία, *-ας*, *ἡ*: 끝, 완성

형용사: *εὐάρεστος*, *-ον*: 기뻐하는, 받을 만한

부사: *ἀδιαλείπτως*: 쉬지 않고, 계속하여

♥ 성경 문장 읽기

(다음 문장 안에서 명령법을 찾아 그 용법을 구분해 보고 또한 분해해 보시오.)

1. *Ἐγερθεὶς παράλαβε τὸ παιδίον καὶ τὴν μητέρα αὐτοῦ καὶ φεῦγε εἰς Αἴγυπτον καὶ ἴσθι ἐκεῖ ἕως ἂν εἴπω σοι·* (마 2:13)
2. *τότε λέγει αὐτῷ ὁ Ἰησοῦς, Ὕπαγε, Σατανᾶ· γέγραπται γάρ, Κύριον τὸν θεόν σου προσκυνήσεις καὶ αὐτῷ μόνῳ λατρεύσεις.* (마 4:10)
3. *Ἀπὸ τότε ἤρξατο ὁ Ἰησοῦς κηρύσσειν καὶ λέγειν, Μετανοεῖτε· ἤγγικεν γὰρ ἡ βασιλεία τῶν οὐρανῶν.* (마 4:17)
4. *χαίρετε καὶ ἀγαλλιᾶσθε, ὅτι ὁ μισθὸς ὑμῶν πολὺς ἐν τοῖς οὐρανοῖς· οὕτως γὰρ ἐδίωξαν τοὺς προφήτας τοὺς πρὸ ὑμῶν.* (마 5:12)
5. *οὕτως λαμψάτω τὸ φῶς ὑμῶν ἔμπροσθεν τῶν ἀνθρώπων, ὅπως ἴδωσιν ὑμῶν τὰ καλὰ ἔργα καὶ δοξάσωσιν τὸν πατέρα ὑμῶν τὸν ἐν τοῖς οὐρανοῖς.* (마 5:16)
6. *Οὕτως οὖν προσεύχεσθε ὑμεῖς· Πάτερ ἡμῶν ὁ ἐν τοῖς οὐρανοῖς, ἁγιασθήτω τὸ ὄνομά σου· ἐλθέτω ἡ βασιλεία σου· γενηθήτω τὸ θέλημά σου, ὡς ἐν οὐρανῷ καὶ ἐπὶ γῆς· καὶ μὴ εἰσενέγκῃς ἡμᾶς εἰς πειρασμόν, ἀλλὰ ῥῦσαι ἡμᾶς ἀπὸ τοῦ πονηροῦ.* (마 6:9-10, 13)
7. *Μὴ θησαυρίζετε ὑμῖν θησαυροὺς ἐπὶ τῆς γῆς* (마 6:19)

8. *ζητεῖτε δὲ πρῶτον τὴν βασιλείαν [τοῦ θεοῦ] καὶ τὴν δικαιοσύνην αὐτοῦ,* (마 6:33)

9. *Μὴ κρίνετε, ἵνα μὴ κριθῆτε·* (마 7:1)

10. *ζητεῖτε καὶ εὑρήσετε, κρούετε καὶ ἀνοιγήσεται ὑμῖν·* (마 7:7)

11. *ἄρατε τὸν ζυγόν μου ἐφ' ὑμᾶς καὶ μάθετε ἀπ' ἐμοῦ, ὅτι πραΰς εἰμι καὶ ταπεινὸς τῇ καρδίᾳ, καὶ εὑρήσετε ἀνάπαυσιν ταῖς ψυχαῖς ὑμῶν·* (마 11:29)

12. *Ἢ ποιήσατε τὸ δένδρον καλὸν καὶ τὸν καρπὸν αὐτοῦ καλόν, ἢ ποιήσατε τὸ δένδρον σαπρὸν καὶ τὸν καρπὸν αὐτοῦ σαπρόν· ἐκ γὰρ τοῦ καρποῦ τὸ δένδρον γινώσκεται.* (마 12:33)

13. *Τότε ὁ Ἰησοῦς εἶπεν τοῖς μαθηταῖς αὐτοῦ, Εἴ τις θέλει ὀπίσω μου ἐλθεῖν, ἀπαρνησάσθω ἑαυτὸν καὶ ἀράτω τὸν σταυρὸν αὐτοῦ καὶ ἀκολουθείτω μοι.* (마 16:24)

14. *Ἐλέησον ἡμᾶς, κύριε, υἱὸς Δαυίδ.* (마 20:30)

15. *Λάβετε φάγετε, τοῦτό ἐστιν τὸ σῶμά μου* (마 26:26)

16. *πορευθέντες οὖν μαθητεύσατε πάντα τὰ ἔθνη, βαπτίζοντες αὐτοὺς εἰς τὸ ὄνομα τοῦ πατρὸς καὶ τοῦ υἱοῦ καὶ τοῦ ἁγίου πνεύματος, διδάσκοντες αὐτοὺς τηρεῖν πάντα ὅσα ἐνετειλάμην ὑμῖν· καὶ ἰδοὺ ἐγὼ μεθ' ὑμῶν εἰμι πάσας τὰς ἡμέρας ἕως τῆς συντελείας τοῦ αἰῶνος.* (마 28:19-20)

17. *καὶ λέγων ὅτι Πεπλήρωται ὁ καιρὸς καὶ ἤγγικεν ἡ βασιλεία τοῦ θεοῦ· μετανοεῖτε καὶ πιστεύετε ἐν τῷ εὐαγγελίῳ.* (막 1:15)

18. *Σοὶ λέγω, ἔγειρε ἆρον τὸν κράβαττόν σου καὶ ὕπαγε εἰς τὸν οἶκόν σου.* (막 2:11)

19. *εἴ τις ἔχει ὦτα ἀκούειν ἀκουέτω.* (막 4:23)

20. *Ἔλεγεν δὲ πρὸς πάντας, Εἴ τις θέλει ὀπίσω μου ἔρχεσθαι, ἀρνησάσθω ἑαυτὸν καὶ ἀράτω τὸν σταυρὸν αὐτοῦ καθ' ἡμέραν καὶ ἀκολουθείτω μοι.* (눅 9:23)

21. *Ψυχή, ἀναπαύου, φάγε, πίε, εὐφραίνου.* (눅 12:19)

22. *καὶ οὐκέτι εἰμὶ ἐν τῷ κόσμῳ, καὶ αὐτοὶ ἐν τῷ κόσμῳ εἰσίν, κἀγὼ πρὸς σὲ ἔρχομαι. Πάτερ ἅγιε, τήρησον αὐτοὺς ἐν τῷ ὀνόματί σου* (요 17:11)

23. *οἱ δὲ εἶπαν, Πίστευσον ἐπὶ τὸν κύριον Ἰησοῦν καὶ σωθήσῃ σὺ καὶ ὁ οἶκός σου.* (행 16:31)

24. *καὶ μὴ συσχηματίζεσθε τῷ αἰῶνι τούτῳ, ἀλλὰ μεταμορφοῦσθε τῇ ἀνακαινώσει τοῦ νοός εἰς τὸ δοκιμάζειν ὑμᾶς τί τὸ θέλημα τοῦ θεοῦ, τὸ*

ἀγαθὸν καὶ εὐάρεστον καὶ τέλειον. (롬 12:2)

25. *Οὕτως ἡμᾶς λογιζέσθω ἄνθρωπος ὡς ὑπηρέτας Χριστοῦ καὶ οἰκονόμους μυστηρίων θεοῦ.* (고전 4:1)
26. *καὶ εὐχαριστήσας ἔκλασεν καὶ εἶπεν, Τοῦτό μού ἐστιν τὸ σῶμα τὸ ὑπὲρ ὑμῶν· τοῦτο ποιεῖτε εἰς τὴν ἐμὴν ἀνάμνησιν.* (고전 11:24)
27. *Λοιπόν, ἀδελφοί, χαίρετε, καταρτίζεσθε, παρακαλεῖσθε, τὸ αὐτὸ φρονεῖτε, εἰρηνεύετε, καὶ ὁ θεὸς τῆς ἀγάπης καὶ εἰρήνης ἔσται μεθ' ὑμῶν.* (고후 13:11)
28. *Κοινωνείτω δὲ ὁ κατηχούμενος τὸν λόγον τῷ κατηχοῦντι ἐν πᾶσιν ἀγαθοῖς.* (갈 6:6)
29. *ἦτε γάρ ποτε σκότος, νῦν δὲ φῶς ἐν κυρίῳ· ὡς τέκνα φωτὸς περιπατεῖτε* (엡 5:8)
30. *καὶ μὴ μεθύσκεσθε οἴνῳ, ἐν ᾧ ἐστιν ἀσωτία, ἀλλὰ πληροῦσθε ἐν πνεύματι,* (엡 5:18)
31. *ἃ καὶ ἐμάθετε καὶ παρελάβετε καὶ ἠκούσατε καὶ εἴδετε ἐν ἐμοί, ταῦτα πράσσετε· καὶ ὁ θεὸς τῆς εἰρήνης ἔσται μεθ' ὑμῶν.* (빌 4:9)
32. *Πάντοτε χαίρετε, ἀδιαλείπτως προσεύχεσθε, ἐν παντὶ εὐχαριστεῖτε· τοῦτο γὰρ θέλημα θεοῦ ἐν Χριστῷ Ἰησοῦ εἰς ὑμᾶς.* (살전 5:16-18)
33. *ἀγωνίζου τὸν καλὸν ἀγῶνα τῆς πίστεως, ἐπιλαβοῦ τῆς αἰωνίου ζωῆς* (딤전 6:12)
34. *ὁ ἔχων οὖς ἀκουσάτω τί τὸ πνεῦμα λέγει ταῖς ἐκκλησίαις.* (계 2:7)

B· 기원법 (Optative Mood)

◆ 어형 익히기

신약성서에서 기원법(희구법)은 현재로 23번, 부정과거로 45번, 총 68번 나오고 있다. 영어의 '기원법' (optative)은 라틴어의 '옵토' (opto)에서 왔는데, 희망이나 바램을 뜻하는 어휘이다.
한글로는 보통 기원법 혹은 희구법으로 지칭한다. 가정법에는 부정과거에서도 제 1 시상어미만 사용되었으나, 기원법에서는 현재에서도 제 2 시상어미가 사용된다. 한 군데 예외로는 모든 능동태 기원법 1인칭 단수에서 제 1 시상어미 *μι*가 사용되는 것이다. 또 한 가지 특이한 것은 기원법임을 알아볼 수 있도록 해주는 표시인 *ι*(능동태 3인칭 복수에서는 *ιε*, 비간모음 제 2 부정과거 능동태, 부정과거 수동태, *εἰμί*의 기원법에서는 *ιη*)가 사용된다는 점이다.

I. 현재 기원법

현재 능동태 기원법의 기본구조는 현재어간 + 간모음 ο + 기원법 표시 ι(3인칭 복수에서는 ιε) + 제 2 시상 능동태 어미로 이루어진다. 현재 중간태/수동태 기원법은 현재어간 + 간모음 ο + 기원법 표시 ι + 제 2 시상 중간태/수동태 어미로 이루어지며, 최종적인 어미를 붙인 예는 다음과 같다. 2인칭 단수에서는 모음과 모음 사이의 σ는 탈락한다.

	현재 능동태 기원법(예: ἔχω)		현재 중간태/수동태 기원법(예: βούλομαι)	
	단수	복수	단수	복수
1 인칭	[ἔχ-ο-ι-μι]	[ἔχ-ο-ι-μεν]	[βουλ-ο-ί-μην]	[βουλ-ο-ί-μεθα]
2 인칭	[ἔχ-ο-ι-ς]	[ἔχ-ο-ι-τε]	[βούλ-ο-ι-ο]	[βούλ-ο-ι-σθε]
3 인칭	ἔχ-ο-ι	ἔχ-ο-ιε-ν	βούλ-ο-ι-το	[βούλ-ο-ι-ντο]

※참고

1. 신약성서에는 현재 능동태 기원법에서 다음 세 단어가 7번에 걸쳐서 나오고 있는데, 예로 든 인칭은 꼭 1인칭 단수형태가 아니라 실제로 나오는 형태이다.
   ἔχ-ο-ι(2), ἔχ-ο-ιε-ν(1) ← ἔχω; θέλοι(3) ← θέλω; πάσχοιτε(1) ← πάσχω
2. 신약성서에 나타나는 현재 중간태/수동태 기원법의 예는 단지 δύναμαι ([디포]할 수 있다)의 1인칭 단수와 3인칭 복수인 δύνα-ί-μην(1)과 δύνα-ι-ντο(2)가 나오고 있다. 그 변화는 어간 δυνα + 기원법 표시 ι + 제 2 시상 중간태/수동태 어미로 이루어진다(-μι동사이기 때문에 간모음을 취하지 않는다.).
3. εἰμί동사의 기원법은 어간 εσ + 기원법 표시 ιη + 제 2 시상 능동태 어미로 이루어지며, -μι 동사이기 때문에 간모음을 취하지 않는다. 1인칭 단수어미는 μι대신 ν를, 3인칭 복수에는 σαν이 사용된다. 모음과 모음 사이에 있게 되는 σ는 탈락한다. εἰμί의 기원법은 다음과 같으나 신약성서에는 εἴη만 12번 나오고 있다.

	단수	복수
1 인칭	[εἴη-ν]	[εἴη-μεν]
2 인칭	[εἴη-ς]	[εἴη-τε]
3 인칭	εἴη(12)	[εἴη-σαν]

II. 부정과거 기원법

1. 제 1 부정과거 기원법

부정과거 기원법은 점적인 동작을 나타내나 행동의 시간을 가리키는 것은 아니기 때문에, 접두모음이 사용되지 않는다. 직설법에서와 마찬가지로 비단축 -ω동사와 단축 -ω동사간의 차이나 -ω 동사와 -μι동사간의 차이도 없다. 다만 어간의 차이 때문에 제 1 부정과거와 제 2 부정과거로 나뉜다.

제 1 부정과거 능동태 기원법의 기본구조는 부정과거 어간 + 시상접미어 σα + 기원법 표시 ι(3인칭 복수에서는 ιϵ) + 제 2 시상 능동태 어미로 형성된다. 주목해야 할 사실은 3인칭 복수에서는 ν가, 1인칭 단수에서는 제 1 시상어미 μι가 사용된다는 것이다.

제 1 부정과거 중간태 기원법의 기본구조는 부정과거 어간 + 시상접미어 σα + 기원법 표시 ι + 제 2 시상 중간태/수동태 어미로 형성되는데, 유일한 예는 다음에 나오는 어간이 후음으로 끝나는 동사이다. 그러나 λύω를 예로 변화형을 만들어보면 다음과 같다.

제 1 부정과거 수동태 기원법의 기본구조는 부정과거 어간 + 시상접미어 θϵ + 기원법 표시 ιη + 제 2 시상 능동태 어미(1인칭 단수에는 ν, 3인칭 복수에는 σαν)로 구성되며, λύω를 예로 변화형을 만들어보면 다음과 같다.

제 1 부정과거 능동태 기원법(신약성서에서의 유일한 예: περισσεύω)

	단수	복수
1 인칭	[περισσεύ-σα-ι-μι]	[περισσεύ-σα-ι-μεν]
2 인칭	[περισσεύ-σα-ι-ς]	[περισσεύ-σα-ι-τϵ]
3 인칭	περισσεύ-σα-ι(1)	[περισσεύ-σα-ιϵ-ν / περισσεύ-σειαν]

제 1 부정과거 중간태 기원법(예: λύω) 제 1 부정과거 수동태 기원법(예: λύω)

	단수	복수	단수	복수
1 인칭	λυ-σα-ί-μην	λυ-σα-ί-μεθα	[λυ-θϵ-ίη-ν]	[λυ-θϵ-ίη-μεν]
2 인칭	λύ-σα-ι-ο	λύ-σα-ι-σθϵ	[λυ-θϵ-ίη-ς]	[λυ-θϵ-ίη-τϵ]
3 인칭	λύ-σα-ι-το	λύ-σα-ι-ντο	λυ-θϵ-ίη	[λυ-θϵ-ίη-σαν]

※**참고:** (실제로 나오는 형태를 예로 들었음을 유의하라.)

1. 어간이 α, ϵ, ο으로 끝나는 단축동사에서는 어간모음이 장음화된다.
   예: ποιή-σα-ιϵ-ν(1) ← ποιέω　　τηρη-θϵ-ίη(1) ← τηρέω
   ἐπι-τιμή-σα-ι(1) ← ἐπιτιμάω　　πληρώ-σα-ι(1) ← πληρόω
   ψηλαφή-σειαν(1) ← ψηλαφάω: 만지다, 느끼다
   예외: παρα-καλέ-σα-ι(1) ← παρακαλέω;
2. 어간이 폐쇄음으로 끝나는 동사는 어간의 폐쇄음과 시상접미어의 σ나 θ와 합하여 음성변화가 일어난다. 기원법에서는 후음과 치음의 예가 나온다.

(1) 후음(κ, γ, χ)으로 끝나는 동사: κ, γ, χ + σ = ξ

예: σπηρίξα-ι(1) ← στηρίζω

εὔξα-ί-μην(1) ← εὔχομαι: (디포) 기도하다; 바라다, 갈망하다

(2) 치음(τ, δ, θ)으로 끝나는 동사: τ, δ, θ + σ = σ(σ 앞에서 τ, δ, θ는 탈락한다.)

예: ἁγιά-σα-ι(1) ← ἁγιάζω(여기 예로 든 세 동사는 모두 동사어간이 치음 δ로 끝난다.);

κατ-αρτί-σα-ι(1) ← καταρτίζω

πλεονά-σα-ι(1) ← πλεονάζω: (자)증가하다, 자라다, 많아지다; (타)많게[자라게] 하다

수동태에서는 λογισ-θε-ί-η(1) ← λογίζομαι(어간이 치음 δ로 끝난다)이다.

3. 어간이 비음(μ, ν)으로 끝나는 비음동사는 부정과거 능동태 기원법 형태에서 시상접미어가 탈락해버린다. 그러나 수동태에서는 유지된다.

예: κατ-ευθύν-αι(2) ← κατ-ευθύνω: 가리키다, 안내하다

πληθυν-θε-ί-η ← πληθύνω(수동태의 유일한 예)

2. 제 2 부정과거 기원법

제 2 부정과거 능동태 기원법은 기본적으로 부정과거 어간 + 간모음 ο + 기원법 표시 ι(3인칭 복수에서는 ιε) + 제 2 시상 능동태 어미로 구성되며, 어미 중에서 3인칭 복수에는 ν, 1인칭 단수에는 μι를 사용한다. 최종적인 어미는 현재능동태 기원법과 동일하다.

(1) 제 2 부정과거 능동태 기원법

예: τυγχάνω: 얻다, 받다, 취하다, 경험하다

	단수	복수		
1 인칭	[τύχ-ο-ι-μι]	[τύχ-ο-ι-μεν]	※ 다른 예들:	εὕρ-ο-ιε-ν(1) ← εὑρίσκω
2 인칭	[τύχ-ο-ι-ς]	[τύχ-ο-ι-τε]		λάβ-ο-ι(1) ← λαμβάνω
3 인칭	τύχ-ο-ι(2)	[τύχ-ο-ιε-ν]		φάγ-ο-ι(1) ← ἐσθίω

(2) 제 2 부정과거 중간태 기원법

기본적으로 부정과거 어간 + 간모음 ο + 기원법 표시 ι+ 제 2 시상 중간태/수동태 어미로 구성되며, 최종적인 어미는 현재 중간태 기원법과 동일하다. 다만 다른 것은 어간뿐이다. 유일한 예는 γίνομαι의 제 2 부정과거 디포넌트 기원법 3인칭 단수인 γέν-ο-ι-το(17)뿐이다.

예: γίνομαι

	단수	복수
1 인칭	[γεν-ο-ί-μην]	[γεν-ο-ί-μεθα]
2 인칭	[γέν-ο-ι-ο]	[γέν-ο-ι-σθε]
3 인칭	γέν-ο-ι-το(17)	[γέν-ο-ι-ντο]

♣ 기원법의 용법

기원법은 신약성서에서 많이 나오지 않는다(부정과거로는 45번, 현재로는 23번). 이 법은 동사로 표현되는 것을 화자가 사실로보다는 희망이나 불확실한 것으로 여기고 있다는 개념을 전달한다. 기원법의 용례를 분류해 보면 다음과 같다.

1. **소원 혹은 기도** (wish or prayer): 기도, 축복, 축도, 그리고 복종의 표현 등에 쓰인다.

예: *χάρις ὑμῖν καὶ εἰρήνη πληθυνθείη.* (벧전 1:2): 은혜와 평강이 너희들에게 많아지기를 원하노라.

Τὸ ἀργύριόν σου σὺν σοὶ εἴη εἰς ἀπώλειαν (행 8:20): 너의 은이 너와 함께 망할지어다.

Ἰδοὺ ἡ δούλη κυρίου· γένοιτό μοι κατὰ τὸ ῥῆμά σου. (눅 1:38): 보라 주의 계집종이니, 당신의 말대로 내게 되어지이다.

판에 박힌 듯한 표현인 *μὴ γένοιτο*는("그렇지 않기를," "그럴 수 없느니라," "하나님이 금하신다") 신약성서에서 15번 나오는데(바울서신에서 14번 그리고 눅 20:16), 이는 진리에 입각하여 강한 거부를 나타내는 표현이다.

예: *ἀκούσαντες δὲ εἶπαν, Μὴ γένοιτο.* (눅 20:16): 그들이 듣고 말하기를, "그렇지 않기를 바랍니다" 하였다.

Τί οὖν ἐροῦμεν; μὴ ἀδικία παρὰ τῷ θεῷ; μὴ γένοιτο· (롬 9:14): 그러면 우리가 무엇을 말하는가? 하나님께 불의가 있는가?(부정적인 대답 기대) 있을 수 없느니라.

εἰ δὲ ζητοῦντες δικαιωθῆναι ἐν Χριστῷ εὑρέθημεν καὶ αὐτοὶ ἁμαρτωλοί, ἆρα Χριστὸς ἁμαρτίας διάκονος; μὴ γένοιτο. (갈 2:17): 그런데 우리가 그리스도 안에서 의롭게 되려다가 죄인들로 발견되면, 결과적으로 그리스도께서 죄를 짓게 하는 자인가? 그럴 수 없느니라.

2. **토의의 기원법** (optative of deliberation): 두번째로 많이 쓰이고 의문문에서 사용된다.

예: *ἡ δὲ ἐπὶ τῷ λόγῳ διεταράχθη καὶ διελογίζετο ποταπὸς εἴη ὁ ἀσπασμὸς οὗτος.* (눅 1:29): 그녀가 그 말에 놀라 어찌하여 이런 인사가 있는가 하여 생각하고 있었다.

ὁ δὲ εἶπεν, Πῶς γὰρ ἂν δυναίμην ἐὰν μή τις ὁδηγήσει με; (행 8:31): 그가 대답하기를, 나를 안내해주는 사람이 없으니 내가 어찌 알 수 있으리요?

3. **가능성의 기원법**(possibility): 가끔씩 조건절에서 기원법이 나온다(제4조건문).

예: *εἰ θέλοι τὸ θέλημα τοῦ θεοῦ, πάσχειν ἢ κακοποιοῦντας.* (벧전 3:17): 그것이 하나님의 뜻이라면, 고난받는 것이 악을 행하는 것보다 낫다.

♠ 단어 익히기

동사

κακοποιέω: 악을 행하다, 해를 끼치다 *ὁδηγέω*: 인도하다, 길을 안내하다

δια-ταράσσομαι: (디포)심히 혼동되다, 매우 어려워하다

명사

ἀσπασμός, -οῦ, ὁ: 인사 *δούλη, -ης, ἡ*: 여종(노예)

κόκκος, -ου, ὁ: 씨, 낟알 *σῖτος, -ου, ὁ*: 밀, 낟알

προθυμία, -ας, ἡ: 자원함, 준비됨, 열심

형용사: *ὁλοτελής, -ές*: (부사의 의미)전체적으로, 모든 부분에서

접속사: *ἐπεί*: 왜냐하면, 그렇지 않으면

♥ 성경 문장 읽기

(다음 문장에서 기원법 동사를 찾아 분해해 보시오.)

1. *ἐδέξαντο τὸν λόγον μετὰ πάσης προθυμίας καθ' ἡμέραν ἀνακρίνοντες τὰς γραφὰς εἰ ἔχοι ταῦτα οὕτως.* (행 17:11)
2. *μὴ γένοιτο· ἐπεὶ πῶς κρινεῖ ὁ θεὸς τὸν κόσμον;* (롬 3:6)
3. *Τί οὖν; ἁμαρτήσωμεν, ὅτι οὐκ ἐσμὲν ὑπὸ νόμον ἀλλὰ ὑπὸ χάριν; μὴ γένοιτο.* (롬 6:15)
4. *ὁ δὲ θεὸς τῆς ἐλπίδος πληρώσαι ὑμᾶς πάσης χαρᾶς καὶ εἰρήνης ἐν τῷ πιστεύειν, εἰς τὸ περισσεύειν ὑμᾶς ἐν τῇ ἐλπίδι ἐν δυνάμει πνεύματος ἁγίου.* (롬 15:13)
5. *καὶ ὃ σπείρεις, οὐ τὸ σῶμα τὸ γενησόμενον σπείρεις ἀλλὰ γυμνὸν κόκκον εἰ τύχοι σίτου ἤ τινος τῶν λοιπῶν·* (고전 15:37)
6. *Αὐτὸς δὲ ὁ θεὸς τῆς εἰρήνης ἁγιάσαι ὑμᾶς ὁλοτελεῖς,* (살전 5:23)
7. *εἰ καὶ πάσχοιτε διὰ δικαιοσύνην, μακάριοι.* (벧전 3:14)

제 20 장

형용사의 비교와 부사

(The Comparison of Adjective and Adverb)

◆ 어형 익히기 + ♠ 단어 익히기

I. 형용사의 비교

1. 규칙변화

형용사의 비교급(comparative degree)으로 신약성서에 나오는 것은 대부분 규칙적으로 변화하며, 그 구성은 원급(positive degree)의 남성단수 주격 어간 + 비교급 접미사 *τερ* + -*ος*, -*α*, -*ον* 어미로 이루어지고, 명사의 제 2, 1변화를 따라 변화된다. 신약성서에 나오는 규칙적인 최상급(superlative degree)의 예는 다음과 같이 단지 세 가지이며, 그 구성은 원급의 남성단수 주격 어간 + 최상급 접미사 *τατ* + -*ος*, -*η*, -*ον* 어미로 이루어지고 명사의 제 2, 1변화를 따른다.

원급(positive)	비교급(comparative)	최상급(superlative)
ἀνεκτός: 견디는	*ἀνεκτό-τερ-ος*, -*α*, -*ον*(5): 더 잘 견디는	----------
εὔκοπος: 쉬운	*εὐκοπώ-τερ-ος*, -*α*, -*ον*(7): 더 쉬운	----------
ἰσχυρός: 능력이 있는	*ἰσχυρό-τερ-ος*, -*α*, -*ον*(6): 더 능력이 있는	----------
μικρός: 작은	*μικρό-τερ-ος* -*α*, -*ον*(5): 더 작은	----------
νέος: 새로운	*νεώ-τερ-ος* -*α*, -*ον*(11): 더 새로운	----------
περισσός: 더 많은	*περισσό-τερ-ος*, -*α*, -*ον*(16): 더욱 더 많은	----------
----------	**πρεσβύ-τερ-ος*, -*α*, -*ον*(65): 더 나이 많은, 더 늙은	----------
----------	**πρό-τερ-ος*, -*α*, -*ον*(11): 더 이른, 이전의	----------
----------	**ὕσ-τερ-ος*, -*α*, -*ον*(11): 이후의, 나중의	----------
ἅγιος: 거룩한	----------	*ἁγιώ-τατ-ος*, -*η*, -*ον*(1): 가장 거룩한

ἀκριβής: 엄격한	----------	ἀκριβέσ-τατ-ος, -η, -ον(1): 가장 엄격한
τίμιος: 귀중한	----------	τιμιώ-τατ-ος, -η, -ον(2): 가장 귀중한

※참고

1. 형용사의 원급의 어간모음 ο은, 그 앞에 있는 음절이 짧을 때, 비교급이나 최상급에서 ω로 길어진다.
2. ----------표시가 있는 부분은 신약성서에 형용사의 해당급이 나오지 않는 것을 의미한다.
3. 위의 비교급 예에서 * 표가 붙여진 것들은 원급에 그 동족어가 없는 경우이다.
4. 아래와 같이 어떤 비교급들은 부사에서 온 것도 있다.

ἔξω: 밖에(서)	→	ἐξώ-τερ-ος, -α, -ον(3): 더 밖의, 가장 바깥쪽의
ἔσω: 안에(서)	→	ἐσώ-τερ-ος, -α, -ον(2): 내부의, 더 안의
κάτω: 밑(아래)에(서)	→	κατώ-τερ-ος, -α, -ον(1): 더 낮은

2. 불규칙변화

비교급과 최상급이 불규칙적으로 변하는 형용사는 주로 불규칙 어간이 사용되기 때문이다. 불규칙 비교급과 최상급은 각각 불규칙 어간에 비교급은 -(ι)ων(남성/여성), -(ι)ον(중성)을, 최상급은 -ιστ-ος, -η, -ον을 붙여 만든다. 이때 비교급은 모든 성에서 명사 제 3 변화를 따르고 최상급은 제 2(남성, 중성), 1(여성) 변화를 따른다.

원급	비교급	최상급
ἀγαθός: 좋은	κρείσσ-ων, -ον(4): 더 좋은	κράτ-ιστ-ος, -η, -ον (4): 가장 좋은
	혹은 κρείττ-ων, ον(15)	
	βελτ-ίων, -ον(1)	
κακός: 나쁜	χείρ-ων, -ον(11): 더 나쁜	----------
	ἥσσ-ων, -ον(2): 더 악한/더 적은	
μέγας: 큰	μείζ-ων, -ον(47): 더 큰	μέγ-ιστ-ος, -η, -ον (1): 가장 큰
μικρός: 작은	ἐάσσ-ων, -ον(2): 더 작은	ἐλάχ-ιστ-ος, η, ον(14): 가장 작은/적은
	혹은 ἐλάττ-ων, -ον(2)	
	혹은 μικρότερος(규칙변화)(1)	
πολύς : 많은	πλείων, -ον(52): 더 많은	πλεῖστ-ος, -η, -ον (4): 가장 많은
	혹은 πλέ-ων, -ον(5)	
----------	----------	*ὕψ-ιστ-ος, -η, -ον (13): 가장 높은

※참고

1. 위에서 * 표가 붙여진 *ὕψιστος는 원급에 그 동족어가 없다.
2. 불규칙 최상급은 명사의 제 2, 1 변화를 따라 변화한다. 불규칙 비교급은 남성/여성, 중성의 두 형태만 있고, 다음 πλείων, -ον의 예와 같이 모두 명사의 제 3 변화를 따른다.

	단수		복수	
	남성/여성	중성	남성/여성	중성
주격	πλείων	πλεῖον	πλείον-ες/πλείους	πλείον-α/πλείω
속격	πλείον-ος	πλείον-ος	πλειόν-ων	πλειόν-ων
여격	πλείον-ι	πλείον-ι	πλείοσι(ν)	πλείοσι(ν)
대격	πλείον-α/πλείω	πλεῖον	πλείον-ας/πλείους	πλείον-α/πλείω

3. μειζό-τερ-ος(1)(요삼 4, "더 큰 것이 없는")와 ἐλαχ-ιστότερ-ος(1)(엡 3:8, "작은 자 중에 더 작은 자")와 같이 이중 비교급(double comparative)도 있다.

♣ 형용사의 비교급과 최상급의 용법

1. 비교의 구조: 형용사의 비교는 비교급과 속격 혹은 불변화사 ἤ(~ 보다)와 같이 사용된다. 부사인 μᾶλλον(더욱 더)을 ἤ와 함께 사용하기도 한다.

예: μείζων ἐν γεννητοῖς γυναικῶν Ἰωάννου οὐείς ἐστιν· ὁ δὲ μικρότερος ἐν τῇ βασιλείᾳ τοῦ θεοῦ μείζων αὐτοῦ ἐστιν. (눅 7:28): 여자에게서 난 자들 중에서 요한보다 큰 자가 아무도 없다. 그러나 하나님의 왕국에서 더 작은 자라도 그보다 더 크다.

οὐκ ἔστιν δοῦλος μείζων τοῦ κυρίου αὐτοῦ. (요 15:20): 종이 그의 주인보다 더 크지 못하다.

Ἰησοῦς πλείονας μαθητὰς ποιεῖ καὶ βαπτίζει ἢ Ἰωάννης (요 4:1): 예수께서 요한보다 더 많은 제자를 삼아 침례를 주고 있다.

ἠγάπησαν οἱ ἄνθρωποι μᾶλλον τὸ σκότος ἢ τὸ φῶς·(요 3:19): 사람들이 빛보다 어두움을 더 사랑하였다

Ἀθηναῖοι δὲ πάντες εἰς οὐδὲν ἕτερον ηὐκαίρουν ἢ λέγειν τι ἢ ἀκούειν τι καινότερον. (행 17:21): 모든 아덴 사람들은 새로 된 어떤 것을 말하거나 듣거나 하는 일 외에는 즐기지 않았다.

2. 원급, 비교급, 최상급의 용례에서의 불규칙

(1) 비교급을 대신하는 원급

예: *κατέβη οὗτος δεδικαιωμένος εἰς τὸν οἶκον αὐτοῦ παρ᾽ἐκεῖνον* (눅 18:14): 이 사람이 저 사람보다 더 의롭다함을 받고 자기 집으로 내려갔다.

καλόν σοί ἐστιν εἰσελθεῖν εἰς τὴν ζωὴν κυλλὸν ἢ χωλόν ἢ δύο χεῖρας ἢ δύο πόδας ἔχοντα βληθῆναι εἰς τὸ πῦρ τὸ αἰώνιον. (마 18:8): 불구자나 절뚝발이로 영생에 들어가는 것이 두 손과 두 발을 가지고 영원한 불에 던져지는 것보다 낫다.

(2) 최상급을 대신하는 원급

예: *αὕτη ἐστὶν ἡ μεγάλη καὶ πρώτη ἐντολή.* (마 22:38): 이것이 가장 크고 첫째 되는 (가장 중요한) 계명이다.

ἅγια ἁγίων (히 9:3): 지성소(거룩한 것 중에 [가장] 거룩한 것)

(3) 최상급을 대신하는 비교급

예: *Τίς ἄρα μείζων ἐστίν ἐν τῇ βασιλείᾳ τῶν οὐρανῶν;* (마 18:1): 그러면 누가 하나님의 나라에서 가장 큰가?

νυνὶ δὲ μένει πίστις, ἐλπίς, ἀγάπη, τὰ τρία ταῦτα· μείζων δὲ τούτων ἡ ἀγάπη. (고전 13:13): 그러므로 이제 믿음, 소망, 사랑, 이 셋이 있을 것이다. 그러나 그 중에서 제일은 사랑이라.

(4) 강조형(elative)을 대신하는 비교급

예: *κατὰ πάντα ὡς δεισιδαιμονεστέρους ὑμᾶς θεωρῶ* (행 17:22): 여러 가지 면에서 당신이 매우 종교심이 많다는 것을 나는 알았습니다.

(5) 강조형(elative)을 대신하는 최상급

예: *ὄχλος πλεῖστος* (막 4:1): 매우 많은 군중

♠ 단어 익히기

명사

ἀντιλογία, -ας, ἡ: 논쟁, 반박, 증오, 반역　　*κλάδος, -ου, ὁ*: (나무)가지

λάχανον, -ου, τό: 식물, 채소

형용사

κυλλός, -ή, -όν: 다리를 저는, 불구의　　*γεννητός, -ή, -όν*: 태어난

δεισιδαίμων, -ον: 종교적인

동사

εὐκαιρέω: 시간을 보내다, 시간(기회)을 갖다　　*ὁρκίζω*: 구하다, 구걸하다

βασανίζω: 괴롭히다, 요란케 하다, (파도가)치다

부사/불변화사

μηκέτι: 부사. 더 이상 ~ 아닌; 비교. *οὐκέτι*　　*καίτοιγε*: 하지만, 그러나

♥ 성경 문장 읽기

(다음 문장 안에서 형용사의 비교급/최상급을 찾아보고 그 용법을 살펴보시오.)

1. ἐγὼ μὲν ὑμᾶς βαπτίζω ἐν ὕδατι εἰς μετάνοιαν, ὁ δὲ ὀπίσω μου ἐρχόμενος ἰσχυρότερός μού ἐστιν, οὗ οὐκ εἰμὶ ἱκανὸς τὰ ὑποδήματα βαστάσαι· αὐτὸς ὑμᾶς βαπτίσει ἐν πνεύματι ἁγίῳ καὶ πυρί· (마 3:11)
2. ἀμὴν λέγω ὑμῖν, ἀνεκτότερον ἔσται γῇ Σοδόμων καὶ Γομόρρων ἐν ἡμέρᾳ κρίσεως ἢ τῇ πόλει ἐκείνῃ. (마 10:15)
3. Καὶ πάλιν ἤρξατο διδάσκειν παρὰ τὴν θάλασσαν· καὶ συνάγεται πρὸς αὐτὸν ὄχλος πλεῖστος, (막 4:1)
4. ὡς κόκκῳ σινάπεως, ὃς ὅταν σπαρῇ ἐπὶ τῆς γῆς, μικρότερον ὂν πάντων τῶν σπερμάτων τῶν ἐπὶ τῆς γῆς, καὶ ὅταν σπαρῇ, ἀναβαίνει καὶ γίνεται μεῖζον πάντων τῶν λαχάνων καὶ ποιεῖ κλάδους μεγάλους, (막 4:31-32)
5. καὶ κράξας φωνῇ μεγάλῃ λέγει, Τί ἐμοὶ καὶ σοί, Ἰησοῦ υἱὲ τοῦ θεοῦ τοῦ ὑψίστου; ὁρκίζω σε τὸν θεόν, μή με βασανίσῃς; (막 5:7)
6. αὕτη δέ ἐστιν ἡ κρίσις ὅτι τὸ φῶς ἐλήλυθεν εἰς τὸν κόσμον καὶ ἠγάπησαν οἱ ἄνθρωποι μᾶλλον τὸ σκότος ἢ τὸ φῶς· ἦν γὰρ αὐτῶν πονηρὰ τὰ ἔργα. (요 3:19)
7. Ὡς οὖν ἔγνω ὁ Ἰησοῦς ὅτι ἤκουσαν οἱ φαρισαῖοι ὅτι Ἰησοῦς πλείονας μαθητὰς ποιεῖ καὶ βαπτίζει ἢ Ἰωάννης --- καίτοιγε Ἰησοῦς αὐτὸς οὐκ ἐβάπτιζεν ἀλλ' οἱ μαθηταὶ αὐτοῦ --- (요 4:1-2)
8. μετὰ ταῦτα εὑρίσκει αὐτὸν ὁ Ἰησοῦς ἐν τῷ ἱερῷ καὶ εἶπεν αὐτῷ, "Ἴδε ὑγιὴς γέγονας. μηκέτι ἁμάρτανε, ἵνα μὴ χεῖρόν σοί τι γένηται. (요 5:14)
9. ἀμὴν ἀμὴν λέγω ὑμῖν, οὐκ ἔστιν δοῦλος μείζων τοῦ κυρίου αὐτοῦ οὐδὲ ἀπόστολος μείζων τοῦ πέμψαντος αὐτόν. (요 13:16)
10. ὅτι τὸ μωρὸν τοῦ θεοῦ σοφώτερον τῶν ἀνθρώπων ἐστίν καὶ τὸ ἀσθενὲς τοῦ θεοῦ ἰσχυρότερον τῶν ἀνθρώπων. (고전1:25)
11. Ἐγὼ γάρ εἰμι ὁ ἐλάχιστος τῶν ἀποστόλων ὃς οὐκ εἰμὶ ἱκανὸς καλεῖσθαι ἀπόστολος, διότι ἐδίωξα τὴν ἐκκλησίαν τοῦ θεοῦ· (고전 15:9)
12. ἐμοὶ τῷ ἐλαχιστοτέρῳ πάντων ἁγίων ἐδόθη(주어지다) ἡ χάρις αὕτη, (엡 3:8)
13. χωρὶς δὲ πάσης ἀντιλογίας τὸ ἔλαττον ὑπὸ τοῦ κρείττονος εὐλογεῖται. (히 7:7)
14. μειζοτέραν τούτων οὐκ ἔχω χαράν, ἵνα ἀκούω τὰ ἐμὰ τέκνα ἐν τῇ ἀληθείᾳ περιπατοῦντα. (요삼 4)

II. 부사

부사는 어형이 변화되지 않으면서 동사나 다른 수식어들을 수식하는 품사이다. 부사는 헬라어 품사를 다루는 문법논의에서 종종 무시되는 경향이 있다. 하지만 신약성서에서 총 240여 개의 부사가 약 5,000번 이상 사용되고 있기 때문에, 가볍게 여길 품사가 아니다.

◆ 어형 익히기 + ♠ 단어 익히기

1. 부사의 형태

부사의 형태는 여러 가지로 만들어지는데, 가장 일반적인 어미형태는 -ως이고, 자주 쓰이는 다른 부사어미는 -θεν과 ι 모음어미(-ει, -ῳ) 등이 있다. 부사는 명사, 형용사, 분사, 대명사, 수사, 동사, 전치사 등에서 왔고, 원래는 격을 가지고 있었다. 부사는 주격, 속격, 여격, 대격에서 왔다. 이는 명사나 형용사의 속격, 여격, 대격 등이 부사적으로 사용되는 이유이다. 부사에도 형용사처럼 비교급과 최상급이 있다.

2. 부사의 접미어

(1) -ως: 형용사의 남성 복수 속격 어미 ων을 ως로 기계적으로 바꾸면 양식(manner)을 나타내는 부사가 된다. 이때 형용사의 액센트는 그대로 유지된다. 이런 형태의 부사는 신약성서에 약 100 개 정도 나오며, 전체 부사의 40% 이상을 차지한다.

예: ἄλλων → ἄλλως(1): 달리, 다르게 δικαίων → δικαίως(5): 정당하게
κακῶν → κακῶς(16): 나쁘게 ὄντων → ὄντως(10): 실제로
φειδομένων → φειδομένως(2): 인색하게

(2) -θεν: 장소를 의미

예: ἐκεῖθεν(27) 거기로부터(마 4:21) μακρόθεν(14): 멀리로부터(마 27:55)
ὄπισθεν(7): 뒤에서(마 9:20) πάντοθεν(3): 사방에서(막 1:45)
ἔξωθεν(13): 밖에서(마 23:28) κυκλόθεν(3): 주위에(계 4:3)
παιδιόθεν(혹은 παιδόθεν): 어린 시절부터(막 9:21)

(3) -κις: 배수사의 의미

예: ἑπτάκις(4): 일곱 번씩(마 18:22) ἑβδομηκοντάκις(1): 일흔 번씩(마 18:22)
πολλάκις(18): 자주(마 17:15) ποσάκις(3): 얼마나 자주(마 18:21)

(4) -ιστι: 어떤 언어로의 뜻

예: Ἑβραϊστί(7) : 히브리말로(요 5:2) Ἑλληνιστί(2) : 헬라말로(요 19:20)
Λυκαονιστί(1): 루가오니아 방언으로(행 14:11) Ῥωμαϊστί(1): 로마말로(요 19:20)

(5) -δον: ὁμοθυμαδόν(11): 한 마음으로(행 2:46) σχεδόν(3): 거의(행 13:44)

(6) 어떤 형용사들(*λοιπόν* [마지막으로], *μικρόν* [조금], *ὀλίγον* [잠시], *πολύ* [많이], *πρῶτον* [먼저] 등)은 동사를 수식하는 부사로 사용될 수 있다. 이때 형용사는 중성 대격이다.

3. 격에 따른 부사의 분류

(1) 주격: *ἅπαξ*: 한번에; *ἐφάπαξ*: 단번에

(2) 속격: *ποῦ*: 어디에; *ὅπου*: 어디에; *ἑξῆς*: 다음에

-*ως*로 끝나는 모든 부사는 아마도 속격(탈격)이었을 것이다.

ὡς: -처럼; *οὕτως*: 이렇게; *ἑτέρως*: 달리

(3) 여격: *δημοσίᾳ*: 공공연하게 *ἀεί*: 항상; *πανοικεί*(-*κί*): 모든 집에서

ἐκεῖ: 거기; *λάθρᾳ*: 비밀리에; *πάντῃ*: 사방에서; *πόρρω*: 멀리서

(4) 대격: *πολύ*: 많이; *ταχύ*: 빨리; *ἀκμήν*: 여기까지; *πολλά*: 자주; *δωρεάν*: 값없이, 거저

4. 부사의 비교

부사의 비교급은 형용사의 비교급 중성 단수 대격과 동일하고, 부사의 최상급은 형용사의 최상급 중성 복수 대격과 동일하다. 다음은 대표적인 규칙변화와 불규칙적으로 변하는 부사의 비교급과 최상급이다.

원급	비교급	최상급
ἄνω: 위에서	*ἀνώ-τερ-ον*: 더 위에서	----------
ἀκριβῶς: 정확하게	*ἀκριβέσ-τερ-ον*: 더 정확하게	----------
πόρρω: 멀리	*πορρώ-τερ-ον*: 더 멀리	----------
----------	*ὕσ-τερ-ον*: 그 후에, 나중에	----------
ἐγγύς: 가까이	*ἐγγύ-τερ-ον*: 더 가까이	*ἔγγ-ιστ-α*: 가장 가까이
εὖ: 잘, 잘 하였다	*βέλτιον/κρεῖσσον*: 더 잘	----------
[*μάλα*]	*μᾶλλον*: 더욱 더	*μάλ-ιστ-α*: 가장, 특히
πολύ : 많이	*πλεῖον/πλέον* : 더 많이	*μάλ-ιστ-α*: 가장 많이
ταχύ/ταχέως: 빠르게	*τάχιον*: 더 빠르게	*τάχ-ιστ-α*: 가장 빠르게

※**참고**: 어떤 비교급은 -*ω*나 -*ως*로 끝난다. *κατωτέρω*(밑에, 더 적게)(←*κατώτερος*), *περισσοτέρως* (← *περισσότερον*). 또한 형용사 최상급 *πρῶτος*의 부사 최상급은 *πρῶτον*과 *πρώτως*이고, *ἔσχατος*의 부사 최상급은 *ἐσχάτως*이다.

♣ 부사의 용법

1. 구문론적인 기능에 따른 분류

부사는 동사, 형용사, 다른 부사를 수식하거나 실명사나 형용사처럼 사용된다.

(1) 동사를 수식한다: 부사의 가장 일반적인 용법이다.

① 동작의 양식을 나타내거나, 동사 *γίνομαι, εἰμί*의 술부가 된다.

예: *παρεκάλουν αὐτὸν σπουδαίως* (눅 7:4): 저희가 그에게 간절히 구했다.

Τοῦ δὲ Ἰησοῦ Χριστοῦ ἡ γένεσις οὕτως ἦν (마 1:18): 예수 그리스도의 족보(탄생)는 이와 같다.

Πολυμερῶς καὶ πολυτρόπως πάλαι ὁ θεὸς λαλήσας τοῖς πατράσιν ἐν τοῖς προφήταις (히 1:1): 여러 부분과 여러 모양으로 옛적에 선지자들을 통하여 말씀하신 하나님께서…

② 동사 *ἔχω*와 독특한 숙어를 형성한다.

예: *πάντας τοὺς κακῶς ἔχοντας* (마 14:35): 모든 병든 자들을

καλῶς ἕξουσιν (막 16:18): 그들이 회복될 것이다.

ἐσχάτως ἔχει (막 5:23): (그녀가) 죽게 되다.

ἑτοίμως ἔχω (행 21:13): 나는 준비되었다.

(2) 형용사를 수식한다.

예: *ὁμολογουμένως μέγα ἐστὶν τὸ τῆς εὐσεβείας μυστήριον·* (딤전 3:16): 확실히 크도다 경건의 비밀이.

(3) 다른 부사를 수식한다.

예: *αὐτοὶ μᾶλλον περισσότερον ἐκήρυσσον* (막 7:36): 그들은 오히려 훨씬 더 많이 선포하고 있었다.

(4) 형용사처럼 사용된다.

예: *ἐν τῷ νῦν καιρῷ* (롬 3:26): 이때(현재)에

Δημᾶς γάρ με ἐγκατέλιπεν ἀγαπήσας τὸν νῦν αἰῶνα (딤후 4:10): 데마는 현세(지금 세상)를 사랑하여 나를 버렸다.

(5) 실명사처럼 사용된다.

예: *ἀπὸ τὸ νῦν* (눅 1:48): 지금으로부터

Καὶ τίς ἐστίν μου πλησίον; (눅 10:29): 그러면 누가 나의 이웃입니까?

2. 용도에 따른 분류

(1) 시간(time)의 부사

시간의 부사는 "언제?"라는 질문에 대해 대답하는 부사이며, 보통 피수식어 앞에 위치한다. 시간의 부사로는 *αὔριον*(내일, 곧), *εὐθύς*(즉시), *νῦν*(지금), *πάλιν*(다시), *ποτέ*(전에), *πρωΐ*(일찍), *πάντοτε*(항상, 언제나), *σήμερον*(오늘), *τοτέ*(그때에), *πέρυσι*(1년 전에) 등이 있다. 시간의 의문부사로는 *πότε*(언제?), 관계부사로는 *ὅτε*(~ 때에), *ἡνίκα*(~ 때에), *ὅταν*(부정관계부사, 언제나) 등이 있다.

예: *καὶ λίαν πρωῒ τῇ μιᾷ τῶν σαββάτων ἔρχονται ἐπὶ τὸ μνημεῖον*(막 16:2): 안식 후 첫날 매우 일찍 그들이 무덤에 갔다(여기서 부사 *πρωΐ*는 동사 *ἔρχονται*를 수식하고 부사 *λίαν*은 *πρωΐ*를 수식하는 정도의 부사이다.).

ἔρχομαί σοι ταχύ (계 2:16): 내가 너에게 속히 오리라(*ταχύ*는 신약성서에 12번 나오는데 요한계시록에만 6번이 나오고 그 중에서 5번이 여기 예와 같은 형식으로 사용되었다.).

Εὐχαριστοῦμεν τῷ θεῷ πατρὶ τοῦ κυρίου ἡμῶν Ἰησοῦ Χριστοῦ πάντοτε περὶ ὑμῶν προσευχόμενοι, (골 1:3): 우리가 너희를 위하여 기도할 때에 항상 우리 주 예수 그리스도의 아버지 하나님께 감사한다(여기서 *πάντοτε*는 뒤보다는 앞에 있는 *εὐχαριστοῦμεν*를 수식하는 것으로 보여진다.).

(2) 장소(location)의 부사

장소의 부사는 "어디에?"라는 질문에 답하는 부사이며, *ἄνω*(위에), *ἐκεῖ*(거기에), *κύκλῳ*(주위에), *ὧδε*(여기에), *κάτω*(아래에, 밑에), *πόρρω*(멀리서) 등과 의문부사 *ποῦ*(어디에?) 등이 있다. 그리고 어형 익히기에서 다룬 대로 어미 -*θεν*이 붙은 부사(*ἐκεῖθεν* [거기로부터], *ἔνθεν* [여기로부터], *ἐντεῦθεν* [여기로부터, 이쪽으로부터], *ἄνωθεν* [위로부터, 다시])들은 대부분 장소를 나타내는 부사이다.

예: *οὐκ ἔστιν ὧδε, ἠγέρθη γὰρ καθὼς εἶπεν* (마 28:6): 그는 여기에 계시지 않다. 그가 말씀하신 대로 살아나셨기 때문이다.

ἐὰν μή τις γεννηθῇ ἄνωθεν, οὐ δύναται ἰδεῖν τὴν βασιλείαν τοῦ θεοῦ. (요 3:3): 만약 사람이 위로부터(다시) 나지 아니하면, 그는 하나님의 나라를 볼 수 없다.

(3) 양식(manner)의 부사

양식의 부사는 "어떻게"라는 질문에 답하는 부사이며, *ἅπαξ* (한번에), *δωρεάν* (거저, 값없이), *εἰκῇ* (헛되이, 이유 없이), *καλῶς* (잘), *οὕτως* (이와 같이), *ὁμοθυμαδόν* (한마음으로), *ἀκριβῶς*(정확하게), *δημοσίᾳ*(공개적으로), *λάθρᾳ*(은밀히, 사사로이), *ταχέως*(빨리, 즉시) 등이 있다. 또한 양식을 나타내는 부사는 형용사, 대명사, 분사에 접미어 -*ως*를 붙인 형태가 많다. 양식의 의문부사로는 *πῶς*(어떻게?), 관계부사로는 *ὡς*(~ 같이, ~ 처럼, 어떻게), *ὅπως*(부정관계부사, 어떻게) 등이 있다.

예: *Δείραντες ἡμᾶς δημοσίᾳ ἀκατακρίτους, ἀνθρώπους Ῥωμαίους ὑπάρχοντας, ἔβαλαν εἰς φυλακήν, καὶ νῦν λάθρᾳ ἡμᾶς ἐκβάλλουσιν;* (행 16:37): 죄가 없는 로마 사람들인 우리를 공개적으로 때리고 감옥에 넣고, 이제는 은밀히 우리를 내놓으려 하느냐?

πῶς ἀνέβλεψεν. (요 9:15): 그가 어떻게 보게 되었는지

(4) 정도(degree)의 부사

정도의 부사로는 *λίαν*(매우), *μάλιστα*(특별히), *σφόδρα*(극도로), *μᾶλλον*(더욱 더) 등이 있다.

예: *Πάλιν παραλαμβάνει αὐτὸν ὁ διάβολος εἰς ὄρος ὑψηλὸν λίαν*(마 4:8): 마귀가 그를 다시 매우 높은 산으로 데려간다.

μάλιστα γνώστην ὄντα σε πάντων τῶν κατὰ Ἰουδαίους ἐθῶν τε καὶ ζητημάτων, διὸ δέομαι μακροθύμως ἀκοῦσαί μου. (행 26:3): 특별히 당신께서 유대인의 모든 관습과 분쟁에 대하여 잘 알고 계십니다. 그러므로 인내를 가지고 저를 경청하여 주시기 바랍니다.

※ 부사와 형용사의 구별

다음의 두 가지 예에서 형용사와 부사를 구별할 수 있을 것이다.

예 1: *σὺ μόνος παροικεῖς;* (눅 24:18): 너만 혼자 사느냐?(형용사)

μόνον πίστευσον (눅 8:50): 단지 믿기만 하라(부사)

예 2: *ἦλθεν πρῶτος* (요 20:4): 그가 먼저 왔다(형용사)

ζητεῖτε πρῶτον (마 6:33): 먼저 구하라(부사)

여기서 형용사와 동사의 주어 사이에 격의 일치가 있는가를 살펴보는 것이 형용사인가 부사인가를 알아보는 열쇠가 된다.

♠ 단어 익히기

동사

βιάζω: (능)힘으로 들어가다; (중)힘을 행사하다; (수)난폭함을 당하다

πολεμέω: 싸우다　　　　*φρίσσω*: 공포에 떨다

διαλλάσσομαι: (디포)화목하다, 화목되다

명사

ἰατρός, -οῦ, ὁ: 의원, 의사　　　　*ῥομφαία, -ας, ἡ*: 칼; 심한 고통, 슬픔

περιστερά, -ᾶς, ἡ: 비둘기　　　δίκτυον, -ου, τό: 고기 잡는 그물
θυγάτριον, -ου, τό: 딸아이　　　αὐλή, -ῆς, ἡ: 뜰, 관저, (양)우리
ὑπόκρισις, -εως, ἡ: 외식, 진실성이 없음, 가장
형용사: ἀκατάκριτος, -ον: 법에 의한 재판(심문)이 없는, 정죄함이 없는
부사
ὁσίως: 거룩하게, 하나님을 기쁘게 하면서　　ἀμέμπτως: 흠이 없이, 책망할 것 없이
κομψότερον: 더 나은; κομψότερον ἔχω: ~ 병이 회복되다
δεῦτε: 오라(명령, 권면)

♥ 성경 문장 읽기

(다음 문장 안에서 부사를 찾아보고 그 용도를 살펴보시오.)

1. Καὶ προβὰς ἐκεῖθεν εἶδεν ἄλλους δύο ἀδελφούς, Ἰάκωβον τὸν τοῦ Ζεβεδαίου καὶ Ἰωάννην τὸν ἀδελφὸν αὐτοῦ, ἐν τῷ πλοίῳ μετὰ Ζεβεδαίου τοῦ πατρὸς αὐτῶν καταρτίζοντας τὰ δίκτυα αὐτῶν, καὶ ἐκάλεσεν αὐτούς. (마 4:21)
2. ὕπαγε πρῶτον διαλλάγηθι τῷ ἀδελφῷ σου καὶ τότε ἐλθὼν πρόσφερε τὸ δῶρόν σου. (마 5:24)
3. ὁ δὲ ἀκούσας εἶπεν, Οὐ χρείαν ἔχουσιν οἱ ἰσχύοντες ἰατροῦ ἀλλ᾽ οἱ κακῶς ἔχοντες. (마 9:12)
4. ἕως ἄρτι ἡ βασιλεία τῶν οὐρανῶν βιάζεται, (마 11:12)
5. Καὶ μεταβὰς ἐκεῖθεν ἦλθεν εἰς τὴν συναγωγὴν αὐτῶν· (마 12:9)
6. πολλάκις γὰρ πίπτει εἰς τὸ πῦρ καὶ πολλάκις εἰς τὸ ὕδωρ. (마 17:15)
7. οὕτως καὶ ὑμεῖς ἔξωθεν μὲν φαίνεσθε τοῖς ἀνθρώποις δίκαιοι, ἔσωθεν δέ ἐστε μεστοὶ ὑποκρίσεως καὶ ἀνομίας. (마 23:28)
8. ὁ δὲ Πέτρος ἠκολούθει αὐτῷ ἀπὸ μακρόθεν ἕως τῆς αὐλῆς τοῦ ἀρχιερέως (마 26:58)
9. καὶ εὐθὺς ἀναβαίνων ἐκ τοῦ ὕδατος εἶδεν σχιζομένους τοὺς οὐρανοὺς καὶ τὸ πνεῦμα ὡς περιστερὰν καταβαῖνον εἰς αὐτόν· (막 1:10)
10. Καὶ προβὰς ὀλίγον εἶδεν Ἰάκωβον τὸν τοῦ Ζεβεδαίου καὶ Ἰωάννην τὸν ἀδελφὸν αὐτοῦ καὶ αὐτοὺς ἐν τῷ πλοίῳ καταρτίζοντας τὰ δίκτυα (막 1:19)
11. καὶ παρακαλεῖ αὐτὸν πολλὰ λέγων ὅτι Τὸ θυγάτριόν μου ἐσχάτως ἔχει (막 5:23)
12. καὶ λέγει αὐτοῖς, Δεῦτε ὑμεῖς αὐτοὶ κατ᾽ ἰδίαν(홀로, 개인적으로) εἰς ἔρημον τόπον καὶ ἀναπαύσασθε ὀλίγον. ἦσαν γὰρ οἱ ἐρχόμενοι καὶ οἱ ὑπάγοντες

πολλοί, καὶ οὐδὲ φαγεῖν εὐκαίρουν. (막 6:31)

13. *ἀπεκρίθη 'Ιησοῦς καὶ εἶπεν αὐτῷ, 'Αμὴν ἀμὴν λέγω σοι, ἐὰν μή τις γεννηθῇ ἄνωθεν, οὐ δύναται*(할 수 있다) *ἰδεῖν τὴν βασιλείαν τοῦ θεοῦ.* (요 3:3)
14. *ἐπύθετο οὖν τὴν ὥραν παρ' αὐτῶν ἐν ᾗ κομψότερον ἔσχεν·* (요 4:52)
15. *λέγει αὐτῷ Σίμων Πέτρος, Κύριε, μὴ τοὺς πόδας μου μόνον ἀλλὰ καὶ τὰς χεῖρας καὶ τὴν κεφαλήν.* (요 13:9)
16. *Μικρὸν καὶ οὐ θεωρεῖτέ με, καὶ πάλιν μικρὸν καὶ ὄψεσθέ με* (요 16:19)
17. *νῦν γὰρ ἐγγύτερον ἡμῶν ἡ σωτηρία ἢ ὅτε ἐπιστεύσαμεν.* (롬 13:11)
18. *τὰ ἄνω ζητεῖτε, τὰ ἄνω φρονεῖτε, μὴ τὰ ἐπὶ τῆς γῆς.* (골 3:1-2)
19. *ὑμεῖς μάρτυρες καὶ ὁ θεός, ὡς ὁσίως καὶ δικαίως καὶ ἀμέμπτως ὑμῖν τοῖς πιστεύουσιν ἐγενήθημεν* (살전 2:10)
20. *σὺ πιστεύεις ὅτι εἷς ἐστιν ὁ θεός, καλῶς ποιεῖς· καὶ τὰ δαιμόνια πιστεύουσιν καὶ φρίσσουσιν.* (약 2:19)
21. *μετανόησον οὖν· εἰ δὲ μή, ἔρχομαί σοι ταχὺ καὶ πολεμήσω μετ' αὐτῶν ἐν τῇ ῥομφαίᾳ τοῦ στόματός μου.* (계 2:16)

제 21 장

수사, 접속사, 불변화사, 감탄사

(Numerals, Conjunction, Particle, Interjection)

I. 수사(numerals)

◈ 어형 익히기(+ ♠ 단어 익히기)

헬라어의 수사에는 기수, 서수, 부사적 수사가 있다. 이중에서 적어도 기수와 서수는 형용사이다.

1. 기수(cardinals)

기수는 신약성서에서 36개 단어가 도합 995번 나오고 있다. 1-4까지는 변화하고(명사 제 3 변화와 제 1 변화를 따른다), 5-199까지는 변화하지 않는다. 하지만 200부터는 다시 변화(명사 제 1 변화와 제 2 변화를 따른다)한다.

아라비아 숫자	헬라어 문자기호	헬라어 수사		
		남성	여성	중성
1	α´	εἷς(344)	μί-α	ἕν
		ἑν-ός	μι-ᾶς	ἑν-ός
		ἑν-ί	μι-ᾷ	ἑν-ί
		ἕν -α	μί-αν	ἕν
2	β´	δύο(132), 여격만 δυσί(ν)으로 변화한다.		
		남성/여성	중성	
3	γ´	τρεῖς(69)	τρί-α	
		τρι-ῶν	τρι-ῶν	

		τρι-σί(ν)	τρι-σί(ν)
		τρεῖς	τρί-α
		남성/여성	중성
4	δ′	τέσσαρ-ες(41)	τέσσαρ-α
		τεσσάρ-ων	τεσσάρ-ων
		τέσσαρ-σι(ν)	τέσσαρ-σι(ν)
		τέσσαρ-ας	τέσσαρ-α
5	ε′	πέντε(38)	
6	ς′	ἕξ(13)	
7	ζ′	ἑπτά(87)	
8	η′	ὀκτώ(8)	
9	θ′	ἐννέα(5)	
10	ι′	δέκα(25)	
11	ια′	ἕνδεκα(5)	
12	ιβ′	δώδεκα(75) 혹은 δεκαδύο	
14	ιδ′	δεκατέσσαρ-ες(5)	
15	ιε′	δεκαπέντε(3)	
18	ιη′	δεκαοκτώ (2) 혹은 δέκα καὶ ὀκτώ	
20	κ′	εἴκοσι(ν)(11)	
30	λ′	τριάκοντα(11)	
40	μ′	τεσσαράκοντα (22)	
50	ν′	πεντήκοντα(7)	
60	ξ′	ἑξήκοντα(9)	
70	ο′	ἑβδομήκοντα(5)	
80	π′	ὀγδοήκοντα(2)	
90	♀′	ἐνενήκοντα(4)	
100	ρ′	ἑκατόν(17)	
200	σ′	διακόσιοι, -αι, -α(8)	
300	τ′	τριακόσιοι, -αι, -α(2)	
400	υ′	τετρακόσιοι, -αι, -α(4)	
500	φ′	πεντακόσιοι, -αι, -α(2)	
600	χ′	ἑξακόσιοι, -αι, -α(2)	
1,000	α	χίλιοι, -αι, -α(11) 혹은 χιλιάς, -άδος, ἡ(명사)	

2,000	,β	δισχίλιοι, -αι, -α(1)
3,000	,γ	τρισχίλιοι, -αι, -α(1)
4,000	,δ	τετρακισχίλιοι, -αι, -α(5)
5,000	,ε	πεντακισχίλιοι, -αι, -α(6) 혹은 χιλιάδες πέντε
7,000	,ζ	ἑπτακισχίλιοι, -αι, -α(1) 혹은 χιλιάδες ἑπτά
10,000	,$M^{α}$	μύριοι, -αι, -α(3) 혹은 δέκα χιλιάδες
20,000	$M^{β}$	εἴκοσι χιλιάδες
50,000	$M^{ε}$	μυριάδες πέντε

2. 서수(ordinals)

신약성서에서 서수는 14개 단어가 도합 317번 나오고 있다. 다음이 신약성서에 나오는 모든 서수의 목록이다. δεύτερος만 예외이고(어간이 ρ로 끝나기 때문에, -ος -α -ον 어미형을 가진다), 모두 어간에 어미 -ος -η -ον을 붙인 형태이다. 즉 서수는 모두 명사 제 1, 2 변화를 따라 변화한다.

πρῶτος, -η, -ον (156): 첫 번째(first)
δεύτερος, -α, -ον (43) 두 번째(second)
τρίτος, -η, -ον (56): 세 번째(third)
τέταρτος, -η, -ον (10): 네 번째(fourth)
πέμπτος, -η, -ον (4): 다섯 번째(fifth)
ἕκτος, -η, -ον (14): 여섯 번째(sixth)
ἕβδομος, -η, -ον (9): 일곱 번째(seventh)
ὄγδοος, -η, -ον (5): 여덟 번째(eighth)
ἔνατος, -η, -ον (10): 아홉 번째(ninth)
δέκατος, -η, -ον (3): 열 번째(tenth)
ἑνδέκατος, -η -ον (3): 열한 번째(eleventh)
δωδέκατος, -η, -ον (1): 열두 번째(twelfth)
τεσσαρεσκαιδέκατος, -η, -ον (2): 열네 번째(fourteenth)
πεντεκαιδέκατος, -η, -ον (1): 열다섯 번째(fifteenth)

비교: πεντηκοστός, -ή, -όν (3): 오십 번째(fiftith)는 신약성서에서 수사로 쓰이지 않고, 오순절(Pentecost)이라는 고유명사로 여성형으로만 세 번 나온다.

3. 부사적 수사(adverbials)

부사적 수사로서는 다음 여섯 개 단어가 38번 신약성서에 나오고 부사와 같이 변하지 않는다.

ἅπαξ(14): 한 번(once)
δίς(6): 두 번(twice)
τρίς(12): 세 번(thrice)
πεντάκις(1): 다섯 번
ἑπτάκις(4): 일곱 번
ἑβδομηκοντάκις(1): 일흔 번

♣ 수사의 용법

수사는 보통 수를 표현하는데 가장 많이 사용되지만, 다음과 같은 특별한 경우에 사용되기도 한다.

1. **신약성서에는 첫째 날을 나타낼 때,** *πρῶτος*보다 *εἷς*가 **사용되고 있다**. 이 경우 *πρῶτος*는 마가복음의 원문이 아닌 것으로 보이는 막 16:9에만 한번 나오고, 나머지의 경우는 모두 *εἷς*가 사용되고 있다. 이는 히브리성서의 영향으로 볼 수 있다.

   예: *πρωῒ πρώτῃ σαββάτου* (막 16:9): 안식 후 첫날 일찍이

   πρωῒ τῇ μιᾷ τῶν σαββάτων (막 16:2): 안식 후 첫날 일찍이

   εἰς μίαν σαββάτων (마 28:1): 안식 후 첫날에

   τῇ μιᾷ τῶν σαββάτων (눅 24:1; 요 20:1; 행 20:7): 안식 후 첫날에

   κατὰ μίαν σαββάτου (고전 16:2): 안식 후 첫날에

2. 서수가 함께 포함하여 계산하는(inclusive) 경우에 사용된다.

   예: *ὄγδοον Νῶε*(벧후 2:5): 노아 여덟 번째 사람, 혹은 노아와 그외 일곱 사람

3. 수사가 배분사(distributives)로 사용되는 경우가 있다. 신약에서 두 가지 정도의 표현법이 사용되고 있다. 하나는 전치사(*ἀνά, κατά*)를 사용하는 것이고, 다른 하나는 수사를 반복하는 것인데, 이 후자의 방법은 히브리 어법의 영향으로 보인다.

   예: *ἔλαβον ἀνὰ δηνάριον.* (마 20:9): 각자가 한 데나리온씩 받았다.

   ἀνὰ εἷς ἕκαστος τῶν πυλώνων ἦν ἐξ ἑνὸς μαργαρίτου. (계 21:21): 문들의 각각 하나가 한 진주로 되어 있었다.

   κατὰ ἑκατὸν καὶ κατὰ πεντήκοντα. (막 6:40): 50씩 100씩

   ἤρξατο αὐτοὺς ἀποστέλλειν δύο δύο (막 6:7): 그는 그들을 둘씩둘씩 보내기 시작하였다(비교. 눅 10:1).

   εἷς κατὰ εἷς (막 14:19): 한 사람씩

4. 부정관사의 기능을 하는 *εἷς*: 헬라어에는 부정관사가 없다. 부정대명사 *τις*가 그 대신으로 쓰였으나, *εἷς*가 모든 성의 형태로 있기 때문에 선호되었다.

   예: *μία χήρα πτωχή* (막 12:42): 한 가난한 과부가

   εἷς γραμματεύς (마 8:19): 한 서기관이 *μία παιδίσκη* (마 26:69): 한 계집종이

   εἷς ὀφειλέτης (마 18:24): 한 채무자가 *ἓν καθ' ἓν αὐτῶν* (계 4:8): 그들 각자가

5. 부정대명사의 역할을 하는 *εἷς*: 어떤 경우에 *εἷς*가 부정대명사 *τις*의 역할을 하기도 한다.

   예: *Καὶ ἰδοὺ εἷς προσελθὼν αὐτῷ εἶπεν,* (마 19:16): 그리고 보라 어떤 한 사람이 그에게 와서 말하기를, (비교, 평행구절인 눅 18:18: *Καὶ ἐπηρώτησέν τις αὐτὸν ἄρχων λέγων*)

   ἐν μιᾷ τῶν ἡμερῶν (눅 8:22): 어떤 한 날에

   τότε δύο ἔσονται ἐν τῷ ἀγρῷ, παραλαμβάνεται καὶ εἷς ἀφίεται· (마 24:40): 그 때에 두 사람이 들에 있을 것인데, 한 사람은 데려감을 당하고 한 사람은 남겨지리라 (비교. 이와 같은 표현으로는 *τὸν ἕνα--τὸν ἕτερον* [마 6:24, 이를 … 저를],

εἷς ὑπὲρ τοῦ ἑνός [고전 4:6, 한 사람이 다른 이를 대적하여] 등이 있다.)

♠ 단어 익히기

동사

ἕλκω: 끌어당기다, 잡아당기다 ψηφίζω: 알아내다, 세다, 밝혀내다

σφραγίζω: 인(도장)을 찍다, 인봉하다, 인정하다, 증명하다 νηστεύω: 금식하다

명사

ἄβυσσος, -ου, ἡ: 깊음, 음부, 죽은 자의 세계 ἴαμα, -τος, τό: 병고침, 치유

τάλαντον, -ου, τό: 달란트(헬라의 금전: 5000-6000 데나리온의 가치)

전치사/부사

ἐπάνω: 전치사. + 속격: ~ 위에 ~ 보다 더; 부사. 위에, 보다 더

♥ 성경 문장 읽기

(다음 문장에서 수사들을 찾아보고 그 용례와 종류를 살펴보시오.)

1. καὶ νηστεύσας ἡμέρας τεσσεράκοντα καὶ νύκτας τεσσεράκοντα, ὕστερον ἐπείνασεν. (마 4:2)
2. οὗ γάρ εἰσιν δύο ἢ τρεῖς συνηγμένοι εἰς τὸ ἐμὸν ὄνομα, ἐκεῖ εἰμι ἐν μέσῳ αὐτῶν. (마 18:20)
3. λέγει αὐτῷ ὁ Ἰησοῦς, Οὐ λέγω σοι ἕως ἑπτάκις ἀλλὰ ἕως ἑβδομηκοντάκις ἑπτά. (마 18:22)
4. ὁμοίως καὶ ὁ δεύτερος καὶ ὁ τρίτος ἕως τῶν ἑπτά. (마 22:26)
5. πορευθεὶς ὁ τὰ πέντε τάλαντα λαβὼν ἠργάσατο ἐν αὐτοῖς καὶ ἐκέρδησεν ἄλλα πέντε· (마 25:16)
6. ὁ δὲ Ἰησοῦς εἶπεν αὐτῷ, Τί με λέγεις ἀγαθόν; οὐδεὶς ἀγαθὸς εἰ μὴ εἷς ὁ θεός. (막 10:18)
7. ἦν δέ τις ἄνθρωπος ἐκεῖ τριάκοντα [καὶ] ὀκτὼ ἔτη ἔχων ἐν τῇ ἀσθενείᾳ αὐτοῦ· (요 5:5)
8. ἀνέβη οὖν Σίμων Πέτρος καὶ εἵλκυσεν τὸ δίκτυον εἰς τὴν γῆν μεστὸν ἰχθύων μεγάλων ἑκατὸν πεντήκοντα τριῶν· καὶ τοσούτων ὄντων οὐκ ἐσχίσθη τὸ δίκτυον. (요 21:11)
9. ἤμεθα δὲ αἱ πᾶσαι ψυχαὶ ἐν τῷ πλοίῳ διακόσιαι ἑβδομήκοντα ἕξ. (행 27:37)
10. ἑτέρῳ πίστις ἐν τῷ αὐτῷ πνεύματι, ἄλλῳ δὲ χαρίσματα ἰαμάτων ἐν τῷ

ἑνὶ πνεύματι, (고전 12:9)

11. καὶ γὰρ ἐν ἑνὶ πνεύματι ἡμεῖς πάντες εἰς ἓν σῶμα ἐβαπτίσθημεν, εἴτε Ἰουδαῖοι εἴτε Ἕλληνες εἴτε δοῦλοι εἴτε ἐλεύθεροι, καὶ πάντες ἓν πνεῦμα ἐποτίσθημεν. καὶ γὰρ τὸ σῶμα οὐκ ἔστιν ἓν μέλος ἀλλὰ πολλά. (고전 12:13-14)

12. νυνὶ δὲ μένει πίστις, ἐλπίς, ἀγάπη, τὰ τρία ταῦτα· μείζων δὲ τούτων ἡ ἀγάπη. (고전 13:13)

13. καὶ ἤκουσα τὸν ἀριθμὸν τῶν ἐσφραγισμένων, ἑκατὸν τεσσεράκοντα τέσσαρες χιλιάδες, ἐσφραγισμένοι ἐκ πάσης φυλης υἱῶν Ἰσραήλ· (계 7:4)

14. Ὧδε ἡ σοφία ἐστίν. ὁ ἔχων νοῦν ψηφισάτω τὸν ἀριθμὸν τοῦ θηρίου, ἀριθμὸς γὰρ ἀνθρώπου ἐστίν, καὶ ὁ ἀριθμὸς αὐτοῦ ἑξακόσιοι ἑξήκοντα ἕξ. (계 13:18)

15. καὶ ἔβαλεν αὐτὸν εἰς τὴν ἄβυσσον καὶ ἔκλεισεν καὶ ἐσφράγισεν ἐπάνω αὐτοῦ, ἵνα μὴ πλανήσῃ ἔτι τὰ ἔθνη ἄχρι τελεσθῇ τὰ χίλια ἔτη. μετὰ ταῦτα δεῖ λυθῆναι αὐτὸν μικρὸν χρόνον. (계 20:3)

II. 접속사(conjunctions)

접속사는 라틴어로 '콘융고' (con-jungo)로 단어, 절, 문장, 문단을 연결하는 역할을 한다. 접속사는 기능에 따라서 연계(copulative)접속사, 반의(adversative)접속사, 이접적(disjunctive)접속사, 추론적(inferential)접속사 등으로 나뉘어진다. 신약성서에 나오는 접속사는 모두 26개(불변화사를 포함시킬 경우는 그 수가 달라질 수 있다.)이나, 그 빈도수는 무려 13,639번에 이른다.

A. 기능에 따른 분류

1. 연계(copulative)접속사: τέ, τὲ---καί(눅2:16), τὲ---δέ(행 19:2), καί, καὶ---καί(눅 5:17), ἀλλά(고전 3:2)
2. 반의(adversative)접속사: δέ, καί(마 6:26), καὶ δέ(요 6:51), ἀλλά, πλήν(눅 10:14)
3. 이접적(disjunctive)접속사: ἤ, ἤτοι---ἤ(롬 6:16), εἴτε---εἴτε(고전 10:31), οὐδέ---οὐδὲ계 9:4), οὔτε---οὔτε(눅 20:35), μηδὲ---μηδὲ(마 10:10), μήτε---μήτε(마 5:34-36), οὐκ---οὐδέ(행 8:21), μὴ---μηδέ(요 4:15), οὐδὲ---οὔτε(갈 1:12)
4. 추론적(inferential)접속사: ἄρα, γάρ, οὖν, ἄρα οὖν(롬 5:18, 그런즉), τοιγαροῦν(히 12:1, 이러므로), τοίνυν(눅 20:25, 이러므로), ἀνθ᾽ ὧν(눅 12:3, 이러므로), δίο, ὥστε, οὗ χάριν(눅 7:47, 이러므로), δι᾽ ἣν αἰτίαν(딤후 1:12, 이를 인하여)

B. 각 접속사의 기능

이미 앞에서 여러 접속사들이 나왔으나, 여기에서는 이를 종합하고 정리해 보는데 의미가 있다. 다음은 주요한 접속사들의 용례를 종합한 것이다. 참고로 제일 처음에 나오는 경우의 예문만 표기하고 해석하였다. 위의 "기능에 따른 접속사의 분류"에서와 마찬가지로 괄호 안에 적어둔 성경구절을 헬라어 성경에서 찾아볼 수도 있을 것이다. 또한 다음의 성경 문장 읽기 부분에서도 다루고 있다.

1. *καί*(9,132)

*καί*는 신약성서에 가장 많이 나오는 접속사일 뿐만 아니라 뜻도 매우 다양하다. 그 용례로는 (1) 첨가(마 8:33; 마 12:45; 요 7:3; 고전 2:2; 계 7:12) (2) 강조(마 8:9; 고전 14:19) (3) 이유(막 8:3; 계 12:11) (4) 대조(마 6:26; 약 4:2) (5) 목적(마 5:15) (6) 조건(마 26:15) (7) 결과(계 14:9-10) (8) 양보(눅 18:7) (9) 시간(막 15:25) (10) 결론(마 3:14) (11) 비교(고전 12:3) 등을 표현할 때 이외에도 (12) 관계절(눅 6:6)을 이끌기도 한다.

예: *οἱ δὲ βόσκοντες ἔφυγον, καὶ ἀπελθόντες εἰς τὴν πόλιν ἀπήγγειλαν πάντα καὶ τὰ τῶν δαιμονιζομένων.* (마 8:33): 그러자 치는 자들이 도망갔다. 그리고 마을로 들어가서 이 모든 일과 귀신들린 자의 일을 알렸다.

2. *δέ*(2,771)

어떤 학자들은 불변화사로 분류하기도 한다. (1) 대조(마 5:22)(*ἀλλά*보다는 강하지 않다.) (2) 첨가(약 1:13; 마 1:2-16) (3) 강조(행 3:24; 갈 4:20) (4) 전이(transition)(막 1:30; 요 2:9) (5) 설명(고전 1:12) 등을 표현할 때 사용된다.

예: *ἐγὼ δὲ λέγω ὑμῖν* (마 5:22): 그러나 나는 너희들에게 말한다.

3. *ὅτι*(1,295)

이 접속사는 (1) 이유(요 3:23) (2) 근거(눅 13:2) (3) 결과(요 7:35) 등을 표현할 때 사용되며 (4) 명사절(보어절: 마 7:23; 마 5:21; 주어절: 요 8:17; 동격절: 요일 1:5; 행 9:20)을 이끌기도 한다.

예: *ἦν δὲ καὶ ὁ Ἰωάννης βαπτίζων ἐν Αἰνὼν ἐγγὺς τοῦ Σαλείμ, ὅτι ὕδατα πολλὰ ἦν ἐκεῖ, καὶ παρεγίνοντο καὶ ἐβαπτίζοντο·* (요 3:23): 그런데 살렘 가까운 애논에서 요한이 침례를 주고 있었다. 왜냐하면 거기에 물이 많았기 때문이다. 그들이 와서 침례를 받았다.

καὶ τότε ὁμολογήσω αὐτοῖς ὅτι Οὐδέποτε ἔγνων ὑμᾶς· (마 7:23): 그리고 그때 나는 저들에게 나는 너희들을 결코 알지 못한다고 선언할 것이다.

4. *γάρ*(1,040)

접속사 *γάρ*는 (1) 이유(마 19:22; 막 16:8) (2) 근거(골 3:20; 마 22:28) (3) 설명(마 12:40; 막

5:42) (4) 강조(요 9:30; 살전 2:20) (5) 전이(고전 10:1; 갈 1:11) 등을 표현하는 데 사용된다.

예: *ἀκούσας δὲ ὁ νεανίσκος τὸν λόγον ἀπῆλθεν λυπούμενος· ἦν γὰρ ἔχων κτήματα πολλά.* (마 19:22): 그 젊은이는 그 말씀을 듣고 근심하면서 떠났다. 왜냐하면 그는 재산이 많았기 때문이다.

5. *ἵνα*(662)

접속사 *ἵνα*는 가정법에서 가장 많이 사용되었듯이 (1) 목적(요 3:14-15; 막 4:12) (2) 결과(요 9:2) (3) 명령(막 5:23) (4) 시간(요 12:23; 13:1; 16:32) 등을 표현할 때와 (5) 명사절(보어절: 마 4:3; 7:12; 엡 1:16-17; 고전 1:10; 주어절: 마 10:25; 동격절: 요 6:29; 기타 절: 요 2:25; 4:34)을 이끌게 할 때 사용된다.

예: *ὑψωθῆναι δεῖ τὸν υἱὸν τοῦ ἀνθρώπου, ἵνα πᾶς ὁ πιστεύων ἐν αὐτῷ ἔχῃ ζωὴν αἰώνιον.* (요 3:14-15): 인자는 그를 믿는 모든 자들이 영생을 얻기 위하여 들려야 한다.

6. *ἀλλά*(638)

(1) 대조(마 5:17) (2) 강조(행 19:2; 고전 3:2) (3) 제외(막 4:22) (4) 전이(막 16:6-7) 등에 사용된다.

예: *οὐκ ἦλθον καταλῦσαι ἀλλὰ πληρῶσαι.* (마 5:17): 나는 폐하기 위해서가 아니라 완성하기 위하여 왔다.

7. *εἰ*(503)

불변화사로 분류되기도 한다. 접속사로 사용될 때, (1) 조건(갈 3:29) (2) 근거(골 3:1; 요일 4:11) (3) 양보(눅 18:4-5; 막 14:29) (4) 명사절(요일 3:13; 행 26:22-23) (5) 질문(직접의문문: 마 12:10; 간접의문문: 마 26:63; 막 15:440) (6) 강조(엡 3:2) 등을 표현할 때 사용된다.

예: *εἰ δὲ ὑμεῖς Χριστοῦ, ἄρα τοῦ Ἀβραὰμ σπέρμα ἐστέ, κατ' ἐπαγγελίαν κληρονόμοι.* (갈 3:29): 만약 너희들이 그리스도의 것이라면, 결과적으로 너희들은 아브라함의 씨이며, 약속을 따라서 너희들은 상속자들이다.

8. *οὖν*(497)

불변화사로 분류되기도 한다. (1) 결론(롬 12:1) (2) 전이(눅 3:7; 요 4:28) (3) 대답(요 1:39) (4) 강조(요 20:30) (5) 대조(요 9:18; 롬 10:14) 등을 표현할 때 사용된다.

예: *Παρακαλῶ οὖν ὑμᾶς, ἀδελφοί,* (롬 12:1): 그러므로 형제들아 내가 너희들을 권한다.

9. *ἐάν*(349)

(1) 조건(눅 19:40) (2) 시간(요일 3:2) (3) 미정(막 13:11) (4) 제외(마 10:13; 눅 13:3) 등을 표현하는 데 사용되는 접속사이다.

예: *καὶ ἀποκριθεὶς εἶπεν, Λέγω ὑμῖν, ἐὰν οὗτοι σιωπήσουσιν, οἱ λίθοι κράξουσιν.* (눅 19:40): 그는 대답하여 말하기를, "내가 너희들에게 말한다. 만약 이들이 침묵한다면, 돌들이 소리지를 것이다" 라고 하였다.

10. *ἤ*(344)

불변화사로 분류되기도 한다. (1) 대조(막 3:4) (2) 비교(요 3:19) 등을 표현하는 데 사용된다

예: *Ἔξεστιν τοῖς σάββασιν ἀγαθὸν ποιῆσαι ἢ κακοποιῆσαι, ψυχὴν σῶσαι ἢ ἀποκτεῖναι;* (막 3:4): 안식일에 선을 행하는 것 혹은 악을 행하는 것, 목숨을 구하는 것 혹은 죽이는 것 중에서 어느 것이 합당한가?

ἠγάπησαν οἱ ἄνθρωποι μᾶλλον τὸ σκότος ἢ τὸ φῶς· (요 3:19): 사람들이 빛보다 어두움을 사랑하였다.

11. *τέ*(215)

불변화사로 분류되기도 한다. 실제로 강조 불변화사로 사용되면서 접속사로는 강한 연계(행 2:33)를 표현하는 데 사용된다.

예: *ὑψωθεὶς, τήν τε ἐπαγγελίαν τοῦ πνεύματος τοῦ ἁγίου λαβὼν παρὰ τοῦ πατρὸς* (행 2:33): 높여지셔서 그리고 아버지로부터 성령의 약속을 받으셔서.

12. *ὥστε*(83)

(1) 결과(마 12:22; 막 15:5; 요 3:16; 갈 2:13) (2) 목적(마 24:24) (3) 결론(마 19:6) 등을 표현할 때 사용된다.

예: *καὶ ἐθεράπευσεν αὐτόν, ὥστε τὸν κωφὸν λαλεῖν καὶ βλέπειν.* (마 12:22): 그리고 그는 그(귀먹고 말 못하는 자)를 치료하였다. 그 결과로 그는 말하고 보게 되었다.

13. *διά*(53)

결론(마 27:8)을 표현할 때 사용된다.

예: *διὸ ἐκλήθη ὁ ἀγρὸς ἐκεῖνος Ἀγρὸς Αἵματος ἕως τῆς σήμερον.* (마 27:8): 이러므로 그 밭은 오늘까지 피밭이라고 불렸다.

14. *ὡς*(503-410번은 부사, 93번은 접속사)

*ὡς*는 주로 부사로 사용되지만, 접속사로도 93번이나 사용되었다. (1) 비교(마 6:10; 엡 5:33) (2) 시간(눅 1:23) (3) 목적(행 20:24) (4) 이유(행 28:19) 등을 표현할 때 사용되고 (5) 명사절(롬 1:9; 살전 2:11)을 이끌 때, 또한(6) 숫자와 함께(막 5:13) 사용된다.

예: *γενηθήτω τὸ θέλημά σου, ὡς ἐν οὐρανῷ καὶ ἐπὶ γῆς·* (마 6:10): 하늘에서처럼 땅에서도 당신의 뜻이 이루어지이다.

ἕκαστος τὴν ἑαυτοῦ γυναῖκα οὕτως ἀγαπάτω ὡς ἑαυτόν, (엡 5:33): 각자는 자

신의 아내를 자기같이 사랑하라.

15. *ὅπως*(53)

(1) 목적(마 5:16)을 표현할 때와 (2) 명사절(마 8:34)을 이끌 때 사용된다.

예: *οὕτως λαμψάτω τὸ φῶς ὑμῶν ἔμπροσθεν τῶν ἀνθρώπων, ὅπως ἴδωσιν ὑμῶν τὰ καλὰ ἔργα καὶ δοξάσωσιν τὸν πατέρα ὑμῶν τὸν ἐν τοῖς οὐρανοῖς.* (마 5:16): 저들이 너희의 착한 행실을 보고 하늘에 계신 너희 아버지께 영광을 돌리도록 하기 위하여 이와 같이 너희 빛을 사람들 앞에 비취게 하라.

16. *ἄρα*(49)

(1) 결론(롬 10:17) (2) 강조(행 12:18; 행 8:30) 등을 표현할 때 사용된다. 고전 헬라어에서는 후치사였으나, 신약성서에는 문장의 맨 앞에 나오는 예가 많다.

예: *ἄρα ἡ πίστις ἐξ ἀκοῆς, ἡ δὲ ἀκοὴ διὰ ῥήματος Χριστοῦ.* (롬 10:17): 그러므로 믿음은 들음으로부터 나온다. 그리고 들음은 그리스도의 말씀을 통해서이다.

17. *πλήν*(26)

부사가 반의 접속사로 사용되는 예이다. 대조(눅 6:35)를 표현할 때 사용된다.

예: *πλὴν ἀγαπᾶτε τοὺς ἐχθροὺς ὑμῶν* (눅 6:35): 그러나 너희들은 너희들의 원수들을 사랑하라.

♠ 단어 익히기

동사

βόσκω: (가축을) 치다, 먹이다 *τρέφω*: 먹이다, 음식을 제공하다, 양육하다, 지원하다

명사

κτῆμα, -τος, τό: 재물, 재산, 땅 *ὅριον, -ου, τό*: 영역, 구역, 이웃

διασπορά, -ᾶς, ἡ: 분산, 흩어진 자들, 디아스포라

τάραχος, -ου, ὁ: 소동, 혼동, 소요

οἰκονομία, -ας, ἡ: 가정을 경영함, 임무, 직무, (하나님의) 경륜(계획); (economy)

형용사

ἀρκετός, -ή, -όν: 충분한, ~ 이 충분하다 *ἀπό-κρυφος, -ον*: 비밀의, 감추어진

♥ 성경 문장 읽기

(다음 문장에서 사용된 접속사들을 찾아보고 그 용법을 확인해 보시오.)

1. *καὶ ὁ πατὴρ ὑμῶν ὁ οὐράνιος τρέφει αὐτά· οὐχ ὑμεῖς μᾶλλον διαφέρετε*

αὐτῶν; (마 6:26)

2. καὶ γὰρ ἐγὼ ἄνθρωπός εἰμι ὑπὸ ἐξουσίαν, (마 8:9)

3. καὶ ἰδοὺ πᾶσα ἡ πόλις ἐξῆλθεν εἰς ὑπάντησιν τῷ Ἰησοῦ, καὶ ἰδόντες αὐτὸν παρεκάλεσαν ὅπως μεταβῇ ἀπὸ τῶν ὁρίων αὐτῶν. (마 8:34)

4. ἀρκετὸν τῷ μαθητῇ ἵνα γένηται ὡς ὁ διδάσκαλος αὐτοῦ καὶ ὁ δοῦλος ὡς ὁ κύριος αὐτοῦ. (마 10:25)

5. ὥστε οὐκέτι εἰσὶν δύο ἀλλὰ σὰρξ μία. (마 19:6)

6. οὐ γάρ ἐστιν κρυπτὸν ἐὰν μὴ ἵνα φανερωθῇ, οὐδὲ ἐγένετο ἀπόκρυφον ἀλλ' ἵνα ἔλθῃ εἰς φανερόν. (막 4:22)

7. εἶπον οὖν οἱ Ἰουδαῖοι πρὸς ἑαυτούς, Ποῦ οὗτος μέλλει πορεύεσθαι ὅτι ἡμεῖς οὐχ εὑρήσομεν αὐτόν; μὴ εἰς τὴν διασπορὰν τῶν Ἑλλήνων μέλλει πορεύεσθαι καὶ διδάσκειν τοὺς Ἕλληνας; (요 7:35)

8. καὶ ἐν τῷ νόμῳ δὲ τῷ ὑμετέρῳ γέγραπται ὅτι δύο ἀνθρώπων ἡ μαρτυρία ἀληθής ἐστιν. (요 8:17)

9. Πολλὰ μὲν οὖν καὶ ἄλλα σημεῖα ἐποίησεν ὁ Ἰησοῦς ἐνώπιον τῶν μαθητῶν [αὐτοῦ], ἃ οὐκ ἔστιν γεγραμμένα ἐν τῷ βιβλίῳ τούτῳ· (요 20:30)

10. καὶ εἶπεν, Ἆρά γε γινώσκεις ἃ ἀναγινώσκεις; (행 8:30)

11. Γενομένης δὲ ἡμέρας ἦν τάραχος οὐκ ὀλίγος ἐν τοῖς στρατιώταις τί ἄρα ὁ Πέτρος ἐγένετο. (행 12:18)

12. μάρτυς γάρ μού ἐστιν ὁ θεός, ᾧ λατρεύω ἐν τῷ πνεύματί μου ἐν τῷ εὐαγγελίῳ τοῦ υἱοῦ αὐτοῦ, ὡς ἀδιαλείπτως μνείαν ὑμῶν ποιοῦμαι (롬 1:9)

13. Ἄρα οὖν ὡς δι' ἑνὸς παραπτώματος εἰς πάντας ἀνθρώπους εἰς κατάκριμα, οὕτως καὶ δι' ἑνὸς δικαιώματος εἰς πάντας ἀνθρώπους εἰς δικαίωσιν ζωῆς· (롬 5:18)

14. ἤθελον δὲ παρεῖναι πρὸς ὑμᾶς ἄρτι (갈 4:20)

15. εἴ γε ἠκούσατε τὴν οἰκονομίαν τῆς χάριτος τοῦ θεοῦ (엡 3:2)

16. Τὰ τέκνα, ὑπακούετε τοῖς γονεῦσιν κατὰ πάντα, τοῦτο γὰρ εὐάρεστόν ἐστιν ἐν κυρίῳ. (골 3:20)

17. ὑμεῖς γάρ ἐστε ἡ δόξα ἡμῶν καὶ ἡ χαρά. (살전 2:20)

III. 불변화사(particles)

불변화사는 쉽게 분류할 수 없는 단어들이며, 대부분의 문법서적에서는 다루지 않고 다루더라도 기타 품사로 다루고 있다. 불변화사는 접속사를 포함하는 큰 개념으로 절이나 절과 절 사이의 관계에 주관적인 의미를 부여하는 역할을 하는 변화하지 않는 단어를 말한다. 그러나 실제로는 헬라어의 어떤 품사에도 넣을 수 없는 단어들을 의미한다. 신약성서에는 40개의 불변화사가 6,741번에 걸쳐서 나오고 있는데, 이들 중에서 중요한 것들을 다음과 같이 분류할 수 있다.

1. 강조(emphatic) 불변화사

(1) *ἀμήν*(128)

신약성서에서 다양한 기능을 하고 있다. 강조적으로는 약 75번 사용되고 항상 동사 *λέγω*와 함께 나온다. ① 복음서에서는 예수님만 사용하였다(막 3:28; 요 1:51; 3:3). ② 서신서에는 축도(롬 15:33)나, 송영(롬 11:36)에 대한 개인적인 확신을 표현하는 예배형식으로 사용되었고, 또한 공중 예배에서 기도, 찬송, 감사, 혹은 다른 이들의 표현에 대한 자신의 확언(고전 14:16; 고후 1:20; 계 5:14; 19:4) 등으로 사용되었다. ③ 요한계시록에서는 예수님의 호칭으로 사용되기도 하였다(계 3:14).

예:*Ἀμὴν ἀμὴν λέγω ὑμῖν,* (요 1:51): 진실로, 진실로 내가 너희들에게 말한다.

(2) *γέ*(26)

"참으로" "~ 도" "최소한" 등으로 해석된다(롬 8:32). *εἴγε*(진정 ~ 하다면), *εἰ δὲ μήγε* (그렇지 않으면), *καί γε*(~ 도), *καίτοιγε*(그러면), *μενοῦνγε*(오히려) 등과 같은 다른 불변화사와 조합된 형태로 사용되기도 한다.

예: *ὅς γε τοῦ ἰδίου υἱοῦ οὐκ ἐφείσατο* (롬 8:32): 참으로 자신의 아들도 아끼지 않은 분

(3) *δή*(5)

명령이나 권면에서 긴박성을 표현할 때 사용된다(눅 2:15). "이제", "그러면", "그러므로", "결단코" "참으로" 등으로 해석할 수 있다.

예: *ὃς δὴ καρποφορεῖ καὶ ποιεῖ ὃ μὲν ἑκατόν, ὃ δὲ ἑξήκοντα, ὃ δὲ τριάκοντα.* (마 13:23): (이는) 참으로 열매를 맺고 혹 100배, 혹 60배, 혹 30배를 생산한 자이다.

(4) *ἴδε/ἰδού* (34,200)

*ἴδε*는 *εἶδον*의 부정과거 능동태 명령법인데, 명령법으로 사용되는 경우는 별로 많지 않고(요 1:46; 7:52; 11:34; 20:27; 롬 11:22), 불변화사로 사용된다. *ἰδού*는 액센트만 제외하고, *εἶδον*의 부정과거 중간태 명령법(*ἰδοῦ*)과 동일하나, 명령법 형태는 신약성서에 나오지 않고 불변화사의 형태만 나오고 있다. 이 둘은 주의를 환기시키는 역할을 하고 있다(마 2:1; 8:32; 눅 1:31; 마 28:7). 주로 "보라", "이제", "여기" 등으로 해석된다.

예: *Ἔρχου καὶ ἴδε.* (요 1:46): 와보라(명령으로 사용됨)

(5) *μέν*(178)

*δέ*와 함께 사용되어 대조를 표시하기도 하고(마 9:37), 상관관계를 나타내기도 하고(엡 4:11), 확언을 표현하는 불변화사로 사용되기도 한다(행 9:31).

예: *τότε λέγει τοῖς μαθηταῖς αὐτοῦ, Ὁ μὲν θερισμὸς πολύς, οἱ δὲ ἐργάται ὀλίγοι·*(마 9:37): 그때에 그는 그의 제자들에게 말하기를, "추수할 것은 많은데, 일꾼은 적다"고 하고 있다.

(6) *ναί*(33)

질문이나 서술문에 대한 강한 확신을 표시하는 데 사용된다(계 22:20).

예: *Λέγει ὁ μαρτυρῶν ταῦτα, Ναί, ἔρχομαι ταχύ. Ἀμήν, ἔρχου κύριε Ἰησοῦ.* (계 22:20): 이것들을 증거하는 자가 말하기를, "그래, 내가 속히 오리라" 하자, "아멘, 주 예수여 오시옵소서" 하였다.

2. 부정(indefinite) 불변화사

(1) *ἄν*(167)

정해지지 않은 상태나 가능성의 개념을 더해주는 역할을 한다(마 5:19).

예: *ὃς ἐὰν οὖν λύσῃ μίαν τῶν ἐντολῶν τούτων τῶν ἐλαχίστων καὶ διδάξῃ οὕτως τοὺς ἀνθρώπους, ἐλάχιστος κληθήσεται ἐν τῇ βασιλείᾳ τῶν οὐρανῶν· ὃς δ' ἂν ποιήσῃ καὶ διδάξῃ, οὗτος μέγας κληθήσεται ἐν τῇ βασιλείᾳ τῶν οὐρανῶν.* (마 5:19): 누구든지 이 계명들 중 지극히 작은 것 하나를 제하고 또 그렇게 사람들을 가르치는 자는 천국에서 지극히 작다고 불릴 것이다. 그러나 행하고 가르치는 그 사람은 천국에서 크다고 불릴 것이다.

3. 부정(negative) 불변화사

(1) 종류

οὐ (1,620), *μή* (1,041)와 그 합성어들인 *οὐδέ, οὐδείς, οὐδέποτε, οὐκέτι, οὔπω, οὔτε, οὐχί, μηδέ, μηδείς, μηκέτι, μήποτε, μήτε, μήτι* 등이 있다. *οὐ*는 사실성에 대한 반대(직설법에서 사용된다.), *μή*는 잠재성에 대한 반대(직설법 이외의 법에서 사용된다.)를 표시할 때 사용된다.

(2) 용례

부정 불변화사들은 다음과 같은 경우에 사용된다.

① 부가의문문: 긍정적인 대답을 원할 때는 *οὐ*나 *οὐχί*를, 부정적인 대답을 원할 때는 *μή*나

*μήτι*를 사용한다(마 6:25; 13:27; 요 21:5; 마 26:21-22; 12:23).

예: *Κύριε, οὐχὶ καλὸν σπέρμα ἔσπειρας ἐν τῷ σῷ ἀγρῷ;* (마 13:27): 주여 당신께서 당신의 밭에 좋은 씨를 뿌리지 않았습니까?(긍정적인 대답을 기대하는 질문)

λέγει οὖν αὐτοῖς [ὁ] Ἰησοῦς, Παιδία, μή τι προσφάγιον ἔχετε; ἀπεκρίθησαν αὐτῷ, Οὔ. (요 21:5): 그러므로 예수께서 저들에게 말씀하시기를, "얘들아, 너희들이 먹을 것을 좀 가지고 있지 않지?" 하시자, 그들이 "가지고 있지 않습니다"라고 대답하였다(부정적인 대답을 기대하는 질문).

μὴ καὶ ὑμεῖς θέλετε αὐτοῦ μαθηταὶ γενέσθαι; (요 9:27): 당신들도 그의 제자들이 되기를 원하지는 않지?(부정적인 대답을 기대하는 질문)

② 이중 혹은 삼중 부정: 요일 1:5; 막 5:3; 요일 2:22

예: *ὅτι ὁ θεὸς φῶς ἐστιν καὶ σκοτία ἐν αὐτῷ οὐκ ἔστιν οὐδεμία.* (요일 1:5): 이는 하나님은 빛이시며 그 안에는 어두움이 조금도 없고 없기(이중 부정) 때문이다.

καὶ οὐδὲ ἁλύσει οὐκέτι οὐδεὶς ἐδύνατο αὐτὸν δῆσαι (막 5:3): 그러나 아무도 더 이상 쇠사슬로는 그를 묶을 수 있는 사람이 없었다(삼중 부정).

③ 강조 부정: *οὐ μή, οὐδαμῶς* (마 2:6), *μηδαμῶς* (행 10:14), *οὐδέ, μηδέ*

예: *λέγω γὰρ ὑμῖν ὅτι ἐὰν μὴ περισσεύσῃ ὑμῶν ἡ δικαιοσύνη πλεῖον τῶν γραμματέων καὶ Φαρισαίων, οὐ μὴ εἰσέλθητε εἰς τὴν βασιλείαν τῶν οὐρανῶν.* (마 5:20): 그러므로 나는 너희들에게 말한다. 만약 너희들의 의가 서기관과 바리새인보다 낫지 아니하면 너희들은 결단코 천국에 들어가지 못할 것이다.

ὁ δὲ Πέτρος εἶπεν, Μηδαμῶς, κύριε, ὅτι οὐδέποτε ἔφαγον πᾶν κοινὸν καὶ ἀκάθαρτον. (행 10:14): 그러자 베드로가 말하기를, 결단코 안 됩니다. 주여, 저는 속된 것과 부정한 것을 언제고 먹지 않았습니다" 하였다.

④ 전반적인 부정: + *πᾶς*(갈 2:16; 고전 10:23)

예: *καὶ ἡμεῖς εἰς Χριστὸν Ἰησοῦν ἐπιστεύσαμεν, ἵνα δικαιωθῶμεν ἐκ πίστεως Χριστοῦ καὶ οὐκ ἐξ ἔργων νόμου, ὅτι ἐξ ἔργων νόμου οὐ δικαιωθήσεται πᾶσα σάρξ.* (갈 2:16): 그래서 우리들은 그리스도 예수를 믿었다. 이는 율법의 행위로가 아니라 그리스도를 믿음으로 의롭게 되기 위함이다. 왜냐하면 어느 육체도 율법의 행위로는 의롭게 될 수 없기 때문이다.

⑤ 금지: *μή*

예: *Ἀγαπητοί, μὴ παντὶ πνεύματι πιστεύετε*(요일 4:1): 사랑하는 자들아, 영을 모두 믿지 말라.

Μὴ νομίσητε ὅτι ἦλθον καταλῦσαι τὸν νόμον ἢ τοὺς προφήτας· (마 5:17): 내가 율법이나 선지자를 폐하러 온 줄로 생각하지 마라.

♠ 단어 익히기

명사

ἐνδύμα, -τος, τό: 의복

εὐαγγελιστής, -οῦ, ὁ: 전도자, 복음 전하는 자

μάγος, -ου, ὁ: 동방박사, 점성술가

ἅλυσις, -εως. ἡ: 쇠사슬, 차꼬; 감금

♥ 성경 문장 읽기

(다음 문장에서 불변화사를 찾아보고 그 종류와 용법을 말하시오.)

1. ἰδοὺ μάγοι ἀπὸ ἀνατολῶν παρεγένοντο εἰς Ἱεροσόλυμα (마 2:1)
2. ἔστω δὲ ὁ λόγος ὑμῶν ναὶ ναί, οὒ οὔ· τὸ δὲ περισσὸν τούτων ἐκ τοῦ πονηροῦ ἐστιν. (마 5:37)
3. οὐχὶ ἡ ψυχὴ πλεῖόν ἐστιν τῆς τροφῆς καὶ τὸ σῶμα τοῦ ἐνδύματος; (마 6:25)
4. ἄρα γε ἀπὸ τῶν καρπῶν αὐτῶν ἐπιγνώσεσθε αὐτούς. (마 7:20)
5. Ἡ μὲν οὖν ἐκκλησία καθ' ὅλης τῆς Ἰουδαίας καὶ Γαλιλαίας καὶ Σαμαρείας εἶχεν εἰρήνην οἰκοδομουμένη καὶ πορευομένη τῷ φόβῳ τοῦ κυρίου καὶ τῇ παρακλήσει τοῦ ἁγίου πνεύματος ἐπληθύνετο. (행 9:31)
6. ὁ δὲ θεὸς τῆς εἰρήνης μετὰ πάντων ὑμῶν, ἀμήν. (롬 15:33)
7. ὅσαι γὰρ ἐπαγγελίαι θεοῦ, ἐν αὐτῷ τὸ Ναί· διὸ καὶ δι' αὐτοῦ τὸ Ἀμὴν τῷ θεῷ πρὸς δόξαν δι' ἡμῶν. (고후 1:20)
8. καὶ αὐτὸς ἔδωκεν(그가 주었다) τοὺς μὲν ἀποστόλους, τοὺς δὲ προφήτας, τοὺς, δὲ εὐαγγελιστάς, τοὺς δὲ ποιμένας καὶ διδασκάλους, (엡 4:11)
9. Τίς ἐστιν ὁ ψεύστης εἰ μὴ ὁ ἀρνούμενος ὅτι Ἰησοῦς οὐκ ἔστιν ὁ Χριστός; (요일 2:22)
10. ὁ Ἀμήν, ὁ μάρτυς ὁ πιστὸς καὶ ἀληθινός, ἡ ἀρχὴ τῆς κτίσεως τοῦ θεοῦ. (계 3:14)

IV. 감탄사(interjection)

신약성서에서 다음과 같은 감탄사들이 사용되고 있다. 도합 4단어가 65번 사용되고 있는 셈이 된다. [ ]안에 있는 [ἄγε]는 명령법으로, [ἴδε]와 [ἰδού]는 불변화사로 취급할 수 있는 것들이다.

1. οὐαί (46): 얼마나 두려운가!(계 18:10). 여격(마 11:21)과 대격(계 8:13)으로도 사용된다.
2. ὦ (17):오! (연설에서나 감정을 표현할 때 사용된다.)(마 15:28)
3. ἔα (1): 아! (어떤 문맥에서는 번역하지 않는 것이 더 낫다.)(눅4:34)

4. *οὐά* (1): 아하!(막 15:29)

[*ἄγε*]: *ἄγω*의 현재 능동태 명령법 2인칭 단수

[*ἴδε*](34) (요 1:29). 동사로도 사용된다(요 7:52).

[*ἰδού*](200) (마 17:5)

♠ 단어 익히기

명사: *πραϋπάθεια, -ας, ἡ*: 온유함, 겸손

동사

παρα-πορεύομαι: (디포)지나가다, 가다　　*κινέω*: 움직이다, 흔들다; 자극하다

κλείω: 닫다, 잠그다

부사/전치사: *ἔμπροσθεν*: 전치사. + 속격. ~ 앞에; 부사. 앞으로, 앞에서

♥ 성경 문장 읽기

1. *Οὐαὶ δὲ ὑμῖν, γραμματεῖς καὶ Φαρισαῖοι ὑποκριταί, ὅτι κλείετε τὴν βασιλείαν τῶν οὐρανῶν ἔμπροσθεν τῶν ἀνθρώπων·* (마 23:13)
2. *Καὶ οἱ παραπορευόμενοι ἐβλασφήμουν αὐτὸν κινοῦντες τὰς κεφαλὰς αὐτῶν καὶ λέγοντες, Οὐὰ ὁ καταλύων τὸν ναὸν καὶ οἰκοδομῶν ἐν τρισὶν ἡμέραις,* (막 15:29)
3. *Πλὴν οὐαὶ ὑμῖν τοῖς πλουσίοις, ὅτι ἀπέχετε τὴν παράκλησιν ὑμῶν.* (눅 6:24)
4. *ἐὰν γὰρ εὐαγγελίζωμαι, οὐκ ἔστιν μοι καύχημα· οὐαὶ γάρ μοί ἐστιν ἐὰν μὴ εὐαγγελίσωμαι.* (고전 9:16)
5. *Σὺ δέ, ὦ ἄνθρωπε θεοῦ, ταῦτα φεῦγε· δίωκε δὲ δικαιοσύνην εὐσέβειαν πίστιν, ἀγάπην ὑπομονὴν πραϋπαθίαν.* (딤전 6:11)
6. *θέλεις δὲ γνῶναι, ὦ ἄνθρωπε κενέ, ὅτι ἡ πίστις χωρὶς τῶν ἔργων ἀργή ἐστιν ;* (약 2:20)
7. *Οὐαὶ οὐαὶ οὐαὶ τοὺς κατοικοῦντας ἐπὶ τῆς γῆς ἐκ τῶν λοιπῶν φωνῶν τῆς σάλπιγγος τῶν τριῶν ἀγγέλων τῶν μελλόντων σαλπίζειν.* (계 8:13)
8. *Οὐαὶ οὐαί, ἡ πόλις ἡ μεγάλη, Βαβυλὼν ἡ πόλις ἡ ἰσχυρά,*
   ὅτι μιᾷ ὥρᾳ ἦλθεν ἡ κρίσις σου. (계 18:10)

제 22 장
MI 동사 (MI Verb)

♠ 단어 익히기

ἀφίημι: 취소하다, 용서하다, 허락하다; 버리다, 가게 하다, 이혼하다

παρ-ίημι: 소홀히 하다

συν-ίημι: 이해하다, 인식하다, 깨닫다

ἀπόλλυμι: 멸망시키다, 죽이다, (중)잃다, 멸망하다

δείκνυμι: 보여주다, 밝히다, 설명하다, 증명하다

* *δίδωμι*: 주다, 허락하다, 지명하다

ἀπο-δίδωμι: 돌려주다, 되갚다, 상을 주다

δια-δίδωμι: 분배하다, 나누다

παρα-δίδωμι: 넘겨주다, 배반하다, 전달하다

δύναμαι: (디포)할 수 있다, ~ 할 능력이 있다

ἐπίσταμαι: (디포)알다, 이해하다

κάθημαι: (디포)앉다, 앉아 있다, 살다, 머물다

κεῖμαι: (디포)눕는다, 있다, 지명되다

ῥώννυμαι: (디포)건강하다, 안녕! (현재완료 명령형)

κρεμάννυμι: (타) 매달다; (자) 매달리다

* *ἵστημι*: (타, 능) 세우다, 일으키다, 고정시키다; (자, 중, 수)서 있다, 정지하다, 서다, 있다

ἀν-ίστημι: (타, 능) 일으켜 세우다, 지명하다; (자, 중)일어나다, 서다, 나타나다, 오다

καθ-ίστημι: 세우다, 임명하다, (중) 있음을 증명하다.

παρ-ίστημι: (타)제출하다, 보이다, 헌신하다, 제공하다; (자, 중)(함께)서 있다, 오다

προ-ΐστημι: 지도자가 되다, 권세가 있다, 다스리다, 경영하다, 돌보다, 돕다

* *τίθημι*: 놓다, 내려놓다, 저장하다, 지명하다

ἀπο-τίθημι: 던져버리다, 벗다

ἐπι-τίθημι: 위에 놓다, 놓다, 더하다; (중)주다

προσ-τίθημι: 더하다, 주다, 이기다

δια-τίθεμαι: (디포)세우다, 만들다(계약, 유언)

ἐκ-τίθεμαι: (디포)설명하다, 문 밖에 버려지다

συν-τίθεμαι: (디포)동의하다, 조정하다

φημί: 말하다, 의미하다, 암시하다

◆ 어형 익히기

헬라어 동사는 1인칭 단수 현재 직설법 형태의 어미를 따라서 -ω동사와 -μι동사가 있어서 그 동사변화도 각각 -ω동사변화와 -μι동사변화로 나뉘어진다. 신약성서에 나오는 -μι동사는 119개(신약에 나오는 모든 동사의 수는 1,848개이다.)에 그치고 그것도 합성동사들을 제외하면 단순 -μι 동사(위의 단어 익히기에 * 표를 한 것과 같은 -μι동사)는 30개밖에 되지 않는다. 지금까지는 -ω동사변화만 다루어왔으나(εἰμί는 -μι동사에 속하지만 예외적으로 미리 다루었다.) 본과에서는 -μι 동사변화를 살펴보기로 한다.

-μι동사의 변화에서 가장 중요하게 기억해야 되는 점은 동사어간과 현재어간이 다르다는 점인데, 현재와 미완료에서는 현재어간이 사용되고 그 나머지 시상에서는 동사어간이 사용된다. 이러므로 다른 곳에서도 약간의 차이점이 있기는 하지만, 현재와 미완료에서 두드러지게 -μι동사변화가 -ω동사변화와 다르게 보여진다. 다음은 εἰμί를 제외하고, 신약성서에서 가장 일반적인 -μι 동사인 δίδωμι, τίθημι, ἵστημι의 동사어간(verb stem)과 현재어간(present stem)이다.

동사	동사어간	현재어간
δίδωμι	δο	διδο
τίθημι	θε	τιθε
ἵστημι	στα	ἱστα

위의 어간들을 살펴보면, 현재어간은 동사어간에 음절중복(동사어간의 첫 자음과 모음 ε이 아닌 ι를 합하여 약간은 변형된 음절중복이지만)을 한 형태임을 알 수 있다. 여기서 우리는 ἵστημι의 동사어간 στα에 음절중복이 이뤄진다면 원래 σι가 되지만, 모음 앞에서 σ는 탈락하고 그 대신에 ι에 거친 숨표가 붙어 현재어간은 ἱστα가 된 것을 알 수 있다. 그리고 이 현재어간들이 단수에서는 길어져서 각각 διδω, τιθη, ἱστη가 된다. 이 세 -μι동사의 변화를 중심으로 -μι동사의 변화를 살펴보면 다음과 같다.

I. 직설법

1. 현재 직설법

1-1. 현재 능동태 직설법

예:	δίδωμι		τίθημι		ἵστημι	
	단수	복수	단수	복수	단수	복수
1 인칭	δί-δω-μι(21)	[δί-δο-μεν]	τί-θη-μι(12)	τί-θε-μεν	ἵ-στη-μι	[ἵ-στα-μεν]
2 인칭	[δί-δω-ς]	[δί-δο-τε]	[τί-θη-ς]	τί-θε-τε	[ἵ-στη-ς]	[ἵ-στα-τε]
3 인칭	δί-δω-σι(ν)	δι-δό-ασι(ν)	τί-θη-σι(ν)	τι-θέ-ασι(ν)	ἵ-στη-σι(ν)	[ἱ-στᾶσι(ν)]

※참고

1. 현재 능동태 직설법의 구조는 현재어간에 간모음 없이 제 1 시상 능동태 어미를 붙이는 것으로 이루어진다. 이때 능동태 제 1 시상의 원래어미는 다음과 같이 변화되었다.

	단수	복수
1 인칭	μι → μι	μεν → μεν
2 인칭	σι → ς(3인칭과 구별하기 위하여)	τε → τε
3 인칭	τι → σι(모음 앞에서 τ가 σ로 변함)	ντι → ασι(모음 앞에서 τ가 σ로 변하고, σ 앞에서 ν가 탈락하고 그 대신 α가 보충되었다.)

2. 현재 능동태 단수에서만 현재어간의 마지막 모음이 길어진다.

3. 동사 ἵημι는 신약성서에 나오지 않으나 그 합성동사들은 나온다. 이때 ἱ는 음절중복이고, 어간은 ε이며, 단수에서는 η로 길어진 것이다. 그러므로 -ἵημι의 변화는 τίθημι와 동일하나 다른점이 많다. 신약에 가장 많이 나오는 -ἵημι의 합성동사 ἀφίημι(8)의 변화는 ἀφ-ί-η-μι, ἀφ-εῖς, ἀφ-ί-η-σι(ν), ἀφ-ί-ο-μεν, ἀφ-ί-ε-τε, ἀφ-ί-ουσι(ν)이다. 복수에서는 -ω 동사처럼 변한다. 그러나 중간태/수동태에서는 정확하게 τίθημι의 변화와 동일하다.

4. φημί(23)의 어간은 α인데, 단수에서 η로 길어진 것이다. 3인칭 복수에서는 ἱστᾶσι(ν)과 같이 두 α가 하나의 긴 α로 바뀐다. φη-μι, [φῄς] φη-σί(ν), [φα-μέν], [φα-τέ], φα-σί(ν).

5. 위에 빈도수가 표시되지 않은 경우는 꼭 그 동사가 나오지 않아도 합성동사들이 나오기 때문에 그 수를 정확하게 표기하기가 곤란하여 그대로 둔 것이다.

1-2. 현재 중간태/수동태 직설법

예:	δίδωμι		τίθημι		ἵστημι	
	단수	복수	단수	복수	단수	복수
1 인칭	[δί-δο-μαι]	δι-δό-μεθα	τί-θε-μαι	[τι-θέ-μεθα]	ἵ-στα-μαι	ἱ-στά-μεθα
2 인칭	[δί-δο-σαι]	[δί-δο-σθε]	[τί-θε-σαι]	τί-θε-σθε	ἵ-στα-σαι	ἵ-στα-σθε
3 인칭	δί-δο-ται	δί-δο-νται	τί-θε-ται	τί-θε-νται	ἵ-στα-ται	ἵ-στα-νται

※참고

1. 현재 중간태/수동태 직설법의 구조는 현재어간에 간모음 없이 제 1 시상 중간태/수동태 어미를 붙인 형태로 이루어진다.
2. 디포넌트 동사인 *δύνα-μαι*(134), *ἐπίστα-μαι*(10)와, 중간/수동태 *κρέμα-μαι*(1)도 어간모음이 *α*이며, 위에 예시된 *ἵσταμαι*와 똑같이 변화한다.
3 현재어간을 만들기 위하여 동사어간에 *νυ* (혹은 *ννυ*)가 첨가된 동사인 *δείκ-νυ-μι* 와 *ἀπ-όλ-λυ-μι*(원래는 *νυ*인데, *λυ*로 동화된 것임)는 현재와 미완료에서 *-μι*동사처럼 변화하고 다른 시상에서는 *-ω*동사처럼 변화한다. 현재 직설법으로 신약성서에 나타나는 형태들은 능동태로 *δείκ-νυ-μι*, *δείκ-νυ-σι(ν)*; 중간태/수동태로 *ἀπ-όλ-λυ-μαι*, *ἀπ-όλ-λυ-ται*, *ἀπ-ολ-λύ-μεθα*, *ἀπ-όλ-λυ-νται* 등이다.

2. 미완료

2-1. 미완료 능동태 직설법

예:	δίδωμι		τίθημι		ἵστημι	
	단수	복수	단수	복수	단수	복수
1 인칭	ἐ-δί-δου-ν(12)	[ἐ-δί-δο-μεν]	ἐ-τί-θη-ν(4)	[ἐ-τί-θε-μεν]	ἵ-στη-ν	ἵ-στα-μεν
2 인칭	[ἐ-δί-δου-ς]	[ἐ-δί-δο-τε]	[ἐ-τί-θει-ς]	ἐ-τί-θε-τε	ἵ-στη-ς	ἵ-στα-τε
3 인칭	ἐ-δί-δου 혹은 ἐ-δί-δου-ν	ἐ-δί-δο-σαν	ἐ-τί-θει 혹은 ἐ-τί-θου-ν	ἐ-τί-θε-σαν	ἵ-στη	ἵ-στα-σαν]

※참고

1. 미완료 능동태 직설법의 구조는 접두모음(*ἐ*) + 현재어간 + 제 2 시상 능동태 어미로 이루어진다. 보통 1인칭 단수어미는 *ν*를, 3인칭 복수어미는 *σαν*을 사용한다(종종 *ν* 를 사용할 때도 있음). 또한 단수에서 어간의 단모음은 다양하게 장음화된다.
2. *φημί*의 미완료 직설법 능동태의 형태가 신약성서에 3인칭 단수인 *ἔ-φη*(43)만 나온다.
3. 신약성서에는 *ἵστημι*나 그 합성동사의 미완료 능동태는 나오지 않는다.

2-2. 미완료 중간태/수동태 직설법

예:	δίδωμι		τίθημι		ἵστημι	
	단수	복수	단수	복수	단수	복수
1 인칭	[ἐ-δι-δό-μην]	[ἐ-δι-δό-μεθα]	ἐ-τι-θέ-μην	ἐ-τι-θέ-μεθα	ἱ-στά-μην	ἱ-στά-μεθα
2 인칭	[ἐ-δί-δο-σο]	[ἐ-δί-δο-σθε]	ἐ-τί-θε-σο	ἐ-τί-θε-σθε	ἵ-στα-σο	ἵ-στα-σθε
3 인칭	ἐ-δί-δο-το	[ἐ-δί-δο-ντο]	ἐ-τί-θε-το	ἐ-τί-θε-ντο]	ἵ-στα-το	ἵ-στα-ντο

※참고

1. 미완료 중간태/수동태 직설법의 구조는 접두모음(ἐ) + 현재어간 + 제 2 시상 중간태/ 수동태 어미로 이루어진다.
2. 디포넌트 동사인 δύνα-μαι(17)도 어간모음이 α이며, ἵσταμαι와 똑같이 변화하나, 접두모음은 ϵ혹은 η가 된다. 신약성서에는 다음 형들이 나온다. ἐ-δύνα-το(11), ἠ-δύνα-το(4), ἐ-δύνα-σθε(1), ἠ-δύνα-ντο(3)
3. 실제로 위의 세 동사의 미완료 중간태/수동태 형은 신약성서에 나오지 않고, 그 합성동사들의 형들만 나온다. 그리고 δίδωμι의 합성동사인 διαδίδωμι와 παραδίδωμι의 미완료 중간태/수동태는 신약성서에 단 한 번 3인칭 단수가 나오는데, 모두 δι-ε-δί-δε-το, παρ-ε-δί-δε-το이다. 이는 아마도 -ω동사의 변화와 비슷해진 결과이다.
4. 동사어간에 νυ 첨가된 동사인 δείκ-νυ-μι의 미완료형은 신약성서에 나오지 않고 ἀπ-όλ-λυ-μι(원래는 νυ인데, λυ로 동화된 것임)의 미완료형은 중간태/수동태형인 ἀπ-ώλ-λυ-ντο만 한 번 나오고 있다.

3. 미래 직설법

-μι동사의 미래 직설법은 -ω동사의 미래 직설법과 다른점이 전혀 없다. 다만 미래에서는 현재어간이 아니라 동사어간(δίδωμι, τίθημι, ἵστημι의 경우 각각 δο, θε, στα)이 사용된다. 그러므로 δίδωμι, τίθημι, ἵστημι의 미래 능동태, 중간태, 수동태 직설법 1인칭 단수는 각각 δώσω(50), θήσω, στήσω(능동태); δώσομαι, θήσομαι, στήσομαι(중간태); δοθήσομαι(16), τεθήσομαι, σταθήσομαι(6)(수동태)이다. 이때 미래 시상접미어 σ 앞에서 단모음은 장음화되고, 미래 수동태에서 τίθημι의 동사어간 θε는 뒤따라오는 미래 수동태 시상어미의 θ의 영향으로 τε로 변한다.

4. 부정과거 직설법

4-1. 부정과거 능동태 직설법

-μι동사의 부정과거 능동태의 기본구조는 -ω동사와 동일하며 동사어간이 사용된다.

예:	δίδωμι		τίθημι		ἵστημι	
	단수	복수	단수	복수	단수	복수
1 인칭	ἔ-δω-κα(86)	ἐ-δώ-κα-μεν	ἔ-θη-κα(23)	ἐ-θή-κα-μεν	ἔ-στη-ν(13)	ἔ-στη-μεν
2 인칭	ἔ-δω-κα-ς	ἐ-δώ-κα-τε	ἔ-θη-κα-ς	ἐ-θή-κα-τε	ἔ-στη-ς	ἔ-στη-τε
3 인칭	ἔ-δω-κε(ν)	ἔ-δω-κα-ν	ἔ-θη-κε(ν)	ἔ-θη-κα-ν	ἔ-στη	ἔ-στη-σαν

※참고

1. 대부분의 -μι동사에는 부정과거 능동태 직설법에서만 시상어미로 σα대신 κα가 사용되며, 어간의 단모음은 장음화된다. 이는 현재완료형과 혼동이 일어날 수 있지만, 부정과거에는 동사어간이 사용되고 접두모음이 붙는 반면, 현재완료에는 음절중복이 이루어지거나 음절중복이 이미 이루어진 현재어간이 사용된다.
2. 자동사로 사용되는 ἵστημι(서다, 멈추다, 있다)와 그 모든 합성동사는 위와 같이 제 2 부정과거 형태를 취한다. 그러나 타동사로 사용되는 ἵστημι(세우다, 놓다)와 그 모든 합성동사의 부정과거에는 시상어미로 κα가 아니라 -ω동사와 같이 σα가 사용된다. ἔστησα(12), ἀνέστησα(6), κατέστησα(5)
3. ἵημι의 합성동사인 ἀφίημι의 부정과거(28)는 τίθημι의 변화와 동일하다. ἀφ-ῆ-κα(28), ἀφ-ῆ-κα-ς, ἀφ-ῆ-κε(ν), ἀφ-ή-κα-μεν, ἀφ-ή-κα-τε, ἀφ-ῆ-κα-ν

4-2. 부정과거 중간태 직설법

다음의 두 -μι동사의 부정과거 중간태의 기본구조는 동사어간이 사용되고 시상어미가 사용되지 않는 제 2 부정과거형을 취한다.

	단수(δίδωμι)	복수	단수(τίθημι)	복수
1 인칭	[ἐ-δό-μην]	[ἐ-δό-μεθα]	ἐ-θέ-μην	[ἐ-θέ-μεθα]
2 인칭	[ἔ-δου]	ἔ-δο-σθε	ἔ-θου	ἔ-θε-σθε
3 인칭	[ἔ-δο-το]	ἔ-δο-ντο	ἔ-θε-το	ἔ-θε-ντο

※참고

1. 위에 예로 든 두 동사형의 부정과거 중간태는 신약성서에서 사용되지 않고 그 합성동사들이 사용되고 있다. 또한 ἵστημι의 부정과거 중간태 형은 신약성서에서 사용되지 않았다.
2. 2인칭 단수에서 모음 사이에 있는(ο-σο) σ는 생략되고, 두 ο은 ου로 길어진다.

4-3. 부정과거 수동태 직설법

-μι동사의 부정과거 수동태의 기본구조는 -ω동사와 동일하며, 동사어간이 사용된다. 다음은 δίδωμι, τίθημι, ἵστημι, ἀφίημι의 부정과거 수동태형이다. ἐ-δό-θη-ν(33), ἐ-τέ-θη-ν(5), ἐ-στά-θη-ν(5), ἀφ-έ-θη-ν(1)

5. 현재완료 직설법

-μι동사의 현재완료형의 기본구조는 -ω동사와 동일하며, 동사어간 앞에 음절중복이 되거나 접두모음이 사용된다. 다음은 δίδωμι, τίθημι, ἵστημι, ἀφίημι의 현재완료형이다. 어간모음은 다양하게 장음화되기도 한다.

5-1. **현재완료 능동태 직설법**: δέ-δω-κα(29), τέ-θει-κα(3), ἕ-στη-κα(19)

5-2. **현재완료 중간태/수동태 직설법**: δέ-δο-μαι(6), τέ-θει-μαι(1), ἀφ-έ-ω-μαι(6)

6. 과거완료 직설법

6-1. **과거완료 능동태 직설법**

기본구조는 접두모음 + 음절중복 + 동사어간 + 과거완료 시상어미 (κει) + 제 2 시상 능동태어미로 이루어지며, 신약성서에 다음 동사들이 나온다. 어간모음이 장음화된다.

ἐ-δε-δώ-κει-ν(3) ← δίδωμι　　εἱ-στή-κει-ν(14) ← ἵστημι

παρα-δε-δώ-κει-ν(1) ← παρα-δίδωμι　　παρ-ει-στή-κει-ν(1) ← παρ-ίστημι

6-2. **과거완료 중간태/수동태 직설법**

기본구조는 접두모음 + 동사어간 + 과거완료 시상어미 + 제 2 시상 중간태/수동태 어미로 이루어지며, 신약성서에는 유일하게 συν-ε-τε-θεί-μην(1) ← συντίθημι만 나오고 있다. 이때도 어간모음이 장음화된다.

7. 미래완료 직설법: -μι동사의 미래완료 직설법은 신약성서에 나오지 않는다.

II. 부정사

	δίδωμι	τίθημι	-ἵστημι
현재 능동태	δι-δό-ναι(6)	τι-θέ-ναι(2)	-ι-στά-ναι
현재 중간태/수동태	δί-δο-σθαι	τί-θε-σθαι	-ί-στα-σθαι
부정과거 능동태	δοῦ-ναι(33)	θεῖ-ναι(4)	στῆ-ναι(4)
부정과거 중간태	--------	-θε-σθαι	--------
부정과거 수동태	δο-θῆ-ναι(5)	τε-θῆ-ναι(4)	στα-θῆ-ναι(1)
현재완료 능동태	--------	--------	ἑ-στά-ναι
현재완료 중간태/수동태	--------	--------	--------

III. 분사

1-1. 현재 능동태(차례대로 δίδωμι, τίθημιμ, ἵστημι의 분사)

	남성	여성	중성	남성	여성	중성
단수 주격	*δι-δού-ς*	*δι-δοῦσ-α*	*δι-δόν*	*τι-θεί-ς*	*τι-θεῖσ-α*	*τι-θέν*
단수 속격	*δι-δό-ντ-ος*	*δι-δούσ-ης*	*δι-δό-ντ-ος*	*τι-θέ-ντ-ος*	*τι-θείσ-ης*	*τι-θέ-ντ-ος*
복수 여격	*δι-δοῦ-σι(ν)*	*δι-δούσ-αις*	*δι-δοῦ-σι(ν)*	*τι-θεῖ-σι(ν)*	*τι-θείσ-αις*	*τι-θεῖ-σι(ν)*
단수 주격	*ἱ-στά-ς*	*ἱ-στᾶσ-α*	*ἱ-στά-ν*			
단수 속격	*ἱ-στά-ντ-ος*	*ἱ-στάσ-ης*	*ἱ-στά-ντ-ος*			
복수 여격	*ἱ-στᾶ-σιν*	*ἱ-στάσ-αις*	*ἱ-στᾶ-σι(ν)*			

1-2. 현재 중간태/수동태(차례대로 *δίδωμι*, *παρα-τίθημι*, *προ-ἵστημι*의 분사의 단수 주격)

	남성	여성	중성
δίδωμι:	*δι-δό-μεν-ος*	*-μέν-η*	*-μεν-ον*
παρα-τίθημι:	*παρα-τι-θέ-μεν-ος*	*-μέν-η*	*-μεν-ον*
προ-ἵστημι:	*προ-ϊ-στά-μεν-ος*	*-μέν-η*	*-μεν-ον*

※참고: *δύναμαι*와 *καθήμαι*등은 각각 *δύνα*와 *καθή*가 현재어간이므로 *δυνά-μεν-ος*, *-μέν-η*, *-μεν-ον*(25)와 *καθή-μεν-ος*, *-μέν-η*, *-μεν-ον*(65)으로 변한다.

2-1. 부정과거 능동태 분사(차례대로 *δίδωμι* *τίθημι*, *ἵστημι*, *ἀφίημι*의 분사형)

	남성	여성	중성	남성	여성	중성
단수 주격	*δού-ς*	*δοῦσ-α*	*δόν*	*θεί-ς*	*θεῖσ-α*	*θέν*
단수 속격	*δό-ντ-ος*	*δούσ-ης*	*δό-ντ-ος*	*θέ-ντ-ος*	*θείσ-ης*	*θέ-ντ-ος*
복수 여격	*δοῦ-σι(ν)*	*δούσ-αις*	*δοῦ-σι(ν)*	*θεῖ-σι(ν)*	*θείσ-αις*	*θεῖ-σι(ν)*
단수 주격	*στά-ς*	*στᾶσ-α*	*στά-ν*	*ἀφ-εί-ς*	*ἀφ-εῖσ-α*	*ἀφ-έ-ν*
단수 속격	*στά-ντ-ος*	*στάσ-ης*	*στά-ντ-ος*	*ἀφ-έ-ντ-ος*	*ἀφ-είσ-ης*	*ἀφ-έ-ντ-ος*
복수 여격	*στᾶ-σι(ν)*	*στάσ-αις*	*στᾶ-σι(ν)*	*ἀφ-εῖ-σι(ν)*	*ἀφ-είσ-αις*	*ἀφ-εῖ-σι(ν)*

※참고

1. 부정과거 능동태 분사는 현재 능동태 분사에서 음절중복만을 뺀 형태이다.
2. -*ω*동사인 *γινώσκω*(18)의 동사어간은 *γνο*이기 때문에 *δίδωμι*처럼 변화하고, *κατα-βαίνω*(16)의 동사어간은 *κατα-βα*이기 때문에 *ἵστημι*처럼 변한다.

2-2. 부정과거 중간태 분사

동사의 부정과거 중간태 분사로는 신약성서에 오직 *τίθημι*와 그 합성동사 2개의 형태만 나오고 있다. *θέ-μεν-ος*(2), *ἀπο-θέ-μεν-ος*(4), *δια-θέ-μεν-ος*(2)

2-3. 부정과거 수동태 분사

-μι동사의 부정과거 수동태 분사는 -ω사처럼 동사어간에 최종적인 부정과거 수동태 분사 어미(시상접미어 θε + 분사표시 철자 ντ+ 명사의 제 3, 1 변화어미로 구성)를 붙이는데, 이때 부정과거 수동태 분사의 최종어미는 위에 나온 τίθημι동사의 부정과거 능동태 분사와 동일하다. 신약성서에는 다음과 같은 -μι동사의 부정과거 수동태형이 나온다.

δο-θεί-ς(13), παρα-δο-θεί-ς(3), ἐκ-τε-θεί-ς(1), στα-θεί-ς(9), δειχ-θεί-ς(1)(← δείκνυμι[동사어간은 δείκ임])

3-1. 현재완료 능동태 분사

-μι동사의 현재완료 능동태 분사는 -ω동사처럼 현재어간(음절중복을 포함)에 최종적인 현재완료 능동태 분사어미(시상접미어 κ + 분사표시 철자 οτ + 명사의 제 3, 1 변화어미로 구성)를 붙인다. 이때 동사어간의 모음이 장음화된다. 다음은 신약성서에 나오는 중요한 -μι동사들의 현재 능동태 분사형이다.

παρα-δε-δω-κώ-ς(1) ← παραδίδωμι　　τε-θει-κώ-ς(1) ← τίθημι

ἑ-στη-κώ-ς(10) ← ἵστημι(타동사)　　δειχ-θεί-ς(1) ← δείκνυμι

하지만 자동사 ἵστημι와 그 합성동사들은 제 2 현재완료 능동태 분사를 취하며, 그 분사형은 다음과 같다(신약성서에 33번 나온다.).

	남성	여성	중성
단수 주격	ἑ-στώ-ς	ἑ-στῶσ-α	ἑ-στό-ς
단수 속격	ἑ-στῶτ-ος	ἑ-στώσ-ης	ἑ-στῶτ-ος
복수 여격	ἑ-στῶ-σι(ν)	ἑ-στώσ-αις	ἑ-στῶ-σι(ν)

3-2. 현재완료 중간태/수동태 분사

-μι동사의 현재완료 능동태 분사는 -ω동사처럼 현재어간(음절중복을 포함)에 최종적인 현재완료 중간태/수동태 분사어미(시상접미어 κ+ 분사표시 철자 μεν + 명사의 제 2, 1 변화어미로 구성)를 붙인다. 이때 동사어간의 모음이 장음화되는 경우도 있고 그렇지 않은 경우도 있다. 다음은 신약성서에 나오는 중요한 -μι동사들의 현재 중간태/수동태 분사형들이다.

δε-δο-μέν-ος(5) ← δίδωμι　　τε-θει-μέν-ος(1) ← τίθημι

παρ-ει-μέν-ος(1) ← παρίημι

IV. 가정법

1. 현재 가정법

-μι동사의 가정법은 -ω동사의 가정법 형태와 다를 바가 없으나 어간이 단모음으로 끝날 경우

가정법 어미와 합해지는 과정에서 모음 단축현상이 일어난다. -μι동사는 원래 간모음을 취하지 않으나 가정법에서는 이미 간모음이 들어가서 장음화된 가정법의 최종적인 어미를 사용함으로써 간모음을 갖게 되는 셈이고, 이로 인하여 단축현상이 일어나는 것이다. 신약성서에 나오는 -μι동사의 현재 능동태 가정법은 παρα-δι-δῷ(1, παρα-δίδωμι), παρα-τι-θῶσιν (2, παρα-τίθημι), συν-ι-ῶσιν (2, συν-ίημι)뿐이다. 참고적으로 συν-ι-ωσιν은 -ἵημι의 합성동사인 συνίημι의 현재 능동태 가정법 3인칭 복수인데, ι는 음절중복이며, 어간 ϵ은 위의 τίθημι처럼 단축과정을 거친 것이다.

그리고 현재 중간태/수동태 가정법은 디포넌트 동사인 δύναμαι의 3인칭 단수(δύνη-ται)와 복수형(δύνω-νται)이 각각 한번씩 나올 뿐이다.

2. 부정과거 가정법

-μι동사의 부정과거 가정법에는 현재어간대신 동사어간이 사용되지만, -ω동사의 형태와 다를 바가 없고, 부정과거 시상접미어 σ 앞에서 어간모음이 장음화된다. 주요한 -μι동사의 부정과거 능동태 가정법은 다음과 같다. δώ-σ-ω(2) ← δίδωμι, θή-σ-ω(1) ← τίθημι; στή-σ-ω(3) ← ἵστημι. 하지만 신약성서에는 시상접미어 σ가 없이 동사어간에 가정법 인칭어미를 붙인, 이른바 제 2 부정과거 능동태 가정법이 더 많이 쓰이고 있다. 어간모음의 종류에 따라서 다음과 같이 분류된다. -ω동사인 γινώσκω와 καταβαίνω는 -μι동사가 아니나 -μι 동사와 동일하게 변하기 때문에 여기에 수록하였다. 이때 어미에는 모음 단축현상이 나타난다.

	어간모음이 ο인 경우		어간모음이 ϵ인 경우		어간모음이 α인 경우	
예:	δίδωμι	γινώσκω	τίθημι	ἀφίημι	ἵστημι	καταβαίνω
단 1	δῶ(19)	γνῶ	θῶ(8)	ἀφ-ῶ	στῶ	κατα-βῶ
단 2	δῷς/δοῖς	γνῷς	θῇς	ἀφ-ῇς	στῇς	κατα-βῇς
단 3	δῷ/δοῖ	γνῷ/γνοῖ	θῇς	ἀφ-ῇ	στῇ	κατα-βῇ
복 1	δῶ-μεν	γνῶ-μεν	θῶ-μεν	ἀφ-ῶ-μεν	στῶ-μεν	κατα-βῶ-μεν
복 2	δῶ-τε	γνῶ-τε	θῆ-τε	ἀφ-ῆ-τε	στῆ-τε	κατα-βῆ-τε
복 3	δῶσι(ν)	γνῶσι(ν)	θῶσι(ν)	ἀφ-ῶσι(ν)	στῶσι(ν)	κατα-βῶσι(ν)

-μι동사의 부정과거 중간태 가정법으론 ἀπό-θω-μαι(1, ἀπο-τίθημι)가 나오고 있다.

-μι동사의 부정과거 수동태 가정법으론 δο-θῶ(3, δίδωμι), τε-θῶ(3, τίθημι), στα-θῶ(2, ἵστημι), ἀφ-ϵ-θῶ(3, ἀφίημι) 등과 그 합성동사들이 있다.

3. 현재완료 가정법: 신약성서에는 -μι동사의 현재완료 가정법이 나오지 않는다.

V. 명령법

1-1. 현재 능동태

기본적인 어미형성은 음절중복(존재하면) + 현재어간 + 능동태 명령법 어미로 이루어진다. *δίδωμι*와 *τίθημι*의 2인칭 단수에서는 어미대신에 간모음 *ε*을 사용함으로 단축현상이 일어난다.

예:	*δίδωμι*(어간이 *ο*으로 끝남)		*τίθημι*(어간이 *ε*으로 끝남)	
단 2	*δί-δου*(4)	복 2 *δί-δο-τε*	단 2 *τί-θει*(1)	복 2 *τί-θε-τε*
단 3	*δι-δό-τω*	복 3 [*δι-δό-τωσαν*]	단 3 *τι-θέ-τω*	복 3 [*τι-θέ-τωσαν*]

※참고: 다른 예들로 *ἵημι*의 합성동사 중에서 *ἀφίημι*와 *συνίημι*만 현재 능동태 명령형을 취함. *ἀφ-ί-ε-τε*(1) ← *ἀφίημι*　　*συν-ί-ε-τε*(2) ← *συνίημι*

1-2. 현재 중간태/수동태

기본구조는 음절중복(존재하면) + 현재어간 + 중간태/수동태 명령법 어미로 이루어진다. *δίδωμι*동사와 그 합성동사들의 현재 중간태/수동태 명령형이 신약성서에는 나오지 않는다.

예: *τίθημι*(어간이 *ε*으로 끝남)		*ἵστημι*(어간이 *α*로 끝남)	
단 2 [*τί-θε-σο*]	복 2 [*τί-θε-σθε*]	단 2 *ἵ-στα-σο*	복 2 [*ἵ-στα-σθε*]
단 3 [*τι-θέ-σθω*]	복 3 *τι-θέ-σθωσαν*	단 3 [*ἱστά-σθω*]	복 3 [*ἱ-στά-σθωσαν*]

※참고: 디포넌트 동사인 *κάθημαι*의 명령형은 2인칭 단수, *κάθου*로 신약성서에 7번 나오고 있다. 어간모음 *η*와 어미 *σο*가 합쳐지는 과정에서 모음 사이에 있는 *σ*는 탈락하고, *η*와 *ο*이 불규칙하게 *ου*로 단축된 것이다.

2-1. 부정과거 능동태 명령법

-*μι*동사는 동사어간이 모음으로 끝나기 때문에 간모음이 들어가지 않는 제 2 부정과거 명령형을 취한다. 이 간모음 없는 제 2 부정과거 능동태 명령법의 구조는 부정과거 어간(동사어간) + 능동태 명령법 어미로 구성된다. 어간의 모음은 길어질 수도 있고 그렇지 않을 수도 있다.

신약성서에 나오는 다음의 여섯 동사들이 간모음 없는 제 2 부정과거 명령형을 취한다. *γινώσκω*와 *καταβαίνω*는 -*μι*동사가 아니나 -*μι*동사와 동일하게 변하기 때문에 여기에 수록하였다.

	어간 끝이 *ο*인 동사		어간끝이 *ε*인 동사		어간끝이 *α*인 동사	
단 2	*δό-ς*(31)	*γνῶ-θι*	*θέ-ς*	*ἄφ-ε-ς*(24)	*στῆ-θι*	*κατά-βα/-βη-θι*(9)
단 3	*δό-τω*	*γνώ-τω*	*θέ-τω*	*ἀφ-έ-τω*	*στή-τω*	*κατα-βά-τω*
복 2	*δό-τε*	*γνῶ-τε*	*θέ-τε*	*ἄφ-ε-τε*	*στῆ-τε*	*κατά-βη-τε*
복 3	*δό-τωσαν*	*γνῶ-τωσαν*	*θέ-τωσαν*	*ἀφ-έ-τωσαν*	*στή-τωσαν*	[*κατα-βά-τωσαν*]

2-2. 부정과거 중간태 명령법: 간모음이 들어가지 않는 제 2 부정과거 중간태 명령법의 구조는 부정과거 어간 + 중간태 명령법 어미로 구성된다. 신약성서에 나타나는 유일한 예는 *τίθημι*와 그 합성동사들인데, *τίθημι*의 변화는 다음과 같다. *θοῦ*, [*θέ-σθω*], *θέ-σθε*, [*θέ-σθωσαν*]

2-3. 부정과거 수동태 명령법: 신약성서에 나오지 않는다.

3. 현재완료 명령법은 *ἴστε*(*οἶδα*의 현재완료 능동태 명령법: 약 1:19)와 *ἔρρω-σθε*(*ῥώννυμι*의 현재완료 수동태 명령법: 행 15:19)가 각각 한 번씩 나올 뿐이다.

VI. 기원법

1. 현재 기원법

1-1. 현재 능동태 기원법

-*μι*동사에 속하는 동사로서 그 현재 능동태 기원법으로 신약성서에 나오는 동사는 *εἰμί*뿐이다. 기본구조는 어간 *εσ* + 기원법 표시 *ιη* + 제 2 시상 능동태 어미로 이루어지며, -*μι*동사이기 때문에 간모음은 취하지 않는다. 1인칭 단수어미는 *μι*대신 *ν*를, 3인칭 복수에는 *σαν*이 사용된다. 모음과 모음 사이에 있게 되는 *σ*는 탈락한다. *εἰμί*의 기원법은 다음과 같으나 신약성서에는 *ε-ἴη*만 12번 나오고 있다. [*εἴη-ν*], [*εἴη-ς*], *εἴη*(12), [*εἴη-μεν*], [*εἴη-τε*], [*εἴη-σαν*]

1-2. 현재 중간태/수동태 기원법

-*μι*동사에 속하는 동사로서 그 현재 중간태/수동태 기원법으로 신약성서에 나타나는 동사의 예는 단지 디포넌트 동사인 *δύναμαι*의 1인칭 단수와 3인칭 복수인 *δυνα-ί-μην*(1)과 *δύνα-ι-ντο*(2)가 나오고 있다. 그 변화는 어간 *δυνα* + 기원법 표시 *ι* + 제 2 시상 중간태/수동태 어미로 이루어진다. 참고로 모든 인칭과 수에 따른 변화는 다음과 같다. *δυνα-ί-μην*, [*δύνα-ι-ο*], [*δύνα-ι-το*], [*δυνα-ί-μεθα*], [*δύνα-ι-σθε*], *δύνα-ι-ντο*.

2. 부정과거 기원법

2-1. 부정과거 능동태 기원법의 유일한 예는 *δῴη*(4)인데, 이는 *δίδωμι*의 간모음 없는 제 2 부정과거 능동태 기원법 3인칭 단수이다.

2-2. 부정과거 중간태 기원법의 유일한 예: *ὀνα-ί-μην*(1) ← *ὀνίναμαι*: (디포)유익을 얻다, 기쁘다(간모음 없는 제 2 부정과거 중간태 기원법 1인칭 단수).

2-3. 부정과거 수동태 기원법은 신약성서에 그 예가 없다.

♠ 단어 익히기

동사

ἐναγκαλίζομαι: (디포)포옹하다 ῥήγνυμι: 터트리다, 공격하다, 산산이 찢다

형용사

ἐπιούσιος, -ον: 오늘을 위한, 내일을 위한, 생존을 위한

ἀργός, -ή, -όν: 게으른, 실업자의

전치사: ὑποκάτω: + 속격: ~ 전치사. ~ 아래, ~ 밑에

명사

ἀσκός, -οῦ, ὁ: 포도주 부대 ἀνθρωποκτόνος, -ου, ὁ: 살인자

ὀφείλημα, -τος, τό : 빚, 죄, 잘못 λύτρον, -ου, τό: 대속물, 속전

ὅπλον, -ου, τό: 무기, 도구, 연장 παράδεισος, -ου, ὁ: 낙원(paradise)

♥ 성경 문장 읽기

(다음 문장 안에서 -μι동사들을 찾아보고 분해해 보시오.)

1. Τὸν ἄρτον ἡμῶν τὸν ἐπιούσιον δὸς ἡμῖν σήμερον· καὶ ἄφες ἡμῖν τὰ ὀφειλήματα ἡμῶν, ὡς καὶ ἡμεῖς ἀφήκαμεν τοῖς ὀφειλέταις ἡμῶν· (마 6:11-12)
2. ζητεῖτε δὲ πρῶτον τὴν βασιλείαν [τοῦ θεοῦ] καὶ τὴν δικαιοσύνην αὐτοῦ, καὶ ταῦτα πάντα προστεθήσεται ὑμῖν. (마 6:33)
3. Ἔτι αὐτοῦ λαλοῦντος τοῖς ὄχλοις ἰδοὺ ἡ μήτηρ καὶ οἱ ἀδελφοὶ αὐτοῦ εἱστήκεισαν ἔξω ζητοῦντες αὐτῷ λαλῆσαι. (마 12:46)
4. Τότε ἀποκριθεὶς ὁ Πέτρος εἶπεν αὐτῷ, Ἰδοὺ ἡμεῖς ἀφήκαμεν πάντα καὶ ἠκολουθήσαμέν σοι· τί ἄρα ἔσται ἡμῖν; (마 19:27)
5. περὶ δὲ τὴν ἑνδεκάτην ἐξελθὼν εὗρεν ἄλλους ἑστῶτας καὶ λέγει αὐτοῖς, Τί ὧδε ἑστήκατε ὅλην τὴν ἡμέραν ἀργοί; (마 20:6)
6. καὶ προσελθὼν ὁ Ἰησοῦς ἐλάλησεν αὐτοῖς λέγων, Ἐδόθη μοι πᾶσα ἐξουσία ἐν οὐρανῷ καὶ ἐπὶ [τῆς] γῆς. (마 28:18)
7. καὶ οὐδεὶς βάλλει οἶνον νέον εἰς ἀσκοὺς παλαιούς· εἰ δὲ μή, ῥήξει ὁ οἶνος τοὺς ἀσκούς, καὶ ὁ οἶνος ἀπόλλυται καὶ οἱ ἀσκοί· ἀλλὰ οἶνον νέον εἰς ἀσκοὺς καινούς. (막 2:22)
8. καὶ ἄλλα ἔπεσεν εἰς τὴν γῆν τὴν καλήν καὶ ἐδίδου καρπὸν ἀναβαίνοντα καὶ αὐξανόμενα καὶ ἔφερεν ἓν τριάκοντα καὶ ἓν ἑξήκοντα καὶ ἓν ἑκατόν. (막 4:8)
9. καὶ λαβὼν παιδίον ἔστησεν αὐτὸ ἐν μέσῳ αὐτῶν καὶ ἐναγκαλισάμενος αὐτὸ

εἶπεν αὐτοῖς, (막 9:36)

10. καὶ γὰρ ὁ υἱὸς τοῦ ἀνθρώπου οὐκ ἦλθεν διακονηθῆναι ἀλλὰ διακονῆσαι καὶ δοῦναι τὴν ψυχὴν αὐτοῦ λύτρον ἀντὶ πολλῶν. (막 10:45)

11. καὶ ἰδὼν τὴν πίστιν αὐτῶν εἶπεν, Ἄνθρωπε, ἀφέωνταί σοι αἱ ἁμαρτίαι σου. (눅 5:20)

12. δίδοτε, καὶ δοθήσεται ὑμῖν· (눅 6:38)

13. καὶ ἀποκριθεὶς ὁ Ἰησοῦς εἶπεν πρὸς αὐτόν, Σίμων, ἔχω σοί τι εἰπεῖν. ὁ δέ, Διδάσκαλε, εἰπέ, φησίν. (눅 7:40)

14. ὃς γὰρ ἂν θέλῃ τὴν ψυχὴν αὐτοῦ σῶσαι ἀπολέσει αὐτήν· ὃς δ' ἂν ἀπολέσῃ τὴν ψυχὴν αὐτοῦ ἕνεκεν ἐμοῦ οὗτος σώσει αὐτήν. (눅 9:24)

15. Τίς ἄνθρωπος ἐξ ὑμῶν ἔχων ἑκατὸν πρόβατα καὶ ἀπολέσας ἐξ αὐτῶν ἓν οὐ καταλείπει τὰ ἐνενήκοντα ἐννέα ἐν τῇ ἐρήμῳ καὶ πορεύεται ἐπὶ τὸ ἀπολωλὸς ἕως εὕρῃ αὐτό; (눅 15:4)

16. καὶ μετὰ βραχὺ ἕτερος ἰδὼν αὐτὸν ἔφη, Καὶ σὺ ἐξ αὐτῶν εἶ. ὁ δὲ Πέτρος ἔφη, Ἄνθρωπε, οὐκ εἰμί. (눅 22:58)

17. Οὕτως γὰρ ἠγάπησεν ὁ θεὸς τὸν κόσμον, ὥστε τὸν υἱὸν τὸν μονογενῆ ἔδωκεν, ἵνα πᾶς ὁ πιστεύων εἰς αὐτὸν μὴ ἀπόληται ἀλλ' ἔχῃ ζωὴν αἰώνιον. (요 3:16)

18. ὁ πατὴρ ἀγαπᾷ τὸν υἱὸν καὶ πάντα δέδωκεν ἐν τῇ χειρὶ αὐτοῦ. (요 3:35)

19. ὁ γὰρ πατὴρ φιλεῖ τὸν υἱὸν καὶ πάντα δείκνυσιν αὐτῷ ἃ αὐτὸς ποιεῖ, καὶ μείζονα τούτων δείξει αὐτῷ ἔργα, ἵνα ὑμεῖς θαυμάζητε. (요 5:20)

20. ὑμεῖς ἐκ τοῦ πατρὸς τοῦ διαβόλου ἐστὲ καὶ τὰς ἐπιθυμίας τοῦ πατρὸς ὑμῶν θέλετε ποιεῖν. ἐκεῖνος ἀνθρωποκτόνος ἦν ἀπ' ἀρχῆς καὶ ἐν τῇ ἀληθείᾳ οὐκ ἔστηκεν ὅτι οὐκ ἔστιν ἀλήθεια ἐν αὐτῷ. ὅταν λαλῇ τὸ ψεῦδος, ἐκ τῶν ἰδίων λαλεῖ, ὅτι ψεύστης ἐστὶν καὶ ὁ πατὴρ αὐτοῦ. (요 8:44)

21. Ἐγώ εἰμι ὁ ποιμὴν ὁ καλός· ὁ ποιμὴν ὁ καλὸς τὴν ψυχὴν αὐτοῦ τίθησιν ὑπὲρ τῶν προβάτων· (요 10:11)

22. οὐδεὶς αἴρει αὐτὴν ἀπ' ἐμοῦ, ἀλλ' ἐγὼ τίθημι αὐτὴν ἀπ' ἐμαυτοῦ. ἐξουσίαν ἔχω θεῖναι αὐτήν, καὶ ἐξουσίαν ἔχω πάλιν λαβεῖν αὐτήν· ταύτην τὴν ἐντολὴν ἔλαβον παρὰ τοῦ πατρός μου. (요10:18)

23. Εἰρήνην ἀφίημι ὑμῖν, εἰρήνην τὴν ἐμὴν δίδωμι ὑμῖν· οὐ καθὼς ὁ κόσμος δίδωσιν ἐγὼ δίδωμι ὑμῖν. (요 14:27)

24. μείζονα ταύτης ἀγάπην οὐδεὶς ἔχει, ἵνα τις τὴν ψυχὴν αὐτοῦ θῇ ὑπὲρ

τῶν φίλων αὐτοῦ. (요 15:13)

25. ἕνα πρὸς τῇ κεφαλῇ καὶ ἕνα πρὸς τοῖς ποσίν, ὅπου ἔκειτο τὸ σῶμα τοῦ Ἰησοῦ. (요 20:12)

26. νόμον οὖν καταργοῦμεν διὰ τῆς πίστεως; μὴ γένοιτο· ἀλλὰ νόμον ἱστάνομεν. (롬 3:31)

27. οἱ δὲ ἐν σαρκὶ ὄντες θεῷ ἀρέσαι οὐ δύνανται. (롬 8:8)

28. ἀποθώμεθα οὖν τὰ ἔργα τοῦ σκότους, ἐνδυσώμεθα [δὲ] τὰ ὅπλα τοῦ φωτός. (롬 13:12)

29. σὺ τίς εἶ ὁ κρίνων ἀλλότριον οἰκέτην; τῷ ἰδίῳ κυρίῳ στήκει ἢ πίπτει· σταθήσεται δέ, δυνατεῖ γὰρ ὁ κύριος στῆσαι αὐτόν. (롬 14:4)

30. ὁ δὲ θεὸς τῆς ὑπομονῆς καὶ τῆς παρακλήσεως δῴη ὑμῖν τὸ αὐτὸ φρονεῖν ἐν ἀλλήλοις κατὰ Χριστὸν Ἰησοῦν, (롬15:5)

31. θεμέλιον γὰρ ἄλλον οὐδεὶς δύναται θεῖναι παρὰ τὸν κείμενον, ὅς ἐστιν Ἰησοῦς Χριστός. (고전 3:11)

32. δῴη ἔλεος ὁ κύριος τῷ Ὀνησιφόρου(오네시보로) οἴκῳ, (딤후 1:16)

33. ἐὰν ὁμολογῶμεν τὰς ἁμαρτίας ἡμῶν, πιστός ἐστιν καὶ δίκαιος, ἵνα ἀφῇ ἡμῖν τὰς ἁμαρτίας καὶ καθαρίσῃ ἡμᾶς ἀπὸ πάσης ἀδικίας. (요일 1:9)

34. ὁ ἔχων οὖς ἀκουσάτω τί τὸ πνεῦμα λέγει ταῖς ἐκκλησίαις. τῷ νικῶντι δώσω αὐτῷ φαγεῖν ἐκ τοῦ ξύλου τῆς ζωῆς, ὅ ἐστιν ἐν τῷ παραδείσῳ τοῦ θεοῦ. (계 2:7)

35. καὶ οὐδεὶς ἐδύνατο ἐν τῷ οὐρανῷ οὐδὲ ἐπὶ τῆς γῆς οὐδὲ ὑποκάτω τῆς γῆς ἀνοῖξαι τὸ βιβλίον οὔτε βλέπειν αὐτό. (계 5:3)

끝내는 말: 참고도서 목록

본서를 마치면서 다음 몇 분야의 참고서들을 소개하고자 한다. 가장 중요한 것은 본서를 통하여 학습한 모든 내용, 즉 어휘, 어형변화, 문장론 등을 숙지하여 자신의 것으로 삼는 것이다. 본서에서 이미 신약성서의 중요한 구절들을 읽는 경험을 하였지만, 독자들은 이제 헬라어 신약성서를 장만하는 일을 더 이상 미룰 수 없는 일이라고 생각할 것이다. 또한 사전이나 성구사전, 분해사전, 석의방법 등에 관한 참고서적들의 필요성도 느낄 것이다. 따라서 다음의 것들을 소개한다.

1. 신약성서 본문과 본문비평

전세계적으로 거의 표준으로 여겨지고 널리 사용되는 신약성서의 대표적인 비평판으로 다음 두 가지가 있다. 이 둘의 신약성서 본문은 동일하며, 현대 본문비평 원리를 기반으로 구축되었다. 본문에 차이가 없지만, 후자의 본문비평 각주가 더 상세하다.

The Greek New Testament. 4th ed. Kurt Aland *et al*. eds. New York: United Bible Societies, 1966, 1968, 1975, 1983, 1993.

Novum Testamentum Graece. 28th ed. Kurt Aland *et al*. eds. Stuttgart: Deutsche Bibelstiftung, 1898, 1993. 2012

장동수. 「신약성서 사본과 정경 : 헬라어에서 한글까지」. 대전: 침례신학대학교 출판부, 2005, 2010.

Metzger, Bruce M. *The Text of New Testament: Its Transmission, Corruption, and Restoration*. 3rd ed. New York: Oxford University Press, 1992.

________. *A Textual Commentary on the Greek New Testament*. 2nd. ed. New York: United Bible Societies, 1971, 1993. 한국어판 - 「신약 그리스어 본문 주석」. 장동수 역. 서울 : 대한성서공회 성경원문연구소, 2005, 2008.

Aland, Kurt, and Barbara Aland. *The Text of the New Testament*. Rev. ed. Grand Rapids: Wm. B. Eerdmans Publishing Co., 1989.

Greenlee, Harold. *Introduction to New Testament Textual Criticism*. Rev. ed. Peabody: Hendrickson, 1993.

2. 사전/ 어휘 참고서

Abbott-Smith, G. A. *A Manual Greek Lexicon of the New Testament*. 3rd ed. Edinburgh: T. & T. Clark, 1937.

Bauer, Walter, William F. Arndt, F. Wilbur Gingrich, and Frederick W. Danker. *A Greek-English Lexicon of the New Testament and Other Early Christian Literature*. Chicago: University of Chicago Press, 1979.

Trenchard, Warren C. *The Student's Complete Vocabulary Guide to the Greek New Testament: Complete Frequency Lists, Cognate Groupings & Principal Parts*. Grand Rapids: Zondervan Publishing House, 1992.
한국어판- 「신약성서 헬라어 어휘사전」. 장동수 역. 서울: 은성, 1999.

Liddell, H. G. and R. Scott. *A Greek-English Lexicon: A New Edition Revised and Augmented Throughout with Supplement*. 9th ed. London: Oxford University Press, 1925-1940; Supplement, 1996.

Moulton, Harold K., ed. *The Analytical Greek Lexicon*. Grand Rapids: Zondervan Publishing House, 1978.

Moulton, J. H. and G. Milligan. *Vocabulary of the Greek Testament*. Peabody: Hendrickson Publishers, 1997.

Vine, W. E. *An Expository Dictionary of Biblical Words*. Nashville: Thomas Nelson Publishers, 1984.

Zerwick, Max and Mary Grosvenor. *A Grammatical Analysis of the Greek New Testament*. Rome: Biblical Institute Press, 1979.

3. 중급/고급문법

본서의 서문에서 소개한 것들을 참고하면 좋을 것이다.

4. 성구사전(concordance)

Bachmann, Horst and W. A. Slaby, eds. *Computer-Concordance of the Greek New Testament According to Nestle-Aland, 26th Edition, and of the Greek New Testament, 3d Edition*. Berlin/New York: Walter de Gruyter, 1987.

Moulton, W. F., and A. S. Geden. *A Concordance to the Greek Testament*. 5th ed. Edinburgh: T. & T. Clark, 1897.

5. 신학-석의사전

Balz, Horst and Gerhard Schneider, eds. *Exegetical Dictionary of the New Testament.* 3 Vols. Grand Rapids: Wm. B. Eerdmans Publishing Co., 1990-3.

Kittel, Gerhard and Gerhard Friedrich, eds. *Theological Dictionary of the New Testament.* 10 Vols. Trans. by Geoffrey W. Bromiley Grand Rapids: Wm. B. Eerdmans Publishing Co., 1964-76; one volume abridged, 1985.
한국어판-「신약성서 신학사전: 킷텔 단권 원어 사전」. 서울: 요단출판사, 1986.

Louw, Johannes P., Eugene A. Nida, Rondal B. Smith, Karen A. Munson, eds. *Greek-English Lexicon of the New Testament Based on Semantic Domains.* Second Edition. 2 Vols. New York: United Bible Societies, 1988, 1989.

Robertson, Archiblad T. *Word Pictures in the New Testament.* 6 Vols. New York: Harper - Brothers, 1930-1933.
한국어판-「신약원어 대해설」. 9 Vols. 요단출판사 편. 서울: 요단출판사, 1984.

6. 석의방법/해석학 및 언어학

Black, David Allen. *Linguistics for Students of New Testament Greek: A Survey of Basic Concepts and Applications.* Grand Rapids: Baker Book House Company, 1988.

________. *Using New Testament Greek in Ministry: Practical Guide for Students and Pastors.* Grand Rapids: Baker Book House Company, 1993.
한국어판 - 「설교자를 위한 신약석의 입문」. 김경진 역. 서울: 도서출판 솔로몬, 1997.

Black, David Allen, and D. S. Dockery, eds. *New Testament Criticism and Interpretation: Essays on Method Issues.* Grand Rapids: Zondervan Publishing House, 1991.

Corterell, Peter and Max Turner. *Linguistics and Biblical Interpretation.* Downers Grove: InterVarsity Press, 1989.

고든 D. 피. 「신약성경 해석 방법론」. 장동수 역. 고양 : 크리스찬출판사, 2003.

Klein, William W., Craig L. Blomberg, and Robert L. Hubbard, Jr. 「성경해석학 총론」. 류호영 역. 서울: 생명의말씀사, 1997.

Louw, Johannes P. *Semantics of New Testament Greek.* Philadelphia: Scholars Press, 1982.

요즈음은 좋은 컴퓨터 소프트웨어들(예를 들면 BibleWorks같은)이 많이 나와서 성서본문은 물론, 성구사전, 낱말사전, 분해사전, 성서사전 등 복합적인 기능을 하고 있기 때문에 이러한 컴퓨터 소프트웨어를 활용하는 방법도 좋을 것이다.

권말부록

부록 I. 후접어와 전접어의 액센트 규칙

부록 II. 직설법 현재의 용법

부록 III. 명사의 경의 용법

부록 IV. 정관사의 용법

부록 V. 전치사의 의미론적인 기능과 비정규 전치사

부록 VI. 모음단축

부록 VII. 신약성서 헬라어 문장 개관 및 회화적인언어

부록 VIII. 동사의 주요부분

부록 IX. 어형변화표 모음

부록 X. 헬라어-한글 단어집

부록 I. 후접어와 전접어의 액센트 규칙

다음에 나오는 후접어와 전접어의 액센트 규칙은 세칙이라 할 수 있으며, 액센트의 일반규칙에 우선한다.

1. 후접어(proclitics)의 액센트 규칙

후접어[proclitic, 헬라어 προ-κλίνω(앞 〈진행방향〉으로 기대다)에서 나온 말이다.]는 잇따라 오는 일반적으로 그 자체에 액센트가 없는 단어와 밀접한 관계를 맺는 단어이다. 후접어들은, 정관사 ὁ, ἡ, οἱ, αἱ, 부정어 οὐ, οὐκ, οὐχ, 전치사 εἰς, ἐκ/ἐξ, 접속사 εἰ, ὡς 등이다. 후접어에는 전접어가 뒤따라올 경우에만 액센트를 붙인다.

2. 전접어(enclitics)의 액센트 규칙

전접어[enclitic, 헬라어 ἐγ-κλίνω(위로 혹은 안으로 기대다)에서 나온 말이다.]는 선행되는 그 자체에 액센트가 없는 단어와 밀접한 관계를 맺는 단어이다. 전접어들은, εἶ와 φῄς를 제외한 εἰμί와 φημί동사의 현재직설법 형태, 부정(indefinite)대명사 τις와 τι의 모든 형태, 인칭대명사 1인칭과 2인칭의 형태들(μου, μοι, με, σου, σοι, σε), 접속사 τε와 불변화사 γε, 그리고 부정(indefinite)부사 που, ποτε, πως 등이다. 전접어는 다음과 같이 특별한 액센트 규칙을 형성한다.

(1) 전접어 앞에 있는 단어의 얼티마에 있는 애큐트 액센트는 그레이브 액센트로 바뀌지 않는다. 예: θεός ἐστιν ἀγαθός.

(2) 전접어 앞에 있는 단어가 안티피널트에 애큐트 액센트를 가지든가, 피널트에 써컴프렉스 액센트를 가지고 있으면, 얼티마에 애큐트 액센트를 하나 더 붙인다.
예: ἄνθρωπός ἐστιν, ὁ δῶρόν μου, δοῦλός τις.

(3) 전접어 앞에 나오는 단어가 후접어이거나 다른 전접어인 경우, 그것들에는 얼티마에 애큐트 액센트를 붙인다. 예: εἴς με, οἵ λόγοι μού εἰσιν, ἀνήρ τίς ἐστιν.

(4) 전접어가 액센트를 가지는 경우가 있다.

① 전접어가 다른 전접어 앞에 올 때, 첫 전접어의 얼티마에 애큐트 액센트를 붙인다.

② 피널트에 애큐트 액센트를 가진 단어 뒤에 2음절의 전접어가 올 때, 그 전접어에 액센트를 붙인다. 이때 이 애큐트는 일반법칙에 의하여 그레이브로 변한다.

예: *λόγος ἐστὶν ἀγαθός.*

③ 전접어를 강조할 때, 즉 전접어가 문장이나 절을 시작할 때, 그 전접어에 액센트를 붙인다.

예: *ἐσμέν ἀπόστολοι.* 그러나 *ἐστιν*은 *ἔστιν*으로 액센트가 붙여지는데, 이는 문장을 시작할 때, 혹은 *οὐκ, μή, εἰ, καί, ἀλλά, τοῦτο* 등의 뒤에 올 때, 그리고 존재나 가능성을 표현할 때 그렇다. 예: *ἔστιν ἀγαθὸς ἄνθρωπος.*

④ 모음이 생략된 단어 뒤에 오는 전접어에는 액센트를 붙인다. 예: *ἀλλ' εἰσίν.*

부록 II. ♣ 직설법 현재의 용법

직설법 현재는 다음과 같이 다양하게 사용된다.

1. **서술적 현재**(descriptive present): 시간의 틀은 문맥에 의하여 결정되나, 말하는 순간에 일어나고 있는 행동의 진행적인 성격을 강조한다. 영어의 현재진행형과 같다.

   예: *Κύριε, σῶσον, ἀπολλύμεθα.* (마 8:25): 주여, 구하소서, 우리가 망하고 있습니다.

   αἱ λαμπάδες ἡμῶν σβέννυνται. (마 25:8): 우리의 등불이 꺼져가고 있습니다.

2. **반복적 현재**(iterative present): 관습이나 습관과 같은 반복적인 행동을 언급한다. "항상", "보통", "습관적으로" 등의 부사를 사용하여 번역할 수 있다.

   예: *οἱ μαθηταὶ Ἰωάννου καὶ οἱ μαθηταὶ τῶν Φαρισαίων νηστεύουσιν,* (막 2:18): 요한의 제자들과 바리새인의 제자들은 항상 금식한다.

   πᾶς ὁ ἐν αὐτῷ μένων οὐχ ἁμαρτάνει· (요일 3:6): 그 안에 거하는 이마다 습관적으로 죄를 짓지는 않는다.

   Πᾶς ὁ γεγεννημένος ἐκ τοῦ θεοῦ ἁμαρτίαν οὐ ποιεῖ, (요일 3:9): 하나님으로부터 난 자마다 습관적으로 죄를 짓지는 않는다.

3. **의향적 현재**(tendential present): 의향적 현재는 시작되거나, 의도되거나, 제안되었으나 아직 이루어지지 않은 행동을 언급할 때 사용된다. "~ 하려고 하다"로 번역할 수 있다.

   예: *διὰ ποῖον αὐτῶν ἔργον ἐμὲ λιθάζετε;* (요 10:32): 이 중에 어떤 일 때문에 너희들이 나를 돌로 치려 하느냐?

   σύ μου νίπτεις τοὺς πόδας; (요 13:6): 당신께서 나의 발들을 씻으시려 합니까?

   οἵτινες ἐν νόμῳ δικαιοῦσθε, (갈 5:4): 율법으로 의롭다함을 얻으려고 하는 자마다,

4. **역사적 현재**(historical present): 과거의 사건을 독자들에게 생생하게 표현하기 위하여 수사학적으로 표현하는 것이다. 역사적 현재가 마가복음과 요한복음(1:29-51; 2:1-10; 4:1-38)에는 많이 사용되었으나 누가복음과 사도행전에는 적게 쓰였다.

예: *Καὶ εἰσπορεύονται εἰς Καφαρναούμ·* (막 1:21): 그리고 그들은 가버나움으로 들어간다.

Καὶ ἔρχεται πρὸς αὐτὸν λεπρὸς (막 1:40): 그리고 한 문둥병자가 그에게 오고 있다.

εὑρίσκει Φίλιππος τὸν Ναθαναὴλ(요 1:45): 빌립이 나다나엘을 발견한다.

5. 지속적 현재(durative present): 과거에 시작되어서 현재까지 계속되고 있는 행동을 문맥 속에서 표현할 때 사용된다.

예: *ἀπ' ἀρχῆς ὁ διάβολος ἁμαρτάνει.* (요일 3:8): 처음부터 마귀는 죄를 짓고 있다.

'Ιδοὺ τοσαῦτα ἔτη δουλεύω σοι (누 15:29): 보십시오. 이 수 년 동안 저는 당신에게 종노릇하고 있습니다.

Τοσούτῳ χρόνῳ μεθ' ὑμῶν εἰμι (요 14:9): 이렇게 오래 내가 너희들과 함께 있다.

καὶ ὑμεῖς δὲ μαρτυρεῖτε, ὅτι ἀπ' ἀρχῆς μετ' ἐμοῦ ἐστε. (요 15:27): 너희들도 증거한다. 왜냐하면 너희들은 처음부터 나와 함께 있어 왔기 때문이다.

6. 결과적 현재(present of existing result): 과거의 행동의 결과가 남아 있음에 초점을 맞추는 현재형 동사로서 종종 완료적 현재(perfective present)라고도 불린다.

예: *ἀκούω σχίσματα ἐν ὑμῖν ὑπάρχειν* (고전 11:18): 너희들 가운데 분쟁이 있다는 것을 나는 들었다.

ἀπέχουσιν τὸν μισθὸν αὐτῶν. (마 6:2): 그들은 그들의 상을 받았다.

7. 수행적 현재(performative present): 단순히 말함으로써 어떤 것을 성취하는 현재형의 동사로 부정과거적 현재(aoristic present)라고도 한다.

예: *Τέκνον, ἀφίενταί σου αἱ ἁμαρτίαι.* (막 2:5): 아이야, 너의 죄들이 사함받았다.

Αἰνέα, ἰᾶταί σε 'Ιησοῦς Χριστός. (행 9:34): 애니아야, 예수 그리스도께서 너를 치료하신다.

εὐχαριστῶ σοι ὅτι ἤκουσάς μου. (요 11:41): 당신께서 저를 들어주셨음을 감사합니다.

Συνίστημι δὲ ὑμῖν Φοίβην τὴν ἀδελφὴν ἡμῶν, (롬 16:1): 나는 우리의 자매 뵈베를 너희들에게 추천한다.

직접화법이나 간접화법의 도입부에 사용되는 동사들도 이 범주에 속한다.

예: *λέγω γὰρ ὑμῖν ὅτι δύναται ὁ θεὸς ἐκ τῶν λίθων τούτων ἐγεῖραι τέκνα τῷ 'Αβραάμ.* (마 3:9): 그러므로 내가 너희들에게 하나님께서는 이 돌들로부터 아브라함에게 자녀들을 일으키실 수 있다고 말한다 .

Παραγγέλλω σοι ἐν ὀνόματι Ἰησοῦ Χριστοῦ ἐξελθεῖν ἀπ' αὐτῆς· καὶ ἐξῆλθεν αὐτῇ τῇ ὥρᾳ. (행 16:18): 나는 그녀에게서 나오라고 예수 그리스도의 이름으로 너에게 명한다. 그러자 바로 그는 그 시간에 나왔다.

8. **격언적 현재**(gnomic present): 항상 일어나는 행동이나 시간에 관계없는 개념들을 표현한다. "항상", "늘", "결코" 등의 말을 사용하여 번역할 수 있다.
   예: *οὕτως πᾶν δένδρον ἀγαθὸν καρποὺς καλοὺς ποιεῖ, τὸ δὲ σαπρὸν δένδρον καρποὺς πονηροὺς ποιεῖ.* (마 7:17): 이와 같이 좋은 나무마다 늘 좋은 열매들을 맺고, 나쁜 나무는 늘 나쁜 열매들을 맺는다.
   Μήτι δύναται τυφλὸς τυφλὸν ὁδηγεῖν; (눅 6:39): 소경이 소경을 결코 인도할 수 없지 않느냐?
   ἱλαρὸν γὰρ δότην ἀγαπᾷ ὁ θεός. (고후 9:7): 하나님은 즐겨내는 자를 사랑하신다.

9. **미래적 현재**(futuristic present): 화자에 의하여 미래에 사건이 일어날 것이 확실한 것으로 여겨진다.
   예: *πάλιν ἔρχομαι καὶ παραλήμψομαι ὑμᾶς πρὸς ἐμαυτόν,* (요 14:3): 내가 다시 와서(올 것이다) 너희들을 나에게로 영접하리라.
   μισθὸν οὐκ ἔχετε παρὰ τῷ πατρὶ ὑμῶν τῷ ἐν τοῖς οὐρανοῖς. (마 6:1): 너희들은 하늘에 계신 너희 아버지로부터 상급을 가지지 못한다(못할 것이다).

부록 III. ♣ 명사의 격의 용법

제3장에서 명사의 용법을 간략하게 설명하였는데, 여기서는 더 자세히 명사의 격의 용법에 대하여 다루기로 한다. 본서에서는 8격 체계보다는 어형론과 구문론적 측면이 서로 일치하는 5 격 체제를 기준으로 하였다. 여기에서는 명사의 격의 용법뿐만 아니라 명사로 사용될 수 있는 모든 형태(실명사)의 격의 용법을 다루었다.

I. 주격(Nominative)

주격은 주로 동사의 주어나 술어로 사용되며 또한 다음의 예들처럼 이름이나 호칭으로 그리고 관사와 함께 호격으로도 사용된다.

1. 주어적 주격(subjective nominative): 주어는 주격 명사 혹은 다른 구조가 될 수 있다.

예: (1) 관사 혹은 무관사 + 명사: *οἱ ἄγγελοι διηκόνουν αὐτῷ.* (막 1:13): 천사들이 그를 섬겼다.

(2) 관사 혹은 무관사 + 형용사: *τυφλοὶ ἀναβλέπουσιν* (마 11:5): 소경들이 본다.

(3) 관사 혹은 무관사 + 분사: *ὁ πιστεύων εἰς τὸν υἱὸν ἔχει ζωὴν αἰώνιον*(요 3:36): 아들을 믿는 자는 영생을 가지고 있다.

(4) 관사 + *δέ*: *οἱ δὲ εἶπαν* (마 16:14): 그리고 그들이 말했다.

(5) 관사 + 전치사구: *οἱ ἐν τῇ Ἰουδαίᾳ φευγέτωσαν εἰς τὰ ὄρη* (마 24:16): 유대에 있는 자들은 산으로 도망하게 하라.

(6) 관계절: *ὃς οὐ λαμβάνει τὸν σταυρὸν αὐτοῦ καὶ ἀκολουθεῖ, ὀπίσω μου οὐκ ἔστιν μου ἄξιος* (마 10:38): 자신의 십자가를 지고 나를 좇아오지 않는 자는 나에게 합당하지 않다.

이외에 주어적 명사구로, 관사 + 부정사 구문(롬 7:18), *ἵνα*절(마 10:25), 그리고 *ὅτι*절(막 4:38) 등이 있다.

2. **서술적 주격**(predicate nominative): 주로 동사 *εἰμί*(가끔씩 *γίνομαι*혹은 *ὑπάρχω*)의 보어로 사용되면서 주어의 정체성 혹은 성질을 나타낸다.

예: *ὁ θεὸς ἀγάπη ἐστίν* (요일 4:8): 하나님은 사랑이시다.

ὁ λόγος σὰρξ ἐγένετο (요 1:14): 말씀이 육(살)이 되었다.

οὗτος ἄρχων τῆς συναγωγῆς ὑπῆρχεν (눅 8:41): 이는 회당의 장이었다.

위의 예들에서 각각 주격이 두 개씩 있다는 것을 주목하라. 하나는 주어적 주격이요, 다른 하나는 서술적 주격이다. 서술적 주격은 명사 이외의 다른 형태를 취할 수 있다. *οὗτός ἐστιν ὁ τὸν λόγον ἀκούων* (마 13:20): 이는 그 말씀을 들은 사람이다(분사).

3. **연설의 주격**(nominative of address): 신약성경에서 사람을 부르는데, 주격이 약 60번 정도 사용되었다. 어떤 명사는 호격과 형태가 같고 또한 호격처럼 사용되나 호격은 아니다. 호격에는 관사를 사용할 수 없기 때문이다.

예: *Ἡ παῖς, ἔγειρε.* (눅 8:54): 소녀야, 일어나라.

Οἱ ἄνδρες, ἀγαρᾶτε τὰς γυναῖκας (엡 5:25): 남편들아, 아내들을 사랑하라.

연설의 주격에는 보통 관사가 사용된다(비교. 마 15:22; 요 12:15). 히 1:8의 *ὁ θρόνος σου ὁ θεός εἰς τὸν αἰῶνα τοῦ αἰῶνος*에서 주격 *ὁ θεός*는 여러 가지로 해석된다. 문법적으로 세 가지 해석이 가능하다. (1) "당신의 보좌는, 하나님이여, 영원합니다."(연설의 주격) (2) "하나님께서 당신의 보좌입니다, 영원토록."(시편 45:6의 뜻을 살리려고 함, 주어적 주격) (3) "당신의 보좌는 하나님이십니다, 영원토록."(서술적 주격). 대부분의 학자들은 연설의 주격으로 해석한다[(1)의 해석]). 그렇게 되면 성자에게 신성을 부여하게 된다.

4. **호칭의 주격**(nominative of appellation): 고유명사 혹은 지위를 언급할 때, 해당되는 구조에서 기대되는 격(대격, *καλέσεις τὸ ὄνομα αὐτοῦ Ἰησοῦν* 마 1:21)이 아니라 주격을 사용할 때가 있다.

예: *ἐκλήθη τὸ ὄνομα αὐτοῦ Ἰησοῦς* (눅 2:21): 그의 이름은 예수라 불렸다.

οὐκέτι εἰμὶ ἄξιος κληθῆναι υἱός σου (눅 15:19,21): 저는 이제 당신의 아들이라 불릴 가치가 더 이상 없습니다.

ὑμεῖς φωνεῖτέ με Ὁ διδάσκαλος καὶ Ὁ κύριος, (요 13:13): 너희들이 나를 선생과 주로 부른다.

계 1:4에 사용된 주격의 문제를 해결할 수 있는 것이 바로 이 호칭의 주격이다. 여기에서는 전치사 다음에 주격이 나오고 있다. *χάρις ὑμῖν καὶ εἰρήνη ἀπὸ ὁ ὢν καὶ ὁ ἦν καὶ ὁ ἐρχόμενος*(지금도 계시고, 예전에 계셨고, 이제 오실 이로부터 은혜와 평강이 너희들에게). 신성한 이름의 불변성, 신성한 이름의 절대성, 혹은 사도 요한이 의도적으로 문법법칙을 어겼다는 등의 주장이 있으나, 호칭의 주격으로 이해하면 어려움이 없다.

5. 절대 주격(nominative absolute): 절대 주격은 문장 속에서 다른 요소들과 아무런 문법적인 관련이 없는 주격구조를 말한다. 그래서 이를 독립 주격(independent nominative)이라고도 부른다. 이 절대 주격은 다음과 같은 여러 상황에서 나온다.

(1) 감탄(사): 감탄사는 주의를 끌기 위하여 사용된다. *Ἴδε ἡ μήτηρ μου καὶ οἱ ἀδελφοί μου* (막 3:34): 보라! 나의 어머니요 형제들!

(2) 책 제목: *Ἀρχὴ τοῦ εὐαγγελίου Ἰησου Χριστοῦ υἱοῦ θεοῦ* (막 1:1): 예수 그리스도, 하나님의 아들의 복음의 시작(마가복음 전체의 제목으로 보는 것이 적절하다.) 또 다른 예로 계 1:1(*Ἀποκάλυψις Ἰησοῦ Χριστοῦ,* 예수 그리스도의 묵시)이 있다.

(3) 서신의 인사: 예를 들면, 골 1:1-2, *Παῦλος ἀπόστολος Χριστοῦ Ἰησοῦ. … χάρις ὑμῖν καὶ εἰρήνη ἀπὸ θεοῦ πατρὸς ἡμῶν*에서 바울 다음에는 "쓴다"라는 동사가 있다든지, 은혜와 평강이라는 단어 곁에는 동사의 기원법이 있다거나 혹은 이 단어들이 목적어로 사용되어야 하지만 그러한 것들이 생략되었다.

(4) 단절된 구조: 이는 강조를 위하여 문장 처음에 정보를 주고, 그 다음에 또다시 문장 속에서 동일한 것을 반복하는 기법을 말한다. 이때 문장 속에서 지적하는 것의 격이 무엇이든지 간에 주격을 사용한다. 예를 들면, *ὁ νικῶν δώσω αὐτῷ καθίσαι μετ' ἐμοῦ ἐν τῷ θρόνῳ μου*(계 3:21, 이기는 이, 그에게는 나와 함께 보좌에 앉을 권한을 내가 주리라)(비교, 마 10:22; 행 7:40; 요일 2:24).

(5) 격언: 격언적인 표현에서 동사는 생략되고 주격만 남아 있는 경우가 있다.

예: *Ὁ δρασσόμενος τοὺς σοφοὺς ἐν τῇ πανουργίᾳ αὐτῶν·* (고전 3:19): 지혜 있는 자들이 자신들의 궤휼에 빠진다.

비교: *Κύων ἐπιστρέψας ἐπὶ τὸ ἴδιον ἐξέραμα,* (벧후 2:22): 자신이 토해 놓은 것으로 돌아가는 개들,

6. 부사적 주격(adverbial nominative): 가끔씩 주격은 부사 기능을 한다.

예: *συμπόσια συμπόσια* (막 6:39): 끼리끼리, 무리를 지어서

ἡμέραι τρεῖς (마 15:32; 막 8:2): 삼 일 동안

7. 동격의 주격(nominative of apposition): 동격이란 한 명사(류)뒤에 다른 명사(류)가 나오면서 전자에 대한 구체적인 정보를 제공하는 후자를 두고 말한다. 이때 두 명사(류)는 같은 격으로 사용된다.

예: *τίς δύναται ἀφιέναι ἁμαρτίας εἰ μὴ εἷς ὁ θεός;* (막 2:7): 한 분, 즉 하나님 이외에 누가 죄를 사할 수 있는가?

Παῦλος δοῦλος Χριστοῦ Ἰησοῦ (롬 1:1): 바울, 그리스도 예수의 노예(종)

II. 속격(Genitive)

속격은 일반적으로 두 가지 분리된 기능, 서술(description)과 분리(separation)를 표현한다고 말한다. 그래서 8격 체제에서는 속격(genitive)과 탈격(ablative)으로 나눈다. 그러나 의미론적인 입장에서 속격의 형태가 이 두 가지 범주하에서 논의될 수는 없다. 특히 동사적 명사와 속격이 같이 있을 경우에는 속격이 더 이상 서술이나 분리의 개념이 아니기 때문에 그러하다. 그러므로 여기서는 속격과 탈격의 구별 없이 속격으로 통일하여 논의하기로 한다.

1. 형용사적으로 사용되는 속격: 어떤 것을 정의하고, 제한하며, 확인하고, 명확히 하는 역할을 한다.

(1) 소유의 속격(genitive of possession): 속격이 수식하는 명사의 소유자를 말해준다.

예: *τὴν μάχαιραν αὐτοῦ* (마 26:51): 그의 검을

πάντα γὰρ ὑμῶν ἐστιν, (고전 3:21): 왜냐하면 모든 것이 너희들의 것이기 때문이다.

Παῦλος δοῦλος Χριστοῦ Ἰησοῦ (롬 1:1)나 *οἱ τοῦ Χριστοῦ*(갈 5:24)은 소유의 속격 혹은 관계의 속격으로 해석할 수 있다. 그러나 소유의 속격이 바람직하다.

(2) 서술의 속격(genitive of description): 속격의 가장 일반적인 기능이며, 어떤 것을 서술하는 역할을 한다.

예: *αἱ ἡμέραι τοῦ Νῶε* (마 24:37): 노아의 날들(때)

ἡ θύρα τῶν προβάτων (요 10:7): 양들의 문

(3) 관계의 속격(genitive of relationship): 속격이 한 사람과 다른 사람을 연합시키는 역할을 한다. 친족관계나 사회적인 관계를 말해준다.

예: *Ἰάκωβον τὸν τοῦ Ζεβεδαίου καὶ Ἰωάννην τὸν ἀδελφὸν τοῦ Ἰακώβου* (막 3:17): 세베대의 아들 야고보와 야고보의 형제 요한을 (친족관계)

Ἐγὼ μέν εἰμι Παύλου, Ἐγὼ δὲ Ἀπολλῶ Ἐγὼ δὲ Κηφᾶ, Ἐγὼ δὲ Χριστοῦ. (고전 1:12): 나는 바울에게, 나는 아볼로에게, 나는 게바에게, 나는 그리스도에게 속했다 (사회적인 관계)

τὸν δοῦλον τοῦ ἀρχιερέως (마 26:51): 대제사장의 종을(말고가 제사장의 종이라는 것을 확인해준다.)

εὐχαριστῶ τῷ θεῷ μου (롬 1:8): 나의 하나님께 감사한다(바울과 하나님과의 개인적인 관계를 표현하고 있다.).

οὐκ ἔστιν αὐτοῦ. (롬 8:9): 그의 것이 아니다 (소유를 표시할 수도 있지만, 관계를 표현한 수도 있다.).

(4) 속성의 속격(attributive genitive): 형용사같이 해석될 수 있으며, 어떤 명사의 속성 중 하나를

거론하는 역할을 한다. 그래서 종종 특성의 속격(genitive of quality)이라고도 한다.

예: *τὸ σῶμα τῆς ἁμαρτίας* (롬 6:6): 죄의 몸, 죄를 짓는 몸

τὸ πλοῦτος τῆς δόξης (골 1:27): 영광의 부요함(풍성), 영광스런 부요함(풍성)

다음과 같은 경우는 논란이 될 수 있는 예들이라고 볼 수 있다.

ὁ κριτὴς τῆς ἀδικίας (눅 18:6): 세 가지 해석이 가능하다. 불의한 행위를 재판하는 자(목적어적 속격), 불의하게 재판하는 자(양식의 속격), 불의한 재판관(속성의 속격). 이곳의 문맥에서는 불의한 재판관(속성의 속격)이 알맞다.

τὸν φωτισμὸν τοῦ εὐαγγελίου τῆς δόξης τοῦ Χριστοῦ (고후 4:4): 이 연쇄 속격은 여러 가지로 해석될 수 있다. 그리스도의 영광의 복음의 빛을, 그리스도의 영광스러운 복음의 빛을, 영광스러운 그리스도에 관한 복음으로부터 흘러나오는 빛을. 이어서 나오는 구절의 주제가 그리스도의 신성한 영광에 관한 것이기 때문에, *τῆς δόξης*가 빛이나 복음이 아니라 그리스도를 수식하는 속성의 속격으로 해석하는 것이 적합하며, *τοῦ εὐαγγελίου*는 원천의 속격(genitive of origin /source)으로 해석하는 것이 최선이다. 그러나 이 경우에는 원천의 속격이 다음에 다루는 주어적 속격과 흡사하다.

(5) 내용의 속격(genitive of content): 내용의 속격은 연결된 명사의 내용을 표시해준다. 여기에는 공간적인 내용과 전달내용 등이 있다.

예: *ἀγέλη χοίρων* (막 5:11): 돼지의 떼

κεράμιον ὕδατος (막 14:13): 물동이 (물이 든 동이)

τὸ δίκτυον τῶν ἰχθύων (요 21:8): 물고기 그물(물고기가 든 그물)

τὴν παραβολὴν τοῦ σπείραντος (마 13:18): 씨뿌리는 자에 관한 비유

κηρυχθήσεται τοῦτο τὸ εὐαγγέλιον τῆς βασιλείας (마 24:14): 왕국(에 관한)의 이 복음이 선포될 것이다.

Ὁ λόγος ὁ τοῦ σταυροῦ (고전 1:18): 십자가(에 관한)의 말씀

참고적으로 *Ἀρχὴ τοῦ εὐαγγελίου Ἰησοῦ Χριστοῦ* (막 1:1)에서 *Ἰησοῦ Χριστοῦ*를 보통 목적어적 속격으로 본다. 하지만 주어적 속격으로 볼 경우, 마가가 예수님의 사역의 전반을 다루면서 가르치신 것보다는 행하신 것에 더 초점을 맞추고 있기 때문에, 문제가 발생한다. 그러나 *εὐαγγελίου*를 동사적 명사로 취급하면 초점이 메시지에서 메시지의 선포쪽으로 옮겨지게 된다. 그러므로 여기서 *Ἰησοῦ Χριστοῦ*를 내용의 속격으로 분류하는 것이 더 낫다("예수 그리스도에 관한 복음의 시작").

(6) 재료의 속격(genitive of material): 속격이 연결된 명사의 만들어진 재료를 말해준다.

예: *λίτραν μύρου νάρδου* (요 12:3): 나드 향유(나드로 만들어진 향유) 한 근을.

ἐν τῷ σώματι τῆς σαρκὸς αὐτοῦ (골 1:22): 그의 육신의 몸으로(몸이 만들어진

재질을 말해주고 있다. 그리스도는 참으로 육신을 입으셨다. 이는 가현설을 주장하는 자들을 대항하는 구절이다.)

(7) 부분의 속격(partitive genitive): 속격이 전체를 말하고 연결된 명사가 그 부분을 말할 때 사용되는 속격인데, "전체의 속격"(genitive of the whole)이라고 부르는 것이 더 바람직할 수도 있다. 다음과 같이 몇 가지로 나누어볼 수 있다.

예: *τινες τῶν γραμματέων* (막 2:6): 서기관들 중 어떤 이들이

τὸ στόμα αὐτοῦ (마 5:2): 그의 입

πόλιν τῆς Γαλιλαίας (눅 1:26): 갈릴리의 한 도시

Βηθλέεμ τῆς Ἰουδαίας (마 2:1): 유다의 베들레헴

τὸ τρίτον τῶν ἀνθρώπων (계 9:15): 인류의 1/3

τὸ μῆκος καὶ τὸ πλάτος καὶ τὸ ὕψος αὐτῆς ἴσα ἐστίν. (계 21:16): 그것의 장, 폭, 고가 같다.

τὸ χρηστὸν τοῦ θεοῦ (롬 2:4): 하나님의 선하심(주어적 속격이 될 수도 있으나 부분의 속격이 더 낫다. 속성의 속격이나 소유의 속격은 될 수 없다.)

2. 심층구조에서 사용되는 속격

명사가 행동(*-σις*, *-μος*) 혹은 행위자(*-της*, *-τηρ*, *-τωρ*, *-ευς*)를 지칭하는 어미로 끝나거나, 동사어간(*ἀγάπη*, *ἀποκάλυψις* *ἐλπίς*, *εὐαγγέλιον*, *ὀργή*)에서 만들어지면 보통은 동사적 명사(verbal noun)이다. 속격이 이러한 동사적 명사와 연결되어 있으면, 그 명사는 심층구조에서 동사의 역할을 한다.

(8) 주어적 속격(subjective genitive): 주어적 속격은 심층구조에서 주어가 되며 그것과 연결되어 있는 동사적 명사는 심층구조의 동사가 된다.

예: *ἡ γὰρ ἀγάπη τοῦ Χριστοῦ συνέχει ἡμᾶς* (고후 5:14): 왜냐하면 그리스도께서 우리를 사랑하시는 그 사랑이(우리가 그리스도를 사랑하는 것이 아니라) 우리를 강권하시기 때문이다.

κατὰ τὸ εὐαγγέλιόν μου (롬 16:25): 내가 전파하는 복음을 따라

κλητοὶ Ἰησοῦ Χριστοῦ (롬 1:6): 예수 그리스도께서 부르신 자들

(9) 목적어적 속격(objective genitive): 목적어적 속격에서 속격은 심층구조의 목적어 역할을 하고, 연결된 동사적 명사는 심층구조의 동사역할을 한다.

예: *Ἔχετε πίστιν θεοῦ* (막 11:22): 하나님의 믿음을 가지라 = 하나님을 믿어라.

ἡ δὲ τοῦ πνεύματος βλασφημία οὐκ ἀφεθήσεται (마 12:31): 그러나 성령을 훼방하는 죄는 사함을 받지 못할 것이다.

ἡ ἀγάπη τοῦ πατρός (요일 2:15): 우리를 향한 아버지의 사랑(주어적 속격) 혹은 우리가 아버지를 사랑함(목적어적 속격)이 다 가능하지만 세상을 사랑하는 것과 평행구절로서 후자가 문맥에서 맞는다.

οὐ δικαιοῦται ἄνθρωπος ἐξ ἔργων νόμου ἐὰν μὴ διὰ πίστεως Ἰησοῦ Χριστοῦ, (갈 2:16): 사람은 율법을 행하는 것을 통해서가 아니라 예수 그리스도를 믿는 것을 통하여 의롭게 된다.

(10) 동사적 속격(verbal genitive): 속격이 동사적 명사이면 그것은 심층구조의 동사역할을 한다. 이를 서술의 속격, 혹은 속성의 속격 등으로 보는 문법학자도 있다.

예: *τούς ἄρτους τῆς προθέσεως* (막 2:26): 진설되어진 떡 = 진설병

ἀνθρώποις εὐδοκίας· (눅 2:14): (하나님이) 기뻐하시는 사람들에게

ἐν τοῖς υἱοῖς τῆς ἀπειθείας· (엡 2:2): (하나님을) 불순종하는 아들들 가운데

διὰ νόμου ἐλευθερίας (약 2:12): 자유하게 하는 율법을 통하여

ἐξ ἀκοῆς πίστεως (갈 3:2): 믿음의 들음으로부터 = 복음을 듣고 믿음으로(속격 형태의 동사적 명사 두 개가 연이어 나오는 구조인데, 이는 심층구조에서 두 개의 절이 있다는 의미이다.)

εἰς ὑπακοὴν πίστεως (롬 1:5): 믿음의 순종을 위하여 = 믿고 순종함을 위하여

κηρύσσων βάπτισμα μετανοίας (막 1:4): 회개의 침례(세례)를 선포함(여기서 두 명사는 다 동사적 명사이기 때문에, "회개하고 침례(세례)를 받아야 할 것을 선포함"으로 해석해야 한다.)

3. 부사적으로 사용되는 속격

(11) 시간의 속격(genitive of time): 시간의 속격은 동사를 수식하는 시간을 말해준다.

예: *παρέλαβεν τὸ παιδίον καὶ τὴν μητέρα αὐτοῦ νυκτὸς καὶ ἀνεχώρησεν εἰς Αἴγυπτον,* (마 2:14): 그는 밤에 아이와 그의 어머니를 데리고 애굽으로 피난갔다.

ἀρχιερεὺς ὢν τοῦ ἐνιαυτοῦ ἐκείνου, (요 11:49): 그해에 대제사장이므로,

νηστεύω δὶς τοῦ σαββάτου (눅 18:12): 나는 매주간(안식일)에 두 번씩 금식한다.

(12) 공간의 속격(genitive of space): 공간에는 공간의 지점(안에, 에, 위에, 아래에)과 공간의 연장(~ 를 향하여, ~ 로부터)이 있다. 공간의 연장에는 "원천"과 "분리"의 개념이 포함된다. 이때 속격은 장소를 말해줌으로써 동사를 수식한다.

예: *πέμψον Λάζαρον ἵνα βάψῃ τὸ ἄκρον τοῦ δακτύλου αὐτοῦ ὕδατος* (눅 16:24): 그의 손가락 끝을 물에 담그게 하기 위하여 나사로를 보내소서.

Μετὰ τὴν μετοικεσίαν Βαβυλῶνος (마 1:12): 바벨론에 유배된 후에

(13) 분열의 속격(genitive of disassociation): 분리의 속격(genitive of separation)으로도 부른다.

예: *ἀπηλλοτριωμένοι τῆς πολιτείας* (엡 2:12): 나라에서 제외된 이들

ἀποστήσονταί τινες τῆς πίστεως (딤전 4:1): 어떤 이들이 믿음에서 돌아설 것이다.

ἀπέχεσθαι τῶν σαρκικῶν ἐπιθυμιῶν (벧전 2:11): 육신의 정욕에서 삼가기

(14) 양식의 속격(genitive of manner): 양식의 속격은 "어떻게?"라는 질문에 답함으로써 동사를 수식한다.

예: *Γεμίσατε τὰς ὑδρίας ὕδατος* (요 2:7): 이 물통을 물로 채워라.

(15) 비교의 속격(genitive of comparison): 다른 것과 비교될 때 사용되는 속격이다.

예: *ἐὰν μὴ περισσεύσῃ ὑμῶν ἡ δικαιοσύνη πλεῖον τῶν γραμματέων καὶ Φαρισαίων*, (마 5:20): 너희의 의가 서기관과 바리새인보다 더 낫지 아니하면,

Ἔρχεται ὁ ἰσχυρότερός μου ὀπίσω μου (막 1:7): 나보다 더 강하신 이가 내 뒤에 오신다.

τὸ δοκίμιον ὑμῶν τῆς πίστεως πολυτιμότερον χρυσίου (벧전 1:7): 너희의 믿음의 연단이 금보다 더 귀하여

(16) 가격의 속격(genitive of price): 척도의 속격(genitive of measure)으로도 불린다. 가격의 속격은 "얼마나 많이?"라는 질문에 답함으로써 동사(주로, *ἀγοράζω*[사다], *κτάομαι*[취득하다], *πωλέω*[팔다], *πιπράσκω*[팔다] 등)를 수식한다.

예: *οὐχὶ δύο στρουθία ἀσσαρίου πωλεῖται;* (마 10:29): 참새 두 마리가 한 앗사리온에 팔리는 것이 아니냐?

ἀγοράσωμεν δηναρίων διακοσίων ἄρτους; (막 6:37): 우리가 200 데나리온의 빵을 사야만 할까요?

(17) 이유의 속격(genitive of reason): 속격이 종종 어떤 일이 일어난 비의도적인 이유나 원인을 표현한다.

예: *Παῦλος δέσμιος Χριστοῦ Ἰησοῦ* (몬 1:1): 그리스도 예수 때문에 죄수가 된 바울

ἐν τοῖς δεσμοῖς τοῦ εὐαγγελίου (몬 1:13): 복음을 전하기 때문에 갇힌 때에

τῆς δικαιοσύνης τῆς πίστεως (롬 4:11): 믿음 때문에 난 의

(18) 목적의 속격(genitive of purpose): 행동의 의도나 목적을 표현하는 속격을 말한다. 어떤 때는 이익의 속격(genitive of advantage)으로도 불린다.

예: *προσευχόμενοι ἵνα ὁ θεὸς ἀνοίξῃ ἡμῖν θύραν τοῦ λόγου* (골 4:3): 하나님

께서 우리에게 말씀을 위한 문을 열어주시도록 기도하라.

συνεργοί ἐσμεν τῆς χαρᾶς ὑμῶν (고후 1:24): 우리는 너희의 기쁨을 위한 동역자이다.

(19) **수단의 속격**(genitive of means): 행동의 수단을 표현하는 속격이다.

예: *ἐκ μισθοῦ τῆς ἀδικίας* (행 1:18): 불의한 행동으로 받은 보상(삯)으로

(20) **참조의 속격**(genitive of reference): 참조의 속격이란 부사처럼 형용사를 수식하는데, 특별한 참조의 틀 속으로 형용사의 서술력을 제한하는 속격을 말한다. 여기에 해당되는 형용사들은, 충만한(*μεστός, πλήρης*), 가치 있는/없는(*ἄξιος, ἔνοχος*), 참여하는/부족한(*κοινωνός, μέτοχος*) 등이다. 참조의 속격은 부사를 수식하기도 한다.

예: *ἄξιον τῆς μετανοίας* (마 3:8): 회개에 합당한

ἐστε μεστοὶ ὑποκρίσεως καί ἀνομίας. (마 23:28): 당신들은 외식과 불법으로 가득하다.

περιπατῆσαι ἀξίως τοῦ κυρίου (골 1:10): 주께 합당하게 걷도록

4. 명사적으로 사용되는 속격

(21) **독립 속격**(genitive absolute 혹은 genitive subject): 분사구문에서 속격분사와 함께 사용된 속격의 명사나 대명사를 독립속격이라 하는데, 이때 속격은 주어가 되고 분사는 동사역할을 하여 부사절로 해석된다.

예: *ἐξελθόντος αὐτοῦ ἐκ τοῦ πλοίου* (막 5:2): 그가 배에서 내려왔을 때

τοῦ Ἰησοῦ γεννηθέντος ἐν Βηθλέεμ(마 2:1): 예수께서 베들레헴에 태어나셨을 때에

(22) **동격의 속격**(genitive of apposition): 동격의 속격은 앞에 나온 명사를 설명하거나 확인하는 역할을 한다. 앞에 나오는 단어가 속격이 아닐 수도 있다.

예: *ἔλεγεν περὶ τοῦ ναοῦ τοῦ σώματος αὐτοῦ.* (요 2:21): 그는 성전, 즉 자신의 몸에 관하여 말하고 있었다.

λήμψεσθε τὴν δωρεὰν τοῦ ἁγίου πνεύματος (행 2:38): 너희들은 선물, 즉 성령을 받을 것이다(비교, *ὁ δοὺς τὸν ἀρραβῶνα τοῦ πνεύματος* [고후1:22]: 성령의 보증, 즉 성령을 주신 분).

많은 논란이 되고 있는 엡 2:20(*τῷ θεμελίῳ τῶν ἀποστόλων καὶ προφητῶν*[사도들과 선지자들의 터 위에])과 엡 4:9(*τὰ κατώτερα μέρη τῆς γῆς*[땅의 아래 부분])을 모두 동격으로 해석하면 문제가 풀릴 수도 있다.

(23) **직접목적어의 속격**(genitive direct object): 어떤 동사들은 속격을 목적어로 취한다.

예: *Οἱ βασιλεῖς τῶν ἐθνῶν κυριεύουσιν αὐτῶν* (눅 22:25): 이방인들의 왕들은 그들 위에 주인노릇한다.

Ἀρχέλαος βασιλεύει τῆς Ἰουδαίας (마 2:22): 아켈라오가 유다를 다스리고 있다.

참고적으로 여기에 속하는 동사들은 *ἄρχω, κυριεύω, βασιλεύω, ἀκούω*(비교, 행 9:7 [속격지배]/행 22:9[대격지배]), *ἐπιθυμέω*(행 20:33; 딤전 3:1), *τυγχάνω*(얻다, 히 11:35), *μνημοεύω*(요 15:20), *ἐπιλανθάνομαι*(잊다, 히 6:10), *μιμνῄσκομαι*(기억하다, 눅 24:8), *ἀμελέω*(무시하다, 딤전 4:14), *ἀνέχομαι*(참다, 마 17:17), *κατηγορέω*(고소하다, 막 3:2/15:4; 이 동사가 속격을 지배할 경우는 송사당하는 그 사람을 지칭하고, 대격지배일 경우 그 송사의 내용을 지칭한다.), *ἀφίστημι*(떠나다, 눅 2:37), *ὑστερέω*(부족하다, 눅 22:35), *φείδομαι*(아끼다, 롬 8:32), *κοινωνέω*(나누다, 참여하다, 히 2:14), *μετέχω*(참여하다, 나누다, 히 2:14), *γεύομαι*(맛보다, 히 2:9), *ἅπτομαι*(만지다, 막 1:41; 이 동사가 속격을 목적어로 취하면 인체의 일부를 의미하고, 대격을 목적어로 취하면 온몸을 의미하거나 혹은 체포한다는 뜻이 된다) 등이 있다.

이외에도 속격은 다양한 전치사와 함께 사용되어, 치환, 반대, 계급, 부대상황 등을 나타낼 때 사용된다. 물론 위에서 다룬 속격들도 전치사와 함께 사용되는 예들이 많다. 부록 V를 참조하면 도움이 될 것이다.

III. 여격(Dative)

여격은 전통적으로 관심(이해관계), 장소, 수단, 이 세 가지 기능을 하는 것으로 인식되고 있다. 그래서 8격 체계에서는 이를 각각 여격(dative), 처격(locative), 구격(instrumental)으로 나누어 명명하고 있다. 그러나 구문론 및 의미론적인 기능에 따라서 다음과 같이 셋으로 나눌 수 있다.

1. 명사적 여격: 여격이 목적어, 주어 등의 역할을 한다.

(1) 간접목적어의 여격(dative of indirect object)

간접목적어는 동사의 행동에 의해 간접적으로 영향을 받는 사람이나 사물을 말한다. 간접목적어는 다음과 같은 세 가지 의미론적인 역할을 한다.

① 경험자: 말한다는 의미가 있는 동사에서 말한 내용은 직접목적어이고, 말하는 상대는 간접목적어가 된다. 이는 준다는 의미를 가진 동사에도 적용된다.

예: *λέγει αὐτῷ ὁ Ἰησοῦς, Ἀκολούθει μοι.* (요 1:43): 예수께서 그에게 말씀하시길, "나를 따라 오너라" 하셨다.

Μὴ δῶτε τὸ ἅγιον τοῖς κυσίν (마 7:6): 거룩한 것을 개에게 주지 말라.

② 유익: 이는 흔히 이익의 여격(dative of advantage)이라 불린다.

예: *συμφέρει ὑμῖν ἵνα ἐγὼ ἀπέλθω.* (요 16:7): 내가 가는 것이 너희를 위하여 좋으니라.(비교. 마 6:19; 막 10:51; 롬 14:7-8)

③ 손해: 이는 흔히 불이익의 여격(dative of disadvantage)이라 불린다.

예: *ὥστε μαρτυρεῖτε ἑαυτοῖς* (마 23:31): 결과적으로 너희들은 자신들을 대항하여 증언하고 있다.

(2) 직접목적어의 여격(dative of direct object)

여격을 직접목적어로 취하는 동사들이 있다. 이러한 동사들로는 *προσκυνέω*(경배하다, 마 2:2; 4:9), *λατρεύω*(섬기다, 마 4:10), *διακονέω*(수종들다, 마 4:11), *δουλεύω*(종노릇하다, 눅 15:29), *εὐχαριστέω*(감사하다, 골 1:3), *ἀπειθέω*(불순종하다, 요 3:36), *ἀπιστέω*(믿지 않다, 눅 24:11), *πιστεύω*(갈 3:6; *πιστεύω*는 여격을 지배할 때는 지적인 동의, *πιστεύω* + *εἰς* + 대격의 형태는 신뢰, 헌신, 충성을 의미한다. 이러한 두 용례의 차이점에 대한 논란이 많으나 명확하지는 않다.), *ἐπιτιμάω*(책망하다, 막 1:25), *βοηθέω*(돕다, 막 9:24), *ἀρέσκω*(기뻐하다, 롬 8:8), *ἀκολουθέω*(따라가다, 막 1:18), *ὑπαντάω*(만나다, 막 5:2), *ἀπαντάω*(만나다, 막 14:13) 등이 있다.

예: *'Ακολούθει μοι.* (요 1:43): 나를 따라오너라.

δουλεύω νόμῳ θεοῦ (롬 7:25): 나는 하나님의 법을 섬긴다.

(3) 주어적 여격(dative subject): 여격이 의미론적으로 여격분사의 주어가 된다.

예: *ἐμβάντι αὐτῷ εἰς τὸ πλοῖον ἠκολούθησαν αὐτῷ οἱ μαθηταὶ αὐτοῦ.* (마 8:23): 그가 배에 오르자, 그의 제자들이 그를 따라갔다.

(4) 동격의 여격(dative of apposition): 다른 여격명사를 확인하거나 더 설명해주는 역할을 하는 여격을 말한다.

예: *ἠγαλλίασεν τὸ πνεῦμά μου ἐπὶ τῷ θεῷ τῷ σωτῆρί μου* (눅 1:47): 나의 영이 나의 구원자 하나님을 기뻐한다.

2. 부사적 여격: 여격이 부사처럼 동사를 다음과 같은 방식으로 수식한다.

(5) 참조의 여격(dative of reference): 참조의 여격은 동사 혹은 형용사를 특별한 참조의 틀로 제한하면서 부사처럼 수식한다. "~ 에 관하여"로 해석된다.

① 동사를 제한함

예: *ἀπεθάνομεν τῇ ἁμαρτίᾳ* (롬 6:2): 우리는 죄에 관하여 죽었다.

τελεσθήσεται πάντα τὰ γεγραμμένα διὰ τῶν προφητῶν τῷ υἱῷ τοῦ ἀνθρώπου (눅 18:31): 인자에 관하여 선지자들에 의하여 기록된 모든 것이 이루어질 것이다.

② 형용사를 제한함

예: *Μακάριοι οἱ πτωχοὶ τῷ πνεύματι* (마 5:3): 복이 있도다 심령이 가난한 자들은.

νωθροὶ γεγόνατε ταῖς ἀκοαῖς. (히 5:11): 너희들이 듣는데 둔해졌다.

관용적인 질문인 *Τί ἐμοὶ καὶ σοί, γύναι;* (요 2:4, 여자여, 나에게와 당신에게 무엇입니까? 즉 여자여, 당신의 관심사는 나의 관심사가 아닙니다.)에서의 여격은 관심의 여격으로 볼 수 있다. 빌 1:21, *ἐμοὶ γὰρ τὸ ζῆν Χριστὸς καὶ τὸ ἀποθανεῖν κέρδος.*(나에게 있어서 사는 것은 그리스도이니 죽는 것도 유익하다.)에서도 관심의 여격으로 볼 수 있을 것이다.

(6) 공간의 여격(dative of space): 동사의 행동이 일어나는 장소를 표시한다.

① 문자적인 의미: 물리적인 장소를 표현한다.

예: *ἐπέθηκαν αὐτοῦ τῇ κεφαλῇ* (요 19:2): 그들이(그것을) 그의 머리에 얹었다.

ἐγένετο αὐτὸν ἐγγίζειν τῇ Δαμασκῷ (행 9:3): 그는 다메섹 근처에 왔다.

προσηλώσας αὐτὸ τῷ σταυρῷ (골 2:14): 그것을 십자가에 못을 박았고

② 은유적인 의미: 보통 영역의 여격(dative of sphere)으로 불린다. 문자적이며 물리적인 장소가 아니라 어떤 행동이 일어나거나 어떤 것이 존재하는 영역을 의미한다.

예: *ἀναστενάξας τῷ πνεύματι αὐτοῦ λέγει* (막 8:12): 영 안에서 신음하면서, 그는 말한다.

Ἀεὶ πλανῶνται τῇ καρδίᾳ (히 3:10): 그들은 항상 마음에 미혹을 받는다.

(7) 시간의 여격(dative of time): 다음과 같은 시간을 표시할 수 있다.

① 사건이 발생한 때: *αὐτῇ τῇ ὥρᾳ* (눅 2:38): 바로 그때에

② 사건이 발생할 시간: *τῇ τρίτῃ ἡμέρᾳ ἐγερθήσεται* (마 17:23): 그는 제 삼일에 부활하리라.

③ 긴 기간: *Τεσσεράκοντα καὶ ἓξ ἔτεσιν οἰκοδομήθη ὁ ναὸς οὗτος* (요 2:20): 이 성전은 짓는 데 46년이 걸렸다.

(8) 수단의 여격(dative of means): 수단의 여격은 사람이 어떤 특별한 목적을 성취하기 위하여 의도적으로 사용한 수단을 명시한다.

예: *τῷ σῷ ὀνόματι δαιμόνια ἐξεβάλομεν* (마 7:22): 당신의 이름으로 우리가 귀신을 내어 쫓았습니다.

ἦν κράζων καὶ κατακόπτων ἑαυτὸν λίθοις. (막 5:5): 그는 소리를 지르며 자신을 돌로 자르고 있었다.

χάριτί ἐστε σεσῳσμένοι (엡 2:8): 너희는 은혜로 구원을 얻은 것이다.

(9) 대리자의 여격(dative of agency): 대리자의 여격은 동사의 행동을 수행하는 대리인을 지명한다. 수동태에서는 보통 *ὑπό* + 속격으로 표시한다.

예: *ὅσοι γὰρ πνεύματι θεοῦ ἄγονται* (롬 8:14): 하나님의 성령에 의하여 인도함을 받는 자마다

εἰ δὲ πνεύματι ἄγεσθε, οὐκ ἐστὲ ὑπὸ νόμον. (갈 5:18): 만약에 너희들이 성령에 의하여 인도함을 받으면, 너희들은 율법 아래 있지 아니하다.

ὤφθη ἀγγέλοις (딤전 3:16): 그는 천사들에 의하여 보여졌다.

(10) 양식의 여격(dative of manner): 동사의 행동이 수행되는 방법을 표현한다.

예: *παρρησίᾳ τὸν λόγον ἐλάλει.* (막 8:32): 그는 담대하게 그 말씀을 말하고 있었다.

다음과 같이 종종 동사의 동족어가 양식의 여격으로 사용되기도 한다.

예: *Ἐπιθυμίᾳ ἐπεθύμησα* (눅 22:15): 나는 간절히 바랐다(나는 바라고 바랐다).

προσευχῇ προσηύξατο (약 5:17): 그는 간절히 기도하였다(그는 기도하고 기도했다.)

(11) 정도의 여격(dative of degree): 종종 척도의 여격(dative of measure)으로 불린다.

예: *ὁ δὲ πολλῷ μᾶλλον ἔκραζεν* (막 10:48): 그는 더더욱 크게 소리를 질렀다.

τοσούτῳ κρείττων γενόμενος τῶν ἀγγέλων (히 1:4): (그리스도는) 천사들보다 훨씬 더 나으시다.

(12) 연합의 여격(dative of association): 더불어서 어떤 것이 되어진 사람을 지칭한다.

예: *συνεσθίει αὐτοῖς.* (눅 15:2): 그는 그들과 더불어 먹는다.

Συγχάρητέ μοι(눅 15:6): 너희들은 나와 함께 기뻐하여라.

ἵνα καὶ ἡμεῖς ὑμῖν συμβασιλεύσωμεν (고전 4:8): 우리들이 너희들과 함께 왕노릇할 수 있도록

(13) 이유의 여격(dative of reason): 어떤 것이 발생한 비의도적인 이유를 표현한다.

예: *ἐγὼ λιμῷ ὧδε ἀπόλλυμαι.* (눅 15:17): 나는 여기서 기근 때문에 죽어가는구나.

ὄντας νεκροὺς τοῖς παραπτώμασιν καὶ ταῖς ἁμαρτίαις (엡 2:1): 허물들과 죄들 때문에 죽어 있었던.

3. 형용사적 여격: 여격이 명사나 대명사를 수식한다.

(14) 소유의 여격(dative of possession): 어떤 물건을 소유한 사람을 가리키면서 다른 명사를 수식한다.

예: *τί ἄρα ἔσται ἡμῖν;* (마 19:27): 그러면 우리는 무엇을 가지게 됩니까? (그러면 우리에게 무엇이 있을 것입니까?)

ἐὰν γένηταί τινι ἀνθρώπῳ ἑκατὸν πρόβατα (마 18:12): 어떤 사람에게 양 백 마

리가 있었다면,

(15) **관계의 여격**(dative of relationship): 관계된 사람을 지적하면서 다른 명사를 수식한다.

예: *ἐμοὶ μαθηταί ἐστε* (요 13:35): 너희들은 나의 제자들이다.

ἦσαν κοινωνοὶ τῷ Σίμωνι. (눅 5:10): 그들은 시몬의 동업자들이었다.

(16) **정체성의 여격**(dative of identification): 명사 다음에 오는 여격은 종종 소유의 의미를 지닌다. 그러나 실상은 그 이름을 밝혀주는 역할을 한다.

예: *εἷς τῶν ἀρχισυναγώγων, ὀνόματι Ἰάϊρος,* (막 5:22): 이름이 야이로라는 회당장 중의 한 사람,

Ἰουδαῖος δέ τις Ἀπολλῶς ὀνόματι, (행 18:24): 그런데 이름이 아볼로라 하는, 어떤 유대인 한 사람

위에서 이미 다룬 여격들은 다양한 전치사와 함께 사용되어 위에 분류한 동일한 경우들로 사용된다. 부록 V에 나오는 전치사의 의미론적인 사용 예들을 참조하여 보면 도움이 될 것이다.

IV. 대격(Accusative)

1. **직접목적어의 대격**(accusative of direct object): 능동형의 타동사, 분사, 부정사의 행동의 지배를 받는 사람이나 사물을 말한다.

예: *τὰ πρόβατα τὰ ἐμὰ τῆς φωνῆς μου ἀκούουσιν, κἀγὼ γινώσκω αὐτά καὶ ἀκολουθοῦσίν μοι* (요 10:27): 나의 양들은 나의 음성을 듣고, 나도 그들을 알며, 그들은 나를 따른다(흥미롭게도 여기에 나오는 세 개의 동사는 각각 다른 격[속격, 대격, 여격]의 직접목적어를 취하고 있다.).

2. **이중 대격**(double accusative): 어떤 동사들은 두 개의 대격을 목적어로 취하는 경우가 있는데, 이러한 동사들은 다음과 같다.

διδάσκω(요 14:26), *ἐρωτάω*(막 4:10), *αἰτέω*(막 6:22), *ἀναμιμνῄσκω*(고전 4:17), *ἐνδύω*(마 27:31), *περιβάλλω*(요 19:2), *ἐκδύω*(마 27:31), *ὀνομάζω*(눅 6:14), *καλέω*(마 22:43), *λέγω*(막 10:18), *ποτίζω*(고전 3:2), *φορτίζω*(눅 11:46), *ἡγέομαι*(빌 3:7), *ἀποστέλλω*(요일 4:14), *παρίστημι*(행 1:3), *ποιέω*(마 4:19), *καθίστημι*(행 7:10), *τίθημι* (히 1:2), *ἔχω*(행 13:5).

이러한 동사들이 취하는 이중 대격을 다음과 같은 범주로 분류할 수 있다.

(1) 인칭 및 비인칭 목적어

예: *ἤρξατο διδάσκειν αὐτοὺς πολλά.*(막 6:34): 그는 그들에게 많은 것을 가르치기 시작하였다 (이것들은 종종 "사람의 대격"과 "사물의 대격" 으로 불린다). 비교. 히 5:12.

(2) 서술 목적어

예: *ὑμεῖς δὲ αὐτὸν ἐποιήσατε σπήλαιον λῃστῶν.* (눅 19:46): 그러나 너희들은 그것을 도둑들의 굴로 만들어버렸다 (여기서 두번째 대격 *σπήλαιον*은 서술적 대격이다.). 비교. 요 15:15; 롬 4:17; 약 5:10.

(3) 일차적인 것과 이차적인 것

예: *εἶχον δὲ καὶ Ἰωάννην ὑπηρέτην.* (행 13:5): 그들은 요한을 수종자(조력자)로 두었다.

3. **동족 대격**(cognate accusative): 이는 동사와 동일한 어간을 가지고 있는 대격명사이다. 이는 직접목적어의 대격, 양식의 대격, 맹세의 대격(눅 1:73; 약 5:12), 혹은 이중 대격의 일부 등이 될 수 있다.

예: *Μὴ θησαυρίζετε ὑμῖν θησαυροὺς ἐπὶ τῆς γῆς* (마 6:19): 너희를 위하여 재물을 땅에 쌓아두지 말라(직접목적어의 대격).

ἐχάρησαν χαρὰν μεγάλην σφόδρα (마 2:10): 그들은 크게 기뻐하였다(양식의 대격 - 자동사이기 때문에 *χαράν*은 목적어는 될 수 없고 양식으로 해석해야 한다.).

ἐφοβήθησαν φόβον μέγαν (막 4:41): 그들은 크게 두려워하였다(양식의 대격).

4. **맹세의 대격**(accusative of oaths): 사람이나 사물을 거론하여 맹세할 때, 그것들을 지칭하여 맹세의 대격이라 부른다.

예: *ὁρκίζω σε τὸν θεόν* (막 5:7): 나는 너에게 하나님을 두고 간청한다.

μὴ ὀμνύετε, μήτε τὸν οὐρανὸν μήτε τὴν γῆν μήτε ἄλλον τινὰ ὅρκον (약 5:12): 맹세하지 말라, 하늘로도 말고 땅으로도 말고 다른 어떤 맹세로도 말라.

5. **부정사의 주어로서의 대격**(accusative subject of infinitive): 의미론적으로 부정사의 주어가 되는 명사나 대명사의 대격은 보통 일반적인 관심의 대격이라 불린다. 그러나 의미론적으로 이것은 부정사의 주어이다.

예: *Μετὰ δὲ τὸ παραδοθῆναι τὸν Ἰωάννην* (막 1:14): 요한이 체포된 후에.

부정사도 목적을 취할 때에 혼돈이 있을 수 있다. 예를 들면 빌 1:7, *διὰ τὸ ἔχειν με ἐν τῇ καρδίᾳ ὑμᾶς*에서 문법적으로 두 가지 해석이 가능하다. 즉 "내가 너희들을 나의 심장에 두고 있기 때문이다," 혹은 "너희가 나를 너희의 심장에 두고 있기 때문이다." 그러나 부정사가 목적격 주어와 목적어를 동시에 취할 때는 보통 주어가 앞에 온다(주어 — 목적어의 순서). 그런데 이 주어 — 목적어의 순서를 벗어나 목적어 — 주어의 순서를 가짐으로써 강조하는 수가 있는데(마 16:15: Ὑμεῖς δὲ τίνα με λέγετε εἶναι; 요 1:48: Πρὸ τοῦ σε Φίλιππον φωνῆσαι), 신약성서에서는 주어 — 목적어의 경우가 90%이고 강조를 위하여 순서를 바꾼 경우가 10% 정도이다. 전형적인 예는 고전 7:10-11이다. *παραγγέλλω ἄνδρα γυναῖκα μὴ ἀφιέναι.*(나는 남편은 아내와 이혼하지 말라고 명합니다.).

6. 부사적 대격(adverbial accusative): 부사처럼 사용되는 대격으로서 다음과 같은 것들이 있다.

(1) 양식(manner)

예: *ἐκαυματίσθησαν οἱ ἄνθρωποι καῦμα μέγα* (계 16:9): 사람들이 큰 불에 탔다.

παρακαλεῖ αὐτὸν πολλά (막 5:23): 그는 열심히 그를 격려하였다.

비교: *μόνον*(막 5:36); *πρῶτον*(마 6:33); 부사적 대격으로 *τρόπος*의 대격 *τρόπον*(마 23:37; 딤후 3:8); *τὸ δὲ αὐτό*(마 27:44; 빌 2:18) 등을 사용하기도 한다.

(2) 참조 혹은 관심(reference/respect)

예: *τὰ πρὸς τὸν θεόν* (히 2:17): 하나님께 관련된 일에서;

ἀνέπεσαν οὖν οἱ ἄνδρες τὸν ἀριθμὸν ὡς πεντακισχίλιοι. (요 6:10): 수로는 약 5,000명의 성인 남자가 앉았다.

πᾶς δὲ ὁ ἀγωνιζόμενος πάντα ἐγκρατεύεται (고전 9:25): 경기하는 자마다 모든 일에 있어서 절제한다.

(3) 척도(measure): 거리나 시간 등을 표현한다.

예: *ἦλθον ἡμέρας ὁδόν* (눅 2:44): 그들은 하루의 여행길(20-25마일)을 갔다.

비교. 눅 22:41; 요 6:19; 행 22:21.

ἦν ἐν τῇ ἐρήμῳ τεσσεράκοντα ἡμέρας πειραζόμενος (막 1:13): 그는 광야에서 40일 동안을 시험받으셨다. (비교. 마 20:6; 요 1:39; 히 3:9-10, 기간)

Ἐχθὲς ὥραν ἑβδόμην (요 4:52): 어제 제 7시에(시간의 어떤 지점).

τὴν ἡμέραν τῆς πεντηκοστῆς (행 20:16): 오순절까지(시간의 어떤 지점).

Τὴν ἀρχὴν ὅ τι καὶ λαλῶ ὑμῖν (요 8:25): 처음부터 나는 너희에게 말하여 온 자이다(동작의 시작시점).

Ἦν δὲ τὰς ἡμέρας ἐν τῷ ἱερῷ διδάσκων, τὰς δὲ νύκτας ἐξερχόμενος ηὐλίζετο εἰς τὸ ὄρος (눅 21:37): (주님은)낮에는 성전에서 가르치시고, 밤에는 산에 가셔서 밤을 지내셨다(여러 조각 시간에 걸친 분산된 동작).

νύκτα καὶ ἡμέραν (눅 2:37): 밤과 낮으로(이 의미는 지속적이라기보다는 정기적이라는 다-여러 조각 시간에 걸친 분산된 동작임).

7. 동격의 대격(accusative of apposition)

예: *παράκλητον ἔχομεν πρὸς τὸν πατέρα, Ἰησοῦν Χριστὸν δίκαιον* (요일 2:1): 우리는 아버지 앞에서 보혜사를 모시고 있다, 즉 예수 그리스도, 의로우신 분이시다.

8. 절대 대격(accusative absolute)

매우 드물고 논란이 많다. 이는 절대 속격과 비슷하다. 이것은 부사절을 형성하기 위하여 대격 분사의 주어 역할을 하는 명사나 대명사의 대격을 말한다.

예: *γνώστην ὄντα σε* (행 26:3): 당신이 알고 있다.

καὶ ὄντας ἡμᾶς νεκροὺς τοῖς παραπτώμασιν(엡 2:5): 우리들은 허물로 죽었다.

이외에도 대격은 다양한 전치사와 함께 사용되어, 결과, 목적, 소유, 비교, 관계 등을 나타내는 대격으로 사용된다. 물론 위에서 이미 다룬 대격들도 전치사와 함께 사용되는 예들이 많다. 부록 V에 나오는 전치사의 의미론적인 사용 예들을 참조하여 보면 도움이 될 것이다.

V. 호격(Vocative)

호격의 유일한 구문론적 기능은 직접 부르는 것이다. 명사의 호격은 사람이나 사물을 그 이름, 지위, 명칭, 혹은 묘사하는 말 등으로 부르는 기능을 한다.

예: *θεέ μου θεέ μου, ἱνατί με ἐγκατέλιπες;* (마 27:46): 나의 하나님, 나의 하나님 어찌하여 나를 버리셨나이까?

동일한 것을 마가는 연설의 주격으로 번역하였다(*ὁ θεός μου ὁ θεός μου, εἰς τί ἐγκατέλιπές με;* 막15:34).

호격은 다음과 같이 다양한 뉘앙스를 가진다.

1. 존경:*Οὐ μαίνομαι, φησίν, κράτιστε Φῆστε,* (행 26:25): 저는 미치지 아니하였나이다. 베스도 각하여,
2. 강한 불쾌감: *Ἄφρων, ταύτῃ τῇ νυκτὶ τὴν ψυχήν σου ἀπαιτοῦσιν ἀπὸ σοῦ·* (눅 12:20): 어리석은 자여, 이 밤에 너의 영혼을 너로부터 (그들이) 도로 찾으리니;
3. 애정: *Τεκνία μου, ταῦτα γράφω ὑμῖν* (요일 2:1): 나의 자녀들아, 내가 너희에게 이것을 쓴다.
4. 친절: *Θάρσει, θύγατερ·*(마 9:22): 딸아, 안심하라.
5. 성질: *ὀλιγόπιστοι* (마 6:30): 믿음이 적은 자들아.

   신약성서에서 호격이 감탄사 *ὦ*와 함께 사용되는 예가 17번 나오고 있다. 고전적인 형식이라고 볼 수 있지만, 대부분의 경우 이것은 강조나 감정을 표현하는 것이다.

예: 행 1:1, *ὦ Θεόφιλε*(비교. 행 18:14; 27:21): 오 데오빌로여

막 9:19, *Ὦ γενεὰ ἄπιστος*: 오 믿음이 없는 세대여

부록 IV. ♣ 정관사의 용법

헬라어의 관사는 다음과 같은 용법으로 다양하게 사용된다.

1. 관사는 명사를 한정한다.

(1) 사람, 사물, 종류를 구별한다. 정관사는 집게손가락처럼 무엇을 가리키는 역할을 한다.

예: *ἀνέβη εἰς τὸ ὄρος* (마 5:1): 그는 그 산에 올랐다(여기서 어떤 특정한 산을 지칭할 수도 있고, 예수께서 늘 오르셔서 사람들이 잘 알고 있는 산일 수도 있다.)

Ὁ θεός, ἱλάσθητί μοι τῷ ἁμαρτωλῷ (눅 18:13): 하나님이여, 이 죄인을 불쌍히 여기소서(죄인인 나를)

ὁ κλέπτης οὐκ ἔρχεται εἰ μὴ ἵνα κλέψῃ (요 10:10): 도둑들은 훔치기 위한 목적이 아니고서는 들어오지 않는다(다른 종류의 사람들과 구별되는 도둑의 부류를 의미한다.).

οὐ χρείαν εἶχεν ἵνα τις μαρτυρήσῃ περὶ τοῦ ἀνθρώπου (요 2:25): 그는 사람에 대하여(천사의 부류가 아니라 사람의 부류의) 아무의 증거를 받을 필요가 없었다.

(2) 추상적인 특성을 특수화한다.

예: *ἡ τελεία ἀγάπη ἔξω βάλλει τὸν φόβον* (요일 4:18): 그 완전한 사랑이 두려움을 내어쫓는다(여기서의 사랑은 두려움을 내어쫓을 수 있는 성숙한 사랑을 의미한다고 볼 수 있다.).

ἡ χάρις καὶ ἡ ἀλήθεια διὰ Ἰησοῦ Χριστοῦ ἐγένετο. (요 1:17): 그 은혜와 그 진리는 예수 그리스도를 통하여 왔다.

2. 관사는 앞서 나왔던 것을 언급한다.

관사는 독자로 하여금 바로 앞에 나왔던 명사에 주목하도록 해준다.

예: *τῇ γὰρ χάριτί ἐστε σεσῳσμένοι* (엡 2:8): 그러므로 그 은혜로 너희들이 구원을 얻게 된 것이다.

μὴ δύναται ἡ πίστις σῶσαι αὐτόν; (약 2:14): 그 믿음이 그를 구원할 수 없겠

지?(부정적인 대답을 기대하는 의문문)

πρὸ τοῦ δὲ ἐλθεῖν τὴν πίστιν ὑπὸ νόμον ἐφρουρούμεθα (갈 3:23): 그러나 그 믿음이 오기 전에는 우리가 율법아래 매여 있었다

3. 단일명사와 고유명사에 관사가 사용된다.

(1) **단일명사와 함께**: 하나밖에 없는 명사, 즉 *γῆ, ἥλιος, θεός, οὐρανός, σελήνη* 등은 하나밖에 없기 때문에 다른 것과 구별할 필요가 없는 데도 관사를 붙인다. 신약성서의 단일명사의 약 80%가 관사가 붙어서 사용되고 있다.

(2) **고유명사와 함께**

예: *τὸν Ἰησοῦν ὃν Παῦλος κηρύσσει* (행 19:13): 바울이 선포하는 그 예수를

4. 관사가 대명사로 사용된다.

(1) 소유대명사

예: *ἐκτείνας τὴν χεῖρα αὐτοῦ ἥψατο* (막 1:41): 그는 그(의) 손을 뻗어 그를 만졌다. (여기서 관사는 소유대명사 역할을 한다. 그리고 이 문장에서 *αὐτου*는 동사 *ἥψατο*의 직접목적어이다.)

οἱ ἄνδρες, ἀγαπᾶτε τὰς γυναῖκας (엡 5:25): 남편들아 그(너희의) 아내들을 사랑하라.

οὐ γὰρ ἀπέστειλεν ὁ θεός τὸν υἱὸν εἰς τὸν κόσμον ἵνα κρίνῃ τὸν κόσμον, (요 3:17): 하나님은 세상을 심판하기 위하여 그의 아들을 보내신 것이 아니다.

(2) **인칭대명사**: 앞에 나온 이[들]를 단순히 관사로만 표시한다.

예: *ὁ δὲ ἀποκριθεὶς εἶπεν* (마 4:4): 그리고 그가[예수님] 대답하여 말하였다.

οἱ δὲ εὐθέως ἀφέντες τὰ δίκτυα ἠκολούθησαν αὐτῷ. (마 4:20): 그러자 그들이 즉각적으로 그물을 버려두고 그를 좇았다.

οἱ δὲ ἐν τῷ πλοίῳ προσεκύνησαν αὐτῷ (마 14:33): 그러자 배 안에 있는 이들이 그를 경배하였다.

(3) 지시대명사

예: *διὰ τοῦτο αἱ δυνάμες ἐνεργοῦσιν ἐν αὐτῷ.* (마 14:2): 이 때문에 이러한 능력(기적)들은 그 안에서 이루어진다.

(4) 관계대명사

예: *ὅπως δοξάσωσιν τὸν πατέρα ὑμῶν τὸν ἐν τοῖς οὐρανοῖς.* (마 5:16): 하늘에 계신 너희들의 아버지를 그들이 영화롭게 하도록.

ἐν πίστει τῇ ἐν Χριστῷ Ἰησοῦ. (딤전 3:13): 그리스도 예수 안에 있는 믿음으로.

(5) **선택대명사**(alternative pronoun)

예: *καὶ αὐτὸς ἔδωκεν τοὺς μὲν ἀποστόλους, τοὺς δὲ προφήτας, τοὺς δὲ εὐαγγελιστάς, τοὺς δὲ ποιμένας καὶ διδασκάλους,* (엡 4:11): 그리고 그가 어떤 이들에게는 사도들로, 어떤 이들에게는 대언자들로, 어떤 이들에게는 복음 전하는 자들로, 어떤 이들에게는 목자(사)들 및 교사들로 주셨다.

οἱ μὲν ἦσαν σὺν τοῖς Ἰουδαίοις, οἱ δὲ σὺν τοῖς ἀποστόλοις. (행 14:4): 한편(의 사람들)은 유대인 편에, 다른 한편은 사도들 편에 있었다.

ἀλλὰ ἕκαστος ἴδιον ἔχει χάρισμα ἐκ θεοῦ, ὁ μὲν οὕτως, ὁ δὲ οὕτως. (고전 7:7): 그러나 각자는 하나님으로부터 자신의 은사를 가지고 있는데, 이는 이것을 저는 저것을 가지고 있다.

5. 주격이 호격으로 사용될 때 관사가 붙는다.

예: *ναί, ὁ πατήρ, ὅτι οὕτως εὐδοκία ἐγένετο ἔμπροσθέν σου.*(마 11:26): 맞습니다, 아버지여, 당신 앞에서 기쁘신 뜻이 이렇게 이루어졌습니다.

ἀπεκρίθη Θωμᾶς καὶ εἶπεν αὐτῷ, Ὁ κύριός μου καὶ ὁ θεός μου. (요 20:28): 도마가 대답하여 말하였다. "나의 주이시며 나의 하나님이시여."

6. 관사가 명사구를 형성한다

(1) 부사 앞에서

예: *τῇ ἐπαύριον* (막 11:12): 그 다음(날)에 *ἀπὸ τοῦ νῦν* (눅 5:10): 지금부터

τοῖς ἐκεῖ (마 26:71): 거기에 있는 이들에게

(2) 속격 앞에서

예: *οἱ τοῦ Χριστοῦ* (갈 5:24): 그리스도에게 속한 이들(그리스도의 사람들)

Ὁ λόγος ὁ τοῦ σταυροῦ (고전 1:18): 십자가에 관한 그 말씀

(3) 전치사구 앞에서

예: *οἱ ἀπὸ τῆς Ἰταλίας* (히 13:24): 이탈리아에서 온 이들

τὰ ἐν τῷ κόσμῳ (요일 2:15): 세상에 있는 것들

(4) 절 앞에서

예: *Τὸ Εἰ δύνῃ* (막 9:23): [방금 네가 한 말] 그 "당신이 할 수 있다면"

또한 인용문이나 격언 등의 앞에도 관사가 사용된다.

예: *Τὸ Οὐ φονεύσεις,* (마 19:18): 살인하지 말라,

(5) 관사가 형용사, 분사, 부정사 앞에 붙어서 명사구를 만들기도 한다.

예: *Μὴ δῶτε τὸ ἅγιον τοῖς κυσίν* (마 7:6): 거룩한 것을 개에게 주지 말라.

πᾶς γὰρ ὁ αἰτῶν λαμβάνει καὶ ὁ ζητῶν εὑρίσκει καὶ τῷ κρούοντι ἀνοιγήσεται. (마 7:8): 왜냐하면 구하는 이마다 얻을 것이고, 찾는 이가 발견할 것이고,

두드리는 이에게 열려질 것이다.

θεὸς γάρ ἐστιν ὁ ἐνεργῶν ἐν ὑμῖν καὶ τὸ θέλειν καὶ τὸ ἐνεργεῖν ὑπὲρ τῆς εὐδοκίας. (빌 2:13): 왜냐하면 너희들 안에서 행하시는 이는 하나님이시니 기쁘신 뜻을 위하여 소원을 두고 행하게 하신다.

7. 관사는 *καί*와 연결되는 명사와 함께 사용된다.

두 명사가 *καί*에 의하여 연결될 때, 저자가 각각의 명사를 강조하기 원하면 각각의 명사에 관사를 붙인다. 그러나 *καί*에 의하여 연결된 두 명사 앞에 관사가 하나만 붙게 되면 이 두 명사를 한 무리로 묶는 역할을 한다.

예: *τοῦ μεγάλου θεοῦ καὶ σωτῆρος ἡμῶν* (딛 2:13): 우리의 크신 하나님이시며 구원자 이신 분의(한 분 예수님을 묘사하고 있다.)

8. 연계문(copulative sentence)에서 사용된다.

흔히 연계문(*εἰμί*나 *γίνομαι*가 동사인 문장)에서는 관사가 붙어 있는 주격이 주어이고, 관사가 없는 주격은 서술주격이 된다.

예: *θεὸς ἦν ὁ λόγος.* (요 1:1): 그 말씀은 하나님이셨다.

ὁ θεὸς ἀγάπη ἐστίν. (요일 4:8): 하나님은 사랑이시다.

하지만, 많은 경우에 이러한 일반적인 규칙에 맞지 않는 때가 있다. 그런 경우 다음의 원칙들이 매우 유용하다.

(1) 서술적 주격에 관사가 붙어 있어도, 지시대명사나 인칭대명사가 있으면 그것이 주어가 된다.

예: *Οὗτός ἐστιν ὁ υἱός μου* (마 3:17): 이는 내 아들이다

Ὑμεῖς ἐστε τὸ φῶς τοῦ κόσμου. (마 5:14): 너희들은 세상의 빛이다.

αὐτός ἐστιν ὁ Χριστός. (마 16:20): 그는 그리스도시다.

(2) 동사로만 주어가 표시될 수도 있다.

예: *Ὁ κύριός ἐστιν* (요 21:7): 그는 주이시다

φῶς εἰμι τοῦ κόσμου (요 9:5): 나는 세상의 빛이다.

(3) 일반적으로 관사가 붙은 요소가 주어가 된다. 하지만 여기에는 약 5개 정도의 예외가 있다 (요 20:31; 요일 2:22; 4:15; 5:1, 5).

예(예외): *ταῦτα δὲ γέγραπται ἵνα πιστεύσητε ὅτι Ἰησοῦς ἐστιν ὁ Χριστὸς ὁ υἱὸς τοῦ θεοῦ* (요 20:31): 예수께서 하나님의 아들 그리스도이심을 믿도록 하기 위하여 이것들이 기록되었다.

(4). 두 요소에 모두 관사가 붙어 있는 경우, 혹은 모두 관사가 없는 경우에는 처음에 나오는 요소가 대개는 주어가 된다.

예: *Ἔστιν δὲ πίστις ἐλπιζομένων ὑπόστασις, πραγμάτων ἔλεγχος οὐ βλεπομένων.* (히 11:1): 그러므로 믿음은 바라(지)는 것들의 실체요, 보이지 않는 것들의 확증이다.

ἀνήρ ἐστιν κεφαλὴ τῆς γυναικός (엡 5:23): 남편은 아내의 머리이다.

9. 무관사구문(anarthrous)

다음과 같은 경우에는 관사를 붙이지 않는다. 이러한 구문을 소위 문법적인 용어로 무관사구문(anarthrous)이라 부른다.

(1) **추상명사**: 추상명사는 내재적으로 성질이 확인된 것이기 때문에 관사가 필요없다.

예: *νυνὶ δὲ μένει πίστις, ἐλπίς, ἀγάπη,* (고전 13:13): 그러나 이제 믿음, 소망, 사랑은 항상 있다.

(2) **단일명사와 고유명사**: 그 자체가 한정적인 명사들은 관사가 필요없다.

(3) **속격구문의 명사**: 속격이 수식하는 명사를 한정하지만 속격 자체에는 관사가 붙지 않는 경향이 있다.

예: *δύναμις θεοῦ, δικαιοσύνη θεοῦ, ὀργὴ θεοῦ* (롬 1:16, 17, 18): 하나님의 능력, 하나님의 의, 하나님의 진노

(4) **전치사의 목적어**: 주로 지리나 시간을 나타내는 단어가 전치사와 함께 사용될 때는 관사를 붙이지 않는다.

예: *ἐν οἴκῳ* (막 2:1): 집에　　*ἀπ' ἀγροῦ* (막 15:21): 들로부터

ἀπ' οὐρανοῦ (눅 17:29): 하늘로부터　　*ἐν ἀρχῇ* (요 1:1): 처음에, 태초에

(5) **기술적인 표현**: 자주 나오고 관습적으로 사용되는 어구일 경우에는 관사를 생략하는 경향이 있다.

예: *ἐν λόγῳ κυρίου* (살전 4:15): 주의 말씀으로

(6) **명사를 차별화하지 않기 위하여**

예: *χωρὶς ἁμαρτίας* (히 4:15): 죄가 없는(특정한 죄라기보다는 일반적인 죄를 의미하는 것으로 보아야 한다. 학자들에 따라서는 예수께는 죄성이 없었던 것으로 보기도 한다.)

(7) **명사의 성질에 초점을 맞추기 위하여**: 명사의 성질, 성격, 본질, 종류 등에 초점을 맞추기 위하여 관사를 생략하는 경우가 있다.

예: *ἐκάλησεν ἡμῖν ἐν υἱῷ* (히 1:2): 그가(하나님) 우리들에게 아들로 말씀하셨다.

부록 V. 전치사의 의미론적인 기능과 비정규 전치사

1. 정규 전치사의 의미론적인 기능

신약성서에 나오는 17개의 정규 전치사(proper preposition)를 앞에서 이미 다루었지만 여기에서는 각 전치사의 의미론적인 기능을 분류하여 실었다. 그 의미를 염두에 두고, 다음의 각 구절을 살펴보면 도움이 될 것이다.

1. *ἀνά* + 대격

(1) 위치(마 13:25) (2) 분배(고전 14:27; 눅 10:1; 마 20:9)

2. *ἀντί* + 속격

(1) 치환(마 2:22; 막 10:45) (2) 교환(롬 12:17)

(3) 이유(엡 5:31) (4) 대조(약 4:15)

참고: 요 1:16(치환, 축적, 상응)

3. *ἀπό* + 속격

(1) 공간/원천(막 5:17; 고전 11:23) (2) 분리(롬 9:3)

(3) 시간(요 8:44; 롬 1:20) (4) 이유(마 18:7; 히 5:7; 행 12:14)

(5) 행위자(약 1:13; 계 12:6) (6) 수단(마 7:16)

(7) 부분(눅 9:38)

4. *διά*

(1) 공간(+ 속격: 눅 5:19; 요 4:4)

(2) 시간(+ 속격: 막 2:1; 행 5:19; 막 5:5): "후에", "동안에", "내내" 등으로 번역한다.

(3) 이유(+ 대격: 막 6:17)

(4) 행위자(+ 속격: 갈 3:19; 마 11:2. 비교, 갈 1:1)

(5) 수단 (+ 속격: 요이 12; 행 20:28; 엡 2:16; 히 10:10)

(6) 양식(+ 속격: 눅 8:4; 히 13:22) (7) 유익(+ 속격: 막 2:27)

(8) 부대상황(+ 속격: 비교. 딤전 2:15; 요일 5:6)

5. εἰς+ 대격

(1) 공간(마 26:18; 요 20:3; 행 4:17): "~ 안으로", "~ 가운데로" 등으로 해석할 수 있다.

(2) 시간(마 10:22; 눅 12:19): "끝까지", "~ 기간" 등으로 해석된다.

(3) 이유(마 12:41; 비교. 행 2:38)

(4) 목적(갈 1:6; 마 25:6; 눅 5:32; 롬 1:1; 살후 2:13)

(5) 결과(롬 5:18; 10:10)

(6) 참조(행 2:25; 롬 4:20)

(7) 수단(행 7:53)

(8) 양식(빌 2:16; 눅 8:48)

(9) 유익(눅 9:13)

(10) 반대(눅 12:10; 15:18)

6. ἐκ + 속격

(1) 공간/원천(마 2:15/살전 2:6)

(2) 분리(갈 3:13; 요 10:28)

(3) 기원(요 8:47; 마 27:29)

(4) 시간(요 9:1; 행 9:33)

(5) 이유(요 6:66)

(6) 수단(갈 2:16; 약 2:18; 비교. 롬 1:17)

(7) 행위자(요 1:13)

(8) 양식(막 6:51; 고후 9:7)

(9) 부분(마 10:29)

7. ἐν + 여격

(1) 공간(눅 2:49; 히 8:5)

(2) 시간(마 11:22; 2:1)

(3) 이유(요 16:30)

(4) 행위자(고전 12:13; 마 5:34-36)

(5) 수단(계 6:8; 롬 1:9)

(6) 연합(유 14; 요 10:38)

(7) 참조(롬 11:2)

(8) 양식(롬 1:9; 요 16:29; 행 16:36; 약 3:13; 벧전 1:17; 눅 6:12)

(9) 경험자(마 17:12)

(10) 부대상황(살전 4:16)

8. ἐπί

(1) 공간(+ 속격/ 대격:막 6:48; 딤전 6:13; 막 4:26)

(2) 시간(+ 속격/여격/대격: 요 4:27; 막2:26)

(3) 이유(+ 여격:막 1:22)

(4) 목적(+ 여격/대격: 갈 5:13; 막 3:7)

(5) 참조(+ 속격/여격: 요 12:16)

(6) 양식(+ 여격: 고후 9:6)

(7) 근거(+ 속격/여격: 마 18:16)

(8) 수단(+ 여격: 마 4:4)

(9) 반대(+ 여격/대격: 마 10:21)

(10) 유익(+ 속격: 요 6:2)

(11) 경험자(+ 여격: 행 5:35)

(12) 권세(+ 속격/여격/대격: 눅 10:19)

9. *κατά*

(1) 공간(+ 속격/ 대격: 막 5:13; 행 21:21; 눅 15:14)

(2) 시간(+ 대격: 히 1:10; 눅 2:41; 행 16:25) (3) 일치(+ 대격: 고전 15:3)

(4) 참조(+ 대격: 롬 1:3-4) (5) 보증인(+ 속격: 히 6:13)

(6) 반대(+ 속격: 행 24:1) (7) 양식(+ 대격: 행 19:20; 고전 14:31)

10. *μετά*

(1) 연합(+ 속격: 막 3:7; 마 26:47) (2) 양식(+ 속격: 딤전 2:9; 마 13:20)

(3) 시간(+ 대격: 막 13:24; 계 4:1) (4) 반대(+ 속격: 계 2:16)

(5) 공간(+ 대격: 히 9:3)

11. *παρά*

(1) 공간(+ 속격/여격/대격: 눅 2:1; 마 28:15; 막 1:16)

(2) 연합(+ 여격: 요 1:39; 14:25) (3) 행위자(+ 속격: 눅 1:45)

(4) 비교(+ 대격: 롬 14:5; 히 1:4) (5) 반대(+ 대격: 갈 1:8-9)

(6) 치환(+ 대격: 롬 1:25)

12. *περί*

(1) 공간(+ 대격: 마 3:4) (2) 시간(+ 대격: 마 20:3)

(3) 참조(+ 속격, 대격: 고전 7:1; 딛 2:7) (4) 유익(+ 속격: 마 26:28; 엡 6:18)

(5) 연합(+ 대격: 행 13:13)

13. *πρό* + 속격

(1) 공간(행 12:14) (2) 시간(엡 1:4)

14. *πρός*

(1) 공간(+ 여격/대격: 요 18:16; 눅 23:7) (2) 시간(+ 대격: 살전 2:17)

(3) 목적(+ 대격: 엡 4:12) (4) 결과(+ 대격: 요 11:4)

(5) 연합(+ 대격: 요 1:1[능동적인 연합] 마 13:56; 행 3:25)

(6) 참조(+ 대격: 막 12:12) (7) 일치(+ 대격: 갈 2:14)

(8) 비교(+ 대격: 롬 8:18) (9) 반대(+ 대격: 엡 6:12)

(10) 이유(+ 대격: 막 10:5)

15. *σύν* + 여격: 연합 — 눅 1:56; 마 25:27; 고전 10:13

16. *ὑπέρ*

(1) 유익(+ 속격: 딤전 2:1) (2) 치환(+ 속격: 몬 1:13. 비교. 고전 15:29)

(3) 이유(+ 속격: 롬 15:9) (4) 참조(+ 속격: 고후 8:23; 요 1:30)

(5) 비교(+ 대격: 마 10:24)

17. *ὑπό*

(1) 공간(+ 대격: 막 4:21)
(2) 행위자(+ 속격: 막 1:13; 마 1:22)
(3) 이유(+ 속격: 눅 8:14; 마 11:7)
(4) 권세(+ 대격: 갈 4:5)

2. 비정규 전치사(improper preposition)

명사나 대명사와 함께 사용되어 전치사처럼 사용되나 다른 동사와 합하여 합성동사를 만들 수 없는 전치사를 비정규 전치사(비본래적 전치사)라고 부른다. 신약성서에 나오는 비정규 전치사는 다음과 같다.

ἅμα + 여격 : ~ 와 함께 (마 13:29): *ἅμα αὐτοῖς*
ἄνευ + 속격 : ~ 없이 (마 10:29): *ἄνευ τοῦ πατρὸς ὑμῶν*
ἄντικρυς + 속격 : ~ 반대편에 (행 20:15): *ἄντικρυς Χίου*
ἀντίπερα + 속격 : ~ 의 반대편 (눅 8:26): *ἀντίπερα τῆς Γαλιλαίας*
ἀπέναντι + 속격 : ~ 앞에 (마 27:61): *ἀπέναντι τοῦ τάφου*
ἄτερ + 속격 : ~ 없이 (눅 22:6): *ἄτερ ὄχλου*
ἄχρι + 속격 : ~ 때까지 (눅 4:13): *ἄχρι καιροῦ*
ἐγγύς + 속격/여격: ~ 가까이 (요 3:23) / (행 9:38): *ἐγγύς τοῦ Σαλείμ*
ἐκτός + 속격 : ~ 밖에 (고후 12:2): *ἐκτὸς τοῦ σώματος*
ἔμπροσθεν + 속격 : ~ 앞에서 (마 5:16): *ἔμπροσθεν τῶν ἀνθρώπων*
ἔναντι + 속격 : ~ 전에 (눅 1:8): *ἔναντι τοῦ θεοῦ*
ἐναντίον + 속격 : ~ 앞에서 (눅 1:6): *ἐναντίον τοῦ θεοῦ*
ἕνεκα, -εν, εἵνεκεν + 속격 : ~ 때문에 (눅 6:22; 마 5:10; 눅 4:18): *ἕνεκα τοῦ υἱοῦ*
ἐντός + 속격 : ~ 가운데 (눅 17:21): *ἡ βασιλεία τοῦ θεοῦ ἐντὸς ὑμῶν ἐστιν.*
ἐνώπιον + 속격 : ~ 앞에서 (눅 1:15): *ἐνώπιον τοῦ κυρίου*
ἔξω + 속격 : ~ 밖에 (마 10:14): *ἔξω τῆς οἰκίας*
ἔξωθεν + 속격 : ~ 밖으로 (계 14:20): *ἔξωθεν τῆς πόλεως*
ἐπάνω + 속격 : ~ 위에 (마 5:14): *ἐπάνω ὄρους*
ἐπέκεινα + 속격 : ~ 건너서 (행 7:43): *ἐπέκεινα Βαβυλῶνος*
ἔσω + 속격 : ~ 안에 (막 15:16): *ἔσω τῆς αὐλῆς*
ἕως + 속격 : ~ 까지 (눅 10:15): *ἕως οὐρανοῦ*
κατέναντι + 속격 : ~ 맞은편 (마 21:2): *εἰς τὴν κώμην τὴν κατέναντι ὑμῶν*
κατενώπιον + 속격 : ~ 면전에서 (엡 1:4): *κατενώπιον αὐτοῦ*

κυκλόθεν + 속격 : 사방에서 (계 4:3): κυκλόθεν τοῦ θρόνου

κύκλῳ + 속격 : ~ 둘레에 (계 4:6): κύκλῳ τοῦ θρόνου

μέσον + 속격 : ~ 가운데 (빌 2:15): μέσον γενεᾶς

μεταξύ + 속격 : ~ 사이에 (눅 16:26): μεταξὺ ἡμῶν

μέχρι + 속격 : ~ 까지 (마 11:23): μέχρι τῆς σήμερον

ὄπισθεν + 속격 : ~ 뒤로부터 (마 15:23): ὄισθεν ἡμῶν

ὀπίσω + 속격 : ~ 뒤로 (마 4:19): ὀπίσω μου

ὀψέ + 속격 : ~ 후에 (마 28:1): ὀψὲ δὲ σαββάτων

παρεκτός + 속격 : ~ 예외, ~ 을 제외하고 (마 5:32): παρεκτὸς λόγου πορνείας

παραπλήσιον + 여격 : ~ 가까이 (빌 2:27): παραπλήσιον θανάτῳ

πέραν + 속격 : ~ 다른 편에 (막 3:8): πέραν τοῦ Ἰορδάνου

πλησίον + 속격 : ~ 가까이 (요 4:5): πλησίον τοῦ χωρίου

ὑπεράνω + 속격 : ~ 위에 (엡 4:10): ὑπεράνω πάντων τῶν οὐρανῶν

ὑπερέκεινα + 속격 : ~ 건너편에 (고후 10:16): ὑπερέκεινα ὑμῶν

ὑπερεκπερισσοῦ + 속격 : ~ 보다 훨씬 더 (엡 3:20): ὑπερεκπερισσοῦ ὧν αἰτούμεθα

ὑποκάτω + 속격 : ~ 밑에 있는 (막 6:11): τὸν χοῦν τὸν ὑποκάτω τῶν ποδῶν ὑμῶν

χάριν + 속격 : ~ 을 위하여 (엡 3:1): Τούτου χάριν

χωρίς + 속격 : ~ 없이, ~ 아니고서 (마 13:34) χωρὶς παραβολῆς

부록 VI. 모음단축 (Contraction)

헬라어에서 연이은 두 모음이 중모음이 되지 않으면 단축된다. 이때에 다음과 같은 일정한 규칙을 따라서 이루어진다.

1. 단일모음과 단일모음이 만날 때

(1) 동일하거나 동종의 모음이 만나면 공통의 장모음이 된다.

$\alpha + \alpha = \alpha$(장음): (ἱστά-ασι → ἱστᾶσι)

$\epsilon + \eta = \eta$: (ποιέ-ητε → ποιῆτε)

$o + \omega = \omega$: (πληρό-ω → πληρῶ)

예외: $\epsilon + \epsilon = \epsilon\iota$ (ποιέ-ετε → ποιεῖτε), $o + o = o\upsilon$ (πληρό-ομεν → πληροῦμεν)

(2) α, ϵ, η와 o, ω가 만나면 무엇이 처음이었든지 상관없이 ω가 된다.

$\alpha + o = \omega$: (ἀγαπά-ομεν → ἀγαπῶμεν)

$\alpha + \omega = \omega$: (ἀγαπά-ω → ἀγαπῶ)

$\epsilon + \omega = \omega$: (ποιέ-ω → ποιῶ)

$\eta + o = \omega$: (ζή-ομεν → ζῶμεν)

$\eta + \omega = \omega$: (ζή-ω → ζῶ)

$o + \alpha = \omega$: (μείζο-α → μείζω)

$o + \eta = \omega$: (πληρό-ητε → πληρῶτε)

예외: $\epsilon + o = o\upsilon$ (ποιέ-ομεν → ποιοῦμεν), $o + \epsilon = o\upsilon$ (πληρό-ετε → πληροῦτε)

(3) α, ϵ, η가 서로 합해지면 둘 중의 첫번째 모음의 장모음이 된다.

$\alpha + \epsilon = \alpha$(장음): (ἀγαπά-ετε → ἀγαπᾶτε)

$\alpha + \eta = \alpha$(장음): (ἀγαπά-ητε → ἀγαπᾶτε)

$\epsilon + \alpha = \eta$: (γέ-α → γῆ)

$\eta + \epsilon = \eta$: (ζή-ετε → ζῆτε)

예외: 이와는 반대로 제 1, 2 변화명사와 형용사의 변화 시에 α, 장모음, 이중모음 등의 앞에 나오는 단모음은 그 모음들에 흡수되어 버린다. 즉 χρυσέ-α가 χρυσᾶ로, διπλό-α가 διπλᾶ로 된다.

예외의 예외: 하지만 위의 예외의 예외는 여성단수에서 ε + α는 η로 규칙적으로 단축된다.

즉 χρυσέ-α → χρυσῆ; γέ-α → γῆ

2. 단일모음과 중모음이 만날 때

(1) 앞에 오는 모음이 뒤에 오는 중모음의 첫 모음과 동일할 경우는 처음에 오는 모음이 중모음에 흡수되어 버린다.

ε + ει = ει: (ποιέ-εις → ποιεῖς)

ο + ου = ου: (πληρό-ουσι → πληροῦσι)

(2) 중모음의 첫번째 모음이 그 앞에 오는 모음과 동일하지 않을 경우, 모음단축은 앞에서 나온 단일모음과 단일모음이 합해질 때의 규칙을 따라서 단축되며, 중모음의 두번째 모음은 순중모음(genuine diphthong)의 ι(이 경우에는 ι가 하기된다)가 아닌 경우에는 사라진다. 여기에서 중모음 ει와 ου 는 각각 순중모음(genuine diphthong)과 가중모음(spurious diphthong)이 있을 수 있다. 순중모음이란 원래부터 ε과 ι혹은 ο과 υ로 이루어진 중모음을 말하고, 가중모음이란 모음 단축현상을 통하여 이루어진 중모음(ε + ε = ει, ο + ο, ο + ε, ε + ο = ου)을 말한다.

α+ ει(순중모음, genuine) = ᾳ: (ἀγαπά-εις → ἀγαπᾷς)

α + ει (가중모음, spurious) = α: (ἀγαπά-ειν → ἀγαπᾶν)

α + ῃ = ᾳ: (ἀγαπά-ῃ → ἀγαπᾷ)

α + ου (가중모음, spurious) = ω: (ἀγαπά-ουσι → ἀγαπῶσι)

ε + αι = ῃ: (λύ-ε-σαι → λύεαι → λύῃ)

ε + ᾳ = ῃ: (γέ-ᾳ → γῇ)

ε + ῃ = ῃ: (ποιέ-ῃ → ποιῇ)

ε + ου (가중모음, spurious) = ου: (ποιέ-ουσι → ποιοῦσι)

η + ει (순중모음, genuine) = ῃ: (ζή-εις → ζῇς)

η + ει(가중모음, spurious) = η: (ζή-ειν → ζῆν)

η + ου (가중모음, spurious) = ω: (ζή-ουσι → ζῶσι)

ο + ει(가중모음, spurious) = ου: (πληρό-ειν → πληροῦν)

ο + ῃ = ῳ :혹은 οι (διδό-ῃ → διδῷ 혹은 διδοῖ)

예외: ο + ει (순중모음, genuine) = οι: (πληρό-ει → πληροῖ)

지금까지의 내용을 모아서 표로 만들면 다음과 같다.

모음단축표

	α	αι	ε	ει 순중모음	ει 가중모음	η	ῃ	ο	ου 가중모음	ω
α	α 장모음		α 장모음	ᾳ	α	α 장모음	ᾳ	ω	ω	ω
ε	η	ῃ	ει 가중모음	ει	ει	η	ῃ	ου 가중모음	ου	ω
ο	ω		ου 가중모음	οι	ου	ω	ῳ/οι	ου 가중모음	ου	ω
η			η	ῃ	η	η	ῃ	ω	ω	ω

부록 VII. 신약성서 헬라어 문장 개관 및 회화적인 언어

♣ 신약성서 헬라어 문장개관

I. 문장의 종류

헬라어 신약성서에 나오는 문장들을 다음과 같이 분류할 수 있다.

1. 단순문장(simple sentence)

단순문장이란 하나의 주어와 동사로 이루어진 문장이다. 신약성서 헬라어에는 동사 하나만으로 이루어진 문장을 위시하여(요 6:19, *καὶ ἐφοβήθησαν* : 그리고 그들은 두려워하였다), 다음과 같은 단순문장이 있다. 원래는 다음과 같이 분리된 문장이 아니나 편의상 분리하였다.

(1) 단순문장: *ἐδάκρυσεν ὁ Ἰησοῦς*. (요 11:35): 예수께서 눈물을 흘리셨다.

(2) 보어를 가진 문장: *θεὸς ἦν ὁ λόγος*. (요 1:1): 그 말씀은 하나님이셨다.

(3) 직접목적어를 가진 문장: *ἐκάλεσεν αὐτούς*. (마 4:21): 그는 그들을 불렀다.

(4) 간접목적어를 가진 문장

예: *Σοφίαν δὲ λαλοῦμεν ἐν τοῖς τελείοις*, (고전 2:6): 우리는 온전한 자들에게 지혜를 말한다.

(5) 의문문

예: *Σὺ τίς εἶ;* (요 8:25): 당신은 누구인가?(일반의문문)

Οὐκ εἰμὶ ἐλεύθερος; οὐκ εἰμὶ ἀπόστολος; (고전 9:1): 내가 자유자가 아니냐? 내가 사도가 아니냐? (긍정적인 대답을 기대하는 의문문)

μὴ ἀπώσατο ὁ θεὸς τὸν λαὸν αὐτοῦ; (롬 11:1): 하나님이 그의 백성을 버리셨느냐? (부정적인 대답을 기대하는 의문문)

(6) 명령(권유)문

예:*Ἀγαπητοί, ἀγαπῶμεν ἀλλήλους*, (요일 4:7): 사랑하는 자들아, 우리가 서로를 사랑하자.

χαίρετε καὶ ἀγαλλιᾶσθε, (마 5:12): 너희들은 기뻐하고 즐거워하라.

(7) 분사와 부정사를 포함하는 문장

예: *καὶ παράγων εἶδεν Λευὶν τὸν τοῦ 'Αλφαίου* (막 2:14): 그는 가다가 알패오의 아들 레위를 보았다.

ἐμοὶ γὰρ τὸ ζῆν Χριστός (빌 1:21): 나에게 사는 것은 그리스도이시다.

2. 혼합문(compound sentence)

혼합문이란 대등관계를 가지는 두 문장 이상이 접속사에 의하여 연결된 문장을 말한다.

예: *ἠκολούθει αὐτῷ ὄχλος πολὺς καὶ συνέθλιβον αὐτόν*. (막 5:24): 큰 군중이 그를 따라와서 그를 에워쌌다.

ἐν τῷ κόσμῳ ἦν, καὶ ὁ κόσμος δι' αὐτοῦ ἐγένετο, (요 1:10): 그가 세상에 있었고, 세상은 그를 통하여 되어졌다.

3. 복합문(complex sentence)

종속관계를 가진 두 문장 이상으로 이루어진 문장을 말한다. 종속관계에 있는 문장은 다음과 같은 절을 포함한다.

(1) 부사절: 시간, 장소, 목적, 이유, 양보, 결과, 조건 등을 나타내는 부사절은 복합문을 형성한다.

예: *Καὶ ὅτε εἶδον αὐτόν, ἔπεσα πρὸς τοὺς πόδας αὐτοῦ ὡς νεκρός*(계 1:17): 내가 그를 보았을 때, 나는 그의 발 앞에 죽은 자처럼 엎드렸다.

(2) 명사절: 주로 주어, 목적어, 보어로 사용되는 절을 말한다.

예: *ὅσοι γὰρ εἰς Χριστὸν ἐβαπτίσθητε, Χριστὸν ἐνεδύσασθε*. (갈 3:27): 그리스도 안으로 침례를 받은 우리는 그리스도를 입었다(주어).

ἡμεῖς οἴδαμεν ὅτι μεταβεβήκαμεν ἐκ τοῦ θανάτου εἰς τὴν ζωήν, (요일 3:14): 우리는 사망에서 생명 안으로 건너간 줄을 안다(목적어).

αὕτη ἐστὶν ἡ ἐντολὴ ἡ ἐμή, ἵνα ἀγαπᾶτε ἀλλήλους καθὼς ἠγάπησα ὑμᾶς. (요 15:12): 이것은 나의 계명이다. 즉 내가 너희를 사랑한 것같이 너희가 서로 사랑하는 것이다(동격절 - 보어).

(3) 형용사절: 형용사의 역할을 하는 절을 말하며, 여기에 속하는 관계절이 많다.

예: *ἐποίησεν δώδεκα [οὓς καὶ ἀποστόλους ὠνόμασεν]* (막 3:14): 그는 자신이 사도라 이름한 열 둘을 세웠다.

αὕτη ἐστὶν ἡ ἐπαγγελία ἣν αὐτὸς ἐπηγγείλατο ἡμῖν, τὴν ζωὴν τὴν αἰώνιον. (요일 2:25): 이것이 그가 우리에게 약속한 약속이다. 즉 영원한 생명이다.

II. 주부와 술부의 확장

1. 주부(subject)의 확장

문장 속에서 주어는 (1) 명사/대명사(막 14:10; 계 1:9) (2) 형용사/부사(롬 13:10; 요일 2:7; 요 17:17; 롬 1:17; 갈 4:26; 딤전 5:5) (3) 구(분사구: 요 3:31; 엡 4:28; 부정사구: 눅 1:57; 눅 2:1) (4) 절(관계절: 요 4:14; 눅 7:4; 부사절: 눅 17:22; 요 4:21; 막 2:20; 요 4:20; 요 19:20 종속접속사에 이끌리는 절: 요 8:17; 마 26:54; 막 9:12) 등에 의하여 확장된다.

2. 술부(predicate)의 확장

술부도 역시(1) 명사/대명사 (2) 형용사/부사(막 10:21; 요 1:11; 마 10:8) (3) 구(분사구; 부정사구: 빌 1:12; 갈 3:2) (4) 절(관계절: 계 3:11; 요 15:20; 마 15:32; 요일 2:7; 부사절: 막 4:5; 막 14:14; 마 2:13; 비교절: 요일 3:2; 계 10:3; 막 4:26; 종속접속사에 이끌리는 절: 막 1:37; 갈 5:3; 막 8:31) 등에 의하여 확장된다.

III. 어순

헬라어 문장의 정상적인 어순은 기본적으로 동사 — 주어 — 목적어이다. 문장이 확장될 경우에 그 어순은 부사(시간, 양식) — 동사 — 주어 — 직접목적어 — 간접목적어 — 전치사구 — 부사(장소)의 순서가 된다. 여기에 변화를 줄 수 있는 요소는 다음과 같다.

1. 대명사가 앞에 온다 — 주어가 대명사일 경우
2. 주어, 목적어가 절일 경우에는 절이 아닌 요소들 뒤에 온다.
3. 부정어(부사)는 동사 앞에 온다.
4. 관계대명사나 의문사는 그것들이 위치한 절의 제일 앞에 온다.
5. 수식어들은 명사 뒤에 온다 — 속격, 형용사, 형용사적인 분사 등
6. 종속절은 주절 전이나 후에 온다.

이뿐만 아니라 대조(마 19:6-7; 골 2:5), 비교(요 5:21; 엡 4:32), 혹은 수사학적인 강조 등이 이루어질 때 어순에 변화가 일어난다.

♣ 신약성서에 사용된 회화적 언어(figurative language)

헬라어 신약성서에 사용된 회화적 언어들을 다음과 같이 분류해 볼 수 있다.

1. 곡언법(litotes): 반대의 것을 부인함으로써 어떤 것을 확증하는 표현법을 말한다.

예: *οὐ μετὰ πολλὰς ταύτας ἡμέρας.* (행 1:5): 몇날이 못되어서

Οὐ γὰρ ἐπαισχύνομαι τὸ εὐαγγέλιον (롬 1:16): 그러므로 내가 복음을 부끄러워 하지 않는다.

2. **과장법**(hyperbole): 어떤 효과를 얻기 위하여 부풀리거나 과장하는 기법으로서 문자 그대로 받아들여서는 안되는 표현법을 말한다.

예: *Ἔστιν δὲ καὶ ἄλλα πολλὰ ἃ ἐποίησεν ὁ Ἰησοῦς, ἅτινα ἐὰν γράφηται καθ' ἕν, οὐδ' αὐτὸν οἶμαι τὸν κόσμον χωρῆσαι τὰ γραφόμενα βιβλία.* (요 21:25): 예수께서 행하신 다른 것들이 많이 있는데, 그것들이 일일이 다 기록된다면 그 기록된 책을 이 세상도 두기에 부족할 줄 나는 안다.

εὐκοπώτερόν ἐστιν κάμηλον διὰ τρυπήματος ῥαφίδος διελθεῖν ἢ πλούσιον εἰσελθεῖν εἰς τὴν βασιλείαν τοῦ θεοῦ. (마 19:24): 약대가 바늘귀로 들어가는 것이 부자가 하나님의 나라에 들어가는 것보다 쉽다.

3. **교차대구법**(chiasmus): 헬라어의 알파벳의 X에서 온 말로서, 각각 서로 대조되는 어구가 두 개 이상 연이어서 나오게 하는 법을 말한다.

예:	
Τὸ σάββατον	안식일이
διὰ τὸν ἄνθρωπον ἐγένετο	사람을 위하여 있고,
καὶ οὐχ ὁ ἄνθρωπος	사람이 있는 것이 아니다.
διὰ τὸ σάββατον(막 2:27):	안식일을 위하여
Γίνεσθε	너희들이 되어라.
ὡς ἐγώ,	나처럼
ὅτι κἀγὼ	나도 (되었으니)
ὡς ὑμεῖς,	너희들처럼
ἀδελφοί, δέομαι ὑμῶν. (갈 4:12)	형제들아, 내가 너희들에게 요청한다.

4. **반복법**(epizeuxis): 강조하기 위하여 동일한 단어를 반복하는 법이다.

예: *Ἔπεσεν· ἔπεσεν Βαβυλὼν ἡ μεγάλη* (계 14:8; 18:2): 무너졌다, 무너졌다, 큰 바벨론

5. **반어법**(irony): 말하는 바와 정반대의 것을 표현하는 법이다.

예: *Χαῖρε, βασιλεῦ τῶν Ἰουδαίων,* (마 27:29): 안녕하시오, 유다의 왕이시여,

Καλῶς ἀθετεῖτε τὴν ἐντολὴν τοῦ θεοῦ (막 7:9): 하나님의 계명을 너희들은 잘도 버린다.

6. **생략/중단법**(ellipsis/aposiopesis): 문법적으로 있어야 되는 단어(들)를 생략하는 법이다.

예: *ἀλλὰ εἴπωμεν, Ἐξ ἀνθρώπων;* (막 11:32): 그러나 우리가 "사람으로부터"라 말한다면?
Τὸ αἷμα ὑμῶν ἐπὶ τὴν κεφαλὴν ὑμῶν(행 18:6): 당신들의 피는 당신들의 머리 위에
Εἰ εἰσελεύσονται εἰς τὴν κατάπαυσίν μου, (히 4:5): 그들이 나의 안식에 들어온다면,

7. 신인동형론(anthropomorphism): 인간의 혹은 신체적인 특성을 하나님(신)에게 적용하여 표현하는 법이다.

예: *οὐδεὶς δύναται ἁρπάζειν ἐκ τῆς χειρὸς τοῦ πατρός.* (요 10:29): 아무도 아버지의 손에서 빼앗을 수 없다.
ὀφθαλμοὶ κυρίου ἐπὶ δικαίους καὶ ὦτα αὐτοῦ εἰς δέησιν αὐτῶν, πρόσωπον δὲ κυρίου ἐπὶ ποιοῦντας κακά. (벧전 3:12): 주의 눈은 의인들 위에, 그리고 그의 귀는 그들의 기도에, 그러나 주의 얼굴은 악을 행하는 자들을 향하여 있다.

8. 완곡어법(euphemism): 직접적으로 표현하면 실례가 될 수 있는 단어를 다른 단어로 대치하는 표현법이다.

(1) 죽음 = 잔다, 열조에게로 돌아가다
καὶ τοῦτο εἰπὼν ἐκοιμήθη. (행 7:60): 그리고 그는 이 말을 하고 자니라.

(2) 성관계 = 알다, 눕다, 만지다, 함께 들어가다
Πῶς ἔσται τοῦτο, ἐπεὶ ἄνδρα οὐ γινώσκω; (눅 1:34): 내가 남자를 알지 못하는데 어떻게 이일이 있을 수 있는가?(비교. 마 1:25)

(3) 하나님 = 하늘, 높은 곳; 혹은 신성한 수동태(신학적인 수동태, 마 5:4, 6-7; 고전 13:12)를 사용한다.
Πάτερ, ἥμαρτον εἰς τὸν οὐρανόν (눅 15:21): 아버지여, 내가 하늘에 죄를 지었습니다. (비교. 마 5:4, 6; 고전 13:12)

9. 완서법(meiosis): 어떤 것에 관심을 끌기 위하여 아주 삼가서 말하는 표현법인데, 과장법과 반대되는 표현법이다.

예: *Μηδὲν πράξῃς σεαυτῷ κακόν* (행 16:28): 너는 자신에게 아무런 해를 행하지 말아야 한다.

10. 은유법(metaphor): "~ 처럼", "~ 같이"라는 단어를 사용하지 않고 비교하는 기법을 말한다.

예: *Ὑμεῖς ἐστε τὸ ἅλας τῆς γῆς·* … *Ὑμεῖς ἐστε τὸ φῶς τοῦ κόσμου.* (마 5:13-14): 너희들은 땅의 소금이다 … 세상의 빛이다.
Πορευθέντες εἴπατε τῇ ἀλώπεκι ταύτῃ, (눅 13:32): 너희들은 가서 저 여우에게 말하라.

'Εγώ εἰμι ὁ ποιμὴν ὁ καλός· (요 10:11): 나는 선한 목자이다.

11. **의인/돈호법**(personification/apostrophe): 의인법은 사물이나 개념을 사람처럼 표현하는 법이며, 돈호법은 사물이나 동물을 사람처럼 여기고 말하는 법이다.

예: *μὴ οὖν μεριμνήσητε εἰς τὴν αὔριον, ἡ γὰρ αὔριον μεριμνήσει ἑαυτῆς* (마 6:34): 그러므로 너희들은 내일을 위하여 염려하지 말라. 왜냐하면 내일이 그 자신을 염려할 것이기 때문이다.

'Η ἀγάπη μακροθυμεῖ, χρηστεύεται ἡ ἀγάπη, οὐ ζηλοῖ, (고전 13:4): 사랑은 오래 참고, 사랑은 온유하며, 투기하는 자가 되지 아니하며,

ποῦ σου, θάνατε, τὸ νῖκος; ποῦ σου, θάνατε, τὸ κέντρον; (고전 15:55): 사망아 너의 이기는 것이 어디 있느냐? 사망아 너의 쏘는 것이 어디 있느냐?

12. **제유법**(synecdoche): 부분을 전체로(특수로서 일반을) 혹은 전체를 부분으로 표현하는 법이다.

예: *ἐξῆλθεν δόγμα παρὰ Καίσαρος Αὐγούστου ἀπογράφεσθαι πᾶσαν τὴν οἰκουμένην.* (눅 2:1): 온 세상에 호적하라는 아구스도 황제로부터의 칙령이 발하였다.

13. **중언법**(hendiadys): 한 생각을 둘 이상의 단어로 표현하는 법이다.

예: *λαβεῖν τὸν τόπον τῆς διακονίας ταύτης καὶ ἀποστολῆς,* (행 1:25): 이 봉사와 사도직의 자리를 취하기에,

φωτίσαντος δὲ ζωὴν καὶ ἀφθαρσίαν διὰ τοῦ εὐαγγελίου, (딤후 1:10): 복음을 통하여 생명과 썩지 아니하는 것을 나타내사,

14. **직유법**(simile): "~ 처럼," "~ 같이"라는 단어를 사용하여 비교하는 기법이다.

예: *ὥσπερ γὰρ ἡ ἀστραπὴ ἐξέρχεται ἀπὸ ἀνατολῶν καὶ φαίνεται ἕως δυσμῶν, οὕτως ἔσται ἡ παρουσία τοῦ υἱοῦ τοῦ ἀνθρώπου.* (마 24:27): 그러므로 번개가 동편에서 나서 서편까지 빛나는 것과 같이 인자의 강림도 이와 같을 것이다.

ἦν δὲ ἡ εἰδέα αὐτοῦ ὡς ἀστραπὴ καὶ τὸ ἔνδυμα αὐτοῦ λευκὸν ὡς χιών. (마 28:3): 그의 모양은 번개와 같고 그의 옷은 눈과 같이 희었다.

15. **파격구문**(anacoluthon): 한 문장을 시작하였으나 그 문장을 끝내지 않고, 다른 문장을 시작하는 법을 말한다.

예: *ἀπὸ δὲ τῶν δοκούντων εἶναί τι, — ὁποῖοί ποτε ἦσαν οὐδέν μοι διαφέρει· πρόσωπον [ὁ] θεὸς ἀνθρώπου οὐ λαμβάνει — ἐμοὶ γὰρ οἱ δοκοῦντες οὐδὲν προσανέθεντο,* (갈 2:6): 유명하다는 이들 중에 — 본래 어떤 이들도 나에게는 차이가 없고, 하나님은 사람의 얼굴(외모)을 취하지 아니하시니 — 그

유명한 자들이 나에게 아무것도 더해 주지 않았다.

16. 환유법(metonymy): 어떤 단어를 그와 관련이 있는 다른 단어로 표현하는 법이다.

예: *Ἔχουσι Μωϋσέα καὶ τοὺς προφήτας· ἀκουσάτωσαν αὐτῶν.* (눅 16:29): 그들이 모세와 선지자들을 가지고 있다; 그들로 하여금 그것들로부터 듣게 하라.

부록 VIII. 동사의 주요부분 (Principal Parts of Verbs)

※ -----표가 되어 있는 부분은 그 해당 주요부분이 규칙적으로 바뀌거나 혹은 신약성서에 나오지 않음을 표시하고, 단어 앞에 - 표가 있는 것은 합성동사만 신약성서에 나오는 것을 의미한다.

현재능동	미래능동	부정과거능동	현재완료능동	현완수동	부과수동
ἀγγέλλω	*ἀγγελῶ*	*ἤγγειλα*	-----	*-ἤγγελμαι*	*-ηγγέλην*
말하다, 고하다					
ἄγω	*ἄξω*	*ἤγαγον*	----	*ἦγμαι*	*ἤχθην*
인도하다, 가져오다(67)					
αἴρω	*ἀρῶ*	*ἦρα*	*ἦρκα*	*ἦρμαι*	*ἤρθην*
들어올리다, 세우다(101)					
ἀκούω	*ἀκούσω*	*ἤκουσα*	*ἀκήκοα*	-----	*ἠκούσθην*
듣다(428)	(*ἀκούσομαι*)				
ἁμαρτάνω	*ἁμαρτήσω*	*ἥμαρτον*	*ἡμάρτηκα*	-----	-----
죄를 짓다(43)		(*ἡμάρτησα*)			
ἀνα-βαίνω	*ἀνα-βήσομαι*	*ἀν-έβην*	*ἀνα-βέβηκα*	-----	-----
올라가다(82)					
ἀνίστημι	*ἀναστήσω*	*ἀνέστησα*	*ἀνέστηκα*	-----	*ἀνεστάθην*
세우다, 일어나다(108)					
ἀνοίγω	*ἀνοίξω*	*ἀνέῳξα*	*ἀνέῳγα*	*ἀνέῳγμαι*	*ἀνεῴχθην*
열다(77)		*ἤνοιξα*		*ἠνέῳγμαι*	*ἠνεῴχθην*
		ἠνέῳξα		*ἤνοιγμαι*	*ἠνοίχθην*
ἀπ-έρχομαι	*ἀπ-ελεύσομαι*	*ἀπῆλθον*	*ἀπ-ελήλυθα*	-----	-----
멀리 가다, 떠나다(117)					

현재능동	미래능동	부정과거능동	현재완료능동	현완수동	부과수동
ἀποθνῄσκω	*ἀποθανοῦμαι*	*ἀπέθανον*	-----	-----	-----
죽다(111)					
ἀποκρίνομαι	-----	*ἀπεκρινάμην*	-----	-----	*ἀπεκρίθην*
대답하다(231)					
ἀποκτείνω	*ἀποκτενῶ*	*ἀπέκτεινα*	-----	-----	*ἀπεκτάνθην*
죽이다(74)					
ἀπόλλυμι	*ἀπολέσω*	*ἀπώλεσα*	*ἀπώλεκα*	*ἀπολώλεσμαι*	*ἀπωλέσθην*
망하다(90)	(*ἀπολῶ*)		(*ἀπόλωλα*)		
ἀπο-στέλλω	*ἀπο-στελῶ*	*ἀπ-έστειλα*	*ἀπ-έσταλκα*	*ἀπ-έσταλμαι*	*ἀπ-εστάλην*
보내다(132)					
ἀρέσκω	*ἀρέσω*	*ἤρεσα*	-----	-----	-----
기쁘게 하다					
ἀρνέομαι	*ἀρνήσομαι*	*ἠρνησάμην*	-----	*ἤνημαι*	-----
부인하다(33)					
ἁρπάζω	*ἁρπάσω*	*ἥρπασα*	*-ηρπάκειν*	-----	*ἡρπάγην*
빼앗다, 취하다			(과거완료)		*ἡρπάσθην*
ἄρχω	*ἄρξομαι*	*ἠρξάμην*	-----	-----	-----
다스리다, (중)시작하다(86)					
ἀφίημι	*ἀφήσω*	*ἀφῆκα*	*ἀφεῖκα*	*ἀφέωμαι*	*ἀφέθην*
가게 하다, 용서하다(143)					
-βαίνω	*-βήσομαι*	*-έβην*	*-βέβηκα*	-----	-----
가다					
βάλλω	*βαλῶ*	*ἔβαλον*	*βέβληκα*	*βέβλημαι*	*ἐβλήθην*
던지다(122)		[*ἔβαλα*(1): 행 16:37]			
βαπτίζω	*βαπτίσω*	*ἐβάπτισα*	-----	*βεβάπτισμαι*	*ἐβαπτίσθην*
침례를 주다					
γαμέω	-----	*ἔγημα*	*γεγάμηκα*	-----	*ἐγαμήθην*
결혼하다(28)		(*ἐγάμησα*)			
γίνομαι	*γενήσομαι*	*ἐγενόμην*	*γέγονα*	*γεγένημαι*	*ἐγενήθην*
되다(669)					
γινώσκω	*γνώσομαι*	*ἔγνων*	*ἔγνωκα*	*ἔγνωσμαι*	*ἐγνώσθην*
알다(222)					

현재능동	미래능동	부정과거능동	현재완료능동	현완수동	부과수동
γράφω	γράψω	ἔγραψα	γέγραφα	γέγραμμαι	ἐγράφην
쓰다(191)					
δείκνυμι	δείξω	ἔδειξα	-----	δέδειγμαι	ἐδείχθην
보이다, 지적하다(33)					
δέχομαι	δέξομαι	ἐδεξάμην	-----	δέδεγμαι	ἐδέχθην
받다, 영접하다(56)					
διδάσκω	διδάξω	ἐδίδαξα	-----	-----	ἐδιδάχθην
가르치다(97)					
δίδωμι	δώσω	ἔδωκα	δέδωκα	δέδομαι	ἐδόθην
주다(415)					
διώκω	διώξω	ἐδίωξα	-----	δεδίωγμαι	ἐδιώχθην
추구하다, 핍박하다(45)					
δύναμαι	δυνήσομαι	ἐδυνάμην(미완료)	-----	-----	ἠδυνήθην
할 수 있다(210)		ἠδυνάμην(미완료)			ἠδυνάσθην
ἐγγίζω	ἐγγίσω	ἤγγισα	ἤγγικα	-----	-----
가까이 오다(42)(ἐγγιῶ)					
εἰμί	ἔσομαι	ἤμην(미완료)	-----	-----	-----
이다, 있다(2,460)					
εἰσ-έρχομαι	εἰσ-ελεύσομαι	εἰσ-ῆλθον	εἰσ-ελήλυθα	-----	-----
들어가다(194)					
ἐκ-βάλλω	ἐκ-βαλῶ	ἐξ-έβαλον	ἐκ-βέβληκα	-----	ἐξ-εβλήθην
던져버리다(81)					
ἐλπίζω	ἐλπιῶ	ἤλπισα	ἤλπικα	-----	-----
소망하다, 바라다(31)					
ἐξ-έρχομαι	ἐξ-ελεύσομαι	ἐξ-ῆλθον	ἐξ-ελήλυθα	-----	-----
나가다, 떠나다(218)					
ἐργάζομαι	-----	ἠργασάμην	-----	εἴργασμαι	εἰργάσθην
일하다(41)					
ἔρχομαι	ἐλεύσομαι	ἦλθον	ἐλήλυθα	-----	-----
가다, 오다(643)					
ἐσθίω	φάγομαι	ἔφαγον	-----	-----	-----
먹다(158)					

현재능동	미래능동·	부정과거능동	현재완료능동	현완수동	부과수동
εὐαγγελίζω	-----	εὐηγγέλισα	----	-εὐηγγέλισμαι	εὐηγγελίσθην
복음을 전하다(54)		εὐηγγελισάμην			
εὑρίσκω	εὑρήσω	εὗρον	εὕρηκα	-----	εὑρέθην
발견하다(176)		εὗρα			
ἔχω	ἕξω	ἔσχον	ἔσχηκα	-----	-----
가지고 있다(708)					
ζάω	ζήσω	ἔζησα	-----	-----	-----
살다					
θέλω	θελήσω	ἠθέλησα	-----	-----	-----
뜻하다, 원하다(208)					
θνῄσκω	-θανοῦμαι	ἔθανον	τέθνηκα	-----	-----
죽다, 죽었다(9)					
ἵστημι	στήσω	ἔστησα	ἕστηκα(자)	-----	ἐστάθην
세우다, 서다(154)		ἔστην(자)			
καίω	καύσω	ἔκαυσα	-----	κέκαυμαι	ἐκαύθην
불이 붙다, 타다(12)					
καλέω	καλέσω	ἐκάλεσα	κέκληκα	κέκλημαι	ἐκλήθην
부르다, 이름을 붙이다, 소환하다(148)					
κατα-βαίνω	κατα-βήσομαι	κατέβην	-----	-----	-----
내려가다(81)					
κερδαίνω	κερδανῶ	ἐκέρδησα	-----	-----	κερδηθήσομαι
얻다	κερδήσω				(미래수동태)
κλίνω	κλινῶ	ἔκλινα	κέκλικα	-----	ἐκλίθην
기대다, 눕다(7)					
κρίνω	κρινῶ	ἔκρινα	κέκρινα	κέκριμαι	ἐκρίθην
판단하다, 결정하다, 정죄하다(114)					
κρύπτω	-----	ἔκρυψα	-----	κέκρυμμαι	ἐκρύβην
숨기다					
λαμβάνω	λήψομαι	ἔλαβον	εἴληφα	-είλημμαι	-ελήμφθην
취하다(258)	λήμψομαι				-ελήφθην
λέγω	ἐρῶ	εἶπον	εἴρηκα	εἴρημαι	ἐρρέθην
말하다(2,354)		εἶπα			ἐρρήθην

현재능동	미래능동	부정과거능동	현재완료능동	현완수동	부과수동
		-ελεξάμην			-ελέχθην
λείπω	λείψω	ἔλιπον	-----	λέλειμμαι	ἐλείφθην
남다(6)		ἔλειψα			
μανθάνω	-----	ἔμαθον	μεμάθηκα	-----	-----
배우다, 발견하다(25)					
μέλλω	μέλλησω	ἤμελλον	-----	-----	-----
~ 하려고 하다(109)		(ἔμελλον)			
μένω	μενῶ	ἔμεινα	μεμένηκα	-----	-----
머무르다, 거하다(118)					
μιμνῄσκομαι-----		-----	-----	μέμνημαι	ἐμνήσθην
기억하다, 마음에 두다(23)					
οἶδα	εἰδήσω	ᾔδειν(과거완료)	-----	-----	-----
알다(318)					
ὁράω	ὄψομαι	εἶδον	ἑώρακα	-----	ὤφθην
보다(454)		(εἶδα/ὤψησα)	ἑόρακα		
πάσχω	-----	ἔπαθον	πέπονθα	-----	-----
고난받다, 죽다(42)					
πείθω	πείσω	ἔπεισα	πέποιθα	πέπεισμαι	ἐπείσθην
확신하다; (완료)신뢰하다; (수)순종하다(52)					
πίμπλημι	-----	ἔπλησα	-----	πεπλησμένος	ἐπλήσθην
채우다				(분사형)	
πίνω	πίομαι	ἔπιον	πέπωκα	πέπομαι	-επόθην
마시다(73)					
πιπράσκω	-----	-----	πέπρακα	πέπραμαι	ἐπράθην
팔다					
πίπτω	πεσοῦμαι	ἔπεσον	πέπτωκα	-----	-----
떨어지다(90)		ἔπεσα			
πράσσω	πράξω	ἔπραξα	πέπραχα	πέπραγμαι	-----
실행하다					
σβέννυμι	σβέσω	ἔσβεσα	-----	-----	σβεσθήσομαι
소멸하다, 끄다					(미래수동태)

현재능동	미래능동	부정과거능동	현재완료능동	현완수동	부과수동
σπείρω	-----	ἔσπειρα	-----	ἔσπαρμαι	ἐσπάρην
(씨를)뿌리다					
στέλλω	στελῶ	-έστειλα	-έσταλκα	-έσταλμαι	-εστάλην
보내다					
στρέφω	στρέψω	ἔστρεψα	-----	ἔστραμμαι	ἐστράφην
돌아서다, 변하다(21)					
συν-άγω	συν-άξω	συν-ήγαγον	-----	συν-ῆγμαι	συν-ήχθην
모이다(59)					
σῴζω	σώσω	ἔσωσα	σέσωκα	σέσωσμαι	ἐσώθην
구원하다(106)					
τάσσω	-τάξομαι	ἔταξα	τέταχα	τέταγμαι	-ετάγην
정렬하다					-ετάχθην
τελέω	τελῶ	ἐτέλεσα	τετέλεκα	τετέλεσμαι	ἐτελέσθην
끝내다, 성취하다(28)					
τίθημι	θήσω	ἔθηκα	τέθεικα	τέθειμαι	ἐτέθην
놓다, 지명하다(100)					
τρέχω	-----	ἔδραμον	-----	-----	-----
달리다(20)					
φαίνω	φανοῦμαι	ἔφανα	-----	-----	ἐφάνην
빛나다, 나타나다(31)					
φέρω	οἴσω	ἤνεγκα	-ενήνοχα	-----	ἠνέχθην
운반하다, 가지고 가다(66)		-ἤνεγκον			
φεύγω	φεύξομαι	ἔφυγον	-πέφευγα	-----	-----
도망가다, 피하다(29)					
φθείρω	φθερῶ	ἔφθειρα	-----	-έφθαρμαι	ἐφθάρην
파괴하다(9)					
χαίρω	χαρήσομαι	-----	-----	-----	ἐχάρην
기뻐하다(74)					
χαρίζομαι	χαρίσομαι	ἐχαρισάμην	-----	κεχάρισμαι	ἐχαρίσθην
자비를 베풀다					

부록 IX. 어형변화표 모음

I. 제 1 변화명사

제 1 변화명사의 어미

	여성			남성		남성/여성
	α어미	η어미	α/η혼성어미	ας어미	ης어미	공통
단수 주격	-α	-η	-α	-ας	-ης	-αι
속격	-ας	-ης	-ης	-ου	-ου	-ῶν
여격	-ᾳ	-ῃ	-ῃ	-ᾳ	-ῃ	-αις
대격	-αν	-ην	-αν	-αν	-ην	-ας
호격	-α	-η	-α	-α,-ας	-α	

1-1. 비단축 α어미명사

예: ἡμέρα, -ας, ἡ(389): 날

	단수	복수
주격	ἡμέρ-α	ἡμέρ-αι
속격	ἡμέρ-ας	ἡμερ-ῶν
여격	ἡμέρ-ᾳ	ἡμέρ-αις
대격	ἡμέρ-αν	ἡμέρ-ας

1-2. 단축 α어미명사

예: γῆ, -ῆς, ἡ(250): 땅 μνᾶ, -ᾶς, ἡ(9): 므나

단수	단수
γέ + α = γῆ	μνά + α = μνᾶ
γέ + ας = γῆς	μνά + ας = μνᾶς
γέ + ᾳ = γῇ	[μνά + ᾳ = μνᾷ]
γέ + αν = γῆν	μνά + αν = μνᾶν

2. η어미명사

예: φωνή, -ῆς, ἡ(139): 목소리

	단수	복수
주격	φων-ή	φων-αί
속격	φων-ῆς	φων-ῶν
여격	φων-ῇ	φων-αῖς
대격	φων-ήν	φων-άς

3. 혼성α/η어미명사

예: δόξα, -ης, ἡ(166): 영광

단수	복수
δόξ-α	δόξ-αι
δόξ-ης	δοξ-ῶν
δόξ-ῃ	δόξ-αις
δόξ-αν	δόξ-ας

4-1. ας어미명사(속격이 -ου인 경우)

예: Ἠλί-ας, -ου, ὁ (29): 엘리야

주격	Ἠλί-ας
속격	Ἠλί-ου
여격	Ἠλί-ᾳ
대격	Ἠλί-αν
호격	Ἠλί-α 혹은 [Ἠλί-ας]

4-2. ας어미명사(속격이 -α인 경우)

예: Ἰούδ-ᾶ, -α, ὁ(45): 유다

Ἰούδ-ας
Ἰούδ-α
Ἰούδ-ᾳ
Ἰούδ-αν

5. ης어미명사

예: μαθητής, -ου, ὁ(261): 제자

	단수	복수
주격	μαθητ-ής	μαθητ-αί
속격	μαθητ-οῦ	μαθητ-ῶν
여격	μαθητ-ῇ	μαθητ-αῖς
대격	μαθητ-ήν	μαθητ-άς
호격	μαθητ-ά	

II. 제 2 변화명사

1. 남성/여성명사(-ος 명사)의 변화

예: θεός, -οῦ, ὁ/ἡ(1,398): 하나님, 신

	단수	복수
주격	θε-ός	θε-οι
속격	θε-οῦ	θε-ῶν
여격	θε-ῷ	θε-οῖς
대격	θε-όν	θε-ούς
호격	θε-έ	

2. 중성명사(-ον명사)의 변화

예: ἔργον, -ου, τό(169): 일, 공적

단수	복수
ἔργ-ον	ἔργ-α
ἔργ-ου	ἔργ-ων
ἔργ-ῳ	ἔργ-οις
ἔργ-ον	ἔργ-α

III. 제 3 변화명사

제 3 변화명사의 어미

	단수		복수	
	남성/여성	중성	남성/여성	중성
주격	-ς, -	-	-ες	-α
속격	-ος	-ος	-ων	-ων
여격	-ι	-ι	-σί(ν)	-σι(ν)
대격	-α, -ν	-	-ας, -ες	-α

1. 어간이 폐쇄음으로 끝나는 명사

(1) 순음(π, β)어간 명사

	어간 π		어간 β	
	단수	복수	단수	복수
주격	λαῖλαψ	λαίλαπ-ες	Ἄραψ	Ἄραβ-ες
속격	λαίλαπ-ος	λαιλάπ-ων	Ἄραβ-ος	Ἀράβ-ων
여격	λαίλαπ-ι	λαίλαψι(ν)	Ἄραβ-ι	Ἄραψι(ν)
대격	λαίλαπ-α	λαίλαπ-ας	Ἄραβ-α	Ἄραβ-ας

(2) 후음(κ, γ, χ)어간 명사

	어간 κ		어간 γ		어간 χ	
	단수	복수	단수	복수	단수	복수
주격	σάρξ	σάρκ-ες	σάλπιγξ	σάλπιγγ-ες	θρίξ	τρίχ-ες
속격	σαρκ-ός	σαρκ-ῶν	σάλπιγγ-ος	σαλπίγγ-ων	τριχ-ός	τριχ-ῶν
여격	σαρκ-ί	σαρξί(ν)	σάλπιγγ-ι	σάλπιγξι(ν)	τριχ-ί	θριξί(ν)
대격	σάρκ-α	σάρκ-ας	σάλπιγγ-α	σάλπιγγ-ας	τρίχ-α	τρίχ-ας

(3-1) 치음(τ, δ, θ)어간 명사

	어간 τ		어간 δ		어간 θ	
	단수	복수	단수	복수	단수	복수
주격	χάρις	χάριτ-ες	ἐλπίς	ἐλπίδ-ες	ὄρνις	ὄρνιθ-ες
속격	χάριτ-ος	χαρίτ-ων	ἐλπίδ-ος	ἐλπίδ-ων	ὄρνιθ-ος	ὀρνίθ-ων
여격	χάριτ-ι	χάρισι(ν)	ἐλπίδ-ι	ἐλπίσι(ν)	ὄρνιθ-ι	ὄρνισι(ν)
대격	χάρι-ν/ χάριτ-α	χάριτ-ας	ἐλπίδ-α	ἐλπίδ-ας	ὄρνιν/ ὄρνιθ-α	ὄρνιθ-ας

(3-2) 어간이 ντ혹은 κτ로 끝나는 명사

	어간 ντ			어간 κτ		
	단수	복수	단수	복수	단수	복수
주격	ἄρχων	ἄρχοντ-ες	ὀδούς	ὀδόντ-ες	νύξ	νύκτ-ες
속격	ἄρχοντ-ος	ἀρχόντ-ων	ὀδόντ-ος	ὀδόντ-ων	νυκτ-ός	νυκτ-ῶν
여격	ἄρχοντ-ι	ἄρχουσι(ν)	ὀδόντ-ι	ὀδοῦσι(ν)	νυκτ-ί	νυξί(ν)
대격	ἄρχοντ-α	ἄρχοντ-ας.	ὀδόντ-α	ὀδόντ-ας	νύκτ-α	νύκτ-ας

(3-3) 어간이 μα/ματος로 끝나는 중성명사

	어간 μα	
	단수	복수
주격	πνεῦμα	πνεύματ-α
속격	πνεύματ-ος	πνευμάτ-ων
여격	πνεύματ-ι	πνεύμασι(ν)
대격	πνεῦμα	πνεύματ-α

(3-4) 어간이 τ로 끝나는 기타 중성명사

	어간 κτ	어간 τ		어간τ	
	단수(단수만 변화한다)	단수	복수	단수	복수
주격	γάλα	φῶς	φῶτ-α	ὕδωρ	ὕδατ-α
속격	γάλακτ-ος	φωτ-ός	φώτ-ων	ὕδατ-ος	ὑδάτ-ων
여격	γάλακτ-ι	φωτ-ί	φωσί(ν)	ὕδατ-ι	ὕδασι(ν)
대격	γάλα	φῶς	φῶτ-α	ὕδωρ	ὕδατ-α

2. 어간이 유음(λ, ρ)으로 끝나는 명사

(2-1) 강변화(장모음) 명사

	단수	복수	단수(신약성서에 단수만 나온다)
주격	σωτήρ	σωτῆρ-ες	πῦρ
속격	σωτῆρ-ος	σωτήρ-ων	πυρ-ός
여격	σωτῆρ-ι	σωτῆρ-σι(ν)	πυρ-ί
대격	σωτῆρ-α	σωτῆρ-ας	πῦρ

	단수	복수	단수	복수
주격	χείρ	χεῖρ-ες	μάρτυς	μάρτυρ-ες
속격	χειρ-ός	χειρ-ῶν	μάρτυρ-ος	μαρτύρ-ων
여격	χειρ-ί	χερ-σί(ν)	[μάρτυρ-ι]	μάρτυ-σι(ν)
대격	χεῖρ-α	χεῖρ-ας	μάρτυρ-α	μάρτυρ-ας

(2-2) 강(장모음), 중(단모음)변화명사

	단수	복수
주격	ἀστήρ	ἀστέρ-ες
속격	ἀστέρ-ος	ἀστέρ-ων
여격	ἀστέρ-ι	[ἀστέρ-σι(ν)]
대격	ἀστέρ-α	ἀστέρ-ας

(2-3). 강(장모음), 중(단모음), 약(모음탈락)변화명사

	단수	복수	단수	복수
주격	πατήρ	πατέρ-ες	ἀνήρ	ἄνδρ-ες
속격	πατρ-ός	πατέρ-ων	ἀνδρ-ός	ἀνδρ-ῶν
여격	πατρ-ί	πατρά-σι(ν)	ἀνδρ-ί	ἀνδρά-σι(ν)
대격	πατέρ-α	πατέρ-ας	ἄνδρ-α	ἄνδρ-ας
호격	πάτερ		ἄνερ	

3. 어간이 비음 μ로 끝나는 명사

(3-1) 강변화(장모음) 명사

	단수	복수
주격	αἰών	αἰῶν-ες
속격	αἰῶν-ος	αἰών-ων
여격	αἰῶν-ι	αἰῶσι(ν)
대격	αἰῶν-α	αἰῶν-ας

(3-2) 강(장모음), 중변화(단모음) 명사

	단수	복수
주격	εἰκών	εἰκόν-ες
속격	εἰκόν-ος	εἰκόν-ων
여격	εἰκόν-ι	εἰκόσι(ν)
대격	εἰκόν-α	εἰκόν-ας

(3-3) 강(장모음), 약변화(모음탈락) 명사

	단수	복수
주격	κύων	κύν-ες
속격	[κυν-ός]	[κυν-ῶν]
여격	[κυν-ί]	κυσί(ν)
대격	[κύν-α]	κύν-ας

4. 어간이 ος/ες로 끝나는 명사

단수	복수
ἔθν-ος	ἔθνη
ἔθνους	ἐθνῶν
ἔθνει	ἔθνεσι(ν)
ἔθν-ος	ἔθνη

5. 어간이 반모음(semivowel)으로 끝나는 명사

(5-1) 어간이 υ으로 끝나는 명사

	단수	복수
주격	ἰχθύ-ς	ἰχθύ-ες
속격	ἰχθύ-ος	ἰχθύ-ων
여격	ἰχθύ-ι	[ἰχθύ-σι(ν)]
대격	ἰχθύ-ν	ἰχθύ-ας

(5-2) 어간이 ι/ε으로 끝나는 명사

	단수	복수
주격	πίστι-ς	πίστεις
속격	πίστεως	πίστε-ων
여격	πίστε-ι	πίστε-σι(ν)
대격	πίστι-ν	πίστεις

(5-3) 어간이 ευ/ε으로 끝나는 명사

	단수	복수
주격	ἱερεύς	ἱερεῖς
속격	ἱερέως	ἱερέ-ων
여격	ἱερεῖ	ἱερεῦσι(ν)
대격	ἱερέ-α	ἱερεῖς
호격	ἱερεῦ	

(5-4) 어간이 ου/ο으로 끝나는 명사

	단수	복수
주격	νοῦ-ς	[νό-ες]
속격	νο-ός	νο-ῶν
여격	νο-ΐ	[νου-σί(ν)]
대격	νοῦ-ν	νό-ας

IV. 정관사

	남성	여성	중성		남성	여성	중성
단수 주격	ὁ	ἡ	τό	복수	οἱ	αἱ	τά
속격	τοῦ	τῆς	τοῦ		τῶν	τῶν	τῶν
여격	τῷ	τῇ	τῷ		τοῖς	ταῖς	τοῖς
대격	τόν	τήν	τό		τούς	τάς	τά

V. 대명사

1. 인칭대명사(Personal Pronoun)

1 인칭	단수	복수	2 인칭	단 수	복수
주격	ἐγώ(1,802)	ἡμεῖς (864)		σύ (1,066)	ὑμεῖς(1,894)
속격	ἐμοῦ/μου	ἡμῶν		σοῦ/σου	ὑμῶν
여격	ἐμοί/μοι	ἡμῖν		σοί/σοι	ὑμῖν
대격	ἐμέ/με	ἡμᾶς		σέ/σε	ὑμᾶς

3 인칭단수	남성	여성	중성	복수 남성	여성	중성
주격	αὐτ-ός	αὐτ-ή	αὐτ-ό	αὐτ-οί	αὐτ-αί	αὐτ-ά
속격	αὐτ-οῦ	αὐτ-ῆς	αὐτ-οῦ	αὐτ-ῶν	αὐτ-ῶν	αὐτ-ῶν
여격	αὐτ-ῷ	αὐτ-ῇ	αὐτ-ῷ	αὐτ-οῖς	αὐτ-αῖς	αὐτ-οῖς
대격	αὐτ-όν	αὐτ-ήν	αὐτ-ό	αὐτ-ούς	αὐτ-άς	αὐτ-ά

2. 지시대명사(demonstrative pronoun)

(1) "이것" (this): οὗτος, αὕτη, τοῦτο(1,391)

	단수			복수		
	남성	여성	중성	남성	여성	중성
주격	οὗτ-ος	αὕτ-η	τοῦτ-ο	οὗτ-οι	αὗτ-αι	ταῦτ-α
속격	τούτ-ου	ταύτ-ης	τούτ-ου	τούτ-ων	τούτ-ων	τούτ-ων
여격	τούτ-ῳ	ταύτ-ῃ	τούτ-ῳ	τούτ-οις	ταύτ-αις	τούτ-οις
대격	τοῦτ-ον	ταύτ-ην	τοῦτ-ο	τούτ-ους	ταύτ-ας	ταῦτ-α

(2) "저것" (that): ἐκεῖνος, -η, -ο(265)- κἀκεῖνος= καὶ ἐκεῖνος(22 번)를 포함

	단수			복수		
	남성	여성	중성	남성	여성	중성
주격	ἐκεῖν-ος	ἐκείν-η	ἐκεῖν-ο	ἐκεῖν-οι	ἐκεῖν-αι	ἐκεῖν-α
속격	ἐκείν-ου	ἐκείν-ης	ἐκείν-ου	ἐκείν-ων	ἐκείν-ων	ἐκείν-ων
여격	ἐκείν-ῳ	ἐκείν-ῃ	ἐκείν-ῳ	ἐκείν-οις	ἐκείν-αις	ἐκειν-οις
대격	ἐκεῖν-ον	ἐκείν-ην	ἐκεῖν-ο	ἐκείν-ους	ἐκείν-ας	ἐκεῖν-α

3. 관계대명사(relative pronoun): ὅς, ἥ, ὅ(1,365)

	단수			복수		
	남성	여성	중성	남성	여성	중성
주격	ὅς	ἥ	ὅ	οἵ	αἵ	ἅ
속격	οὗ	ἧς	οὗ	ὧν	ὧν	ὧν
여격	ᾧ	ᾗ	ᾧ	οἷς	αἷς	οἷς
대격	ὅν	ἥν	ὅ	οὕς	ἅς	ἅ

4. 재귀대명사(reflexive pronoun)

(1) 1인칭 단수

ἐμαυτοῦ, [*ἐμαυτῆς*](37)

(2) 2인칭 단수

σεαυτοῦ, [*σεαυτῆς*](43)

	남성	여성	남성	여성
속격	*ἐμαυτ-οῦ*	[*ἐμαυτ-ῆς*]	*σεαυτ-οῦ*	[*σεαυτ-ῆς*]
여격	*ἐμαυτ-ῷ*	[*ἐμαυτ-ῇ*]	*σεαυτ-ῷ*	[*σεαυτ-ῇ*]
대격	*ἐμαυτ-όν*	[*ἐμαυτ-ήν*]	*σεαυτ-όν*	[*σεαυτ-ήν*]

(3) 3인칭 단수와 1, 2, 3인칭 복수: *ἑαυτοῦ*(321)

	단수			복수		
	남성	여성	중성	남성	여성	중성
속격	*ἑαυτ-οῦ*	*ἑαυτ-ῆς*	*ἑαυτ-οῦ*	*ἑαυτ-ῶν*	*ἑαυτ-ῶν*	*ἑαυτ-ῶν*
여격	*ἑαυτ-ῷ*	*ἑαυτ-ῇ*	*ἑαυτ-ῷ*	*ἑαυτ-οῖς*	*ἑαυτ-αῖς*	*ἑαυτ-οῖς*
대격	*ἑαυτ-όν*	*ἑαυτ-ήν*	[*ἑαυτ-ό*]	*ἑαυτ-ούς*	*ἑαυτ-άς*	*ἑαυτ-ά*

5. 상호대명사(reciprocal pronoun): *ἀλλήλων*(100)

복수	남성	여성
속격	*ἀλλήλ-ων*	[*ἀλλήλ-ων*]
여격	*ἀλλήλ-οις*	[*ἀλλήλ-αις*]
대격	*ἀλλήλ-ους*	[*ἀλλήλ-ας*]

6. 의문대명사(interrogative pronoun): *τίς, τί*

	단수		복수	
	남/여성	중성	남/여성	중성
주격	*τίς*	*τί*	*τίνες*	*τίνα*
속격	*τίνος*	*τίνος*	*τίνων*	*τίνων*
여격	*τίνι*	*τίνι*	*τίσι(ν)*	*τίσι(ν)*
대격	*τίνα*	*τί*	*τίνας*	*τίνα*

7. 부정대명사(negative pronoun): *οὐδείς, οὐδεμία, οὐδέν, μηδείς, μηδεμία, μηδέν.*

	남성	여성	중성
주격	*οὐδείς*	*οὐδεμία*	*οὐδέν*
속격	*οὐδενός*	[*οὐδεμιᾶς*]	*οὐδενός*
여격	*οὐδενί*	[*οὐδεμιᾷ*]	*οὐδενί*
대격	*οὐδένα*	*οὐδεμίαν*	*οὐδέν*

VI. 형용사

1. 제 1, 2 변화 형용사

(1) 모음 어간 형용사 형용사

예: *ἅγιος*, *-α*, *-ον*(233): 거룩한

단수	남성	여성	중성	복수	남성	여성	중성
주격	ἅγι-ος	ἁγί-α	ἅγι-ον		ἅγι-οι	ἅγι-αι	ἅγι-α
속격	ἁγί-ου	ἁγί-ας	ἁγί-ου		ἁγί-ων	ἁγί-ων	ἁγί-ων
여격	ἁγί-ῳ	ἁγί-ᾳ	ἁγί-ῳ		ἁγί-οις	ἁγί-αις	ἁγί-οις
대격	ἅγι-ον	ἁγί-αν	ἅγι-ον		ἁγί-ους	ἁγί-ας	ἅγι-α
호격	ἅγι-ε	ἁγί-α	ἅγι-ον		ἅγι-οι	ἅγι-αι	ἅγι-α

(2) 자음 어간 형용사 형용사

예: *μόνος*, *-η*, *-ον*(113): 단일한, 유일한

	남성	여성	중성		남성	여성	중성
단수 주격	μόν-ος	μόν-η	μόν-ον	복수	μόν-οι	μόν-αι	μόν-α
속격	μόν-ου	μόν-ης	μόν-ου		μόν-ων	μόν-ων	μόν-ων
여격	μόν-ῳ	μόν-ῃ	μόν-ῳ		μόν-οις	μόν-αις	μόν-οις
대격	μόν-ον	μόν-ην	μόν-ον		μόν-ους	μόν-ας	μόν-α
호격	μόν-ε	μόν-η	μόν-ον		μόν-οι	μόν-αι	μόν-α

2. 제 2 변화 형용사

예: *ἔρημος*, *-ον*(48): 광야의, 버려진, 사람이 살지 않는

단수	남성/여성	중성	복수	남성/여성	중성
주격	ἔρημ-ος	ἔρημ-ον		ἔρημ-οι	ἔρημ-α
속격	ἐρήμ-ου	ἐρήμ-ου		ἐρήμ-ων	ἐρήμ-ων
여격	ἐρήμ-ῳ	ἐρήμ-ῳ		ἐρήμ-οις	ἐρήμ-οις
대격	ἔρημ-ον	ἔρημ-ον		ἐρήμ-ους	ἔρημ-α

3. 제 3 변화 형용사

(1) 모든 성에서 제 3 변화를 따르는 형용사

(1-1) 어간이 ε로 끝나는 형용사: *ἀληθής*, *-ές*(26): 진실한

	단수		복수	
	남성/여성	중성	남성/여성	중성
주격	ἀληθής	ἀληθές	ἀληθεῖς	ἀληθῆ
속격	ἀληθοῦς	ἀληθοῦς	ἀληθῶν	ἀληθῶν
여격	ἀληθεῖ	ἀληθεῖ	ἀληθέσι(ν)	ἀληθέσι(ν)
대격	ἀληθῆ	ἀληθές	ἀληθεῖς	ἀληθῆ

(1-2) **어간이 ν로 끝나는 형용사**: ἄφρων, -ον(11): 어리석은, 지각없는

	단 수		복수	
	남성/여성	중성	남성/여성	중성
주격	ἄφρων	[ἄφρον]	ἄφρον-ες	ἄφρον-α
속격	[ἄφρον-ος]	[ἄφρον-ος]	ἀφρόν-ων	[ἀφρόν-ων]
여격	[ἄφρον-ι]	[ἄφρον-ι]	[ἄφροσι(ν)]	[ἄφροσι(ν)]
대격	ἄφρον-α	ἄφρον	ἄφρον-ας	ἄφρον-α

(2) **제 3, 1 변화 형용사**

(2-1) **어간이 반모음 υ/ε으로 끝나는 형용사**

	단수			복수		
	남성	여성	중성	남성	여성	중성
주격	ταχύ-ς	ταχεῖα	ταχύ	ταχεῖς	ταχεῖαι	[ταχέ-α]
속격	ταχέως	ταχείας	ταχέως	ταχέ-ων	[ταχειῶν]	ταχέων
여격	ταχεῖ	[ταχείᾳ]	ταχεῖ	[ταχέ-σι(ν)]	[ταχείαις]	[ταχέ-σι(ν)]
대격	[ταχύν]	ταχεῖαν	ταχύ	ταχεῖς	ταχείας	ταχέ-α

(2-2) **어간이 ντ로 끝나는 형용사**: πᾶς, πᾶσα, πᾶν(1,244): 모든, 각, 매, 전

단수	남성	여성	중성	복수	남성	여성	중성
주격	πᾶς	πᾶσ-α	πᾶν		πάντ-ες	πᾶσ-αι	πάντ-α
속격	παντ-ός	πάσ-ης	παντ-ός		πάντ-ων	πασ-ῶν	πάντ-ων
여격	παντ-ί	πάσ-ῃ	παντ-ί		πᾶσι(ν)	πᾶσ-αις	πᾶσι(ν)
대격	πάντ-α	πᾶσ-αν	πᾶν		πάντ-ας	πάσ-ας	πάντ-α

(3) **제 3, 2, 1 변화 형용사**

(3-1) μέγα-ς, μεγάλ-η, μέγα(194: 큰, 거대한)

단수	남성	여성	중성	복수	남성	여성	중성
주격	μέγα-ς	μεγάλ-η	μέγα		μεγάλ-οι	μεγάλ-αι	μεγάλ-α
속격	μεγάλ-ου	μεγάλ-ης	[μεγάλ-ου]		μεγάλ-ων	[μεγάλ-ων]	[μεγάλ-ων]
여격	μεγάλ-ῳ	μεγάλ-ῃ	[μεγάλ-ῳ]		[μεγάλ-οις]	μεγάλ-αις	[μεγάλ-οις]
대격	μέγα-ν	μεγάλ-ην	μέγα		μεγάλ-ους	μεγάλ-ας	μεγάλ-α

(3-2) πολύ-ς, πολλ-ή, πολύ(357, 많은)의 변화

단수	남성	여성	중성	복수	남성	여성	중성
주격	πολύ-ς	πολλ ή	πολύ		πολλ-οί	πολλ-αί	πολλ-ά
속격	πολλ-οῦ	πολλ-ῆς	πολλ-οῦ		πολλ-ῶν	πολλ-ῶν	πολλ-ῶν
여격	πολλ-ῷ	πολλ-ῇ	πολλ-ῷ		πολλ-οῖς	πολλ-αῖς	πολλ-οῖς
대격	πολύ-ν	πολλ-ήν	πολύ		πολλ-ούς	πολλ-άς	πολλ-ά

VII. 제 3 변화수사

εἷς, μία, ἕν(343): 하나

	남성	여성	중성
주격	εἷς	μία	ἕν
속격	ἑν-ός	μι-ᾶς	ἑν-ός
여격	ἑν-ί	μι-ᾷ	ἑν-ί
대격	ἕν-α	μί-αν	ἕν

δύο(134): 둘

남성/여성 중성

δύο는 여격에서 δυσί(ν)으로 변화되는 것만 제외하고 변화하지 않는다.

τρεῖς, τρί-α(69): 셋

	남성/여성	중성
주격	τρεῖς	τρί-α
속격	τρι-ῶν	τρι-ῶν
여격	τρι-σί(ν)	τρι-σί(ν)
대격	τρεῖς	τρί-α

τέσσαρ-ες, τέσσαρ-α(41): 넷

	남성/여성	중성
주격	τέσσαρ-ες	τέσσαρ-α
속격	τεσσάρ-ων	τεσσάρ-ων
여격	τέσσαρ-σι(ν)	τέσσαρ-σι(ν)
대격	τέσσαρ-ας	τέσσαρ-α

VIII. 형용사 비교급의 변화

단수		복수		
	남성/여성	중성	남성/여성	중성
주격	πλείων	πλεῖον	πλείον-ες/πλείους	πλείον-α/πλείω
속격	πλείον-ος	[πλείον-ος]	πλείον-ων	πλειόν-ων
여격	πλείον-ι	[πλείον-ι]	πλείοσι(ν)	[πλείοσι(ν)]
대격	πλείον-α/πλείω	πλεῖον	πλείον-ας/πλείους	πλείον-α/πλείω

Ⅸ 동사의 변화

동사의 어미(endings)

시상의 종류	능동태			중간태/수동태	
		단수	복수	단수	복수
제 1 시상	1 인칭	-μι	-μεν	-μαι	-μεθα
(현재, 미래,	2 인칭	-σι	-τε	-σαι	-σθε
현재완료)	3 인칭	-τι	-ντι	-ται	-νται
제 2 시상	1 인칭	-ν/-	-μεν	-μην	-μεθα
(미완료, 부정과거,	2 인칭	-ς	-τε	-σο	-σθε
과거완료)	3 인칭	-	-ν/-σαν	-το	-ντο

현재 직설법

1. 현재 능동태 직설법

현재 능동태 어미 예: λέγω(654)

	단수	복수	단수	복수
1 인칭	-ο-μι → -ω	-ο-μεν → -ο-μεν	λέγ-ω	λέγ-ο-μεν
2 인칭	-ε-σι → -εις	-ε-τε → -ε-τε	λέγ-εις	λέγ-ε-τε
3 인칭	-ε-τι → -ει	-ο-ντι → -ουσι(ν)	λέγ-ει	λέγ-ουσι(ν)

2. 현재 중간태/수동태

현재 중간태/수동태 어미 예: ἐγείρομαι(12)

	단수	복수	단수	복수
1 인칭	-ο-μαι	-ό-μεθα	ἐγείρ-ο-μαι	ἐγειρ-ό-μεθα
2 인칭	-η	-ε-σθε	ἐγείρ-η	ἐγείρ-ε-σθε
3 인칭	-ε-ται	-ο-νται	ἐγείρ-ε-ται	ἐγείρ-ο-νται

3. 단축동사의 현재 능동태 직설법

동사 어미	-αω동사(예: ἀγαπάω)	-εω동사(예: ποιέω)	-οω동사(예: κοινόω)
단 1(-ω)	ἀγαπῶ (α+ω=ω)	ποιῶ (ε+ω=ω)	κοινῶ (ο+ω=ω)
단 2(-εις)	ἀγαπᾷς (α+ει=ᾳ)	ποιεῖς (ε+ει=ει)	κοινοῖς (ο+ει=οι)
단 3(-ει)	ἀγαπᾷ (α+ει=ᾳ)	ποιεῖ (ε+ει=ει)	κοινοῖ (ο+ει=οι)

복 1(-ο-μεν)	ἀγαπῶμεν (α+ο=ω)	ποιοῦμεν (ε+ο=ου)	κοινοῦμεν (ο+ο=ου)
복 2(-ε-τε)	ἀγαπᾶτε (α+ε=α)	ποιεῖτε (ε+ε=ει)	κοινοῦτε (ο+ε=ου)
복 3(-ουσιν)	ἀγαπῶσι(ν)(α+ου=ω)	ποιοῦσι(ν)(ε+ου=ου)	κοινοῦσι(ν)(ο+ου=ου)

4. 단축동사의 현재 중간태/수동태 직설법

동사어미	-αω 동사(예: καυχάομαι)	-εω동사(예: αἰτέω)	-οω동사(예: δικαιόω)
단 1(-ο-μαι)	καυχῶμαι (α+ο=ω)	αἰτοῦμαι (ε+ο=ου)	δικαιοῦμαι (ο+ο=ου)
단 2(-ῃ)	καυχᾶσαι (α+ε=α)	αἰτῇ (ε+η=ῃ)	δικαιοῖ (ο+ῃ=οι)
단 3(-ε-ται)	καυχᾶται (α+ε=α)	αἰτεῖται (ε+ε=ει)	δικαιοῦται (ο+ε=ου)
복 1(-ό-μεθα)	καυχώμεθα (α+ο=ω)	αἰτούμεθα (ε+ο=ου)	δικαιούμεθα (ο+ο=ου)
복 2(-ε-σθε)	καυχᾶσθε (α+ε=α)	αἰτεῖσθε (ε+ε=ει)	δικαιοῦσθε (ο+ε=ου)
복 3(-ο-νται)	καυχῶνται (α+ο=ω)	αἰτοῦνται (ε+ο=ου)	δικαιοῦνται (ο+ο=ου)

미래 직설법

1. 미래 능동태 직설법: ἀκούω(7) / 2. 미래 중간태 직설법: ἀκούω(5)

	단수	복수	단수	복수
1 인칭	ἀκού-σ-ω	ἀκού-σ-ο-μεν	ἀκού-σ-ο-μαι	ἀκου-σ-ό-μεθα
2 인칭	ἀκού-σ-εις	ἀκού-σ-ε-τε	ἀκού-σ-ῃ	ἀκού-σ-ε-σθε
3 인칭	ἀκού-σ-ει	ἀκού-σ-ουσι(ν)	ἀκού-σ-ε-ται	ἀκού-σ-ο-νται

3. 미래 수동태 직설법

	제 1 미래 수동태 어미		예: λύω	
	단수	복수	단수	복수
1 인칭	-θή-σ-ο-μαι	-θη-σ-ό-μεθα	λυ-θή-σ-ο-μαι	λυ-θη-σ-ό-μεθα
2 인칭	-θή-σ-ῃ	-θή-σ-ε-σθε	λυ θή-σ-ῃ	λυ-θή-σ-ε-σθε
3 인칭	-θή-σ-ε-ται	-θή-σ-ο-νται	λυ-θή-σ-ε-ται	λυ-θή-σ-ο-νται

4. 제 2 미래 수동태: ἀνοίγω

	단수	복수
1 인칭	ἀνοιγ-ή-σ-ο-μαι	ἀνοιγ-η-σ-ό-μεθα
2 인칭	ἀνοιγ-ή-σ-ῃ	ἀνοιγ-ή-σ-ε-σθε
3 인칭	ἀνοιγ-ή-σ-ε-ται	ἀνοιγ-ή-σ-ο-νται

5. 유음동사의 미래 능동태

	유음어간동사(λέγω)	비음어간동사(κρίνω)	아틱(Attic)미래동사(ἐλπίζω)
단 1	ἐρῶ	κρινῶ	ἐλπιῶ
단 2	ἐρεῖς	κρινεῖς	ἐλπιεῖς
단 3	ἐρεῖ	κρινεῖ	ἐλπιεῖ
복 1	ἐροῦμεν	κρινοῦμεν	ἐλπιοῦμεν
복 2	ἐρεῖτε	κρινεῖτε	ἐλπιεῖτε
복 3	ἐροῦσιν	κρινοῦσιν	ἐλπιοῦσιν

6. 유음동사의 미래 중간태

	유음어간동사 (예: ἐντέλλομαι)	비음어간동사 (예: ἀποθνῄσκω)	아틱(Attic)미래동사 (예: κοιμάομαι)
단 1	ἐντελοῦμαι	ἀποθανοῦμαι	κοιμοῦμαι
단 2	ἐντελῇ	ἀποθανῇ	κοιμῇ
단 3	ἐντελεῖται	ἀποθανεῖται	κοιμεῖται
복 1	ἐντελούμεθα	ἀποθανούμεθα	κοιμούμεθα
복 2	ἐντελεῖσθε	ἀποθανεῖσθε	κοιμεῖσθε
복 3	ἐντελοῦνται	ἀποθανοῦνται	κοιμοῦνται

미완료 직설법

1. 미완료 능동태 직설법

미완료 능동태 직설법 어미 예: λέγω(149)

	단수	복수	단수	복수
1 인칭	-ο-ν	-ο-μεν	ἔ-λεγ-ο-ν	ἐ-λέγ-ο-μεν
2 인칭	-ε-ς	-ε-τε	ἔ-λεγ-ε-ς	ἐ-λέγ-ε-τε
3 인칭	-ε(ν)	-ο-ν	ἔ-λεγ-ε(ν)	ἔ-λεγ-ο-ν

2. 미완료 중간태/수동태 직설법

미완료 중간태/수동태 직설법 어미 예: βαπτίζω(5)

	단수	복수	단수	복수
1 인칭	-ό-μην	-ό-μεθα	ἐ-βαπτιζ-ό-μην	ἐ-βαπτιζ-ό-μεθα
2 인칭	-ου	-ε-σθε	ἐ-βαπτίζ-ου	ἐ-βαπτίζ-ε-σθε
3 인칭	-ε-το	-ο-ντο	ἐ-βαπτίζ-ε-το	ἐ-βαπτίζ-ο-ντο

3. 단축동사의 미완료 능동태 직설법

동사 어미	-αω동사(예: ἐρωτάω)	-εω동사(예: ζητέω)	-οω동사(예: δηλόω)
단 1(-ο-ν)	[ἠρώτων (α+ο=ω)]	ἐ-ζήτουν (ε+ο=ου)	[ἐ-δήλουν (ο+ο=ου)]
단 2(-ε-ς)	[ἠρώτας (α+ε=α)]	ἐ-ζήτεις (ε+ε=ει)	[ἐ-δήλους (ο+ε=ου)]
단 3(-ε)	ἠρώτα (α+ε=α)	ἐ-ζήτει (ε+ε=ει)	ἐ-δήλου (ο+ε=ου)
복 1(-ο-μεν)	[ἠρωτῶμεν (α+ο=ω)]	ἐ-ζητοῦμεν (ε+ο=ου)	[ἐ-δηλοῦμεν (ο+ο=ου)]
복 2(-ε-τε)	ἠρωτᾶτε (α+ε=α)	ἐ-ζητεῖτε (ε+ε=ει)	[ἐ-δηλοῦτε (ο+ε=ου)
복 3(-ο-ν)	ἠρώτων (α+ο=ω)	ἐ-ζήτουν (ε+ο=ου)	ἐ-δήλουν (ο+ο=ου)

4. 단축동사의 미완료 중간태/수동태 직설법

동사 어미	-αω동사(예: ἰάομαι)	-εω동사(예: φοβέομαι)	-οω동사(예: πληρόω)
단 1(-ό-μην)	ἰώμην (α+ο=ω)	ἐ-φοβούμην (ε+ο=ου)	ἐ-πληρούμην(ο+ο=ου)
단 2 (-ου)	ἰῶ (α+ου=ω)	ἐ-φοβοῦ (ε+ου=ου)	ἐ-πληροῦ (ο+ου=ου)
단 3(-ε-το)	ἰᾶτο (α+ε=α)	ἐ-φοβεῖτο (ε+ε=ει)	ἐ-πληροῦτο (ο+ε=ου)
복 1(-ό-μεθα)	ἰώμεθα (α+ο=ω)	ἐ-φοβούμεθα (ε+ο=ου)	ἐ-πληρούμεθα (ο+ο=ου)
복 2(-ε-σθε)	ἰᾶσθε (α+ε=α)	ἐ-φοβεῖσθε (ε+ε=ει)	ἐ-πληροῦσθε (ο+ε=ου)
복 3(-ο-ντο)	ἰῶντο (α+ο=ω)	ἐ-φοβοῦντο (ε+ο=ου)	ἐ-πληροῦντο (ο+ο=ου)

부정과거 직설법

1. 제 1 부정과거 능동태 직설법

제 1 부정과거 능동태 어미 — 예: ἀκούω(112)

	단수	복수	단수	복수
1 인칭	-σα	-σα-μεν	ἤκου-σα	ἠκού-σα-μεν
2 인칭	-σα-ς	-σα-τε	ἤκου-σα-ς	ἠκού-σα-τε
3 인칭	-σε(ν)	-σα-ν	ἤκου-σε(ν)	ἤκου-σα-ν

2. 제 1 부정과거 중간태

제 1 부정과거 중간태 어미 — 예: παύω(6)

	단수	복수	단수	복수
1 인칭	-σά-μην	-σά-μεθα	ἐ-παυ-σά-μην	ἐ-παυ-σά-μεθα
2 인칭	-σω	-σα-σθε	ἐ-παύ-σω	ἐ-παύ-σα-σθε
3 인칭	-σα-το	-σα-ντο	ἐ-παύ-σα-το	ἐ-παύ-σα-ντο

3. 유음동사와 비음동사의 부정과거

	능동태		중간태	
	유음어간동사	비음어간동사	유음어간동사	비음어간동사
	예: ἐγείρω	예: μένω	예: ἐντέλλομαι	예: ἀποκρίνομαι
단 1	ἤγειρ-α	ἔ-μειν-α	ἐν-ε-τειλ-ά-μην	ἀπ-ε-κριν-ά-μην
단 2	ἤγειρ-α-ς	ἔ-μειν-α-ς	ἐν-ε-τείλ-ω	ἀπ-ε-κρίν-ω
단 3	ἤγειρ-ε(ν)	ἔ-μειν-ε(ν)	ἐν-ε-τείλ-α-το	ἀπ-ε-κρίν-α-το
복 1	ἠγείρ-α-μεν	ἐ-μείν-α-μεν	ἐν-ε-τειλ-ά-μεθα	ἀπ-ε-κριν-ά-μεθα
복 2	ἠγείρ-α-τε	ἐ-μείν-α-τε	ἐν-ε-τείλ-α-σθε	ἀπ-ε-κρίν-α-σθε
복 3	ἤγειρ-α-ν	ἔ-μειν-α-ν	ἐν-ε-τείλ-α-ντο	ἀπ-ε-κρίν-α-ντο

4. 제 1 부정과거 수동태

제 1 부정과거 수동태 어미			예: πιστεύω(5)	
	단수	복수	단수	복수
1 인칭	-θη-ν	-θη-μεν	ἐ-πιστεύ-θη-ν	ἐ-πιστεύ-θη-μεν
2 인칭	-θη-ς	-θη-τε	ἐ-πιστεύ-θη-ς	ἐ-πιστεύ-θη-τε
3 인칭	-θη	-θη-σαν	ἐ-πιστεύ-θη	ἐ-πιστεύ-θη-σαν

5. 제 2 부정과거 능동태 　　예: λέγω

	단수	복수	단수	복수
1 인칭	-ο-ν	-ο-μεν	εἶπ-ο-ν	εἴπ-ο-μεν
2 인칭	-ε-ς	-ε-τε	εἶπ-ε-ς	εἴπ-ε-τε
3 인칭	-ε(ν)	-ο-ν	εἶπ-ε(ν)	εἶπ-ο-ν

6. 제 2 부정과거 중간태

제 2 부정과거 중간태 어미			예: γίνομαι(232)	
	단수	복수	단수	복수
1 인칭	-ό-μην	-ό-μεθα	ἐ-γεν-ό-μην	ἐ-γεν-ό-μεθα
2 인칭	-ου	-ε-σθε	ἐ-γέν-ου	ἐ-γέν-ε-σθε
3 인칭	-ε-το	-ο-ντο	ἐ-γέν-ε-το	ἐ-γέν-ο-ντο

예:	ἀνα-βαίνω(어간: βα)(36)		γινώσκωι(어간: γνο)(42)	
	단수	복수	단수	복수
1 인칭	ἀν-έ-βη-ν	ἀν-έ-βη-μεν	ἔ-γνω-ν	ἔ-γνω-μεν
2 인칭	ἀν-έ-βη-ς	ἀν-έ-βη-τε	ἔ-γνω-ς	ἔ-γνω-τε
3 인칭	ἀν-έ-βη	ἀν-έ-βη-σαν	ἔ-γνω	ἔ-γνω-σαν

7. 제 2 부정과거 수동태: *χαίρω*(부정과거 수동태 어간: *χαρ*)

	단수	복수
1 인칭	*ἐ-χάρ-η-ν*	*ἐ-χάρ-η-μεν*
2 인칭	*ἐ-χάρ-η-ς*	*ἐ-χάρ-η-τε*
3 인칭	*ἐ-χάρ-η*	*ἐ-χάρ-η-σαν*

8. 제 2 부정과거 어간에 제 1 부정과거 어미를 가진 변화 ⟨능동태⟩ : *λέγω/φέρω*

	단수	복수	단수	복수
1 인칭	*εἶπ-α*	*εἴπ-α-μεν*	*ἤνεγκ-α*	*ἠνέγκ-α-μεν*
2 인칭	*εἶπ-α-ς*	*εἴπ-α-τε*	*ἤνεγκ-α-ς*	*ἠνέγκ-α-τε*
3 인칭	*εἶπ-ε(ν)*	*εἶπ-α-ν*	*ἤνεγκ-ε(ν)*	*ἤνεγκ-α-ν*

9. 제 2 부정과거 어간에 제 1 부정과거 어미를 가진 변화 ⟨중간태⟩ : *αἱρέομαι*

	단수	복수
1 인칭	*εἱλ-ά-μην*	*εἱλ-ά-μεθα*
2 인칭	*εἵλ-ω*	*εἵλ-α-σθε*
3 인칭	*εἵλ-α-το*	*εἵλ-α-ντο*

현재완료 직설법

1. 제 1 현재완료 능동태

제 1 현재완료 능동태 어미　　　　예: *πιστεύω* (8)

	단수	복수	단수	복수
1 인칭	*-κα*	*-κα-μεν*	*πε-πίστευ-κα*	*πε-πιστεύ-κα-μεν*
2 인칭	*-κα-ς*	*-κα-τε*	*πε-πίστευ-κας*	*πε-πιστεύ-κατε*
3 인칭	*-κε(ν)*	*-κα-σι(ν)/-κα-ν*	*πε-πίστευ-κε(ν)*	*πε-πιστεύ-κα-σι(ν)/πε-πίστευ-κα-ν*

2. 제 2 현재완료 능동태

예: *οἶδα*(210): 알다　　　　*γινομαι*(47)

	단수	복수	단수	복수
1 인칭	*οἶδ-α*	*οἴδ-α-μεν*	*γέ-γον-α*	*γε-γόν-α-μεν*
2 인칭	*οἶδ-ας*	*οἴδ-α-τε/ ἴσ-τε*	*γέ-γον-α-ς*	*γε-γόν-α-τε*
3 인칭	*οἶδ-ε(ν)*	*οἶδ-α-σι(ν)/ ἴσ-α-σι(ν)*	*γέ-γον-ε (ν)*	*γε-γόν-α-σι(ν)/ γε-γόν-α-ν*

3. 현재완료 중간태/수동태: πιστεύω

	단수	복수
1 인칭	πε-πίστευ-μαι	πε-πιστεύ-μεθα
2 인칭	πε-πίστευ-σαι	πε-πίστευ-σθε
3 인칭	πε-πίστευ-ται	πε-πίστευ-νται

과거완료 직설법

1. 제 1 과거완료 능동태

제 1 과거완료 능동태 어미 예: πιστεύω

	단수	복수	단수	복수
1 인칭	-κει-ν	-κει-μεν	(ἐ)-πε-πιστεύ-κει-ν	(ἐ)-πε-πιστεύ-κει-μεν
2 인칭	-κει-ς	-κει-τε	(ἐ)-πε-πιστεύ-κει-ς	(ἐ)-πε-πιστεύ-κει-τε
3 인칭	-κει	-κει-σαν	(ἐ)-πε-πιστεύ-κει	(ἐ)-πε-πιστεύ-κει-σαν

2. 제 2 과거완료 능동태

	예: (-)ἔρχομαι		예: οἶδα(33)	
	단수	복수	단수	복수
1 인칭	ἐληλύθ-ει-ν	ἐληλύθ-ει-μεν	ᾔδ-ει-ν	ᾔδ-ει-μεν
2 인칭	ἐληλύθ-ει-ς	ἐληλύθ-ει-τε	ᾔδ-ει-ς	ᾔδ-ει-τε
3 인칭	ἐληλύθ-ει	ἐληλύθ-ει-σαν	ᾔδ-ει	ᾔδ-ει-σαν

3. 제 2 과거완료 중간태와 수동태: λύω

	단수	복수
1 인칭	(ἐ)-λε-λύ-μην	(ἐ)-λε-λύ-μεθα
2 인칭	(ἐ)-λέ-λυ-σο	(ἐ)-λέ-λυ-σθε
3 인칭	(ἐ)-λέ-λυ-το	(ἐ)-λέ-λυ-ντο

분사

현재분사(Present Participle)

1. 현재 능동태 분사(예: λέγω)

단수	남성	여성	중성
주격	λέγ-ων	λέγ-ουσ-α	λέγ-ον
속격	λέγ-ο-ντ-ος	λεγ-ούσ-ης	λέγ-ο-ντ-ος
여격	λέγ-ο-ντ-ι	λεγ-ούσ-ῃ	λέγ-ο-ντ-ι
대격	λέγ-ο-ντ-α	λέγ-ουσ-αν	λέγ-ον

복수			
주격	λέγ-ο-ντ-ες	λέγ-ουσ-αι	λέγ-ο-ντ-α
속격	λεγ-ό-ντ-ων	λεγ-ουσ-ῶν	λεγ-ό-ντ-ων
여격	λέγ-ου-σι(ν)	λεγ-ούσ-αις	λέγ-ου-σι(ν)
대격	λέγ-ο-ντ-ας	λεγ-ούσ-ας	λέγ-ο-ντ-α

2. 현재 중간태/수동태 분사(예: ἔρχομαι)

단수	남성	여성	중성
주격	ἐρχ-ό-μεν-ος	ἐρχ-ο-μέν-η	ἐρχ-ό-μεν-ον
속격	ἐρχ-ο-μέν-ου	ἐρχ-ο-μέν-ης	ἐρχ-ο-μέν-ου
여격	ἐρχ-ο-μέν-ῳ	ἐρχ-ο-μέν-ῃ	ἐρχ-ο-μέν-ῳ
대격	ἐρχ-ό-μεν-ον	ἐρχ-ο-μέν-ην	ἐρχ-ό-μεν-ον

복수			
주격	ἐρχ-ό-μεν-οι	ἐρχ-ό-μεν-αι	ἐρχ-ό-μεν-α
속격	ἐρχ-ο-μέν-ων	ἐρχ-ο-μέν-ων	ἐρχ-ο-μέν-ων
여격	ἐρχ-ο-μέν-οις	ἐρχ-ο-μέν-αις	ἐρχ-ο-μέν-οις
대격	ἐρχ-ο-μέν-ους	ἐρχ-ο-μέν-ας	ἐρχ-ό-μεν-α

미래분사

1. 미래 능동태 분사(예: λύω)

	남성	여성	중성
단수 주격	λύ-σ-ων	λύ-σ-ουσ-α	λῦ-σ-ον
단수 속격	λύ-σ-οντ-ος	λυ-σ-ούσ-ης	λύ-σ-οντ-ος
복수 여격	λύ-σ-ουσι(ν)	λυ-σ-ούσ-αις	λύ-σ-ουσι(ν)

2. 미래 중간대 분사: λύω의 미래 중간태 분사는 λυ-σ-ό-μεν-ος, -μέν-η, -μεν-ον

3. 미래 수동태 분사: λύω의 미래 수동태 분사는 λυ-θη-σ-ό-μεν-ος, -μέν-η, -μεν-ον

현재완료 분사

1. 제 1 현재완료 능동태 분사(예: πιστεύω)

단수	남성	여성	중성
주격	πε-πιστευ-κώ-ς	πε-πιστευ-κ-υῖ-α	πε-πιστευ-κό-ς
속격	πε-πιστευ-κ-ότ-ος	πε-πιστευ-κ-υί-ας	πε-πιστευ-κ-ότ-ος
여격	πε-πιστευ-κ-ότ-ι	πε-πιστευ-κ-υί-ᾳ	πε-πιστευ-κ-ότ-ι
대격	πε-πιστευ-κ-ότ-α	πε-πιστευ-κ-υῖ-αν	πε-πιστευ-κό-ς

복수			
주격	*πε-πιστευ-κ-ότ-ες*	*πε-πιστευ-κ-υῖ-αι*	*πε-πιστευ-κ-ότ-α*
속격	*πε-πιστευ-κ-ότ-ων*	*πε-πιστευ-κ-υι-ῶν*	*πε-πιστευ-κ-ότ-ων*
여격	*πε-πιστευ-κ-ό-σι(ν)*	*πε-πιστευ-κ-υί-αις*	*πε-πιστευ-κ-ό-σι(ν)*
대격	*πε-πιστευ-κ-ότ-ας*	*πε-πιστευ-κ-υί-ας*	*πε-πιστευ-κ-ότ-α*

2. 제 2 현재완료(불규칙) 능동태 분사(예: *οἶδα*)

단수 주격	*εἰδ-ώ-ς*	*εἰη-υῖ-α*	*εἰδ-ό-ς*
단수 속격	*εἰδ-ότ-ος*	*εἰδ-υί-ας*	*εἰδ-ότ-ος*
복수 여격	*εἰδ-ό-σι(ν)*	*εἰδ-υί-αις*	*εἰδ-ό-σι(ν)*

3. 현재완료 중간태/수동태 분사: *παρα-λε-λυ-μέν-ος*, *-μέν-η*, *-μέν-ον*(5) ← *παραλύομαι*

부정과거 분사

1. 제 1 부정과거 능동태 분사(예: *ἀκούω*)

단수	남성	여성	중성
주격	*ἀκού-σα-ς*	*ἀκού-σασ-α*	*ἀκοῦ-σα-ν*
속격	*ἀκού-σα-ντ-ος*	*ἀκου-σάσ-ης*	*ἀκού-σα-ντ-ος*
여격	*ἀκού-σα-ντ-ι*	*ἀκου-σάσ-ῃ*	*ἀκού-σα-ντ-ι*
대격	*ἀκού-σα-ντ-α*	*ἀκού-σασ-αν*	*ἀκοῦ-σαν*

복수			
주격	*ἀκού-σα-ντ-ες*	*ἀκού-σασ-αι*	*ἀκού-σα-ντ-α*
속격	*ἀκου-σά-ντ-ων*	*ἀκου-σασ-ῶν*	*ἀκου-σά-ντ-ων*
여격	*ἀκού-σα-σι(ν)*	*ἀκου-σάσ-αις*	*ἀκού-σα-σι(ν)*
대격	*ἀκού-σα-ντ-ας*	*ἀκου-σάσ-ας*	*ἀκού-σα-ντ-α*

2. 제 1 부정과거 중간태 분사: *γευ-σά-μεν-ος*(4), *-μέν-η*, *-μεν-ον* ← *γεύομαι*

3. 제 2 부정과거 능동태 분사: *ἐλθ-ών*(94) ← *ἔρχομαι*

	남성	여성	중성
단수 주격	*ἐλθ-ών*	*ἐλθ-οῦσ-α*	*ἐλθ-όν*
단수 속격	*ἐλθ-όντ-ος*	*ἐλθ-ούσ-ης*	*ἐλθ-ό-ντ-ος*
복수 여격	*ἐλθ-οῦσι(ν)*	*ἐλθ-ούσ-αις*	*ἐλθ-οῦ-σι(ν)*

4. 제 2 부정과거 중간태 분사: *γεν-ό-μεν-ος*, *-μέν-η*, *-μεν-ον*(96) ← *γίνομαι*

5. 제 1 부정과거 수동태 분사 (예: *πορεύομαι*(24))

단수	남성	여성	중성
주격	*πορευ-θεί-ς*	*πορευ-θεῖσ-α*	*πορευ-θέν*
속격	*πορευ-θέ-ντ-ος*	*πορευ-θείσ-ης*	*πορευ-θέ-ντ-ος*
여격	*πορευ-θέ-ντ-ι*	*πορευ-θείσ-ῃ*	*πορευ-θέ-ντ-ι*
대격	*πορευ-θέ-ντ-α*	*πορευ-θεῖσ-αν*	*πορευ-θέ-ν*
복수			
주격	*πορευ-θέ-ντ-ες*	*πορευ-θεῖσ-αι*	*πορευ-θέ-ντ-α*
속격	*πορευ-θέ-ντ-ων*	*πορευ-θεισ-ῶν*	*πορευ-θέ-ντ-ων*
여격	*πορευ-θεῖ-σι(ν)*	*πορευ-θείσ-αις*	*πορευ-θεῖ-σι(ν)*
대격	*πορευ-θέ-ντ-ας*	*πορευ-θείσ-ας*	*πορευ-θέ-ντ-α*

6. 제 2 부정과거 수동태 분사: *στραφ-εί-ς*, *στραφ-εῖσ-α*, *στραφ-έ-ν*(12) ← *στρέφω*

부정사

1. 현재 능동태 부정사
   예: *λέγ-ειν*(40) ← *λέγω*
2. 현재 중간태/수동태 부정사
   예: *πορεύ-ε-σθαι*(17) ← *πορεύομαι*
3. 제 1 부정과거 능동태 부정사
   예: *ἀκοῦ-σαι*(17) ← *ἀκούω*
4. 제 1 부정과거 중간태 부정사
   예: *ἐν-δύ-σα-σθαι*(3) ← *ἐνδύω*
5. 제 1 부정과거 수동태 부정사
   예: *λυ-θῆ-ναι*(3) ← *λύω*
6. 제 2 부정과거 능동태 부정사
   예: *εἰσ-ελθ-εῖν* ← *εἰσέρχομαι*
7. 제 2 부정과거 중간태 부정사
   예: *γεν-έ-σθαι* ← *γίνομαι*
8. 제 2 부정과거 수동태 부정사
   예: *κρυβ-ῆ-ναι*(2) ← *κρύπτω*(부정과거 수동태어간: *κρυβ*) *χαρ-ῆ-ναι*(2) ← *χαίρω*
9. 현재완료 능동태 부정사
   예: *ὑστερη-κέ-ναι*(2) ← *ὑστερέω*
10. 현재완료 중간태/수동태 부정사
   예: *ἀπο-λε-λύ-σθαι*(1) ← *ἀπολύω*
11. 미래 부정사: *εἰσ-ελεύ-σ-ε-σθαι*(1) ← *εἰσέρχομαι*

가정법

가정법 어미

	능동태		중간태/수동태	
	단수	복수	단수	복수
1 인칭	-ω	-ω-μεν	-ω-μαι	-ώ-μεθα
2 인칭	-ῃς	-η-τε	-ῃ	-η-σθε
3 인칭	-ῃ	-ωσι(ν)	-η-ται	-ω-νται

1. 현재 가정법

현재 중간태/수동태 가정법: δέχο-μαι

현재 능동태 가정법: ἔχ-ω

	단수	복수	단수	복수
1 인칭	ἔχ-ω	ἔχ-ω-μεν	δέχ-ω-μαι	δεχ-ώ-μεθα
2 인칭	ἔχ-ῃς	ἔχ-η-τε	δέχ-ῃ	δέχ-η-σθε
3 인칭	ἔχ-ῃ	ἔχ-ωσι(ν)	δέχ-η-ται	δέχ-ω-νται

2. 부정과거 가정법

제 1 부정과거 능동태: πιστεύω(22) 제 1 부정과거 중간태: ἐνδύω(7)

	단수	복수	단수	복수
1 인칭	πιστεύ-σ-ω	πιστεύ-σ-ω-μεν	ἐνδύ-σ-ω-μαι	ἐνδυ-σ-ώ-μεθα
2 인칭	πιστεύ-σ-ῃς	πιστεύ-σ-η-τε	ἐνδύ-σ-ῃ	ἐνδύ-σ-η-σθε
3 인칭	πιστεύ-σ-ῃ	πιστεύ-σ-ωσι(ν)	ἐνδύ-σ-η-ται	ἐνδύ-σ-ω-νται

제 1 부정과거 수동태: σῴζω(8)

	단수	복수
1인칭	σω-θῶ	σω-θῶ-μεν
2인칭	σω-θῇς	σω-θ-ῆ-τε
3인칭	σω-θῇ	σω-θῶσι(ν)

	제 2 부정과거 능동태	제 2 부정과거 중간태	제 2 부정과거 수동태
	예: λέγω(57)	예: γίνομαι(61)	예: φαίνω(5)
단 1	εἴπ-ω	γέν-ω-μαι	φαν-ῶ
단 2	εἴπ-ῃς	γέν-ῃ	φαν-ῇς
단 3	εἴπ-ῃ	γέν-η-ται	φαν-ῇς
복 1	εἴπ-ω-μεν	γεν-ώ-μεθα	φαν-ῶ-μεν
복 2	εἴπ-η-τε	γέν-η-σθε	φαν-ῆ-τε
복 3	εἴπ-ω-σι(ν)	γέν-ω-νται	φαν-ῶσι(ν)

	예: γινώσκω(14)		예: κατα-βαίνω(2)	
	단수	복수	단수	복수
1 인칭	γν-ῶ	[γν-ῶ-μεν]	[κατα-βῶ]	[κατα-βῶ-μεν]
2 인칭	γν-ῷς	γν-ῶ-τε	[κατα-βῇς]	[κατα-βῆ-τε]
3 인칭	γν-ῷ/γνοῖ	γν-ῶσι(ν)	κατα-βῇ	[κατα-βῶσι(ν)]

명령법

명령법 어미

	능동태		중간태/수동태	
	단수	복수	단수	복수
2 인칭	-, -ς, -θι	-τε	-σο	-σθε
3 인칭	-τω	-τωσαν	-σθω	-σθωσαν

1. 현재 명령법

	현재 능동태 명령법: ὑπάγω		현재 중간태/수동태 명령법: ἐγείρω	
	단수	복수	단수	복수
2 인칭	ὕπ-αγ-ε	ὑπ-άγ-ε-τε	ἐγείρ-ου	ἐγείρ-ε-σθε
3 인칭	ὑπ-αγ-έ-τω	ὑπ-αγ-έ-τωσαν	ἐγειρ-έ-σθω	ἐγειρ-έ-σθωσαν

2. 제 1 부정과거 명령법

	제 1 부정과거 능동태 명령법: ἀκούω		제 1 부정과거 중간태 명령법: ἐνδύω	
	단수	복수	단수	복수
2 인칭	ἄκου-σον	ἀκού-σα-τε	ἔνδυ-σαι	ἐνδύ-σα-σθε
3 인칭	ἀκου-σά-τω	ἀκου-σά-τωσαν	ἐνδυ-σά-σθω	ἐνδυ-σά-σθωσαν

제 1 부정과거 수동태 명령법: πορεύομαι

	단수	복수
2 인칭	πορεύ-θη-τι	πορεύ-θη-τε
3 인칭	πορευ-θή-τω	πορευ-θή-τωσαν

3. 제 2 부정과거 명령법

	제 2 부정과거 능동태 명령법: λέγω		제 2 부정과거 중간태 명령법: γίνομαι	
	단수	복수	단수	복수
2 인칭	εἰπ-έ	εἴπ-ε-τε	γεν-οῦ	γέν-ε-σθε
3 인칭	εἰπ-έ-τω	εἰπ-έ-τωσαν	γεν-έ-σθω	γεν-έ-σθωσαν

제 2 부정과거 수동태 명령법: *ὑποτάσσω*

2 인칭	*ὑπο-τάγ-η-θι*	*ὑπο-τάγ-η-τε*
3 인칭	*ὑπο-ταγ-ή-τω*	*ὑπο-ταγ-ή-τωσαν*

4. 기타 제 2 부정과거 명령법

어간 끝이 *ο*인 동사(*γινώσκω*, 3) 어간 끝이 *α*인 동사(*καταβαίνω*, 9)

	단수	복수	단수	복수
2 인칭	*γνῶ-θι*	*γνῶ-τε*	*κατά-βα/-βη-θι*	*κατά-βα-τε/-βη-τε*
3 인칭	*γνώ-τω*	[*γνῶ-τωσαν*]	*κατα-βά-τω*	[*κατα-βά-τωσαν*]

MI 동사의 변화

δίδωμι, *τίθημι*, *ἵστημι*의 경우

1. 현재직설법

현재 능동태 직설법

	단수	복수	단수	복수	단수	복수
1 인칭	*δί-δω-μι*(21)	*δί-δο-μεν*	*τί-θη-μι*(12)	*τί-θε-μεν*	*ἵ-στη-μι*	*ἵ-στα-μεν*
2 인칭	*δί-δω-ς*	*δί-δο-τε*	*τί-θη-ς*	*τί-θε-τε*	*ἵ-στη-ς*	*ἵ-στα-τε*
3 인칭	*δί-δω-σι(ν)*	*δι-δό-ασι(ν)*	*τί-θη-σι(ν)*	*τι-θέ-ασι(ν)*	*ἵ-στη-σι(ν)*	*ἱ-στᾶσι(ν)*

현재 중간태/수동태 직설법

	단수	복수	단수	복수	단수	복수
1 인칭	*δί-δο-μαι*	*δι-δό-μεθα*	*τί-θε-μαι*	*τι-θέ-μεθα*	*ἵ-στα-μαι*	*ἱ-στά-μεθα*
2 인칭	*δί-δο-σαι*	*δί-δο-σθε*	*τί-θε-σαι*	*τί-θε-σθε*	*ἵ-στα-σαι*	*ἵ-στα-σθε*
3 인칭	*δί-δο-ται*	*δί-δο-νται*	*τί-θε-ται*	*τί-θε-νται*	*ἵ-στα-ται*	*ἵ-στα-νται*

2. 미완료

미완료 능동태 직설법

	단수	복수	단수	복수	단수	복수
1 인칭	*ἐ-δί-δου-ν*(12)	*ἐ-δί-δο-μεν*	*ἐ-τί-θη-ν*(4)	*ἐ-τί-θε-μεν*	[*ἵ-στη-ν*	*ἵ-στα-μεν*
2 인칭	*ἐ-δί-δου-ς*	*ἐ-δί-δο-τε*	*ἐ-τί-θει-ς*	*ἐ-τί-θε-τε*	*ἵ-στη-ς*	*ἵ-στα-τε*
3 인칭	*ἐ-δί-δου*	*ἐ-δί-δο-σαν*	*ἐ-τί-θει*	*ἐ-τί-θε-σαν*	*ἵ-στη*	*ἵ-στα-σαν*]
		혹은 *ἐ-δί-δου-ν*	혹은 *ἐ-τί-θου-ν*			

미완료 중간태/수동태 직설법

	단수	복수	단수	복수	단수	복수
1 인칭	ἐ-δι-δό-μην	ἐ-δι-δό-μεθα	ἐ-τι-θέ-μην	ἐ-τι-θέ-μεθα	ἱ-στά-μην	ἱ-στά-μεθα
2 인칭	ἐ-δί-δο-σο	ἐ-δί-δο-σθε	ἐ-τί-θε-σο	ἐ-τί-θε-σθε	ἵ-στα-σο	ἵ-στα-σθε
3 인칭	ἐ-δί-δο-το	ἐ-δί-δο-ντο	ἐ-τί-θε-το	ἐ-τί-θε-ντο	ἵ-στα-το	ἵ-στα-ντο

3. 미래 직설법: δίδωμι, τίθημι, ἵστημι의 경우(1인칭 단수)
δώσω(50), θήσω, στήσω(능동태), δώσομαι, θήσομαι, στήσομαι(중간태)
δοθήσομαι(16), τεθήσομαι, σταθήσομαι(수동태)

4. 부정과거 직설법
부정과거 능동태 직설법

	단수(δίδωμι)	복수	단수(τίθημι)	복수	단수(ἵστημι)	복수
1 인칭	ἔ-δω-κα(86)	ἐ-δώ-κα-μεν	ἔ-θη-κα(23)	ἐ-θή-κα-μεν	ἔ-στη-ν(13)	ἔ-στη-μεν
2 인칭	ἔ-δω-κα-ς	ἐ-δώ-κα-τε	ἔ-θη-κα-ς	ἐ-θή-κα-τε	ἔ-στη-ς	ἔ-στη-τε
3 인칭	ἔ-δω-κε(ν)	ἔ-δω-κα-ν	ἔ-θη-κε(ν)	ἔ-θη-κα-ν	ἔ-στη	ἔ-στη-σαν

부정과거 중간태 직설법

	단수(δίδωμι)	복수	단수(τίθημι)	복수
1 인칭	[ἐ-δό-μην]	[ἐ-δό-μεθα]	ἐ-θέ-μην	[ἐ-θέ-μεθα]
2 인칭	[ἔ-δου]	ἔ-δο-σθε	ἔ-θου	ἔ-θε-σθε
3 인칭	[ἔ-δο-το]	ἔ-δο-ντο	ἔ-θε-το	ἔ-θε-ντο

부정과거 수동태 직설법
ἐ-δό-θη-ν(33) ← δίδωμι　　ἐ-τέ-θη-ν(5) ← τίθημι
ἐ-στά-θη-ν(5) ← ἵστημι　　ἀφ-έ-θη-ν(1) ← ἀφίημι

5. 현재완료 직설법: δίδωμι, τίθημι, ἵστημι, ἀφίημι의 현재완료형(1인칭 단수)
현재완료 능동태 직설법: δέ-δω-κα(29); τέ-θει-κα(3); ἕ-στη-κα(19)
현재완료 중간태/수동태 직설법: δέ-δο-μαι(6); τέ-θει-μαι(1); ἀφ-έ-ω-μαι(6)

6. 과거완료 직설법
과거완료 능동태 직설법
ἐ-δε-δώ-κει-ν(3) ← δίδωμι　　εἱ-στή-κει-ν(14) ← ἵστημι
παρα-δε-δώ-κει-ν(1) ← παρα-δίδωμι　　παρ-ει-στή-κει-ν(1) ← παρίστημι
과거완료 중간태/수동태 직설법: συν-ε-τε-θεί-μην(1) ← συντίθημι

부정사

	δίδωμι	τίθημι	-ἵστημι
현재 능동태	δι-δό-ναι(6)	τι-θέ-ναι(2)	-ι-στά-ναι
현재 중간태/수동태	δί-δο-σθαι	τί-θε-σθαι	-ί-στα-σθαι
부정과거 능동태	δοῦ-ναι(33)	θεῖ-ναι(4)	στῆ-ναι(4)
부정과거 중간태	--------	-θε-σθαι	--------
부정과거 수동태	δο-θῆ-ναι(5)	τε-θῆ-ναι(4)	στα-θῆ-ναι(1)
현재완료 능동태	--------	--------	ἑ-στά-ναι
현재완료 중간태/수동태	--------	--------	--------

분사

1. 현재분사

현재 능동태(차례대로 δίδωμι, τίθημι, ἵστημι의 분사)

	남성	여성	중성	남성	여성	중성
단수 주격	δι-δού-ς	δι-δοῦσ-α	δι-δόν	τι-θεί-ς	τι-θεῖσ-α	τι-θέν
단수 속격	δι-δό-ντ-ος	δι-δούσ-ης	δι-δό-ντ-ος	τι-θέ-ντ-ος	τι-θείσ-ης	τι-θέ-ντ-ος
복수 여격	δι-δοῦ-σι(ν)	δι-δούσ-αις	δι-δοῦ-σι(ν)	τι-θεῖ-σι(ν)	τι-θείσ-αις	τι-θεῖ-σι(ν)
단수 주격	ἱ-στά-ς	ἱ-στᾶσ-α	ἱ-στά-ν			
단수 속격	ἱ-στά-ντ-ος	ἱ-στάσ-ης	ἱ-στά-ντ-ος			
복수 여격	ἱ-στᾶ-σι(ν)	ἱ-στάσ-αις	ἱ-στᾶ-σι(ν)			

현재 중간태/수동태(차례대로 δίδωμι, παρα-τίθημι, προ-ΐστημι의 분사의 단수 주격)

	남성	여성	중성
δίδωμι:	δι-δό-μεν-ος	-μέν-η	-μεν-ον
παρα-τίθημι:	παρα-τι-θέ-μεν-ος	-μέν-η	-μεν-ον
προΐ-στημι:	προ-ϊ-στά-μεν-ος	-μέν-η	-μεν-ον

※ δύναμαι와 καθήμαι 등은 각각 δύνα와 καθή가 현재어간이므로 δυνά-μεν-ος, -μέν-η, -μεν-ον(25)과 καθή-μεν-ος, -μέν-η, -μεν-ον(65)으로 변한다.

2. 부정과거 분사

부정과거 능동태 분사(차례대로 δίδωμι, τίθημι, ἵστημι, ἀφίημι의 분사형)

	남성	여성	중성	남성	여성	중성
단수 주격	δού-ς	δοῦσ-α	δόν	θεί-ς	θεῖσ-α	θέν
단수 속격	δό-ντ-ος	δούσ-ης	δό-ντ-ος	θέ-ντ-ος	θείσ-ης	θέ-ντ-ος
복수 여격	δοῦ-σι(ν)	δούσ-αις	δοῦ-σι(ν)	θεῖ-σι(ν)	θείσ-αις	θεῖ-σι(ν)

단수 주격	στά-ς	στᾶσ-α	στά-ν	ἀφ-εί-ς	ἀφ-εῖσ-α	ἀφ-έ-ν
단수 속격	στά-ντ-ος	στάσ-ης	στά-ντ-ος	ἀφ-έ-ντ-ος	ἀφ-είσ-ης	ἀφ-έ-ντ-ος
복수 여격	στᾶ-σι(ν)	στάσ-αις	στᾶ-σι(ν)	ἀφ-εῖ-σι(ν)	ἀφ-είσ-αις	ἀφ-εῖ-σι(ν)

부정과거 중간태 분사: (τίθημι와 그 합성동사)

θέ-μεν-ος(2) ἀπο-θέ-μεν-ος(4) δια-θέ-μεν-ος(2)

부정과거 수동태 분사

δο-θεί-ς(13) παρα-δο-θεί-ς(3) ἐκ-τε-θεί-ς(1)
στα-θεί-ς(9) δειχ-θεί-ς(1)(← δείκνυμι).

3. 현재완료 분사

현재완료 능동태 분사(남성 단수 주격)

παρα-δε-δω-κώ-ς(1) ← παραδίδωμι τε-θει-κώ-ς(1) ← τίθημι
ἑ-στη-κώ-ς(10) ← ἵστημι(타동사) δειχ-θεί-ς(1) ← δείκνυμι

자동사 ἵστημι와 그 합성동사들은 제 2 현재완료 능동태 분사를 취한다.

	남성	여성	중성
단수 주격	ἑ-στώ-ς	ἑ-στῶσ-α	ἑ-στό-ς
단수 속격	ἑ-στῶτ-ος	ἑ-στώσ-ης	ἑ-στῶτ-ος
복수 여격	ἑ-στῶ-σι(ν)	ἑ-στώσ-αις	ἑ-στῶ-σι(ν)

현재완료 중간태/수동태 분사

δε-δο-μέν-ος(5) ← δίδωμι τε-θει-μέν-ος(1) ← τίθημι
παρ-ει-μέν-ος(1) ← παρίημι

가정법

1. 현재 가정법

현재 능동태 가정법

παρα-δι-δῷ(1, παρα-δίδωμι) παρα-τι-θῶσιν(2, παρα-τίθημι)
συν-ι-ῶσιν(2, συν-ίημι)

현재 중간태/수동태 가정법: δύναμαι의 3 인칭 단수(δύνη-ται)와 복수형(δύνω-νται)

2. 부정과거 가정법

제 1 부정과거 능동태 가정법

δώ-σ-ω(2) ← δίδωμι θή-σ-ω(1) ← τίθημι στή-σ-ω(3) ← ἵστημι.

제 2 부정과거 능동태 가정법(γινώσκω와 καταβαίνω도 -μι동사와 동일하게 변한다.)

	어간모음이 ο인 경우		어간모음이 ϵ인 경우		어간모음이 α인 경우	
	δίδωμι	γινώσκω	τίθημι	ἀφίημι	ἵστημι	καταβαίνω
단 1	δῶ(19)	γνῶ	θῶ(8)	ἀφ-ῶ	στῶ	κατα-βῶ
단 2	δῷς/δοῖς	γνῷς	θῇς	ἀφ-ῇς	στῇς	κατα-βῇς
단 3	δῷ/δοῖ	γνῷ/γνοῖ	θῇ	ἀφ-ῇ	στῇ	κατα-βῇ
복 1	δῶ-μεν	γνῶ-μεν	θῶ-μεν	ἀφ-ῶ-μεν	στῶ-μεν	κατα-βῶ-μεν
복 2	δῶ-τε	γνῶ-τε	θῆ-τε	ἀφ-ῆ-τε	στῆ-τε	κατα-βῆ-τε
복 3	δῶσι(ν)	γνῶσι(ν)	θῶσι(ν)	ἀφ-ῶσι(ν)	στῶσι(ν)	κατα-βῶσι(ν)

부정과거 중간태 가정법: ἀπό-θω-μαι (1, ἀπο-τίθημι)

부정과거 수동태 가정법

δο-θῶ(3, δίδωμι); τε-θῶ(3, τίθημι); στα-θῶ(2, ἵστημι); ἀφ-ε-θῶ(3, ἀφίημι)와 합성동사

명령법

1. 현재명령법

현재 능동태: δίδωμι(어간이 ο으로 끝남)　　τίθημι(어간이 ϵ으로 끝남)

단 2	δί-δου(4)	복 2	δί-δο-τε	단 2	τί-θει(1)	복 2	τί-θε-τε
단 3	δι-δό-τω	복 3	δι-δό-τωσαν	단 3	τι-θέ-τω	복 3	τι-θέ-τωσαν

참고: ἀφ-ί-ε-τε(1) ← ἀφίημι;　συν-ί-ε-τε(2) ← συνίημι;

현재 중간태/수동태

예: τίθημι(어간이 ϵ으로 끝남)　　ἵστημι(어간이 α로 끝남)

단 2	[τί-θε-σο]	복 2	[τί-θε-σθε]	단 2	ἵ-στα-σο	복 2	[ἵ-στα-σθε]
단 3	[τι-θέ-σθω]	복 3	τι-θέ-σθωσαν	단 3	[ἱ-στά-σθω]	복 3	[ἱ-στά-σθωσαν]

2. 부정과거 명령법

부정과거 능동태 명령법

	어간 끝이 ο인 동사		어간 끝이 ϵ인 동사		어간 끝이 α인 동사	
단 2	δό-ς(31)	γνῶ-θι	θέ-ς	ἄφ-ε-ς(24)	στῆ-θι/-στα	κατά-βα/-βη-θι(9)
단 3	δό-τω	γνώ-τω	θέ-τω	ἀφ-έ-τω	στή-τω	κατα-βά-τω
복 2	δό-τε	γνῶ-τε	θέ-τε	ἄφ-ε-τε	στῆ-τε	κατά-βη-τε
복 3	δό-τωσαν	γνώ-τωσαν	θέ-τωσαν	ἀφ-έ-τωσαν	στή-τωσαν	[κατα-βά-τωσαν]

부정과거 중간태 명령법: 신약성서에 나타나는 유일한 예는 τίθημι와 그 합성동사들인데

τίθημι의 변화는 다음과 같다: θοῦ, [θέ-σθω], θέ-σθε, [θέ-σθωσαν].
부정과거 수동태 명령법: 신약성서에 나오지 않는다.

3. 현재완료 명령법: ἴστε(οἶδα의 현재완료 능동태 명령법: 약 1:19)와 ἔρρω-σθε(ῥώννυμι의 현재완료 수동태 명령법: 행 15:19)가 각각 한번씩 나올 뿐이다:

기원법

1. 현재 능동태 기원법: εἰμί의 기원법 3 인칭 단수 εἴη(12)만 나온다.
2. 현재 중산태/수동태 기원법: δυνα-ί-μην(1)과 δύνα-ι-ντο(2) ← δύναμαι

εἰμί 동사의 변화

1. εἰμί의 현재 직설법

	단수	복수
1 인칭	εἰμί	ἐσμέν
2 인칭	εἶ	ἐστέ
3 인칭	ἐστί(ν)	εἰσί(ν)

2. εἰμί의 미래 직설법

	단수	복수
1 인칭	ἔσ-ο-μαι (186)	ἐσ-ό-μεθα
2 인칭	ἔσ-η	ἔσ-ε-σθε
3 인칭	ἔσ-ται	ἔσ-ο-νται

3. εἰμί의 미완료 직설법

	단수	복수
1 인칭	ἤμην	ἦμεν(6)/ἤμεθα(5)
2 인칭	ἦς(6)/ἦσθα(2)	ἦτε
3 인칭	ἦν	ἦσαν

4. εἰμί의 현재 부정사: εἶ-ναι
εἰμί의 미래 부정사: ἔσ-ε-σθαι

5. εἰμί의 현재분사(158)

	단수			복수		
	남성	여성	중성	남성	여성	중성
주격	ὤν	οὖσ-α	ὄν	ὄ-ντ-ες	οὖσ-αι	ὄ-ντ-α
속격	ὄ-ντ-ος	οὔσ-ης	ὄ-ντ-ος	ὄ-ντ-ων	οὐσ-ῶν	ὄ-ντ-ων
여격	ὄ-ντ-ι	οὔσ-ῃ	[ὄ-ντ-ι]	οὖ-σι(ν)	[οὔσ-αις]	οὖ-σι(ν)
대격	ὄ-ντ-α	οὖσ-αν	ὄν	ὄ-ντ-ας	[οὔσ-ας]	ὄ-ντ-α

6. εἰμί의 현재 가정법

	단수	복수
1 인칭	ὦ	ὦμεν
2 인칭	ᾖς	ἦτε
3 인칭	ᾖ	ὦσι(ν)

7. εἰμί동사의 현재 명령법

	단수	복수
2 인칭	ἴσθι(5)	[ἔσ-τε]
3 인칭	ἔσ-τω(12)/ἤ-τω(2)	ἔσ-τωσαν(2)

8. εἰμί의 기원법: εἴη(12)만 나온다.

[ε-ἴη-ν], [ε-ἴη-ς], ε-ἴη(12), [ε-ἴη-μεν], [ε-ἴη-τε], [ε-ἴη-σαν].

부록 X. 헬라어 - 한글 단어집

A

’Ἀβραάμ, ὁ(명): 아브라함

ἄβυσσος, -ου, ἡ(명): 깊음, 음부, 죽은 자의 세계

ἀγαθός, -ή, -όν(형): 선한, 좋은, 유용한

ἀγαθωσύνη, -ης, ἡ(명): 선함, 후함

ἀγαλλιάω(동): 매우 기쁘다, 기뻐하다

ἀγαπάω(동): 사랑하다, 사랑을 보여주다, 갈망하다

ἀγάπη, -ης, ἡ(명): 사랑, 관심, 애찬

ἀγαπητός, -ή, -όν(형): 사랑받는, 귀한; 유일한

ἀγγέλλω(동): 말하다, 고하다

ἄγγελος, -ου, ὁ(명): 천사, 사자

ἀγέλη, -ης, ἡ(명): (돼지의) 떼

ἁγιάζω(동): 거룩하게 하다, 깨끗하게 하다

ἅγιος, -α, -ον(형): 거룩한; 성도(명사로 사용될 때)

ἁγνίζω(동): 정결하게 하다, 깨끗하게 하다

ἀγνοέω(동): 무지하다, 깨닫지 못하다, 소홀히 하다, 부지중에 죄를 짓다

ἀγοράζω(동): 사다, 구속하다, 값주고 사다

’Ἀγρίππας, -α, ὁ(명): 아그립바, 헤롯 아그립바

ἀγρός, -ου, ὁ(명): 들, 농장, 시골

ἄγω(동): 인도하다, 가지고 가다, 가다

ἀγών, -ῶνος, ὁ(명): 싸움, 투쟁, 경주

ἀγωνίζομαι (동): (디포)투쟁하다, 싸우다, 최선을 다하다, 경쟁하다

’Ἀδάμ, ὁ(명): 아담

ἀδελφή, -ῆς, ἡ(명): 자매, 동료 신자

ἀδελφός, *-οῦ*, *ὁ*(명): 형제(형, 동생), 동포, 이웃

ᾅδης, *-ου*, *ὁ*(명): 하데스, 음부, 죽음

ἀδιαλείπτως(부): 쉬지 않고, 계속하여, 항상

ἀδικέω(동): 잘못하다, 불공정하게 다루다, 악을 행하다, 죄를 짓다

ἀδικία, *-ας*, *ἡ*(명): 잘못함, 불의, 부정

ἄδικος, *-ον*(형): 불의한, 악한, 죄가 있는, 부정직한

ἀδύνατος, *-ον*(형): 불가능한, 약한

ἀεί(부): 항상

ἀήρ, *ἀέρος*, *ὁ*(명): 공기, 대기권, 우주공간

ἀθετέω(동): 거부하다, 거절하다, 제쳐놓다, 무효화시키다

Ἀθηναῖος, *-α*, *-ον*(명): 아덴 사람

Αἴγυπτος, *-ου*, *ἡ*(명): 애굽, 이집트

Αἰθίοψ, *-οπος*, *ὁ*(명): 에디오피아 사람

αἷμα, *-ατος*, *τό*(명): 피, 죽음, 살인

Αἰνών, *ἡ*(명): 애논

αἱρέομαι(동): (디포) 고르다, 선호하다; 정하다

αἴρω(동): 들어올리다, 가지고 가다; 취하다

αἰτέω(동): 요청하다, 요구하다

αἰτία, *-ας*, *ἡ*(명): 원인, 이유, 항고의 조건, 죄목, 고소

αἰών, *αἰῶνος*, *ὁ*(명): 세대, 세상질서, 영원, 현세

αἰώνιος, (*-α*), *-ον*(형): 영원한, 끝나지 않는

ἀκάθαρτος, *-ον*(형): 불결한, 부정한, 하나님과 관계가 없는

ἄκανθα, *-ης*, *ἡ*(명): 가시나무

ἀκατάκριτος, *-ον*(형): 법에 의한 심판 없이, 정죄받지 않은

ἀκμήν(부): 여기까지, 지금도

ἀκοή, *-ῆς*, *ἡ*(명): 보고, 소식, 전파함, 귀, 들음

ἀκολουθέω(동): 따라가다, 제자가 되다

ἀκούω(동): 듣다, 이해하다

ἀκριβής, *-ές*(형): 엄격한

ἀκριβῶς(부): 정확하게

ἀκροβυστία, *-ας*, *ἡ*(명): 무할례, 이방인, 이방

ἄκρον, *-ου*, *τό*(명): 끝, 경계

Ἀκύλας, *ὁ*(명): 아굴라(대격: *-αν*)

ἅλας, ἅλατος, τό,(명): 소금

ἀλέκτωρ, -ορος, ὁ(명): 수탉

ἀλήθεια, -ας, ἡ(명): 진실, 올바름, 참, 진리, 실재

ἀληθής, -ές(형): 진실한, 정직한, 순전한

ἀληθινός, -ή, -όν(형): 진실한, 참된, 의지할 만한

ἀλλά(접): 그러나, 오히려, 반대로 (모음으로 시작하는 단어 앞에서는 ἀλλ' 가 된다)

ἀλλάσσω(동): 바꾸다, 변경하다, 변화하다

ἀλλήλων, -οις, -ους(대): 서로서로(상호대명사)

ἄλλος, -η, -ο(형): (중성 단수 주격과 대격에서 ον대신에 ο이 된다) 다른(본질은 같은)

ἀλλότριος, -α, -ον(대): 다른 이의(소유대명사)

ἄλλως(부): 달리, 다르게

ἅλυσις, -εως, ἡ(명): 쇠사슬, 차꼬, 감금

Ἄλφα, τό(명): 알파, 시작, 처음

Ἁλφαῖος, -ου, ὁ(명): 알패오

ἀλώπηξ, -εκος, ἡ(명): 여우

ἀμαράντινος, -η, -ον(형): 시들지 않는

ἁμαρτάνω(동): 죄를 짓다, 잘못을 행하다

ἁμάρτημα, -τος, τό(명): 죄, 죄가 되는 행위

ἁμαρτία, -ας, ἡ(명): 죄

ἁμαρτωλός, -όν(형): 죄 있는, 죄 지은; 죄인(명사로 사용될 때)

ἀμέμπτως(부): 흠이 없이, 책망할 것 없이

ἀμήν(불변화사): 아멘, 진실로

ἄμπελος, -ου, ἡ(명): 포도나무

ἀμπελών, -ῶνος, ὁ(명): 포도원

ἀμφότεροι, -αι, -α(형): 둘 다(both); 모두(all)

ἄν(불변화사): 가능성을 표현하는 불변화사(해석하지 않음)

ἀνά(전): + 대격: ~ 위로, ~ 씩(마 20:9, ἀνὰ δηνάριον: 한 데나리온씩)

ἀναβαίνω(동): 올라가다, 승선하다, 일어나다

ἀναβλέπω(동): 다시 보다, 쳐다보다, 볼 수 있다

ἀναγγέλλω(동): 말하다, 선포하다, 알리다

ἀναγινώσκω(동): 읽는다, (공중예배에서)낭독한다

ἀνάγω(동): 위로 올리다, 위로 이끌다, (중/수)항해를 시작하다

ἀνάθεμα, -ατος, τό(명): 저주받은 것, 봉헌제물; 하나님의 저주 아래 있는

ἀναιρέω(동): 죽이다, 파괴하다, 없애다, (중)입양하다

ἀναίτιος, -ον(형): 죄 없는

ἀνακαίνωσις, -εως, ἡ(명): 혁신, 새롭게 함

ἀνακεφαλαιόω(동): 모으다, 연합하다

ἀνακράζω(동): 외치다, 소리치다

ἀνακρίνω(동): 심문하다, 조사하다, 심판하다, 평가하다

ἀναλαμβάνω(동): 들어올리다, 취하다

ἀνάμνησις, -εως, ἡ(명): 기념, 기억

Ἀνανίας, -ου, ὁ(명): 아나니아

ἀναπαύω(동): 안식을 주다, 새롭게 하다, (중)쉬다, 편하게 하다

ἀναπέμπω(동): 올려 보내다

ἀναπολόγητος, -ον(형): 이유 없는, 변명할 수 없는

ἀνάστασις, -σεως, ἡ(명): 부활

ἀναστροφή, -ῆς, ἡ(명): 행실, 삶의 방식

ἀνατάσσομαι(동): (디포)편집하다, 기록하다, 집필하다

ἀνατολή, -ῆς, ἡ(명): 동쪽, 떠오름, 낮, 미명

ἀνατρέφω(동): 양육하다, 기르다, 훈육하다

ἀναφέρω(동): 제공하다, 이끌다, 짐을 지다, 치우다

ἀναχωρέω(동): 물러가다, 멀리 가다, 돌아오다

ἀναψύχω(동): 원기를 회복시키다, 힘을 북돋우다

Ἀνδρέας, -ου, ὁ(명): 안드레

ἀνεκτός, -όν(형): 견디는

ἄνεμος, -ου, ὁ(명): 바람

ἀνέχομαι(동): (디포)참다, 인내하다

ἀνήρ, ἀνδρός, ὁ(명): 남자, 남편

ἀνθίστημι(동): 대항하다, 반대하다

ἄνθος, -ους, τό(명): 꽃

ἀνθρωποκτόνος, -ου, ὁ(명): 살인자

ἄνθρωπος, -ου, ὁ(명): 인간, 사람, 아들, 종

ἀνίστημι(동): (타, 능) 일으켜 세우다, 지명하다; (자, 중)일어나다, 서다, 나타나다, 오다

ἀνοίγω(동): (타)열다, 회복하다, (자)열리다

ἀνομία, -ας, ἡ(명): 불법, 죄, 악함

ἄνομος, -ον(형): 불법의, 법이 없는, 범죄자의; 율법 밖의 사람, 이방인(명사로 사용될 때)

ἀντί(전): + 속격, ~ 대신에(대하여), ~ 을 위하여; ἀνθ' ὧν: 이러므로

ἀντιλογία, -ας, ἡ(명): 논쟁, 반박, 증오, 반역

'Αντιόχεια, -ας, ἡ(명): 안디옥

ἄνω(부): 위에서, 위로부터

ἄνωθεν(부): 위로부터, 다시

ἄξιος, -α, -ον(형): 알맞는, 합당한, ~ 할 만한

ἀξιόω(동): 가치 있다고 여기다(만들다), 최선이라고 생각하다, 갈망하다

ἀπαγγέλλω(동): 말하다, 알리다, 선포하다

ἀπάγω(동): (타)억지로 끌어내다, 길을 잃게 하다, 죽이다; (자)인도하다

ἀπαίρω(동): 멀리 치우다

ἀπαλλάσσω(동): (타) 자유를 주다, (자)떠나다

ἀπαλλοτριόομαι(동): (디포) 외인이 되다, 관계가 없다

ἅπαξ(부): 한번(once)

ἀπαρνέομαι(동): (디포)부인하다, 거절하다

ἅπας, ἅπασα, ἅπαν(형): 모든, 각, 전

ἀπείθεια, -ας, ἡ(명): 불순종

ἀπειθέω(동): 불순종하다, 믿지 않다

ἀπειθής, -ές(형): 불순종하는, 거역하는

ἄπειμι(동): 멀리 떠나 있다, 부재중이다

ἀπεκδύομαι(동): (디포) 무장해제하다, 벗어버리다, 해고하다

ἀπέρχομαι(동): (디포)가다, 떠나다, 끝나다, 퍼지다

ἀπέχω(동): (타)충분히 받다, 다시 가지다; (자)멀리 떨어져 있다; (중)삼가다, 피하다; (비인칭 동사) ~ 이 충분하다

ἄπιστος, -ον(형): 믿지 않는, 믿음이 없는

ἀπό(전): + 속격, ~ 로부터, ~ 출신의, ~ 때문에

ἀπογράφω(동): 등록하다, 호적하다

ἀποδεκατόω(동): 십일조를 내다, 십분의 일을 떼다

ἀποδίδωμι(동): 돌려주다, 되갚다, 상을 주다

ἀποδοκιμάζω(동): 배척하다, 버리다

ἀποθνῄσκω(동): 죽다

ἀποκαλύπτω(동): 계시하다, 밝히다

ἀποκρίνομαι(동): (디포)대답하다(여격지배 동사)

ἀποκρύπτω(동): 숨기다, 비밀로 하다

ἀπόκρυφος, -ον(형): 비밀의; 멀리 숨겨둔

ἀποκτείνω(동): 죽이다

ἀπολείπω(동): 뒤에 남겨두다, 두고 가다

ἀπόλλυμι(동): 멸망시키다, 죽이다; (중)잃다, 멸망하다

ἀπολύτρωσις, -σεως, ἡ(명): 해방시킴, 구원, 구속

ἀπολύω(동): 풀어주다, 멀리 보내다, 이혼하다, 용서하다; (중) 떠나다

ἀποστέλλω(동): 보내다

ἀπόστολος, -ου, ὁ(명): 사도, 사자

ἀποστρέφω(동): 돌아서다, 추방하다, 치우다; (중)거절하다, 버리다

ἀποτάσσομαι(동): (디포)작별인사를 하다, 떠나다, 헤어지다

ἀποτίθημι(동): 던져버리다, 없애버리다, 벗다

ἀποφέρω(동): 위하다, 옮기다, 억지로 끌어내다

ἅπτω(동): 불을 밝히다, 불을 붙이다; (중)잡다, 접촉하다

ἀπωθέομαι(동): (디포)옆으로 제쳐놓다, 거절하다

ἀπώλεια, -ας, ἡ(명): 멸망, 완전한 폐허, 지옥

ἄρα(불변화사): 그러므로, 결과적으로, 그래서

Ἄραψ, -αβος, ὁ(명): 아라비아 사람

ἀργός, -ή, -όν(형): 게으른, 실업자의

ἀργύριον, ου, τό(명): 은전, 돈, 은

ἀρέσκω(동): 기쁘게 하려고 하다, 기쁘게 하다, 기뻐할 만하다

ἀρήν, ἀρνός, ὁ(명): 어린 양

ἀριθμός, -οῦ, ὁ(명): 수, 총수

ἀρκετός, -ή, -όν(형): 충분한; ~ 이 충분하다

ἀρνέομαι(동): (디포)거절하다, 부정하다

ἅρπαξ, 속격 -αγος(형): 탐욕스러운, 훔치는

ἄρσην, -εν(형): 남성의, 남자(명사)

ἄρτι(부): 지금, 현재, 당장

ἄρτος, -ου, ὁ(명): 떡, 떡덩이, 양식, 먹을 것

ἀρχαῖος, -α, -ον(형): 오래된, 고대의, 이전의, 원래의

ἀρχή, -ῆς, ἡ(명): 시작, 처음, 기원, 제1원인, 권세(자)

ἀρχιερεύς, -έως, ὁ(명): 대제사장, 대제사장 가문의 일원

ἀρχισυνάγωγος, -ου, ὁ(명): 회당장

ἄρχομαι(동): (디포)시작하다

ἄρχω(동): 다스리다(속격지배 동사)

ἄρχων, -χοντος, ὁ(명): 지배자, 관원, 당국자, 재판관

ἀσεβής, -ές(형): 불경건한

ἀσθένεια, -ας, ἡ(명): 약함, 병

ἀσθενέω(동): 아프다, 병이 나다, 약하다

ἀσθενής, -ές(형): 연약한, 병든, 민감한

'Ασία, -ας, ἡ(명): 아시아

ἀσκός, -οῦ, ὁ(명): 포도주 부대

ἀσπάζομαι(동): (디포)인사하다, 안부를 전하다

ἀσπασμός, -οῦ, ὁ(명): 인사

ἀσσάριον, -ου, τό(명): 앗사리온(로마의 동전 = 1/16 데나리온)

ἀστήρ, -έρος, ὁ(명): 별

ἀστραπή, -ῆς, ἡ(명): 섬광, 번쩍이는 빛

ἀσφαλής, -ές(형): 안전한, 확실한

ἀσωτία, -ας, ἡ(명): 방탕함, 난봉

ἀσώτως(부): 방탕하게, 부도덕하게

ἀτιμία, -ας, ἡ(명): 불명예, 부끄러움, 수치, 창피줌

αὐλή, -ῆς, ἡ(명): 뜰, 관저, (양)우리

αὐλίζομαι(동): (디포)밤을 보내다

αὐξάνω(동): (자)자라다, 증가하다, 퍼지다, (타)자라게 하다, 증가시키다

αὔριον(부): 내일, 곧

αὐτός, -ή, -ό(대): 그, 그녀, 그것; ~ 자신의; 동일한

ἀφαιρέω(동): 거두어가다, 치우다, 잘라내다

ἄφεσις, -σεως, ἡ(명): 죄사함, 방면

ἀφίημι(동): 취소하다, 용서하다, 허락하다, 버리다, 가게 하다, 이혼하다

ἀφίσταμαι(동): (디포)떠나다; 버리다; 배도하다; 멀리하다

ἀφορίζω(동): 분리하다, 배제시키다

ἄφρων, -ον(형): 어리석은, 지각없는, 무식한

ἄχρι(=ἄχρις)(전): + 속격. ~ 때까지; (접속사) ~ 때까지

B

Βαβυλών, -ῶνος, ἡ(명): 바벨론

βάθος, -ους, τό(명): 깊음, 거대함

βαθύς, -εῖα, -ύ(형): 깊은

Βαλαάμ, ὁ(명): 발람

Βαλάκ, ὁ(명): 발락

βάλλω(동): 던지다, 놓다, 쏟다, 투자하다

βαπτίζω(동): 침례를 주다; 잠그다

βάπτισμα, -ατος, τό(명): 침례

βαπτιστής, -οῦ, ὁ(명): 침례자, 침례 주는 이

Βαραββᾶς, -ᾶ, ὁ(명): 바라바

Βαριωνᾶ, ὁ(명): 바요나

Βαρναβᾶς, -ᾶ, ὁ(명): 바나바, 위로의 아들

βάρος, -ους, τό(명): 짐; 무게; 중요성

βαρύς, -εῖα, -ύ(형): 무거운, 어려운, 중요한

βασανίζω(동): 괴롭히다, 요란케 하다, (파도가)치다

βασανιστής, -οῦ, ὁ(명): 간수, 옥졸

βασιλεία, -ας, ἡ(명): 왕국, 왕권, 왕정

βασιλεύς, -έως, ὁ(명): 왕

βασιλεύω(동): 다스리다, 왕이 되다, 통치하다

βαστάζω(동): 지다, 견디다, 참다, 옮기다

βάτραχος, -ου, ὁ(명): 개구리

βδελυκτός, -ή, -όν(형): 혐오스러운, 몹시 나쁜

Βεελζεβούλ, ὁ(명): 바알세불

βέλτιον(부): 잘, 더 잘

βελτίων, -ον(형): 더 좋은

Βέροια, -ας, ἡ(명): 베뢰아

Βηθλέεμ, ἡ(명): 베들레헴

βῆμα, -ατος, τό(명): 재판석, 심판석, 법정

βιάζω(중):힘으로 들어가다(동); 힘을 행사하다; (수)난폭함을 당하다

βιβλαρίδιον, -ου, τό(명): 작은 책, 두루마리

βιβλίον, -ου, τό(명): 책, 두루마리, 문서

βίβλος, -ου, ἡ(명): 책, 기록

βιβρώσκω(동): 먹다

βλαστάνω/βλαστάω(동): (자)싹트다, (타)산출하다, 생산하다

βλασφημέω(동): 하나님을 거역하여 말하다, 모독하다, 멸시하다, 중상하다

βλασφημία, -ας, ἡ(명): 하나님을 거역하여 말하기, 비방, 중상, 모독

βλέπω(동): 보다, 주목하다

βοάω(동): 부르다, 외치다, 소리치다

βορρᾶς, -ᾶ, ὁ(명): 북쪽

βόσκω(동): (가축을) 치다, 먹이다

βουλεύομαι(동): (디포)계획하다, 정하다, 숙고하다

βούλομαι(동): (디포)뜻하다, 원하다

βοῦς, βοός, ὁ(명): 황소

βραχύς, -εῖα, -ύ(형): 작은, 적은, 짧은

βρέχω(동): 비가 오다(보내다), 젖다

βρῶμα, -ατος, τό(명): 음식, 딱딱한 음식

βρῶσις, -σεως, ἡ(명): 음식, 먹을 것, 식사

Γ

γάλα, γάλακτος, τό(명): 우유, 젖

Γαλιλαία, -ας, ἡ(명): 갈릴리

γαμέω(동): 장가가다, 결혼하다

γαμίζω(동): 시집보내다

γάρ(접): 그러므로, 왜냐하면, 그래서

γαστήρ, -τρός, ἡ(명): 자궁, 대식가

γέ(불변화사): 적어도, 그렇지만(후접어)

γέεννα, -ης, ἡ(명): 힌놈의 아들의 골짜기, 지옥

γεμίζω(동): 채우다

γενεά, -ᾶς, ἡ(명): 세대, 기간, 시대, 가족, 자손

γεννάω(동): 아버지가 되다, 낳다; (수)태어나다; ~ 에 이르게 하다

γεννητός, -ή, -όν(형): 태어난

γένος, -ους, τό(명): 가족, 종족, 나라, 백성, 후손, 종류

γεύομαι(동): (디포)맛을 보다, 먹다, 경험하다

γεωργός, -οῦ, ὁ(명): 농부, 소작인, 포도원 지기

γῆ, γῆς, ἡ(명): 땅, 흙, 육지, 지방, 지구, 인간, 인류

γίνομαι(동): (디포)되다, 이다(주격보어를 취한다)

γινώσκω(동): 알다, 발견하다, 이해하다, 배우다

γλυκύς, -εῖα, -ύ(형): 단, 달콤한

γλῶσσα, -ης, ἡ(명): 혀, 언어, 방언, 말

γνωρίζω(동): 알리다, 알게 하다, 알다

γνῶσις, -σεως, ἡ(명): 지식

γογγύζω(동): 불평하다, 중얼거리다, 수군거리다

Γολγοθᾶ, -ᾶν(대격만 변화한다), *ἡ*(명): 골고다(아람어)

Γόμορρα, -ας, ἡ(명): 고모라

γονεύς, -έως, ὁ(명): 부모(복수만 나온다)

γόνυ, γόνατος, τό(명): 무릎

γράμμα, -ατος, τό(명): 문자, 성경, 편지, 청구서, 학습

γραμματεύς, -έως, ὁ(명): 서기관, 율법학자

γραφή, -ῆς, ἡ(명): 성경, 성경의 구절

γράφω(동): 쓰다, 작문하다, 서명하다

γρηγορέω(동): 깨어있다, 경계하다, 살아 있다

γυμνός, -ή, -όν(형): 벌거벗은, 옷을 입지 않은, 노출된, 옷이 필요한

γυνή, γυναικός, ἡ(명): 여자, 아내

Δ

δαιμονίζομαι(동): (디포)귀신들리다

δαιμόνιον, -ου, το(명): 귀신, 악령, 신

δακρύω(동): 울다

δάκτυλος, -ου, ὁ(명): 손가락

Δαμασκός, -οῦ, ἡ(명): 다메섹

Δαυίδ, ὁ(명): 다윗

δέ(접/불변화사): 그런데, 그러나, 오히려, 이제, 그래서(후치사)

δέησις, -σεως, ἡ(명): 기도, 청원

δεῖ(동): (비인칭 동사) 해야만 한다, 필요하다

δείκνυμι(동): 보여주다, 밝히다, 설명하다, 증명하다

δεισιδαίμων, -ον(형): 종교적인

δέκα(수): 열

δεκαοκτώ 혹은 *δέκα καὶ ὀκτώ*(수): 열여덟

δεκαπέντε(수): 열다섯

δεκατέσσαρες(수): 열넷

δέκατος, -η -ον(수): 열 번째(tenth)

δένδρον, -ου, τό(명): 나무

δεξιός, -ά, -όν(형): 오른편의

δέομαι(동): (디포)구하다, 애원하다, 기도하다

δέρω(동): 때리다, 치다

δέσμιος, -ου, ὁ(명): 죄수

δεσμός, -οῦ, ὁ(명): 끈, 차고 ; 투옥, 감옥

δεσπότης, -ου, ὁ(명): 주인, 소유자, 노예의 주인

δεῦτε(부): 오라(명령, 권면)

δεύτερος -α, -ον(수): 두번째(second)

δέχομαι(동): (디포)영접하다, 환영하다

δέω(동): 묶다, 매다; 감옥에 넣다, 금지하다

δή(불변화사): 이제, 그러면, 그러므로, 결단코, 참으로

δηλόω(동): 분명히 하다, 보여주다, 알리다

Δημᾶς, -ᾶ, ὁ(명): 데마

Δημήτριος, -ου, ὁ(명): 데메드리오

δημόσιος, -α, -ον(형): 공개적인, 공공의; *δημοσίᾳ*(부): 공개적으로

δηνάριον, -ου, τό(명): 데나리온(노동자의 일일 품삯의 가치가 있는 로마 은전)

διά(전): + 속격, ~ 을 통하여, ~ 에 의하여, ~ 로; + 대격: ~ 때문에, ~ 을 위하여

διαβλέπω(동): 분명히 보다

διάβολος, -ον(형): 비방하는; 마귀(명사로 사용될 때)

διαγογγύζω(동): 불평하다, 중얼거리다

διαδίδωμι(동): 분배하다, 나누다

διαθήκη, -ης, ἡ(명): 언약, 계약, 유언

διακονέω(동): 섬기다, 시종 들다, 돌보다, 공급하다, 집사로 섬기다

διακονία, -ας, ἡ(명): 봉사, 섬김, 사역, 직무, 원조

διάκονος, -ου, ὁ 혹은 *ἡ*(명): 종, 일꾼, 집사

διακόσιοι, -αι, -α(수): 이백(200)

διακωλύω(동): 방지하다, 만류하다

διαλέγομαι(동): (디포)토론하다, 논쟁하다, 말하다

διαλλάσσομαι(동): (디포)화목하다, 화목되다

διαλογίζομαι(동): (디포)생각하다, 숙고하다.

διαμαρτύρομαι(동): (디포)엄숙하고 강하게 선포하다, 경고하다

διαμερίζω(동): 분배하다, 나누다

διάνοια, -ας, ἡ(명): 생각, 총명, 의도, 목적, 사고

διανοίγω(동): 열다, 설명하다

διασκορπίζω(동): 흩다, 허비하다

διασπάω(동): 잡아당겨 찢다

διασπείρω(동): 흩뿌리다

διασπορά, -ᾶς, ἡ(명): 분산, 흩어진 자들, 디아스포라

διαστέλλομαι(동): (디포)명(령)하다

διασῴζω(동): 안전하게 데려오다, 구원하다, 치료하다; (수)피하다

διαταράσσομαι(동): (디포)심히 혼동되다, 매우 어려워하다

διατάσσω(동): 명하다, 교훈하다, 정렬하다

διατηρέω(동): 지키다, 간수하다

διατίθεμαι(동): (디포)(계약이나 유언을)만들다(세우다)

διατρίβω(동): 머물다, 남아 있다

διαφέρω(동): (자) ~ 보다 낫다, 서로 다르다; (타)퍼지다, 몰아내다

διδασκαλία, -ας, ἡ(명): 가르침, 가르치기, 교훈

διδάσκαλος, -ου, ὁ(명): 선생, 교사, 랍비

διδάσκω(동): 가르치다

διδαχή, -ῆς, ἡ(명): 교훈, 가르치는 내용(행위)

Δίδυμος, -ου, ὁ(명): 디두모

δίδωμι(동): 주다, 허락하다, 지명하다

διεγείρω(동): 깨어나다, 일어나다

διέρχομαι(동): (디포)통과하다, 건너가다, 돌아다니다

διηγέομαι(동): 말하다, 고하다, 관계를 짓다

διηνεκής, -ές(형): 연속적인, 지속적인

δίκαιος, -α, -ον(형): 의로운, 정당한

δικαιοσύνη, -ης, ἡ(명): 의, 하나님의 요구, 바른 관계

δικαιόω(동): (하나님과) 바른 관계에 있다, 의롭다고 선포하다

δικαίωμα, -ατος, τό(명): 법규, 요구사항, 의로운 행위, 심판, 무죄 방면

δικαίως(부): 정당하게

δίκτυον, -ου, το,(명): 고기잡는 그물

διό(접): 이러므로, 이런 연유로

δίς(부): 두 번(twice)

δισχίλιοι, -αι, -α(수): 이천(2000)

διψάω(동): 목마르다, 갈망하다

διώκω(동): 추구하다, 찾다, 핍박하다

δόγμα, -τος, τό(명): 규칙, 규례, 법, 질서; 칙령

δοκέω(동): (타)생각하다, 간주하다, 여기다; (타) ~ 인 듯하다, ~ 로 인식되다

δοκιμάζω(동): 증명하기 위하여 시험하다(조사하다), 분별하다, 증명하다, 보여주다

δόξα, -ης, ἡ(명): 영광, 광채, 위엄, 영예, 명성

δοξάζω(동): 찬양하다, 영예를 돌리다, 영광스럽게 하다, 높이다

δότης, -ου, ὁ(명): 내는 자, 주는 자

δουλεύω(동): 종이 되다, 예속되다

δούλη, -ης, ἡ(명): 여종(노예)

δοῦλος, -ου, ὁ(명): 종, 노예

δράκων, -οντος, ὁ(명): 용(마귀에 대한 상징어)

δράσσομαι(명): (디포)잡다, 덫을 놓다

δρόμος, -ου, ὁ(명): 경로, 경주

δύναμαι(동): (디포)할 수 있다, ~ 할 능력이 있다

δύναμις, -μεως, ἡ(명): 능력, 힘, 기적

δυνατός, -ή, -όν(형): 능력 있는, 가능한

δύο(수): 둘; 여격에서만 δυσίν으로 변한다.

δυσμή, -ῆς, ἡ(명): 서쪽(항상 복수)

δώδεκα 혹은 δεκαδύο(수): 열 둘

δωδέκατος, -η, -ον(수): 열두 번째(twelfth)

δωρεάν(부): 값없이, 거저, 선물로

δῶρον, -ου, τό(명): 선물, 예물

Ε

ἔα(감): 아!

ἐάν(접): 만약 ~ 한다면, ~ 할 때, 비록 ~ 할지라도; 때로는 ἄν과 동일하게 사용된다

ἑαυτοῦ, ῆς, οῦ(대): 그, 그녀 자신, 그것 자체(재귀대명사)

ἐάω(동): 허락하다, 놓아주다

ἑβδομήκοντα(수): 일흔(70)

ἑβδομηκοντάκις(부): 일흔 번

ἕβδομος, -η, -ον(수): 일곱 번째(seventh)

Ἑβραϊστί(부): 히브리말(아람어)로

ἐγγίζω(동): 가까이 가다(오다), 접근하다

ἐγγύς(부): 가까이

ἐγείρω(동): 일으키다, 살리다, 깨우다

ἐγκαταλείπω(동): 버리다, 포기하다, 남겨두다, 무시하다

ἐγκρατεύομαι(동): (디포)삼가다, 절제하다

ἐγώ(대): (1인칭 단수)나

ἔθνος, -ους, τό(명): 나라, 백성, 비유대인, 이방인, 비신자

ἔθος, -ους, τό (명): 습관, 관습

εἰ(접): 만약 ~ 한다면, ~ 만 한다면, ~ 인지 아닌지; εἰ μή (접): ~ 를 제외하고, ~ 외에는

εἶδος, -ους, τό(명): 모양, 모습, 형용

εἰδωλόθυτος, -ον(형): 우상에게 바쳐진 고기(명사로 사용될 때, 중성)

εἰκῇ(부): 헛되이, 이유 없이

εἴκοσι(ν)(수): 스물

εἴκω(동): 굴복하다, 항복하다

εἰκών, εἰκόνος, ἡ(명): 형상, 모양, 외양

εἰμί(동): 이다, 있다, 일어나다, 살다, 머물다, 가다, 오다

εἴπερ(접): ~ 가 사실이라면, ~ 하는 한

εἰρηνεύω(동): 평안하다, 평안하게 살다

εἰρήνη, -ης, ἡ(명): 평강, 평안, 조화, 질서

εἰρηνοποιός, -οῦ, ὁ(명): 화목케 하는 자(peace-maker)

εἰς(전): + 대격, ~ 안으로, ~ 에게로, ~ 을 위하여, ~ 안에, ~ 에 관하여

εἷς, μία, ἕν, ἑνός, μιᾶς, ἑνός(수): 하나(1); 유일한, 하나의

εἰσάγω(동): (타)인도해 들이다, 가지고 들어오다

εἰσέρχομαι(동): (디포)들어가다, 참여하다, 빠지다, 일어나다

εἰσπορεύομαι(동): (디포)안으로 들어가다(오다)

εἰσφέρω(동): 이끌어들이다, 가지고 오다

εἴτε(접): 만약 ~ 면, ~ 인지 아닌지; εἴτε. . . εἴτε: 혹은 ~ 혹은, ~ 한다면 ~ 한다면

εἴωθα(동): -한 습관이 있다(현재완료이나 현재의 뜻으로 사용된다)

ἐκ(전): + 속격, ~ 으로부터, ~ 에 의하여

ἕκαστος, -η, -ον(형): 각각의, 모든

ἑκατόν(수): 백(100)

ἑκατοντάρχης, -ου, ὁ(명): 백부장

ἐκβάλλω(동): 내던지다, 내보내다

ἐκεῖ(부): 거기, 그곳에

ἐκεῖθεν(부): 거기로부터

ἐκεῖνος, -η, -ο(대): 저것(지시대명사); 그, 그녀, 그것

ἐκκλησία, -ας, ἡ(명): 교회, 회중, 회합, 모임, 회집

ἐκλέγομαι(동): (디포)선택하다, 고르다

ἐκλεκτός, -ή, -όν(형): 선택된, 택함을 입은

ἐκλύομαι(동): (디포)포기하다, 지치다, 피곤하다

ἐκπίπτω(동): ~ 에서 떨어지다, 잃다, 실패하다

ἐκπλήσσομαι(동): (디포) 놀라다

ἐκπορεύομαι(동): (디포)나가다(오다), 나가버리다

ἔκστασις, -εως, ἡ(명): 경이, 황홀(경), 이상

ἐκτείνω(동): 뻗치다, 쭉 펴다, (닻을) 내리다

ἐκτίθεμαι(동): (디포)설명하다; 밖에 버려지다

ἕκτος, -η, -ον(수): 여섯번째(sixth)

ἐκφέρω(동): 이끌다, 내놓다, 생산하다

ἐκφεύγω(동): 도망가다, 피하다, 멀리 달아나다

ἐκχέω(동): 쏟다, (피를) 흘리다, (수)자신을 포기하다, 내던지다

ἐλαιών, -ῶνος, ὁ(명): 올리브밭

ἐλάσσων, -ον 혹은 ἐλάττων, -ον(형): 더 작은(적은); 열등한; 젊은

ἐλαύνω(동): 몰다, 배를 젓다

ἐλαφρός, -ά, -όν(형): 가벼운, 지기 쉬운, 중요하지 않은

ἐλάχιστος, -η, -ον(형): 가장 작은/적은; 중요하지 않은

ἐλεάω(동): 자비롭다; 친절함을 보여주다

ἔλεγχος, -ου, ὁ(명): 증거, 확증, 확실성

ἐλέγχω(동): -의 잘못(실수)을 보여주다, 정죄하다, 책망하다

ἐλεεινός, -ή, -όν(형): 가련한, 불쌍한

ἔλεος, -ους, τό(명): 자비, 동정

ἐλευθερία, -ας, ἡ(명): 자유

ἐλεύθερος, -α, -ον(형): 자유로운, 독립된, 면제된, 매이지 안는

ἐλευθερόω(동): 자유를 주다, 해방하다

ἕλκω(동): 끌어당기다, 잡아당기다

Ἕλλην, -ηνος, ὁ(명): 헬라사람; 이방인

Ἑλληνιστί(부): 헬라말로

ἐλπίζω(동): 희망하다, 바라다

ἐλπίς, -ίδος, ἡ(명): 소망, 소망의 근거, 소망하는 것

ἐμαυτοῦ, -ῆς(대): 나 자신(재귀대명사)

ἐμβαίνω(동): (배에) 타다, 들어서다, 들어가다

ἐμβλέπω(동): 똑바로 바라보다, 생각하다; (중)보다

ἐμβριμάομαι(동): (디포)심하게 말하다, 심하게 비판하다

ἐμός, -ή, -όν(대): 나의(소유대명사)

ἐμπαίζω(동): 비웃다, 조롱하다, 속이다

ἔμπροσθεν(전): + 속격, ~ 앞에, ~ 전에; (부): 앞으로, 미리

ἐμφανίζω(동): 알리다, 보고하다, 나타내다

ἐν(전): + 여격: ~ 안에, ~ 가운데, ~ 와 함께, ~ 에, ~ 으로

ἐναγκαλίζομαι(동): (디포)포옹하다

ἔνατος, -η, -ον(수): 아홉번째(ninth)

ἕνδεκα(수): 열 하나

ἑνδέκατος, -η, -ον(수): 열한번째(eleventh)

ἔνδυμα, -τος, τό(명): 의복

ἐνδυναμόω(동): 강하게 하다; (수)강해지다

ἐνδύω(동): 옷을 입다; (중)옷을 입다

ἕνεκεν, ἕνεκα, εἵνεκεν(전): + 속격 ~ 때문에, ~을 위하여

ἐνενήκοντα(수): 아흔(90)

ἐνεργέω(동): 일하다, 작동하고 있다. 효력이 있다; (타) 성취하다, 달성하다

ἔνθεν(부): 여기로부터

ἐνιαυτός, -οῦ, ὁ(명): 년, 해(year)

ἐννέα(수): 아홉

ἔνοχος, -ον(형): 책임이 있는, 죄가 있는, ~ 해야 마땅한

ἐντέλλομαι(동): (디포)명령하다

ἐντεῦθεν(부): 여기로부터, 이쪽으로부터

ἐντολή, -ῆς, ἡ(명): 계명, 명령, 교훈

ἐντρέπω(동): 부끄럽게 하다, (수) 존중하다, 부끄러워하다

ἐνώπιον(전): + 속격, ~ 앞에(비정규전치사)

ἕξ(수): 여섯

ἐξάγω(동): 인도하다,이끌어내다

ἐξαιρέω(동): 끌어내다, 구출하다, 구원하다, 택하다

ἑξακόσιοι, -αι, -α(수): 육백(600)

ἐξαλείφω(동): 쓸어버리다, 치우다, 취소하다, 파괴하다

ἔξειμι(동): 멀리 가다, 떠나다

ἐξέραμα, -τος, τό(명): 토한 것

ἐξέρχομαι(동): (디포)밖으로 나가다(오다), 탈출하다, 발원하다

ἔξεστι(동): ~ 하는 것이 합당하다(합법적이다, 가능하다)

ἑξήκοντα(수): 예순(60)

ἑξῆς(부): 다음날, 다음에

ἐξουσία, -ας, ἡ(명): 권세, 권위, 능력, 정권

ἔξω(부): 밖으로; (전) + 속격 ~ 의 밖으로; 외인, 불신자(실명사)

ἔξωθεν(부): 밖에, 외부에; (전) + 속격 ~ 밖으로부터

ἐξωθέω(동): 몰다, 뭍으로 나가다, 뭍에 얹히다

ἐξώτερος, -α, -ον(형): 더 밖의, 가장 바깥쪽의

ἑορτή, -ῆς, ἡ(명): 축제, 명절

ἐαγγελία, -ας, ἡ(명): 약속(의 내용), 동의, 결정

ἐπαγγέλλομαι(동): (디포) 약속하다, 고백하다, 주장하다

ἔπαινος, -ου, ὁ(명): 칭찬, 확증

ἐπαίρω(동): 들어올리다, (닻을) 올리다, (중)반대하고 나서다

ἐπαισχύνομαι(동): (디포)부끄러워하다

ἐπάνω(전): + 속격: ~ 위에 ~ 보다, (부): 위에, 보다 더

ἐπεί(접): 왜냐하면, 그렇지 않으면

ἔπειμι(동): 다음에 오다, 뒤따라오다

ἐπενδύομαι(동): (디포)덧입는다, 껴입는다

ἐπερωτάω(동): 묻다, 요청하다

ἐπί(전): + 속격: ~ 위에, ~ 곁에; + 대격: ~ 위에, ~ 때에; + 여격: ~ 위에, ~ 곁에

ἐπιβάλλω(동): (타)위에 놓다, 위에 던지다, 위에 떨어지다

ἐπιγινώσκω(동): 알다, 인식하다, 이해하다, 발견하다, 배우다, 잘 알다

ἐπίγνωσις, -σεως, ἡ(명): 지식, 인식, 의식

ἐπιγραφή, -ῆς, ἡ(명): (동전의)명각, 위에 쓴 글자

ἐπιδύω(동): (해가)지다, 넘어가다

ἐπιεικής, -ές(형): 친절한, 사려 깊은, 인내하는

ἐπιζητέω(동): 찾다, 갈망하다, 원하다

ἐπιθυμέω(동): 갈망하다, 탐내다

ἐπιθυμία, -ας, ἡ(명): 갈망, 욕구, 욕심

ἐπικαλέω(동): (이름을) 부르다, 별명을 부르다; (중)호소하다

ἐπιλαμβάνομαι(동): (디포)붙잡는다, 굳게 잡다, 체포하다, 돕다, 관심을 쏟다

ἐπιλανθάνομαι(동): (디포)잊다, 무시하다, 간과하다

ἐπιμένω(동): 머문다, 머물러 있다

ἐπιούσιος, -ον(형): 오늘을 위한, 내일을 위한, 생존을 위한

ἐπιπίπτω(동): 위에 떨어지다, ~ 위를 누르다

ἐπισκέπτομαι(동): (디포) 심방하다, 돌보다

ἐπισκιάζω(동): 그림자가 드리우다, 덮치다

ἐπίσκοπος, -ου, ἡ(명): 감독자, 후견인; 감독

ἐπίσταμαι(동): (디포)알다, 이해하다

ἐπιστολή, -ῆς, ἡ(명): 편지

ἐπιστρέφω(동): 돌아서다

ἐπιτελέω(동): 완성하다, 성취하다, 끝내다

ἐπιτίθημι(동): 위에 놓다, 놓다, 더하다; (중)주다

ἐπιτιμάω(동): 명령하다, 책망하다, 꾸중하다

ἐπιτρέπω(동): 허락하다

ἐπιφαύσκω(동): 빛나다, 빛을 발하다

ἐπουράνιος, -ον(형): 하늘의

ἑπτά(수): 일곱

ἑπτάκις(부): 일곱 번

ἑπτακισχίλιοι, -αι, -α 혹은 χιλιάδες ἑπτά(수): 칠천(7,000)

ἐργάζομαι(동): (디포)일하다, 장사하다, 수행하다

ἐργάτης, -ου, ὁ(명): 일꾼, 노동자

ἔργον, -ου, τό(명): 일, 행위, 공적, 직업, 업무

ἐρείδω(동): 단단히 붙어 있다

ἐρημία, -ας, ἡ(명): 광야

ἐρημόομαι(동): (디포)버려지다

ἔρημος, -ον(형): 광야의, 버려진, 사람이 살지 않는

ἔρημος, -ου, ἡ(명): 광야, 사막

ἔρις, -ιδος, ἡ(명): 싸움, 이기적인 다툼

ἔρχομαι(동): (디포)가다, 오다

ἐρωτάω(동): 묻다, 요청하다, 구하다

ἐσθίω(동): 먹다, 소비하다

ἔσχατος, -η, -ον(형): 마지막의, 가장 낮은, 가장 중요하지 않은

ἔσω(부): 안에(서); (전) + 속격. ~ 안에; (명)신자, 안에 있는 것

ἔσωθεν(부): 안에, 내부에, 안으로부터

ἐσώτερος, -α, -ον(부): 내부의, 더 안의; (전) + 속격. ~ 안에, ~ 뒤에

ἕτερος, -α, -ον(형): 다른, 상이한

ἑτέρως(부): 달리

ἔτι(부): 아직, 더욱이

ἑτοιμάζω(동): 준비하다, 예비하다

ἕτοιμος, (-η), -ον(형): 준비된, 눈앞에 있는

ἔτος, -ους, τό (명): 년, 해

εὖ(부): 잘, 잘 하였다!

εὐαγγελίζω(동): (능/중)복음전하다, 선포하다

εὐαγγέλιον, -ου, τό(명): 복음, 기쁜 소식

εὐαγγελιστής, -οῦ, ὁ(명): 전도자, 복음 전하는 자

εὐάρεστος, -ον(형): 기뻐하는, 받을 만한

εὐγενής, -ές(형): 가문이 좋은, 열린 마음의

εὐδοκέω(동): 기쁘다, ~ 을 기뻐하다, 선택하다, 뜻하다, 결단하다, 만족하다

εὐδοκία, -ας, ἡ(명): 기쁜 뜻, 기쁨, 즐거움; 소원; 목적

εὐθύς, -εῖα, -ύ(형): 곧바른, 올바른

εὐθύς(부): 즉시, 곧바로(= εὐθέως)

εὐκαιρέω(동): 시간을 보내다, 시간(기회)을 갖다

εὔκαιρος, -ον(형): 적당한, 때에 맞는

εὐκοπώτερος, -α, -ον(형): 더 쉬운

εὐλαβής, -ές(형): 믿음이 깊은, 경건한

εὐλογέω(동): 축복하다, 은혜롭게 대하다, 찬양하다, 하나님의 축복을 구하다

εὐλογία, -ας, ἡ(명): 축복, 찬양, 복, 봉헌

εὐοδόομαι(동): (디포)일이 잘 되어가다, (돈을) 벌다

εὑρίσκω(동): 발견하다, 찾다, 얻다, 받다

εὐσέβεια, -ας, ἡ(명): 경건, 경건한 삶, 종교

εὐσχήμων, -ον(형): 존경받는, 교양있는

εὐφραίνω(동): 기쁘게 하다, 격려하다, (수)즐거워하다, 기뻐하다

εὐχαριστέω(동): 감사하다

εὐχαριστία, -ας, ἡ(명): 감사, 감사한 마음, 주의 만찬

εὔχομαι(동): (디포)기도하다, 바라다, 갈망하다

ἐφάπαξ(부): 단번에

Ἔφεσος, -ου, η(명): 에베소

ἐχθρός, -ά, -όν(형): 원수의, 적개심이 있는, 미워하는

ἔχω(동): 가지다, 취하다, 소유하다

ἕως(접): ~ 까지, ~ 하는 동안; (전) + 속격. ~ 까지, ~ 하는 한, ~ 지점까지

Z

Ζαχαρίας, -ου, ὁ(명): 스가랴

ζάω/ζήω(동): 살다, 살아 있다, 살아나다

Ζεβεδαῖος, -ου, ὁ(명): 세베대

ζέω(동): (자)끓다; (타)끓이다

ζῆλος, -ου, ὁ 혹은 -ους, τό(명): 열심(제 3 변화로 2번 나온다); 시기심

ζηλόω(동): 시기하다, 마음을 두다, 깊은 관심을 갖다

ζηλωτής, -οῦ, ὁ(명): 열심이 있는 자, 열심당원

ζητέω(동): 추구하다, 찾다, 시도하다, 애쓰다

ζυγός, -οῦ, ὁ(명): 멍에, 천칭

ζύμη, -ης, ἡ(명): 누룩

ζυμόω(동): 일어나게 하다, (수) 일어나다

ζωγρέω(동): 사로잡다, 포로로 잡다

ζωή, -ῆς, ἡ(명): 생명, 영생

ζῷον, -ου, τό(명): 생물, 동물

ζῳοποιέω(동): 생명을 주다, 살게 하다

H

ἤ(불변화사): 혹은, ~ 보다(비교)

ἡγεμών, -μόνος, ὁ(명): 통치자, 지배자, 왕자

ἡγέομαι(동): (디포)생각하다, 여기다, 인도하다, 다스리다

ἤδη(부): 이미, 이제

ἥκω(동): 와 있다, 출석하고 있다(현재 직설법 3인칭 복수형: ἥκασιν)

Ἠλίας, -ου, ὁ(명): 엘리야

ἡλίκος, -η, -ον(대): 얼마나 위대한, 얼마나 큰, 얼마나 작은

ἥλιος, -ου, ὁ(명): 해, 태양

ἡμεῖς(대): 우리

ἡμέρα, -ας, ἡ(명): 날, 때

ἡμέτερος, -α, -ον(대): 우리의(소유대명사)

ἡνίκα(부): -때에

Ἡρῴδης, -ου, ὁ(명): 헤롯

Ἠσαΐας, -ου, ὁ(명): 이사야

ἥσσων, ον(형): 더 악한/더 적은

ἡττάομαι(동): (디포)지다, (~ 보다) 더 나쁘게 취급되다

Θ

θάλασσα, -ης, ἡ(명): 바다, 호수

θαμβέομαι(동): (디포)놀라다, 충격을 받다

θάνατος, -ου, ὁ(명): 죽음

θάπτω(동): 파묻다, 장사하다

θαρσέω(동): 용기를 내라! 힘을 내라!(명령법에서만 사용된다)

θαυμάζω(동): (자) 놀라다; (타) 이상하게 여기다

θεάομαι(동): (디포)보다, 살피다, 관찰하다, 방문하다

θέλημα, -ατος, τό(명): 의지, 소원, 뜻

θέλω(동): 원하다, 바라다

θεμέλιος, -ου, ὁ(명): 기초, 기반

θεμελιόω(동): 기초를 닦다, 견고하게 세우다

θεόπνευστος, -ον(형): 하나님의 감동으로 된

θεός, -οῦ, ὁ 혹은 ἡ(명): 신, 하나님

θεραπεύω(동): 치료하다; 섬기다

θεράπων, -οντος, ὁ(명): 종, 사환

θερίζω(동): 익다, 추수하다, 모아들이다

θερισμός, -οῦ, ὁ(명): 추수, 곡식

Θεσσαλονίκη, -ης, ἡ(명): 데살로니가

θεωρέω(동): 보다, 살피다, 인식하다

θῆλυς, -εια, -υ(형): 여성의, 여자(명사)

θηρίον, -ου, τό(명): 짐승, 야수, 뱀

θησαυρίζω(동): 쌓아두다, 저축하다

θησαυρός, -οῦ, ὁ(명): 창고, 곳간, 보배 함

θλῖψις, -ψεως, ἡ(명): 환난, 어려움, 고난

θνῄσκω(동): 죽다

θρησκεία, -ας, ἡ(명): 예배, 종교

θρίξ, τριχός, ἡ(명): (머리)털

θρόνος, -ου, ὁ(명): 보좌

θυγάτηρ, -τρος, ἡ(명): 딸

θυγάτριον, -ου, τό(명): 딸 아이

θυμιάω(동): 향을 피우다, 분향하다

θύρα, -ας, ἡ(명): 문, 출입문, 출구, 기회

θυσία, -ας, ἡ(명): 희생제물, 제물을 드리는 행위

θυσιαστήριον, -ου, τό(명): 제단

θύω(동): 도살하다, 제물을 바치다, 죽이다

Θωμᾶς, -ᾶ, ὁ(명): 도마

Ι

Ἰακώβ, -ου, ὁ(명): 야곱

Ἰάκωβος, -ου, ὁ(명): 야고보

ἴαμα, -τος, τό(명): 병 고침, 치유

ἰάομαι(동): (디포)고치다, 낫게 하다

ἴασις, -εως, ἡ(명): 치유, 고침

ἰατρός, -οῦ, ὁ(명): 의원, 의사

ἴδιος, -α, -ον(대): 자신의, 그 자신의, 그녀 자신의, 그들 자신들의(소유대명사)

ἰδού(부): 보라! 들으라! 여기에(거기에) 있다, 갑자기

Ἰερεμίας, -ου, ὁ(명): 예레미야

ἱερεύς, -έως, ὁ(명): 제사장

ἱερόν, -οῦ, τό(명): 성전(부속건물 포함), 성소

Ἱεροσόλυμα, τό/ἡ(명): 예루살렘; 혹은 *Ἰερουσαλήμ, ἡ*(명): 예루살렘

Ἰησοῦς, -οῦ, -οῦ, -οῦν, ὁ(명): 예수

ἱκανός, -ή, -όν(형): ~할 만한, 알맞는, 충분한, 할 수 있는, 큰, 많은

ἱλαρός, -ά, -όν(형): 즐거운, 기꺼운

ἱλάσκομαι(동): (디포)죄 용서를 가져오다, 치우다, 긍휼히 여기다; (수)자비롭다

ἱμάτιον, -ου, τό(명): 옷, 외투

ἵνα(접): -하기 위하여, 그래서 ~ 한 결과를

Ἰορδάνης, -ου, ὁ(명): 요단강

Ἰουδαία, -ας, ἡ(명): 유대

Ἰουδαῖος, -α, -ον(형): 유대(인)의

Ἰούδας, -α, ὁ(명): 유다

Ἰσαὰκ, ὁ(명): 이삭

Ἰσραήλ, ὁ(명): 이스라엘

Ἰσραηλίτης, -ου, ὁ(명): 이스라엘 사람

ἵστημι/ ἱστάνω(동): (타, 능) 세우다, 일으키다, 고정시키다; (자, 중, 수)서 있다, 정지하다

ἰσχυρός, -ά, -όν(형): 강한, 능력이 있는, 강력한

ἰσχύς, -ύος, ἡ(명): 힘, 강력

ἰσχύω(동): 할 수 있다, 이기다, 강하다, 강해지다

ἰχθύς, -ύος, ὁ(명): 물고기

Ἰωάννης, -ου, ὁ(명): 요한

K

κἀγώ(대): = καὶ ἐγώ, 그리고 내가

καθαρίζω(동): 깨끗하게 하다, 정결케 하다, 정결하다고 선언하다

καθαρός, -ά, -όν(형): 정결한, 깨끗한, 순수한

κάθημαι(동): (디포)앉다, 앉아 있다, 살다, 머물다

καθίζω(동): (자)앉다, 머물다; (타)앉게 하다, 재판관으로 택하다

καθίστημι(동): 세우다, 임명하다; (중) ~ 임을 증명하다

καθότι = διότι(접): 왜냐하면, 그래서, 그러므로

και(접): 그리고, -와, 역시, ~ 도, 즉

καινός, -ή, -όν(형): 새로운(질적으로), 사용하지 않은, 알려지지 않은

καίπερ(접): 비록 ~ 할지라도

καιρός, -οῦ, ὁ(명): 시간, 적절한 때, 시기

Καῖσαρ, -ρος, ὁ(명): 가이사, 황제

Καισάρεια, -ας, ἡ(명): 가이사랴

καίτοιγε(접): 하지만, 그러나

κἀκεῖ(부): = καὶ ἐκεῖ, 그리고 거기서, 거기서도

κἀκεῖνος, -η, -ο(대): = καὶ ἐκεῖνος, 그리고 저가, 그(그녀, 그것)도 역시

κακοποιέω(동): 악을 행하다, 해를 끼치다

κακός, -ή, -όν(형): 악한, 나쁜, 틀린, 해로운

κακόω(동): 해하다, 잔인하다

κακῶς(부): 나쁘게

καλέω(동): (이름을) 부르다, 초청하다, 소환하다

καλός, -ή, -όν(형): 좋은, 아름다운, 바른, 맞는

καλῶς(부): 잘, 바르게, 매우 잘, 부디

καρδία, -ας, ἡ(명): 심장, 속사람, 마음, 의지, 뜻

καρπός, -οῦ, ὁ(명): 열매, 수확, 결실, 이득

κατά(전): + 속격: ~ 을 대항하여, ~ 아래로; + 대격: ~ 을 따라, ~ 에 의하면

καταβαίνω(동): 내려가다

καταγγέλλω(동): 선포하다

καταδικάζω(동): 정죄하다

καταισχύνω(동): 부끄럽게 하다, 망신을 주다, 창피를 주다, 실망시키다

κατακαίω(동): 타다, 태우다, 소비하다

κατακαυχάομαι(동): (디포)자랑하다, 자만하다, 멸시하다

κατακλυσμός, -οῦ, ὁ(명): 홍수, 대 홍수

κατάκριμα, -τος, τό(명): 정죄

κατακρίνω(동): 정죄하다, 심판하다

καταλείπω(동): (뒤에) 남기다, 무시하다, 버리다

καταλλάσσω(동): (디포)(사람을 하나님과)화목시키다, (남편과 아내를) 화목시키다

καταλύω(동): (타)무너트리다, 무효케 하다; (자)유숙할 곳을 찾다, 손님이 되다

καταντάω(동): 오다, 도착하다, 도달하다, 얻다

κατάπαυσις, -σεως, ἡ(명): 안식, 안식처

καταπίνω(동): 삼키다, 삼켜버리다

κατάρα, -ας, ἡ(명): 저주받은 것, 저주

καταράομαι(동): (디포)저주하다

καταργέω(동): 무효화하다, 취소하다, 파괴하다, 없이하다

καταρτίζω(동): 수선하다, 온전케 하다; (중)준비하다

κατασείω(동): 몸짓으로 신호하다, 신호하다

κατασκηνόω(동): 살다, 거주하다

κατατομή, -ῆς, ἡ(명): 손할례당, 불구(비교: περιτομή)

καταψύχω(동): 차갑게 하다, 신선하게 하다

κατεργάζομαι(동): (디포)행하다, 수행하다, 생산하다, 준비되다, 극복하다

κατέρχομαι(동): (디포)밑으로 가다(오다), 도착하다

κατεσθίω(동): 먹어버리다, 삼켜버리다

κατευθύνω(동): 가리키다, 안내하다

κατηγορέω(동): 고소하다, 비난하다

κατηχέω(동): 가르치다, 알리다

κατισχύω(동): 이기다, 능가하다, 강하다

κατοικέω(동): 살다, 정착하다, 거주하다

κάτω(부): 아래에, 밑에

κατώτερος, -α, -ον(부): 더 낮은

κατωτέρω(부): 밑에, 더 적게

καυσόομαι(동): (디포)타버리다

καυχάομαι(동): (디포)자랑하다, 기뻐하다

καύχημα, -ατος, τό(명): 자랑의 근거, 자랑의 대상, 자랑, 자만

καύχησισ, -εως, ἡ(명): 자랑, 자만, 자랑의 대상

κεῖμαι(동): (디포)눕는다, 있다, 지명되다

κείρω(동): 양털을 깎다, 머리털(털)을 깎다

κελεύω(동): 명하다

κενός, -ή, -όν(형): 빈, 빈손의, 목적 없는, 결과 없는, 어리석은, 감각 없는

κενόω(동): 힘을 빼앗다, 포기하다, 비우다

κέντρον, -ου, τό(명): 살, 막대기

κεράμιον, -ου, τό(명): (물)동이

κέρας, κέρατος, τό(명): 뿔, 힘, 능력

κερδαίνω(동): 얻다, 유익을 얻다, 승리하다

κέρδος, -ους, τό(명): 언음, 유익

κεφαλή, -ῆς, ἡ(명): 머리, 주인, 우두머리

κήρυγμα, -τος, τό(명): 선포, 선포의 내용

κηρύσσω(동): 선포하다, 알리다, 설교하다

Κηφᾶς, -ᾶ, ὁ(명): 게바

κινέω(동): 움직이다, 흔들다, 자극하다

κλάδος, -ου, ὁ(명): (나무)가지

κλαίω(동): (자)울다; (타) ~ 을 위하여 애곡하다

κλάω(동): (떡을)떼다, 쪼개다

κλείω(동): 닫다, 잠그다

κλέπτης, -ου, ὁ(명): 도둑

κλέπτω(동): 훔치다

κληρονομέω(동): 받다, 재산을 얻다, 나누다

κληρονομία, -ας, ἡ(명): 기업, 유산(상속), 지분

κλῆσις, -σεως, ἡ(명): 부름, 소명, 삶의 상태

κλητός, -ή, -όν(형): 부름받은, 초청받은

κλίνη, -ης, ἡ(명): (간이)침대, 침상

κλίνω(동): (타)놓다, 패주시키다, 굴복시키다, (자)낡다

κοιλία, -ας, ἡ(명): 위, 배, 자궁, 입맛

κοιμάομαι(동): (디포)자다, 죽다

κοινός, -ή, -όν(형): 부정한, 통속적인, 비천한

κοινόω(동): 더럽히다, 불결하게 만들다

κοινωνέω(동): 함께하다, 참여하다, 나누다, 기여하다

κοινωνία, -ας, ἡ(명): 교제, 사귐, 함께함, 연보

κοινωνός, -οῦ, ὁ(명): 동참자, 참여자

κόκκος, -ου, ὁ(명): 씨, 낟알

κομψότερον(부): 더 나은; κομψότερον ἔχω: ~ 병이 회복되다

κοπιάω(동): (열심히) 일하다, 노동하다

κόπος, -ου, ὁ(명): 일, 노동, 힘든 일, 어려움

κόπτω(동): 자르다; (중)울다, 슬퍼하다

κορβανᾶς, -ᾶ, ὁ(명): 성전금고

κόσμος, -ου, ὁ(명): 세상, 우주, 인류, 단장

κράβαττος, -ου, ὁ(명): 침상, 들것, 간이 침대

κράζω(동): 외치다, 크게 부르다

κραταιόομαι(동): (디포)강해지다

κρατέω(동): (굳게)붙잡다, 체포하다, 삼가다, 성취하다

κράτιστος, -η, -ον(형): 가장 좋은; 각하

κράτος, -ους, τό (명): 능력, 힘, 지배, 능력 있는 행위

κραυγάζω(동): 크게 부르다, 외치다

κρείσσων, -ον 혹은 κρείττων, ον(형): 더 좋은

κρεμάννυμι(동): (타) 매달다; (자) 매달리다; ~ 에 달려 있다

Κρήτη, -ης, ἡ(명): 그레데

κρίθινος, -η, -ον(형): 보리로 만든

κρίμα, -ατος, τό(명): 판단, 결정, 평결, 징벌, 소송사건

κρίνω(동): 심판하다, 판단하다

κρίσις, -σεως, ἡ(명): 심판, 판단, 정죄

κριτής, -οῦ, ὁ(명): 재판관

κρούω(동): (문을) 두드리다

κρυπτός, -ή, -όν(형): 숨겨진, 비밀의, 내부의, 감추어진

κρύπτω(동): 숨기다, 덮다

κτάομαι(동): (디포)얻다, 취하다, 사다

κτῆμα, -τος, τό(명): 재물, 재산, 땅

κτίζω(동): 창조하다, 만들다(원래는 어간이 *δ*로 끝난다)

κτίσις, -σεως, ἡ(명): 창조, 피조물, 창조된 질서

κυλόθεν(부): 주위에

κύκλῳ(부): 주위에, 둘레에, +속격(전치사) ~ 의 주위에

κυλλός, -ή, -όν(형): 다리를 저는, 불구의

κυνάριον, -ου, τό(명): 작은 개, 강아지

κυριεύω(동): 다스리다, 주가 되다

κύριος, -ου, ὁ(명): 주, 주인, 주님, 선생님

κύων, κυνός, ὁ(명): 개

κωλύω(동): 방해하다, 막다, 금지하다, 뒤로 물러서다

κώμη, -ης, ἡ(명): 마을, 작은 읍

κώνωψ, -ωπος, ὁ(명): 모기

κωφός, -ή, -όν(형): 귀머거리의, 벙어리의

Λ

λάθρᾳ(부): 비밀리에

λαῖλαψ, -απος, ἡ(명): 폭풍우, 돌풍

λαλέω(동): 말하다, 말할 수 있다, 선포하다

λαμβάνω(동): 받다, 취하다, 고르다

λαμπάς, -άδος, ἡ(명): 등, 횃불

λάμπω(동): 비추다, 빛을 발하다

λαός, -οῦ, ὁ(명): 백성, 대중, 민중

λατρεύω(동): 섬기다, 경배하다

λάχανον, -ου, τό(명): 식물, 채소

λέγω(동): 말하다, 부르다, 명하다

Λευί, Λευίς, Λευεί, ὁ(명): 레위

λευκός, -ή, -όν(형): 흰, 빛나는, 눈부신

λέων, -οντος, ὁ(명): 사자

λῃστής, -οῦ, ὁ(명): 강도, 도둑, 혁명가

λίαν(부): 매우, 지나치게, 넘치도록, 크게

λιθοβολέω(동): 돌을 던지다

λίθος, -ου, ὁ(명): 돌

λίτρα, -ας, ἡ(명): 근, 파운드(로마의 무게 단위: 약 300그램)

λίψ, λιβός, ὁ(명): 남서풍

λογίζομαι(동): (디포) 계산하다, 여기다, 고려하다, 생각하다

λόγος, -ου, ὁ(명): 말, 말씀, 사건, 일, 계산, 이성, 근거, 가치

λοιπός, -ή, -όν(형): 나머지의, 남아 있는, 다른; (부)마지막으로(중성 단수 대격)

Λυκαονιστί(부): 루가오니아 방언으로

λυπέω(동): 고통스러워하다, 슬퍼하다, 상처를 입다, (수)슬퍼하다, 울다

λύπη, -ης, ἡ(명): 근심, 슬픔, 고통

λύτρον, -ου, τό(명): 대속물, 속전

M

μάγος, -ου, ὁ(명): 동방박사, 점성술가

μαθητής, -οῦ, ὁ(명): 제자, 배우는 자, 따르는 자

μαίνομαι(동): (디포)미치다, 정신이 나가다

μακάριος, -α, -ον(형): 복된, 축복받은, 행복한

Μακεδονία, -ας, ἡ(명): 마게도니아

μακρόθεν(부): 멀리로부터, 멀리서

μακροθυμέω(동): 참다, 참으며 기다리다

μακροθύμως(부): 참을성 있게, 인내심을 가지고

μαλακία, -ας, ἡ(명): 병, 연약함

μάλιστα(부): 가장, 특히

μᾶλλον(부): 더욱 더, 더욱이

μαμωνᾶς, -ᾶ, ὁ(명): 돈, 부

μανθάνω(동): 배우다, 발견하다, 랍비학교에 출석하다, 경험으로 배우다

μαραίνομαι(동): (디포)시들어버리다

μαργαρίτης, -ου, ὁ(명): 진주

Μαρία, -ας, ἡ(명): 마리아

μαρτυρέω(동): 증거하다, 증인이 되다, 확증하다

μαρτυρία, -ας, ἡ(명): 증거, 평판

μαρτύριον, -ου, τό(명): 증거, 물증

μάρτυς, μάρτυρος, ὁ(명): 증인, 순교자(martyr)

μάχαιρα, -ης, ἡ(명): 칼, 전쟁

μέγας, μεγάλη, μέγα(형): 큰, 거대한; 가장 큰, 놀라운

μέγιστος, -η, -ον(형): 가장 큰, 제일 큰

μεθύσκομαι(동): (디포)술취하다

μεθύω(동): 취하다, 마음껏 마시다

μείζων, -ον(형): 더 큰

μέλας, μέλαινα, μέλαν(형): 검은; 잉크(명)

μέλλω(동): (+ 부정사) ~ 하려고 하다, ~ 할 의향이 있다, ~ 하도록 되어 있다

μέλος, -ους, τό (명): 신체의 부분, 지체

μέν(불변화사): *δέ*와 함께 사용되어 대조를 표시; 한편은 ~ 한편은 ~

μενοῦν, μενοῦνγε(부): 오히려

μένω(동): (자)머물다, 거하다; (타)기다리다, 시중들다

μερίζω(동): 나누다, 주다, 배당하다

μεριμνάω(동): 걱정하다, 염려하다, 돌보다

μέρος, -ους, τό(명): 부분, 조각, 지역, 분량, 사안

μέσος, -η, -ον(형): 중간의, 가운데의; (전) + 속격. ~ 가운데, ~ 중앙에

Μεσσίας, -ου, ὁ(명): 메시야, 기름 부음 받은 자, 그리스도(헬라어로)

μεστός, -ή, -όν(형): 가득한, 충만한

μετά(전): + 속격. ~ 와 함께, ~ 가운데; + 대격. ~ 후에, ~ 뒤에

μεταβαίνω(동): 떠나다, 가다, 건너다

μετακαλέομαι(동): (디포)부르러 보내다, 소환하다, 초청하다

μεταμέλομαι(동): 후회하다, 뉘우치다, 회개하다

μεταμορφόομαι(동): (디포)변화하다, 형태가 바뀌다

μετανοέω(동): 회개하다, 마음을(길을) 바꾸다, 죄로부터 돌아서다

μετάνοια, -ας, ἡ(명): 회개, 마음의 변화, 방향전환

μεταπέμπομαι(동): (디포)부르러 보내다, 소환하다

μετέχω(동): 참여하다, 먹다, 가지다, 속하다

μετοικεσία, -ας, ή(명): 옮김

μέχρις(또는 μέχρι)(전): + 속격. ~까지, ~ 정도로; (접) ~까지

μή(부): ~아닌(not); 보통 직설법 이외의 법에서 사용되는 부정어; 부정적인 대답을 기대하는 의문문에도 사용되며 οὐ와 함께 강조나 강한 금지를 표현할 때 사용된다.

μηδαμῶς(부): 결코 ~ 아니, 절대로 ~ 아니

μηδέ(불변화사): ~ 아닌, ~ 도 아닌

μηδείς, μηδεμία, μηδέν(대): 아무도 ~ 아닌, 아무것도 ~ 아닌(no one, nothing)

μηθείς, μηθεμία, μηθέν(대): 아무도 ~ 아닌, 아무것도 ~ 아닌(no one, nothing)

μηκέτι(부): 더 이상 ~ 아닌, 비교. οὐκέτι

μῆκος, -ους, τό(명): 길이, 장

μήν, μηνός, ὁ(명): 입

μήτηρ, -τρός, ή(명): 어머니

μητρολῴας, -ου, ὁ(명): 어미를 죽이는 자

μικρός, -ά, -όν(형): 적은, 작은

μιμνῄσκομαι(동): (디포)기억하다, 마음에 두다, 상기시키다, 관심을 갖다

μισέω(동): 미워하다, 멸시하다, 무시하다

μισθόομαι(동): (디포)고용하다

μισθός, -οῦ, ὁ(명): 삯, 상급, 벌

μνᾶ, -ᾶς, ή(명): 므나, 헬라 금전, 100드라크마

μνημεῖον, -ου, τό(명): 무덤, 묘, 기념비

μνημονεύω(동): 기억하다, 마음에 두다, 생각하다, 언급하다

μνημόσυνον, -ου, τό(명): 기념예물, 기념제물

μοιχάομαι(동): (디포)간음죄를 짓다

μοιχεύω(동): 간음하다

μονογενής, -ές(형): 하나의, 유일한

μόνος, -η, -ον(형): 단일한, 유일한; 단지(부사, 중성 단수 대격)

μορφή, -ῆς, ή(명): 본질, 본체, 형상

μυριάς, -άδος, ή(수): 만(10,000), 수천

μύριοι, -αι, -α 혹은 δέκα χιλιάδες(수): 일만(10,000)

μύρον, -ου, τό(명): 기름, 향유

μυστήριον, -ου, τό(명): 비밀, 신비

μώλωψ, -ωπος, ὁ(명): 상처

μωρός, -ά, -όν(형): 미련한

Μωϋσῆς, -έως, ὁ(명): 모세

N

ναί(불변화사): 예, 그렇습니다, 진실로, 확실히 그렇게, 분명히

ναός, -οῦ, ὁ(명): 성전(본 건물), 신사

νάρδος, -ου, ἡ(명): 나드 기름

νεανίας, -ου, ὁ(명): 젊은이, 청년

νεκρός, -ά, -όν(형): 죽은, 생명이 없는, 효력이 없는

νέος, -α, -ον(형): 새로운(시간적으로), 신선한, 젊은

νεφέλη, -ης, ἡ(명): 구름

νήπιος, -α, -ον(형): 갓난아이, 유아, 어린이(명사로 사용될 때), 미성숙한, 순진한

νηστεύω(동): 금식하다

νικάω(동): 정복하다, 이기다

Νικολαΐτης, ου, ὁ(명): 니골라당(Nicolaitan)

νῖκος, -ους, τό(명): 승리, 이김

νίπτω(동): 씻다, (중)스스로 씻다, 자신을 씻다

νοέω(동): 이해하다, 인식하다, 분별하다, 생각하다

νομίζω(동): 생각하다, 여기다, (수)관습이다

νόμος, -ου, ὁ(명): 율법, 법, 원리. 규칙. 규범

νόσος, -ου, ἡ(명): 병, 질병

νοῦς, νοός, ὁ(명): 마음, 생각, 이성, 의향, 태도, 목적

νῦν(부): 지금, 현재에(종종 명사나 형용사로 사용된다); 강조형은 nuni,.

νυνί(부): 지금, νῦν의 강조형

νύξ, νυκτός, ἡ(명): 밤

Νῶε, ὁ(명): 노아

Ξ

ξηραίνω(동): 말라버리다, 태우다; (수)시들다, 무르익다, 굳어지다

ξύλον, -ου, τό(명): 나무, 나무차고, 수갑, 몽둥이, 십자가

O

ὁ, ἡ, τό: 정관사, 그, 그이, 그녀, 그것, 이것, 저것

ὀγδοήκοντα(수): 여든(80)

ὄγδοος -η -ον(수): 여덟번째(eighth)

ὅδε, ἥδε, τόδε(대): 이것, 그이, 그녀, 그것(상관지시대명사)

ὁδηγέω(동): 인도하다, 길을 안내하다

ὁδός, -ου, ἡ(명): 길, 도, 여행

ὀδούς, -όντος, ὁ(명): 이(빨)

ὀδυνάομαι(동): (디포)심한 고통중에 있다, 깊은 염려에 빠지다

οἶδα(동): (완료형이지만 현재형의 뜻이 있다)알다, 이해하다, 경험하다, 인식하다

οἰκέω(동): 거한다, 살다

οἰκία, -ας, ἡ(명): 집, 가정, 권속, 재산

οἰκοδεσπότης, -ου, ὁ(명): 집주인, 지주, 주인

οἰκοδομέω(동): 세우다, 건축하다, 격려하다

οἰκοδομή, -ῆς, ἡ(명): 세움, 강하게 함, 격려, 건물

οἰκονομία, -ας, ἡ(명): 가정을 경영함, 임무, 직무, (하나님의) 경륜(계획); (economy)

οἰκονόμος, -ου, ὁ(명): 청지기, 관리인, 일꾼, 종

οἶκος, -ου, ὁ(명): 집, 가정, 가족, 나라, 민족, 성소

οἰκουμένη, -ης, ἡ(명): 세상, 사람 사는 땅, 인류, 로마제국

οἶμαι(동): 여기다, 생각하다

οἶνος, -ου, ὁ(명): 포도주, 술

οἷος, -α, -ον(대): ~ 같이, 무슨 종류의(상관대명사)

ὀκνέω(동): 주저하다, 머뭇거리다

ὀκνηρός, -ά, -όν(형): 게으른, 성가신, 귀찮은

ὀκτώ(수): 여덟

ὀλίγος, -η, -ον(형): 작은, 적은; *ὀλίγον*(부): 잠시(중성단수)

ὅλος, -η, -ον(형): 전체의, 온, 모든

ὁλοτελής, -ές(형): (부사의 의미)전체적으로, 모든 부분에서

ὀμνύω/ὄμνυμι(동): 맹세하다

ὁμοθυμαδόν(부): 한 마음으로

ὅμοιος, -α, -ον(형): 동질의, 동일한, 같은

ὁμοιόω(동): 같게 하다, 비교하다

ὁμοίωμα, -τος, τό(명): 같은 모양, 형상, 모양

ὁμοίως(부): 이와 같이, 이처럼

ὁμολογέω(동): 고백하다, 인정하다, 찬양하다

ὁμολογουμένως(부): 만장일치로

ὁμότεχνος, ον(형): 같은 장사를 하는, 같은 기술을 가진

Ὀνησίφορος, -ου, ὁ(명): 오네시보로

ὀνίναμαι(동): (디포)유익을 얻다, 기쁨을 가지다

ὄνομα, -ατος, τό(명): 이름, 지위, 사람, 권세, 범주, 평판

ὀνομάζω(동): 이름을 부르다, 언급하다

ὄντως(부): 실제로, 확실히

ὄξος, -ους, τό (명): 신 포도주

ὀξύς, -εῖα, -ύ(형): 날카로운, 신속한

ὄπισθεν(부): 뒤에서

ὀπίσω(전): + 속격: ~ 의 뒤로, ~ 후에, ~ 로부터 멀리; (부)뒤에서, 뒤떨어져서

ὅπλον, -ου, τό(명): 무기, 도구, 연장

ὁποῖος, -α, -ον(대): ~ 같이, 무슨 종류의(상관대명사)

ὅπου(부): -하는 곳, -하는 동안; ὅπου ἀν 혹은 ὅπου έα,ν: ~ 할 때마다, ~ 하는 곳마다

ὅπως(혹은 ὅπως ἄν)(부): ~ 하기 위하여, 어떻게(부정 관계부사)

ὅραμα, -ατος, τό(명): 환상, 봄, 보이는 것

ὁράω(동): 보다, 관찰하다, 이해하다

ὀργή, -ῆς, ἡ(명): 진노, 분노, 심판, 원수갚음

ὀργίζομαι(동): (디포)화를 내다, 분노하다

ὁρίζω(동): 정하다, 결정하다; 지명하다

ὅριον, -ου, τό(명): 영역, 구역, 이웃

ὁρκίζω(동): 구하다, 구걸하다

ὄρνις, -ιθος, ὁ 혹은 ἡ(명): 암탉

ὄρος, -ους, τό(명): 산, 언덕

ὅς, ἥ, ὅ(대): 누구, 무엇, 어느 것(관계대명사)

ὁσίως(부): 거룩하게, 하나님을 기쁘게 하면서

ὅσος, -η, -ον(대): ~ 만큼 많은, 얼마나 많은(상관대명사)

ὅστις, ἥτις, ὅ τι(대): (누구)마다, (무엇)마다(부정관계대명사)

ὀσφῦς, -ύος, ἡ(명): 허리, 생식기관

ὅταν(부): ~ 할 때(마다), ~ 하는 한 자주, 언제나(부정관계부사)

ὅτε(접): ~ 때, ~ 하는 때, ~ 하는 동안

ὅτι(접): 해석하지 않음(그냥 절을 이끌 경우, 영어의 that), ~ 때문에, ~ 하므로, 왜냐하면

οὐ(부정어): 아니, 아닌(영어의 not) - 연숨표가 붙은 모음 앞에서는 οὐκ로, 강숨표가 붙은 모음 앞에서는 οὐχ로 그 철자가 변하지만, 의미의 차이는 없다. 주로 직설법에서만 사

용된다.

οὗ(부): ~ 하는 곳 (의문부사)

οὐά(감): 아하!

οὐαί(감): 얼마나 두려운가!; (여성 명사)공포, 재앙

οὐδέ(부/불변화사): ~ 도 아닌, οὐδέ … οὐδέ: ~ 도 아니며 … ~ 도 아닌

οὐθείς, οὐθεμία, οὐθέν(대): 아무도 ~ 아닌, 아무것도 ~ 아닌(no one, nothing)

οὐδέποτε(부): 결코 ~ 아닌

οὐκέτι(부): 더 이상 ~ 이 아닌

οὖν(접/불변화사): 그러므로, 그런데, 그래서, 따라서

οὔπω(부): 아직은 아닌

οὐρανός, -οῦ, ὁ(명): 하늘

οὖς, ὠτός, τό (명): 귀

οὐσία, -ας, ἡ(명): 소유물, 재산

οὔτε(부): -도 아닌, οὔτε ... οὔτε: ~ 도 아니고 -도 아닌

οὗτος, αὕτη, τοῦτο(대): 이것(지시대명사)

οὕτως 혹은 οὕτω(부): 이렇게, 이같이; (형) ~ 같은, ~ 의 종류의

ὀφειλέτης, -ου, ὁ(명): 채무자, 죄인, 가해자

ὀφείλημα, -τος, τό(명): 빚, 죄, 잘못

ὀφείλω(동): 빚지다, 의무가 있다, 해야만 한다, 죄를 짓다

ὀφθαλμός, -οῦ, ὁ(명): 눈, 시야

ὄφις, -εως, ὁ(명): 뱀

ὄχλος, -ου, ὁ(명): 군중, 무리, 민중

ὄψιος, -α, -ον(형): 늦은

ὄψις, -εως, ἡ(명): 외모, 얼굴

Π

πάθημα, -ατος, τό(명): 고난, 열망, 욕망

παιδάριον, -ου, τό(명): 소년

παιδιόθεν 혹은 παιδόθεν(부): 어린 시절부터

παιδίον, -ου, τό(명): 어린 아이, 아이

παιδίσκη, -ης, ἡ(명): 어린 여종

παῖς, παιδός, ὁ 혹은 ἡ(명): 종, 노예, 아이, 소년, 소녀

πάλαι(부): 옛날, 오래 전에

παλαιός, -ά, -όν(형): 오래된, 옛; 이전의

παλαιόω(동): 오래된 것(폐한 것)으로 선언하다; (수)낡아지다, 쇠하여지다

πάλιν(부): 다시, 다시 한 번

πανοικεί(-κί)(부): 온 집안이 함께

πανουργία, -ας, ἡ(명): 궤휼, 속임수, 잔꾀, 간사

πάντῃ(부): 사방에서

πάντοθεν(부): 사방에서

παντοκράτωρ, -τορος, ὁ(명): 전능자(하나님)

πάντοτε(부): 항상, 언제나

παρά(전): + 속격: ~ 로부터; + 대격: ~ 옆(곁)에, ~ 을 뛰어넘는(비교급과 함께); + 여격: ~ 곁에

παραβολή, -ῆς, ἡ(명): 비유, 격언, 상징

παραγγέλλω(동): 명(령)하다

παραγίνομαι(동): (디포)오다, 도착하다, 나타나다

παράδεισος, -ου, ὁ(명): 낙원(Paradise)

παραδέχομαι(동): (디포)받아들이다, 환영하다, 인정하다

παραδίδωμι(동): 넘겨주다, 배반하다, 전달하다

παράδοσις, -σεως, ἡ(명): 전통

παραιτέομαι(동): (디포)요청하다, 구하다, 변명하다, 멀리하다, 관계하지 않다

παρακαλέω(동): 구하다, 주장하다, 격려하다, 위로하다, 초청하다

παράκλησις, -σεως, ἡ(명): 격려, 위로, 도움, 호소, 구원

παράκλητος, -ου, ὁ(명): 보혜사, 돕는 자, 성령

παραλαμβάνω(동): 취하다, 받다, 전수하다

παραλύομαι(동): (디포)혈기가 마르다, 마비되다, 약하다

παραμυθία, -ας, ἡ(명): 위로

παραπορεύομαι(동): (디포)지나가다, 가다

παράπτωμα, -ατος, τό(명): 죄, 악행

παρατηρέω(동): (자세히) 쳐다보다, 관찰하다, 지키다

παρατίθημι(동): 앞에 놓다, 주다; (중)맡기다, 지목하다

παραχειμάζω(동): 겨울을 지내다

πάρειμι(동): (여기)있다, 오다

παρέρχομαι(동): (디포)지나가다, 멀리 가다, 사라지다, 소홀히 하다

παρθένος, -ου, ὁ 혹은 ἡ(명): 처녀, 순결한 남자

παρίημι(동): 소홀히 하다

παρίστημι(동): (타)제출하다, 보이다, 헌신하다, 제공하다; (자, 중)(함께)서 있다, 오다

παρουσία, *-ας*, *ἡ*(명): 도래, 도착, 임재

παρρησία, *-ας*, *ἡ*(명): 개방, 솔직함, 담대함, 확신

πᾶς, *πᾶσα*, *πᾶν*(형): 모든, 각, 매, 전

πάσχα, *τό*(명): 유월절, 유월절 식사, 유월절 양

πάσχω(동): 고통을 당하다, 견디다, 겪다; 경험하다

πατάσσω(동): 때리다, 때려 눕히다, 치다

πατήρ, *πατρός*, *ὁ*(명): 아버지, 하나님 아버지, 조상

πατρίς, *-ίδος*, *ἡ*(명): 고향, 고국

πατρολῴας, *-ου*, *ὁ*(명): 아비를 죽이는 자

Παῦλος, *-ου*, *ὁ*(명): 바울

παύω(동): 쉬다, 억제하다, (중)멈추다

παχύνομαι(동): (디포)둔해지다, 둔감해지다

πείθω(동): 설득하다, 확신시키다

πεινάω(동): 배고프다, 주리다

πειράζω(동): 시험하다, 유혹하다, 시도하다

πειρασμός, *-οῦ*, *ὁ*(명): 시험, 시련, 유혹

πέμπτος, *-η*, *-ον*(수): 다섯번째(fifth)

πέμπω(동): 보내다, 사명을 주다, 지명하다

πεντάκις(부): 다섯 번

πεντακισχίλιοι, *-αι*, *-α* 혹은 *χιλιάδες* *πέντε*(수): 오천(5,000)

πεντακόσιοι, *-αι*, *-α*(수): 오백(500)

πέντε(수): 다섯

πεντεκαιδέκατος, *-η*, *-ον*(수): 열다섯번째(fifteenth)

πεντήκοντα(수): 쉰(50)

πεντηκοστος, *-ή*, *-όν*(수): 오십번째(fiftith); *πεντηκοστή*, *ῆς*, *ἡ*(명): 오순절(Pentecost)

πέραν(전): + 속격: ~ 건너편에, ~ 건너서; (명)맞은편

περί(전): + 속격: ~ 에 관하여; + 대격: ~ 주위에, ~ 경에

περιάγω(동): 돌아다니다, 두루 여행하다

περιβάλλω(동): (옷을) 입다

περιβλέπομαι(동): (디포) 둘러보다

περιδέω(동): 싸다, 묶다

περιπατέω(동): 걷다, 돌아다니다, 행하다, 살다

περισσεύω(동): (자)충분하다, 넘치다; (타)많게 하다, 풍성하게 공급하다

περισσός, -ή, όν(형): 더 많은, 필요한 것이 없는; (부)충만하게

περιστερά, -ᾶς, ἡ(명): 비둘기

περιτέμνω(동): 할례를 행하다

περιτομή, -ῆς, ἡ(명): 할례, 할례받은 이들, 유대인

πέρυσι(부): 1년 전에

πέτρα, -ας, ἡ(명): 바위, 돌, 돌이 많은 땅

Πέτρος, -ου, ὁ(명): 베드로

πετρῶδες, -ους, τό (명): 돌밭

πηλίκος, -η, -ον(대): 얼마나 큰(상관대명사 혹은 의문대명사)

πικρῶς(부): 아프게, 쓰라리게

Πιλᾶτος, -ου, ὁ(명): 빌라도

πίμπλημι(동): 채우다, 끝내다, 성취하다, 이루다

πίνω(동): 마시다

πιπράσκω(동): (노예로)팔다

πίπτω(동): 떨어지다, 망하다, 절하다, 죽다, 끝나다

πιστεύω(동): 믿는다, 신앙을 가지다, 의탁하다

πίστις, -εως, ἡ(명): 믿음, 신뢰, 확증, 선한 양심, 확신, 증거, 약속

πιστός, -ή, -όν(형): 충성스러운, 믿을 만한, 믿는, 확실한, 참된

πλανάω(동): 속이다, 오도하다, 타락시키다, (수)길을 잃다, 속다

πλάσσω(동): 형성하다, 만들다(원래 어간이 τ로 끝난다.)

πλάτος, -ους, τό(명): 폭, 너비

πλατύνω(동): 확대하다, 넓이다

πλεῖον/πλέον(부): 더 많이

πλεῖστος, -η, -ον(형): 가장 많은

πλείων, -ον 혹은 πλέων, -ον(형): 더 많은

πλέκω(동): 짜다, 함께 꼬다

πλεονάζω(동): (자)증가하다, 자라다, 많아지다; (타) 많게(자라게) 하다

πληγή, -ῆς, ἡ(명): 재난, 불행, 강타, 상처

πλῆθος, -ους, τό (명): 군중, 여러 사람, 사람, 인구, 회중

πληθύνω(동): (타)증가시키다, 배가시키다, (자) 자라다, 증가하다

πλήν(접/전): 그러나, 오히려, 하지만; + 속격. ~ 외에

πλήρης, -ες(형): 충만한, 완전한, 충분히 자란

πληρόω(동): 성취하다, 완성하다, 채우다, 마치다

πλήρωμα, -ατος, τό(명): 충만, 완성, 충만케 함

πλησίον(전): + 속격. ~ 가까이(비정규전치사); (명)이웃(남성명사)

πλοῖον, -ου, τό(명): 배, 작은 배

πλοῦς, πλοός, ὁ(명): 항해

πλούσιος, -α, -ον(형): 부유한, 풍부한

πλουτέω(동): 부유해지다, 부자가 되다, 풍성해지다

πλοῦτος, -ου, ὁ/τό(명): 풍성함, 부요함

πνεῦμα, -ατος, τό(명): (하나님의) 영, 성령, 영, 속사람, 자아, 숨, 바람

πνευματικός, -ή, -όν(형): 신령한, 영에 속한

πόθεν(부): 어떻게, 왜, 어디에(의문부사, how, where, why)

ποιέω(동): 행하다, 만들다, 수행하다, 일하다

ποιητής, -οῦ, ὁ(명): 행하는 사람, 하는 사람, 시인

ποικίλος, -η, -ον(형): 다양한 종류의, 모든 종류의, 다양한

ποιμαίνω(동): 목자같이 돌보다, 다스리다, 양을 치다

ποιμήν, -μένος, ὁ(명): 목자, 목사

ποῖος, -α, -ον(대): 무엇? 어느 것?

πολεμέω(동): 싸우다

πόλις, -λεως, ἡ(명): 도시, 도시 거주자

πολιτεία, -ας, ἡ(명): 시민권, 나라, 백성

πολλάκις(부): 자주

πολυμερῶς(부): 조금 씩 조금 씩, 여러 번

πολύς, πολλή, 속격, πολύ, πολλοῦ, -ῆς, -οῦ (형): 많은(수, 양);(부): 자주, 많이

πολύτιμος, -ον(형): 비싼, 귀한, 가치가 있는

πολυτρόπως(부): 여러 가지 방법(모양)으로

πονηρός, -ά, -όν(형): 악한, 나쁜, 죄가 있는

πορεύομαι(동): (디포)가다, 오다

πορθέω(동): 파괴하다, 파괴하려고 노력하다, 죽이다

πορνεία, -ας, ἡ(명): 음란, 불성실함

πορνεύω(동): 음란죄를 짓다

πόρρω(부): 멀리, 멀리로부터

ποσάκις(부): 얼마나 자주

πόσις, -σεως, ἡ(명): 마심, 마시는 것

πόσος, -η, -ον(대): 얼마나 많은(수, 양)? 얼마나 큰?

ποταμός, -οῦ, ὁ(명): 강, 시내. 물

ποταπός, -ή, -όν(대): 어떤 종류의, 얼마나 놀라운

ποτέ(부): 그때, 전에

πότε(부): 언제?(의문부사)

πότερος, -α, -ον(대): 어느 것? ~ 인지 어떤지?

ποτήριον, -ου, τό(명): 잔, 마시는 그릇

ποτίζω(동): 마시게 하다, 물을 주다

ποῦ(부): 의문부사. 어디에(where)? 어느 곳에? 어느 곳으로?

πούς, ποδός, ὁ(명): 발(다리)

πρᾶγμα, -ατος, τό(명): 사물, 일, 사건, 행위, 임무, 논쟁, 소송

πράσσω(동): 행하다, 실행하다, 모으다

πραϋπάθεια, -ας, ἡ(명): 온유함, 겸손

πραΰς, πραεῖα, πραΰ(형): 온유한, 친절한

πραΰτης, -ητος, ἡ(명): 친절, 겸손

πρεσβύτερος, -α, -ον(형): 장로, 형, 장자(형용사의 비교급이나 명사로 사용됨)

Πρίσκα 혹은 Πρίσκιλλα, -ης, ἡ(명): 브리스가, 브리스길라

πρό(전): + 속격. ~ 앞에, ~ 전에

προάγω(동): (자)앞에 가다(오다), 먼저 가다; (타)인도하다, 앞에 내놓다

προαμαρτάνω(동): 전(과거)에 죄를 짓다

προβαίνω(동): 계속 가다

πρόβατον, -ου, τό(명): 양

προγίνομαι(동): (디포)미리(전에) 일어나다

προελπίζω(동): 전에(미리) 바라다

πρόθεσις, -σεως, ἡ(명): 목적, 계획, 의지, 확고부동함, 충성

προθυμία, -ας, ἡ(명): 자원함, 준비됨, 열심

πρόθυμος, -ον(형): 원하는, 기꺼이 하는

προΐστημι(동): 지도자가 되다, 권세가 있다, 다스리다, 경영하다, 돌보다, 돕다

προκόπτω(동): (자) 넘어지다, 감정이 상하다; (타)부딪히다

προλαμβάνω(동): 미리 하다, 먼저 시작하다, (죄짓는 중에) 잡다

προλέγω(동): 경고하다, 미리 말하다

προοράω(동): 미리 보다

προορίζω(동): 태초부터 정하다, 미리 정하다, 태초부터 택정하다

προπέμπω(동): 미리 보내다, 호위하다, 동행하다

πρός(전): + 속격. ~을 위하여; + 대격. ~을 대하여, ~ 옆에; + 여격. ~ 옆(곁)에

προσάγω(동): 데려오다, 데려가다

προσαγωγή, -ῆς, ἡ(명): 접근, 가까이 감

προσδοκάω(동): 기다리다, 찾다, 기대하다, 불침번을 서다

προσέρχομαι(동): (디포) ~로 가다, 동의하다, 연합하다

προσευχή, -ῆς, ἡ(명): 기도, 기도처

προσεύχομαι(동): (디포)기도하다

προσέχω(동): 주의를 기울이다, 몰두하다, 지키다, 주의하다

προσκαλέομαι(동): (디포)자신에게 부르다, 호출하다

προσκαρτερέω(동): 자신을 드리다, 머무르다, 가까이 동행하다, 시중들다

προσκολλάομαι(동): (디포)연합하다

προσκυνέω(동): 엎드려 절하다, 경배하다

προσλαμβάνομαι(동): (디포)환영하다, 영접하다, 옆에 놓다, 먹다

προσπίπτω(동): (누구의)발 앞에 엎드리다, (누구)앞에 엎드리다

προστάσσω(동): 명(령)하다

προστίθημι(동): 더하다, 주다, 이기다

προσφάγιον, -ου, τό (명): 반찬, 물고기

προσφέρω(동): 바치다, 드리다, 가지고 오다; (수)만나다, 취급하다

πρόσωπον, -ου, τό(명): 얼굴, 겉, 모양, 사람

πρόφασις, -εως, ἡ(명): 잘못된 동기, 핑계, 변명

προφητεία, -ας, ἡ(명): 대언(예언), 대언의 은사

προφητεύω(동): 하나님의 메시지를 선포하다, 대언하다, 선포하다

προφήτης, -ου, ὁ(명): 선지자, 대언자

πρωΐ(부): 아침 일찍, 아침에

πρῶτον(부): 먼저

πρῶτος, -η, -ον(형): 처음의, 먼저의, 전의, 뛰어난; (부)우선, 먼저(부사, 중성 단수 대격)

πρωτότοκος, ον(형): 처음 난; 첫아들

πταίω(동): 넘어지다, 잘못 가다, 죄를 짓다

πτωχεύω(동): 가난하다, 빈곤하다

πτωχός, -ή, -όν(형): 불쌍한, 가련한, 열등한

πύλη, -ης, ἡ(명): 여성. 문, 대문

πυλών, -ῶνος, ὁ(명): 문, 출입구, 현관

πυνθάνομαι(동): (디포)묻다, 질문하다, 문의하다

πῦρ, πυρός, τό (명): 불

πωλέω(동): 팔다, 팔려고 내놓다

πώποτε(부): 언제나, 항상, 늘

πῶς(부): 의문부사. 어떻게(how)?

Ρ

ῥαββί(명): 선생, 주

ῥάβδος, -ου, ἡ(명): 막대기, 지팡이, 홀

ῥαφίς, -ίδος, ἡ(명): 바늘

ῥέω(동): 흐르다

ῥήγνυμι(동): 터트리다, 공격하다, 산산이 찢다

ῥῆμα, -ατος, τό(명): 말하여진 것, 말, 사물, 일, 사건

ῥίζα, -ης, ἡ(명): 뿌리, 후손, 원천

ῥομφαία, -ας, ἡ(명): 칼, 심한 고통, 슬픔

ῥύομαι(동): (디포)구원하다, 구출하다

Ῥωμαϊστί(부): 로마말로

ῥώννυμαι(동): (디포)건강하다, 안녕!(현재완료 명령형)

Σ

σάββατον, -ου, τό(명): 안식일, 일곱째 날, 주간

σαλεύω(동): 흔들다, 흥분시키다

Σαλήμ, ἡ(명): 살렘

σάλπιγξ, -γγος, ἡ(명): 나팔(소리)

σαλπίζω(동): 나팔을 불다

Σαμαρίτης, -ου, ὁ(명): 사마리아 사람

Σαμαρῖτις, ιδος, ἡ(명): 사마리아 사람 (여자)

σαπρός, -ά, -όν(형): 나쁜, 썩은, 가치 없는, 해로운

σάρξ, σαρκός, ἡ(명): 육, 육신, 살, 육체, 인간성, 인간, 육신의 생명, 성욕

Σατανᾶς, -ᾶ, ὁ(명): 사단, 대적자

σβέννυμι(동): 소멸하다, (불을) 끄다

σεαυτοῦ, -ῆς(대): 너 자신(재귀대명사)

σελήνη, -ης, ἡ(명): 달(moon)

σημαίνω(동): 알게 하다, 가리키다, 예견하다

σημεῖον, -ου, τό(명): 표적, 표, 상징, 기적

σήμερον(부): 오늘(날)

σιγάω(동): (자) 침묵을 지키다, 조용하다; (타) 비밀을 지키라

Σίλας, -α, ὁ(명): 실라

Σίμων, -ωνος, ὁ(명): 시몬

σίναπι, -εως, τό(명): 겨자

σινδών, -δόνος, ἡ(명): 세마포

σῖτος, -ου, ὁ(명): 밀, 낟알

σιωπάω(동): 조용히 하다, 말을 멈추다, 고요히 하다

σκανδαλίζω(동): 죄를 짓게(넘어지게) 하다; (수)신앙을 포기하다, + *ἐν* + 여격: 거절하다, 버리다

σκάνδαλον, -ου, τό(명): 죄를 짓게 하는 것, 넘어지게 하는 것, 장애물

σκεῦος, -ους, τό (명): 물건, 그릇, 용기, 자신의 몸, 자신의 아내

σκηνή, ῆς, ἡ(명): 장막, 임시거처, 성막

σκηνόω(동): 살다, 거하다

σκόλοψ, -οπος, ὁ(명): 가시, 토막

σκοτία, -ας, ἡ(명): 어두움

σκότος, -ους, τό(명): 어두움, 죄, 악

Σοδόμα, -ων, τά (명): 소돔

Σολομών, -ῶνος, ὁ(명): 솔로몬

σός, -ή, -όν(대): 너의, 당신의(소유대명사)

σοφία, -ας, ἡ(명): 지혜, 통찰력, 지식

σοφός, -ή, -όν(형): 지혜로운, 경험이 있는, 기술이 있는

σπεῖρα, -ης, ἡ(명): 보병대, 소대

σπείρω(동): (씨를) 뿌리다

σπέρμα, -ατος, τό(명): 씨, 자손, 자녀, 후손, 후대

σπεύδω(동): 서두르다

σπλαγχνίζομαι(동): (디포) 민망히 여기다, 불쌍히 여기다

σπλάγχνον, -ου, τό(명): 마음, 애정, 창자, 가장 깊숙한 감정

σπουδαίως(부): 열심히, 부지런히

σπουδή, ῆς, ἡ(명): 간절함, 열심

σταυρός, -οῦ, ὁ(명): 십자가

σταυρόω(동): 십자가에 못박다

στάχυς, -υος, ὁ(명): 곡식 이삭, 밀 이삭

Στέφανος, -ου, ὁ(명): 스데반(월계관)

στέφανος, -ου, ὁ(명): 화관, 월계관, 상, 자랑

στηρίζω(동): 강하게 하다, 세우다

στοιχέω(동): 걷다, 행동하다, 살다

στόμα, -ατος, τό(명): 입, 말, 말의 힘, 달변, 증언

στρατιώτης, -ου, ὁ(명): 군인

στρέφω(동): (자)돌아서다, 변하다; (타)돌리다, 변하게 하다

στρουθίον, -ου, τό(명): 참새

σύ(대): 2 인칭 단수. 당신, 너(인칭대명사)

συγγενής, -ές(형): 친척의, 동포의

συγκλείω(동): 옥에 가두다, 체포하다

συγκυρία, -ας, ἡ(명): 기회, 우연, κατὰ συγκυρίαν: 우연히

συγχαίρω(동): 함께 즐거워하다, 축하하다

συζάω(동): 함께 살다

συκῆ, -ῆς, ἡ(명): 무화과나무

συλλαμβάνω(동): 잡다, 체포하다, 임신하다

συμβαίνω(동): (사건이) 일어나다

συμβασιλεύω(동): 함께 왕처럼 살다, 함께 다스리다

συμβουλεύω(동): 충고하다, 상담하다; (중)의논하다, 모략을 짜다

συμβούλιον, -ου, τό(명): 계획, 음모, 협의회

συμμαθητής, -οῦ, ὁ(명): 동료 제자

σύμμορφος, ον(형): 같은 모양을 가진

συμπληρόω(동): (때가)가까이 오다, 다가오다, 가득 차다

συμπόσιον, -ου, τό(명): 음식을 함께 나누는 무리

συμφέρω(동): (비인칭 동사) ~ 이 낫다, 좋다, 유익하다, (함께)모으다

σύν(전): + 여격. ~ 와 함께

συνάγω(동): (함께)모으다, 함께 부르다, 환영하다, (수)자동사의 역할

συναγωγή, -ῆς, ἡ(명): 쉬나고게, 유대인의 예배장소, 회중, 집회

συναντάω(동): 만나다, 일어나다

συναρπάζω(동): 붙잡는다, 끌고 가다

σύνδουλος, -ου, ὁ(명): 동료 종, 동료 노예

συνέδριον, -ου, τό(명): 산헤드린(유대인의 최고회의), 회의, 지방회의

συνείδησις, -σεως, ἡ(명): 양심, 의식

συνέρχομαι(동): 함께 오다

συνεσθίω(동): 함께 먹다

συνέχω(동): 둘러싸다; 조종하다, 다스리다, 지키다; (수)아프다, 긴장 속에 있다; 몰두하다

συνήθεια, -ας, ἡ(명): 습관, 관습

συνίημι(동): 이해하다, 인식하다, 깨닫다

συνίστημι(동): (타)추천하다, (자)함께(곁에) 서 있다

συνοδία, -ας, ἡ(명): 여행단(함께 여행하는 무리)

συντέλεια, -ας, ἡ(명): 끝, 완성

συντίθεμαι(동): (디포)동의하다, 조정하다

συντρίβω(동): 산산이 부수다, 파괴하다

συσχηματίζομαι(동): (디포)닮다, 본받다, 삶의 방식을 따라가다

σφάζω(동): 도살하다, 죽이다, 살인하다

σφόδρα(부): 극도로, 매우

σφραγίζω(동): 인(도장)을 찍다, 인봉하다, 인정하다, 증명하다

σφραγίς, -ῖδος, ἡ(명): 인, 표, 도장, 근거

σχεδόν(부): 거의

σχῆμα, -τος, τό(명): 외형, 모양

σχίζω(동): 찢다, 분리하다

σχίσμα, -τος, τό(명): 분열, 반대파, 옷 조각

σῴζω(동): 구원하다, 구출하다, 보호하다, 치료하다

σῶμα, -ατος, τό(명): 몸, 교회, 시체

σωτήρ, -ῆρος, ὁ(명): 구원자, 구속자

σωτηρία, -ας, ἡ(명): 구원, 구출, 석방, 보호

σωφρονέω(동): 바른 생각 가운데 있다, 지각 있게 생각하다, 지각이 있다

σώφρων, -ον(형): 지각 있는, 자제하는

T

ταλαίπωρος, -ον(형): 비참한, 불쌍한

τάλαντον, -ου, τό(명): 달란트(헬라의 금전: 5000-6000 데나리온의 가치)

ταπεινός, -ή, -όν(형): 겸손한, 낮은, 가난한

ταπεινόω(동): 낮추다, 겸허하게 하다, (중)비천한 환경에서 살다

ταράσσω(동): 방해하다, 당황하게 하다, 공포를 주다, 놀라게 하다, 휘젓다

τάραχος, -ου, ὁ(명): 소동, 혼동, 소요

τάφος, -ου, ὁ(명): 무덤, 묘

ταχέως/ταχύ(부): 빠르게, 즉시, 당장

τάχιον(부): 더 빠르게, 곧, 당장

τάχιστα(부): 가장 빠르게

ταχύς, -εῖα, -ύ(형): 빠른, 재빠른

τέ(불변화사): 그리고, 또, 역시,τέ... τέ: ~ 도 ~ 도, ~ 뿐만 아니라 ~ 도

τέκνον, -ου, τό(명): 아이, 자녀, 자손

τέλειος, -α, -ον(형): 완전한, 온전한, 성숙한, 완전히 자란

τελειόω(동): 완성하다, 완전하게 하다, 끝내다, 성취하다

τελευτάω(동): 종국에 이르다, 죽는다

τελέω(동): 마치다, 끝내다, 완성하다, 성취하다

τέλος, -ους, τό(명): 끝, 결론, 결말, 결과, 목표, 성취, 세금

τελώνης, -ου, ὁ(명): 세리

τέρας, τέρατος, τό(명): 이적; 징조

Τέρτιος, -ου, ὁ(명): 더디오

τεσσαράκοντα(수): 마흔

τέσσαρες, τέσσαρα(수): 넷

τεσσαρεσκαιδέκατος, -η, -ον(수): 열네번째(fourteenth)

τέταρτος, -η, -ον(수): 네번째(fourth)

τετρακισχίλιοι, -αι, -α(수): 사천(4,000)

τετρακόσιοι, -αι, -α(수): 사백(400)

τετράπουν, -ποδος, τό(명): 네 발 달린 짐승, 동물

τετράπους, -πουν, 속격 -ποδος (형): 네 발 달린

τηλικοῦτος, -αύτη, -οῦτο(대): 아주 위대한(상관지시대명사)

τηρέω(동): 지키다, 순종하다, 보호하다, 주의를 기울이다

Τιβεριάς, -άδος, ἡ(명): 디베랴

τίθημι(동): 놓다, 내려놓다, 저장하다, 지명하다

τίκτω(동): 낳다, 생산하다

τιμάω(동): 존경하다, 귀하게 여기다, 인정하다

τιμή, -ῆς, ἡ(명): 영예, 존경, 공경, 값, 가치, 보수

τίμιος, -α, -ον(형): 귀중한, 높이 존경받는, 가치 있는

Τιμόθεος, -ου, ὁ(명): 디모데

τίς, τί(대): 누구? 무엇?(의문대명사); τί: 왜?

τις, τι(대): 어떤 이, 어떤 것(부정대명사)

Τίτος, -ου, ὁ(명): 디도

τοιγαροῦν(불변화사): 이러므로

τοίνυν(불변화사): 이러므로

τοιοῦτος, -αύτη, -οῦτον(대): ~ 같은(such)(상관지시대명사)

τολμάω(동): 감히~하다, 용감하다; 결단을 내려 ~ 하다

τόπος, -ου, ὁ(명): 장소, 위치, 지점, 지역

τοσοῦτος, -αύτη, -οῦτον(대): 아주 많은, 아주 큰(상관지시대명사)

τότε(부): 그 때에, 그 당시에

τράπεζα, -ης, ἡ(명): 상, 식탁, 음식, 은행

τρεῖς, τρία(수): 셋

τρέφω(동): 먹이다, 음식을 공급하다, 양육하다, 돌보다, 기르다

τρέχω(동): 달리다, 노력하다, 진보하다, 잘하다

τριάκοντα(수): 서른

τριακόσιοι, -αι, -α(수): 삼백(300)

τρίς(부): 세 번(thrice)

τρισχίλιοι, -αι, -α(수): 삼천(3,000)

τρίτος, -η, -ον(수): 세번째(third); 삼분의 일

τρόμος, -ου, ὁ(명): 떨림, 전율

τροφή, -ῆς, ἡ(명): 음식, 식료품

τρύπημα, -ατος, τό(명): (바늘의) 눈, 귀

τυγχάνω(동): 얻다, 받다, 경험하다

τύπτω(동): 때리다, 치다, 상처를 내다, (양심을)상하게 하다.

τυφλός, -ή, -όν(형): 눈먼, 소경의; 소경(명사로 사용될 때)

τυφλόω(동): 눈을 멀게 하다, 시력을 잃게 하다

Τυχικός, -οῦ, ὁ(명): 두기고

Υ

ὑγιαίνω(동): 건전하다, 바르다, 건강상태가 좋다

ὑγιής, -ές(형): 건강한. 온전한, 건전한

ὑδρία, -ας, ἡ,(명): 물통

ὕδωρ, ὕδατος, τό (명): 물

υἱός, -οῦ, ὁ(명): 아들, 자손, 씨, 상속자

ὑμέτερος, -α, -ον(대): 너희들의, 당신들의(소유대명사)

ὑπάγω(동): 가다, 가버리다, 떠나다, 집으로 가다, 돌아가다

ὑπακοή, -ῆς, ἡ(명): 순종, 복종

ὑπακούω(동): 순종하다, 복종하다, 받아들이다, (문소리에)응답하다

ὑπαντάω(동): 만나다, 싸우다, 맞서다

ὑπάντησις, -εως, ἡ(명): 만나러 감, 만나러 옴

ὑπάρχω(동): 있다, 이다, ~ 의 마음대로 할 수 있다(= εἰμί)

ὑπέρ(전): + 속격: ~ 을 대신하여, ~ 을 위하여; + 대격: ~ 위에, ~ 보다

ὑπερβολή, -ῆς, ἡ(명): 뛰어난 성질; καθ' ὑπερβολήν: (부사적으로 사용)심하게, 훨씬 더

ὑπηρέτης, -ου, ὁ(명): 시종, 수종자, 종

ὑπό(전): + 속격: ~ 에 의하여; + 대격: ~ 아래에

ὑπόδημα, -ατος, τό(명): 샌들, 신

ὑποκάτω(전): + 속격 ~ 아래, ~ 밑에(비정규 전치사)

ὑπόκρισις, -εως, ἡ(명): 외식, 진실성이 없음, 가장함

ὑποκριτής, -οῦ, ὁ(명): 위선자

ὑπολαμβάνω(동): 생각하다, 추측하다, 치우다, 돕다

ὑπομένω(동): 참다, 견디다

ὑπομιμνῄσκω(동): 회상하다, 기억하다

ὑπομονή, -ῆς, ἡ(명): 인내, 참음, 견인

ὑπόστασις, -εως, ἡ(명): 확신, 담대함, 본체, 본질

ὑποστρέφω(동): 돌아오다, 집으로 가다

ὑποτάσσω(동): 복종하다, 굴복하다, 권세 아래 두다

ὑστερέω(동): 부족하다, 열등하다, 떨어지다

ὕστερον(부): 그 후에, 나중에

ὑψηλός, -ή, -όν(형): 높은, 교만한, 높여진

ὕψιστος, -η, -ον(형): 지극히 높은; 가장 높은; (명사)지극히 높은 자

ὕψος, -ους, τό(명): 높이; 하늘; 높은 위치

ὑψόω(동): 높이다, 들어올리다, 일으키다

Φ

φαίνω(동): 빛나다, 빛을 발하다; (중, 수)나타나다, 보이다

φανερός, -ά, -όν(형): 알려진, 확실한, 평이한, 보이는

φανερόω(동): 나타내다, 보여주다, 알리다

Φαρισαῖος, -ου, ὁ(명): 바리새인

φείδομαι(동): (디포)아끼다, 삼가다, 자신을 지키다

φειδομένως(부): 인색하게

φέρω(동): 가지고 가다, 운반하다, 지고 가다, 참다

φεύγω(동): 도망가다, 달아나다, 피하다, 돌아서다, 사라지다

Φῆλιξ, -ικος, ὁ(명): 벨릭스

φημί(동): 말하다, 의미하다, 암시하다

φθάνω(동): 이르다, 미치다, 얻다

φιλαδελφία, -ας, ἡ(명): 형제 사랑

φιλέω(동): 사랑하다, 좋아하다, 깊은 감정을 가지다, 입맞추다

Φίλιππος, -ου, ὁ(명): 빌립

φίλος, -ή, -όν(형): 친한; 친구(명사로 사용될 때)

φιμόω(동): 침묵하다, 조용하게 하다, 말이 없다

φοβέομαι(동): (디포) 놀라다, 무서워하다

φόβος, -ου, ὁ(명): 두려움, 경외, 존경심

φονεύω(동): 죽이다, 살인하다

φορτίον, -ου, τό(명): 짐, 작은 짐

φράζω(동): 설명하다, 통역하다

φρέαρ, φρέατος, τό(명): 우물, 웅덩이

φρίσσω(동): 공포에 떨다

φρονέω(동): 생각하다, 마음에 ~를 생각하다, 관심을 갖다

φρόνιμος, -ον(형): 지혜로운, 지각이 있는, 사려 깊은

φρουρέω(동): 지키다, 죄수를 가두다, 보호하다

φυλακή, -ῆς, ἡ(명): 감옥, 옥, 수감 장소, 파수(대)

φυλάσσω(동): 지키다, 보호하다

φυλή, -ῆς, ἡ(명): 족속, 나라, 민족

φυσιόω(동): 고집(자만심)을 가지게 하다; (수)자만하다, 거만하다

φύσις, -σεως, ἡ(명): 본성, 자연적 조건, 자연질서

φυτεύω(동): (나무를)심다

φύω(동): 자라다, 올라오다

φωνέω(동): 부르다, 크게 말하다, 소환하다, 울다, 초청하다

φωνή, *-ῆς*, *ἡ*(명):, 목소리, 소리, 소음, 외침, 말

φῶς, *φωτός*, *τό*(명): 빛, 불

φωτεινός, *-ή*, *-όν*(형): 빛으로 가득한, 밝은

φωτίζω(동): 빛을 발하다, 비취다, 밝히다, 알리다, 계몽하다

Χ

χαίρω(동): 기뻐하다

χαρά, *-ᾶς*, *ἡ*(명): 기쁨, 즐거움, 행복, 기쁨의 이유(대상)

χαρίζομαι(동): (디포)허락하다, 주다, 용서하다, 탕감하다

χάριν(전): + 속격. ~ 을 위하여, ~ 때문에(주로 명사나 대명사 뒤에 위치한다); *οὗ χάριν*: 이러므로; *τούτου χάριν*: 이러므로, 이 때문에

χάρις, *-ιτος*, *ἡ*(명): 은혜, 친절, 자비, 선물, 축복, 감사

χάρισμα, *-ατος*, *τό*(명): 선물

χεῖλος, *-ους*, *τό*(명): 입술; 해변

χείρ, *χειρός*, *ἡ*(명): 손, 힘, 권세, 활동, 손가락

χείρων, *-ον*(형): 더 나쁜

χήρα, *-ας*, *ἡ*(명): 과부

χιλίαρχος, *-ου*, *ὁ*(명): 천부장, 장교

χιλιάς, *-άδος*, *ἡ* 혹은 *χίλιοι*, *-αι*, *-α* (수): 천(1,000)

χιτών, *-ῶνος*, *ὁ*(명): 튜닉(상의), 겉옷, 셔츠

χιών, *-όνος*, *ἡ*(명): 눈(snow)

χοῖρος, *-ου*, *ὁ*(명): 돼지, 멧돼지

χορτάζω(동): 먹이다, 만족하게 하다, (수)만족하다, 배불리 먹다

χόρτος, *-ου*, *ὁ*(명): 풀, 건초

χούς, *χοός*, *ὁ*(명): 먼지

χράομαι(동): (디포) 사용하다, 활용하다

χρεία, *-ας*, *ἡ*(명): 필요, 필요성, 부족, 결핍

χρηματίζω(동): 경고하다, 지시하다, 밝히다

χρηστεύομαι(동): (디포)친절하다

χρηστός *-ή*, *-όν*(형): 친절한, 사랑하는, 선한, 자비로운, 쉬운, 부드러운

χρηστότης, *-ητος*, *ἡ*(명): 친절함, 선함, 자비

Χριστός, *-οῦ*, *ὁ*(명): 그리스도, 메시야

χρόνος, -ου, ὁ(명): 시간, 때, 기간

χωλός, -ή, -όν(형): 절름발이의, 불구의

χώρα, -ας, ἡ(명): 시골, 지역, 영역, 땅, 들

χωρέω(동): (타)공간을 마련하다, 받아들이다, 들어가다, 담다; (자)(위로)음식물이 들어가다

χωρίον, -ου, τό(명): 땅, 곳, 장소

χωρίς(전): + 속격. ~ 없이; (부)별도로, 스스로

Ψ

ψεύδομαι(동): (디포)거짓말하다. 거짓되다.

ψευδοπροφήτης, -ου, ὁ(명): 거짓선지자

ψεῦδος, -ους, τό (명): 거짓말, 모사품, 실제가 아닌 것

ψεύστης, ου, ὁ(명): 거짓말쟁이

ψηλαφάω(동): 만지다, 느끼다

ψηφίζω(동): 알아내다, 세다, 밝혀내다

ψυχή, -ῆς, ἡ(명): 자아, 내적인 생명, 속사람, 목숨, 생물, 사람, 인간

Ω

ὦ(감): 오!

ὧδε(부): 여기, 이곳에

ὥρα, -ας, ἡ(명): 순간, 기회, 때, 기간

ὡς(불변화사): ~ 처럼, ~ 같이(비교); ~ 하는 한, ~ 할 때(때); ~ 하기 위하여

ὡσαννά(감): 호산나!(아람어: 구원하소서!)

ὥσπερ(접): ~ 처럼, ~ 같이, 마치 ~ 처럼, 바로 ~ 처럼

ὥστε(접): ~ 하기 위하여, ~ 할 정도로, ~ 의 결과가 되는, 그러므로, 따라서, 결과적으로

ὠφελέω(동): 얻다, 이를 얻다, 성취하다, 돕다

요단 사역정신

"그러므로 너희는 가서 모든 민족을 제자로 삼아 아버지와 아들과 성령의 이름으로
침(세)례를 베풀고 내가 너희에게 분부한 모든 것을 가르쳐 지키게 하라
볼지어다 내가 세상 끝날까지 너희와 항상 함께 있으리라 하시니라"

1. For God and Church
   하나님의 영광과 그의 몸 된 교회의 영적 성장과 성숙을 위한 도서를 엄선하여 출판한다.
2. Prayer-focused Ministry
   기획 • 편집 • 제작 • 보급의 전 과정을 기도 가운데 진행한다.
3. Path to Church Growth
   건강한 교회를 세우는 축복의 통로로 섬긴다.
4. Good Stewardship and Professionalism
   선한 청지기와 프로정신으로 문서 사역에 임한다.
5. Creating a Culture of Christianity by Developing Contents
   각종 문화 컨텐츠를 개발함으로 기독교 문화 창달에 기여한다.